魏連科等 注譯

新譯後漢書(五)傳四

三民書局 印行

國家圖書館出版品預行編目資料

新譯後漢書(五)傳㈣／魏連科等注譯.——初版一刷.——臺北市: 三民, 2013
面；　公分.——(古籍今注新譯叢書)

ISBN 978-957-14-5785-7　(平裝)

1.後漢書 2.注釋

622.201　　102005834

© 新譯後漢書(五)傳㈣

注譯者	魏連科等
責任編輯	張加旺
美術設計	陳宛琳
發行人	劉振強
著作財產權人	三民書局股份有限公司
發行所	三民書局股份有限公司 地址　臺北市復興北路386號 電話　(02)25006600 郵撥帳號　0009998-5
門市部	(復北店) 臺北市復興北路386號 (重南店) 臺北市重慶南路一段61號
出版日期	初版一刷　2013年6月
編號	S 033770

行政院新聞局登記證局版臺業字第○二○○號

ISBN 978-957-14-5785-7　(平裝)

http://www.sanmin.com.tw　三民網路書店

新譯後漢書 目次

第五冊

卷四十五 袁張韓周列傳第三十五……二五一一

袁安 二五一二 子京 二五二四 子敞 二五二八 玄孫閎 二五三一

張酺 二五三七 韓棱 二五四七 周榮 二五五一 孫景 二五五三

卷四十六 郭陳列傳第三十六……二五五九

郭躬 二五六〇 弟子鎮 二五六四 陳寵 二五七〇 子忠 二五八四

卷四十七 班梁列傳第三十七……二六〇九

班超 二六一〇 子勇 二六三九 梁慬 二六四九 何熙 二六五一

卷四十八 楊李翟應霍爰徐列傳第三十八……二六五九

楊終 二六六〇 李法 二六六九 翟酺 二六七〇 應奉 二六八〇

子劭 二六八四 霍諝 二六九七 爰延 二七〇二 徐璆 二七〇八

卷四十九 王充王符仲長統列傳第三十九……二七一五
王充 二七一五 王符 二七一八 仲長統 二七四四
卷五十 孝明八王列傳第四十……二七八一
千乘哀王建 二七八二 陳敬王羡 二七八二 彭城靖王恭 二七八八
樂成靖王黨 二七九〇 下邳惠王衍 二七九四 梁節王暢 二七九五
淮陽頃王昞 二八〇〇 濟陰悼王長 二八〇二
卷五十一 李陳龐陳橋列傳第四十一……二八〇五
李恂 二八〇五 陳禪 二八〇九 龐參 二八一四 陳龜 二八二六
橋玄 二八三一
卷五十二 崔駰列傳第四十二……二八四一
崔駰 二八四一 子瑗 二八七六 孫寔 二八七八
卷五十三 周黃徐姜申屠列傳第四十三……二九〇三
周燮 二九〇七 黃憲 二九一一 徐穉 二九一三 姜肱 二九一八
申屠蟠 二九二一
卷五十四 楊震列傳第四十四……二九三一
楊震 二九三一 子秉 二九四八 孫賜 二九五二 曾孫彪 二九五七
玄孫脩 二九五九

卷五十五 章帝八王傳第四十五……二九八七
千乘貞王伉 二九八八 平春悼王全 二九九二 清河孝王慶 二九九二
濟北惠王壽 三〇〇七 河間孝王開 三〇一〇 城陽懷王淑 三〇一二
廣宗殤王萬歲 三〇一二 平原懷王勝和帝子 三〇一二

卷五十六 張王种陳列傳第四十六……三〇一九
張晧 三〇一九 子綱 三〇二〇 王龔 三〇三〇 子暢 三〇三二
种暠 三〇四二 子岱 三〇四四 子拂 三〇四五 拂子劭 三〇四五
陳球 三〇五三

卷五十七 杜欒劉李劉謝列傳第四十七……三〇六七
杜根 三〇六七 欒巴 三〇七二 劉陶 三〇七六 李雲 三〇九四
劉瑜 三〇九九 謝弼 三一〇七

卷五十八 虞傅蓋臧列傳第四十八……三一一五
虞詡 三一一五 傅燮 三一三二 蓋勳 三一四三 臧洪 三一五三

卷四十五

袁張韓周列傳第三十五

【題解】本卷是一篇合傳。袁謂袁安及其身後五代家族成員，張謂張酺及其兩位曾孫，韓謂韓棱及其一子一孫，周謂周榮及其身後四代家族成員。由於他們自四位傳主起，分別呈現出累世三公、隔代三公或後出三公的特點，而且四位傳主生活年代大致相同，並都主要活躍於東漢和帝時期，加之各自的後裔又都延續到東漢滅亡前的亂世階段，故而合為一傳，集中加以記述，帶有三公家族傳的性質。對四位傳主，依照地位高低和所起作用大小，記述他們在郡守任內取得的各具千秋的斐然政績，以及位居朝廷圍繞國政朝綱而以不同方式與擅權驕橫的外戚竇氏集團展開的正面交鋒與間接較量，凸顯出袁安形同帝室支柱的所作所為，和守正不移的政治品格；張酺無愧帝王業師的所作所為，和忠直剛斷之風；韓棱不啻君主前驅的所作所為，和深沉凌厲的從政風格；周榮堪稱天子衛士的所作所為，和捨生取義的為官取向。從中反映出東漢政局自和帝發生陡變的一個新特點，即外戚勢力開始惡性膨脹，群臣竟要對大將軍「伏稱萬歲」，皇權統治受到前所未有的嚴重挑戰。同時也表明三公實權雖已大為削弱，但仍能言出悟主，因而促使身膺其任者依然能夠強化自身的職責意識。對四位傳主的後裔，則按繁衍支系或傳衍世系記述其仕履，特別是升任三公的情況及相關事跡，顯示出三種趨向來：或繼承發揚祖風，或給祖風添加瑕疵，或背棄家門仕進的傳統。而這，又是同東漢中後期國勢的變化互為因果的。

袁安，字邵公，汝南汝陽❶人也。祖父良，習孟氏易❷，平帝❸時舉明經❹，為太子舍人❺；建武❻初，至成武令❼。安少傳良學。為人嚴重❽有威，見敬於州里❾。初為縣功曹❿，奉檄⓫詣從事⓬，從事因安致書於令。安曰：「公事自有郵驛⓭，私請則非功曹所持。」辭不肯受，從事懼然而止。後舉孝廉⓮，除陰平⓯長、任城⓰令，所在吏人畏而愛之。

永平⓱十三年，楚王英⓲謀為逆，事下郡覆考⓳。明年，三府⓴舉安能理劇㉑，拜楚郡㉒太守。是時英辭所連及繫者數千人，顯宗㉓怒甚，吏案之急，迫痛自誣，死者甚眾。安到郡，不入府，先往案獄，理其無明驗者，條上出之。府丞掾史㉔皆叩頭爭，以為阿附反虜，法與同罪，不可。安曰：「如有不合，太守自當坐㉕之，不以相及也。」遂分別具奏㉖。帝感悟，即報許，得出者四百餘家。歲餘，徵為河南尹㉗。政號嚴明，然未曾以臧罪㉘鞫人㉙。常稱曰：「凡學仕者，高則望宰相㉚，下則希牧守㉛。錮人㉜於聖世，尹所不忍為也。」聞之者皆感激自勵。在職十年，京師肅然，名重朝廷。建初㉝八年，遷太僕㉞。

【章　旨】以上為〈袁安傳〉的第一部分。記述袁安的籍貫、家世與家學、早期仕履和公私分明的表現，在明、章二帝楚郡太守與河南尹任內平反冤案、未曾以貪汙受賄罪陷人於法的超常舉動。

【注　釋】❶汝南汝陽　汝南，郡名。治今河南平輿北。汝陽，縣名。治今河南商水縣西北。❷孟氏易　西漢傳授《易經》的今文學派之一。孟氏指孟喜，《漢書》卷八十八為其立傳。他以陰陽學說解釋《易經》，成為漢代《易》學中卦氣說的倡導者。❸平帝　指西漢皇帝劉衎。卒諡孝平。❹明經　漢代選拔官吏的科目之一。❺太子舍人　官名。品秩為二百石，無定員，負責持戟值班。❻建武　東漢光武帝第一個年號，西元二五—五六年。❼成武令　成武，縣名。治今山東成武。令，縣令，為一縣長官。漢制，縣萬戶以上稱縣令，不滿萬戶稱縣長。❽嚴重　嚴肅凝重。❾州里　指故鄉本土。古以二千五百家為州，二十五家為里，後遂用以泛指家鄉一帶。❿縣功曹　縣設屬官，全稱功曹史，負責選署功勞業績。⓫檄　徵調的文書。⓬從事　這裡指治中從事，為州部屬官，負責選署及眾事。⓭郵驛　負責傳遞公文的人員和站所。由人步行傳遞曰郵，騎馬傳遞曰驛。⓮孝廉　漢代選拔官吏的科目之一。得入此選者，往往躋身尚書郎的行列。唐李賢注引《汝南先賢傳》：「時大雪積地丈餘，洛陽令自出案行，見人家皆除雪出，有乞食者。至袁安門，無有行路，謂安已死，令人除雪入戶，見安僵臥。問何以不出，安曰：『大雪人皆餓，不宜干人。』令以為賢，舉為孝廉。」⓯陰平　縣名。治今山東棗莊舊嶧西南。⓰任城　縣名。治今山東濟寧東南。⓱永平　東漢明帝劉莊年號，西元五八—七五年。⓲楚王英　東漢明帝的同父異母兄弟。本書卷四十二〈光武十王列傳〉：永平「十三年，男子燕廣告英與漁陽王平、顏忠等造作圖書，有逆謀。事下案驗，有司奏：『英招聚姦猾，造作圖讖，擅相官秩，置諸侯王公、將軍、二千石，大逆不道，請誅之。』帝以親親不忍，乃廢英，徙丹陽涇縣，賜湯沐邑五百戶。」⓳覆考　重新審訊。⓴三府　指太尉府、司徒府、司空府。府為各自所設官署的專稱。㉑理劇　治理繁難事務之義。㉒楚郡　郡名。治今江蘇徐州。㉓顯宗　指東漢皇帝劉莊。卒諡孝明，廟號顯宗。㉔府丞掾史　俱為郡設的屬官。府丞是郡守的助手，掾史為分管具體事務的諸曹吏員。㉕坐　獲罪。㉖具奏　詳盡奏報。㉗河南尹　東漢京師地區的行政長官。其地位高於各郡郡守。㉘臧罪　貪汙受賄罪。臧，通「贓」。㉙鞫人　給人做出判決。鞫，判決。㉚宰相　本為掌握大權的高官的泛稱，後來專指輔佐皇帝、統領百官、總攬政務的最高行政長官。東漢三公即在此列。《漢書．王陵傳》：「宰相者，上佐天子，理陰陽，順四時，下遂萬物之宜，外填撫四夷諸侯，內親附百姓，使卿大夫各得任其職也。」㉛牧守　指刺史與郡守。牧，管轄之義。㉜錮人　使人受到禁止再做官的處罰。漢律規定，犯有貪汙受賄罪的官員，則三世禁錮。㉝建初　東漢章帝劉炟年號，西元七六—八四年。㉞太僕　漢代九卿之一，掌管皇帝使用的車輛與馬匹。兼管邊區畜牧業或兵器製造等。

【語　譯】袁安，字邵公，是汝南郡汝陽縣人。他的祖父袁良，熟悉《孟氏易》，在西漢平帝時被保舉為明經，擔任太子舍人；到東漢光武帝建武初期，職務升到成武縣縣令。袁安從年紀很小時就傳習袁良的《易》學。為人嚴肅凝重，具有威儀，受到故鄉本土人的尊敬。最初只擔任縣功曹，曾接到徵調的文書到州部治中從事那裡去辦事，治中從事順便讓袁安把文書帶回去交給縣令。袁安說：「公事自有傳遞公文的人員和站所負責辦理，讓私人轉交公文則不是功曹該做的事情。」便推辭不肯帶上，治中從事驚懼地把文書收起來。後來他被保舉為孝廉，又被任命為陰平縣縣長、任城縣縣令，在所到之處，手下官吏和百姓都敬畏並愛戴他。

明帝永平十三年，楚王劉英圖謀篡奪帝位，這一案件交給郡裡重新審訊。第二年，三府推舉袁安能夠治理繁難事務，就派他去當楚郡太守。這時因劉英案件的供詞而受到牽連、關進監獄的人多達數千人，明帝對此勃然大怒，官府查辦十分緊急，在嚴刑拷打下被迫認罪而慘死的人特別多。袁安抵達楚郡後，不進官署，先去監獄審理案情，把那些沒有確鑿證據的犯人一一呈報，要予以釋放。郡府大小官員全都叩頭阻止他這樣做，認為這是阿附反叛的罪犯，按法律規定與他是同罪，絕對不行。袁安說：「如果有不符合實情的，太守我自應獲罪受懲處，不會牽連到你們。」於是各作區分，詳盡奏報。明帝受感動而醒悟過來，當即答覆同意，從案件中得以解脫出來的有四百多家。過了一年多，袁安被徵召為河南尹。政令嚴明，但未曾以貪汙受賄罪給人做出過判決。他常說：「凡是求取官職的人，往高處奔就想當宰相，往低處走就想當刺史或郡守。在聖明的年代讓人受到禁止再做官的處罰，是我作為河南尹不忍心做的事。」聽到這番話的人都感激而自我勉勵。袁安在職十年，京師平安無事，他在朝廷贏得很高的聲望。到章帝建初八年，升任太僕。

元和❶二年，武威❷太守孟雲上書：「北虜既已和親❸，而南部❹復往抄掠，北單于❺謂漢欺之，謀欲犯邊。宜還其生口❻，以安慰之。」詔百官議朝堂。公卿皆言夷狄譎詐，求欲無厭❼，既得生口，當復妄自誇大，不可開許。安獨曰：「北虜遣使奉獻和親，有得邊生口者，輒以歸漢，此明其畏威，而非先違約也。雲以大臣典邊，不宜負信於戎狄，還之足示中國❽優貸❾，而使邊人得安，誠便。」司徒❿桓虞改議從安。太尉鄭弘⓫、司空第五倫⓬皆恨之。弘因大言⓭激勵虞曰：「諸言當還生口者，皆為不忠。」虞廷叱之，倫及大鴻臚韋彪⓮各作色變容，司隸校尉⓯舉奏，安等皆上印綬⓰謝。肅宗⓱詔報曰：「久議沈滯，各有所志。蓋事以議從，策由眾定，誾誾衎衎⓲，得禮之容，寢嘿⓳抑心，更非朝廷之福。君何尤⓴而深謝？其各冠履㉑。」帝竟從安議。明年，代第五倫為司空。章和㉒元年，代桓虞為司徒。

【章旨】以上為〈袁安傳〉的第二部分。記述袁安在章帝時期對解決漢與北匈奴人口糾紛問題所持的正確主張和出任三公之職的情況。

【注釋】❶元和　東漢章帝劉炟年號，西元八四－八七年。❷武威　郡名。治今甘肅武威。❸和親　事在明帝永平六年。本書卷八十九〈南匈奴列傳〉：「時北匈奴猶盛，數寇邊，朝廷以為憂。會北單于欲合市，遣使求和親，顯宗冀其交通，不復為寇，乃許之。八年，遣越騎司馬鄭眾北使報命。」❹南部　指歸附漢朝而被安置在沿邊一帶的南匈奴。本書卷八十九〈南匈奴列傳〉：元和元年「武威太守孟雲上言，北單于復願與吏人合市，詔書聽。雲遣驛使迎呼慰納之。北單于乃遣大且渠伊莫訾王等，驅牛馬萬餘頭，來與漢賈客交易。諸王大人或前至，所在郡縣為設官邸，賞賜待遇之。南單于聞，乃遣輕騎出上郡，遮略生口，鈔掠牛馬，驅還入塞。」❺北單于　駐牧在漠北地帶的匈奴部落的最高首領。單于在匈奴語中全稱「撐犁孤塗單于」。「撐犁」意謂天，「孤塗」意謂子，「單于」意謂廣大。「撐犁孤塗單于」則是廣大如天之子的意思。將其簡稱為單于，相當於漢語中的天子，攬有軍政及對外一切大權。❻生口　指人口。❼猒　滿足。❽中國　建都中原的王朝。❾優貸　優容寬恕。❿司徒　東漢所設三公之一，掌管全國民政等事務。⓫太尉鄭弘　太尉，東漢三公之一，掌管全國軍政等事務。鄭弘，東漢中前期曾為國家節省巨額經費的大臣。詳見本書卷三十三。⓬司空第五倫　司空，東漢所設三公之一，掌管全國建築工程等事務。第五倫，東漢中前期以廉潔正直著稱的大臣。第五乃係複姓。詳見本書卷四十一。⓭大言　誇大其詞的話語。⓮大鴻臚韋彪　大鴻臚，漢代九卿之一，掌管朝廷的禮賓事宜。韋彪，東漢中前期屢陳政術且清儉好施的大臣。詳見本書卷二十六。⓯司隸校尉　簡稱司隸，漢代京師地區的監察官。秩比二千石，負責督察朝中百官和京師地區的非法活動。由統領一千二百人組成的一支武裝隊伍而得名。東漢十三州中，以京師七郡為司隸部，但其地位高於其他諸州，司隸權力亦遠非刺史可比。⓰印綬　印章和繫印的絲帶。⓱肅宗　指東漢皇帝劉炟。卒謚孝章，廟號肅宗。⓲誾誾衎衎　和悅而又忠正的樣子。李賢注：「誾誾，忠正貌。衎衎，和樂貌。」⓳寢嘿　又作「寢默」。止而不言；沉默不表態。⓴尤　責備；責怪。㉑冠履　意謂上朝供職。㉒章和　東漢章帝年號，西元八七—八八年。

【語　譯】章帝元和二年，武威太守孟雲進呈奏疏說：「北部匈奴已經和親，而南部匈奴又去搶奪劫掠他們，北單于認為這是大漢在欺騙他，準備進犯邊境地區。應該歸還他們的人口，用來安慰他們。」章帝下詔，命令百官在朝堂上商議此事。公卿都說夷狄詭詐，貪欲沒有滿足的時候，得到歸還的人口以後，又會妄自誇耀，以為了不起，因而不能助長他們的氣焰而應允此事。袁安惟獨說：「北部匈奴派遣使者進獻禮物，要求和親，遇有得到邊境人口的，就把他們歸還給大漢，這表明他們畏懼威力，並不是率先違反約定。孟雲憑藉大臣的身分主管邊區事務，不應對戎狄違背信義，將人口還給他們，足以顯示中原王朝優容寬恕，致使邊境民眾獲得安寧，這樣處理確實是合適的。」司徒桓虞於是改變意見贊同袁安。太尉鄭弘、司空第五倫都恨他轉變態度。鄭弘便用誇大其詞的話語刺激桓虞說：「凡是主張應當歸還人口的，都屬於對朝廷不忠。」桓虞在殿廷上怒斥他，第五倫和大鴻臚韋彪都改變了臉色，司隸校尉舉奏他們喪失體統，袁安等人都交上印綬謝罪。章帝下達詔書答覆說：「長時間討論沒有結果，這是各有各的看法。政事靠討論形成共識，對策由眾人來決定。態度和悅又忠正，才能顯現出禮節上的儀容，沉默不表態，更不是朝廷的福分。你們何必自相責怪而深表謝罪？還是各自上朝供職吧！」章帝最後採納了袁安的建議。第二年，袁安代替第五倫當司空。章帝章和元年，又代替桓虞當司徒。

1

和帝❶即位，竇太后❷臨朝，后兄車騎將軍憲❸北擊匈奴❹，安與太尉宋由❺、司空任隗❻及九卿❼詣朝堂上書諫，以為匈奴不犯邊塞，而無故勞師遠涉，損費國用，徼功❽萬里，非社稷之計。書連上輒寢。宋由懼，遂不敢復署議❾，而諸卿稍自引止。唯安獨與任隗守正不移，至免冠朝堂固爭者十上。太后不聽，眾皆為之危懼，安正色自若。竇憲既出，而弟衛尉❿篤、執金吾⓫景各專威權，公於京師使客遮道⓬奪人財物。景又擅使乘驛⓭施檄緣邊諸郡，發突騎⓮及善騎射有才力者，漁陽、鴈門、上谷⓯三郡各遣吏將送詣景第。有司畏憚，莫敢言者。安乃劾景擅發邊兵，驚惑吏人，二千石⓰不待符信⓱而輒承景檄，當伏顯誅⓲。又奏司隸校尉、河南尹阿附貴戚，無盡節之義，請免官案罪。並寢不報。憲、景等日益橫，盡樹其親黨賓客於名都大郡⓳，皆賦斂吏人，更相賂遺，其餘州郡⓴，亦復望風從之。安與任隗舉奏諸二千石，又它所連及貶秩免官者四十餘人，竇氏大恨。

但安、隗素行高，亦未有以害之。

2　時竇憲復出屯武威。明年，北單于為耿夔[21]所破，遁走烏孫[22]，塞北地空，餘部不知所屬。憲日矜己功，欲結恩北虜，乃上立降者左鹿蠡王[23]阿佟為北單于，置中郎將[24]領護，如南單于故事[25]。事下公卿議，太尉宋由、太常丁鴻[26]、光祿勳耿秉[27]等十人議可許。安與任隗奏，以為「光武[28]招懷南虜，非謂可永安內地，正以權時之筭，可得扞禦[29]北狄故也。今朔漠既定，宜令南單于反其北庭[30]，并領降眾，無緣復更立阿佟，以增國費」。宗正[31]劉方、大司農[32]尹睦同安議。事奏，未以時定。

3　安懼憲計遂行，乃獨上封事[33]曰：「臣聞功有難圖，不可豫見；事有易斷，較然不疑。伏惟光武皇帝本所以立南單于者，欲安南定北之策也，恩德甚備，故匈奴遂分，邊境無患。孝明皇帝奉承先意，不敢失墜，赫然命將，爰伐塞北。至乎章和之初，降者十餘萬人，議者欲置之濱塞，東至遼東[34]，太尉宋由、光祿勳耿秉皆以為失南單于心，不可，先帝從之。陛下奉承洪業，大開疆宇，大將軍[35]遠師討伐，席卷北庭，此誠宣明祖宗，崇立弘勳者也。宜審其終，以成厥初。伏念南單于屯，先父舉眾歸德，自蒙恩以來，四十餘年。三帝[36]積累，以遺陛下。

陛下深宜遵述先志，成就其業。況屯首唱大謀，空盡北虜，輟而弗圖，更立新降，以一朝之計，違三世之規，失信於所養，建立於無功。由、秉實知舊議，而欲背棄先恩。夫言行君子之樞機，賞罰理國之綱紀[37]。論語曰：『言忠信，行篤敬，雖蠻貊行焉。』[38]今若失信於一屯，則百蠻不敢復保誓矣。又烏桓[39]、鮮卑[40]新殺北單于，凡人之情，咸畏仇讎，今立其弟，則二虜懷怨。兵、食可廢，信不可去[41]。且漢故事，供給南單于費直歲一億九十餘萬，西域[42]歲七千四百八十萬。今北庭彌遠，其費過倍，是乃空盡天下，而非建策之要也。」詔下其議。安又與憲更相難折。憲險急負埶，言辭驕訐[43]，至詆毀安，稱光武誅韓歆、戴涉[44]故事，安終不移。憲竟立匈奴降者右鹿蠡王於除鞬為單于，後遂反叛，卒如安策。

4 安以天子幼弱，外戚擅權，每朝會進見，及與公卿言國家事，未嘗不噫嗚流涕。自天子及大臣皆恃賴之。四年春，薨，朝廷痛惜焉。後數月，竇氏敗，帝始親萬機，追思前議者邪正之節，乃除安子賞為郎[45]。策免宋由，以尹睦為太尉，劉方為司空。睦，河南[46]人，薨於位。方，平原[47]人，後坐事[48]免歸，自殺。初，安父沒，母使安訪求葬地，道逢三書生，問安何之，安為言其故，生乃指一處，云「葬此地，當世為上公[49]」。須臾不見，安異之。於是遂葬其所占之地，故累世隆盛焉。安子京、敞最知名。

【章旨】以上為〈袁安傳〉的第三部分。記述袁安在和帝初期司徒任內，圍繞國政朝綱同擅權驕縱的竇氏外戚集團所展開的激烈交鋒，諸如極力反對出兵北匈奴和戰後另行封立北匈奴單于，獨自奏請嚴懲竇太后之弟竇景等擅發邊兵入京、公開劫掠民財的罪行，堅決彈劾罷斥賄賂成風的竇氏安插在名都大郡的黨羽等。

【注釋】❶和帝　東漢皇帝。名肇，卒諡孝和。❷竇太后　指章帝皇后竇氏，原為東漢開國功臣竇融的曾孫女。詳見本書卷十。這裡稱太后，是著眼於新君和帝來講的。和帝初期，竇太后則臨朝聽政，掌握實權。❸車騎將軍憲　車騎將軍，武官名號，地位比同公一級，掌管征伐叛逆者。憲，竇憲。為東漢章帝竇皇后的兄長，和帝的非直系舅父。和帝時位至大將軍，權傾朝野。詳見本書卷二十三。❹匈奴　活動於中國古代北方的游牧部族。其社會組織以部落聯盟為主，最高首領稱為單于。自西漢宣帝時分裂為東、西兩部，東匈奴降漢。迄至東漢初期，又分裂為南、北兩部，南匈奴內附，北匈奴則在明帝大規模用兵中陷入困窘的境地。❺宋由　人名。本書無傳。❻任隗　東漢中前期以沉穩正直見重於世的大臣。詳見本書卷二十一。❼九卿　指太常、光祿勳、衛尉、太僕、廷尉、大鴻臚、宗正、大司農、少府。九卿至東漢被確定下來，其品秩俱為中二千石，分別掌管朝廷政務。❽徼功　貪求功績。徼，通「邀」。求取。❾署議　即上書言事。署謂簽名。因上書言事須簽名，故稱之為署議。❿衛尉　漢代九卿之一，負責統率衛士守衛南北宮，多由皇帝親信或外戚擔任此職。⓫執金吾　武官之稱。負責率禁軍保衛京城和皇宮的安全，執行巡察、督奸、禁暴等任務。⓬遮道　攔路。⓭乘驛　騎馬傳遞公文的吏員。⓮突騎　戰鬥中承擔衝鋒任務的騎兵。⓯漁陽鴈門上谷　俱為郡名。漁陽，治今北京密雲西南。鴈門，亦作「雁門」。治今山西朔州東南夏關城。上谷，治今河北懷來東南。⓰二千石　漢代品秩等級的重要組成部分之一。從中央九卿到地方郡守及諸侯國相基本上都屬於這一等級，又因祿米數量存在差異，遂細緻區分為中二千石、真二千石、比二千石三個層次。這裡用作郡守的代稱。⓱符信　徵調軍隊用作憑證的信物，即兵符。秦漢兵符為銅質虎符，雙方各持一半，合之以驗真假。⓲顯誅　公開斬殺。⓳大郡　漢以十二萬戶為大郡。大郡人口多在五六十萬左右。⓴州郡　州，在這裡為監察區之稱，其至東漢末期則轉變成地方一級行政區。郡，在這裡為地方一級行政區之稱，其下為縣。㉑耿夔　以東漢開國元勳耿弇為奠基人的耿氏軍事世家的重要成員。詳見本書卷十九。㉒烏孫　古代游牧部族與國名。主要活動於天山北麓伊犁河上游、伊塞克湖畔及納林河流域。㉓左鹿蠡王　官名。漢代南匈奴政權的單于子弟為大臣者以王稱，以左賢王為最尊、左谷蠡王次之。㉔中郎將　全稱使匈奴中郎將。秩比二千石，負責監護南單于。㉕南單于故事　南單于，駐牧於漠南地帶和沿邊一線的匈奴部落的最高首領。故事，舊有的舉措或事例。本書卷一〈光武帝紀下〉：建武二十六年「遣中郎將段郴授南單于璽綬，令入居雲中。始置使匈奴中郎將，將兵衛護之。」李賢注引《漢官儀》：「使匈奴中郎將，屯西河美稷縣。」㉖太常丁鴻　太常，漢代九卿之一，掌管祭祀社稷、宗廟和朝會、喪葬諸禮儀以及皇帝的寢廟園陵等事宜。丁鴻，被漢章帝譽為「殿中無雙丁孝公」的深明經學的大臣。詳見本書卷三十七。㉗光祿勳耿秉　光祿勳，漢代九卿之一，負責宮禁安全保衛及培植官吏人才等事宜。其屬官有郎官、羽林（皇帝侍衛隊）、大夫、謁者。耿秉，東漢開國元勳耿弇的姪子，兩度北征匈奴的主要將領。詳見本書卷十九。㉘光武　指東漢王朝的創建者劉秀。㉙扞禦　捍衛抵禦。㉚北庭　北匈奴的統治中心，單于所在的地方。㉛宗正　漢代九卿之一，掌管皇親國戚的名籍簿、世系譜，參與同姓王犯法案件的審理等。㉜大司農　漢代九卿之一，簡稱大農。主管中央財政。㉝封事　帶有保密性質的奏章。為防止內容洩露，上奏時特用皂囊封緘，故稱封事。李賢注：「宣帝始令群臣得奏封事，以知下情。封有正有副，領尚書者先發副封，所言不善，屏而不奏。後魏相奏去副封，以防壅蔽。」㉞遼東　郡名。治今遼寧遼陽老城區。㉟大將軍　原為漢代掌管領兵征伐之事的最高將領，後來變成文職的宰輔之官，又由榮譽稱號變成權勢極大的實職，多由外戚充任。㊱三帝　指光武帝、明帝、章帝。㊲夫言行二句　本於《易・繫辭上》：「言行，君子之樞機。樞機之發，榮辱之主也。言行，君子之所以動天地也，可不慎乎！」晉韓康伯注：「樞機，制動之主。」㊳論語曰四句　儒家經典之一，實乃記述孔子及其主要弟子言行的語錄體著作。凡二十篇。這裡引述的三句話，見於〈衛靈公〉。末句「雖蠻貊行焉」，今本作「雖蠻貊之邦行矣」。㊴烏桓　亦作「烏丸」。東胡部落之一，因遷至烏桓山（今內蒙古阿魯科爾沁旗北，即大興安嶺山脈南端）而以山名作為族號。其後繼續內徙，至東漢主要分布在東起遼東、西至朔方的沿邊十郡之內，助漢抗擊匈奴及鮮卑。詳見本書卷九十。㊵鮮卑　東胡部落之一，因遷至鮮卑山（今內蒙古科爾沁右翼中旗西）而以山名作為族號。南鄰烏桓，至東漢陸續占領匈奴故地，並向塞內移動，對漢時降時叛。㊶兵食可廢二句　《論語・顏淵》：「子貢問政，子曰：『足食足兵，民信之矣。』子貢曰：『必不得已而去，於斯三者何先？』曰：『去兵。』子貢曰：『必不得已而去，於斯二者何先？』曰：『去食。自古皆有死，民無信不立。』」㊷西域　漢代對玉門關以西地區的總稱，包括今敦煌以西至新疆全區在內。㊸驕

許　傲慢並肆意揭發對方的隱私。㊹韓歆戴涉　韓歆，光武帝時的大司徒。本書卷二十六〈侯霸傳〉：「歆字翁君，南陽人。以從攻伐有功，封扶陽侯。好直言，無隱諱，帝每不能容。嘗因朝會，聞帝讀隗囂、公孫述相與書，歆曰：『亡國之君皆有才，桀紂亦有才。』帝大怒，以為激發。歆又證歲將饑凶，指天畫地，言甚剛切，坐免，歸田里。帝猶不釋，復遣使宣詔責之，司隸校尉鮑永固請，不能得，歆及子嬰竟自殺。」戴涉，光武帝時的大司徒。本書卷二十三〈竇融傳〉：建武「二十年，大司徒戴涉坐所舉人盜金，下獄」而死。〈侯霸傳〉且謂：「自是大臣難居相任。」㊺郎　對宮禁守衛者和皇帝侍從人員的統稱。包括郎中、中郎、侍郎（合稱三署郎）、議郎等。多從高官及富家子弟中選拔上來，無定員，常至千人，到東漢晚期則達兩千餘人。㊻河南　指東漢河南尹亦即京師地區。治今河南洛陽東北。㊼平原　郡名。治今山東平原縣西南。㊽坐事　因事獲罪。㊾上公　東漢官位級別的最高一級。只有太傅，方為上公。

【語　譯】和帝即位，竇太后臨朝聽政，竇太后的兄長車騎將軍竇憲要向北進擊匈奴，袁安與太尉宋由、司空任隗以及九卿到朝堂進呈奏疏勸諫，認為匈奴未侵犯邊塞，而我朝卻無故煩勞軍隊，遠途跋涉，耗費國家資財，到萬里以外去貪求功績，這不是為國家考慮的計策。但奏疏接連進呈都被扣押下來。宋由感到恐懼，就不敢再簽名上奏，而其他公卿也漸次主動停止行動。只有袁安與任隗持守正道不改變，直至十次在朝堂上摘下官帽堅決做諫爭。竇太后拒不聽從，眾人都為他們感到危險恐懼，袁安卻神色端莊，仍和往常一個樣。竇憲出征以後，他弟弟衛尉竇篤、執金吾竇景各自耍弄威權，公然在京師派門客攔路搶奪行人的財物。竇景又擅自指派騎馬傳遞公文的吏員向沿邊各郡下達軍事文書，調發騎兵突擊隊和擅長騎馬射箭具有才能勇力的人，責成漁陽、雁門、上谷三郡各自派遣官吏率領他們到竇景的府第報到。主管部門深感畏懼，沒有誰敢上奏。袁安於是彈劾竇景擅自調動邊區部隊，驚擾官民，二千石郡守不等待兵符驗核就按竇景的文書行事，應當公開予以斬殺。又舉奏司隸校尉、河南尹阿附貴戚，喪失了堅持氣節的準則，請求罷免他們的官職並審訊問罪。但都被扣押下來，不作答覆。竇憲、竇景等人一天比一天更加驕橫，在名都大郡盡數安插他們的黨羽，都向官吏民眾橫徵暴斂，一級級遞相賄賂，其餘州郡，也都望風效仿。袁安與任隗舉奏各地二千石郡守，還有其他牽扯而被降級免官的人，達到四十多個，竇氏對此十分惱恨。但袁安、任隗一向行為高潔，因此也找不出什麼理由來陷害他們。

2 這時竇憲又西出武威郡屯駐。第二年，北單于被耿夔擊破，逃到烏孫，塞外北部一帶沒有匈奴的活動蹤跡，剩下的其他部落不知歸屬誰是好。竇憲每天都誇耀自己的功勞，打算向北匈奴施與恩惠，於是奏請朝廷，封立投降的左鹿蠡王阿佟為北單于，設置使匈奴中郎將統領監護他，如同南單于舊制。朝廷將此事交付公卿們討論，太尉宋由、太常丁鴻、光祿勳耿秉等十人提出可以批准的意見。袁安與任隗上奏，認為「光武帝招撫南匈奴，並不是說這樣就可以永遠使內地獲得安定，正是出於一時的考慮，可以抵禦北匈奴的緣故。如今沙漠地帶已被平定，應該讓南單于返回到北單于駐地，兼管歸降的部眾，沒有理由再封立阿佟，由此增加國家的費用支出」。宗正劉方、大司農尹睦也贊同袁安的意見。此事奏報上去，沒能及時確定下來。

3 袁安擔心竇憲的計劃付諸實施，便單獨進呈祕密奏疏說：「臣下我聽說功業存在著難以成就的情況，無法預見；事件存在著容易判斷的現象，明晰無疑。我想，光武皇帝封立南單于，根本原因是要採取安定南部平定北部的策略，恩德十分廣大，所以匈奴便分裂成兩部分，邊境隨之沒有禍患發生。孝明皇帝承奉先帝的意圖，不敢改變，就聲威盛大地選任將帥，討伐塞北。到章和初年，前來歸降的人達到十多萬，議論政事的人想把他們安置在靠近邊塞的地方，往東一直抵達遼東郡，但太尉宋由、光祿勳耿秉都認為這樣安置會使南單于失去歸服的誠心，不能如此處理，先帝採納了這一建議。陛下繼承隆盛的功業，大範圍拓展疆域，大將軍率兵遠出進行討伐，席捲北單于駐地，這確實是宣明祖宗的天威，建立宏大功勳的事情。但應審慎地考慮最後的結果，以便實現當初的目的。我想，南單于這個名字叫做屯的人，他那死去的父親率領部眾歸順仁德的天子，自從蒙受恩澤以來，已經四十多年了。三位先帝積累的功德，都留給陛下了。陛下絕對應該遵循並繼承先帝的志向，完成他們的事業。況且屯這個人，首先提出遠大的謀略，致使北匈奴毫無立足之地，對他予以放棄而不作考慮，卻要另立新投降的人當單于，這純粹是拿一時間的計議來違背三世的成規，對所養護的人失去信義，讓沒有功勞的人取得王位。宋由、耿秉實際上了解已有的動議，卻想背棄先前的恩德。須知言行是君子的主宰所在，賞罰是治理國家的根本所在。《論語》中強調：『說話講求忠誠信義，行為講求厚道恭敬，即使到了野蠻落後的地區也可以行得通。』眼下如果對屯這一個人失去信義，各個部族就不敢再遵守誓言了。此外烏桓、鮮卑新近又殺死了北單于，須知世人的情性，都畏懼仇敵，如今封立北單于的弟弟，烏桓、鮮卑就會心懷怨恨。軍隊和糧食生產可以廢棄，但信義決不能失去。況且大漢的慣例是，每年供給南單于的費用為一億零九十餘萬錢，每年供給西域的費用為七千四百八十萬錢。如今北單于的駐地越發遙遠，費用會超過一倍，這純粹是讓天下財物耗個精光，決不是確立國策需要首先考慮的問題。」朝廷下達詔書，讓群臣討論袁安的意見。袁安又同竇憲你來我去地展開詰問與駁斥。竇憲險惡急躁又依仗權勢，在言詞上傲慢無理並肆意揭發對方的隱私，甚至詆毀袁安，引用光武帝殺死大司徒韓歆、戴涉的事例，但袁安始終不動搖。竇憲最後還是把投降過來的北匈奴右鹿蠡王於除鞬封立為單于，後來便舉兵反叛，結果和袁安所預料的完全一樣。

4 袁安鑑於天子年幼弱小，外戚獨攬朝權，每次朝會進見，以及和公卿談論起國家大事，沒有不傷心流淚的時候。從天子到大臣全都仰仗依賴他。和帝永元四年春季，袁安逝世，朝廷深為痛惜。幾個月過後，竇氏敗亡，和帝開始親自執掌朝政，追念從前議事參加者在奸邪或忠正上的區別，便把袁安的兒子袁賞封為郎官。下達策書罷免宋由，而委任尹睦擔當太尉，劉方擔當司空。尹睦是河南郡人，在職位上去世。劉方是平原郡人，後來因事獲罪，被免職遣送回家鄉，自殺而死。起初，袁安的父親亡故後，母親叫袁安去訪求埋葬的地點，在路上碰見三位書生，他們問袁安到哪裡去，袁安就向他們說明了其中的緣由，三位書生便手指一塊地方說：「埋葬在這裡，就會世世代代為上公之官。」剛說完不一會兒，三人便不見了，袁安對此感到很驚奇。於是便把父親埋葬在書生所占斷的處所，因而好多代都興盛不衰。在袁安的兒子中，袁京、袁敞最為知名。

1 京字仲譽。習孟氏易，作難記❶三十萬言。初拜郎中❷，稍遷侍中❸，出為蜀郡❹太守。

子彭，字伯楚。少傳父業，歷廣漢、南陽[5]太守。順帝[6]初，為光祿勳。行至清，為吏麤袍糲食，終於議郎[7]。尚書胡廣[8]等追表其有清絜之美，比前朝貢禹[9]、第五倫。未蒙顯贈，當時皆嗟歎之。

彭弟湯，字仲河，少傳家學，諸儒稱其節，多歷顯位。桓帝[10]初為司空，以豫議定策封安國亭侯[11]，食邑五百戶。累遷司徒、太尉，以灾異[12]策免。卒，謚曰康侯。

湯長子成，左中郎將[13]。早卒，次子逢嗣。

逢字周陽，以累世三公[14]子，寬厚篤信，著稱於時。靈帝[15]立，逢以太僕豫議，增封三百戶。後為司空，卒於執金吾。朝廷以逢嘗為三老[16]，特優禮之，賜以珠畫[17]特詔祕器[18]，飯含[19]珠玉二十六品，使五官中郎將[20]持節[21]奉策，贈以車騎將軍印綬，加號特進[22]，謚曰宣文侯。子基嗣，位至太僕。

逢弟隗，少歷顯官，先逢為三公。時中常侍[23]袁赦，隗之宗也，用事於中[24]。以逢、隗世宰相家，推崇以為外援。故袁氏貴寵於世，富奢甚，不與它公族[25]同。

獻帝[26]初，隗為太傅[27]。

成子紹[28]，逢子術[29]，自有傳。董卓[30]忿紹、術背己，遂誅隗及術兄基等男女二十餘人。

【章　旨】以上為〈袁安傳〉的第四部分。記述袁安之子袁京一支由和帝至獻帝一百多年間的繁衍與仕宦的情狀。合計四代，歷官包括郡守、州牧、卿職、三公與太傅，表現出以《易》學傳家和愈益貴盛又漸趨驕奢的特點。

【注　釋】❶難記　原書已佚。❷郎中　漢代郎官之一種，掌持戟值班，宿衛殿門，出充車騎。❸侍中　侍中寺的屬官，秩比二千石，掌侍皇帝左右，贊導眾事，顧問應對。❹蜀郡　郡名。治今四川成都。❺廣漢南陽　俱為郡名。廣漢，治今四川廣漢北。南陽，治今河南南陽。❻順帝　指東漢皇帝劉保。卒諡孝順。詳見本書卷六。❼議郎　漢代郎官之一種，掌顧問應對，無常事，唯詔令所使。❽尚書胡廣　尚書，尚書臺所屬官員的一種官稱。尚書臺又稱中臺，是東漢時專設的一個協助皇帝處理政務的機構，下分六曹，每曹均設尚書一人，各掌其事。尚書意為執掌文書，秩低權重，為其特徵。胡廣，東漢歷仕六朝的和事佬型的大臣。詳見本書卷四十四。❾貢禹　西漢元帝時的御史大夫。以通曉經典、修明品行、清廉憂國見稱於世。《漢書》卷七十二有傳。❿桓帝　東漢第十代皇帝。名志，卒諡孝桓。⓫安國亭侯　按功勞授予的一種爵位封號。漢制規定，功大者以縣為其食邑，功小者以鄉、亭為其食邑。⓬灾異　指上天以各種罕見的反常現象或嚴重的自然災害對人間王朝政治黑暗發出的警告與譴責。《白虎通義・災變》：「災異者，何謂也？〈春秋潛潭巴〉：『災之言傷也，隨事而誅。異之言怪，先感動之也。』」⓭左中郎將　漢代九卿之一光祿勳的屬官，負責率部守衛宮殿，出充車騎。逢有戰事，則任征伐。⓮三公　這裡為太尉、司徒、司空的合稱。三公作為最尊顯的三個宰輔重臣，古已有之，係指太師、太傅、太保或司徒、司馬、司空而言。漢武帝時，始以丞相、御史大夫、太尉為三公，其後罷太尉增設大司馬，改御史大夫之名為大司空，改丞相之名為大司徒，又改大司馬之名為太尉。三公在兩漢時期經歷了一個由官品不等到平級並立、由位尊職重到銜高權輕的過程，實質上都是對相權的分割與牽制。⓯靈帝　東漢皇帝。名宏，卒諡孝靈。⓰三老　漢代的一種榮譽稱號，與五更並稱。其為天子所尊敬和養護的德高望重的老人。本書〈明帝紀〉：永平二年「冬十月壬子，幸辟雍，初行養老禮。詔曰：『三老五更，皆以二千石祿養終厥身。』」李賢注引應劭《漢官儀》：「三老五更，三代所尊也。安車輭輪，送迎至家，天子獨拜于屏。三者，道成於天地人；老者，久也，舊也。五者，訓於五品；更者，五世長子，更更相代，言其能以善道改更已也。」⓱珠畫　用朱砂在棺柩上繪製圖案。珠，同「朱」。指朱砂。《漢書・佞幸傳・董賢傳》：「賢自殺伏辜死後，父恭不悔過，乃復以沙畫棺，四時之色，左蒼龍，右白虎，上著金銀日月，玉衣珠璧以棺，至尊無以加。」⑱祕器　指棺柩。本書〈志第六・禮儀下・大喪〉：「東園匠、考工令奏東園祕器，表裡洞赤，虡文畫日月、鳥龜、龍虎、連璧、偃月、牙檜。」⑲飯含　古代喪禮中的一種具體形式，即把珠、玉、貝、米納入死者的口中。本書〈志第六・禮儀下・大喪〉：「飯唅珠玉如禮。」南朝梁劉昭注補：「〈禮稽命徵〉曰：『天子飯以珠，唅以玉。諸侯飯以珠，唅以璧。卿大夫士，飯以珠，唅以貝。』」⑳五官中郎將　漢代九卿之一光祿勳的屬官，職掌與左中郎將相同。五官、左、右中郎將各有其署，合稱三署。㉑節　代表朝廷的一種禮儀用品。㉒特進　漢代的一種榮譽職銜。僅僅賜給功德優勝而被朝廷敬重的人。㉓中常侍　東漢宦官的最高職務。秩比二千石，掌侍從左右，從入內宮，回答皇帝詢問，承奉差遣辦事等。㉔中　謂宮中禁內，即皇帝和后妃居住之處。㉕公族　官居三公之列的家族。㉖獻帝　東漢最後一位皇帝。名協，實係權臣手中的傀儡，卒諡孝獻。㉗太傅　東漢級別最高的官稱。無常職，以開導皇帝為其任。品秩上公，帶有榮譽職銜的性質。㉘紹　袁紹。為東漢末葉擁兵自重的地方軍閥。其在官渡之戰中被曹操擊敗。詳見本書卷七十四。㉙術　袁術。為袁紹的堂弟。其於建安二年（西元一九七年）擁兵稱帝，兩年後因軍隊潰散鬱憤成疾，吐血而死。詳見本書卷七十五。㉚董卓　東漢末葉擁兵擅政的權臣。詳見本書卷七十二和《三國志・魏書六》。

【語　譯】袁京字仲譽。他熟悉《孟氏易》，撰寫了一部三十萬字的《難記》。起初只被任命為郎中，一步步升到侍中，又離開朝廷去當蜀郡太守。

2 袁京的兒子袁彭，字伯楚。他從年輕時就傳習父親的學業，歷任廣漢、南陽太守。在順帝初年，擔任光祿勳。品行極為清正，任職時身穿粗布袍，口吃糙米飯，在議郎的職務上去世。尚書胡廣等人在他死後表彰他有清正廉潔的美德，可以同前朝的貢禹、第五倫相比擬。但未蒙受到顯赫的封贈，當時人們都為他惋惜。

3 袁彭的弟弟袁湯，字仲河，從年輕時就傳習自家的《易》學，各位儒士都讚揚他的節操，多次就任顯要的官位。桓帝初年，當上司空，憑藉參與帝位由誰來繼承的謀議和擁立行動而被封為安國亭侯，食邑五百戶。漸次升任司徒、太尉，因災異出現而被朝廷下達策書免職。死後，獲得諡號叫康侯。

4 袁湯的長子袁成，擔任左中郎將。去世早，由次子袁逢承襲封爵。

5 袁逢字周陽，因是好幾代三公的後裔，為人寬厚，誠實講信義，在社會上名聲遠揚。靈帝繼位後，袁逢曾以太僕身分參與擁立行動，增加食邑三百戶。後又擔任司空，最終在執金吾的職務上去世。朝廷鑑於袁逢曾是天子所尊敬的三老，對他特地予以優厚的禮遇，賜給他通過專項詔書宣布的用朱砂繪製圖案的棺木，口中塞入二十六品珠玉，派遣五官中郎將攜帶朝廷儀節，奉持天子策書，贈給車騎將軍印綬，加封特進的官號，諡號稱為宣文侯。他的兒子袁基承襲爵位，官至太僕。

6 袁逢的弟弟袁隗，年輕時就擔任顯赫的官職，比袁逢先當三公。這時中常侍袁赦，是袁隗的同族人，在宮中掌握實權。鑑於袁逢、袁隗是世代做過宰相的家族成員，因此推崇他二人，把二人作為宮外的援助力量。所以袁氏在當時貴盛受寵信，奢侈豪富到極點，與其他位居三公之列的家族不同。到獻帝初期，袁隗擔任太傅。

7 袁成的兒子袁紹，袁逢的兒子袁術，另外立有本傳。董卓忿恨袁紹、袁術背叛自己，就殺死了袁隗以及袁術的兄長袁基等男女二十多人。

敞字叔平，少傳易經❶教授，以父任為太子舍人。和帝時，歷位將軍❷、大夫❸、侍中，出為東郡❹太守，徵拜太僕、光祿勳。元初❺三年，代劉愷❻為司空。明年，坐子與尚書郎❼張俊交通，漏洩省中❽語，策免。敞廉勁不阿權貴，失鄧氏旨，遂自殺。張俊者，蜀郡人，有才能，與兄龕並為尚書郎，年少勵鋒氣。郎朱濟、丁盛立行不脩，俊欲舉奏之，二人聞，恐，因郎陳重、雷義往請俊，俊不聽，因共私賂侍史❾，使求俊短，得其私書與敞子，遂封上之，皆下獄，當死。

俊自獄中占⑩獄吏上書自訟，書奏而俊獄已報⑪。廷尉⑫將出穀門⑬，臨行刑，鄧太后⑭詔馳騎以減死⑮論。俊假名⑯上書謝曰：「臣孤恩負義，自陷重刑，情斷意訖，無所復望。廷尉鞠遣，毆刀⑰在前，棺絮在後，魂魄飛揚，形容已枯。陛下聖澤，以臣嘗在近密，識其狀貌，傷其眼目，留心曲慮，特加偏覆⑱。喪車復還，白骨更肉，披棺發槨⑲，起見白日。天地父母能生臣俊，不能使臣俊當死復生。陛下德過天地，恩重父母，誠非臣俊破碎骸骨，舉宗⑳腐爛，所報萬一。臣俊徒㉑也，不得上書；不勝去死就生，驚喜踴躍，觸冒拜章。」當時皆哀其文。朝廷由此薄敞罪而隱其死，以三公禮葬之，復其官。子盱。盱後至光祿勳。時大將軍梁冀㉒擅朝，內外莫不阿附，唯盱與廷尉邯鄲義㉓正身自守。及桓帝誅冀，使盱持節收其印綬，事已具梁冀傳。

【章　旨】以上為〈袁安傳〉的第五部分。記述袁安之子袁敞一支由和帝至桓帝七十多年間的傳衍與仕宦的情狀。共計父子兩代，歷官包括三公和九卿之職，顯現出繼承家學和發揚袁安為官之風的特點。

【注　釋】❶易經　又稱《周易》，為儒家《五經》之首，實乃先秦占筮書。通常亦將後出的《易傳》包括在內。❷將軍　漢代高級武官的通稱。其由重號將軍和雜號將軍兩部分構成，不常置，戰事起即行委派專人充任，負責統兵征戰。❸大夫　漢代文職散官和職事官的一種統稱。其品秩由六百石至二千石不等。❹東郡　郡名。治今河南濮陽西南。❺元初　東漢安帝劉祜年號，西元一一四—一二〇年。❻劉愷　東漢和帝、安帝時期以薦舉下層人士著稱的大臣。詳見本書卷三十九。❼尚書

郎　尚書臺的屬官，負責處理曹務。始入尚書臺者稱守尚書郎中，滿一年稱尚書郎，三年稱侍郎。具體人選則多為孝廉中身懷才能者。❽省中　指皇宮之內公卿朝臣辦公的地方。省中與禁中有時不做區分，即均謂皇宮禁地。皇宮禁地本稱禁中，東漢蔡邕《獨斷・上》：漢天子「所居曰禁中，後曰省中。」「禁中者，門戶有禁，非侍御者不得入，故曰禁中。孝元皇后父、大司馬、陽平侯名禁，當時避之，故曰省中。今宜改，後遂無言之者。」唐顏師古《漢書注》解「省中」：「省，察也，言入此中，皆當察視，不可妄也。」其取義既如此，李善《文選注》又引曹操《魏武集》：「荀欣等曰：『漢制，王所居曰禁中，諸公所居曰省中。』」可證省中、禁中復有區分。禁中乃為皇帝的生活區，而此處既說「與尚書郎張俊交通，漏洩省中語」，則省中係指宮內朝臣辦公處而言。❾侍史　即侍御史，為東漢監察機構御史臺的屬官。品秩六百石，負責察舉非法，接受公卿群臣奏事，監臨重要場合之威儀等。❿占　口授之義。⓫報　核准死刑之義。⓬廷尉　漢代九卿之一。掌管重大案件和全國各地疑難案件的審判工作。兵獄同制，故稱廷尉。⓭穀門　東漢京師洛陽城北面城牆的正中城門稱穀門。⓮鄧太后　指和帝皇后鄧綏。她冊立安帝，然後臨朝聽政，掌握實權。詳見本書卷十。⓯減死　免予死刑。⓰假名　化名。這樣做是表示自己死而復生，已非原來的那個人。⓱歐刀　斬殺罪犯的快刀。李賢注：「歐刀，刑人之刀也。」⓲徧覆　全面予以複審。徧，通「遍」。⓳椁　外棺。古代非平民人士的棺木常有兩層，內層曰棺，外層曰槨。平民則有棺無槨，僅為一層。⓴舉宗　整個宗族；全體家族成員。㉑徒　刑徒。㉒梁冀　東漢一手援立沖帝、質帝、桓帝的外戚權臣。詳見本書卷三十四。㉓邯鄲義　人名。本史無傳。邯鄲，乃係複姓，義為其人之名。

【語　譯】袁敞字叔平，從年輕時傳習《易經》，設教授徒，憑仗父親的官位擔任太子舍人。和帝時，歷任將軍、大夫、侍中，離開朝廷就任東郡太守，又受到徵召，擔任太僕、光祿勳。安帝元初三年，代替劉愷當司空。第二年，因兒子與尚書郎張俊交結，洩漏省中機密而獲罪，被朝廷下達策書免職。袁敞清廉剛正，不阿附權貴，違背了鄧氏的意旨，於是自殺而死。張俊是蜀郡人，很有才能，與兄長張龕一起擔任尚書郎，年紀輕，喜歡磨礪本人的銳氣。尚書郎朱濟、丁盛行為不端正，張俊準備舉奏他們，二人聽說後很害怕，就通過尚書郎陳重、雷義去央求張俊，但張俊不答應，隨後二人暗地裡共同賄賂侍御史，讓他尋找張俊的短處，結果得到張俊寫給袁敞兒子的私人書信，便封好上交給朝廷，於是都被關進監獄，依法應處死刑。張俊在監獄中口授獄吏寫成奏疏為自己申辯，奏疏呈上而對張俊的判決也批覆下來了。廷尉把他押出穀門，就要行刑時，鄧太后下達詔書，命令飛馬傳令按免予死刑論處。張俊用化名進呈奏疏表示感謝說：「臣下我辜負恩義，自行陷入重刑當中，對一切都死心了，不再抱任何希望了。廷尉宣布判決書押赴刑場，行刑的快刀亮在前面，棺木棉絮擺在後面，魂魄飛出體外，身形面容已經枯槁。陛下聖明恩德，只因臣下我曾在機要部門供職，您還記得這個人的相貌，痛惜這個人的眼睛，便動用聖心，多加考慮，特意全面予以複審。喪車又被推了回來，白骨又重新長出肉來，撥開棺槨，站起身來重見天日。天地父母能使臣下我張俊降生到人間，但不能使臣下我張俊本應死掉卻又復生。陛下的仁德超過天地，恩情重於父母，即使臣下我張俊粉身碎骨，全宗族滅絕，也不能報答萬分之一。臣下我張俊是個刑徒，沒資格進呈奏疏；對脫離死亡，趨就新生簡直無法承受，禁不住驚喜跳躍，所以才冒名犯禁而呈上奏章。」當時都為他的這篇文章感到哀傷。朝廷由此減輕袁敞的罪過，不透露他死亡的真相，用三公的禮儀給他下葬，恢復他生前的官職。袁敞的兒子是袁盱。袁盱後來官位做到光祿勳。當時大將軍梁冀獨攬朝權，從中央到地方沒有不奉承依附他的，只有袁盱和廷尉邯鄲義端正身心，自我持守節操。到桓帝誅殺梁冀，便派袁盱攜帶朝廷儀節前去收繳梁冀的印綬，詳情已經記載在〈梁冀傳〉中。

1

閎字夏甫，彭之孫也。少勵操行，苦身脩節。父賀，為彭城相❶。閎往省謁，變名姓，徒行無旅。既至府門，連日吏不為通，會阿母❷出，見閎驚，入白夫人，乃密呼見。既而辭去，賀遣車送之，閎稱眩疾❸不肯乘，反，郡界無知者。及賀卒郡，閎兄弟迎喪，不受賻贈❹，縗絰❺扶柩，冒犯寒露，體貌枯毀，手足血流，見者莫不傷之。服闋❻，累徵聘舉召，皆不應。居處仄陋❼，以耕學為業。從父❽

逢、隗並貴盛，數饋之，無所受。

閎見時方險亂，而家門富盛，常對兄弟歎曰：「吾先公福祚，後世不能以德守之，而競為驕奢，與亂世爭權，此即晉之三郤⑨矣。」延熹⑩末，黨事⑪將作，閎遂散髮絕世，欲投迹深林。以母老不宜遠遁，乃築土室，四周於庭，不為戶，自牖⑫納飲食而已。旦於室中東向拜母。母思閎，時往就視，母去，便自掩閉，兄弟妻子莫得見也。及母歿，不為制服設位⑬，時莫能名，或以為狂生。潛身十八年，黃巾⑭賊起，攻沒郡縣，百姓驚散，閎誦經不移。賊相約語不入其閭⑮，鄉人就閎避難，皆得全免。年五十七，卒於土室。二弟忠、弘，節操皆亞於閎。

忠字正甫，與同郡范滂⑯為友，俱證黨事得釋，語在滂傳。初平⑰中，為沛⑱相，乘葦車⑲到官，以清亮⑳稱。及天下大亂，忠棄官客會稽上虞㉑。一見太守王朗㉒徒從整飾，心嫌之，遂稱病自絕。後孫策㉓破會稽，忠等浮海南投交阯㉔。獻帝都許㉕，徵為衛尉，未到，卒。

弘字邵甫，恥其門族貴埶，乃變姓名，徒步師門，不應徵辟㉖，終於家。

忠子祕，為郡門下議生㉗。黃巾起，祕從太守趙謙擊之，軍敗，祕與功曹封觀等七人以身扞刃，皆死於陳㉘，謙以得免。詔祕等門閭號曰「七賢㉙」。

6 封觀者，有志節，當舉孝廉，以兄名位未顯，恥先受之，遂稱風疾㉚，喑㉛不能言。火起觀屋，徐出避之，忍而不告。後數年，兄得舉，觀乃稱損㉜而仕郡焉。

【章　旨】以上為〈袁安傳〉的第六部分。記述袁京一支中長子袁彭一房的傳衍世系，截至袁彭曾孫即袁安的來孫為止；分別敘寫袁安三位玄孫在東漢後期天下大亂的形勢下對宰相家的叛逆性活動。

【注　釋】❶彭城相　彭城，為東漢封國之一。治今江蘇徐州。相，中央派往封國協助諸侯王治理其國的二千石官員，職如郡守。李賢注引《風俗通》：「賀字元服。祖父京，為侍中。安帝始加元服，百僚會賀。臨莊垂出，而孫適生。喜其嘉會，因名字焉。」❷阿母　乳母。❸眩疾　頭暈病。❹賻贈　指他人贈送的助葬物品。布帛曰賻，車馬曰贈。❺縗絰　謂服喪盡孝。將麻布條披在胸前為縗，紮在頭上和纏在腰間為絰。縗絰由臣為君、子為父、妻為夫服三年喪所使用。❻服闋　守喪期滿，除去孝服。闋，終結；完畢。❼仄陋　狹小簡陋。❽從父　父親的兄弟，即伯父、叔父。這裡實指伯父而言。❾三郤　指春秋晉國淫虐的晉厲公在位時頗為驕奢的正卿郤錡、郤犨、郤至。《春秋·成公十七年》：十二月「晉殺其大夫郤錡、郤犨、郤至。」《左傳》：「厲公將作難，胥童曰：『必先三郤。族大，多怨。去大族，不偪；敵多怨，有庸。』公曰：『然。』王午，胥童、夷羊五帥甲八百，將攻郤氏，長魚矯請無用眾，公使清沸魋助之。抽戈結衽，而偽訟者。三郤將謀於榭，矯以戈殺駒伯（郤錡）、苦成叔（郤犨）於其位。溫季（郤至）曰：『逃威也。』遂趨。矯及諸其車，以戈殺之，皆尸諸朝。」❿延熹　東漢桓帝劉志年號，西元一五八－一六七年。⓫黨事　史稱黨錮之禍，指發生在桓、靈在位時期官僚士大夫反對宦官專權而遭禁錮的政治事件。這一事件延續十幾年，直至黃巾軍爆發後方告結束。黨，宦官對官僚士大夫集團的定性稱謂，即團夥、幫派之義。詳見本書卷六十七。⓬牖　窗戶；窗口。⓭制服設位　穿孝服守喪，設靈位祭奠。⓮黃巾　對東漢末期農民軍的稱謂。由太平道首領張角組織發動，以其所屬部眾頭裹黃巾作為外在標幟，席捲全國，自靈帝中平元年（西元一八四年）一直延續到獻帝建安中葉，長達二十餘年。不僅使東漢王朝名存實亡，也促成了各地軍閥乘機崛起、連年混戰的局面，直至三國鼎立，方告一段落。⓯閭　里巷；居住地。⓰范滂　黨錮之禍中被迫害致死的正直人士。本書卷六十七〈黨錮列傳〉：

「獄吏將加掠考，滂以同囚多嬰病，乃請先就格，遂與同郡袁忠爭受楚毒。」此即下文所稱「俱證黨事」。⑰初平　東漢獻帝劉協年號，西元一九〇—一九三年。⑱沛　東漢改沛郡所設置的封國。治今安徽濉溪縣西北。⑲葦車　柴車，即簡陋無所裝飾的車子。⑳清亮　清廉公正。㉑會稽上虞　會稽，郡名。治今浙江紹興。上虞，縣名。治所始設于百官鎮，今屬浙江。㉒王朗　三國魏經學家王肅的父親。《三國志·魏書十三》有傳。㉓孫策　三國東吳政權的奠基人。《三國志·吳書一》有傳。㉔交阯　郡名。治今越南北寧省仙游東。㉕許　縣名。位於今河南許昌東。建安元年（西元一九六年）曹操挾持獻帝建都於此，又稱許都。㉖徵辟　漢代選用人才的一種制度。徵，指皇帝下詔聘召，有時亦稱特詔或特徵。辟，指公卿或州郡徵調某人為其下屬官員，亦稱辟召、辟除。皇帝所徵對象均係社會著名人物，公卿州郡所辟對象多為賢達之士。徵辟帶有禮請的性質，不具備強制力，因而被徵辟者可以應聘，也可藉故辭謝不就。㉗門下議生　即郡守之下對政務建言立議的人員。㉘陳　「陣」的古字。即戰陣、軍陣。㉙七賢　李賢注引謝承《書》：「祕字永寧。封觀與主簿陳端、門下督范仲禮、賊曹劉偉德、主記史丁子嗣、記室史張仲然、議生袁祕等七人，擢刃突陳，與戰並死。」㉚風疾　指中風麻痹、半身不遂一類的疾病。㉛暗　變成啞巴的意思。㉜稱損　聲明病體痊癒。損，謂病情減退。

【語　譯】袁閎字夏甫，是袁彭的孫子。從小就在操行上磨練自己，讓身軀經受痛苦的折磨，修養好氣節。父親袁賀，擔任彭城相。袁閎前去探望拜見，故意改變姓名，徒步前行，沒有同伴。來到郡府大門口，吏員接連好幾天都不為他通報，正趕上乳母出來，看見袁閎在那裡，深感驚訝，轉身進去稟告夫人，這才悄悄把他叫進去見面，很快便辭別離去，袁賀派車送他，袁閎聲稱患有頭暈病，不肯乘坐，等返回到故里，全郡沒有一個人知道這件事。待至袁賀在郡所去世，袁閎兄弟前去迎喪，不接受任何助葬物品，披麻戴孝，手扶棺柩，冒著寒風嚴霜往回趕，形體容貌枯槁毀損，手腳流血，看見這番景象的人沒有不對他們表示傷痛的。守喪期滿後，多次受到徵召薦舉，但都加以謝絕。住在狹小簡陋的房屋裡，把耕田治學作為本業。伯父袁逢、袁隗都富貴隆盛，多次送給他物品，但他從未接受。

2　袁閎看到時局險惡混亂，然而自家一門富貴隆盛，便經常對兄弟感歎說：「我們祖先的福祿，後代不能靠德行守住它，卻競相驕縱奢侈，與亂世爭高低，這就是當年晉國的三郤啊。」桓帝延熹末年，黨錮之禍眼看要興起，袁閎就披散開頭髮，與世隔絕，打算藏身到深山老林中去。因為母親年老，不宜遁跡到遠方，於是修築土室，位於庭院的正中，不設屋門，只從窗口接取飲食而已。每天天剛亮，就在土室中面朝東方給母親行禮。母親想念袁閎，經常去探望他；母親一離去，袁閎便關起窗戶，兄弟妻子根本就見不到他。到母親去世後，既不穿孝服守喪，又不設靈位祭奠，當時人們想不出什麼字眼來形容他，有人認為他是個狂生。袁閎一直不露身形十八年，黃巾軍開始造反，攻占郡縣，百姓驚慌四散，袁閎卻只管誦讀經書，並不逃離。造反者相互約定，不進入袁閎所在的里巷，本鄉人都到袁閎那裡去避難，全部保全了性命。袁閎到五十七歲時，在土室中死去。兩個弟弟袁忠、袁弘，節操都比不上袁閎。

3 袁忠字正甫，與同郡范滂是朋友，二人都在黨錮之禍中遭受審訊獲得釋放，詳情記載在〈范滂傳〉中。到獻帝初平年間，袁忠任沛相，乘坐簡陋的柴車到官府上任，憑藉清廉公正聞名於世。到天下大亂時，袁忠放棄官位，寄居在會稽郡上虞縣。他見會稽太守王朗的隨從人員個個穿戴講究，內心很厭惡他，於是聲稱有病，主動與他斷絕了來往。後來孫策攻占會稽郡，袁忠等人渡過大海向南投奔到交阯郡。獻帝在許縣建都，徵召他出任衛尉，他沒到任就去世了。

4 袁弘字邵甫，他把自己家族的權勢看成是恥辱，於是改變姓名，步行去師長那裡研習學問，拒絕官府的徵召，最後在家中去世。

5 袁忠的兒子袁祕，是本郡門下議生。黃巾軍造反時，袁祕跟從太守趙謙去進擊他們，但作戰失敗，袁祕和郡功曹封觀等七人用身軀抵禦兵刃，都在戰陣中喪生，趙謙由此得以脫身。朝廷下詔，在袁祕等人居住的里巷大門前懸掛名為「七賢」的匾額。

6 封觀這個人，具有志向和節操，本應保舉為孝廉，但他鑑於兄長的名聲地位尚未顯揚開來，便把搶在前面接受保舉看成是恥辱，聲稱自己中風痲痹，變成啞巴不能再說話了。大火曾在封觀的房屋內燃起，他慢慢走出去躲避，不透露消息而向別人求救。數年過後，兄長得到保舉，封觀這才聲明病體痊癒，到郡中做官。

論曰：陳平❶多陰謀，而知其後必廢；邴吉❷有陰德，夏侯勝❸識其當封及子孫。終陳掌❹不侯，而邴昌❺紹國，雖有不類，未可致詰❻，其大致歸然矣。袁公竇氏之間，乃情❼帝室，引義雅正，可謂王臣之烈❽。及其理楚獄，未嘗鞫人於臧罪，其仁心足以覃❾乎後昆。子孫之盛，不亦宜乎？

【章　旨】以上是作者范曄發表的評論。該評論根據初唐李賢注的說法，屬於轉錄西晉史家華嶠《後漢書》的原文，即以他人之說代己立言。主要宣揚積陰德必得後報的觀點，標揭袁安無愧「王臣之烈」的政治作為和施用「仁心」的難能可貴之處，以及由此給後裔帶來的福澤。

【注　釋】❶陳平　西漢的開國元勳。《史記·陳丞相世家》、《漢書》卷四十有傳。〈世家〉：陳平「凡六出奇計，輒益邑，凡六益封。奇計或頗祕，世莫能聞也」，由戶牖侯改封曲逆侯。「始陳平曰：『我多陰謀，是道家之所禁。吾世即廢，亦已矣，終不能復起，以吾多陰禍也。』」❷邴吉　西漢歷仕武帝、昭帝、宣帝三朝的大臣。宣帝賴其救護得以在極其危險的情勢下生存下來，又經他提議才繼承帝位，但他絕口不提救護之事，使宣帝得知實情後大為讚歎。《漢書》卷七十四載：宣帝「憂吉疾不起，太子太傅夏侯勝曰：『此未死也。臣聞有陰德者，必饗其樂，以及子孫。今吉未獲報而疾甚，非其死疾也。』後病果瘉。」封之為「博陽侯，邑千三百戶。」❸夏侯勝　西漢尤為精通《尚書》的經學家。《漢書》卷七十五有傳。❹陳掌　陳平的曾孫，漢武帝時大將軍衛青的女婿。《史記·陳丞相世家》：「孝文帝二年，丞相陳平卒，謚為獻侯。子共侯買代侯。二年卒，子簡侯恢代侯。二十三年卒，子何代侯。二十三年，何坐略人妻棄市，國除。」其後「曾孫陳掌以衛氏親貴戚，願得續封陳氏，然終不得。」❺邴昌　邴吉的孫子。《漢書·邴吉傳》：「吉薨，謚曰定侯。子顯嗣，甘露中有罪，削爵為關內侯。顯卒，子昌嗣爵關內侯」，至成帝鴻嘉元年，又封「昌為博陽侯，奉吉後。國絕三十二歲，復續云。昌傳子至孫，王莽時乃絕。」❻致詰　究尋；推問。❼乃情　竭情。竭盡忠誠之義。❽烈　功業。❾覃　延及。

【語　譯】史家評論說：西漢陳平為高祖想出了多種世人不知的奇謀，他自己很清楚陳家後代必定會被廢除封爵；西漢邴吉積有暗中救護他人的恩德，夏侯勝能看出他家的封爵會延續到子孫數代。到曾孫陳掌那一代，也沒恢復陳氏的曲逆侯爵位。至嫡孫邴昌時，就重新接續上邴家博陽侯的封國。盡管兩家存在著不同的情況，難以弄個明白，但大的方面還是很清楚地擺在那裡的。袁公和竇氏之間，把一片忠心傾注在帝室，引用經義典雅純正，稱得上是王室重臣的功業。在他審理楚王謀反大案時，未曾拿貪汙受賄罪給人做出過判決，這種仁慈的心陽足以把吉福帶給後代。袁氏子孫那麼興盛，不也是應該的嗎？

1

張酺，字孟侯，汝南細陽❶人，趙王張敖❷之後也。敖子壽，封細陽之池陽鄉，後廢，因家焉。酺少從祖父充受尚書❸，能傳其業。又事太常桓榮❹。勤力不怠，聚徒以百數。永平九年，顯宗為四姓小侯❺開學於南宮❻，置五經❼師。酺以尚書教授，數講於御前。以論難當意，除為郎，賜車馬衣裳，遂令入授皇太子。

2

酺為人質直，守經義，每侍講間隙，數有匡正之辭，以嚴見憚。及肅宗即位，擢酺為侍中、虎賁中郎將❽。數月，出為東郡太守。酺自以嘗經親近，未悟見出，意不自得，上疏辭曰：「臣愚以經術給事左右，少不更職，不曉文法❾，猥當剖符❿典郡，班⓫政千里，必有負恩辱位之咎。臣竊私自分，殊不慮出城闕，冀蒙留恩，託備冗官⓬，群僚所不安，耳目所聞見，不敢避好醜⓭。」詔報曰：「經云：『身雖在外，乃心不離王室。』⓮典城臨民，益所以報效也。好醜必上，不在遠近。今賜裝錢三十萬，其亟之官。」酺雖儒者，而性剛斷。下車擢用義勇，搏擊豪彊。長吏有殺盜徒⑮者，酺輒案之，以為令長受臧，猶不至死，盜徒皆飢寒傭保⑯，何足窮其法乎！

3 郡吏王青者，祖父翁，與前太守翟義起兵攻王莽，及義敗，餘眾悉降，翁獨守節力戰，莽遂燔燒之。父隆，建武初為都尉⑰功曹，青為小史⑱。與父俱從都尉行縣⑲，道遇賊，隆以身衛全都尉，遂死於難；青亦被矢貫咽，音聲流喝⑳。前郡守以青身有金夷㉑，竟不能舉。酺見之，歎息曰：「豈有一門忠義而爵賞不及乎？」遂擢用極右曹㉒，乃上疏薦青三世死節，宜蒙顯異。奏下三公，由此為司空所辟。

4 自酺出後，帝每見諸王師傅，常言：「張酺前入侍講，屢有諫正，誾誾惻惻㉓，出於誠心，可謂有史魚㉔之風矣。」元和二年，東巡狩㉕，幸東郡，引酺及門生并郡縣掾史並會庭中。帝先備弟子之儀，使酺講尚書一篇，然後脩君臣之禮。賞賜殊特，莫不沾洽㉖。

【章旨】以上為〈張酺傳〉的第一部分。記述張酺的籍貫、家世、家學、師承關係、質直剛斷的性格特徵，在明帝、章帝時期擔任九年皇太子師傅和出任十五年東郡太守的經歷。其中涉及到利用授課間隙屢有諫正的舉動，提拔重用並向中央薦舉忠義勇敢郡吏的措施，打擊地方豪強勢力的行動，嚴禁虐殺刑徒的辦法，在任所重與章帝修明師生君臣之禮的殊遇。

【注　釋】❶細陽　縣名。治今安徽太和西南。❷張敖　西漢開國功臣張耳的兒子，漢高祖的大女婿。《史記・張耳陳餘列傳》：高祖三年「漢立張耳為趙王。漢五年，張耳薨，謚為景王。子敖嗣，立為趙王，高祖長女魯元公主為趙王敖后。」❸尚書　儒家《五經》之一，實乃現存最早的中國古代文告檔卷的彙編。其通行本則為《今文尚書》和《偽古文尚書》的混合體，而以《今文尚書》二十八篇可信度較高。❹桓榮　東漢明帝的老師。詳見本書卷三十七。❺四姓小侯　四姓指東漢前期外戚樊氏、郭氏、陰氏、馬氏。其子弟幼年封侯，故稱小侯。❻南宮　宮殿名。故址在今河南洛陽東北。❼五經　《周易》、《尚書》、《詩》、《儀禮》、《春秋》的合稱。本書卷二〈明帝紀〉：永平九年「為四姓小侯開立學校，置《五經》師。」又卷十〈皇后紀・和熹鄧皇后〉：「永平中四姓小侯皆令入學，所以矯俗厲薄，反之忠孝。」❽虎賁中郎將　武官之稱。秩比二千石，掌領虎賁郎宿衛皇宮，戰時則率兵征伐。❾文法　指法律條規。❿剖符　封賜功臣官爵的一種表示誠信度的方式。符指竹，將竹一分為二，君臣各執其一，作為憑證，即所謂剖符。《史記・高祖本紀》：高祖六年「乃論功，與諸列侯剖符，行封。」又《漢書・高帝紀》：「又與功臣剖符作誓，丹書鐵契，金匱石室，藏之宗廟。」誓詞則是：「使河如帶，泰山若厲，國以永寧，爰及苗裔。」⓫班　通「頒」。頒布。⓬宂官　多餘的官員。⓭好醜　猶言善惡。李賢注：「言事之善惡，必以聞上，此即報效，豈拘外內也。」⓮經云三句　本於《尚書・顧命》：「雖爾身在外，乃心罔不在王室。」⓯盜徒　犯有盜竊罪的役徒。⓰傭保　受雇給人打雜的人。⓱都尉　郡設武官，協助郡守掌領武職甲卒，負責治安，防遏盜賊。⓲小史　官府中沒有具體職務的地位最低的吏員。⓳行縣　巡視下屬各縣。⓴流喝　沙啞不連貫。㉑金夷　謂刀傷、劍傷之類。㉒極右曹　指功曹。李賢注引《漢官儀》：「督郵、功曹，郡之極位。」㉓誾誾惻惻　忠正而又懇切的樣子。惻惻，懇切貌。㉔史魚　名鰌，字子魚。春秋時期衛國的大夫。《論語・衛靈公》：「子曰：『直哉史魚！邦有道如矢，邦無道如矢。』」孔穎達疏：「言不隨世變曲也。」㉕巡狩　視察之義。㉖沾洽　普遍受惠。

【語　譯】張酺，字孟侯，是汝南郡細陽縣人，屬於西漢趙王張敖的後裔。張敖的兒子張壽，獲得細陽縣池陽鄉這一封邑，後來封邑被取消，便在本地安家。張酺從年紀很小時就跟從祖父張充研習《尚書》，頗能傳承他的學業。又拜太常桓榮為師。勤奮用功，從不懈怠，聚集了上百名前來學習的門徒。到永平九年，明帝在南宮為外戚四姓小侯創辦學校，設置《五經》師。張酺專憑《尚書》授課，多次在明帝面前進行講解。因討論究詰使明帝深感有理，被任命為郎官，賜給車馬衣裳，隨即讓他入宮向皇太子傳授《尚書》。

2 張酺為人樸實正直，恪守經典的義理，常在講授略作休息的時候，多有匡正的言詞，憑藉態度嚴正而使太子敬畏他。到章帝即位，便把張酺提升為侍中、虎賁中郎將。幾個月過後，被調離朝廷去當東郡太守。張酺自己覺得曾在皇帝身邊工作過，弄不清被派往地方的緣由，心中很彆扭，就進呈奏疏推辭說：「臣下我愚昧地用經術侍奉左右，因年輕未經歷過地方行政職務，不熟悉政令法規，濫竽充數地被委以重任，去掌管一郡，向千里轄區頒發政令，肯定會產生辜負皇恩、有辱職位的罪過。臣下我考慮自身特點，真沒想到還會離開京城擔重任，希望蒙受留任的恩澤，在多餘的官員中湊個數，對群臣感到不合適的政務和自己所聞所見，不敢挑肥揀瘦。」章帝下達詔書答覆說：「經書上講：『雖然人在朝廷之外，但你那顆心時刻不離開王室。』掌領城邑，管轄百姓，這正是更好地報效朝廷。好壞都一定要幹，不在遠近。現在賜給你行裝費三十萬錢，還是趕快去上任吧。」張酺雖然是個儒生，但性情剛強果斷。到任後提拔重用忠義勇武的人士，打擊地方豪強。長吏中有殺死犯下盜竊罪的刑徒的，張酺便追究他們的責任，認為縣令縣長接受賄賂，還不至於處死，犯下盜竊罪的刑徒都是挨餓受凍給人打雜的人，有什麼理由對他們使用極刑呢！

3 郡吏中有個名叫王青的人，他祖父王翁與從前的東郡太守翟義起兵進攻王莽，到翟義失敗後，剩下的部眾全都投降了，只有王翁堅守節操奮力搏戰，王莽便將他燒死了。王青的父親王隆，在光武帝建武初年擔任都尉功曹，王青當小史。他和父親一同跟從都尉去巡察各縣，路上遇見盜賊，王隆用身體衛護都尉，自己遇害；王青也被箭射穿了咽喉，說話沙啞不連貫。前任郡守因王青身上帶傷，一直沒薦舉他。張酺見到王青，歎息道：「哪有一門忠義卻不賞賜官爵的呢？」於是把他提升為功曹，並進呈奏疏，推薦王青一家三代為節義而死，應該受到特殊的嘉獎。章帝把這道奏疏交付三公討論，王青由此被司空所聘用。

4 自從張酺離開京師以後，章帝每次見到各位王子的師傅，總是說：「張酺以前入宮講課，多次提出諫正意見，既忠正，又懇切，出自一片誠心，稱得上具有史魚的風範。」元和二年，章帝去東部視察，來到東郡，宣召張酺及其門生連同郡縣大小官員會集在郡庭中。章帝先向張酺敬行弟子之禮，讓張酺講說《尚書》一篇，然後修明君臣大禮。賞賜十分優厚，沒有不受到恩惠的。

酺視事十五年，和帝初，遷魏郡❶太守。郡人鄭據時為司隸校尉，奏免執金吾竇景。景後復位，遣掾夏猛私謝酺曰：「鄭據小人，為所侵冤。聞其兒為吏，放縱狼藉❷。取是曹子一人，足以驚百。」酺大怒，即收猛繫獄，檄言執金吾府，疑猛與據子不平，矯稱卿意，以報私讎。會有贖罪❸令，猛乃得出。頃之，徵入為河南尹。竇景家人復擊傷市卒❹，吏捕得之，景怒，遣緹騎❺侯海等五百人歐傷市丞❻。酺部吏楊章等窮究，正海罪，徙朔方❼。景忿怨，乃移書辟章等六人為執金吾吏，欲因報之。章等惶恐，入白酺，願自引臧罪，以辭景命。酺即上言其狀。竇太后詔報：「自今執金吾辟吏，皆勿遣。」

及竇氏敗，酺乃上疏曰：「臣實愚惷，不及大體，以為竇氏雖伏厥辜，而罪刑未著，後世不見其事，但聞其誅，非所以垂示國典，貽之將來。宜下理官❽，與天下平之。方憲等寵貴，群臣阿附唯恐不及，皆言憲受顧命❾之託，懷伊、呂❿之忠，至乃復比鄧夫人⓫於文母⓬。今嚴威既行，皆言當死，不復顧其前後，考折厥衷。臣伏見夏陽侯瓌⑬，每存忠善，前與臣言，常有盡節之心，檢敕⑭賓客，未嘗犯法。臣聞王政骨肉之刑，有三宥⑮之義，過厚不過薄。今議者為瓌選嚴能相，恐其迫切，必不完免，宜裁加貸宥，以崇厚德。」和帝感酺言，徙瓌封，就國而已。

【章旨】以上為〈張酺傳〉的第二部分。記述張酺在和帝初期魏郡太守與河南尹任內同外戚竇氏集團相抗爭的情況，以及對其敗亡後的處置意見。既挫敗執金吾竇景對朝臣吏士打擊報復的圖謀，又主張對竇氏成員區分情況，不可斬盡殺絕。

【注釋】❶魏郡　郡名。治今河北臨漳西南鄴鎮。❷狼藉　意謂不成樣子。❸贖罪　納金抵罪。❹市卒　維護市場秩序的勤雜人員。❺緹騎　騎士之稱。其帛製軍服為丹黃色，故名。漢制，執金吾領有緹騎二百人，負責宮外巡邏及非常之事，天子出行則掌導從。❻市丞　協助市長或市令管理市場、平抑物價的官員。❼朔方　郡名。治今內蒙古蹬口北。❽理官　審理案件的官員。❾顧命　謂帝王臨終前對大臣的重託。❿伊呂　伊，伊尹。為輔佐商湯滅夏的大臣。呂，呂尚。為輔佐周武王滅商的大臣。⓫鄧夫人　名元。指竇憲黨羽穰侯鄧疊的母親。本書〈志第十一・天文中・和三十三〉：「竇憲為大將軍，憲弟篤、景等皆卿校尉，憲女弟壻郭舉為侍中、射聲校尉，與衛尉鄧疊母元，俱出入宮中，謀為不軌。至四年六月丙寅發覺，和帝幸北宮，詔執金吾、五校勒兵屯南北宮，閉城門捕舉、舉父長樂少府璜及疊、疊弟步兵校尉磊、母元，皆下獄誅。」⓬文母　指周文王的夫人太姒。《詩・雝》：「既右烈考，亦右文母。」《毛傳》：「文母，大姒也。」劉向《列女傳・母儀傳》：「太姒者，武王之母，禹后有莘姒氏之女。仁而明道，文王嘉之，親迎於渭，造舟為梁。及入，太姒思媚太姜、太任，旦夕勤勞，以進婦道。太姒號曰文母。文王治外，文母治內。太姒生十男。」⓭瓌　竇瓌。為竇憲的弟弟。本書卷二十三〈竇憲傳〉：永元三年「封憲冠軍侯，邑二萬戶。篤郾侯，景汝陽侯，瓌夏陽侯，各六千戶。」又：「瓌少好經書，節約自脩，出為魏郡，遷潁川太守。」⓮檢敕　督察約束。⓯三宥　對王、公家族成員犯罪者表示寬宥的一種禮節。《禮記・文王世子》：

「公族無宮刑。獄成，有司讞於公。其死罪則曰『某之罪在大辟』，其刑罪則曰『某之罪在小辟』。公曰『宥之』。有司又曰『在辟』，公又曰『宥之』。有司又曰『在辟』，及三宥不對。走出，致刑於甸人。公又使人追之曰：『雖然，必赦之。』有司對曰：『無及也。』」

【語　譯】張酺在東郡履行職責十五年。到和帝初年，改任魏郡太守。本郡人鄭據當時正擔任司隸校尉，奏請罷免了執金吾竇景的職務。竇景後來又恢復了官位，就派下屬夏猛私下去預先拜謝張酺說：「鄭據是個小人，我被他侵害，蒙受冤屈。聽說他兒子在您手下當吏員，放縱得不成樣子。抓起鄭據這類官員的一個兒子，足以警戒其他人。」張酺聽後大怒，立即把夏猛關進監獄，向執金吾府發送公文，說是懷疑夏猛與鄭據的兒子存在矛盾，假借您的名義，以報私仇。正趕上朝廷發布納金抵罪的法令，夏猛這才被釋放出來。不久，張酺被調任河南尹。竇景的家人又打傷維護市場秩序的勤雜人員，被府吏抓捕歸案，竇景聞訊大怒，派手下緹騎成員侯海等五百人又去打傷了市丞。張酺手下的吏員楊章等人追查到底，把侯海治罪，流放到朔方郡服勞役。竇景對此十分憤恨，便發公文叫楊章等六人到執金吾府當吏員，打算乘機報復他們。楊章等人深感恐懼，就向張酺稟報這一情況，甘願承認自己犯有貪汙罪，以此回絕竇景的徵召命令。張酺立刻向朝廷奏明情況。竇太后下達詔書答覆說：「從今以後執金吾徵召吏員，有關部門都不要放人。」

到竇氏敗亡後，張酺便進呈奏疏說：「臣下我確實愚蠢，不識大體，覺得竇氏雖然受到應有的懲處，但罪名和刑罰尚未形成結論，後世不了解具體的案情，只聽說他們被誅殺，這達不到垂示國家法典、警戒將來的目的。應該責成審案官員，同天下人判定他們的罪過。當竇憲等人受寵信而權勢大的時候，群臣阿附惟恐落在後面，都說竇憲承受先帝臨終前的重託，懷有伊尹、呂尚那樣的忠心，甚至又把鄧夫人比成文母。如今天子的威權已經得到施用，又都說他們應當一律處死，不再顧及他們前後的所作所為，不考求並作出最適中的處置。臣下我看到夏陽侯竇瓌每每存有忠誠美好的意願，以前和臣下我交談，常有竭盡大臣節操的心思，督察約束賓客，未曾違犯國法。臣下我聽說王政在對親屬行用的刑罰上，具有連說三次寬恕的義旨，寧失之寬，不失之嚴。如今議論政事的人為竇瓌選派威嚴能幹的國相，恐怕他對竇瓌會緊逼切責，必定得不到保全，應該考慮予以寬恕，用來彰顯朝廷的厚德。」和帝被張酺這道奏疏所感動，把竇瓌的封地改到別處，讓他前往封國而已。

1 永元❶五年，遷酺為太僕。數月，代尹睦為太尉。數上疏以疾乞身，薦魏郡太守徐防❷自代。帝不許，使中黃門❸問病，加以珍羞，賜錢三十萬。酺遂稱篤。時子蕃以郎侍講，帝因令小黃門❹勑蕃曰：「陰陽不和，萬人失所，朝廷望公思惟得失，與國同心，而託病自絜，求去重任，誰當與吾同憂責者？非有望於斷金❺也。司徒固疾，司空年老，公其偃僂❻，勿露所勑。」酺惶恐詣闕謝，還復視事。酺雖在公位，而父常居田里，酺每有遷職，輒一詣京師。嘗來候酺，適會歲節❼，公卿罷朝，俱詣酺府奉酒上壽，極歡卒日，眾人皆慶羨之。及父卒，既葬，詔遣使齎牛酒為釋服❽。

2 後以事與司隸校尉晏稱會於朝堂，酺從容謂稱曰：「三府辟吏，多非其人。」稱歸，即奏令三府各實其掾史。酺本以私言，不意稱奏之，甚懷恨。會復共謝闕下，酺因責讓於稱。稱辭語不順，酺怒，遂廷叱之，稱乃劾奏酺有怨言。天子以酺先帝師，有詔公卿、博士❾、朝臣會議。司徒呂蓋奏酺位居三司❿，知公門有儀，不屏氣鞠躬以須詔命，反作色大言，怨讓使臣⑪，不可以示四遠。於是策免。

3 酺歸里舍，謝遣諸生，閉門不通賓客。左中郎將何敞及言事者多訟酺公忠，帝亦雅⑫重之。十六年，復拜為光祿勳。數月，代魯恭⑬為司徒。月餘薨。乘輿縞素臨弔，賜冢塋地⑭，賵贈恩寵異於它相。酺病臨危，敕其子曰：「顯節陵⑮埽地露祭，欲率天下以儉。吾為三公，既不能宣揚王化，令吏人從制，豈可不務節約乎？其無起祠堂，可作槀蓋廡⑯，施祭其下而已。」

4 曾孫濟，好儒學，光和⑰中至司空，病罷。及卒，靈帝以舊恩贈車騎將軍、關內侯印綬。其年，追濟侍講⑱有勞，封子根為蔡陽鄉侯。濟弟喜，初平中為司空。

【章　旨】以上為〈張酺傳〉的第三部分。記述張酺在和帝親政後太尉任內獲得的寵信，有失大臣禮儀被免職的經過，臨終前留下的薄葬遺囑，其身後兩位曾孫到漢末又憑儒學出任司空的際遇。

【注　釋】❶永元　東漢和帝劉肇年號，西元八九—一〇五年。❷徐防　東漢中前期勤曉政務、擁立安帝的大臣。詳見本書卷四十四。❸中黃門　東漢由宦官擔任的官職。掌給事禁中。黃門即宮門，宮門皆黃闥，故名。❹小黃門　東漢由宦官擔任的官職。掌侍皇帝左右，接受尚書奏事。❺斷金　意謂同心協力。語本《周易・繫辭上》：「二人同心，其利斷金。」❻傴僂　意謂恭敬從命。《左傳・昭公七年》載魯國大夫孟僖子之言：「一命而僂，再命而傴，三命而俯。」❼歲節　年節。❽釋服　脫去孝服，改穿常服。❾博士　官名，秩比六百石。負責在太學講授儒家經典，培養學生。朝廷遇有疑難之事詢問，則進行對答。《漢書・成帝紀》：「詔曰：『古之立太學，將以傳先王之業，流化於天下也。儒林之官，四海淵原，宜皆明於古今，溫故知新，通達國體，故謂之博士。』」❿三司 即三公。⓫使臣 指司隸校尉。因其監督陰謀作亂的奸猾分子，無所不察，故而謂之為使臣。⓬雅 一向；素來。⓭魯恭 東漢中前期通曉經學、對朝政多有補益的大臣。詳見本書卷二十五。⓮冢塋地 即墓地。⓯顯節陵 東漢明帝劉炟的陵墓。故址在今河南洛陽古城東南約三十七里處。本書卷二〈明帝紀〉：「遺詔無起寢廟，藏主於光烈皇后更衣別室。帝初作壽陵，制令流水而已。石槨廣一丈二尺，長二丈五尺，無得起墳。萬年之後，埽地而祭，杅水脯糒而已。過百日，惟四時設奠。置吏卒數人，供給灑掃。勿開修道，敢有所興作者，以擅議宗廟法從事。」⓰稾蓋廡 用禾稈作頂的廊屋。稾，禾類植物的莖稈。廡，廊屋。⓱光和 東漢靈帝劉宏年號，西元一七八－一八四年。⓲侍講 給皇帝講學之官。李賢注引華嶠《書》：「蕃生磐，磐生濟。濟字元江。靈帝初，楊賜薦濟明習典訓，為侍講。」

【語譯】和帝永元五年，張酺被提升為太僕。幾個月後，又代替尹睦當太尉。他多次進呈奏疏，拿身體有病做理由請求退休，並推薦魏郡太守徐防代替自己當太尉。和帝不答應，特派中黃門前去探問病情，附帶山珍海味，賜錢三十萬。張酺隨即聲稱病重。這時張酺的兒子張蕃正以郎官的身分為和帝講授《尚書》，和帝趁勢派小黃門讓張蕃轉達命令說：「目前陰陽不和諧，大批民眾流離失所，朝廷盼望您考慮朝政得失，與國家心往一處想，可您卻藉口有病，潔身自好，請求辭去重任，那可有誰能與我共同憂慮、負起責任呢？您這樣做，是不願意同心協力啊。司徒本來就有病，司空又年紀很老了，您還是恭敬從命吧，不可洩露這些話。」張酺隨後驚恐地來到皇宮謝罪，重新又履行起職責來。張酺雖然身居三公高位，但他父親時常住在鄉下，每逢張酺提升官職，他就來京一次。曾有一次到京等候張酺，正趕上過節，公卿不上朝，都到張酺府上給他父親敬酒祝壽，盡情歡樂了一整天，眾人都為他感到慶幸，表示羨慕。到父親去世，下葬之後，和帝下達詔書，派遣使者攜帶牛、酒為張酺換去喪服。

2 後來因有公事同司隸校尉晏稱在朝堂相見，張酺平心靜氣地對晏稱說：「三公府聘用的官吏，多數不是合適的人選。」晏稱回去後，立即上奏，請朝廷命令三公府各自考核本部門的掾史是否稱職。張酺本來是出自私人之間的談話，沒想到晏稱竟會上奏朝廷，心中對他十分惱恨。恰好趕上他二人又在皇宮前一起謝罪，張酺乘勢責怪晏稱。晏稱言詞不恭順，張酺大怒，就在朝廷上公開斥責他，晏稱於是劾奏張酺對朝廷有怨言。天子鑑於張酺是先帝的老師，便下達詔書，讓公卿、博士、朝臣共同評議這件事。司徒呂蓋上奏張酺位居三公，深知辦公場所定有禮儀，不屏氣鞠躬來等待詔命，反而怒容滿面，厲聲喝叫，怨恨責怪使臣，沒辦法給四方樹立榜樣。於是下達策書，將他免職。

3　張酺回到故鄉後，謝絕眾門生前來看望並將他們打發回去，關起大門不與賓客來往。左中郎將何敞以及議論政事的人大多為張酺做申辯，說他公正忠誠，和帝也一向敬重他。到永元十六年，又讓他擔任光祿勳。幾個月後，代替魯恭當司徒。僅過一個多月，他就去世了。和帝身穿白色衣服親自去弔唁，賜給墓地，贈予的助葬物品在規格上與其他宰相不同。張酺在病危時，命令兒子說：「顯節陵灑掃地面，露天祭祀，目的是在節儉方面給天下做出表率來。我身為三公，既然不能宣播聖明帝王的教化，使官吏百姓都按國家制度辦事，又哪能不極力節儉呢？我死後不要修建祠堂，可以蓋間茅草房，能夠在下面祭祀就行了。」

4　曾孫張濟，喜好儒學，在靈帝光和年間官至司空，因病罷免。到他去世時，靈帝因受過他講授經書的師恩贈給他車騎將軍、關內侯的印綬。就在這一年，追思張濟講授經書有功，便把張濟的兒子張根封為蔡陽鄉侯。張濟的弟弟張喜，到獻帝初平年間擔任司空。

1　韓棱，字伯師，潁川舞陽❶人，弓高侯穨當❷之後也。世為鄉里著姓。父尋，建武中為隴西❸太守。棱四歲而孤，養母弟以孝友稱。及壯，推先父餘財數百萬與從昆弟❹，鄉里益高之。初為郡功曹，太守葛興中風，病不能聽政，棱陰代興視事，出入二年，令無違者。興子嘗發教欲署吏，棱拒執不從，因令怨者章之。

事下案驗，吏以棱掩蔽興病，專典郡職，遂致禁錮❺。顯宗知其忠，後詔特原之。由是徵辟，五遷為尚書令❻，與僕射❼郅壽❽、尚書陳寵❾，同時俱以才能稱。肅宗嘗賜諸尚書劍，唯此三人特以寶劍，自手署其名曰：「韓棱楚龍淵❿，郅壽蜀漢文⓫，陳寵濟南椎成⓬。」時論者為之說：以棱淵深有謀，故得龍淵；壽明達有文章，故得漢文；寵敦朴，善不見外，故得椎成。

2 和帝即位，侍中竇憲使人刺殺齊殤王⓭子都鄉侯暢於上東門⓮，有司畏憲，咸委疑於暢兄弟。詔遣侍御史之齊案其事。棱上疏以為賊在京師，不宜捨近問遠，恐為姦臣所笑。竇太后怒，以切責棱，棱固執其議。及事發，果如所言。憲惶恐，白太后求出擊北匈奴以贖罪。棱復上疏諫，太后不從。及憲有功，還為大將軍，威震天下，復出屯武威。會帝西祠園陵⓯，詔憲與車駕會長安。及憲至，尚書以下議欲拜之，伏稱萬歲。棱正色曰：「夫上交不諂，下交不黷⓰，禮無人臣稱萬歲之制。」議者皆慙而止。尚書左丞⓱王龍私奏記⓲上牛酒於憲，棱舉奏龍，論為城旦⓳。棱在朝數薦舉良吏應順、呂章、周紆⓴等，皆有名當時。及竇氏敗，棱典案其事，深竟黨與，數月不休沐㉑。帝以為憂國忘家，賜布三百匹。

3 遷南陽太守，特聽棱得過家上冢，鄉里以為榮。棱發擿㉒姦盜，郡中震慄，政號嚴平。數歲，徵入為太僕。九年冬，代張奮㉓為司空。明年薨。子輔，安帝㉔時至趙㉕相。稜孫演，順帝時為丹陽㉖太守，政有能名。桓帝時為司徒。大將軍梁冀被誅，演坐阿黨抵罪，以減死論，遣歸本郡。後復徵拜司隸校尉。

【章旨】以上為〈韓稜傳〉。記述韓稜的籍貫、家世、推讓家財的義舉，在明帝、章帝、和帝時期任官內外直至司空而政績可圈可點的大致情狀。包括以郡功曹身分暗中代行郡守職權，在尚書令任內獲得欽賜「韓稜楚龍淵」寶劍，同外戚竇氏集團前後作鬥爭，在南陽太守任內威懾奸盜之徒等。

【注釋】❶潁川舞陽　潁川，郡名。治今河南禹州。舞陽，縣名。治今河南舞陽西北。❷積當　西漢韓王信的兒子。《史記・韓信盧綰列傳》：「信之入匈奴，與太子俱。及至積當城，生子，因名曰積當。韓太子亦生子，命曰嬰。至孝文十四年，積當及嬰率其眾降漢，漢封積當為弓高侯。」❸隴西　郡名。治今甘肅臨洮。❹從昆弟　堂兄堂弟。❺禁錮　不許再做官。❻尚書令　尚書臺的長官。其品秩為千石，掌管選署和上傳下達尚書六曹文書眾事。❼僕射　全稱尚書僕射，為尚書臺的副長官。其品秩六百石，掌管尚書事務。❽郅壽　東漢中前期忠正敢言的朝臣。詳見本書卷二十九。❾陳寵　東漢著名的法學家。詳見本書卷四十六。❿楚龍淵　楚是古國名。用以指代韓稜的籍貫潁川舞陽（今屬河南）。龍淵寓有二義：一為深淵，二為古代寶劍名。⓫蜀漢文　蜀，古邑名。相傳周代萇弘死於該邑，三年血化為碧，在今河南禹州西北，用以指代郅壽的籍貫汝南西平（今屬河南）。漢文意謂大漢文章的佼佼者。⓬濟南椎成　濟南，濟水以南。用以指代陳寵的籍貫沛國洨縣（今安徽固鎮東濠城）。椎成寓有二義：一為鍛造成的利劍，二為樸實老成。⓭齊殤王　指劉秀胞兄齊武王劉縯的孫子劉石。詳見本書卷十四。⓮上東門　洛陽城東面城牆的北側第一座城門。本書卷二十三〈竇憲傳〉：「暢素行邪僻，與步兵校尉鄧疊親屬，數往來京師，因疊母元，自通長樂宮，得幸太后，被詔召詣上東門。憲懼見幸，分宮省之權，遣客刺殺暢於屯衛之中。」⓯園陵　指以高祖長陵為主的西漢諸帝陵墓。長陵位於今陝西西安北面渭河北岸的咸陽原上。本書卷四〈和帝紀〉：永元三年「冬十月癸未，行幸長安。十一月癸卯，祠高廟，遂有事十一陵。」⓰夫上交不諂二句　本於《易・繫辭上》。黷，輕慢。⓱尚書左丞　尚書臺的屬官。其品秩為四百石，掌管吏民章疏及臺中綱紀。⓲奏記　意謂以書面形式向公府長官陳述意見。⓳城旦漢代強制男犯修築城牆的一種徒刑。刑期為四年。唐顏師古《漢書注》引應劭：「城旦者，旦起行治城。」⑳應順呂章周紆　應順，東漢汝南望族應氏的創始者，本書無傳。呂章，人名。本書無傳。周紆，東漢著名的酷吏。詳見本書卷七十七。㉑休沐　即休假。漢制規定，官吏每隔五日休息一天，處理個人私事。此外還有一些節假日。㉒發擿　揭發糾舉。㉓張奮　東漢中前期在位清白無他異績的大臣。詳見本書卷三十五。㉔安帝　東漢皇帝。名祜，卒諡孝安。㉕趙　封國名。治今河北邯鄲西南。㉖丹陽　郡名。治今安徽宣城。

【語　譯】韓棱，字伯師，是潁川郡舞陽縣人，屬於西漢弓高侯積當的後裔。世代是當地的顯赫家族。他父親韓尋，在光武帝建武年間擔任隴西太守。韓棱四歲失去了父親，在贍養母親和弟弟方面以孝順友愛著稱。成年之後，把父親留下的數百萬財產讓給堂兄堂弟，家鄉人越發覺得他高尚。他起初只擔任郡功曹，太守葛與中風，抱病在身不能料理政務，韓棱暗中代替葛與履行郡守職責，出入兩年，對政令沒有違犯的人。葛與的兒子曾發出文書想安排吏員，韓棱拒不執行，葛與的兒子隨即唆使怨恨的人向朝廷揭發韓棱代行職權的事情。事情交給主管部門查辦，查辦人員認為韓棱隱瞞葛與的病情，擅自把持郡守職權，於是做出不許他再做官的處罰。明帝知道韓棱忠誠，後來下達詔書，特地寬恕他的罪過。由此得到朝廷徵召，歷經五次升遷，就任尚書令，與尚書僕射郅壽、尚書陳寵，同時都以身懷才能著稱。章帝曾賜給每位尚書一把劍，惟獨這三人賜給的是寶劍，而且親自書寫各自的名稱是：「韓棱楚龍淵，郅壽蜀漢文，陳寵濟南椎成。」當時議論的人給這做出解釋說：因為韓棱深沉有謀略，所以獲得龍淵劍；郅壽明智通達會寫文章，所以獲得漢文劍；陳寵敦厚樸實，擅長政事但不外露，所以獲得椎成劍。

2　和帝即位時，侍中竇憲派人在上東門刺殺了齊殤王的兒子都鄉侯劉暢，司法部門畏懼竇憲，都把案件疑點轉移到劉暢的兄弟身上。朝廷下達詔書，派遣侍御史到齊國查辦此案。韓棱進呈奏疏，認為兇手就在京師，不應捨近求遠，恐怕被奸臣所譏笑。竇太后聞奏大怒，嚴厲責備韓棱，韓棱仍然堅持自己的看法。等到事件敗露，果然和韓棱所說的一樣。竇憲由此驚懼恐慌，向竇太后奏稟，請求出塞攻打北匈奴，以此贖罪。韓棱又進呈奏疏諫阻，但竇太后拒不聽從。等到竇憲立功，回來後擔任大將軍，威震天下，又出外屯駐在武威郡。

這時趕上和帝到西部去祭祀祖宗陵墓，下達詔書，命令竇憲與天子車駕在長安會合。到竇憲來到時，尚書以下的官員商議要向他參拜，跪在地上，口稱萬歲。韓棱態度嚴肅地說：「與上級交往不諂媚，與下屬交往不輕慢，禮儀中沒有對大臣稱萬歲的規定。」參加商議的人聽後都滿面羞慚而作罷。尚書左丞王龍私下以書面形式向竇憲陳述意見，送上牛、酒，韓棱舉奏王龍，將他判處修築城牆的徒刑。韓棱在朝廷多次薦舉優秀官吏應順、呂章、周紆等人，這些人在當時都享有名聲。到竇氏敗亡後，韓棱負責審理此案，把黨羽一網打盡，接連幾個月犧牲節假日來辦案。和帝認為他憂國忘家，賜給三百匹布帛。

3 韓棱後來出任南陽太守，朝廷特地允許他順路回家看望，到祖墳祭拜，鄉里把這當成榮耀的事情。韓棱揭發糾舉奸賊強盜，郡中震動畏懼，政令嚴厲公平。幾年過後，被調入朝廷擔任太僕。永元九年冬季，代替張奮當司空。第二年去世。他兒子韓輔，在安帝時官至趙國國相。韓棱的孫子韓演，在順帝時擔任丹陽太守，施政享有賢能的名聲。到桓帝時就任司徒。大將軍梁冀被殺後，韓演因阿附梁冀而被處以相應的懲罰，按免予死刑判處，遣送回原郡。後來又被徵召，擔任司隸校尉。

周榮，字平孫，廬江舒❶人也。肅宗時，舉明經，辟司徒袁安府。安數與論議，甚器之。及安舉奏竇景及與竇憲爭立北單于事，皆榮所具草❷。竇氏客太尉掾徐齮深惡之，脅榮曰：「子為袁公腹心之謀，排奏竇氏，竇氏悍士刺客滿城中，謹備之矣！」榮曰：「榮江淮❸孤生，蒙先帝大恩，以歷宰二城。今復得備宰士❹，縱為竇氏所害，誠所甘心。」故常勑妻子，若卒遇飛禍，無得殯斂，冀以區區腐身覺悟朝廷。及竇氏敗，榮由此顯名。自郾❺令擢為尚書令。出為潁川太守，坐法，當下獄，和帝思榮忠節，左轉❻共❼令。歲餘，復以為山陽❽太守。所歷郡縣，皆見稱紀。以老病乞身，卒于家，詔特賜錢二十萬，除子男興為郎中。

【章　旨】以上為〈周榮傳〉的第一部分。記述周榮的籍貫、早期仕履，在和帝時期甘冒被暗殺的危險，協助司徒袁安同外戚竇氏集團展開交鋒的無畏之舉，出任郡守縣令頗有政績的獨特表現。

【注　釋】❶廬江舒　廬江，郡名。治今安徽廬江縣西南。舒，縣名。為廬江郡郡治所在。❷具草　起草。❸江淮　意為長江淮水之間。❹宰士　意為宰相的屬官。東漢三公俱在宰相之列，故其屬官得稱宰士。❺郾　縣名。治今河南郾城。❻左轉　降任；貶職。❼共　縣名。治今河南輝縣。❽山陽　郡名。治今山東金鄉西北。

【語　譯】周榮，字平孫，是廬江郡舒縣人。章帝時，被保舉為明經，受到司徒袁安府的聘用。袁安多次與他討論商議政事，特別器重他。到袁安舉奏竇景以及同竇憲圍繞封立北單于一事展開爭論時，奏疏都是周榮為他起草的。竇氏的賓客、太尉官屬徐齮深深痛恨他，當面威脅周榮說：「你充當袁公的心腹謀士，排斥舉奏竇氏，竇氏的兇悍武士和刺客在京城中到處都是，你只管小心提防他們吧！」周榮回答說：「我周榮是長江淮水間的一介書生，蒙受先帝的盛大恩德，已經歷任兩座城邑的長官。如今又得以在宰士的行列占有一席之地，縱使被竇氏殺害，也心甘情願。」因而常常告誡妻室兒女，如果我突然遇到飛來的橫禍而死，不要放入棺材，希望能用區區腐爛的軀體使朝廷覺悟。到竇氏敗亡後，周榮由此名聲顯揚。從郾縣縣令提升為尚書令。又離開朝廷就任穎川太守，因犯法獲罪，本應關進監獄，但和帝想到周榮忠誠講氣節，把他降職為共縣縣令。經過一年多，又將他任命為山陽太守。在他任職的郡縣，都受到稱讚。因年老多病請求辭職退休，最後在家中去世，朝廷下達詔書，特地賜給二十萬錢，任命他的兒子周興為郎中。

1　興少有名譽，永寧❶中，尚書陳忠❷上疏薦興曰：「臣伏惟古者帝王有所號令，言必弘雅，辭必溫麗，垂於後世，列於典經。故仲尼嘉唐虞之文章，從周室之郁郁❸。臣竊見光祿郎❹周興，孝友之行，著於閨門，清厲之志，聞於州里，蘊櫝❺古今，博物多聞，三墳❻之篇，五典❼之策，無所不覽。屬文著辭，有可觀採。尚書出納帝命，為王喉舌❽。臣等既愚闇，而諸郎多文俗吏❾，鮮有雅才，每為詔文，宣示內外，轉相求請，或以不能而專己自由，辭多鄙固❿。興抱奇懷能，隨輩栖遲⓫，誠可歎惜。」詔乃拜興為尚書郎。卒。興子景。

2　景字仲饗。辟大將軍梁冀府，稍遷豫州刺史⓬、河內⓭太守。好賢愛士，其拔才薦善，常恐不及。每至歲時⓮，延請舉吏入上後堂，與共宴會，如此數四，乃遣之。贈送什物，無不充備。既而選其父兄子弟，事相優異。常稱曰：「臣子同貫，若之何不厚！」先是司徒韓演⓯在河內，志在無私，舉吏當行，一辭而已，恩亦不及其家。曰：「我舉若可矣，豈可令偏積一門！」故當時論者議此二人。

3　景後徵入為將作大匠⓰。及梁冀誅，景以故吏免官禁錮。朝廷以景素著忠正，頃之，復引拜尚書令。遷太僕、衛尉。六年，代劉寵⓱為司空。是時宦官任人及子弟充塞列位。景初視事，與太尉楊秉⓲舉奏諸姦猾，自將軍牧守以下，免者五十餘人。遂連及中常侍防東侯覽⑲、東武陽侯具瑗⑳，皆坐黜。朝廷莫不稱之。視事二年，以地震策免。歲餘，復代陳蕃㉑為太尉。建寧㉒元年薨。以豫議定策立靈帝，追封安陽鄉侯。

4 長子崇嗣，至甘陵㉓相。中子㉔忠，少歷列位㉕，累遷大司農。忠子暉，前為洛陽㉖令，去官歸。兄弟好賓客，雄江淮間，出入從車常百餘乘。及帝崩，暉聞京師不安，來候忠，董卓聞而惡之，使兵劫殺其兄弟。忠後代皇甫嵩㉗為太尉，錄尚書事㉘，以災異免。復為衛尉，從獻帝東歸洛陽。

【章旨】以上為〈周榮傳〉的第二部分。記述周榮身後四代家族成員由安帝至獻帝七八十年間，分別出任尚書郎、洛陽令、郡守、刺史、卿職、三公的盛況，呈現出以第二代為崛起標誌並繼承弘揚周榮遺風確有一定政治建樹的特點。

【注釋】❶永寧　東漢安帝劉祜年號，西元一二〇—一二一年。❷陳忠　東漢法學家，陳寵的兒子。詳見本書卷四十六。❸故仲尼二句　仲尼指孔子，孔子字仲尼。唐虞，傳說中的堯帝和舜帝。文章，禮樂法度。周室，西周王朝。郁郁，形容西周禮制的完美。《論語・泰伯》：「子曰：『大哉堯之為君也，煥乎其有文章。』」〈八佾〉：「子曰：『周監於二代，郁郁乎文哉！吾從周。』」❹光祿郎　即郎官。因郎官隸屬於光祿勳，故稱。❺蘊匱　蘊積。❻三墳　相傳為三皇伏羲、神農、黃帝講論大道的典籍。❼五典　相傳為五帝少昊、顓頊、高辛、唐、虞講論常道的典籍。《左傳・昭公十二年》：「左史倚相趨過，(楚靈)王曰：『是良史也，子善視之。是能讀《三墳》、《五典》、《八索》、《九丘》。』」❽喉舌　比喻尚書起草傳達詔令的獨特作用。本書卷六十三〈李固傳〉載其對策：「今陛下之有尚書，猶天之有北斗也。斗為天喉舌，尚書亦為陛下喉舌。」

❾文俗吏　意為只知拘守禮法、安於習俗的官吏。❿鄙固　鄙陋；不通達。⓫栖遲　滯留；得不到提升。⓬豫州刺史　豫州，東漢所設十三州之一。治今安徽亳州。刺史，一州長官。至東漢漸由負責監察轉變為掌管所在州的軍政大權。⓭河內　郡名。治今河南武陟西南。⓮歲時　一年中的節日。每逢此時，官府則照例放假。⓯韓演　人名。即上文所記韓棱之孫。⓰將作大匠　漢代二千石官，亦簡稱大匠。掌管宗廟、宮室、陵園等重要工程的建造。⓱劉寵　東漢後期的知名郡守和遍任三公之職的大臣。詳見本書卷七十六。⓲楊秉　東漢後期潔身自好的大臣，名門顯貴楊氏家族的重要成員。詳見本書卷五十四。⓳防東侯覽　防東，縣名。治今山東單縣東北。侯覽，東漢後期的宦官。詳見本書卷七十八。⓴具瑗　東漢後期的宦官。本書無傳。㉑陳蕃　東漢後期謀誅宦官的清正大臣。詳見本書卷六十六。㉒建寧　東漢靈帝劉宏年號，西元一六八—一七二年。㉓甘陵　封國名。治今山東臨清東北。㉔中子　次子，即排行第二的兒子。㉕列位　依序排列的官職。㉖洛陽　東漢都城，今屬河南。㉗皇甫嵩　東漢後期的高級將領。詳見本書卷七十一。㉘錄尚書事　指大臣有權參與尚書臺機要事務的決定工作。東漢可錄尚書事者多為三公。

【語　譯】周興從年輕時便贏得美好的名聲，在安帝永寧年間，尚書陳忠進呈奏疏薦舉周興說：「臣下我想來，古代帝王發布號令，言詞必定弘深典雅，文句必定溫厚華麗，垂示給後世，載列在典籍中。因而仲尼讚美唐堯虞舜的文采，遵從周王室完美的禮制。臣下我發現光祿郎周興，他那孝順友愛的品行，在家庭內部有目共睹；他那清廉昂奮的志向，在本地一帶誰都知道。胸中蘊積著古往今來的史事，知識淵博，見多識廣，諸如《三墳》的篇章，《五典》的書冊，無所不覽。綴連文句，寫成辭章，頗有令人觀賞採擇的內容。尚書負責發布帝王的命令，屬於王室的喉舌。臣下我等已經就很愚昧昏聵了，而諸位尚書郎又大多是只知拘守禮法、安於習俗的官吏，很少懷有典雅文才的，每次起草詔書，向朝廷內外宣示，都你請我、我請他代寫，有的人根本寫不了卻仍自己想怎麼寫就怎麼寫，文辭大多鄙陋得很。周興懷有奇才異能，卻跟普通官吏滯留在下面，確實太令人歎惜了。」於是安帝下達詔書，把周興任命為尚書郎。後來他就去世了。周興的兒子是周景。

2　周景字仲饗。他被大將軍梁冀府所聘用，一步步升任豫州刺史、河內太守。喜好賢人，愛惜士子，他選拔人才、薦舉善士，總是恐怕有所遺漏。每逢年節來到，他就邀請所要薦舉的吏員和士人登入後堂，與他們共同歡宴，如此好多次，才把他們保送到中央。理應贈送的物品，沒有不充實齊備的。事後又選送這些人的父兄子弟，對他們也給與同樣的優厚待遇。他常說：「臣與子是同一條根，怎能不優厚對待！」在此之前司徒韓演在河內當太守，誓志無私，被保舉的吏員應當上路時，只是辭別一下就算了，恩惠也不推及到他們的親屬。總是說：「我保舉你也就行了，怎能讓恩惠都集中在你一家呢！」因而當時喜好議論的人常把他們兩個人掛在嘴邊上。

3 周景後來被調入朝廷擔任將作大匠。到梁冀被誅殺，周景因是梁冀的老部下而被免職並禁止再做官。朝廷鑑於周景一向忠誠正直，不久又將他徵召上來，任命為尚書令。後又升任太僕、衛尉。桓帝延熹六年，代替劉寵當司空。當時宦官所任命的人以及他們的子弟占滿了朝廷的職位。周景剛剛履任，就與太尉楊秉舉奏各類奸邪狡詐的傢伙，從將軍、刺史、郡守以下，罷免了五十多個人。於是牽連到中常侍防東人侯覽、東武陽侯具瑗，全都按罪罷官。朝廷上沒人不稱讚的。他履行職責僅兩年，因地震被下達策書免職。過了一年多，又代替陳蕃當太尉。靈帝建寧元年去世。因參加謀議、決定擁立靈帝，被追封為安陽鄉侯。

4 長子周崇承襲爵位，官至甘陵相。次子周忠，從年輕時就擔任各種官職，經過多次升遷，就任大司農。周忠的兒子周暉，曾任洛陽令，後來辭官回到故鄉。兄弟們都喜好賓客，在長江淮水間勢力最大，出入常有一百多輛車馬跟在後頭。到靈帝死去，周暉聽說京師不安定，就前來迎接周忠，董卓聞知消息後深感厭惡，就派兵士把他們眾兄弟劫殺了。周忠後來代替皇甫嵩當太尉，參與尚書臺機要事務，因災異出現被免職。後又出任衛尉，跟從獻帝向東返回到洛陽。

贊曰：袁公持重，誠單❶所奉。惟德不忘，延世承寵。孟侯❷經博，侍言帝幄❸。棱、榮事君，志同鶡雀❹。

【章　旨】以上為作者范曄的讚頌之語。稱讚袁安為帝室之支柱，張酺為優秀的帝王師，韓棱、周榮則為君主勇悍之鬥士。

【注　釋】❶單　通「殫」。盡。❷孟侯　張酺的表字。❸帝幙　帝王的居所。幙，同「幕」。帳幔。❹鸇雀　比喻誅除奸惡。《左傳・文公十八年》載魯國太史克對答文公之語：「見無禮於其君者誅之，如鷹鸇之逐鳥雀也。」鸇，一種猛禽，形似鷂子，羽色青黃，以鳩鴿燕雀為食。

【語　譯】史官評議說：袁公撐持政局，對帝室竭盡忠誠。只管銘記德業，世代傳承，蒙受寵信。張孟侯經學深厚，在皇宮授課進言。韓棱、周榮侍奉君主，志在驅除奸邪。

【研　析】范曄在本篇合傳中強調公族，即三公家族，也就是最顯赫的門閥士族。作為三公家族的開創者，究竟對其家族的形成起到了什麼作用，顯然是一個值得研析的重要問題。答案是，四位傳王在生前都給後裔留下了兩筆遺產——政治遺產與學術遺產。政治遺產表現在三個方面：一是出外入內的二千石郡守或九卿之職直至三公高位的遞次獲得。二是無不堅定地站在帝室一邊，同擅權驕橫的外戚竇氏集團圍繞國政朝綱諸問題展開了旗幟鮮明的抗爭活動。三是各自顯示出為官從政的突出才能和較高的職業道德修養。諸如袁安的守正不移，張酺的忠直剛斷，韓棱的深沉淩厲，周榮的不畏死亡，都被朝野（包括天子）所頌揚。這就為其後裔確立起家風主基調和思想底線。一言以蔽之，四位傳主從「位、功、德」三方面所構建的政治遺產，直接造就了各自的三公家族。

再看學術遺產。由於兩漢是獨尊儒術、經學昌盛的時代，四位傳主遂無不通經，而且致用。其中韓棱顯然對禮學很熟悉，周榮本來就以「舉明經」步入仕途，而袁安和張酺都是從年紀很小時就分別傳習自家祖父的《孟氏易》學與《尚書》學的，張酺更憑藉《尚書》學的造詣被遴選為皇太子的師傅。這就為其後裔奠立起經學傳統和家學優勢。

不言而喻，政治遺產和學術遺產是形同雙刃劍的。如果說學術遺產為政治遺產注入了帶有指導性的內涵，那麼政治遺產便為學術遺產擴展了帶有踐行性的外延。兩者相互滲透，彼此支撐，便使四位傳主及其三公家族成為官僚士大夫集團的核心力量。在他們的周圍，不僅故吏多，而且賓客多，還常常「聚徒以百數」，由此在增重其朝政議定權分量的同時，更擴大了其在意識形態領域的話語權，因而擅權的外戚往往對他們刮目相看乃至慰撫，專政的宦官也與之周旋甚或聯結。可見四位傳主留給其後裔的政治遺產和學術遺產是何等重要了。(蘇文珠注譯)

卷四十六

郭陳列傳第三十六

郭躬弟子鎮 陳寵子忠

【題 解】本卷是一篇合傳。郭謂郭躬及其家族成員，陳謂陳寵、陳忠父子二人。他們均屬東漢法學世家又多為國家最高法官廷尉一類的人物，並且蟬聯而下，故合為一傳。就郭躬而言，主要記述他在明帝和章帝時期剖析疑難案件、精簡法律條文、奏請大赦應擴大範圍的事跡。就其家族成員而言，主要記述他們以法學傳家、世代興盛的情況。就陳寵而言，主要記述他在明帝、章帝、和帝時期主管辭曹、擔任尚書、出掌兩郡、入為三卿、終拜司空的經歷和與之同步的立法司法活動，列示其所撰成的七卷《辭訟比》和三道法制方面的重要奏疏。就陳忠而言，主要記述他在安帝時期釐定律令、革除積弊的舉措和針對現狀展開的一系列諫正活動，標揭其所編成的《決事比》和有關納諫、遏亂、喪制、抑內寵、重三公的五道奏疏。總起來看，郭、陳二氏典型地展現出東漢法學世家的歷史風貌，體現出立法務須簡明準確、司法必求公平寬慎的傳統思想，表現出審案親得實情、量刑從輕不從重和適時辨結不留獄的職業精神，顯現出平決疑難案件的高明之處，代表了中國封建時代法官隊伍中的健康力量。從中也反映出東漢一代尤其是明帝至安帝時期苛文峻法與明律輕刑兩種傾向的對立狀況及消長態勢，同時表明法學世家的成員往往在法學之外而掌郡、封疆，乃至入相的。

1 郭躬，字仲孫，潁川❶陽翟人也。家世衣冠❷。父弘，習小杜律❸。太守寇恂❹以弘為決曹掾❺，斷獄至三十年，用法平。諸為弘所決者，退無怨情，郡內比之東海于公❻。年九十五卒。

2 躬少傳父業，講授徒眾常數百人。後為郡吏，辟公府❼。永平❽中，奉車都尉❾竇固❿出擊匈奴⓫，騎都尉秦彭⓬為副。彭在別屯而輒以法斬人，固奏彭專擅，請誅之。顯宗⓭乃引公卿朝臣平其罪科⓮。躬以明法律，召入議。議者皆然固奏，躬獨曰：「於法，彭得斬之。」帝曰：「軍征，校尉⓯一統於督⓰。彭既無斧鉞⓱，可得專殺人乎？」躬對曰：「一統於督者，謂在部曲⓲也。今彭專軍別將⓳，有異於此。兵事呼吸，不容先關督帥。且漢制棨戟⓴即為斧鉞，於法不合罪。」帝從躬議。又有兄弟共殺人者，而罪未有所歸。帝以兄不訓弟，故報兄重而減弟死。中常侍㉑孫章宣詔，誤言兩報重，尚書㉒奏章矯制㉓，罪當要斬㉔。帝復召躬問之，躬對「章應罰金㉕」。帝曰：「章矯詔殺人，何謂罰金？」躬曰：「法令有故、誤㉖，章傳命之謬，於事為誤，誤者其文㉗則輕。」帝曰：「章與囚同縣，疑其故也。」躬曰：「『周道如砥，其直如矢㉘。』『君子不逆詐㉙。』君王法天，刑不可以委曲生意。」帝曰：「善。」遷躬廷尉正㉚，坐法免。

3

後三遷，元和㉛三年，拜為廷尉㉜。躬家世掌法，務在寬平，及典理官㉝，決獄斷刑，多依矜恕㉞，乃條諸重文㉟可從輕者四十一事奏之，事皆施行，著于令。章和㊱元年，赦天下繫囚在四月丙子以前減死罪一等，勿笞㊲，詣金城㊳，而文不及亡命㊴未發覺者。躬上封事㊵曰：「聖恩所以減死罪使戍邊者，重人命也。今死罪亡命無慮㊶萬人，又自赦以來，捕得甚眾，而詔令不及，皆當重論。伏惟天恩莫不蕩宥㊷，死罪已下並蒙更生，而亡命捕得獨不沾澤。臣以為赦前犯死罪而繫在赦後者，可皆勿笞詣金城，以全人命，有益於邊。」肅宗㊸善之，即下詔赦焉。躬奏讞㊹法科㊺，多所生全。永元㊻六年，卒官。中子㊼晊，亦明法律，至南陽㊽太守，政有名迹。弟子鎮。

【章旨】以上為〈郭躬傳〉的第一部分。記述郭躬的籍貫、家學淵源，其在明帝和章帝時期剖析疑難案件、精簡法律條文、奏請大赦應將在逃犯包括在內的三宗事跡。

【注釋】❶潁川　郡名。治今河南禹州。❷衣冠　官僚士大夫的代稱。❸小杜律　指西漢法官杜延年解說的漢律。杜延年之父杜周在漢武帝時官至御史大夫，杜延年在漢宣帝時亦為御史大夫。父子都通曉法律，而杜周用法嚴苛，杜延年用法寬平，以子對父而言，稱之為小杜律。詳見《漢書・杜周傳》。❹太守寇恂　太守，又稱郡守，為一郡長官。品秩二千石，掌管整個轄區內的軍政事務。寇恂，東漢的開國功臣。詳見本書卷十六。❺決曹掾　司法部門的官吏。決曹為漢代從中央到地方行政系統中掌管刑事案件判決的機構，其佐史之正職稱掾，副職稱屬，統稱決曹史。❻東海于公　東海，郡名。治今山東郯城北。

于公，西漢以斷獄公平著稱的地方法官，為廷尉于定國之父。事跡略見於《漢書・于定國傳》。❼公府　指三公府。❽永平　東漢明帝劉莊年號，西元五八—七五年。❾奉車都尉　武官之稱。秩比二千石。掌管皇帝車駕，亦奉命屯駐外地或領兵征伐。❿竇固　東漢前期曉習邊事的高級將領。詳見本書卷二十三。⓫匈奴　活動於中國古代北方的游牧部族。其社會組織以部落聯盟為主，最高首領稱為單于。自西漢宣帝時分裂為東、西兩部，東匈奴降漢。迄至東漢初期，又分裂為南、北兩部，南匈奴內附，北匈奴則在竇固此次奉命大規模征伐後陷入困窘的境地。⓬騎都尉秦彭　騎都尉，武官之稱。其與校尉同級，掌管騎兵的屯駐，亦奉命率兵征伐。秦彭，東漢前期的二千石良吏。詳見本書卷七十六。⓭顯宗　東漢皇帝劉莊。卒諡孝明，廟號顯宗。詳見本書卷二。⓮罪科　定罪的條款。⓯校尉　武官之稱。其地位低於將軍，負責率部屯駐或征伐。⓰督　指統帥。⓱斧鉞　由朝廷授予的行使生殺權力的兩種象徵性的兵器。⓲部曲　軍隊的編制單位名稱。漢制，大將軍下轄五部，每部設校尉一人；部下為曲，設軍候一人；曲下為屯，設屯長一人。⓳別將　意為另外執行軍事任務的將領。⓴棨戟　代表等級和相應權力的儀仗物品。即外包繒衣或塗有油漆的木戟。㉑中常侍　東漢宦官的最高職務。秩比二千石，掌侍從左右，從入內宮，回答皇帝詢問，承奉差遣辦事等。㉒尚書　尚書臺所屬官員的一種官稱。尚書臺又稱中臺，是東漢時專設的一個協助皇帝處理政務的機構，下分六曹，每曹均設尚書一人，各掌其事。尚書意為執掌文書，秩低權重，為其特徵。詳見本書〈志第二十六・百官三〉。㉓矯制　假託帝王命令行事。㉔罥斬　將人從腰部斬為兩截的酷刑。㉕罰金　納金贖罪。㉖故誤　故謂主觀惡意犯罪，誤謂過失犯罪。㉗文　指具體的條文規定。㉘周道如砥二句　語出《詩・大東》。周道，周代的治術。砥，磨刀石。矢，箭。《毛傳》：「如砥，貢賦平均也。如矢，賞罰不偏也。」這裡正是從《毛傳》所講的意義上來加以援用的。㉙不逆詐　不預先猜測別人的欺詐。㉚廷尉正　漢代九卿之一廷尉的副手。品秩為千石，掌管審判和斷絕疑難案件。㉛元和　東漢章帝劉炟年號，西元八四—八七年。㉜廷尉　漢代九卿之一。掌管重大案件和全國各地疑難案件的審判。兵獄同制，故稱廷尉。㉝理官　審理案件之官。㉞矜恕　憐憫寬恕。㉟重文　按法律可判重罪。㊱章和　東漢章帝年號，西元八七—八八年。㊲笞　刑罰的一種，即用竹板擊背或擊臀，後世俗稱打板子。㊳金城　郡名。治今甘肅永靖西北。㊴亡命　為躲避法律懲處而四處逃亡的人。㊵封事　帶有保密性質的奏章。為防止內容洩露，上奏時特用皂囊封緘，故稱封事。唐李賢注：「宣帝始令群臣得奏封事，以知下情。封有正有副，領尚書者先發副封，所言不善，屏而不奏。後魏相奏去副封，以防壅蔽。」㊶無慮　大約；總共。㊷蕩宥　寬免；寬恕。㊸肅宗　東漢皇帝劉炟。卒諡孝章，廟號肅宗。事詳本書卷三。㊹奏讞　對案件提出處理意見，報請朝廷評議定案。㊺法科　依律斷罪的意思。㊻永元　東漢和帝劉肇年號，西元八九—一〇五年。㊼中子排行居中的兒子。㊽南陽 郡名。治今河南南陽。

【語 譯】郭躬，字仲孫，是潁川郡陽翟縣人。家族世代為官僚士大夫。他父親郭弘，熟悉《小杜律》。潁川太守寇恂任命郭弘為決曹掾，審理訴訟案件長達三十年，執法公平。各類經郭弘所判決的訴訟案件，當事人在判決後都沒有怨恨的情緒，郡中人將他比成當年的東海于公。到九十五歲他才去世。

2 郭躬從年輕時就承傳父親的法學，聽他講授法學的學生常常達到數百人。後來出任郡中的小吏，受到三公府的聘用。在明帝永平年間，奉車都尉竇固出塞進擊匈奴，騎都尉秦彭擔任副將。秦彭在另外的地方駐紮軍隊，經常就按法令斬殺下屬，竇固於是舉奏秦彭擅權專斷，請求處死他。明帝便召集公卿朝臣論定他犯下哪種罪。郭躬因為精通法律，也被召入參加討論。發表意見的人都贊同竇固的奏請，只有郭躬說：「從法律的角度看，秦彭有權斬殺這些人。」明帝說：「軍隊在外征戰，校尉要完全服從統帥的指揮。秦彭既然沒有朝廷授予的斧鉞，可以擅自殺人嗎？」郭躬回答說：「完全服從統帥指揮的，是說部曲這些歸他直接統領的軍隊編制單位。如今秦彭獨自領兵，另外執行軍事任務，就和部曲這些部隊不同。戰事的成敗往往處在頃刻之間，不容許先向統帥稟報。況且依照大漢制度，校尉領受的棨戟也就等於斧鉞，依照法律不應治罪。」明帝聽從了郭躬的意見。還有兄弟共同殺人的一樁案件，出現了罪名不知該落在誰頭上的問題。明帝認為這是兄長不管好弟弟，因而判決兄長要處以死刑而對弟弟免死。中常侍孫章在宣達這道詔令時，把它錯誤地說成兩個人都判死刑，尚書便劾奏孫章假傳聖旨，按罪過應當腰斬。明帝又宣召郭躬詢問懲治辦法，郭躬回答「應讓孫章納金贖罪」。明帝說：「孫章假傳聖旨殺人，根據什麼要讓他納金贖罪呢？」郭躬說：「法令有故意犯罪和過失犯罪的區分，孫章傳達命令傳錯了，這在事由上屬於過失犯罪，而過失犯罪按具體條文規定就要從輕處罰。」明帝說：「孫章與囚犯是同縣人，我懷疑他是故意犯罪。」郭躬說：「『周朝的治術像磨刀石那樣平，像箭那樣直。』『君子不預先猜測別人有什麼欺詐。』君王效法皇天，對刑法不能曲折地生出個人的解釋來。」明帝說：「對。」於是把郭躬提升為廷尉正，又因違法獲罪被免職。

3

後來三次得到升遷，章帝元和三年，被任命為廷尉。郭躬一家世代執掌法律，盡力做到寬恕公平。待到掌領審案判刑的官員，在審案判刑上大多依照憐憫寬恕的原則行事，於是從重罪條文中梳理出可以從輕處罰的四十一項奏呈給朝廷，每項都得到施行，並且形成法令。章帝章和元年，大赦全國在四月丙子日以前被判死刑的在押罪犯免去死刑，也不施用笞刑，發配到金城郡從軍，而赦令中沒把那些逃亡在外尚未捕獲的人包括在內。郭躬就進呈祕密奏章說：「聖上施布恩德，減免死罪而讓他們去戍守邊境，原因是看重人命。現今身犯死罪四處逃亡的人大約有一萬人，再者從赦令發布以來又捕獲很多這樣的在逃犯，可詔令卻沒講到他們，按刑律都應判處死刑。我想，天恩對任何人都予以寬恕，死罪以下都獲得再生，可逃亡被捕獲的人偏偏不能蒙受到恩澤。臣下我認為在赦令發布以前犯有死罪而在赦令發布以後才被捕獲的人，也可以全都不施用笞刑，發往金城郡，以便全活人命，對邊防更為有益。」章帝覺得這一建議很好，隨即下達詔書，赦免這些人。郭躬對案件提出處理意見，報請朝廷評議定案，依律斷罪，使很多人保住了性命。和帝永元六年，在官任上去世。他排行居中的兒子叫郭晊，也通曉法律，官至南陽太守，在施政上很有名聲和業績。郭躬的姪子叫郭鎮。

1

鎮字桓鍾，少修家業。辟太尉府❶，再遷，延光❷中為尚書。及中黃門❸孫程❹誅中常侍江京❺等而立濟陰王❻，鎮率羽林士❼擊殺衛尉閻景❽，以成大功，事在宦者傳❾。再遷尚書令❿。太傅⓫、三公⓬奏鎮冒犯白刃，手劍賊臣，姦黨殄滅⓭，宗廟以寧，功比劉章⓮，宜顯爵土，以勵忠貞。乃封鎮為定潁侯⓯，食邑二千戶。拜河南尹⓰，轉廷尉，免。永建⓱四年，卒於家。詔賜冢塋地⓲。

2

長子賀當嗣爵，讓與小弟時而逃去。積數年，詔大鴻臚⓳下州郡⓴追之，賀不得已，乃出受封。累遷，復至廷尉。及賀卒，順帝㉑追思鎮功，下詔賜鎮謚曰昭武侯，賀曰成侯。

賀弟禎，亦以能法律至廷尉。

鎮弟子禧，少明習家業，兼好儒學，有名譽，延熹㉒中亦為廷尉。建寧㉓二年，代劉寵㉔為太尉。禧子鴻，至司隸校尉㉕，封城安鄉侯。

郭氏自弘後，數世皆傳法律，子孫至公者一人，廷尉七人，侯者三人，刺史㉖、二千石㉗、侍中㉘、中郎將㉙者二十餘人，侍御史㉚、正㉛、監㉜、平㉝者甚眾。

【章　旨】以上為〈郭躬傳〉的第二部分。記述郭氏家族成員以法學傳家的盛況，表明該家族是同東漢王朝相始終的。

【注　釋】❶太尉府　在太尉之下所設立的一套機構的統稱。太尉為東漢三公之一，掌管全國軍政等事務。❷延光　東漢安帝劉祜年號，西元一二二—一二五年。❸中黃門　東漢由宦官擔任的官職。掌給事禁中。黃門即宮門，宮門皆黃闥，故名。❹孫程　擁立順帝的宦官。詳見本書卷七十八。❺江京　東漢安帝所寵信的宦官，亦充任過皇后的屬官大長秋，被封為都鄉侯。本書無傳。❻濟陰王　即順帝。順帝在安帝時曾被立為太子，後遭誣陷，廢為濟陰王。❼羽林士　漢代負責宿衛侍從的一種下級武官。以天有羽林之星而命名。❽衛尉閻景　衛尉，漢代九卿之一，負責統率衛士守衛南北宮，多由皇帝親信或外戚擔任此職。閻景，東漢安帝皇后閻姬的弟弟。在安帝死後與其兄閻顯共掌朝權。❾宦者傳　本書所立的類傳之一，編列在卷七十八。內載：「顯弟衛尉景遽從省中還外府，收兵至盛德門。程傳召諸尚書使收景。尚書郭鎮時臥病，聞之，即率直宿羽林出南止車門，逢景從吏士，拔白刃，呼曰：『無干兵。』鎮即下車，持節詔之。景曰：『何等詔？』因斫鎮，不中。鎮引劍擊景，墮車，左右以戟叉其匈，遂禽之，送廷尉獄，即夜死。」❿尚書令　尚書臺的長官。其品秩為千石，掌管選署和上傳下達尚書六曹文書眾事。⓫太傅　東漢級別最高的官稱。無常職，以開導皇帝為其任。品秩上公，帶有榮譽職銜的性質。⓬三公　對太尉、司徒、司空的合稱。⓭殄滅　滅絕。⓮劉章　漢高祖劉邦的孫子。與太尉周勃、丞相陳平等誅殺諸呂，平息叛亂，迎立漢文帝。詳見《漢書・高五王傳》。⓯定潁侯　按功勞授予的一種爵位封號。漢制規定，功大者以縣為其食邑，功小者以鄉、亭為其食邑。⓰河南尹　東漢京師地區的行政長官。其地位高於各郡郡守。⓱永建　東漢順帝劉保年號，西元一二六—一三二年。⓲冢塋地　即墓地。⓳大鴻臚　漢代九卿之一，掌管朝廷的禮賓事宜。⓴州郡　州，在這裡為監察區之稱，至東漢末期則轉變成地方一級行政區。郡，在這裡為地方一級行政區之稱，其下為縣。㉑順帝　東漢皇帝劉保。卒諡孝順。詳見本書卷六。㉒延熹　東漢桓帝劉志年號，西元一五八—一六七年。㉓建寧　東漢靈帝劉宏年號，西元一六八—一七二年。㉔劉寵　東漢後期的知名郡守和歷任三公之職的大臣。詳見本書卷七十六。㉕司隸校尉　簡稱司隸，漢代京師地區的監察官。秩比二千石，負責督察朝中百官和京師地區的非法活動。由統領一千二百人組成的一支武裝隊伍而得名。東漢十三州中，以京師七郡為司隸部，但其地位高於其他諸州，司隸權力亦遠非刺史可比。㉖刺史　一州長官。至東漢漸由負責監察轉變為掌管所在州的軍政大權。㉗二千石　漢代品秩等級的重要組成部分之一。從中央九卿到地方郡守及諸侯國相基本上都屬於這一等級，又因祿米數量存在差異，遂細緻區分為中二千石、真二千石、比二千石三個層次。這裡用以指代郡守。㉘侍中　侍中寺的屬官，秩比二千石，掌侍皇帝左右，贊導眾事，顧問應對。㉙中郎將　漢代九卿之一光祿勳的屬官，負責率部守衛宮殿，出充車騎。逢有戰事，則任征伐。㉚侍御史　東漢監察機構御史臺的屬官。其品秩為六百石，負責察舉非法，接受公卿群臣奏事，監臨重要場合之威儀等。㉛正　指廷尉正。㉜監　指廷尉左監和右監。品秩俱為千石，負責審理罪犯。㉝平　指廷尉左平和右平。品秩俱為六百石，負責審理詔獄欽犯。

【語譯】郭鎮字桓鍾，從年輕時就修明家傳法學。得到太尉府的聘用，經過再次升遷，到安帝延光年間就任尚書。待至中黃門孫程斬殺中常侍江京等人擁立濟陰王當皇帝，郭鎮這時便率領羽林士擊殺衛尉閻景，使大功告成，事件詳情記載在〈宦者傳〉中。此後又升任尚書令。太傅、三公上奏郭鎮冒著刀下喪命的危險，親手用劍殺死賊臣，奸黨由此滅絕，國家獲得安寧，功勞可與前朝的劉章相比擬，應該賜給顯赫的爵位和封土，用來激勵忠貞的臣子。於是冊封郭鎮為定潁侯，食邑二千戶。任命為河南尹，又轉任廷尉，後被免職。順帝永建四年，他在家中去世。朝廷下詔，賜給墓地。

2 郭鎮的長子郭賀按規定應繼承爵位，但他讓給最小的弟弟郭時，然後逃走了。經過好幾年的時間，朝廷下詔，命令大鴻臚通知各州郡尋找他，郭賀沒辦法再躲避下去，只好出來承受封爵。歷經多次升遷，又官至廷尉。待到郭賀去世時，順帝追念郭鎮的擁立功勞，下詔賜給郭鎮諡號叫昭武侯，郭賀叫成侯。

3 郭賀的弟弟郭禎，也以擅長法律而官至廷尉。

4 郭鎮的姪子郭禧，從年輕時就通曉家傳的法學，同時又喜好儒學，在社會上享有名聲，到桓帝延熹年間也出任廷尉。靈帝建寧二年，又代替劉寵擔當太尉。郭禧的兒子郭鴻，官至司隸校尉，被封為城安鄉侯。

5 郭氏家族從郭弘以後，好幾代都以法律相傳，子孫官位做到三公的有一人，做到廷尉的有七人，取得侯爵的有三人，擔任刺史、二千石郡守、侍中、中郎將的有二十多人，擔任侍御史、廷尉正、廷尉左監、廷尉左右平的就更多了。

1 順帝時，廷尉河南❶吳雄季高❷，以明法律，斷獄平，起自孤宦❸，致位司徒❹。雄少時家貧，喪母，營人所不封土❺者，擇葬其中。喪事趨辨❻，不問時日，巫皆言當族滅，而雄不顧。及子訢孫恭，三世廷尉，為法名家❼。

2 初，肅宗時，司隸校尉下邳❽趙興亦不卹諱忌，每入官舍，輒更繕修館宇，移穿❾改築，故犯妖禁❿，而家人爵祿，益用豐熾，官至潁川太守。子峻，太傅，以才器稱。孫安世，魯相⓫。三葉皆為司隸，時稱其盛。

3 桓帝⓬時，汝南⓭有陳伯敬者，行必矩步，坐必端膝，呵叱狗馬，終不言死，目有所見，不食其肉，行路聞凶，便解駕留止，還觸歸忌⓮，則寄宿鄉亭⓯。年老寢滯，不過舉孝廉⓰。後坐女壻亡吏⓱，太守邵夔怒而殺之。時人罔忌禁者，多談為證焉。

【章旨】以上列舉章帝以下身為法官的趙、吳二氏破除禁忌依然保持三代隆盛的歷史現象，涉及一個拘守禁忌卻身遭殺戮的典型例證，在這兩相對比之中，表現出神意法學被否定的情形。

【注釋】❶河南　指東漢河南尹，亦即京師地區。治今河南洛陽東北。❷吳雄季高　吳雄，係姓名。季高，為其字。❸孤宦　地位低微的官吏。❹司徒　東漢所設三公之一，掌管全國民政等事務。❺封土　建墓築墳的地方。❻趣辦　從速辦理。趣，趕快；從速。辨，通「辦」。❼名家　著名的世家。❽下邳　縣名。治今江蘇睢寧西北。❾移穿　改變通道。❿妖禁　對不祥事物的禁忌。⓫魯相　魯為東漢封國之一。治今山東曲阜。相，中央派往封國協助諸侯王治理其國的二千石官員，職如郡守。⓬桓帝　東漢皇帝。名志，卒諡孝桓。事詳本書卷七。⓭汝南　郡名。治今河南上蔡西南。⓮歸忌　指外出後不利於返回家中的日子。李賢注引《陰陽書．歷法》：「歸忌日，四孟在丑，四仲在寅，四季在子，其日不可遠行歸家及徙也。」⓯鄉亭　漢代基層行政組織。即百戶為里，十里為亭或十里為鄉，不及五千戶或五千戶以上為鄉。⓰孝廉　漢代選拔官吏的科目之一。得入此選者，往往躋身尚書郎的行列。⓱亡吏　擅離職守之義。

【語譯】順帝時，廷尉河南人吳雄季高，憑藉通曉法律，斷案公平，從一名地位低微的官吏起步，一直做到司徒。吳雄小時候家境貧寒，母親去世後，他找別人根本不在那裡建墓築墳的地方，選擇一個區位將母親埋葬。喪事從速辦理，也不管日期好壞，巫師們都說這樣做將來會家族滅絕，但吳雄不理會這一套。到了兒子吳訢和孫子吳恭那一輩，三代都官任廷尉，成為法律方面的著名世家。

2　起初，肅宗時司隸校尉下邳縣人趙興也不把忌諱當回事，每次住進官署館舍，便重新修繕屋室，改變通道，另行營築，故意觸犯世俗認為不祥的禁忌，然而他一家人的官爵俸祿，卻更加貴盛豐厚，本人官至潁川太守。兒子趙峻，擔任太傅，憑藉才幹受到稱讚。孫子趙安世，也出任魯相。三代都當過司隸，當時都讚許他家真夠隆盛的。

3 桓帝時，汝南郡有個名叫陳伯敬的人，走路必定要邁四方步，坐下必定要擺正雙膝，呵斥狗馬，從不吐出一個死字來，凡是親眼見過的動物，就不再食用這種動物的肉，外出在路上只要聽到什麼凶險的消息，便卸車停下來不再往前走，回家時遇到歸返的忌日，便在鄉亭寄宿。可直到年老仍舊官運不亨通，只不過被保舉為孝廉而已。後因女婿擅離職守而獲罪，汝南太守邵夔一怒之下就殺了他。當時不理會禁忌的人，談起來大多拿他當例證。

論曰：曾子云：「上失其道，民散久矣。如得其情，則哀矜而勿喜。」❶夫不喜於得情則恕心用，恕心用則可寄枉直❷矣。夫賢人君子斷獄，其必主於此乎？郭躬起自佐史❸，小大之獄必察焉。原其平刑審斷，庶於勿喜者乎？若乃推己以議物，捨狀以貪情❹，法家之能慶延于世，蓋由此也！

【章　旨】以上是作者范曄發表的評論。重在申明執法務須客觀公平的準則。

【注　釋】❶曾子云五句　曾子為孔子的學生，名參，字子輿。以踐行孝道著稱。事跡散見於《論語》、《禮記》、《史記》卷六十七〈仲尼弟子列傳〉等書。上失其道四句話，則出自《論語・子張》。情，謂犯罪的實情。❷枉直　猶言曲直。❸佐史　縣設屬吏，掌管文書。❹貪情　探求實情。貪，通「探」。

【語　譯】史家評論說：曾子講過：「掌權的人喪失了執政的原則與方法，民眾早就離心離德了。在審理案件時，如果掌握了他們犯罪的實情，就該多加哀痛憐憫，千萬不要沾沾自喜。」果真對掌握了犯罪的實情不感到沾沾自喜，就會動起寬恕的心腸，而動起寬恕的心腸，就可以把曲直包含在裡面了。賢人君子審斷案件，必定是以此為主導吧？郭躬從一名佐史起家，大小案件必定要認真核查。推究他公平地審案判刑，很接近並不沾沾自喜的那種人吧？至於從推己及人的角度去議處案件，捨棄表面情狀去探求實情，法學世家能在人間吉慶地延續，大概是出於這個原因吧！

1 陳寵，字昭公，沛國洨❶人也。曾祖父咸，成、哀❷間以律令為尚書。平帝❸時，王莽輔政，多改漢制，咸心非之。及莽因呂寬❹事誅不附己者何武❺、鮑宣❻等，咸乃歎曰：「易稱『君子見幾而作，不俟終日』❼，吾可以逝矣！」即乞骸骨❽去職。及莽篡位，召咸以為掌寇大夫❾，謝病不肯應。時三子參、豐、欽皆在位，乃悉令解官，父子相與歸鄉里，閉門不出入，猶用漢家祖臘❿。人問其故，咸曰：「我先人豈知王氏臘乎？」其後莽復徵咸，遂稱病篤。於是乃收斂其家律令書文，皆壁藏之。咸性仁恕，常戒子孫曰：「為人議法，當依於輕，雖有百金之利，慎無與人重比⓫。」

2 建武⓬初，欽子躬為廷尉左監，早卒。

3 躬生寵，明習家業，少為州郡吏，辟司徒鮑昱⓭府。是時三府⓮掾屬專尚交遊，以不肯視事為高。寵常非之，獨勤心物務，數為昱陳當世便宜。昱高其能，轉為辭曹⑮，掌天下獄訟。其所平決，無不厭服⑯眾心。時司徒辭訟，久者數十年，事類溷錯，易為輕重，不良吏得生因緣⑰。寵為昱撰辭訟比⑱七卷，決事⑲科條，皆以事類相從。昱奏上之，其後公府奉以為法。

【章旨】以上為〈陳寵傳〉的第一部分。記述陳寵的籍貫、家學淵源和在明帝時期平決訴訟案件，特別是撰成《辭訟比》而被奉為準繩的法學建樹。

【注釋】❶沛國洨　沛國，東漢改沛郡所設置的封國。治今安徽濉溪縣西北。洨，縣名。治今安徽固鎮東濠城。❷成哀　指西漢成帝與哀帝。成帝名劉驁，卒謚孝成。哀帝名劉欣，卒謚孝哀。詳見《漢書・成帝紀》、〈哀帝紀〉。❸平帝　西漢皇帝劉衎。卒謚孝平。詳見《漢書・平帝紀》。❹呂寬　王莽之子王宇的大舅子。《漢書・游俠傳・樓護傳》載：平帝元始三年（西元三年）「王莽為安漢公，專政。莽長子宇與妻兄呂寬謀以血塗莽第門，欲懼莽令歸政。發覺，莽大怒殺宇，而呂寬亡。寬父素與護相知，寬至廣漢，過護，不以事實語也。到數日，名捕寬詔書至，護執寬。」其事亦見〈王莽傳上〉。❺何武　西漢後期抑制王莽出任大司馬的朝中重臣。《漢書》卷八十六載：「呂寬等事起，時大司空甄豐承莽風指，遣使者乘傳案治黨與，連引諸所欲誅。武在見誣中，大理正檻車徵武，武自殺。」❻鮑宣　西漢後期忠於劉氏王朝而不與王莽合作的朝臣。《漢書》卷七十二載：「王莽秉政，陰有篡國之心，乃風州郡以辠法案誅諸豪桀及漢忠直臣不附己者。時名捕隴西辛興，興與宣女壻許紺俱過宣，一飯去，宣不知情，坐繫獄，自殺。」❼易稱二句　《周易》，為儒家《五經》之首，實乃先秦占筮書。通常亦將後出的《易傳》包括在內。此處所引二句原文，即出自〈繫辭下〉。其中「幾」謂事物的徵兆或萌芽狀態。「俟」乃等待之義。❽乞骸骨　請求退休。❾掌寇大夫　王莽所設置的掌管刑罰盜賊事務的官員。❿祖臘　兩種祭祀的名稱。祖，祭祀路神。臘，年終大祭。東漢應劭《風俗通義・祀典》：「謹按《禮傳》『共工之子曰脩，好遠遊，舟車所至，足跡所達，靡不窮覽，故祀以為祖神。』祖者，徂也。《詩》云『吉日庚午。』漢家火行，盛於午，故以午祖也。」又稱：「謹按《禮傳》『夏曰嘉平，殷曰清祀，周曰大蜡，漢改為臘。』臘者，獵也。言田獵取獸以祭祀其先祖也。或曰臘者接也。新故交接，故大祭以報功也。漢家火行，衰於戌，故以戌臘也。」⓫重比　從重定罪判刑。⓬建武　東漢光武帝劉秀年號，西元二五—五六年。⓭鮑昱東漢前期奉法守正的大臣。詳見本書卷二十九。⑭三府　指太尉府、司徒府、司空府。⑮辭曹　三公府下設的負責審理訴訟案件的機構，為六曹之一，共有掾屬二十四人。⑯厭服　滿意信服。⑰因緣　謂利用法律條文羅織罪名或開脫罪名，對人加以構陷或袒護。李賢注：「因緣謂依附以生輕重也。」⑱辭訟比　原書已佚。⑲決事　斷案成例。

【語譯】陳寵，字昭公，是沛國洨縣人。他的曾祖父陳咸，在西漢成帝至哀帝時期憑藉精通律令擔任尚書。到平帝時，王莽輔佐朝政，多方面改變漢家原有的制度，陳咸心中認為這樣做是不對的。到王莽利用呂寬恫嚇事件來誅殺不依附自己的何武、鮑宣等人時，陳咸便慨歎說：「《易經》上強調『君子發現苗頭不對就馬上行動，一天也不延緩』，我可以就此離去了！」隨即請求退休，辭掉官職。到王莽篡奪帝位以後，召請陳咸擔任掌寇大夫一職，他藉口有病不肯赴任就職。當時他那三個兒子陳參、陳豐、陳欽都在朝中做官，就讓他們全都辭去職務，父子一同回到故鄉，關起家門不與他人往來，仍然屆時使用漢家祭祀路神和年終大祭的禮儀。有人向他詢問其中的緣故，陳咸回答說：「我家先人哪裡曉得王氏的臘祭是怎麼一回事呢？」後來王莽又徵召陳咸，於是就聲稱病情沉重幹不了。他在這時便把家中的律令書文收集整理好，都隱藏在牆壁中。陳咸天性就仁慈寬厚，時常告誡子孫說：「給人按照法律議定罪刑，一定要從輕處斷，即使百金的好處擺在面前，也切莫對人從重判決。」

2　在光武帝建武初期，陳欽的兒子陳躬出任廷尉左監，但他很早就去世了。

3　陳躬生下陳寵，陳寵研習通曉家傳的法學，從年輕時就充任州郡的屬吏，被徵召到司徒鮑昱的官署中。當時三公府的官吏們都一門心思在人際交往上用氣力，把不肯處理公務看成是高雅的事情。陳寵一直否定這種傾向，獨自對實際工作勤勉用心，多次向鮑昱陳述當前應該做好的政事。鮑昱感覺他才能出眾，就將他轉任到辭曹，掌管天下訴訟案件的審理工作。經他審理判決的案件，沒有不使眾人滿意信服的。當時司徒府受理的訴訟案件，長久得不到判決的，竟達數十年，事例大都混淆錯亂，容易造成可輕可重的判決，貪贓枉法的官吏得以利用法律條文羅織罪名或開脫罪名，對人進行構陷或加以袒護。陳寵特為鮑昱撰寫《辭訟比》七卷，有關斷案成例的具體定罪條文，都按事例的類別來排列。鮑昱把這部專著上奏給朝廷，此後三公府都將它作為準則來奉行。

三遷，肅宗初，為尚書。是時承永平故事❶，吏政尚嚴切，尚書決事率近於重。寵以帝新即位，宜改前世苛俗。乃上疏曰：「臣聞先王之政，賞不僭❷，刑不濫，與其不得已，寧僭不濫。故唐堯著典，『眚灾肆赦』❸；周公作戒，『勿誤庶獄』❹；伯夷之典，『惟敬五刑，以成三德』❺。由此言之，聖賢之政，以刑罰為首。往者斷獄嚴明，所以威懲姦慝❻，姦慝既平，必宜濟之以寬。陛下即位，率由此義，數詔群僚，弘崇晏晏❼。而有司執事❽，未悉奉承，典刑用法，猶尚深刻。斷獄者急於篣格❾酷烈之痛，執憲者煩於詆欺放濫之文，或因公行私，逞縱威福。夫為政猶張琴瑟，大弦急者小弦絕。故子貢非臧孫之猛法，而美鄭喬之仁政❿。詩云：『不剛不柔，布政優優⓫。』方今聖德充塞，假于上下⓬，宜隆先王之道，蕩滌煩苛之法。輕薄箠楚⓭，以濟群生；全廣至德，以奉天心。」帝敬納寵言，每事務於寬厚。其後遂詔有司，絕鉆鑽⓮諸慘酷之科，解妖惡⓯之禁，除文致⓰之請讞五十餘事，定著于令。是後人俗和平，屢有嘉瑞⓱。

漢舊事斷獄報重⓲，常盡三冬⓳之月，是時帝始改用冬初十月而已。元和二年，旱，長水校尉[20]賈宗等上言，以為斷獄不盡三冬，故陰氣微弱，陽氣發泄，招致災旱，事在於此。帝以其言下公卿議，寵奏曰：「夫冬至[21]之節，陽氣始萌，故十一月有蘭、射干、芸、荔[22]之應。時令曰：『諸生蕩，安形體。』[23]天以為正[24]，周[25]以為春。十二月陽氣上通，雉雊雞乳[26]，地以為正，殷[27]以為春。十三月[28]陽氣已至，天地已交，萬物皆出，蟄蟲[29]始振，人以為正，夏[30]以為春。三微[31]成著，以通三統[32]。周以天元[33]，殷以地元，夏以人元。若以此時行刑，則殷、周歲首[34]皆當流血，不合人心，不稽天意。月令曰：『孟冬之月，趣獄刑，無留罪[35]。』明大刑畢在立冬[36]也。又：『仲冬之月，身欲寧，事欲靜[37]。』若以降威怒，不可謂寧；若以行大刑，不可謂靜。議者咸曰：『旱之所由，咎在改律。』臣以為殷、周斷獄不以三微，而化致康平，無有災害。自元和以前，皆用三冬，而水旱之異，往往為患。由此言之，災害自為它應，不以改律。秦[38]為虐政，四時行刑，聖漢初興，改從簡易。蕭何[39]草律，季秋論囚，俱避立春[40]之月，而不計天地之正，二王[41]之春，實頗有違。陛下探幽析微，允執其中[42]，革百載之失，建永年[43]之功，上有迎承[44]之敬，下有奉微之惠，稽春秋之文，當月令之意，聖功美業，不宜中疑[45]。」書奏，帝納之，遂不復改。

【章　旨】以上為〈陳寵傳〉的第二部分。記述陳寵在章帝時期針對前代苛政酷法和當世天災所進呈的兩道奏疏及其被採納後所產生的效果。

【注　釋】❶故事　舊有的規定或事例。❷僭　超越規定。即不該賞賜卻賞賜。這裡所云，本於《左傳・襄公二十六年》晉大夫聲子之言：「善為國者，賞不僭而刑不濫。賞僭則懼及淫人，刑濫則懼及善人。若不幸而過，寧僭無濫。與其失善，寧其利淫。」❸故唐堯著典二句　唐堯，為傳說中的五帝之一。典謂《尚書・堯典》。眚災肆赦，意為過失成災遂赦免。眚，過失。肆，遂。❹周公作戒二句　周公為西周初期的大政治家。勿誤庶獄，則源於《尚書・立政》「其勿誤於庶獄庶慎，惟正是乂之。」庶獄，各種訴訟案件。庶，眾。❺伯夷之典三句　伯夷，唐堯的輔政大臣。《國語・鄭語》稱其為「能禮於神以佐堯者」，舜時又擔任掌管三禮的秩宗。韋昭注說他是炎帝之後，四嶽之族。此處所云，係據《尚書・呂刑》為說，但張冠李戴之跡顯而易見。原文為：「伯夷降典，折民惟刑。」偽《孔傳》解釋說：「伯夷下典禮教民而斷以法。」典禮即天神、地祇、人鬼三禮。「惟敬五刑，以成三德」則是周穆王的話，與伯夷無涉。五刑，指墨（刺面）、劓（割鼻）、刖（砍腳）、宮（破壞生殖器）、大辟（斬首）五種不同的刑罰。三德，指剛強、柔和、正直三種品質。❻姦慝　奸邪兇惡的人。❼晏晏　溫和的樣子。❽執事　主管具體事務的官員。❾笞格　笞擊。李賢注：「笞即榜也，古字通用。《聲類》曰：『笞也。』《說文》曰：『格，擊也。』」❿故子貢二句　子貢為孔子的學生，臧孫為春秋時期魯國的大夫，鄭喬指春秋時期鄭國的大臣子產。李賢注引《新序》曰：臧孫「行猛政。子貢非之曰：『夫政猶張琴瑟也，大絃急則小絃絕矣。故曰罰得則姦邪止，賞得則下歡悅。子之賊心見矣。獨不聞子產之相鄭乎？推賢舉能，抑惡揚善，有大略者不問其短，有厚德者不非小疵，家給人足，囹圄空虛。子產卒，國人皆叩心流涕，三月不聞竽琴之音。其生也見愛，死也可悲。故曰德莫大於仁，禍莫大於刻。今子病而人賀，子愈而人相懼，曰嗟乎！何命之不善，子又不死？』」臧孫慚而避位，終身不出。」⓫不剛不柔二句　語見《詩・長發》。惟「布」作「敷」，二字通。優優，寬和的樣子。⓬假于上下　假，至。上下謂天地。⓭箠楚　原指棍杖之類，引申為拷打。⓮鉆鑽　以鐵製刑具束頸、鑿去髕骨的一種酷刑。鉆，鐵鉗，即鐵鉗之類的刑具。鑽，謂鑽去髕骨。⓯妖惡　指妖言惑眾、誹謗朝廷、詛咒天子之類的罪行。⓰文致　意謂舞文弄法，陷人於罪。⓱嘉瑞　美好吉祥的徵兆。⓲報重　論定死刑。重，指死刑。⓳三冬　謂孟冬、仲冬、季冬。⓴長水校尉　東漢五校尉之一，負責率部衛戍京師及宿衛宮廷。㉑冬至　二十四節氣之一，在農曆的十一月。其被用作曆法的起算點。㉒蘭射干芸荔　蘭，蘭草。射干，一種香草，葉成劍形排成兩行，根可入藥。芸，指芸香。荔，指馬薤。形似蒲而小，根可製刷。〈易通卦驗〉：「十一月，廣莫風至，則蘭、射干生。」《禮記・月令》：是月「芸始生，荔挺出，蚯蚓結，麋角解，水泉動。」㉓時令曰三句　即〈月令〉，為《禮記》中的篇名。此處所引兩句原文，係摘錄綴連而成。諸生指各種生物，蕩謂萌動，即在地下處於胚胎狀態。形體，原作「形性」。指人而言。㉔正　開端；起始。㉕周　中國歷史上繼商而起的第三個王朝。從周武王至周幽王共傳十二王，是為西周，歷時二百七十六年。㉖雉雊雞乳　這是一種物候現象。雉雊，意為山雞開始鳴叫求偶。雞乳，意為家雞開始孵蛋。《禮記・月令》：十二月「鴈北鄉，鵲始巢，雉雊雞乳。」㉗殷　中國歷史上繼夏而起的第二個王朝。又稱商。從商湯至商紂王共傳十七世，三十一王，歷時六百年左右。㉘十三月　即農曆正月。㉙蟄蟲　指冬眠的動物。《禮記・月令》：正月「東風解凍，蟄蟲始振，魚上冰，獺祭魚，鴻鴈來。」㉚夏　中國歷史上由禹建立的第一個王朝。從夏禹至夏桀共傳十四世，十七王，歷時近五百年左右。㉛三微　指三正之始。三正即夏商周所訂立和行用的歲首不同的三種曆法，正指正月而言。《白虎通義》：「三微者何謂也？陽氣始施黃泉，萬物動，微而未著也。十一月之時，陽氣始養根株黃泉之下，萬物皆赤。赤者，盛陽之氣也。故周為天正，色尚赤也。十二月之時，萬物始牙而白。白者，陰氣。故殷為地正，色尚白也。十三月之時，萬物始達，孚甲而出，皆黑，人得加功。故夏為人正，色尚黑。」李賢注引《尚書大傳》：「必以三微之月為正者，當爾之時，物皆尚微，王者受命，當扶微理弱，奉成之義也。」又引《易緯乾鑿度》：「三微而成著，三著而體成。」著，顯著之義。㉜三統　指周正所代表的天統或赤統、殷正所代表的地統或白統、夏正所代表的人統或黑統。《白虎通義》：「正朔有三何本？天有三統，謂三微之月也。明王者當奉順而成之，故受命各統一正也，敬始重本也。」李賢注：「統者，統一歲之事。王者三正遞用，周環無窮，故曰通三統。」㉝天元　指上天元氣流轉行進之所在。㉞歲首　全年開始的時候，通常謂第一個月分。㉟孟冬之月三句　據今本《禮記・月令》，「孟冬之月」當作「季秋之月」（農曆九月）。原文為：是月「乃趣獄刑，毋留有罪。」鄭玄注：「殺氣已至，有罪者即決也。」對此李賢特下案語說：「〈月令〉及《淮南子》皆言季秋趣獄刑，無留罪。今言孟冬，未詳其故。」㊱立冬　二十四節氣之一。在農曆的十月。㊲仲冬之月三句　《禮記・月令》：「君子齊戒，處必掩身，身欲寧，去聲色，禁耆慾，安形性，事欲靜，以待陰陽之所定。」㊳秦　中國歷史上第一個中央集權的封建統一王朝。從秦始皇嬴政至秦二世胡亥共存在十五年。㊴蕭何　西漢的開國元勳。官至丞相。詳見《史記・蕭相國世家》、《漢書・蕭何曹參傳》。《漢書・刑法志》：「其後四夷未附，兵革未息，三章之法，不足以禦姦，於是相國蕭何，攈摭秦法，取其宜於時者，作律九章。」㊵立春　二十四節氣之一，在農曆的正月。㊶二王　指殷、周。㊷允執其中　意為掌握最適中的尺度或準則。允，以。㊸永年　萬世永存之義。㊹迎承　謂迎合承順天意。即在三正之月不斷獄行刑。㊺中疑　中途懷疑；半路改變。

【語　譯】歷經三次升遷，到章帝初年，陳寵擔任尚書。當時承襲永平時期的風氣，官吏為政崇尚嚴厲苛酷，尚書判決案件全都偏重。陳寵認為章帝新即位，應該改變前代苛酷的風氣。於是進呈奏疏說：「臣下我聽說古代聖帝明王的國政，賞賜決不過度，刑罰也不濫用，實在沒辦法解決，寧可過度賞賜也不濫用刑罰。因而唐堯著成典冊，強調『過失成災就要進行赦免』；周公寫下告誡，提醒『不要錯判各種訴訟案件』；伯夷的法典，也申明『只管謹慎地對待五種刑罰，用來形成三種品德』。由此說來，聖賢的國政，都是把刑罰問題放在首位。從前斷案嚴明，目的是威懾懲治奸邪兇惡的人，奸邪兇惡的人已被制服，就應當用寬恕來做調劑。陛下即位後，都按這一準則去行事，多次向群臣下達詔書，要求弘揚崇尚溫和施政的風範。然而主管部門和具體負責的官員，卻沒有全部按要求去做，掌理施用刑法，仍然崇尚深重苛酷。斷案的人在嚴刑拷打讓罪犯肉體痛苦上花氣力，執法的人在逼迫罪犯亂咬一通擴大牽扯面的條文上用心計，有的假公濟私，一味亂耍威風。須知施政如同彈奏琴瑟，大絃彈得太快小絃就容易折斷。所以子貢批評臧孫用刑法太猛的行徑，讚美鄭國子產實行仁政的舉措。《詩》上說：『既不剛硬，也不柔弱，推行國政真寬和。』如今聖上的仁德充盈瀰漫，直至天地之間，應該進一步強化古代聖帝明王的治國原則，去除煩瑣苛酷的那些刑律。輕視嚴刑拷打的審訊手段，以便拯救天下的百姓；使那最高的仁德保持完美並得到擴展，用來承應上天的好生之心。」章帝恭敬地採納了陳寵的這一建議，每項政事都務比寬厚。後來就對主管部門下達詔書，廢止像鉆鑽之類的各種異常殘酷的刑罰，解除妖言惑眾嚴加懲治的禁令，去除容易舞文弄法、陷人於罪的奏報核准條款共五十多條，把它固定並編列在國家法令當中。從此以後社會風尚和諧安平，多次出現美好吉祥的徵兆。

漢代原有的慣例是，案件審理完畢核准死刑，常在農曆冬三月告終，這時章帝開始改在冬初十月分辦結。元和二年，天下大旱，長水校尉賈宗等人提出看法，認為判決死刑不在農曆冬三月告終，所以陰氣變得微弱，陽氣得到發洩，招致旱災，事情的原因就出在這裡。章帝把他們的看法交給公卿們討論，陳寵上奏說：「在冬至節氣到來時，陽氣開始在地下萌發，因而十一月就有蘭草、射干、芸香、荔挺滋生的應象。〈時令〉上說：『各種生物在萌動，君子要使自己的形體安寧下來。』上天把這一時段作為開端，周代就將它定為春季的起點。十二月陽氣往地上騰湧，山雞便開始鳴叫求偶，家雞開始孵蛋。大地把這一時段作為開端，殷代就將它定為春季的起點。十三月陽氣已經躍升到地表，天地實現了交合，萬物都冒出地面，冬眠的動物開始活動，世人把這一時段作為開端，夏代就將它定為春季的起點。三個時段內萬物的微弱狀態變得顯著起來，用來溝通周正、殷正、夏正三種曆法的天、地、人的統系。周代按天元作歲首，殷代按地元作歲首，夏代按人元作歲首。如果在這個階段內行刑，殷、周兩代的歲首就都要流血，既不符合人心，也沒考察天意。〈月令〉上說：『農曆十月，要趕快定案行刑，不要滯留罪犯。』這正說明死刑應在立冬時節結束啊。此外還說：『農曆十一月，身心要保持安寧，事情要保持平靜。』如果降示威猛震怒，就談不上安寧；如果施用死刑，就談不上平靜。議論政事的人都說：『旱災發生的原因，錯就錯在改變了律令。』但臣下我認為，殷、周兩代判決案件並不按照三正辦結，可教化卻達到了天下太平的地步，沒有災害發生。自元和以前，都在農曆冬三月進行，可水旱之類的嚴重災害，仍常常構成禍患。由此說來，災害本來屬於其他方面的感應，不是因為改變律令。秦朝實行暴虐的國政，一年四季都施用刑罰，聖明的漢朝開始興起，刑罰改從簡明扼要，容易實行。蕭何草創律令，在農曆九月判決囚犯，都避過立春所在的農曆正月，卻不考慮天地的開端和殷、周兩代的春季起點，確實在很大程度上違背了正道。陛下探究幽隱，剖析精微，真正掌握最適中的尺度，糾正歷代的缺失，建立萬世永存的功業，往上具有迎合天意的誠敬態度，往下具有奉順三微的恩惠，考察《春秋》的經文，符合〈月令〉的主旨，對聖明美好的功業，不應中途產生懷疑。」這道奏疏進呈之後，章帝予以採納，於是不再另作改變。

1 寵性周密，常稱人臣之義，苦不畏慎。自在樞機❶，謝遣門人，拒絕知友，唯在公家而已。朝廷器之。

2 皇后❷弟侍中竇憲❸，薦真定令❹張林為尚書，帝以問寵，寵對「林雖有才能，而素行貪濁」，憲以此深恨寵。林卒被用，而以臧汙抵罪。及帝崩，憲等秉權，常銜寵，乃白太后，令典喪事，欲因過中❺之。黃門侍郎❻鮑德素敬寵，說憲弟夏陽侯瓌❼曰：「陳寵奉事先帝，深見納任，故久留臺閣❽，賞賜有殊。今不蒙忠能之賞，而計幾微之故❾，誠傷輔政容貸❿之德。」瓌亦好士，深然之，故得出為太山⓫太守。

3 後轉廣漢⓬太守。西州⓭豪右并兼，吏多姦貪，訴訟日百數。寵到，顯用良吏王渙、鐔顯⓮等，以為腹心，訟者日減，郡中清肅。先是雒縣⓯城南，每陰雨，常有哭聲聞於府中，積數十年。寵聞而疑其故，使吏案行⓰。還言：「世衰亂時，此下多死亡者，而骸骨不得葬，儻⓱在於是？」寵愴然矜歎，即勑縣盡收斂葬之。自是哭聲遂絕。

4 及竇憲為大將軍⓲征匈奴，公卿以下及郡國⓳無不遣吏子弟奉獻遺者，而寵與中山⓴相汝南張郴、東平㉑相應順㉒守正不阿。後和帝㉓聞之，擢寵為大司農㉔，郴太僕㉕，順左馮翊㉖。

5

永元六年，寵代郭躬為廷尉。性仁矜。及為理官，數議疑獄㉗，常親自為奏，每附經典，務從寬恕，帝輒從之，濟活者甚眾。其深文刻敝㉘，於此少衰。寵又鉤校㉙律令條法，溢於甫刑㉚者除之。曰：「臣聞禮經㉛三百，威儀㉜三千，故甫刑大辟㉝二百，五刑之屬三千。禮之所去，刑之所取，失禮則入刑，相為表裡者也。今律令死刑六百一十，耐罪㉞千六百九十八，贖罪㉟以下二千六百八十一，溢於甫刑者千九百八十九，其四百一十大辟，千五百耐罪，七十九贖罪。春秋保乾圖㊱曰：『王者三百年一蠲法㊲。』漢興以來，三百二年，憲令㊳稍增，科條㊴無限。又律有三家，其說各異。宜令三公、廷尉平定律令，應經合義者，可使大辟二百，而耐罪、贖罪二千八百，并為三千，悉刪除其餘令，與禮相應，以易萬人視聽，以致刑措㊵之美，傳之無窮。」未及施行，會坐詔獄㊶吏與囚交通㊷抵罪。詔特免刑，拜為尚書。遷大鴻臚。

6

寵歷二郡三卿㊸，所在有迹，見稱當時。十六年，代徐防㊹為司空㊺。寵雖傳法律，而兼通經書，奏議溫粹㊻，號為任職相。在位三年薨。以太常㊼南陽尹勤代為司空。

7

勤字叔梁，篤性好學，屏居人外，荊棘生門，時人重其節。後以定策立安帝㊽，封福亭侯，五百戶。永初㊾元年，以雨水傷稼，策免就國。病卒，無子，國除。

8　寵子忠。

【章　旨】以上為〈陳寵傳〉的第三部分。記述陳寵在和帝時期的作為，包括忤怒權貴，在廣漢太守任內收葬亂世骸骨，守正不阿，系統梳理和大幅度刪減律令並奏請施行，出任司空號稱任職相等。

【注　釋】❶樞機　政府機要部門，指尚書臺。❷皇后　指章帝皇后竇氏，為東漢開國功臣竇融的曾孫女。詳見本書卷十。下文太后，亦指其人而言。這是著眼於新君和帝來講的。和帝初期，竇太后則臨朝聽政，掌握實權。❸竇憲　竇皇后的兄長，和帝時權傾朝野的外戚權臣。詳見本書卷二十三。這裡稱他為竇皇后之弟，蓋誤。❹真定令　真定，縣名。治今河北正定南。令，縣令，為一縣長官。漢制，縣萬戶以上稱縣令，不滿萬戶稱縣長。❺中　中傷；陷害。❻黃門侍郎　漢代郎官之一種，簡稱黃門郎。其品秩為六百石，掌侍從左右，給事宮中，關通中外。❼瓌　竇瓌。本書無傳。❽臺閣　謂尚書臺。❾幾微之故　細小的過錯。❿容貸　容忍寬恕。⓫太山　郡名。治所在奉高縣（今山東泰安東）。太山，泰山。⓬廣漢　郡名。治今四川廣漢北。⓭西州　泛指益州地區。益州為東漢所設十三州之一。治所亦在雒縣。⓮王渙鐔顯　王渙，東漢以治績著稱的地方官，卒於洛陽令。本書卷七十六〈循吏傳〉載：「為太守陳寵功曹，當職割斷，不避豪右。寵風聲大行，入為大司農。和帝問曰：『在郡何以為理？』寵頓首謝曰：『臣任功曹王渙以簡賢選能，主簿鐔顯拾遺補闕，臣奉宣詔書而已。』」鐔顯，〈王渙傳〉謂其「後亦知名，安帝時為豫州刺史。時天下饑荒，競為盜賊，州界收捕且萬餘人。顯湣其困窮，自陷刑辟，輒擅赦之，因自劾奏，有詔勿理。後位至長樂衛尉。」⓯雒縣　廣漢郡郡治和益州州治所在。⓰案行　巡查驗核。⓱儻　或許；恐怕。⓲大將軍　原為漢代掌管領兵征伐之事的最高將領，後來變成文職的宰輔之官，又由榮譽稱號變成權勢極大的實職，多由外戚充任。⓳郡國　漢代的一級地方行政區劃。郡統若干縣，形成一轄區，直接聽命於中央。國為皇子的封地，由中央派相去治理。⓴中山　東漢光武帝之子中山王劉焉的封國。治今河北定縣。㉑東平　東漢光武帝之子東平王劉蒼的封國。治今山東東平東。㉒應順　東漢汝南望族應氏的始祖。㉓和帝　東漢皇帝。名肇，卒諡孝和。詳見本書卷四。㉔大司農　漢代九卿之一，簡稱大農。主管中央財政。㉕太僕　漢代九卿之一，掌管皇帝使用的車輛與馬匹，兼管邊區畜牧業或兵器製造等。

㉖左馮翊　長安三輔地區的長官之一，負責治理京師及近郊一帶。㉗疑獄　疑難案件。㉘深文刻敝　曲解法律條文而陷人以罪所造成的那類苛刻嚴峻的弊病。敝，通「弊」。弊病；害處。㉙鉤校　查考；驗核。㉚甫刑　《尚書・呂刑》的別稱。〈呂刑〉由呂侯協助周穆王制定而成，故名〈呂刑〉。其後他改封甫侯，因而又稱此篇為〈甫刑〉。㉛禮經　又稱經禮或禮儀。指禮制的原則性規定。㉜威儀　又稱曲禮，指禮制的細節性規定。《大戴禮記・本命》：「禮經三百，威儀三千。」當係陳寵這裡所言之本。《禮記・禮器》：「故經禮三百，曲禮三千，其致一也。」又〈中庸〉：「禮儀三百，威儀三千，待其人而後行。」㉝大辟　指應判處死刑的各類罪名。㉞耐罪　指判刑較輕的各類罪名。㉟贖罪　指允許用財物贖免的各類罪名。㊱春秋保乾圖　漢代對《春秋經》進行神祕性解說的緯書之一，已佚，清人有輯本，尚可得知其部分內容。㊲蠲法　猶言明法，也就是使法律嚴明的意思。㊳憲令　指法典詔令。㊴科條　指依律應定罪判刑的具體條文。㊵刑措　亦作「刑錯」。將刑法擱置一旁不再施用。《史記・周本紀》：「故成康之際，天下安寧，刑錯四十餘年不用。」裴駰《集解》引應劭：「錯，置也。民不犯法，無所置刑。」㊶詔獄　關押欽犯的監獄。㊷交通　內外串通；相互勾結。㊸三卿　指大司農、廷尉、大鴻臚。㊹徐防　東漢中前期勤曉政務、擁立安帝的大臣。詳見本書卷四十四。㊺司空　東漢所設三公之一，掌管全國建築工程等事務。㊻溫粹　溫和純正。㊼太常　漢代九卿之一，掌管祭祀社稷、宗廟和朝會、喪葬諸禮儀，以及皇帝的寢廟園陵等事宜。㊽安帝　東漢皇帝。名祜，卒諡孝安。事詳本書卷五。㊾永初　東漢安帝劉祜年號，西元一〇七―一一三年。

【語　譯】陳寵天性就講求周全細密，常說當人臣子最重要的義旨，就是對不敬畏不謹慎深感愁苦。自從在政府機要部門供職後，便謝絕並支走眾學生，不與好朋友來往，只是一心致力於公務。朝廷由此很看重他。

2　竇皇后的弟弟侍中竇憲，推薦真定令張林擔任尚書，章帝向陳寵詢問此事，陳寵回答「張林雖然具有才能，可平素的行為卻貪婪汙濁」，竇憲因此特別忌恨陳寵。張林到最後得到任用，卻因貪汙受到相應的懲處。到章帝去世以後，竇憲等人掌權，總對陳寵懷恨在心，於是稟告竇太后，讓他負責辦理章帝的喪事，想藉此找過失陷害他。黃門侍郎鮑德一向敬重陳寵，就勸說竇憲的弟弟夏陽侯竇瓌說：「陳寵侍奉先帝，深受信任，所以長時間被留在尚書臺，賞賜與眾不同。如今他沒蒙受到忠誠能幹該得到的賞賜，卻找他些細小毛病，這實在有損於輔政大臣的寬容美德。」竇瓌也喜好賢士，認為鮑德說得非常對，因而陳寵得以離開朝廷，就任太山太守。

3 到後來，又轉任廣漢太守。當時西州豪強大戶兼併土地，官吏大多奸邪貪婪，因而每天打官司都有上百起之多。陳寵到任後，重用優秀的吏員王渙、鐔顯等人，把他們當做心腹來倚重，打官司的人於是一天比一天減少，郡中清靜肅正下來。在此以前，雒縣城南每逢陰雨天，常有哭聲傳到府衙裡面來，這種現象一直延續了幾十年。陳寵聽到後感到疑惑，就派吏員前去察看驗核。回來後報告說：「在社會衰敗動亂時，這下面有很多死去的人，但屍骨卻沒得到埋葬，或許原因就出在這裡吧？」陳寵聽後十分傷感，深表同情哀歎，立刻命令雒縣把屍骨全部收殮埋葬好。從此以後哭聲便消失了。

4 到竇憲擔任大將軍征伐匈奴時，朝廷自公卿以下的官員和各個郡國，沒有不派遣手下官吏或子弟進獻禮物的，而陳寵與中山相汝南人張郴、東平相應順，偏偏恪守正道不阿附。後來和帝聽到了這種情況，便提升陳寵當大司農，張郴當太僕，應順當左馮翊。

5 和帝永元六年，陳寵代替郭躬擔任廷尉。他天性仁慈，富有同情心。待到就任審案理刑的最高法官，多次公平處理疑難案件，經常親自寫成奏報意見書，每每引證儒家經典，極力依從寬恕的準則來做處斷，和帝常常聽從他的意見，如此救活了很多人。那類曲解法律條文而陷人以罪所造成的苛刻嚴峻的弊病，在這時有所減少。陳寵又查考律令條例，把不在〈甫刑〉範圍之內的條款加以刪除。為此奏請說：「臣下我聽說禮制的原則性規定計有三百條，禮制的細節性規定計有三千條，因此〈甫刑〉訂立死刑罪二百種，歸入五刑各類的罪過達三千種。禮制所排斥的行為，就是刑法所收取的對象，不按禮制辦事，刑法就予以懲辦，彼此構成表裡相應的關係。現今律令中死刑罪計有六百一十條，輕刑罪計有一千六百九十八條，允許贖免的各類罪計有二千六百八十一條，總共比〈甫刑〉多出了一千九百八十九條，其中有四百一十條屬於死刑罪，一千五百條屬於輕刑罪，七十九條屬於允許贖免的各類罪。〈春秋保乾圖〉說：『稱王天下的人歷經三百年就要進行一次整頓刑法，使之更明晰。』大漢興起以來，已經三百零二年了，法典詔令在逐漸增加，依律應該定罪判刑的具體條文沒有極限。再者律令又有三家，具體的解說各不相同。應該責成三公、廷尉修訂律令，與經典義旨相符合的，可將死刑罪確定為二百條，輕刑罪、允許贖免的各類罪確定為二千八百條，合併成三千條，把剩下的條款全部刪除掉，與禮制的規定相應合，用來改變天下眾人的注意力，逐漸實現刑法擱置一旁不再施用的美好局面，永遠傳續下去。」這套方案還沒來得及實行，正遇上陳寵因詔獄的管理人員與囚徒串通而獲罪，受到相應的處罰。和帝下達詔書，對陳寵特許免予刑事追究，任命為尚書。又升任大鴻臚。

6 陳寵當過兩個郡的郡守，在三種卿位上供過職，任內都取得政績，受到當世的讚許。到和帝永元十六年，又代替徐防出任司空。陳寵雖然傳習法律，但也兼通經書，奏議寫得溫和純正，號為稱職的宰相。在位三年，便去世了。朝廷委派太常南陽人尹勤繼任司空。

7 尹勤字叔梁，性情忠厚，喜好學問，獨自居住在人們所不到的地方，門前長滿了野草，社會上都很敬重他的節操。後來憑仗擁立安帝的功勞，被封為福亭侯，食邑五百戶。安帝永初元年，因大雨連綿傷害莊稼，被朝廷下達策書免去官職，前往封國居住。最後病故，因沒有兒子，封國也被取消。

8 陳寵的兒子是陳忠。

忠字伯始，永初中辟司徒府，三遷廷尉正，以才能有聲稱。司徒劉愷❶舉忠明習法律，宜備機密，於是擢拜尚書，使居三公曹❷。忠自以世典刑法，用心務在寬詳❸。初，父寵在廷尉，上除漢法溢於甫刑者，未施行，及寵免後遂寢。而苛法稍繁，人不堪之。忠略依寵意，奏上二十三條，為決事比❹，以省請讞之敝。又上除蠶室刑❺；解臧吏三世禁錮❻；狂易殺人❼，得減重論；母子兄弟相代死，聽，赦所代者。事皆施行。

【章　旨】以上為〈陳忠傳〉的第一部分。記述陳忠在安帝初年通過編纂和奏呈《決事比》將其父刪減律令的構想付諸實施的舉措。

【注　釋】❶劉愷　東漢和帝、安帝時期以薦舉下層人士著稱的大臣。詳見本書卷三十九。❷三公曹　官署名，屬尚書臺的下設機構之一。主管訴訟審判事務。❸寬詳　寬大審慎。❹決事比　原書已佚。❺蠶室刑　破壞生殖能力的刑罰。又稱宮刑、腐刑或犗刑。蠶室，為執行宮刑和受宮刑者所在的獄室。顏師古《漢書注》：「凡養蠶者，欲其溫而早成，故為密室蓄火以置之。而新腐刑，亦有中風之患，須入密室，乃得以全，因呼為蠶室耳。」李賢注引《漢舊儀注》：「少府若盧獄有蠶室。」❻禁錮　意謂不許做官。❼狂易殺人　指精神病發作而殺人的行為。狂，瘋癲。易，改變了正常人的天性及生理機制。

【語　譯】陳忠字伯始，安帝永初年間被徵召到司徒府，經過三次升遷，擔任廷尉正，憑藉本人的才能贏得名聲。司徒劉愷薦舉陳忠通曉法律，應該在機要部門供職，於是被提升委任為尚書，讓他在三公曹辦公。陳忠覺得自己的家族世代掌管刑法，就用心審案，極力貫徹寬大審慎的原則。在當初，其父陳寵官任廷尉，奏請刪除漢法中超出〈甫刑〉範圍的那些條款，沒得到實行，到陳寵被免職後便無聲無息了。可是苛酷的法律條文又在逐漸增多，世人不堪忍受。陳忠就大體依照陳寵的意向，奏上二十三條，寫成《決事比》，以便減少報請核准中容易出現的弊病。又奏請廢除宮刑；取消犯有貪汙罪的官員其三代子孫不許做官的規定；對因精神病發作而殺人的罪犯，可以按死刑以下的刑罰來論處；母子兄弟如果自願代替罪犯去死，准許他們這樣做，同時赦免真兇原犯。這些奏請都付諸施行了。

及鄧太后❶崩，安帝始親朝事。忠以為臨政之初，宜徵聘賢才，以宣助風化，數上薦隱逸❷及直道❸之士馮良、周燮❹、杜根、成翊世❺之徒。於是公車❻禮聘良、燮等。後連有災異，詔舉有道❼，公卿百僚各上封事。忠以詔書既開諫爭，慮言事者必多激切，或致不能容，乃上疏豫通廣帝意。曰：「臣聞仁君廣山藪之大[8]，納切直之謀；忠臣盡謇諤[9]之節，不畏逆耳之害。是以高祖舍周昌桀紂之譬[10]，孝文嘉爰盎人豕之譏[11]，武帝納東方朔宣室之正[12]，元帝容薛廣德自刎之切[13]。昔晉平公[14]問於叔向[15]曰：『國家之患孰為大？』對曰：『大臣重祿不極諫，小臣畏罪不敢言，下情不上通，此患之大者。』公曰：『善。』於是下令曰：『吾欲進善，有謁而不通者，罪至死。』今明詔崇高宗[16]之德，推宋景[17]之誠，引咎克躬，諮訪群吏。言事者見杜根、成翊世等新蒙表錄[18]，顯列二臺[19]，必承風響應，爭為切直。若嘉謀異策，宜輒納用。如其管穴[20]，妄有譏刺，雖苦口逆耳，不得事實，且優遊[21]寬容，以示聖朝無諱之美。若有道之士，對問高者，宜垂省覽，特遷一等，以廣直言之路。」書御，有詔拜有道高第士沛國施延[22]為侍中，延後位至太尉。

常侍江京、李閏[23]等皆為列侯[24]，共秉權任。帝又愛信阿母王聖[25]，封為野王君。忠內懷懼懣而未敢陳諫，乃作搢紳先生論[26]以諷，文多故不載。

【章旨】以上為〈陳忠傳〉的第二部分。記述陳忠適應安帝親政的政局變化薦舉賢才正士的行動，及其進奏的〈豫通帝意疏〉。

【注釋】❶鄧太后 指和帝皇后鄧綏。其臨朝聽政長達二十年。詳見本書卷十。❷隱逸 指身懷才能而遁跡民間不出來做官的人。❸直道 指恪守純正之道的人。❹馮良周燮 俱為守道之士。二人都象徵性地接受朝廷徵召，隨即返歸故里。本書卷五十三有周燮傳，並於傳中附記馮良之事。❺杜根成翊世 俱為敦請鄧太后歸政安帝而遭迫害又再度入朝為官的人士。本書卷五十七有杜根傳，並於傳中附記成翊世之事。❻公車 這裡指漢代用以迎送被徵辟人員而由公家所配備的車馬而言。亦可解為官署之稱。公車作為漢代官署，是九卿之一衛尉的下屬機構，其長官為公車令，負責宮殿警衛及受理天下上書和徵召事宜。❼有道 漢代選拔官吏的科目之一。❽山藪之大 比喻能夠容納各種不同的事物與言論。《左傳．宣公十五年》載晉國大夫伯宗勸諫晉景公之語曰：「川澤納汙，山藪藏疾，瑾瑜匿瑕，國君含垢，天之道也。」❾謇諤 正直敢言。❿高祖舍周昌桀紂之譬 高祖指西漢王朝的創建者劉邦。廟號高祖。事詳《史記．高祖本紀》、《漢書．高帝紀》。周昌，西漢的開國功臣。《史記》卷九十六、《漢書》卷四十二分別有傳。《史記》本傳載：「昌嘗燕時入奏事，高帝方擁戚姬。昌還走，高帝逐得，騎周昌項，問曰：『我何如主也？』昌仰曰：『陛下即桀紂之主也。』於是上笑之，然尤憚周昌。」桀紂，夏殷兩朝的末代國王，均以荒淫暴虐遭到後世的抨擊。⓫孝文嘉爰盎人豕之譏 孝文，西漢皇帝劉恆。卒謚孝文。爰盎，亦作「袁盎」，是西漢正直朝臣的代表人物。《史記》本傳載：「上幸上林，皇后慎夫人從。其在禁中，常同席坐。及坐郎署長布席，袁盎引卻慎夫人坐。慎夫人怒，不肯坐，上亦怒起，入禁中。盎因前說曰：『臣聞尊卑有序，則上下和。今陛下既已立后，慎夫人乃妾，妾主豈可與同坐哉？且陛下幸之，即厚賜之。陛下所以為慎夫人，適所以禍之。陛下獨不見人豕乎？』」人豕，人彘。呂后在漢高祖去世後，將其生前寵愛的戚姬截斷手足，去眼煇耳，灌下啞藥，置於廁所當中，名曰人彘。⓬武帝納東方朔宣室之正 東方朔，西漢的博物學者與滑稽人物。《漢書》本傳載：「上為竇太主置酒宣室，使謁者引內董君。是時朔陛戟殿下，辟戟而前曰：『董偃有斬罪三，安得入乎？』……上默然不應，良久曰：『吾業以設飲，後而自改。』朔曰：『不可。夫宣室者，先帝之正處也。非法度之政，不得入焉。故淫亂之漸，其變為篡。』上曰：『善。』有詔止，更置酒北宮。賜朔黃金三十斤。」宣室，位於長安未央宮中，為西漢皇帝正室所在。⓭元帝容薛廣德自刎之切 元帝，西漢皇帝劉奭。卒謚孝元。事詳《漢書．元帝紀》。薛廣德，西漢敢於直諫的大臣。《漢書》卷七十一：「上酎祭宗廟，出便門，欲御樓船。廣德當乘輿車，免冠頓首曰：『宜從橋。』詔曰：『大夫冠。』廣德曰：『陛下不聽臣，臣自刎，以血汙車輪，陛下不得入廟矣。』上不說。先敺（驅）光祿大夫張猛進曰：『臣聞主聖臣直。乘船危，就橋安。聖主不乘危，御史大夫言可聽。』上曰：『曉人不當如是邪！』乃從橋。」⓮晉平公 春秋時期晉國的國君。⓯叔向 春秋時期晉國的大夫。自此以下君臣二人的問答和「下令」云云，俱見劉向《新序・雜事第五》。⑯高宗　指殷朝第二十三位國王武丁。其在位五十九年間使殷朝重新振興，臻於極盛。因他德高可尊，故被後世稱作高宗。《尚書・高宗肜日》專篇記述賢臣祖己利用祭祀中突有野雞飛到鼎耳之上鳴叫的怪事，誘導武丁修德，結果如《史記・殷本紀》所說：「武丁修政行德，天下咸驩，殷道復興。」⑰宋景　指春秋時期宋國的國君宋景公。《史記・宋微子世家》：「三十七年，楚惠王滅陳。熒惑守心。心，宋之分野也。景公憂之，司星子韋曰：『可移於相。』景公曰：『相，吾之股肱。』曰：『可移於民。』景公曰：『君者待民。』曰：『可移於歲。』景公曰：『歲饑民困，吾誰為君？』子韋曰：『天高聽卑，君有君人之言三，熒惑宜有動。』於是候之。果徙三度。」⑱表錄　表彰和錄用。⑲二臺　指御史臺和尚書臺。此據杜根被任命為侍御史、成翊世被任命為尚書郎而言。⑳管穴　喻指狹隘的見識或看法。《史記・扁鵲倉公列傳》：「扁鵲仰天歎曰：『夫子之為方也，若以管窺天，以郄視文。』」郄（隙）即穴。㉑優遊　溫厚之義。㉒施延　李賢注引謝承《書》：「延字君子，蘄縣人也。少為諸生。明於《五經》，星官、風角，靡有不綜。家貧母老，周流傭賃。常避地於廬江臨湖縣種瓜，後到吳郡海鹽，取卒月直，賃作半路亭父，以養其母。是時吳會未分，山陰馮敷為督郵，到縣，延持箒往。敷知其賢者，下車謝，使入亭，請與飲食，脫衣與之，餉餞不受。順帝徵拜太尉，年七十六薨。」㉓李閏　其為宦官，安帝時被封為雍鄉侯。本書無傳。㉔列侯　秦漢用來獎賞有功之臣的最高級別的一種爵稱。原稱徹侯，因避漢武帝劉徹名諱，改稱列侯，又稱通侯。㉕王聖　安帝的乳母。本書無傳。本書卷五十四〈楊震傳〉：「阿母王聖，出自賤微，得遭千載，奉養聖躬。雖有推燥居溼之勤，前後賞惠，過報勞苦，而無厭之心，不知紀極。外交屬託，擾亂天下，損辱清朝，塵點日月。」㉖搢紳先生論　原文已佚。

【語　譯】到鄧太后死去，安帝才開始親自處理朝廷事務。陳忠認為在親自執政之初，應該徵聘賢才，以便宣導輔助社會教化，就多次向朝廷推薦隱逸和恪守純正之道的人士馮良、周燮、杜根、成翊世這些人。於是朝廷派車馬按禮節去徵聘馮良、周燮等人。後來連續出現怪異的災變現象，又下詔薦舉有道，公卿百官便各自進呈祕密奏章。陳忠鑑於詔書已經敞開諫諍的道路，擔心議論政事的人大多數必定會顯得激昂急切，有的還會招來不能容忍的結果，於是奏上章疏預先來疏通拓寬安帝的心懷。章疏說：「臣下我聽說仁德的君主能夠擴展那種容納不同言論的胸懷，接受懇切正直的謀劃；忠臣也會亮出正直敢言的全副氣節，不畏懼刺痛君主帶來的禍害。因而漢高祖對周昌把他比成桀紂的話語並不追究，孝文帝對爰盎有關戚夫人被弄成人豕的譏諷表示嘉獎，孝武帝對東方朔保持宣室鄭重地位的規正當場採納，孝元帝對薛廣德用自刎來切諫的行動予以寬容。從前晉平公向叔向詢問說：『國家的禍患要數什麼最大？』叔向對答說：『大臣看重俸祿卻不極力規諫，小官害怕獲罪卻不敢發表言論，致使下面的情況不能反映到上面來，這是最大的禍患。』晉平公說：『對極了。』於是下令說：『我希望群臣獻納良好的意見，有人謁見卻不通報，就處以死罪。』如今詔書明確宣布要推廣殷高宗那樣的德業，施布宋景公那樣的誠意，把責任歸在君主的頭上，並從自身做起，向群臣進行諮詢訪問。議論政事的人看到杜根、成翊世等人重新受到表彰和錄用，顯赫地在御史臺、尚書臺供職，必定會一起響應，爭相進行懇切正直的規諫。如果屬於美好的謀劃和奇異的策略，就應立刻採用。如果有誰識見狹隘，毫無根據地夾帶譏刺，盡管話說得難聽，聽起來很刺耳，不符合事實，也應溫厚地加以寬容，用來顯示聖明朝代沒有忌諱的美好風尚。如果有道之士在對答策問中見解高明，對此應親自觀閱思索，特地提升一等，以便拓寬忠直進言的道路。」這道奏疏經過安帝閱讀，便有詔書下達，任命有道考試中進入優秀行列的士子沛國人施延擔當侍中，施延後來官至太尉。

中常侍江京、李閏等人都被安帝封為列侯，共同執掌朝廷大權。安帝又寵信乳母王聖，把她封為野王君。陳忠內心對此懷有懼怕又憤懣卻不敢陳奏諫正，於是撰寫〈搢紳先生論〉進行諷諭，由於文章太長，所以這裡就不載錄它了。

自帝即位以後，頻遭元二之戹❶，百姓流亡，盜賊並起，郡縣更相飾匿❷，莫肯糾發。忠獨以為憂，上疏曰：「臣聞輕者重之端，小者大之源，故隄潰蟻孔❸，氣洩鍼芒❹。是以明者慎微❺，智者識幾。書曰：『小不可不殺。』❻詩云：『無縱詭隨，以謹無良。』❼蓋所以崇本絕末，鉤深❽之慮也。臣竊見元年以來，盜賊連發，攻亭劫掠，多所傷殺。夫穿窬[9]不禁，則致彊盜；彊盜不斷，則為攻盜；攻盜成群，必生大姦。故亡逃之科[10]，憲令所急，至於通行飲食[11]，罪致大辟。而頃者以來，莫以為憂。州郡督錄[12]怠慢，長吏防禦不肅，皆欲採獲虛名，諱以盜賊為負。雖有發覺，不務清澄。至有逞威濫怒，無辜僵仆。或有跼蹐比伍[13]，轉相賦斂。或隨吏追赴，周章[14]道路。是以盜發之家，不敢申告，鄰舍比里，共相壓迮[15]，或出私財，以償所亡。其大章著不可掩者，乃肯發露。陵遲[16]之漸，遂且成俗。寇攘誅咎[17]，皆由於此。前年勃海張伯路[18]，可為至戒。覆車之軌，其迹不遠。蓋失之末流，求之本源。宜糾增[19]舊科，以防來事。自今彊盜為上官[20]若它郡縣所糾覺[21]，一發，部吏[22]皆正法[23]，尉[24]貶秩一等，令長三月奉[25]贖罪；二發，尉免官，令長貶秩一等；三發以上，令長免官。便可撰立科條，處為詔文，切敕刺史，嚴加糾罰。冀以猛濟寬，驚懼姦慝。頃季夏[26]大暑，而消息[27]不協，寒氣錯時，水涌為變。天之降異，必有其故。所舉有道之士，可策問[28]國典所務，王事過差[29]，令處煖氣不效之意。庶有讜言[30]，以承天誡。」

【章　旨】以上為〈陳忠傳〉的第三部分。記述陳忠在安帝永初五年太后臨朝情勢下，針對社會動亂狀況進呈的〈請清盜源疏〉。

【注釋】❶元二之戹　謂一元當中所包含的天地兩種災戹，即旱災與水災。古代術數家以四千六百一十七年為一元，將其中四千五百六十年視為經年（常年），亦即木、火、土、金、水五行迭相替代、正常運行的一個週期，而將其餘的五十七年則視為災年。災年中包括五次陽戹，四次陰戹，合稱九戹。陽戹為旱災，亦即天戹，陰戹為水災，亦即地戹。每次陽戹或每次陰戹，其出現的年數各不相同，自有定數，合計凡五十七年，放在一元中平均來計算，則每八十年便有一個災年。而在初入元的一百零六年內，會有互不相連的九個年頭的旱災，謂之「百六，陽九」，屬於九戹中和五次陽戹中的第一戹，故而「百六陽九」或「陽九」、「百六」，遂被用來指代災變運數、戹會或戹運。詳見《漢書・律曆志》所述。李賢則認為「元二」乃「元元」之訛，即「二」本屬重文符號之施用。其說云：「案元二，即元元也。古書字當再讀者，即於上字之下為小『二』字，言此字當兩度言之。後人不曉，遂讀為元二，或同之陽九，或附之百六，良由不悟，致斯乖舛。今岐州〈石鼓銘〉，凡重言者，皆為『二』字，明驗也。」❷飾匿　謂謊稱太平，隱瞞不報。即報喜不報憂之義。❸隄潰蟻孔　比喻小處疏忽，便會釀成大禍。隄，河堤。蟻孔，螻蟻穿出的孔穴。《韓非子・喻老》：「千丈之堤，以螻蟻之穴潰。」❹氣洩鍼芒　比喻細微的事物能帶來巨大的危害。氣，指體內元氣。鍼芒，為細如葉尖的針頭。李賢注引《素問》：「針頭如芒，氣出如筐。」❺慎微　審慎對待細微的事情。❻書曰二句　書，《尚書》。為儒家《五經》之一，實乃現存最早的中國古代文告檔卷的彙編。其通行本則為《今文尚書》和《偽古文尚書》的混合體，而以《今文尚書》二十八篇可信度較高。此處所引經文，出自《今文尚書・康誥》。小，指屢教不改、總犯小罪的慣犯。❼詩云三句　出自《詩・民勞》。詭隨，指不分善惡任意跟從在後的一類人。無良，即品質惡劣的人。❽鉤深　意為探求深層的事理。《易・繫辭上》：聖人「鉤深致遠。」孔穎達疏：「物在深處能鉤取之，物在遠方能招致之。」❾穿窬　指小偷、毛賊。穿，穿壁。窬，通「踰」。翻越。《論語・陽貨》：「子曰：『色厲而內荏，譬諸小人，其猶穿窬之盜也與?』」❿亡逃之科　對犯罪後四處逃亡者的懲治條例。⓫通行飲食　指向逃亡的罪犯提供物質上的幫助。李賢注：「猶今《律》云過致資給，與同罪也。」⓬督錄　記錄在案的意思。⓭跼蹐比伍　使居民畏懼至極之義。《詩・正月》：「謂天蓋高，不敢不跼；謂地蓋厚，不敢不蹐。」跼，彎腰屈身。蹐，小步行走。比伍，居民的基層組織單位。即五家為比，五人為伍。⓮周章　驚恐；恐慌。⓯壓迮　猶言壓迫。迮，迫。⓰陵遲　敗壞；衰敗。⓱寇攘誅咎　搶劫盜竊和索求責罰。⓲勃海張伯路　勃海，郡名。治所在南皮縣（今河北南皮東北）。張伯路，農民軍領袖。本書卷三十八〈法雄傳〉：「永初三年，海賊張伯路等三千餘人，冠赤幘，服絳衣，自稱『將軍』，寇濱海九郡，殺二千石令長。初，遣侍御史龐雄督州郡兵擊之，伯路等乞降，尋復屯聚。明年，伯路復與平原劉文河等三百餘人稱『使者』，攻厭次城，殺長吏，轉入高唐，燒官寺，出繫囚，渠帥皆稱『將軍』，共朝謁伯路。伯路冠五梁冠，佩印綬，黨眾浸盛。乃遣御史中丞王宗持節發幽、冀諸郡兵，合數萬人，乃徵雄為青州刺史，與王宗并力討之。連戰破賊，斬首溺死者數百人，餘皆奔走，收器械財物甚眾。」⑲糾增　修正增訂。⑳上官　指郡守。㉑糾覺　糾察發覺。㉒部吏　指事發地點的下屬官吏。部，所在地界之義。㉓正法　依法處置。㉔尉　指郡都尉和縣尉。郡都尉，協助郡守掌領武職甲卒，負責治安，防遏盜賊。縣尉，協助縣令或縣長主管治安，緝捕盜賊。㉕奉　通「俸」。俸祿。㉖季夏　農曆六月。㉗消息　指陰陽消長的定律。陰升陽降為消，陽升陰降為息。㉘策問　又稱「策試」、「對策」。為漢代出現的一種考試方法，具有徵詢政見與考察才識的雙重作用。㉙過差　過失；過錯。㉚讜言　正直的言論。

【語　譯】自從安帝即位以後，頻繁遭受旱災水災的襲擊，百姓流離逃亡，盜賊四處湧現，郡縣遞相謊稱太平，隱瞞不報，不願意糾察舉奏。陳忠獨自對這種狀況深感憂慮，就進呈奏疏說：「臣下我聽說輕微是沉重的端緒，細小是巨大的源頭，因此長堤會被螻蟻穿出的孔穴毀掉，元氣會被細如葉尖的針頭漏洩光。所以精明的人審慎對待細微的事情，機智的人能看出事物的苗頭。《尚書》中說：『對屢教不改、總犯小罪的慣犯不能不處死。』《詩》中說：『切莫放過不分善惡任意跟從在後的那類人，以便使邪惡的傢伙變老實。』這正是為了培植根本絕斷末節，探求深層事理的考慮啊。臣下我發現，自從元年以來，盜賊連續產生，攻打鄉亭，劫掠財物，殺傷了很多人。對穿壁翻牆的小偷不禁遏，就會引發強盜；對強盜不予以斷絕，就會變成明火執仗的盜賊；明火執仗的盜賊成群出現，必定會形成巨好大惡。因此有關罪犯逃亡的懲治條例，是法典詔令放在首位的內容，至於向逃犯提供物質幫助，可以判處死刑。但最近以來，沒有人對此感到憂慮。州郡記錄在案也懶得追究，長吏防備抵禦不得力，都想獲取虛名，忌諱把盜賊出現變成本人的過失。即使有所發覺，也不全力徹底清除。甚至還有的逞威風亂動怒，使無罪者在刑具下喪命。還有人使居民畏懼至極，輪番橫徵暴斂。還有人跟隨吏員去追捕，使百姓在道路上驚恐得不知去哪裡好。因此遭遇強盜的人家，不敢申訴舉報，左鄰右舍也相互壓制，不許往外說。有的人乾脆拿出自家的錢財，用來賠償被盜人家的損失。那些十分明顯而難以掩蓋的事件，才肯揭露出來。這種情況慢慢發展，逐漸形成風氣。搶劫盜竊和索求責罰，都是由此造成的。

前年渤海郡張伯路聚眾造反，可以引為最大的鑑戒。前面怎樣翻車的軌跡，離現在並不遙遠。在末流出現了閃失，就要到源頭去尋求補救的辦法。應該修正增訂原有的條例，用來預防將來的事態發展。從今以後，只要強盜被郡守和其他郡縣糾察發覺了，第一次，事發地點的下屬官吏都要依法處置，尉官品級降低一級，縣令縣長用三個月的俸祿來贖罪；第二次，尉官免職，縣令縣長品級降低一級；第三次以上，縣令縣長免職。眼下即可擬定具體條文，寫成詔書，緊切地責成刺史，嚴厲進行糾舉懲罰。希望藉嚴猛來調劑寬大，使奸邪兇惡的人驚恐畏懼。前不久農曆六月卻天氣酷熱，陰陽失調，寒氣未能按時來到，大水騰湧，形成災異。上天降示怪異的現象，必定有它具體的原因。對所薦舉的有道之士，可以策問國典應著力解決的問題，王者政事的差錯，讓他們判斷暖氣未能按時令出現的原由。希望能有正直的言論，用來承順上天的警戒。」

元初❶三年有詔，大臣得行三年喪❷，服闋❸還職。忠因此上言：「孝宣皇帝❹舊令，人從軍屯及給事縣官❺者，大父母❻死未滿三月，皆勿傜，令得葬送。請依此制。」太后從之。至建光❼中，尚書令祝諷❽、尚書孟布等奏，以為「孝文皇帝定約禮❾之制，光武皇帝❿絕告寧⓫之典，貽則⓬萬世，誠不可改。宜復建武故事」。忠上疏曰：「臣聞之孝經⓭，始於愛親，終於哀戚。上自天子，下至庶人，尊卑貴賤，其義一也。夫父母於子，同氣異息，一體而分，三年乃免於懷抱。先聖緣人情而著其節，制服二十五月⓮，是以春秋⓯臣有大喪，君三年不呼其門，閔子⓰雖要絰⓱服事⓲，以赴公難⓳，退而致位⓴，以究私恩㉑，故稱『君使之非也，臣行之禮也』。周室陵遲，禮制不序，蓼莪之人作詩自傷曰：『瓶之罄矣，惟罍之恥。』㉒言己不得終竟子道者，亦上之恥也。高祖受命，蕭何創制，大臣有寧告之科，合於致憂㉓之義。建武之初，新承大亂，凡諸國政，多趣簡易，大臣既不得告寧，而群司營祿念私，鮮循三年之喪，以報顧復㉔之恩者。禮義之方，實為彫損。大漢之興，雖承衰敝，而先王之制，稍以施行。故藉田㉕之耕，起於孝文；孝廉之貢㉖，發於孝武；郊祀㉗之禮，定於元、成；三雍㉘之序，備於顯宗；大臣終喪，成乎陛下。聖功美業，靡以尚茲。孟子有言：『老吾老以及人之老，幼吾幼以及人之幼，天下可運於掌。』㉙臣願陛下登高北望，以甘陵㉚之思，揆度臣子之心，則海內咸得其所。」宦豎不便之，竟寢忠奏而從諷、布議，遂著于令。

【章　旨】以上為〈陳忠傳〉的第四部分。記述陳忠在安帝建光元年即親政當年圍繞三年喪制廢立之爭進呈的〈請許大臣告寧終喪疏〉。

【注　釋】❶元初　東漢安帝劉祜年號，西元一一四－一二〇年。❷三年喪　古代的基本喪制。即父母去世，子女為之服喪守孝三年。臣對君，妻對夫，也是如此。❸服闋　守喪期滿，除去孝服。闋，終結；完畢。❹孝宣皇帝　西漢皇帝劉詢。孝宣為其謚號。《漢書・宣帝紀》：地節四年（西元前六六年）「春二月，詔曰：『導民以孝，則天下順。今百姓或遭衰絰凶災，而吏繇事使不得葬，傷孝子之心，朕甚憐之。自今諸有大父母、父母喪者，勿繇事，使得收斂送終，盡其子道。』」❺縣官漢稱天子為縣官，指朝廷。❻大父母　祖父祖母。❼建光　東漢安帝年號，西元一二一—一二二年。❽祝諷　人名。本書無傳。❾約禮　指縮減服喪日期的禮制方面的規定。《史記．孝文本紀》載其遺詔：「服大紅十五日，小紅十四日，纖七日，釋服。」裴駰《集解》引應劭：「凡三十六日而釋服。」司馬貞《索隱》：「三十六日，以日易月也。」❿光武皇帝　指東漢王朝的創建者劉秀。光武為其謚號。事詳本書卷一。⓫告寧　請假奔喪。寧謂官吏父母喪亡，歸家服喪。⓬貽則　意為留下準則。⓭孝經　儒家經典之一，實為宣揚儒家倫理學的專門著作。由十八章所組成，總字數不及兩千言。其中〈喪親章〉：「生事愛敬，死事哀慼，生民之本盡矣，死生之義備矣，孝子之事親終矣。」⓮制服二十五月　制服，意謂穿孝服，二十五月指時間規定。這是三年之喪的實際日期，其標誌為，從亡故當天舉行招魂禮穿上孝服起，到兩週年過後舉行大祥祭禮換成常服，再舉行報平安的禫禮為止，共歷時二十五個月。之所以這樣安排，《禮記．三年問》：「三年之喪，二十五月而畢，哀痛未盡，思慕未忘，然而服以是斷之者，豈不送死有已，復生有節也哉！」孔穎達疏：「若不斷以二十五月，則孝子送死之情，何時得已？復吉常之禮，何有限節？故聖人裁斷，止限二十五月。」《孝經緯．援神契》：「喪不過三年，以期（一週年）增倍，五五二十五月，義斷仁，示民有終。」⓯春秋　實指《春秋公羊傳》而言。自此以下八句，係轉述宣公元年《公羊傳》的說法，與原文出入較大。⓰閔子　指孔子的學生閔子騫。⓱要絰　纏繫在腰部的喪服麻製帶子。要，「腰」的本字。⓲服事　執行軍事任務。⓳公難　國家的危難。⓴致位　主動歸還祿位，即辭官。㉑私恩　指遭喪守孝。㉒蓼莪之人作詩三句　蓼莪，《詩．小雅》中的篇名。蓼莪，意謂既長又大的蒿草。對本詩的主題思想，《詩．序》：「刺幽王也。民人勞苦，孝子不得終養爾。」瓶為汲水器，形體小；罍為盛水器，形體大。罄，盡，即空空的。兩句詩是說，平民窮困，本身也是國家的恥辱。㉓致憂　指對父母的深切哀悼。《論語．子張》：「曾子曰：『吾聞諸夫子，人未有自致者也，必也親喪乎！』」㉔顧復　謂父母對子女的辛勤照看。上引〈蓼莪〉：「父兮生我，母兮鞠我。拊我畜我，長我育我。顧我復我，出入腹我。」㉕藉田　亦作「籍田」。為象徵天子諸侯重視農業生產而設置的田地。通常選在京師南郊。每逢春耕開始之際，由天子率百官擇日前往其地，親自耕作，以示勸導農事之義。《史記．孝文本紀》：二年（西元前一七八年）「正月，上曰：『農，天下之本。其開籍田，朕親率耕，以給宗廟粢盛。』」㉖孝廉之貢　貢，向朝廷保送。《漢書．武帝紀》：「元光元年（西元前一三四年）冬十一月，初令郡國舉孝廉各一人。」㉗郊祀　指在京師南郊祭天、北郊祭地的大禮。漢承秦制，祭天場所最初在雍畤（陝西鳳翔西南五祭壇），武帝時又在甘泉宮（今陝西淳化西北）另立泰一祠，且在汾陰（今山西萬榮西南）始建祭地的后土祠。至成帝建始元年（西元前三二年）十二月，營建長安南北郊，罷泰一祠和汾陰祠。二年春正月，又罷雍畤。並認為這一舉措可使「三輔長無共張繇役之勞。」在成帝以前，元帝對祭祖制度在具體數量方面有所裁減，成為成帝改變郊祀地點的先導。詳見《漢書・郊祀志》。㉘三雍　指明堂、辟雍、靈臺。明堂，是宣明教化的地方。辟雍，是國家的最高學府。靈臺，是觀測天象的處所。雍，和美融洽之義。本書卷三十七〈桓榮傳〉：「永平二年（西元五九年），三雍初成。」㉙孟子有言四句　語見《孟子・梁惠王上》。東漢趙岐注：「老猶敬也，幼猶愛也。敬吾之老，亦敬人之老；愛我之幼，亦愛人之幼。推此心以惠民，天下可轉之掌上。言其易也。」㉚甘陵　安帝父母劉慶與左姬的陵墓。位於清河封國（今山東臨清）境內。本書卷五十五〈章帝八王傳・清河孝王慶傳〉：「尊陵曰甘陵，廟曰昭廟，置令丞，設兵車周衛。」

【語　譯】元初三年安帝下達詔書，允許大臣行用三年守喪的禮制，期滿之後回朝供職。陳忠藉此上奏說：「孝宣皇帝舊有的詔令規定，凡是應在部隊屯駐以及給朝廷辦事的人，祖父祖母死亡還未滿三個月，都不服徭役，使他們得以葬埋好親人。現今請按這一制度辦。」鄧太后聽從了他的意見。到安帝建光年間，尚書令祝諷、尚書孟布等人上奏，認為「孝文皇帝制定出縮減服喪日期的禮制，光武皇帝廢除了官吏請假奔喪的規定，給萬世傳下準則，實在不可以改變。應該恢復建武時期的作法」。陳忠進呈奏疏說：「臣下我從《孝經》上得知，孝道從敬愛雙親開始，到竭盡哀傷悼念之情結束。上自天子，下至平民百姓，無論尊卑還是貴賤，都遵循這同一個道理啊。父母對子女來說，屬於元氣相同，呼吸不同，從一個本體分離出來，歷經三年才離開懷抱。先聖依據世人的情感彰明具體的限度，規定披麻戴孝二十五個月，因此《春秋》強調臣下遇有大喪，君主在三年之內不到他家去喚他辦事。閔子騫盡管仍在守喪，卻去執行軍事任務，為解除國家的危難效力，回來後就主動辭去官職，以便盡到守喪的義務，所以經中便說『君主在守喪期間指派臣下辦事是不對的，但臣下自己去執行則是合乎禮制的』。隨著周王室衰敗，禮制越來越紊亂，〈蓼莪〉的作者創作詩歌自我感傷道：『瓶子空空的，也是大罈子的恥辱。』這是在說自己不能最終盡到做子女的孝心，也是當代君主的恥辱。高祖承受天命，蕭何創設制度，定有大臣請假奔喪的條規，符合對父母深表哀悼的義理。在建武初期，剛剛承接天下大亂後的局勢，一切國政大都趨向於簡單易行，大臣已被禁止請假奔喪，而各個機構的官員只顧謀取祿位，追求私利，很少有人遵循三年守喪的禮制，用來報答父母的養育恩德。在禮義的原則上，實際已經構成了損害。大漢興起，雖然承襲了衰敗凋敝的態勢，但古代聖帝明王的制度，也逐漸得到推行。因此去藉田親自耕作，從孝文帝開始；向中央保送孝廉，由孝武帝發起；在京師南北郊祭天祭地的大禮，到元帝、成帝時確定下來；明堂、辟雍、靈臺的序列，在顯宗時期臻於完備；大臣服喪三年，在陛下這裡得以實現。聖明美好的功業，沒有比這更高的了。孟子說過這樣的話：『尊敬自己的長輩，進而尊敬他人的長輩；親愛自己的孩子，進而親愛他人的孩子。那麼治理天下就像運物於手掌那樣容易。』臣下我希望陛下登高向北眺望，用對甘陵的思母深情，揣度臣子的心願，這樣一來，天下人就都各得其所了。」宦官認為這樣做不便利，最終將陳忠的奏疏放在一邊，採用了祝諷、孟布的建議，於是正式編入國家法令當中。

忠以久次❶，轉為僕射❷。時帝數遣黃門常侍及中使伯榮❸往來甘陵，而伯榮負寵驕蹇❹，所經郡國莫不迎為禮謁。又霖雨❺積時，河水涌溢，百姓騷動。忠上疏曰：「臣聞位非其人，則庶事不敘；庶事不敘，則政有得失；政有得失，則感動陰陽，妖變❻為應。陛下每引災自厚，不責臣司，臣司狃恩❼，莫以為負。故天心未得，隔并❽屢臻，青、冀❾之域淫雨❿漏河，徐、岱⓫之濱海水盆溢⓬，兗、豫⓭蝗蝝⓮滋生，荊、揚⓯稻收儉薄，并涼⓰二州羌戎⓱叛戾。加以百姓不足，府帑⓲虛匱，自西徂東，杼柚⓳將空。臣聞洪範⓴五事㉑，一曰貌，貌以恭，恭作肅㉒，貌傷則狂，而致常雨。春秋大水，皆為君上威儀不穆，臨莅不嚴，臣下輕慢，貴倖擅權，陰氣盛彊，陽不能禁，故為淫雨。陛下以不得親奉孝德皇㉓園廟，比遣中使致敬甘陵，朱軒軿馬㉔，相望道路，可謂孝至矣。然臣竊聞使者所過，威權翕赫㉕，震動郡縣，王侯二千石至為伯榮獨拜車下，儀體上僭，侔於人主。長吏惶怖譴責，或邪諂自媚，發人修道，繕理亭傳㉖，多設儲跱㉗，徵役無度，老弱相隨，動有萬計，賂遺僕從，人數百匹，頓踣㉘呼嗟，莫不叩心。河間㉙託叔父之屬，清河㉚有陵廟之尊，及剖符㉛大臣，皆猥為伯榮屈節車下。陛下不問，必以陛下欲其然也。伯榮之威重於陛下，陛下之柄在於臣妾。水災之發，必起於此。昔韓嫣㉜託副車之乘，受馳視之使；江都㉝誤為一拜，而嫣受歐刀㉞之誅。臣願明主嚴天元㉟之尊，正乾剛㊱之位，職事巨細，皆任賢能，不宜復令女使干錯萬機。重察左右，得無㊲石顯泄漏之姦㊳？尚書納言，得無趙昌譖崇之詐㊴？公卿大臣，得無朱博阿傅之援㊵？外屬近戚，得無王鳳害商之謀㊶？若國政一由帝命，王事每決於己，則下不得偪上，臣不得干君，常雨大水必當霽止㊷，四方眾異不能為害。」書奏不省。

【章　旨】以上為〈陳忠傳〉的第五部分。記述陳忠在安帝親政後，針對天災人禍四起和甘陵特使雪上加霜而進呈的〈劾中使伯榮疏〉。

【注　釋】❶久次　長時間待在一個職位上。即有待提升或官位滯留之義。次，位次。❷僕射　全稱尚書僕射，為尚書臺的副長官。其品秩六百石，掌管尚書事務。❸中使伯榮　中使，由內宮派出的特使。伯榮，安帝乳母王聖的女兒。本書卷五十四〈楊震傳〉：「伯榮出入宮掖，傳通姦賂。……驕淫尤甚，與故朝陽侯劉護從兄瓌交通，瓌遂以為妻。」❹驕蹇　傲慢不遜。❺霖雨　連綿不斷的大雨。《左傳・隱公九年》：「凡雨，自三日以往為霖。」❻妖變　指怪異的自然現象。❼狃恩　對饒恕寬免的皇恩習以為常。狃，習以為常。❽隔并　陰陽閉隔所導致的旱澇災害。李賢注：「隔并，謂水旱不節也。」❾青冀　俱為州名。青州，治今山東淄博東北。冀州，治今河北臨漳西南。❿淫雨　猶言霖雨。⓫徐岱　徐為州名。治今山東郯城。岱，泰山的別稱。泰山位於今山東泰安北。⓬海水盆溢　即海嘯。盆溢，意為騰湧而來。⓭兗豫　俱為州名。兗州，治今山東金鄉西北。豫州，治今安徽亳州。⓮蝗蝝　蝗蟲的幼子。⓯荊揚　俱為州名。荊州，治今湖南常德東北。揚州，治今安徽和縣。⓰并涼　俱為州名。并州，治今山西太原西南。涼州，治今甘肅張家川回族自治縣。⓱羌戎　中國古代西部的一個游牧民族。起源甚早，主要活動於河湟地區（今青海東部黃河與湟水之間）及甘、陝一帶。至東漢後期，羌人反抗苛政的武裝起義持續不斷，其中第一次大規模起義便發生在安帝時期，延續十二年之久。⓲府帑　國庫的錢物儲備。⓳杼柚　織布機。這裡指代民間的日常生活用品。《詩・大東》：「小東大東，杼柚其空。」⓴洪範　《尚書》中的篇名。洪範，意為大法。㉑五事　指君主個人修養方面的五件事。一曰貌，即儀容；二曰言，即話語；三曰視，即觀察；四曰聽，即聽取；五曰思，即思慮。㉒作肅　意為取得肅敬的效果。㉓孝德皇　指安帝的父親清河王劉慶。本書卷五〈安帝紀〉載：建光元年三月「戊申，追尊皇考清河孝王曰孝德皇，皇妣左氏曰孝德皇后，祖妣宋貴人曰敬隱皇后。」㉔朱軒軿馬　朱軒，為使者乘坐的專車。軿馬，謂二馬並行。㉕翕赫　顯赫。㉖亭傳　供旅客和傳遞公文者途中歇宿的處所。即官方招待所，或稱驛站。㉗儲跱　指接待中所需用的各方面的器物。李賢注：「儲，積也。跱，具也。」㉘頓踣　跌倒。㉙河間　指安帝叔父河間王劉開的封國。治今河北獻縣東南。㉚清河　指安帝生父清河王劉慶的封國。治今山東臨清東北。㉛剖符　封賜功臣官爵的一種信物。符，指竹。將竹一分為二，君臣各執其一，作為憑證，即所謂剖符。《史記・高祖本紀》：高祖六年（西元前二〇一年）「乃論功，與諸列侯剖符，行封。」又《漢書・高帝紀》：「又與功臣剖符作誓，丹書鐵契，金匱石室，藏之宗廟。」誓詞則是：「使河如帶，泰山若厲，國以永寧，爰及苗裔。」㉜韓嫣　西漢韓王信的曾孫，漢武帝寵愛的佞臣。《漢書・佞幸傳》：「江都王入朝，從上獵上林中。天子車駕蹕道未行，先使嫣乘副車，從數十百騎，馳視獸。江都王望見，以為天子，辟從者，伏謁道旁，嫣驅不見。既過，江都王怒，為皇太后泣，請得歸國入宿衛，比韓嫣。太后繇此銜嫣。嫣侍，出入永巷不禁，以姦聞皇太后。太后怒，使使賜嫣死。上為謝，終不能得，嫣遂死。」㉝江都　指漢景帝諸孫中的江都王劉建。詳見《漢書・景十三王傳》。㉞歐刀　斬殺罪犯的快刀。李賢注：「歐刀，刑人之刀也。」㉟天元　乾元。指至高無上的帝位。㊱乾剛　謂如天剛健的天子威權。㊲得無　能不；莫非。表測度的語氣詞。㊳石顯泄漏之姦　石顯，西漢元帝所寵信的宦官。《漢書．佞幸傳》：「顯嘗使至諸官有所徵發，顯先自白，恐後漏盡宮門閉，請使詔吏開門。上許之。顯故投夜還，稱詔開門入。後果有人上書告顯顓命矯詔開宮門，天子聞之，笑以其書示顯。顯因泣曰：『陛下過私小臣，屬任以事，群下無不嫉妬欲陷害臣者，事類如此非一，唯獨明主知之。』」此即這裡所講的「泄漏之姦」。㊴趙昌譖崇之詐　趙昌，西漢哀帝時的尚書令。崇，指西漢哀帝時的尚書僕射鄭崇。《漢書》卷七十七載：鄭崇「數以職事見責，發疾頸癰，欲乞骸骨不敢。尚書令趙昌佞讇，素害崇，知其見疏，因奏崇與宗族通，疑有姦，請治。上責崇曰：『君門如市人，何以欲禁切主上？』崇對曰：『臣門如市，臣心如水，願得考覆。』上怒，下崇獄，窮治，死獄中。」此即這裡所講的「譖崇之詐」。㊵朱博阿傅之援　朱博，西漢哀帝時的丞相。《漢書》卷八十三載：「傅太后怨傅喜不已，使孔鄉侯晏風丞相，令奏免喜侯。博受詔，與御史大夫趙玄議，玄言『事已前決，得無不宜？』博曰：『已許孔鄉侯有指。匹夫相要，尚相得死，何況至尊？博唯有死耳！』玄即許可。博惡獨斥奏喜，以故大司空氾鄉侯何武前亦坐過免就國，事與喜相似，即並奏：『喜、武前在位，皆無益於治，雖已退免，爵土之封非所當得也。請皆免為庶人。』上知傅太后素常怨喜，疑博、玄承指，即召玄詣尚書問狀，玄辭服，有詔左將軍彭宣與中朝者雜問。假謁者節，召丞相詣廷尉詔獄。博自殺。」此即這裡所講的「阿傅之援」。㊶王鳳害商之謀　王鳳，西漢成帝的舅父。官任大司馬大將軍，爵封陽平侯。商，指西漢成帝時的丞相、樂昌侯王商。《漢書》卷八十二載：「王鳳顓權，行多驕僭，商論議不能平鳳，鳳知之，亦疏商。」其後因事愈益「怨商，陰求其短，使人上書言商閨門內事」，結果使「商免相，三日發病歐血薨，謚曰戾侯。」此即這裡所講的「害商之謀」。㊷霽止　止息；停止。李賢注：「霽亦止也。」

【語譯】陳忠因長時間官位滯留，被轉為尚書僕射。當時安帝多次派遣中黃門、中常侍以及內宮特使伯榮往來於甘陵和京師之間，而伯榮依仗寵幸傲慢不遜，途中經過的郡國沒有不及早迎接並拿禮物謁見的。連綿不斷的大雨又下了很長時間，黃河水騰湧氾濫，百姓騷動不安。陳忠就進呈奏疏說：「臣下我聽說官職被不稱職的人所占據，朝廷的各項事務就不能正常推行；朝廷的各項事務不正常，國政就會出現失誤；國政一出現失誤，就會感召攪動陰陽，奇異的災變現象隨之作出回應。陛下常把災變發生的責任攬過來，加重自己的罪責，卻不責問臣僚和有關部門，臣僚和有關部門就對饒恕寬免的皇恩習以為常，沒人把災變當成自身應憂慮並承擔罪責的事情。因而上天的心意未獲滿足，陰陽閉隔所導致的旱澇災害屢屢降臨。青州和冀州轄區內陰雨下個不停造成黃河水災，徐州和泰山以東沿海地區發生海嘯，兗州和豫州一帶蝗蟲幼子大範圍滋生，荊州和揚州境內水稻收穫少得很，并、涼二州又有羌戎反叛作亂。再加上百姓窮得可憐，國庫儲備空虛匱乏，由西向東，民間的日常生活用品眼看要枯竭了。臣下我聽說〈洪範〉列出了君主個人修養方面的五件事，第一件事就是儀容的講求，儀容必須要恭謹，恭謹就能取得肅敬的效果，儀容出了問題，就會內心狂亂，招來陰雨連綿不斷。春秋兩季的大水，都因君主威儀不端正，臨朝聽政不嚴肅，臣下輕慢，貴戚佞臣擅權，導致陰氣強盛，陽氣禁遏不住，所以就形成陰雨下個不停的天象。陛下因無法親自到孝德皇的陵園和廟宇去侍奉，接連派遣內宮特使到甘陵獻上孝敬之心，朱軒專用車和並駕齊驅的馬匹在道路上接連不斷，稱得上極為孝敬了。然而臣下我聽說，使者在他們經過的地方，威權顯赫，震動郡縣，從王侯到二千石郡守，竟然特地跪拜在伯榮所乘坐的車下，禮儀大大超過制度規定，竟與君主對等。長吏唯恐受到責問，有人就曲意逢迎，主動獻媚討好，徵調民眾修整道路，裝飾招待處所，備辦下各方面的接待器具與物品，收錢物派徭役沒有個限度，老弱一起上，動輒多達萬人，賄賂隨從人員，每個人都是數百匹縑帛，百姓跌倒在地，呼喊嗟歎，沒有不扣擊心口問蒼天的。河閒是當今天子親叔父的封國，清河是建有皇帝父母陵園和廟宇的封國，以及倍受朝廷尊崇的大臣，卻都喪失身分地在伯榮的車下卑躬屈膝。陛下對此不追究，人們必定會認為這是陛下想讓伯榮這樣幹的。伯榮的威勢比陛下還厲害，陛下的權柄就轉到臣妾手中去了。水災發生，一定是由此引起的。過去韓嫣依仗乘坐天子備用車輛的資格，承受驅趕察視野獸的任務；江都王誤以為是孝武皇帝而伏地跪拜，韓嫣因此犯罪被處死。臣下我希望聖明的君主強化至高無上的尊位，端正如天剛健的天子威權，大小政事全都任用賢能的人士，不應再讓女使干涉攪亂帝王的政務。嚴密審察身邊的近臣，有沒有像石顯那樣哄騙天子透露機密的奸計？尚書獻納意見，有沒有像趙昌那樣詆毀鄭崇的詭詐行徑？公卿大臣，有沒有像朱博那樣取悅傅太后的攀援舉動？皇親國戚，有沒有像王鳳那樣陷害王商的陰謀？如果國政完全由皇帝掌控，政事都由天子做出決斷，那麼下級就不能逼迫上級，臣子就不能干涉君主，連綿不斷的陰雨和嚴重的水災就會停止，四方各種災異現象就構不成危害。」奏疏進呈以後，未被理會。

時三府任輕，機事專委尚書，而災眚變咎❶，輒切免❷公台。忠以為非國舊體，上疏諫曰：「臣聞『君使臣以禮，臣事君以忠』❸。故三公稱曰冢宰❹，王者待以殊敬，在輿為下，御坐為起❺，入則參對而議政事，出則監察而董❻是非。漢典舊事，丞相❼所請，靡有不聽。今之三公，雖當其名而無其實，選舉誅賞，一由尚書，尚書見任，重於三公，陵遲以來，其漸久矣。臣忠心常獨不安，是故臨事戰懼，不敢穴見❽有所興造❾，又不敢希意同僚，以謬平典❿，而謗讟⓫日聞，罪足萬死。近以地震策免司空陳褒⓬，今者災異，復欲切讓三公。昔孝成皇帝以妖星守心⓭，移咎⓮丞相，使賁麗⓯納說方進⓰，方進自引，卒不蒙上天之福，徒乖宋景之誠。故知是非之分，較然有歸矣。又尚書決事，多違故典，罪法無例，詆欺⓱為先，文慘言醜⓲，有乖章憲。宜責求其意，割而勿聽。上順國典，下防威福，置方員⓳於規矩，審輕重於衡石⓴，誠國家之典，萬世之法也。」

【章　旨】以上為〈陳忠傳〉的第六部分。記述陳忠在安帝延光元年，針對三公形同虛設、尚書執掌機要的狀況所進呈的〈諫因災異免三公疏〉。

【注　釋】❶災眚變咎　災殃變故。這裡泛指上天所降示的各種自然災害與反常現象。❷切免　責怪與免職。切，責怪。❸臣聞二句　見於《論語・八佾》，為孔子對答魯定公之辭。孔穎達疏：「言禮可以安國家，定社稷，止由君不用禮，則臣不竭忠，故對曰君之使臣以禮，則臣必事君以忠也。」❹冢宰　亦稱「太宰」。為周代所設立的最高行政長官，協助天子統領百官，掌理政務。鄭玄《周禮注》：「冢，大也。宰者，官也。天者統理萬物，天子立冢宰使掌邦治，亦所以總御眾官，使不失職。」❺在輿為下二句　輿，車輛。李賢注引《漢舊儀》：「皇帝見丞相起，謁者贊稱曰『皇帝為丞相起立』，乃坐。皇帝在道，丞相迎，謁者贊稱曰『皇帝為丞相下輿立』，乃升車。」❻董　督正。❼丞相　輔佐皇帝料理國政的首席大臣。秦統一後設立左、右丞相，漢初則置一名丞相。其品秩為萬石，負責典領百官，於政務無所不統。❽穴見　一孔之見。即狹隘的見識。❾興造　謂訂立新制度。❿平典　日常遵行的國典朝章。⓫謗讟　怨恨毀謗。⓬陳褒　字伯仁，盧江人。歷任尚書、衛尉、司空。本書卷五〈安帝紀〉載：永寧元年冬十月「癸酉，衛尉廬江陳褒為司空。」延光元年「夏四月癸未，京師郡國二十一雨雹。癸巳，司空陳褒免。」⓭妖星守心　妖星，預示災禍的行星。這裡指熒惑亦即火星而言。守心，是說進入了二十八宿中心宿所在的天區之內。心宿，由三顆星組成，古代認為它們分別象徵天子、太子、庶子。因而火星闖入進來，也就預示著人間帝王將有災禍臨頭。⓮移咎　謂把災禍轉移給他人承當。⓯賁麗　西漢成帝時的議郎。賁為其姓，麗為其名。⓰方進　指西漢成帝時的丞相翟方進。《漢書》卷八十四載：「綏和二年春，熒惑守心。」議曹李尋「奏記言：『唯君侯擇其中，與盡節轉凶。』方進憂之，不知所出。會郎賁麗，善為星，言大臣宜當之。上迺召見方進。還歸，未及引決，上遂賜冊曰：『君其自思，強食慎職。使尚書令賜君上尊酒十石，養牛一，君審處焉。』方進即日自殺。」⓱詆欺　醜化誣陷。⓲文慘言醜　文慘，謂列入重罪。言醜，謂審判詞充滿火藥味。⓳方員　方形與圓形。⓴衡石　喻指既定的準繩。衡，秤衡。古以三十斤為鈞，四鈞為石。

【語　譯】當時三公府職權很輕，機密要事全都交給尚書辦理，但一有災殃變故，就責怪並罷免三公。陳忠認為這不是國家原定制度的作法，便進呈奏疏諫正說：「臣下我聽說『君主用禮制使用臣下，臣下用忠誠侍奉君主』。因此三公被稱為冢宰，帝王用十分敬重的禮節對待他們，在車上時要為他們下車，坐著時要向他們起身，他們進入宮殿就回答君主的詢問並討論政事，出來後就監察百官並督正是非。大漢的典章制度與慣例，對丞相奏請的事情，沒有不批准的。可現今的三公，盡管享有名分，可卻沒有實權，舉凡選取官吏，懲罰賞賜，全由尚書說了算，尚書受到信用，已經比三公更為重要，這從國家衰落以來，已經由來很久了。對此臣下我內心常常深感不安，因此遇到政事就戰戰兢兢，不敢憑自己的狹隘見識提出一些新規制，也不敢迎合同僚的意向而違背日常遵行的國典朝章，但由此卻使怨恨毀謗天天傳到陛下那裡，罪過真是夠得上處死一萬次了。最近因為地震下達策書，罷免了司空陳褒，眼下的災異，又要責怪三公。從前孝成皇帝因為火星闖入了心宿所在的天區，就把災禍轉移給丞相承當，讓賁麗勸說翟方進頂替，翟方進於是自殺，但成帝最終也沒蒙受到上天的福佑，只是同宋景公那片誠意形成了鮮明的對照。由此可知，是非的區分，是明顯具有歸屬的了。再者尚書審理案件，大多違反原有的法律，定罪判刑沒有案例可以援據，把醜化誣陷放在首位，只管列入重罪，判詞充滿火藥味，與國家大法相違背。應該探求他們的動機，把他們的奏報擱置一旁而不予核准。往上應合國家的法典，往下防止臣僚作威作福，把方形圓形置於圓規方尺之下，用既定的準繩來衡量輕重，真正成為國家的法典，萬世的法則。」

忠意常在褒崇大臣，待下以禮。其九卿❶有疾，使者臨問，加賜錢布，皆忠所建奏。頃之，遷尚書令。延光❷三年，拜司隸校尉。糾正中官外戚賓客，近倖憚之，不欲忠在內。明年，出為江夏❸太守，復留拜尚書令，會疾卒。

初，太尉張禹❹、司徒徐防欲與忠父寵共奏追封和熹皇后父護羌校尉鄧訓❺，寵以先世無奏請故事，爭之連日不能奪，乃從二府❻議。及訓追加封謚，禹、防復約寵俱遣子奉禮於虎賁中郎將鄧騭❼，寵不從，騭心不平之，故忠不得志于鄧氏。及騭等敗，眾庶多怨之，而忠數上疏陷成其惡，遂詆劾大司農朱寵❽。順帝之為太子廢也，諸名臣來歷❾、祝諷等守闕❿固爭，時忠為尚書令，與諸尚書復共劾奏之。及帝立，司隸校尉虞詡⓫追奏忠等罪過，當世以此譏焉。

【章　旨】以上為〈陳忠傳〉的第七部分。記述陳忠在安帝親政前不得志的原由，及其政治注意力之所在和歷史汙點。

【注　釋】❶九卿　指太常、光祿勳、衛尉、太僕、廷尉、大鴻臚、宗正、大司農、少府。九卿至東漢被確定下來，其品秩俱為中二千石，分別掌管朝廷政務。❷延光　東漢安帝年號，西元一二二—一二五年。❸江夏　郡名。治所在西陵縣（今湖北新州西）。❹張禹　東漢歷仕明帝至安帝四朝的大臣。詳見本書卷四十四。❺護羌校尉鄧訓　護羌校尉，官名。秩比二千石，總領西羌事務。其下屬有長史和司馬等。鄧訓，東漢開國元勳鄧禹的第六子。本書卷十六載：和帝永元「四年冬，病卒官，時年五十三。」元興元年，「和帝以訓皇后之父，使謁者持節至訓墓，賜策追封，謚曰平壽敬侯。」❻二府　指太尉府、司徒府。❼虎賁中郎將鄧騭　虎賁中郎將，武官之稱。秩比二千石，掌領虎賁郎宿衛皇宮，戰時則率兵征伐。鄧騭，鄧訓的長子，和熹皇后的兄長。詳見本書卷十六。❽朱寵　本書無傳。〈鄧騭傳〉：「大司農朱寵痛騭無罪遇禍，乃肉袒輿櫬，上疏追訟騭。詔免官，歸田里。」及順帝即位，「擢朱寵為太尉、錄尚書事。寵字仲威，京兆人。初辟騭府，稍遷潁川太守，治理有聲。及拜太尉，封安鄉侯，甚加優禮。」❾來歷　東漢開國功臣來歙的曾孫。本書卷十五載：「遂廢太子為濟陰王。歷獨守闕，連日不肯去。帝大怒，乃免歷兄弟官，削國租。」❿守闕　在宮門前守候不離去，等待結果。其本身屬於諫諍乃至抗爭的一種方式。⓫虞詡　東漢後期九見譴考、三遭刑罰的剛正朝臣。詳見本書卷五十八。

【語　譯】陳忠的出發點總是在褒獎尊崇大臣、用禮制對待下層官吏上。有關九卿生病，皇帝要派使者前去慰問，增加錢物賞賜，都是陳忠建議奏請的。沒過多久，他被提升為尚書令。安帝延光三年，又被任命為司隸校尉。糾察督正宦官外戚賓客，皇帝身邊的佞臣都很怕他，不希望陳忠留在朝中。第二年，就要被調離京師出任江夏太守，但又被留下來當尚書令，正好遇上他病重而去世。

起初，太尉張禹、司徒徐防想和陳忠的父親陳寵共同奏請朝廷，對和熹皇后的父親、護羌校尉鄧訓進行追封。陳寵鑑於前代沒有這種奏請的先例，便圍繞此事爭辯了好多天，但無法讓對方表示接受，便聽從了張禹、徐防二人的動議。到鄧訓被追加封諡以後，張禹、徐防又約請陳寵一起派兒子向虎賁中郎將鄧騭進獻禮物，陳寵拒不奉陪，鄧騭心中對此很不滿意，所以陳忠在鄧氏外戚家族那裡得不到信用。到鄧騭等人失勢後，眾人大都怨恨他們，而陳忠則多次進呈奏疏，使鄧氏的罪惡得以構成鐵案，並趁勢詆毀彈劾大司農朱寵。當順帝的太子身分被取消時，各位名臣如來歷、祝諷等人守候在宮門前堅決諫諍要求收回成命，而當時陳忠正擔任尚書令，又與各位尚書共同劾奏他們。等到順帝登上帝位，司隸校尉虞詡追奏陳忠等人的罪過，世人由此而譏笑陳忠。

論曰：陳公居理官則議獄緩死❶，相幼主則正不僭寵，可謂有宰相❷之器矣。忠能承風，亦庶乎明慎用刑而不留獄❸。然其聽狂易殺人，開父子兄弟得相代死，斯大謬矣。是則不善人多幸，而善人常代其禍，進退無所措❹也。

贊曰：陳、郭主刑，人賴其平。寵矜枯胔❺，躬斷以情。忠用詳密，損益有程❻。施❼于孫子，且公且卿。

【章　旨】以上是作者的評論讚頌之語。一方面對郭、陳二氏作為法學世家銳意立法、化繁為簡和公平執法、寧寬毋濫的風範深表讚揚，另方面對陳忠所訂立的有關狂易殺人、親屬代死的條款徑予否定。

【注　釋】❶緩死　減緩死刑之義。❷宰相　本為掌握大權的高官的泛稱，後來專指輔佐皇帝、統領百官、總攬政務的最高行政長官。東漢三公即在此列。《漢書・王陵傳》：「宰相者，上佐天子，理陰陽，順四時，下遂萬物之宜，外填撫四夷諸侯，內親附百姓，使卿大夫各得任其職也。」❸留獄　謂拖延案件審理，超期羈押犯人。❹措　置身的地方；立足的處所。❺枯

胔　腐爛的屍骸。肉腐曰胔。❻程　有案可稽的章程。李賢注：「謂彊盜發，貶黜令長，各有科條，故曰程。」❼施　延及。

【語　譯】史家評論說：陳公出任審案判刑的最高官員，就在案件審理上減緩死刑，輔助年幼的君主就持守正道而不超過受寵信的限度，稱得上具有宰相的器度了。陳忠能夠傳承父親的風範，也接近嚴明審慎地使用刑法而不拖延案件審理、超期關押犯人了。可他聽任精神病發作者殺人不判死罪，開啟母子兄弟自願代替對方去給受害人償命的先例，這就大錯特錯了。這樣便造成邪惡的人大多僥倖逃脫，而良善的人卻常常頂替他們受禍難，使人進退沒有置身的地方了。

史官評議說：陳氏家族和郭氏家族掌管刑法，世人仰賴他們獲得公正的判決。陳寵哀憫城南底下腐爛的屍骸，依據實情親自斷案。陳忠憑藉詳審周密，對法律進行調整形成章程。延及到子孫後代，既位居三公又躋身九卿。

【研　析】本篇合傳實際上是東漢法學世家傳，因而對法學世家究竟具有哪些特徵便須根據傳中所述做一番研析。首先是在社會活動上表現為：私家講學授徒，「門人」常達「數百人」；受聘於國家，而且往往擔任朝廷最高司法官廷尉，主要從事立法和死刑案件的終審工作。其次是在職業優勢上表現為：修訂法律適中易行；審理疑難案件高人一籌又結案迅速。郭躬的兩對明帝問、「條諸重文可從輕者四十一事」，陳寵父子的《辭訟比》、〈刪除律令疏〉和《決事比》，頗能證明這一點。復次是在思想學術上表現為：既前有所承，如郭氏「習《小杜律》」；又自有所創，如陳氏「乃收斂其家律令書文，皆壁藏之」。此其一。其二，引經講律，律與經義應合。陳寵「雖傳法律，而兼通經書」，提出終審意見「每附經典」，連「奏議」都「溫粹」，即其顯例。陳忠的五道奏疏，也是如此。至於郭躬的姪孫郭禧「明習家業，兼好儒學」，更是有力的佐證。其三，崇尚恤刑的原則。恤刑一詞來自《尚書・堯典》「惟刑之恤哉」，〈呂刑〉謂之為「祥刑」，也就是考慮到刑罰可能濫用失當，量刑時必須慎之又慎，具有憐恤之意，最大限度地使刑罰做到輕重適中，進而也包括刑典的從輕、刑罰的延緩執行、赦宥、對老幼廢疾者的減刑、對獄囚的憫恤等。郭氏以基層斷案三十年始終「用法平」而贏得「東海于公」的美譽，投射到郭躬身上，則是「決獄斷刑，多依矜恕」，「務在寬平」，且以「封事」方式奏請大赦應將範圍擴大到「赦前犯死罪而繫在赦後者」。陳氏把「慎無與人重比」作為子孫銘記的家訓，延續到陳寵這裡，不僅平決獄訟「無不厭服眾心」，數議疑獄「務從寬恕」，而且敦請朝廷「輕薄箠楚」，蠲除苛法。陳忠則「自以世典刑法，用心務在寬詳」，「明慎用刑而不留獄」，奏請「除蠶室刑；解臧吏三世禁錮；狂易殺人，得減重論；母子兄弟相代死，聽，赦所代者」，並呼籲天子「上順國典，下防威福，置方員於規矩，審輕重於衡石」。凡此種種，都是對恤刑原則的弘揚，也是對罪刑擅斷現象的反撥。其四，注重禮與法的統一。陳寵在所上〈刪除律令疏〉中倡言：「禮之所去，刑之所取，失禮則入刑，相為表裡者也」，並要求刪減後的法律也要「與禮相應」。禮從觀念形態層面來講，屬於人們一切行為和生活方式所應遵守的道德規範與準則，如忠、孝、誠、敬等；禮從社會制度層面來講，則屬於國家和家族從事各種國事活動和日常活動必須循用的典章制度與禮節儀式，即所謂吉、凶、賓、軍、嘉五禮。兩個層面歸結到一點，都旨在維繫親疏、長幼、男女、上下、貴賤、尊卑的明顯而又嚴格的等級秩序。而法在陳寵心目中，則為刑法之所繫。

任何時代與任何國度的刑法，無一不是憑藉國家強制力規定什麼行為是犯罪和對犯罪判處什麼刑罰的法律規範的總和。從這個意義上看，陳寵的禮法相為表裡說，顯然是將二者合為一體又交互為用的。具體地講，凡屬禮從反面予以徹底否定和大力排斥的，即為法從正面予以全面禁止和嚴厲制裁的，由此構成了禮法內容的一致性。禮為法的制定和實施提供指導並加以規範，法為禮的確立和遵行提供保障並加以強化，由此構成了禮法功能的互補性。但面對等級制社會秩序的維繫和一姓皇朝的政權鞏固問題，刑罰歸根結底還是禮教的帶有強制性的輔助手段。之所以如此，非獨嬴秦二世而亡去時未遠，還有一個鐵的事實擺在面前，即：違法固然違禮，但違禮之事並非一概違法，因而陳忠更關注「禮義之方，實為彫損」的現象。在禮法關係上，陳氏父子強調二者合一、禮主刑輔，是淵源有自的，也是做了發揮的。由於郭、陳二氏具有上述的從社會活動、職業優勢、思想學術方面顯現出來的三大特徵，便使法學世家既與通常意義上的專職法官、「以暴理姦」之類的酷吏區別開來，又與解說漢律的經學家如馬融、鄭玄等區別開來。（蘇文珠注譯）

卷四十七

班梁列傳第三十七

【題　解】本卷是一篇合傳。班謂班超及其第三子班勇，梁謂梁慬。三人均為東漢馳騁於邊陲地區、致力於西域事業的重要人物，而且前後相繼或並時共立，故而合為一傳加以載述。其中〈班超傳〉乃係重心所在，除去投筆從戎的精彩一幕外，更為系統地記述了他歷經明帝、章帝、和帝三朝，遞次以軍司馬、將兵長史、西域都護身分而在西域奮鬥三十一年所建立的諸國歸漢、匈奴遠遁、邊境安寧、絲路暢通的重大功業，顯現出這位外交家兼軍事家的卓異品格與韜略。對班勇，則記述其以軍司馬、西域長史身分於安帝至順帝前期在朝堂大辯論中所獨具的遠見卓識和出屯柳中、重新撫定絲路南道車師諸國、驅逐天山一帶匈奴殘餘勢力的突出業績，體現出身為將門之後和西域問題專家進而繼承父業、為國效力的英風。對梁慬，則記述其以西域副校尉、度遼將軍身分於殤帝至安帝時期在龜茲捍衛西域都護地位和東歸後平定西羌、南匈奴和烏桓叛亂的功績，閃現出一名北邊驍將特有的氣概。這三位傳主的事跡，正是東漢中前期中原內地與西域邊區緊密關係的寫照和縮影。儘管其間充滿了血與火的爭戰，但每次爭戰一旦結束，便玉帛接踵而至，安寧局面隨之形成，其主流和方向顯然表現為和睦相處，友好往來，共同發展。這在當時亦屬人心所向，大勢所趨。

班超，字仲升，扶風平陵❶人，徐令彪❷之少子也。為人有大志，不修細節。然內孝謹，居家常執勤苦，不恥勞辱。有口辯，而涉獵書傳❸。永平❹五年，兄固❺被召詣校書郎❻，超與母隨至洛陽❼。家貧，常為官傭書❽以供養。久勞苦，嘗輟業❾投筆歎曰：「大丈夫無它志略❿，猶當效傅介子、張騫⓫立功異域，以取封侯⓬，安能久事筆研⓭間乎？」左右皆笑之。超曰：「小子安知壯士志哉！」其後行詣相者⓮，曰：「祭酒⓯，布衣諸生耳，而當封侯萬里之外。」超問其狀。相者指曰：「生燕頷虎頸⓰，飛而食肉，此萬里侯相也。」久之，顯宗⓱問固「卿弟安在」，固對「為官寫書，受直⓲以養老母」。帝乃除超為蘭臺令史⓳。後坐事免官。

【章　旨】以上為〈班超傳〉的第一部分。記述班超的籍貫、行第、胸懷大志和忍辱負重的性格，尤其是投筆從戎的超常舉動以及燕頷虎頸的相貌特徵，為其日後建功西域列示了他個人所獨具的條件和主觀必備的因素。

【注　釋】❶扶風平陵　扶風，三輔的組成部分，即右扶風，為拱衛京師長安的政區之一。東漢時其治所設在槐里縣（今陝西興平東南南佐村）。平陵，縣名，即安陵。治今陝西咸陽東北。❷徐令彪　徐令，徐縣縣令。徐縣，治今江蘇泗洪南大徐臺子。漢制，縣萬戶以上為縣令，不滿萬戶為縣長。彪，班彪。東漢初期的著名儒士和史學家。撰有《史記後傳》等，其書已佚，部分內容尚保留在《漢書》中。詳見本書卷四十。❸涉獵書傳　意謂粗略瀏覽各種書籍，不做深入研討。涉，謂如同涉水一般。獵，謂如同獵獸一般。唐李賢注引《東觀漢記》：「超持《公羊春秋》，多所窺覽。」❹永平　東漢明帝劉莊年號，西元五八—七五年。❺固　班固。東漢傑出的史學家，《漢書》的主要編著者。詳見本書卷四十。❻校書郎　官名。負責在蘭臺等處整理校訂典籍。❼洛陽　東漢都城，今屬河南。❽傭書　受雇替人抄書。❾輟業　中止勞作。❿志略　猶言抱負。⓫傅介子張騫　傅介子，西漢昭帝時期出使西域的使臣。因刺殺樓蘭王封為義陽侯。《漢書》卷七十有傳。張騫，西漢武帝時期的探險家和外交家。因開通西域封為博望侯。《漢書》卷六十一有傳。⓬侯　按功勞授予的一種爵位封號。漢制規定，功大者以縣為其食邑，功小者以鄉、亭為其食邑。⓭筆研　即筆硯。研，通「硯」。硯臺。⓮相者　給人算卦相面的人。⓯祭酒　對人的一種敬稱。由一座所尊則先祭酒而來。⓰燕頷虎頸　意謂頷如飛燕之頷，頸如猛虎之頸。頷，下巴。頸，脖頸。⓱顯宗　東漢皇帝劉莊。卒謚孝明，廟號顯宗。詳見本書卷二。⓲受直　領取報酬之義。直，通「值」。價值。⓳蘭臺令史　官名。掌奏及印工文書。

【語譯】班超，字仲升，是扶風平陵人，徐縣縣令班彪的小兒子。為人懷有遠大的志向，不在細微末節上多加注意。但內心卻孝順恭謹，在家中經常幹苦活，不把辛勞低下看成是恥辱。他很有口才，又粗略瀏覽各種書籍。明帝永平五年，兄長班固受到徵召前去朝廷擔任校書郎，班超就與母親跟隨著來到洛陽。因家中貧困，他時常受雇為官府抄書，用來奉養母親。長時間這樣幹下去很勞苦，曾中斷工作扔下筆感歎說：「大丈夫即使沒有其他抱負，也應效仿傅介子、張騫在異域建立功勳，去博取封侯，怎能長久在抄抄寫寫中討生活呢？」周圍的人聽後都嘲笑他。班超說：「平庸人哪裡知道壯士的志向！」事後就到相面術士那裡問個究竟，相面術士說：「祭酒您現在不過是平民書生罷了，但將來會在萬里之外建功封侯。」班超詢問其中的緣故。相面術士指著他說：「您生就一副如同飛燕的下頷，酷似猛虎的脖頸，既能飛，又能吃肉，這屬於萬里侯的面相。」過了很長一段時間，明帝問班固「你弟弟現在在哪裡」，班固對答說「在為官府抄書，得些報酬奉養老母」。明帝於是任命班超擔當蘭臺令史。後來因事獲罪被免去官職。

1　十六年，奉車都尉竇固❶出擊匈奴❷，以超為假司馬❸，將兵別擊伊吾❹，戰於蒲類海⑤，多斬首虜而還。固以為能，遣與從事⑥郭恂俱使西域⑦。

2 超到鄯善⑧，鄯善王廣奉超禮敬甚備，後忽更疏懈。超謂其官屬曰：「寧覺廣禮意薄乎？此必有北虜使來，狐疑未知所從故也。明者睹未萌，況已著邪！」乃召侍胡⑨詐之曰：「匈奴使來數日，今安在乎？」侍胡惶恐，具服⑩其狀。超乃閉侍胡，悉會其吏士三十六人，與共飲，酒酣，因激怒之曰：「卿曹⑪與我俱在絕域⑫，欲立大功，以求富貴。今虜使到裁⑬數日，而王廣禮敬即廢；如令鄯善收吾屬送匈奴，骸骨長為豺狼食矣。為之柰何？」官屬皆曰：「今在危亡之地，死生從司馬。」超曰：「不入虎穴，不得虎子。當今之計，獨有因夜以火攻虜，使彼不知我多少，必大震怖，可殄盡也。滅此虜，則鄯善破膽，功成事立矣。」眾曰：「當與從事議之。」超怒曰：「吉凶決於今日。從事文俗吏⑭，聞此必恐而謀泄，死無所名，非壯士也！」眾曰：「善。」初夜，遂將吏士往奔虜營。會天大風，超令十人持鼓藏虜舍後，約曰：「見火然⑮，皆當鳴鼓大呼。」餘人悉持兵弩夾門而伏。超乃順風縱火，前後鼓噪。虜眾驚亂，超手格殺⑯三人，吏兵斬其使及從士三十餘級，餘眾百許人悉燒死。明日乃還告郭恂，恂大驚，既而色動。超知其意，舉手曰：「掾⑰雖不行，班超何心獨擅之乎？」恂乃悅。超於是召鄯善王廣，以虜使首示之，一國震怖。超曉告撫慰，遂納子為質。還奏於竇固，固大喜，具上超功效，并求更選使使西域。帝壯超節，詔固曰：「吏如班超，何故不遣而更選乎？今以超為軍司馬⑱，令遂前功。」超復受使，固欲益其兵，超曰：「願將本所從三十餘人足矣。如有不虞，多益為累。」

是時于窴⑲王廣德新攻破莎車⑳，遂雄張南道㉑，而匈奴遣使監護其國。超既西，先至于窴。廣德禮意甚疏，且其俗信巫，巫言：「神怒何故欲向漢？漢使有騧馬㉒，急求取以祠我。」廣德乃遣使就超請馬。超密知其狀，報許之，而令巫自來取馬。有頃，巫至，超即斬其首以送廣德，因辭讓之。廣德素聞超在鄯善誅滅虜使，大惶恐，即攻殺匈奴使者而降超。超重賜其王以下，因鎮撫焉。

時龜茲㉓王建為匈奴所立，倚恃虜威，據有北道㉔，攻破疏勒㉕，殺其王，而立龜茲人兜題為疏勒王。明年春，超從間道㉖至疏勒。去兜題所居槃橐城㉗九十里，逆遣吏田慮先往降之。敕慮曰：「兜題本非疏勒種，國人必不用命。若不即降，便可執之。」慮既到，兜題見慮輕弱，殊無降意。慮因其無備，遂前劫縛兜題。左右出其不意，皆驚懼奔走。慮馳報超，超即赴之，悉召疏勒將吏，說以龜茲無道之狀，因立其故王兄子忠㉘為王，國人大悅。忠及官屬皆請殺兜題，超不聽，欲示以威信，釋而遣之。疏勒由是與龜茲結怨。

【章　旨】以上為〈班超傳〉的第二部分。記述班超以軍司馬身分於明帝時期在西域建立的功績，包括隨軍進擊北匈奴而在蒲類海初立戰功，率領三十六名部下先後出使南道鄯善國和于窴國而令其歸服，馳入北道疏勒國改立該國國王而使之親漢。

【注　釋】❶奉車都尉竇固　奉車都尉，武官之稱。秩比二千石。掌管皇帝車駕，亦奉命屯駐外地或領兵征伐。竇固，東漢前期曉習邊事的高級將領。詳見本書卷二十三。❷匈奴　活動於中國古代北方的游牧部族。其社會組織以部落聯盟為主，最高首領稱為單于。自西漢宣帝時分裂為東、西兩部，東匈奴降漢。迄至東漢初期，又分裂為南、北兩部，南匈奴內附，北匈奴則在明帝此次大規模用兵中陷入困窘的境地。❸假司馬　基層軍官之一種，負責率部作戰。假，代理、試用之義。❹伊吾　匈奴稱之為伊吾盧，是戈壁灘上的一塊綠洲，歷代均為進入西域的門戶。位於今新疆哈密西部。自明帝大破北匈奴後，於此設置宜禾都尉，專事屯田，成為西域屯戍重地之一。❺蒲類海　即今新疆巴里坤湖。❻從事　這裡為都尉的佐官。❼西域　漢代對玉門關以西地區的總稱，包括今敦煌以西至新疆全區在內。❽鄯善　即樓蘭，為西域城郭國之一。國都始建於樓蘭城，故址在今新疆羅布泊西北岸。至西漢昭帝元鳳四年（西元前七七年），將其國名改稱鄯善，並遷都到扞泥城（今新疆若羌附近），地扼絲綢之路之要衝。❾侍胡　指對方的接待人員。❿具服　詳盡供述的意思。⓫卿曹　君等、你們。帶有親近之義。曹，輩。⓬絕域　極遠之地。⓭裁　通「纔」。僅僅。⓮文俗吏　只知拘守禮法、安於習俗的官吏。⓯然　「燃」的古字。⓰格殺　擊殺。⓱掾　對官府中佐助官員的通稱。這裡含有尊敬之義，因為正曰掾，副曰屬。⓲軍司馬　基層軍官之一種，秩比千石，地位高於假司馬。⓳于窴　亦稱「于闐」。為西域城郭國之一。國都建於西城（今新疆和田約特干遺址）。⓴莎車　西域城郭國之一。國都建於莎車城（今新疆莎車附近）。㉑南道　絲綢之路上的一條陸路交通幹道，與北道相對而稱。自敦煌西南出陽關，經鄯善扞泥城，傍南山（崑崙山）北，沿今車爾臣河西行，過于窴，至莎車，是為南道。南道西逾葱嶺則出大月氏（今阿富汗中西部）、安息（今伊朗）。㉒騧馬　顏色淺黑的馬。㉓龜茲　西域城郭國之一。國都建於延城（今新疆庫車東郊皮朗古城）。㉔北道　絲綢之路上的一條陸路交通幹道，與南道相對而稱。自敦煌西北出玉門關，經車師前王庭（今新疆吐魯番），隨北山（天山），沿孔雀河西行，過龜茲、姑墨（今新疆阿克蘇），至疏勒，是為北道。北道西逾葱嶺則出大宛（今費爾干納）、康居（今巴爾喀什湖和鹹海之間）。㉕疏勒　西域城郭國之一。國都建於疏勒城（今新疆喀什境內）。㉖間道　近道；小路。㉗槃櫜城　城名。位於今新疆喀什附近。㉘忠　原名榆勒，更名曰忠。

【語　譯】明帝永平十六年，奉車都尉竇固率軍進擊匈奴，任命班超擔任代理司馬，率兵另外攻打伊吾，在蒲類海交戰，斬下許多匈奴人的首級勝利返回。竇固認為班超很能幹，就派他和從事郭恂一起出使西域。

2　班超來到鄯善，鄯善王名廣對待班超十分禮敬，後來卻忽然變得疏遠懈怠起來。班超便對手下的官吏說：「你們難道沒感覺到廣在禮遇情分上變得淡薄了嗎？這一定是因為現有匈奴使者來到，不禁思來想去，不知歸順哪方為好。明智的人能夠看出尚未萌生的苗頭來，何況已經顯出來的事情呢！」於是便把對方的接待人員召來詐他說：「匈奴使者已經來好幾天了，眼下在哪裡？」這個接待人員聽後不由得驚慌害怕，便詳盡供述了真實的情況。班超隨後將這個接待人員關押起來，召集手下所有的三十六名官吏士兵，與他們共同飲酒，酒興酣暢淋漓時，便乘機激怒他們說：「諸君與我同在極其遙遠的地帶，希望建立大功，以便求取富貴。現今匈奴使者到此僅僅幾天，而鄯善王廣便對我們不再禮敬；如果讓鄯善逮捕我們送給匈奴，我們的軀體就要長久被豺狼吞食了。對此應該怎麼辦？」手下官吏士兵都說：「眼下處在危亡的境地，是死是活全聽司馬安排。」班超說：「不入虎穴，不得虎子。目前的對策，只有乘夜用火攻擊匈奴使者，使他們分不清我們有多少人，必定會深感震驚害怕，便可以全部消滅他們。消滅了這些匈奴人，鄯善就被嚇破膽，我們也大功告成，事業定立了。」眾人又說：「應當和從事商議這件事。」班超大怒說：「成敗就決定於眼下。從事是個只知拘守禮法、安於習俗的官吏，聽說這樣幹，必定害怕而使計謀洩露，因此死去卻沒有任何名義，夠不上壯士所為！」眾人說：「對。」天色黑下來，班超便率領官吏士兵奔往匈奴營地。恰好趕上天刮大風，班超命令十個人攜帶戰鼓隱藏在匈奴營舍的後面，約定說：「看見火燒起來，就要一齊敲鼓大喊。」其他人都手持兵器弓弩埋伏在營門兩側。班超隨後順著風勢放火，前後鼓聲喊聲連成一片。匈奴部眾驚慌混亂，班超親手擊殺三人，官吏士兵斬殺匈奴使者及其隨從三十多人，剩下的大約一百個人都被燒死。第二天回來，才把經過告訴給郭恂，郭恂聽後大驚，接著又臉色發生變化。班超明白他的心思，抬起手說：「您雖沒去參加，可班超我怎能獨占功勞呢？」郭恂這才高興起來。班超於是召見鄯善王廣，把匈奴使者的首級拿給他看，整個鄯善國震驚恐怖。班超加以曉諭慰撫，於是鄯善獻上王子去漢朝當人質。出使回來後，把情況上奏給竇固，竇固大喜，將班超的功勞詳細稟報給明帝，同時請求另外選派使臣出使西域。明帝覺得班超的氣概很雄壯，就給竇固下達詔令說：「像班超這樣的官吏，為什麼不繼續派遣卻偏要另外擇選他人呢？現任命班超為軍司馬，讓他徹底完成先前的功業。」班超又再度承受出使的任務，竇固打算給他增加兵力，班超表態說：「我願意率領原來跟從我的那三十多個人，這就夠用了。如果發生意想不到的情況，人多反而會成為累贅。」

3 這時于窴王廣德剛剛攻破莎車，於是在南道勢力大盛，而匈奴派遣使臣監護這個國家。班超登上西行的路程，先來到于窴。廣德對他沒有以禮相待，而且本地的習俗又信奉巫師，只聽巫師說：「天神憤怒說為什麼要歸向漢朝？漢朝使臣現有顏色淺黑的馬匹，趕快取來拿牠祭祀我。」廣德於是派使者到班超那裡索取馬匹。班超暗中了解到其中的情形，答覆可以，但必須要讓巫師親身前來領取馬匹。過了不大會兒，巫師來至漢使駐地，班超立即砍下他的腦袋送給廣德，同時用言詞責備他。廣德平素就聽說過班超在鄯善誅滅匈奴使者的事跡，此時非常驚慌恐懼，立即攻殺匈奴使者，歸降班超。班超重重賞賜于窴王及其屬下的各級官員，隨後鎮懾安撫了這一地區。

4 這時龜茲王建是被匈奴扶立的，他依仗匈奴的威勢，占據了北道，攻破疏勒，殺死了該國的國王，另立龜茲人兜題當疏勒王。第二年春季，班超從近路抵達疏勒。就在距離兜題所居住的槃橐城還有九十里時，派遣手下吏員田慮先去勸導兜題歸降。行前指示田慮說：「兜題本來並不是疏勒人，疏勒民眾肯定不會服從他的命令。如果不立刻歸降，便可當場把他抓起來。」田慮到達以後，兜題見田慮年輕弱小，毫無歸降的意念。田慮乘他沒有防備，便上前將兜題捆綁住。兜題左右臣下完全沒料到會有這種行動，都嚇得趕快逃離現場。田慮飛快將消息報告給班超，班超火速趕到，召集疏勒所有的文官武將，列舉龜茲無道的情狀來勸說他們，於是擁立原疏勒王的侄子忠當國王，疏勒民眾感到十分高興。忠和手下官員都請求殺死兜題，班超拒不聽從，意在顯示威力和信義，便將他釋放回去。疏勒從此和龜茲結下仇怨。

1　十八年，帝崩。焉耆❶以中國大喪，遂攻沒都護❷陳睦。超孤立無援，而龜茲、姑墨❸數發兵攻疏勒。超守盤橐城，與忠為首尾，士吏單少，拒守歲餘。肅宗❹初即位，以陳睦新沒，恐超單危不能自立，下詔徵超。超發還，疏勒舉國憂恐。其都尉❺黎弇曰：「漢使棄我，我必復為龜茲所滅耳。誠不忍見漢使去。」因以刀自剄。超還至于窴，王侯以下❻皆號泣曰：「依漢使如父母，誠不可去。」互抱超馬腳，不得行。超恐于窴終不聽其東，又欲遂本志，乃更還疏勒。疏勒兩城自超去後，復降龜茲，而與尉頭❼連兵。超捕斬反者，擊破尉頭，殺六百餘人，疏勒復安。

2　建初❽三年，超率疏勒、康居❾、于窴、拘彌❿兵一萬人攻姑墨石城，破之，斬首七百級。超欲因此叵⓫平諸國，乃上疏請兵。曰：「臣竊見先帝欲開西域，故北擊匈奴，西使外國，鄯善、于窴即時向化。今拘彌、莎車、疏勒、月氏⓬、烏孫⓭、康居復願歸附，欲共并力破滅龜茲，平通漢道⓮。若得龜茲，則西域未服者百分之一耳。臣伏自惟念，卒伍小吏，實願從谷吉⓯效命絕域，庶幾張騫棄身曠野。昔魏絳⑯列國大夫，尚能和輯諸戎，況臣奉大漢之威，而無鉛刀一割⑰之用乎？前世議者皆曰取三十六國⑱，號為斷匈奴右臂。今西域諸國，自日之所入⑲，莫不向化，大小欣欣，貢奉不絕，唯焉耆、龜茲獨未服從。臣前與官屬三十六人奉使絕域，備遭艱戹⑳。自孤守疏勒，於今五載，胡夷情數，臣頗識之。問其城郭小大，皆言『倚漢與依天等』。以是效之，則蔥領㉑可通，蔥領通則龜茲可伐。今宜拜龜茲侍子㉒白霸為其國王，以步騎數百送之，與諸國連兵，歲月之間，龜茲可禽。以夷狄攻夷狄，計之善者也。臣見莎車、疏勒田地肥廣，草牧饒衍㉓，不比敦煌㉔、鄯善間也，兵可不費中國而糧食自足。且姑墨、溫宿㉕二王，特為龜茲所置，既非其種，更相厭苦，其埶必有降反。若二國來降，則龜茲自破。願下臣章，參考行事㉖。誠有萬分，死復何恨。臣超區區，特蒙神靈，竊冀未便僵仆，目見西域平定，陛下舉萬年之觴㉗，薦勳祖廟，布大喜於天下。」書奏，帝知其功可成，議欲給兵。平陵人徐幹素與超同志，上疏願奮身佐超。五年，遂以幹為假司馬，將弛刑㉘及義從㉙千人就超。

3 先是莎車以為漢兵不出，遂降於龜茲，而疏勒都尉番辰亦復反叛。會徐幹適至，超遂與幹擊番辰，大破之，斬首千餘級，多獲生口㉚。超既破番辰，欲進攻龜茲。以烏孫兵彊，宜因其力，乃上言：「烏孫大國，控弦[31]十萬，故武帝[32]妻以公主，至孝宣皇帝[33]，卒得其用。今可遣使招慰，與共合力。」帝納之。八年，拜超為將兵長史[34]，假鼓吹幢麾[35]。以徐幹為軍司馬，別遣衛候[36]李邑護送烏孫使者，賜大小昆彌[37]以下錦帛。

李邑始到于窴，而值龜茲攻疏勒，恐懼不敢前，因上書陳西域之功不可成，又盛毀超擁愛妻，抱愛子，安樂外國，無內顧心。超聞之，歎曰：「身非曾參而有三至之讒[38]，恐見疑於當時矣。」遂去其妻。帝知超忠，乃切責邑曰：「縱超擁愛妻，抱愛子，思歸之士千餘人，何能盡與超同心乎？」令邑詣超受節度。詔超：「若邑任在外者，便留與從事。」超即遣邑將烏孫侍子還京師。徐幹謂超曰：「邑前親毀君，欲敗西域，今何不緣詔書留之，更遣它吏送侍子乎？」超曰：「是何言之陋也！以邑毀超，故今遣之。內省不疚[39]，何卹[40]人言！快意[41]留之，非忠臣也。」

明年，復遣假司馬和恭等四人將兵八百詣超，超因發疏勒、于窴兵擊莎車。莎車陰通使疏勒王忠，啗以重利，忠遂反從之，西保烏即城[42]。超乃更立其府丞[43]成大為疏勒王，悉發其不反者以攻忠。積半歲，而康居遣精兵救之，超不能下。

是時月氏新與康居婚，相親，超乃使使多齎錦帛遺月氏王，令曉示康居王，康居王乃罷兵，執忠以歸其國，烏即城遂降於超。

6　後三年，忠說康居王借兵，還據損中㊹，密與龜茲謀，遣使詐降於超。超內知其姦而外偽許之。忠大喜，即從輕騎詣超。超密勒兵㊺待之，為供張㊻設樂。酒行，乃叱吏縛忠斬之。因擊破其眾，殺七百餘人，南道於是遂通。

7　明年，超發于窴諸國兵二萬五千人，復擊莎車。而龜茲王遣左將軍㊼發溫宿、姑墨、尉頭合五萬人救之。超召將校及于窴王議曰：「今兵少不敵，其計莫若各散去。于窴從是而東，長史亦於此西歸，可須夜鼓聲而發。」陰緩所得生口。龜茲王聞之大喜，自以萬騎於西界遮㊽超，溫宿王將八千騎於東界徼㊾于窴。超知二虜已出，密召諸部勒兵，雞鳴馳赴莎車營，胡大驚亂奔走，追斬五千餘級，大獲其馬畜財物。莎車遂降，龜茲等因各退散，自是威震西域。

【章　旨】以上為〈班超傳〉的第三部分。記述班超以將兵長史身分於章帝時期在西域建立的功績，包括面對一度不利和錯綜複雜的局面在北道平定疏勒叛亂，擊破尉頭國，大敗姑墨國，上疏請兵後剷除疏勒復叛勢力，在南道擊潰北道龜茲等國所遣援軍，迫使莎車國投降，確保南道自此暢通。

【注　釋】❶焉耆　西域城郭國之一，環抱在天山、霍拉山和庫魯克塔格山之間。國都建於員渠城（今新疆柏格達沁古城，或說在今新疆焉耆西南）。❷都護　全稱西域都護，為漢代西域最高軍政長官。始設於西漢宣帝神爵二年（西元前六〇年）。因統領南北兩道，故號都護。秩比二千石。下開幕府。掌護西域三十六國，頒行朝廷號令，諸國有亂，得發兵征討。其駐地西漢時在烏壘城（今新疆輪臺東北），東漢時則移至它乾城（今新疆庫車附近）。本書卷八十八〈西域傳〉：「永平末，焉耆與龜茲共攻沒都護陳睦、副校尉郭恂，殺吏士二千餘人。」❸姑墨　西域城郭國之一。國都建於南城（今新疆阿克蘇東部的喀拉玉爾滾）。❹肅宗　東漢皇帝劉炟。卒諡孝章，廟號肅宗。詳見本書卷三。❺都尉　屬國所設武官之一。略如內地的郡都尉。❻王侯以下　《漢書・西域傳》：「疏勒侯、擊胡侯、輔國侯、都尉、左右將、左右騎君、左右譯長各一人。」❼尉頭　為西域游牧部落與國名。國都建於尉頭谷。其活動範圍大致在今新疆阿合奇西哈拉奇一帶。❽建初　東漢章帝劉炟年號，西元七六—八四年。❾康居　古代中亞的游牧部族與國名。大致活動於巴爾喀什湖與鹹海之間。其中心駐地為卑闐城，約當今塔什干或奇姆肯特等地。❿拘彌　又作「扜彌」。西域城郭國之一。在今新疆策勒、于田一帶。國都建於扜彌城（今于田克里雅河東古扜彌城遺址）。⓫叵　遂；就。李賢注：「叵猶遂也。」⓬月氏　又作「月支」。古代游牧部族與國名。原居今甘肅蘭州以西直到敦煌的河西走廊一帶，後被匈奴擊破，自漢初大部分西遷到阿姆河中偏上游一帶，稱為大月氏；一小部分則越過祁連山，與羌人雜居，號小月氏。⓭烏孫　古代游牧部族與國名。主要活動於天山北麓伊犁河上游、伊塞克湖畔及納林河流域。⓮漢道　通往漢朝的道路，亦即絲綢之路。⓯谷吉　西漢元帝時的衛司馬。其於初元五年（西元前四四年）主動請纓，將北匈奴侍子送回塞外，被郅支單于殺害。詳見《漢書・陳湯傳》。⓰魏絳　春秋時期晉國大夫，亦稱魏莊子。其在晉悼公時提出和戎五利論。《左傳・襄公四年》：「無終子嘉父使孟樂如晉，因魏莊子納虎豹之皮，以請和諸戎。晉侯曰：『戎狄無親而貪，不如伐之。』魏絳曰：『和戎有五利焉。戎狄薦居，貴貨易土，土可賈焉，一也。邊鄙不聳，民狎其野，穡人成功，二也。戎狄事晉，四鄰振動，諸侯威懷，三也。以德綏戎，師徒不勤，甲兵不頓，四也。鑒於后羿，而用德度，遠至邇安，五也。君其圖之！』公說，使魏絳盟諸戎。」⓱鈆刀一割　比喻愚鈍無能，仍可發揮一點作用。鈆，通「鉛」。鉛刀，鉛製之刀，其質軟，不鋒利，用以喻指無能之人。⓲前世議者句　前世謂西漢，議者指張騫、劉歆，三十六國是對西域眾國的統稱，右臂用以比喻西域眾國同匈奴的關係。坐北朝南，則以西為右。《漢書・張騫傳》載其奏對云：「今單于新困於漢，而昆莫地空，蠻夷戀故地，又貪漢物。誠以此時厚賂烏孫，招以東居故地，漢遣公主為夫人，結昆弟，其勢宜聽，則是斷匈奴右臂也。既連烏孫，自其西大夏之屬，皆可招來而為外臣。」又《漢書・韋玄成傳》載中壘校尉劉歆之議曰：孝武皇帝「東伐朝鮮，起玄菟、樂浪，以斷匈奴之左臂。西伐大宛，竝三十六國，結烏孫，起敦煌、酒泉、張掖，以鬲婼羌，裂匈奴之右臂。單于孤特，遠遁於幕北，四垂無事。」⑲日之所入　借指西部最遙遠的地帶。《漢書・西域傳》：「自條支乘水西行，可百餘日，近日所入云。」⑳艱戹　艱險；危難。㉑葱領　葱嶺。古代對今帕米爾高原和崑崙山、天山西段的總稱。李賢注引《西河舊事》：「葱領山，其上多葱，因以為名。」㉒侍子　指入朝學習漢文化、陪侍天子的西域屬國的王子。實際即是人質。㉓饒衍　富饒。㉔敦煌　郡名。治今甘肅敦煌西。㉕溫宿　西域城郭國之一。國都建於溫宿城（今新疆烏什境內）。㉖行事　往事；成事。㉗萬年之觴　用以表達並祝願江山永遠穩固之意的酒杯。《詩・七月》：「躋彼公堂，稱彼兕觥，萬壽無疆。」㉘弛刑　指被解除刑具的服役罪犯。㉙義從　自願從軍的人。㉚生口　即俘虜。㉛控弦　拉弓。借指士兵。㉜武帝　西漢皇帝。名徹，卒諡孝武，廟號世宗。事詳《史記・孝武本紀》、《漢書・武帝紀》。《漢書・西域傳》：「元封中，遣江都王建女細君為公主，以妻焉。賜乘輿服御物，為備官屬、宦官、侍御數百人，贈送甚盛。烏孫昆莫以為右夫人。」㉝孝宣皇帝　西漢皇帝。名詢，卒諡孝宣，廟號中宗。事詳《漢書・宣帝紀》。《漢書・匈奴傳》、卷九十六〈西域傳〉俱載：「宣帝初即位，公主及昆彌皆遣使上書，言匈奴復連發大兵，侵擊烏孫，取車延惡師地，牧人民去，使使謂烏孫，趣持公主來，欲隔絕漢。昆彌願發國半精兵，自給人馬五萬騎，盡力擊匈奴，唯天子出兵，以救公主。昆彌、漢兵大發十五萬騎，五將軍分道並出」，結果「至右谷蠡王庭，獲單于父行及嫂、居次、名王、犁汙都尉、千長騎將以下四萬級，馬牛羊驢橐駝七十餘萬頭。」㉞將兵長史　武官之稱。其因所在部門不同而職掌有異。此處則略如西域副都護，單獨統領一方軍隊和西域諸國。下文又稱長史或西域長史，而西域長史已變成代行都護職權。㉟鼓吹幢麾　指壯大軍威用的樂曲和旌旗儀仗等。李賢注：「《古今樂錄》曰：『橫吹，胡樂也。張騫入西域，傳其法於長安，唯得〈摩訶兜勒〉一曲，李延年因之更造新聲二十八解，乘輿以為武樂，後漢以給邊將，萬人將軍得之。在俗用者有〈黃鵠〉、〈隴頭〉、〈出關〉、〈入關〉、〈出塞〉、〈入塞〉、〈折楊柳〉、〈黃覃子〉、〈赤之楊〉、〈望行人〉十曲。』劉熙《釋名》：『幢，童也，其貌童童然。』蔡邕《月令章句》：『羽，鳥翼也，以為旌幢麾也。』橫吹、麾幢，皆大將所有。超非大將，故言假。」㊱衛候　指護衛陪伴人員。㊲昆彌　古代烏孫王的稱號。原作昆莫，後改昆彌。自西漢宣帝甘露元年（西元前五三年）立元貴靡為大昆彌，烏就屠為小昆彌，皆賜印綬，遂有大、小昆彌之號。㊳身非曾參而有三至之讒　曾參為孔子的學生。《戰國策・秦策二》：「昔者曾子處費，費人有與曾子同名族者而殺人，人告曾子母曰：『曾參殺人。』曾子之母曰：『吾子不殺人。』織自若。有頃焉，人又曰：『曾參殺人。』其母尚織自若也。頃之，一人又告之曰：『曾參殺人。』其母懼，投杼踰牆而走。」此即所謂三至之讒。意謂謠言多次傳播，也會造成以假亂真的影響。㊴疚　愧疚。《論語・顏淵》載子曰：「內省不疚，夫何憂何懼？」注：「疚，病也。」㊵卹　憂慮。《左傳・昭公四年》載子產曰：「何害？苟利社稷，死生以之。且吾聞為善者不改其度，故能有濟也。民不可逞，度不可改。《詩》曰：禮義不愆，何恤於人言！」㊶快意　隨心所欲的意思。㊷烏即城　當在今新疆喀什地區。㊸府丞　屬國所設副職官員，輔佐國王治理其國，略如內地的郡丞。㊹損中　邑名。其今址不詳，當在新疆西南部。李賢注：「《東觀記》作蛽中，《續漢》及華嶠《書》並作損中，本或作『植』，未知孰是也。」㊺勒兵　陳兵。㊻供張　陳設帷帳舉行宴會。㊼左將軍　屬國所設武官之稱，亦名左將。《漢書．西域傳》：龜茲國「大都尉丞、輔國侯、安國侯、擊胡侯、卻胡都尉、擊車師都尉、左右將、左右都尉、左右騎君、左右力輔君各一人。」㊽遮　阻擊；攔擊。㊾徼　通「邀」。截擊。

【語譯】永平十八年，明帝去世。焉耆利用中原王朝出現舉國上下都哀悼的喪事，就攻打並殺死了西域都護陳睦。班超陷入了孤立無援的境地，而龜茲、姑墨也多次發兵攻打疏勒。班超駐守在盤槖城，與忠構成首尾援助的形勢，士兵官吏盡管人數不多，也抵抗堅守了一年多。章帝剛剛即位，鑑於陳睦新近被殺，擔心班超孤單危險，站不住腳，便下達詔書，召回班超。班超登上還朝的路程，整個疏勒國陷入憂愁恐懼當中。疏勒都尉黎弇說：「漢朝使臣丟棄我們，我們肯定會再次被龜茲滅掉。實在不忍心看著漢朝使臣離去。」隨即用刀自刎而死。班超回到于窴，于窴從國王大臣到各級官吏都嚎啕大哭說：「我們依從漢朝使臣如同依從父母，您千萬不要離去。」相互抱住班超的馬腿，使班超沒辦法啟程。班超想到于窴最終也不會聽任他向東返回，又打算實現自己的志向，於是重新回到疏勒。疏勒兩城自班超離去後，又歸降了龜茲，而與尉頭聯合採取軍事行動。班超捕捉斬殺了那些反叛的人，擊破尉頭，殺死六百多人，疏勒又安定下來。

2 章帝建初三年，班超統率疏勒、康居、于窴、拘彌四國兵馬一萬人攻打姑墨石城，結果攻占了該城，斬獲七百顆首級。班超準備趁此機會平定諸國，於是呈上奏疏請求朝廷發兵。奏疏說：「臣下我見到先帝打算開通西域，因此向北進擊匈奴，向西派人出使外國。鄯善、于窴即刻順服。如今拘彌、莎車、疏勒、月氏、烏孫、康居又都願意歸附，希望共同協力攻破消滅龜茲，平定打通前往漢朝的道路。如果能征服龜茲，那麼西域尚未歸服的只有百分之一罷了。臣下我暗自思考，兵卒和低級吏員，都真心願意跟從谷吉那等人物到極其遙遠的邊地為國家獻出性命，像張騫那樣把身軀棄置在曠野上。從前魏絳身為列國大夫，還能夠同各個異族部落和睦相處，何況臣下我憑藉大漢的威勢，卻沒有鉛刀一割的那一點點作用嗎？前代討論政事的人都說獲取三十六國，稱為斬斷了匈奴的右臂。如今西域各國，從太陽落下的最邊緣的地方，沒有哪個不順服的，大國小國都歡欣鼓舞，進貢朝拜絡繹不絕，只剩下焉耆、龜茲尚未歸服。臣下我以前與手下官員三十六人奉命出使邊遠地區，遭受各種危難。從孤單據守疏勒到現在已經五年了，對異族的情況，臣下我了解得很清楚。詢問大大小小的城郭國，都說『倚靠大漢與仰仗青天相同』。根據這種情況，蔥嶺是能夠打通的，而蔥嶺被打通，龜茲就可以進行討伐。如今應封拜龜茲侍子白霸當該國國王，用幾百名步兵騎兵護送他，與各國聯合採取軍事行動，過不了多久，龜茲就能被征服。利用夷狄攻打夷狄，這是最好的策略。臣下我發現莎車、疏勒兩國田地肥沃廣闊，草場牧地富饒豐美，和敦煌、鄯善之間大不一樣，兵馬可以不讓中原耗費資財而糧食可以自我解決。再加上姑墨、溫宿兩國的國王，都是由龜茲強行扶立的，既不是同一個種族，又對受他壓榨普遍感到痛苦，形勢發展下去，國內必定會有投降或反叛的人。如果兩國前來歸降，龜茲也就不攻自破了。希望能把臣下我的奏章交付朝臣討論，參考成事做出決定。果真能有萬分之一成功的希望，即使死去，還有什麼遺憾呢。臣下我班超微不足道，特地蒙受到皇上神靈般的眷顧，私下盼望目前不至於死去，能夠親眼見到西域平定，陛下高舉祝福江山永固的酒杯，在祖廟獻上功勳，向全天下宣布特大的喜訊。」奏疏呈上以後，章帝知道班超能夠大功告成，於是謀議給他派兵。而平陵人徐幹一向與班超志向相同，便上疏表示願意竭盡力量去協助班超。建初五年，朝廷任命徐幹擔當假司馬，率領一千名解除刑具的服役罪犯和自願從軍的人到班超那裡報到。

3　在此以前，莎車以為漢朝軍隊不會出動，於是便向龜茲投降，而疏勒都尉番辰也重新反叛。這時正趕上徐幹恰好來到，班超便和徐幹去攻打番辰，把他徹底擊垮，斬殺一千多個首級，活捉了眾多的俘虜。班超擊垮番辰以後，準備進攻龜茲。鑑於烏孫兵力強盛，應當借助它的力量，於是上奏說：「烏孫是個大國，士兵多達十萬，因而武帝把公主嫁給它的國君做妻子，到孝宣皇帝時，終於發揮出它的作用。如今可以派遣使者招撫慰問，與它結成同一股力量。」章帝採納了這一建議。建初八年，委任班超擔當將兵長史，並暫時授給他軍樂和旌旗儀仗等物。委任徐幹擔當軍司馬，另行派遣衛候李邑護送烏孫使者回國，賜給大小昆彌及其各級官吏華美的絲帛。

4 李邑剛剛抵達于窴時，正趕上龜茲在攻打疏勒，嚇得不敢再向前進發，隨即上書陳奏西域功業不能成就，還肆意詆毀班超只知道整天摟抱著心愛的妻子和兒子，在外國安享快樂，根本沒有為國家效力的心思。班超聽到這一情況後，慨歎說：「本來兇手不是曾參卻有三次說他殺人的謠言傳來，我恐怕會被現今的人們猜疑了。」於是便讓妻子離開了自己。章帝知道班超忠誠可靠，就嚴厲斥責李邑說：「縱使班超只知道整天摟抱著心愛的妻子和兒子，可那一千多名盼望回歸內地的人，為什麼都能和班超同心同德呢？」同時命令李邑到班超那裡報到，接受班超的指揮。並向班超下達詔令說：「如果李邑還能在域外供職，便留在你手下，叫他幹事情。」班超隨即責成李邑帶著烏孫侍子返回京師。徐幹對班超說：「李邑先前親身詆毀您，打算毀掉西域的事業，眼下為什麼不藉詔書將他留下，另派其他官吏護送侍子呢？」班超說：「你這話是多麼鄙陋啊！正因李邑詆毀我，所以我才派他去。反省自己並不感到愧疚，又對別人講什麼話怕什麼呢！為一時快意留下他，決不是忠臣的作法。」

5 第二年，章帝又派遣假司馬和恭等四人率領八百名士兵到班超那裡報到，班超隨後調發疏勒、于窴的兵馬進擊莎車。莎車暗地裡向疏勒王忠派去使者，用非常厚重的財物誘惑他，於是忠便反過頭來追隨莎車，率領兵馬轉向西部去保守烏即城。班超便另立忠的府丞成大當疏勒王，調發所有不反叛的那些人去攻打忠。相持了半年，康居派遣精兵來援救忠，班超無法攻下來。這時候，月氏剛與康居建立婚姻關係，彼此親近，班超便派使者攜帶大量華美的絲帛贈送給月氏王，讓他明白告知康居王收兵，康居王於是撤回了軍隊，把忠抓起來送回到疏勒國，烏即城便向班超投降了。

6 三年以後，忠對康居王進行鼓動，借到兵馬返回來，占據了損中，並祕密與龜茲謀議，派遣使者到班超那裡去詐降。班超心中曉得他們的奸計但在表面上卻假裝答應了他們。忠聞訊大喜，立刻率領輕騎兵趕往班超的駐所。班超祕密布置軍隊在等待他們，還為他們陳設帷帳舉行宴會，演奏樂舞。剛一敬酒，便喝令官吏將忠捆起來並斬殺了他。又乘勢擊垮了他的部眾，殺死七百多人，南道在這時便暢通無阻了。

7 第二年，班超調發于窴等國兵馬二萬五千人，再次進擊莎車。而龜茲王也派遣本國左將軍調發溫宿、姑墨、尉頭的軍隊共計五萬人前來援救莎車。班超召集將校以及于窴王謀議說：「眼下我們兵少，打不過他們。最好的對策是各自散去。于窴從這裡向東走，長史我也由此處向西回到住地，應該等到深夜報時的鼓聲響起時出發。」隨後故意對抓到的俘虜放鬆看管叫他們逃走。龜茲王從逃歸的俘虜口中得知消息後大喜，親自率領一萬名騎兵到西界去攔擊班超，溫宿王則率領八千名騎兵到東界去截擊于窴人。班超得知兩國兵馬已經出動，便祕密召集各部布置好軍隊，在雞叫時分飛快地直撲莎車營地，莎車部眾十分驚恐，胡亂奔逃，班超揮軍追擊，斬殺了五千多人，繳獲了大量的馬匹牲畜和財物。莎車於是歸降，龜茲等國軍隊隨後也各自退走散去，班超從此威震西域。

1 初，月氏嘗助漢擊車師❶有功，是歲貢奉珍寶、符拔❷、師子❸，因求漢公主。超拒還其使，由是怨恨。永元❹二年，月氏遣其副王謝將兵七萬攻超。超眾少，皆大恐。超譬❺軍士曰：「月氏兵雖多，然數千里踰葱領來，非有運輸，何足憂邪？但當收穀堅守，彼飢窮自降，不過數十日決矣。」謝遂前攻超，不下，又鈔掠❻無所得。超度其糧將盡，必從龜茲求救，乃遣兵數百於東界要❼之。謝果遣騎齎金銀珠玉以賂龜茲。超伏兵遮擊，盡殺之，持其使首以示謝。謝大驚，即遣使請罪，願得生歸。超縱遣之。月氏由是大震，歲奉貢獻。

2 明年，龜茲、姑墨、溫宿皆降，乃以超為都護，徐幹為長史。拜白霸為龜茲王，遣司馬❽姚光送之。超與光共脅龜茲廢其王尤利多而立白霸，使光將尤利多還詣京師。超居龜茲它乾城❾，徐幹屯疏勒。西域唯焉耆、危須❿、尉犂⓫以前沒都護，懷二心，其餘悉定。

3 六年秋，超遂發龜茲、鄯善等八國兵合七萬人，及吏士賈客⓬千四百人討焉耆。兵到尉犂界，而遣曉說焉耆、尉犂、危須曰：「都護來者，欲鎮撫三國。即欲改過向善，宜遣大人⓭來迎，當賞賜王侯已下，事畢即還。今賜王綵五百匹。」焉耆王廣遣其左將⓮北鞬支奉牛酒迎超。超詰鞬支曰：「汝雖匈奴侍子，而今秉國之權。都護自來，王不以時迎，皆汝罪也。」或謂超可便殺之。超曰：「非汝所及。此人權重於王，今未入其國而殺之，遂令自疑，設備守險，豈得到其城下哉！」於是賜而遣之。廣乃與大人迎超於尉犂，奉獻珍物。

4 焉耆國有葦橋之險，廣乃絕橋，不欲令漢軍入國。超更從它道厲度⓯。七月晦⓰，到焉耆，去城二十里，營大澤⓱中。廣出不意，大恐，乃欲悉驅其人共入山保。焉耆左侯元孟先嘗質京師，密遣使以事告超，超即斬之，示不信用。乃期大會諸國王，因揚聲當重加賞賜，於是焉耆王廣、尉犂王汎及北鞬支等三十人相率詣超。其國相腹久等十七[18]人懼誅，皆亡入海[19]，而危須王亦不至。坐定，超怒詰廣曰：「危須王何故不到？腹久等所緣逃亡？」遂叱吏士收廣、汎等於陳睦故城[20]斬之，傳首京師。因縱兵鈔掠，斬首五千餘級，獲生口萬五千人，馬畜牛羊三十餘萬頭，更立元孟為焉耆王。超留焉耆半歲，慰撫之。於是西域五十餘國[21]悉皆納質內屬焉。

明年，下詔曰：「往者匈奴獨擅西域，寇盜河西[22]，永平之末，城門晝閉。先帝深愍邊萌[23]嬰羅[24]寇害，乃命將帥擊右地[25]，破白山[26]，臨蒲類，取車師，城郭諸國震慴[27]響應，遂開西域，置都護[28]。而焉耆王舜、舜子忠獨謀悖逆，恃其險隘，覆沒都護，并及吏士。先帝重元元[29]之命，憚兵役之興，故使軍司馬班超安集于窴以西。超遂踰蔥領，迄縣度[30]，出入二十二年，莫不賓從。改立其王，而綏其人。不動中國，不煩戎士，得遠夷之和，同異俗之心，而致天誅[31]，蠲宿恥，以報將士之讎。司馬法曰：『賞不踰月，欲人速覩為善之利也。』[32]其封超為定遠侯，邑千戶[33]。」

【章　旨】以上為〈班超傳〉的第四部分。記述班超以西域都護身分於和帝時期在西域建立的功績，包括以堅壁清野方式挫敗大月支的入侵，降服北道龜茲、姑墨、溫宿諸國，攻取負隅頑抗的焉耆、危須、尉犁三國，完全打通北道，西域全部內屬，榮膺定遠侯的封爵。

【注　釋】❶車師　西域城郭國之一。漢代為中西交通要衝，在今吐魯番盆地。西漢宣帝時分為前、後兩部，又稱前國、後國。前部國都仍在故都交河城，遺址位於今新疆吐魯番西北。後部國都則建在務塗谷，位於今新疆吉木薩爾南山中。至東漢初期，車師前部、後部與東且彌、卑陸、蒲類、移支合稱車師六國。❷符拔　獸名。本書卷八十八〈西域傳〉：「符拔，形似麟而無角。」❸師子　即獅子。❹永元　東漢和帝劉肇年號，西元八九－一〇五年。❺譬　曉諭。❻鈔掠　搶奪掠取。❼要攔截。❽司馬　基層軍官之稱。按部屬和級別又分假司馬、軍司馬等。❾它乾城　在今新疆庫車附近。❿危須　西域城郭國之一。國都建於危須城（今新疆焉耆東北）。⓫尉犁　又作「尉黎」。西域城郭國之一。國都建於尉黎城（今新疆庫爾勒東北）。⓬賈客　流動的商人。⓭大人　部族首領之稱。⓮左將　《漢書・西域傳》：焉耆國「擊胡侯、卻胡侯、輔國侯、左右將、左右都尉、擊胡左右君、擊車師君、歸義車師君各一人，擊胡都尉、擊胡君各二人，譯長三人。」⓯厲度　涉水強渡。由帶以上為厲，由膝以下為揭。⓰晦　陰曆每月的最後一天。⓱大澤　本書卷八十八〈西域傳〉：焉耆「其國四面有大山，與龜茲相連，道險阸易守。有海水曲入四山之內，周匝其城三十餘里。」⓲十七　古本或作「七十」。⓳海　即今博斯騰湖。⓴陳睦故城　指它乾城。㉑五十餘國　《漢書・西域傳》：「最凡國五十。自譯長、城長、君、監、吏、大祿、百長、千長、都尉、且渠、當戶、將、相至侯、王，皆佩漢印綬，凡三百七十六人。而康居、大月氏、安息、罽賓、烏弋之屬，皆以絕遠，不在數中。其來貢獻則相與報，不督錄總領也。」本書卷八十八〈西域傳〉則謂：西漢「哀、平間，自相分割為五十五國。」㉒河西　指今甘肅、青海二省黃河以西，即河西走廊與湟水流域一帶。㉓邊萌　邊區居民。萌，通「氓」、「甿」。百姓；黎民。㉔嬰羅　遭受。㉕右地　指西部地區。與「左地」相對而稱。㉖白山　即天山。因終年積雪而得名。李賢注引《西河舊事》：「白山冬夏有雪，故曰白山。匈奴謂之天山，過之皆下馬拜焉。去蒲類海百里之內。」又引郭義恭《廣志》：「西域有白山，通歲有雪，亦名雪山。」㉗震慴　震驚恐懼。㉘置都護　據本書卷二〈顯宗孝明帝紀〉所述，事在永平十七年冬季十一月。㉙元元　黎民百姓。高誘《戰國策注》：「元，善也。民之類善，故稱元。」㉚縣度　山名。意謂以繩索懸縋而過。位於古皮山國以西、罽賓國之東，即今巴基斯坦東部。《漢書・西域傳》：「縣度者，石山也。谿谷不通，以繩索相引而度云。」縣，「懸」的古字。㉛天誅　指代皇朝的討伐或帝王的誅罰。㉜司馬法曰三句　司馬法，古代著名的一部兵書。相傳為戰國時期司馬穰苴所撰，後被列入《武經七書》。原有一五五篇，至唐尚存三卷，今本僅為一卷五篇。此處所引兩句原文，見於第二篇

〈天子之義〉，唯作：「賞不踰時，欲民速得為善之利也。」㉝邑千戶 李賢注引《東觀漢記》：「其以漢中郡南鄭之西鄉戶千，封超為定遠侯。」

【語譯】起初，月氏曾協助漢朝進擊車師有功。就在這一年，又貢獻珍寶、符拔獸和獅子，並藉機請求迎娶漢朝公主為夫人。班超予以拒絕，並叫月氏使臣回去，因此結下怨恨。到和帝永元二年，月氏派遣副國王名謝者率兵七萬攻打班超。班超部眾人數少，都感到十分恐懼。班超曉諭軍士說：「月氏雖然兵馬多，但從數千里以外越過葱嶺殺來，沒有軍事補給線，又哪裡值得憂慮呢？我們只需要藏好糧食堅守住，他們就會飢餓沒辦法而自動投降，不過數十日便可決定勝負了。」謝向前進兵攻打班超，但攻打不下來，又進行搶掠，也沒得到什麼東西。班超估計對方糧食眼看要用盡，必定會向龜茲求救，於是派遣數百名士兵到東界攔截他們。謝果然派遣騎兵攜帶金銀珠玉去賄賂龜茲。班超埋伏兵馬阻擊他們，將他們全部殺死，帶上使者的首級給謝觀看。謝看後大驚，即刻派使者前來請罪，希望能活著回去。班超就把他放走了。月氏由此非常震恐，每年向漢朝貢奉禮物。

2 第二年，龜茲、姑墨、溫宿全都歸降。於是朝廷任命班超擔當西域都護，徐幹擔當西域長史。把白霸封為龜茲王，派遣司馬姚光護送他歸國。班超與姚光聯手脅迫龜茲廢黜現任國王尤利多而擁立白霸當國王，又讓姚光帶上尤利多回到京師。班超駐紮在龜茲它乾城，徐幹屯戍在疏勒。西域到這時只剩下焉耆、危須、尉犁因為從前攻殺過都護還懷有二心，其餘都被平定下來了。

3 永元六年秋季，班超調發龜茲、鄯善等八國兵馬總共七萬人，以及漢朝官吏士兵和商客一千四百人前去討伐焉耆。兵到尉犁境內，便派人去曉諭勸導焉耆、尉犁、危須說：「都護來到這裡，目的是要鎮服安定三國。如果想改過從善，應該派遣大人前來迎接，理當賞賜王侯以下的各級官員，事情辦完，馬上就撤兵返還。現在賜給國王五百匹彩緞。」焉耆王名廣者派遣手下左將北鞬支獻上牛羊美酒前去迎接班超。班超責問北鞬支說：「你雖然是匈奴的侍子，可目前卻掌握著國家大權。都護親自來到，國王卻不及時迎接，都是你的罪過。」有人向班超建議說可以順便殺死他。班超說：「這不是你們所能理解的。這個人權力比國王還要大，如今尚未進入該國卻先殺死他，會使他們產生疑慮，布置防備，據守險隘，這樣我們哪裡還能抵達他們的城下呢！」於是賞賜並讓他回去了。廣和大人便在尉犁迎接班超，進獻珍奇的物品。

4　焉耆國擁有葦橋這座險要的通道，廣便拆除了這座橋，不想讓漢朝軍隊進入國內。班超改從其他路途涉水強渡。在七月最後那天進入焉耆，距離都城僅有二十里，在大澤中安營紮寨。廣沒料到會這樣，感到非常恐慌，就想把手下人全都驅趕到山中堅守保衛。焉耆左候元孟從前曾在京師當過人質，便祕密派遣使者把此事報告給班超，班超當場就斬殺了這個使者，表示不信任。隨後約定日期和諸國國王一起聚會，並藉此揚言要重重進行賞賜，於是焉耆國王廣、尉犁國王汎以及北鞬支等三十人相繼前來拜見班超。而他們的國相腹久等十七人害怕被殺，都逃走躲入湖海中去了，危須國王也沒來到。坐定之後，班超憤怒地責問廣說：「危須王為什麼不來？腹久等人是什麼原因逃走了？」於是喝令吏士把廣、汎等人抓起來，押到陳睦故城斬殺了他們，將首級用驛車送到京師。隨後任憑士兵搶奪掠取，斬下五千多顆首級，抓獲一萬五千名俘虜，繳獲三十多萬頭馬匹牲畜和牛羊，改立元孟當焉耆王。班超在焉耆留居了半年，安撫這裡的人們。於是西域五十多個國家全都獻納人質，歸附漢朝。

5　第二年，朝廷下達詔書說：「以往匈奴獨自控制西域，進犯劫掠河西地區，在永平後期，城門在白天都要關起來。先帝深切憐憫邊區居民遭受匈奴的禍害，便命令將帥進擊西部地帶，攻破白山，抵達蒲類海，拿下車師，各個城郭國都震驚恐懼，加以響應，於是開通西域，設置都護。可焉耆國王舜、舜的兒子忠卻偏偏謀劃反叛，依仗本國的險要地勢，殺死都護，連帶到官吏軍士。先帝看重黎民百姓的生命，憂慮兵役興起，因此派遣軍司馬班超安撫于窴以西地區。班超於是越過葱嶺，直至縣度山，出入二十二年，周圍國家沒有一個不歸從的。重新擁立他們的國王，安定那裡的民眾。不讓中原費力，不讓軍士煩勞，卻贏得邊遠部族的和睦，使習俗不同的人們心往一處想，實現了帝王的討伐，消除了長久的恥辱，使將士的冤仇得到了報復。《司馬法》上說：『進行賞賜在時間上不能超過一個月，這是要讓人們迅速看到善有善報。』因而特封班超為定遠侯，食邑一千戶。」

1 超自以久在絕域，年老思土。十二年，上疏曰：「臣聞太公❶封齊，五世葬周；狐死首丘❷，代馬依風❸。夫周齊同在中土千里之間，況於遠處絕域，小臣能無依風首丘之思哉？蠻夷之俗，畏壯侮老❹。臣超犬馬齒殲❺，常恐年衰，奄忽❻僵仆，孤魂棄捐。昔蘇武❼留匈奴中尚十九年，今臣幸得奉節❽帶金銀❾護西域，如自以壽終屯部，誠無所恨，然恐後世或名臣為沒西域。臣不敢望到酒泉郡❿，但願生入玉門關⓫。臣老病衰困，冒死瞽言⓬，謹遣子勇⓭隨獻物入塞。及臣生在，令勇目見中土。」而超妹同郡曹壽妻昭⓮亦上書請超曰：

2 「妾同產⓯兄西域都護定遠侯超，幸得以微功特蒙重賞，爵列通侯⓰，位二千石⓱。天恩殊絕，誠非小臣所當被蒙。超之始出，志捐軀命，冀立微功，以自陳效。會陳睦之變，道路隔絕，超以一身轉側絕域，曉譬諸國，因其兵眾，每有攻戰，輒為先登，身被金夷⓲，不避死亡。賴蒙陛下神靈，且得延命沙漠，至今積三十年。骨肉生離，不復相識。所與相隨時人士眾，皆已物故。超年最長，今且七十。衰老被病，頭髮無黑，兩手不仁⓳，耳目不聰明，扶杖乃能行。雖欲竭盡其力，以報塞天恩，迫於歲暮，犬馬齒索。蠻夷之性，悖逆侮老，而超旦暮入地，久不見代，恐開姦宄⑳之源，生逆亂之心。而卿大夫咸懷一切㉑，莫肯遠慮。如有卒暴㉒，超之氣力不能從心，便為上損國家累世之功，下棄忠臣竭力之用，誠可痛也。故超萬里歸誠，自陳苦急，延頸踰望，三年於今，未蒙省錄㉓。

「妾竊聞古者十五受兵，六十還之㉔，亦有休息不任職也。緣陛下以至孝理天下，得萬國之歡心，不遺小國之臣，況超得備侯伯之位，故敢觸死為超求哀，匄㉕超餘年。一得生還，復見闕庭，使國永無勞遠之慮，西域無倉卒之憂，超得長蒙文王葬骨㉖之恩，子方哀老㉗之惠。詩云：『民亦勞止，汔可小康。惠此中國，以綏四方。』超有書與妾生訣，恐不復相見。妾誠傷超以壯年竭忠孝於沙漠，疲老則便捐死於曠野，誠可哀憐。如不蒙救護，超後有一旦之變，冀幸超家得蒙趙母、衛姬先請之貸㉘。妾愚戇㉙不知大義，觸犯忌諱。」

書奏，帝感其言，乃徵超還。

超在西域三十一歲。十四年八月至洛陽，拜為射聲校尉㉚。超素有匈脅疾㉛，既至，病遂加。帝遣中黃門㉜問疾，賜醫藥。其年九月卒，年七十一。朝廷愍惜焉，使者弔祭，贈賵㉝甚厚。子雄嗣。

6 初，超被徵，以戊己校尉㉞任尚為都護。與超交代。尚謂超曰：「君侯㉟在外國三十餘年，而小人猥㊱承君後，任重慮淺，宜有以誨之。」超曰：「年老失智，任君數當大位，豈班超所能及哉！必不得已，願進愚言。塞外吏士，本非孝子順孫，皆以罪過徙補邊屯。而蠻夷懷鳥獸之心，難養易敗。今君性嚴急，水清無大魚，察政不得下和㊲。宜蕩佚㊳簡易，寬小過，總大綱而已。」超去後，尚私謂所親曰：「我以班君當有奇策，今所言平平耳。」尚至數年，而西域反亂，以罪被徵，如超所戒。

7 有三子。長子雄，累遷屯騎校尉㊴。會叛羌寇三輔㊵，詔雄將五營兵㊶屯長安，就拜京兆尹㊷。雄卒，子始嗣，尚清河孝王㊸女陰城公主。主順帝㊹之姑，貴驕淫亂，與嬖人㊺居帷中，而召始入，使伏牀下。始積怒，永建㊻五年，遂拔刃殺主。帝大怒，腰斬㊼始，同產皆棄市㊽。超少子勇。

【章旨】以上為〈班超傳〉的第五部分。記述班超晚年請求東歸回朝的相關過程，包括他本人上奏的〈思土請歸疏〉，其胞妹班昭所進呈的〈為兄超求代疏〉，抵達洛陽僅一個月便溘然病逝的場景，離開西域前向繼任者介紹的「宜蕩佚簡易，寬小過，總大綱」的管理西域的政治經驗，其生前身後的子嗣們的狀況等。

【注釋】❶太公　指西周開國元勳和齊國始祖呂尚。本姓姜，俗稱姜太公。其事跡主要見之於《史記・齊太公世家》。《禮記・檀弓上》：「大公封於營丘，比及五世，皆反葬於周。」鄭玄注：「齊大公受封，留為大師，死葬於周。子孫生焉，不忍離也，五世之後，乃葬於齊。齊曰營丘。」❷狐死首丘　比喻不忘本或對故鄉的思念。首丘，意為將頭部擺正，直對穴居的小山丘。《禮記・檀弓上》：「古之人有言曰：『狐死正丘首，仁也。』」鄭玄注：「仁，恩也。」孔穎達疏：「所以正首而嚮丘者，丘是狐窟穴根本之處，雖狼狽而死，意猶嚮此丘，是有仁恩之心也。」❸代馬依風　比喻人心眷戀故土，不願老死他鄉。代為郡名。位於今河北蔚縣至山西陽高之間。李賢注引《韓詩外傳》：「代馬依北風，飛鳥揚故巢。」❹畏壯侮老　《漢書・匈奴傳》：其俗「壯者食肥美，老者飲食其餘。貴壯健，賤老弱」。班超在這裡言及蠻夷之俗，意在說明自己業已失去威懾力。❺齒殲　牙齒掉光的意思。下文班昭〈為兄超求代疏〉所稱「齒索」，與此同義。❻奄忽　疾速；突然。❼蘇武　西漢以盡忠守節聞名於世的大臣。在匈奴被扣押十九年，杖漢節牧羊北海之上，回朝後拜授典屬國。《漢書》卷五十四有傳。❽節　旌節。為使臣所持的代表國家尊嚴與權力的憑證物。李賢注：「節，所以為信也。以竹為之，柄長八尺，以旄牛尾為其毦，三重。」❾金銀　指官印而言，即金印紫綬、銀印青綬。❿酒泉郡　西漢元狩二年（西元前一二一年）置。治所在祿福縣（今甘肅酒泉市）。⓫玉門關　長城西端的重要關口，古代內地通往西域的主要門戶。因崑崙山之玉石取道於此運往內地而得名。漢武帝時始置關候，故址即今甘肅敦煌西北小方盤城。⓬瞽言　瞎眼說瞎話。⓭勇　班勇。李賢注引《東觀漢記》：「時安息遣使獻大爵（雀）、師子，超遣子勇隨入塞。」⓮曹壽妻昭　班昭。東漢女才子，《漢書》的續成者與講授者。又稱曹世叔妻或曹大家。壽與世叔是她丈夫的名和字。詳見本書卷八十四。⓯同產　一母所生之義。⓰通侯　封爵之稱。原名徹侯，因避漢武帝名諱而改。乃係秦漢二十等爵的最高一級。⓱二千石　漢代品秩等級的重要組成部分之一。從中央九卿到地方郡守及諸侯國相基本上都屬於這一等級，又因祿米數量存在差異，遂細緻區分為中二千石、真二千石、比二千石三個層次。西域都護則秩比二千石。⓲金夷　指各種刀傷、劍傷、槍傷、箭傷等。夷，傷口；創傷。⓳不仁　猶言不遂。⓴姦宄　亦作「姦軌」。指違法作亂的舉動。在外為姦，在內為宄。㉑一切　謂不做根本考慮、只圖眼前便利而採取的臨時性的統治方法，亦即權宜之計。顏師古《漢書注》：「一切者，權時之事，非經常也。猶如以刀切物，苟取整齊，不顧長短縱橫，故言一切。」㉒卒暴　謂突發事件。卒，通「猝」。冷不防；突然。㉓省錄　仔細審查。㉔妾竊聞二句　受兵謂從軍，服兵役。《周禮・鄉大夫》：「國中自七尺以及六十，野自六尺以及六十有五，皆征之。」李賢注：「此言十五受兵，謂據野外為言，六十還之，據國中為說也。」㉕匄　乞求。㉖文王葬骨　文王指周文王。《呂氏春秋・異用》：「周文王使人扣池，得死人之骸。吏以聞於文王，文王曰：「更葬之。」吏曰：「此無主矣。」文王曰：「有天下者，天下之主也。有一國者，一國之主也。今我非其主也？」遂令吏以衣棺更葬之。天下聞之曰：「文王賢矣。澤及髊骨，又況於人乎！」或得寶以危其國，文王得朽骨以喻其意，故聖人於物也，無不材。」㉗子方哀老　子方指田子方，為孔子的再傳弟子，戰國魏文侯的老師。《韓詩外傳》：「昔者田子方出，見老馬於道，喟然有志焉。以問於御者曰：『此何馬也？』曰：『故公家畜也。罷而不為用，故出放也。』田子方曰：『少盡其力而老去其身，仁者不為也。』束帛而贖之。窮士聞之，知所歸心矣。」㉘趙母衛姬先請之貸　趙母，指戰國時期趙國敗將趙括的母親。衛姬，指春秋時期衛侯的女兒，齊桓公的夫人。《史記・廉頗藺相如列傳》：「括將行，其母上書言於王曰：『括不可使將。』王曰：『何以？』對曰：『其父子異心，願王勿遣。』王曰：『母置之。吾已決矣。』括母因曰：『王終遣之，即有如不稱，妾得無隨坐乎？』王許諾。」戰後「趙王亦以括母先言，竟不誅也。」《列女傳・賢明傳》：「桓公用管仲、甯戚行霸道，諸侯皆朝而衛獨不至，桓公與管仲謀伐衛。罷朝入閨，衛姬望見桓公，脫簪珥，解環佩，下堂再拜曰：『願請衛之罪。』桓公曰：『吾與衛無故。姬何請耶？』對曰：『妾聞之，人君有三色。顯然喜樂，容貌淫樂者，鐘鼓酒食之色；寂然清靜，意氣沉抑者，喪禍之色；忿然充滿，手足矜動者，攻伐之色。今妾望君舉趾高，色厲音揚，意在衛也。是以請之。』桓公許諾。明日臨朝，管仲趨進曰：『君之蒞朝也，恭而氣下，言則徐，無伐國之志，是釋衛也。』桓公曰『善。』」㉙愚戇　愚昧莽撞。㉚射聲校尉　武官之稱。為東漢五校尉之一，秩比二千石，掌領待詔射聲士，戍衛京師洛陽及宿衛宮廷。待詔射聲士為箭術高超的士兵，得詔乃射，能於冥冥中聞聲命中，故有此稱。㉛匈脅疾　胸膛至腋下部位的疾病。匈，「胸」的古字。《素問・腹中論》：「有病胷脇支滿者，妨於食。病至則先聞腥臊臭，出清液，先唾血，四支清，目眩，時時前後血。」其病名為「血枯。此得之年少時有所大脫血。」㉜中黃門　東漢由宦官擔任的官職。掌給事禁中。黃門即宮門，宮門皆黃闥，故名。㉝贈賵　指贈賜的助葬物品。車馬曰賵。㉞戊己校尉　負責監護西域和在西域要地屯田之官。李賢注引《漢官儀》：「戊己中央，鎮覆四方。又開渠播種，以為厭勝，故稱戊己焉。」㉟君侯　對尊貴者的一種敬稱。衛宏《漢官舊儀》：「列侯為丞相相國，號君侯。」㊱猥　庸劣。㊲水清二句　語本《大戴禮記・子張問入官》：「水至清即無魚，人至察則無徒。」㊳蕩佚　放縱；不嚴加約束。㊴屯騎校尉　武官之稱。為東漢五校尉之一，秩比二千石，掌領騎士，戍衛京師洛陽及宿衛宮廷。㊵三輔　京兆尹、左馮翊、右扶風的合稱。指故京長安地區而言。始由漢武帝設置，相當於三個郡，承擔拱衛京師之責，故用「輔」字稱之。㊶五營兵　指五校尉（長水、步兵、屯騎、射聲、越騎）所屬的軍隊。㊷京兆尹　故京長安的行政長官。其品秩雖與各地郡守相同，俱為二千石，但職權和實際地位都在郡守之上。㊸清河孝王　名劉慶，為章帝的兒子和安帝的父親。詳見本書卷五十五。44順帝　東漢皇帝。名保，卒諡孝順。詳見本書卷六。45嬖人　身分低下而受寵愛的人。46永建　東漢順帝劉保年號，西元一二六—一三二年。47腰斬　將人從腰部斬為兩截的酷刑。48棄市　即死刑。在街頭斬首示眾。

【語　譯】班超因為自己長久供職在極其遙遠的地區，年紀老邁而思念故土。永元十二年，進呈奏疏說：「臣下我聽說太公受封於齊國，但五代家族成員卻都埋葬在周地；狐狸死前必定要把頭部擺正而直對穴居的小山丘，代郡的馬匹總是依戀當地的北風。周地和齊國尚處在中原大地的千里範圍以內，何況身在極其遙遠的地區，渺小的臣子哪能不產生依戀北風和擺正頭部直對小山丘那樣的情懷呢？邊區部族的風俗，表現為敬畏壯年人，欺辱老年人。臣下我班超已經犬馬齒落，總是擔心年老體衰，突然倒下僵臥，孤魂遺棄在異域。從前蘇武留在匈奴境內也不過十九年，如今臣下我有幸得以奉持朝廷旌節，佩戴金銀印綬，監護西域，如果在屯戍重地自然死去，確實沒有什麼遺憾的，但卻憂慮後世有人會說臣是在西域喪生。臣下我不敢奢望能到酒泉郡，只願能活著進入玉門關。臣下我年老多病，衰弱困頓，冒著死罪說了些胡話，恭謹地派遣小兒子班勇隨同奉獻物品的隊伍進入邊塞。趁我還有一口氣時，讓班勇親眼看到中原的故土。」而班超的妹妹、同郡人曹壽的妻子班昭也上書替班超請求說：

2　「賤妾的胞兄西域都護定遠侯班超，僥倖憑藉微小的功勞特地蒙受到重賞，爵位進入通侯的行列，官位居於二千石當中。朝廷的恩典達到極點，實在不是渺小的臣子所應承受的。班超最初出使時，志向在於獻出身家性命，希望能建立微小的功勞，來為國家效力。正遇上陳睦被殺的事變，道路被阻隔斷絕，班超依靠自身一人在極其遙遠的地區四處奔波，曉諭各國，調用他們的軍隊，只要遇有征戰，就率先衝上前去，身受各種武器的創傷，從不躲避死亡。仰賴陛下神靈般的佑護，得以在沙漠延續性命，至今已經積聚到三十年了。骨肉活生生分離，不能再彼此認識。當時跟隨他的那些人，也已經全部去世了。班超年紀最大，現在已將近七十高齡了。年老體衰，染有疾病，頭髮沒有一根是黑的，兩手也都麻木了，耳聾眼花，拄著拐杖才能走路。儘管還想竭盡全力，用來報答朝廷的恩典，但迫於人到暮年，犬馬齒落，已經無能為力了。邊區部族的天性，表現為背逆違抗，欺辱老年人，而班超隨時都會去世，像這樣長期得不到替代，恐怕會開啟西域違法作亂的根源，使各國萌生反叛的念頭。而朝中卿大夫卻都只想得過且過，不肯作長遠的打算。如果出現突發事件，班超力不從心，就會上而損壞國家好幾代建起的功業，下而毀棄忠臣竭盡全力的成效，這實在令人感到太痛惜了。因而班超從萬里之外獻上一片忠心，自行陳述痛苦焦灼的想法，伸長脖子在遙望，可至今已過三年，仍未得到省察。

3 「賤妾私下聽說古代十五歲開始服兵役，六十歲退伍，也有年老休息不再任職的。正因陛下依憑極其孝順的理念治理天下，贏得天下各國的歡心，連小國的臣子也不遺漏，何況班超得以在侯伯的高位上占個名額，因而才敢冒犯死罪替班超請求陛下哀憐，為班超乞求多少還能活下來的那幾個年月。一旦得以生還，重新見到朝廷，使國家永遠沒有為遠方事務再煩勞的考慮，西域沒有突發事變的憂愁，而班超得以長久蒙受到周文王埋葬無名屍骨那樣的恩德，田子方哀憐老馬那樣的恩惠。《詩》上說：『民眾已經很辛勞了，也該讓他們安寧一下了。把恩惠施布給中原地區，藉此安撫天下四方。』班超寫有書信與我訣別，說是恐怕不會再相見。賤妾實在傷感班超從壯年便在沙漠地帶盡忠盡孝，而疲癃衰老時卻在曠野中了結殘生，這太令人哀憐了。如果班超得不到朝廷的救護，班超去世後一旦發生什麼變故，希望班氏一家能夠幸運地得到像趙母、衛姬事先請罪而免予追究的大恩。賤妾愚昧莽撞，不懂得大義，觸犯了忌諱。」

4 這道章疏奏上之後，和帝被她的話語所感動，於是徵召班超返回朝廷。

5 班超在西域供職三十一年。永元十四年八月返抵洛陽，被任命為射聲校尉。班超從胸部至腋下一向患有疾病，回京以後，病情越發沉重。和帝派遣中黃門前去探問病情，賜給醫藥治療。但在當年九月就去世了，時年七十一歲。朝廷對他去世深為憐憫和痛惜，特派使者弔唁祭拜，贈賜的助葬物品相當豐厚。長子班雄承襲了爵位。

6 起初，班超被徵召回朝時，朝廷任命戊己校尉任尚擔當西域都護。他與班超辦理交接手續。任尚對班超說：「君侯您在外國待了三十多年，而我庸劣地跟在您的後面繼續供職，責任重大卻謀慮膚淺，您應對我有所訓誨。」班超說：「我年紀已老，喪失了理智，任君您多次擔當重任，哪裡是我班超能夠趕得上的呢！非說不可的話，願意進獻愚昧的建議。塞外的官吏士兵，本來並不是孝順的子孫，都因犯有罪過被發配到邊區屯戍的。而邊區部族又懷有鳥獸般的習性，難以馴養卻容易敗事。如今您性情嚴厲急躁，可水太清澈就沒有大魚，政務過於苛察就會失去手下人的一致配合。應該管束得鬆緩一些，簡單易行，寬恕細小的過失，把握住大的方面也就可以了。」班超離去後，任尚私下對身邊親信說：「我以為班老先生會有奇謀妙計，可行前所說的那一套也太平常了。」任尚到任才幾年，西域就反叛作亂，他因罪過被調回受審，同班超所告誡的一模一樣。

7 班超生有三個兒子。長子是班雄，一直升任到屯騎校尉。正遇上反叛的羌人劫掠三輔地區，朝廷特命班雄率領五營兵屯駐在長安，同時委任為京兆尹。班雄去世後，嫡子班始承襲爵位，迎娶清河孝王的女兒陰城公主為妻。陰城公主是順帝的姑母，貴盛驕縱又淫亂，她與自己寵愛的男子躺在帷帳中，卻把班始召喚進來，讓他趴伏在床底下。班始的心頭積壓怒火，到順帝永建五年，便拔刀殺死了公主。順帝因此大怒，將班始腰斬，所有的兄弟姐妹也都處以死刑。班超的小兒子是班勇。

1 勇字宜僚，少有父風。永初❶元年，西域反叛，以勇為軍司馬。與兄雄俱出敦煌，迎都護及西域甲卒而還。因罷都護。後西域絕無漢吏十餘年。

2 元初❷六年，敦煌太守曹宗遣長史❸索班將千餘人屯伊吾，車師前王及鄯善王皆來降班。後數月，北單于❹與車師後部遂共攻沒班，進擊走前王，略有北道。鄯善王急，求救於曹宗，宗因此請出兵五千人擊匈奴，報索班之恥，因復取西域。

鄧太后❺召勇詣朝堂會議。

3 先是公卿多以為宜閉玉門關，遂棄西域。勇上議曰：「昔孝武皇帝患匈奴彊盛，兼總百蠻，以逼障塞，於是開通西域，離其黨與。論者以為奪匈奴府藏，斷其右臂。遭王莽篡盜，徵求無猒，胡夷忿毒，遂以背叛。光武中興，未遑外事，故匈奴負彊，驅率諸國。及至永平，再攻敦煌，河西諸郡，城門晝閉。孝明皇帝深惟廟策❻，乃命虎臣❼，出征西域，故匈奴遠遁，邊境得安。及至永元，莫不內屬。會間者❽羌亂，西域復絕，北虜遂遣責諸國，備其逋租❾，高其價直，嚴以期會❿。鄯善、車師皆懷憤怨，思樂事漢，其路無從。前所以時有叛者，皆由牧養⓫失宜，還為其害故也。今曹宗徒耻於前負，欲報雪匈奴，而不尋出兵故事⓬，未度當時之宜也。夫要功荒外，萬無一成，若兵連禍結，悔無及已。況今府藏未充，師無後繼，是示弱於遠夷，暴短於海內，臣愚以為不可許也。舊敦煌郡有營兵⓭三百人，今宜復之，復置護西域副校尉⓮，居於敦煌，如永元故事。又宜遣西域長史將五百人屯樓蘭⓯，西當焉耆、龜茲徑路，南彊鄯善、于窴心膽，北扞匈奴，東近敦煌。如此誠便。」

4 尚書⓰問勇曰：「今立副校尉，何以為便？又置長史屯樓蘭，利害云何？」

勇對曰：「昔永平之末，始通西域，初遣中郎將⑰居敦煌，後置副校尉於車師，既為胡虜節度，又禁漢人不得有所侵擾。故外夷歸心，匈奴畏威。今鄯善王尤還，漢人外孫，若匈奴得志，則尤還必死。此等雖同鳥獸，亦知避害。若出屯樓蘭，足以招附其心，愚以為便。」

長樂衛尉⑱鐔顯、廷尉⑲綦母參、司隸校尉⑳崔據難曰：「朝廷前所以棄西域者，以其無益於中國而費難供也。今車師已屬匈奴，鄯善不可保信，一旦反覆，班將能保北虜不為邊害乎？」勇對曰：「今中國置州牧㉑者，以禁郡縣姦猾盜賊也。若州牧能保盜賊不起者，臣亦願以要斬保匈奴之不為邊害也。今通西域則虜埶必弱，虜埶弱則為患微矣。孰與歸其府藏，續其斷臂哉！今置校尉以扞撫㉒西域，設長史以招懷諸國，若棄而不立，則西域望絕。望絕之後，屈就北虜，緣邊之郡將受困害，恐河西城門必復有晝閉之儆矣。今不廓開朝廷之德，而拘屯戍之費，若北虜遂熾，豈安邊久長之策哉！」

太尉屬㉓毛軫難曰：「今若置校尉，則西域駱驛遣使，求索無猒，與之則費難供，不與則失其心。一旦為匈奴所迫，當復求救，則為役大矣。」勇對曰：「今設以西域歸匈奴，而使其恩德大漢，不為鈔盜則可矣。如其不然，則因西域租入之鐃，兵馬之眾，以擾動緣邊，是為富仇讎之財，增暴夷之埶也。置校尉者，宣威布德，以繫諸國內向之心，以疑匈奴覬覦㉔之情，而無財費耗國之慮也。且西域之人無它求索，其來入者，不過稟食㉕而已。今若拒絕，埶歸北屬，夷虜并力以寇并、涼㉖，則中國之費不止千億。置之誠便。」於是從勇議，復敦煌郡營兵三百人，置西域副校尉居敦煌。雖復羈縻㉗西域，然亦未能出屯。其後匈奴果數與車師共入寇鈔，河西大被其害。

【章旨】以上為〈班勇傳〉的第一部分。記述班勇在安帝前期迎接西域都護和屯戍士兵安全返回的行動，圍繞西域大政方針而與公卿朝臣在朝堂展開的激烈辯論，力主復置護西域副校尉駐守敦煌、再設西域長史出屯樓蘭方為安邊久長之策。

【注釋】❶永初 東漢安帝劉祜年號，西元一〇七—一一三年。❷元初 東漢安帝劉祜年號，西元一一四—一二〇年。❸長史 邊郡郡守的佐官，負責出領邊防兵。❹北單于 駐牧在漠北地帶的匈奴部落的最高首領。單于在匈奴語中全稱「撐犁孤塗單于」。「撐犁」意謂天，「孤塗」意謂子，「單于」意謂廣大。「撐犁孤塗單于」則是廣大如天之子的意思。將其簡稱為單于，相當於漢語中的天子，攬有軍政及對外一切大權。❺鄧太后 指和帝皇后鄧綏。她冊立安帝，然後臨朝聽政，掌握實權。詳見本書卷十。❻廟策 朝廷的謀略。李賢注：「古者謀事，必就祖，故言廟策也。」❼虎臣 比喻勇武的大臣。這裡實指奉車都尉竇固而言。《詩・常武》：「進厥虎臣，闞如虓虎。」❽間者 近來。❾逋租 拖欠的賦稅。❿期會 預定的期限。⓫牧養 統轄養護。⓬故事 舊有的舉措或事例。⓭營兵 指屯田戍邊的機動部隊。⓮護西域副校尉 西域都護的屬官，秩比二千石。本書卷五十一〈李恂傳〉：「時大將軍竇憲將兵屯武威，天下州郡遠近莫不脩禮遺，恂奉公不阿，為憲所奏免。後復徵拜謁者，使持節領西域副校尉。」竇憲將兵屯武威在永元二年秋七月，則始置護西域副校尉當在其後，亦相去不遠，即下文所謂「永元故事」。⑮樓蘭　西域城郭國之一，國都為樓蘭城，故址在今新疆羅布泊西北岸。後改稱鄯善，遷都於扜泥城（今新疆若羌附近）。此處則指樓蘭故城而言。⑯尚書　尚書臺所屬官員的一種官稱。尚書臺又稱中臺，是東漢時專設的一個協助皇帝處理政務的機構，下分六曹，每曹均設尚書一人，各掌其事。尚書意為執掌文書，秩低權重，為其特徵。詳見本書〈志第二十六・百官三〉所述。⑰中郎將　漢代九卿之一光祿勳的屬官，負責率部守衛宮殿，出充車騎。逢有戰事，則任征伐。⑱長樂衛尉　漢代太后的屬官。品秩為二千石，掌領宮門衛士及宮中巡邏等事。長樂為太后所居宮殿名。⑲廷尉　漢代九卿之一。掌管重大案件和全國各地疑難案件的審判。兵獄同制，故稱廷尉。⑳司隸校尉　簡稱司隸，漢代京師地區的監察官。秩比二千石，負責督察朝中百官和京師地區的非法活動。由統領一千二百人組成的一支武裝隊伍而得名。東漢十三州中，以京師七郡為司隸部，但其地位高於其他諸州，司隸權力亦遠非刺史可比。㉑州牧　漢代一州之長。初期主要負責監察，到東漢後期變成地方最高軍政長官。牧，統領之義。㉒扞撫　保衛安撫。㉓太尉屬　太尉府中的佐官。其地位高於書佐低於掾，掌管諸曹之事。太尉為東漢所設三公之一，掌領全國軍政等事務。㉔覬覦　非分的企圖或願望。㉕稟食　指供養的費用。㉖并涼　均為東漢所設州名。并州，治所當時在晉陽縣（今山西太原西南）。涼州，治所當時在隴縣（今甘肅張家川回族自治縣）。㉗羈縻　籠絡；感化。

【語　譯】班勇，字宜僚，小時候便有父親的氣概與作派。安帝永初元年，西域反叛，朝廷任命班勇擔當軍司馬。同兄長班雄一起從敦煌出塞，迎接西域都護和西域的屯戍士兵返回來。隨後撤銷了西域都護的派駐。此後十多年間，西域看不到漢朝的官吏。

2　安帝元初六年，敦煌太守曹宗派遣長史索班率領一千多人到伊吾屯戍，車師前王和鄯善王都前來歸降索班。幾個月後，北單于與車師後部便共同進攻並且殺死了索班，繼續進攻車師前王而使他逃走，乘勢占據了北道。鄯善王感到形勢危急，便向曹宗求救，曹宗藉此奏請出兵五千人攻打匈奴，洗刷索班被殺的恥辱，順勢重新奪取西域。鄧太后宣召班勇到朝堂和群臣共同商議。

3　在此以前，公卿們大多認為應當關閉玉門關，就此放棄西域。班勇提出個人的意見說：「過去孝武皇帝憂慮匈奴強盛，統治邊區各個部族，進一步威逼到邊塞一帶，於是開通西域，分化它的附從力量。討論政事的人認為這是切斷了匈奴的經濟來源，斬斷了它的右臂。後來遇上王莽篡奪帝位，對西域徵斂索取沒有滿足的時候，各個部族都憤恨到極點，於是背叛。光武皇帝恢復漢室江山，還來不及處理域外事宜，因此匈奴依仗力量強大，統領驅使各國。到了永平時期，再次進攻敦煌，致使河西各郡連大白天都要關上城門。孝明皇帝深謀遠慮，便命令勇武的大臣，出兵征伐西域，因而匈奴逃往遠方，邊境獲得安寧平靜。延續到永元年間，沒有哪國不來歸服的。偏偏遇上近來羌族叛亂，西域又斷絕不通，匈奴便向各國索取財物，追繳它們拖欠的全部賦稅，抬高價碼，規定嚴格的交納期限。鄯善、車師都深懷怨恨，樂意事奉大漢，只是沒有途徑能實現。從前西域之所以時常有叛亂的國家，全都因為統轄養護不恰當，反而給它們造成危害的緣故。如今曹宗只對上次的失敗感到恥辱，想向匈奴報仇，卻不究尋出兵的舊有事例，並未思索目前的合適對策啊。在荒遠地帶求取武功，一萬個當中很難會有一個成功的，如果戰爭不斷，災禍相連，恐怕後悔都來不及了。何況當今國家儲備還不充足，沒有後續兵力，這正是向遠方部族顯示自身的弱點，向海內暴露朝廷的短處，臣下我愚昧地認為不能應允曹宗的請求。以前敦煌郡設有三百名營兵，現在應重新組建，再度設置護西域副校尉，駐守在敦煌郡，就像永元時期的那種舉措一個樣。還應派遣西域長史率領五百人到樓蘭故城屯戍，向西正能扼制住焉耆、龜茲的道路，向南可以壯起鄯善、于窴的心膽，向北能抵禦住匈奴，向東又接近敦煌郡。如此做處斷，確實是合適的。」

4 尚書向班勇發問說：「如今設立副校尉，憑什麼說合適？又要設置西域長史在樓蘭屯戍，利與害又是什麼？」班勇對答說：「永平末期開始打通西域，起初派遣中郎將在敦煌郡駐守，後來又在車師設置副校尉，既對邊區部族形成管轄，又禁止漢人不能侵擾他們。因此異域部落誠心歸順，匈奴害怕威力。如今鄯善王尤還屬於漢人的外孫，如果匈奴的野心得逞，尤還就必死無疑。尤還這類人儘管和鳥獸一樣，但也懂得迴避禍害。如果出兵在樓蘭屯戍，足以收取他們的歸服心念，所以我認為這樣做是合適的。」

5 長樂衛尉鐔顯、廷尉綦毋參、司隸校尉崔據又提出詰難說：「朝廷在以前之所以放棄西域，是因為它對中原沒有什麼好處卻費用難以供給。目前車師已經歸屬匈奴，鄯善也不能保證就恪守信義，一旦反叛，班司馬你能確保匈奴不造成邊境禍害嗎？」班勇對答說：「現今中原地區設置州長官，目的就是用來禁止各個郡縣的奸猾歹徒和盜賊。如果一州長官能確保盜賊不興起，臣下我也甘願用腰斬的懲罰來保證匈奴造不成邊境的禍害。目前開通西域，匈奴的勢力就必定會削弱下去，匈奴的勢力削弱下去，它能造成的禍患也就微小了。這比歸還它的經濟來源，讓它接續上斷臂，總要好得多吧！眼下設置校尉，以便保衛安撫西域，設置長史，以便招撫感化各國，如果放棄而不設立，西域便會斷絕希望。希望斷絕以後，就會向匈奴屈服歸附，沿邊各郡也將遭受困擾侵害，恐怕河西地區的城門必定要重新出現大白天關閉起來的那種警備狀態了。如今不去擴展朝廷的恩德，卻被屯戍的費用捆住手腳，如果導致匈奴乘機變得強盛，這哪裡是朝廷安定邊疆的長遠對策呢！」

6　太尉的屬官毛軫又提出詰難說：「如今真要設置校尉，西域就會絡繹不絕地派遣使者前來，要這要那，沒有滿足的時候。給它們，費用就難以提供；不給它們，就會失去它們的歸服之心。它們一旦受到匈奴的威逼，一定又會前來求救，這樣構成麻煩可就太大了。」班勇對答說：「現今假設把西域讓給匈奴管轄，致使匈奴對大漢感恩戴德，不再進行搶掠，也就說得過去了。如果不是這種結果，那麼匈奴就會利用西域豐厚的租賦，眾多的兵馬，侵擾沿邊地帶，這純屬讓仇敵的財富增多，使兇暴異族的勢力增大呀。設置校尉的目的，在於宣揚威勢，施布恩德，用來籠絡各國歸向大漢的心念，致使匈奴侵犯中原的企圖發生動搖，本來並不存在耗費國家財富的那一類的憂慮。況且西域人沒有其他方面的什麼要求，他們來到內地，入侍京師，不過需要一些供養的費用而已。現在如果拒絕他們，他們勢必要歸屬匈奴，這樣一來，邊區部族和匈奴將力量擰到一起，前來侵犯并州、涼州地區，中原的耗費就不只千億了。設置副校尉，確實很有利。」於是朝廷採納了班勇的意見，重新組建起敦煌郡三百名營兵，設置西域副校尉，駐紮在敦煌。儘管又對西域進行安撫籠絡，但也未能出兵屯戍。此後匈奴果然多次同車師聯手入境搶掠，河西地區嚴重遭受到它們的禍害。

1 延光❶二年夏，復以勇為西域長史，將兵五百人出屯柳中❷。明年正月，勇至樓蘭，以鄯善歸附，特加三綬❸。而龜茲王白英猶自疑未下，勇開以恩信，白英乃率姑墨、溫宿自縛詣勇降。勇因發其兵步騎萬餘人到車師前王庭，擊走匈奴伊蠡王❹於伊和谷❺，收得前部五千餘人，於是前部始復開通。還，屯田柳中。

2 四年秋，勇發敦煌、張掖❻、酒泉六千騎及鄯善、疏勒、車師前部兵擊後部王軍就，大破之。首虜八千餘人，馬畜五萬餘頭。捕得軍就及匈奴持節使者，將至索班沒處斬之，以報其恥，傳首京師。永建元年，更立後部故王子加特奴為王。勇又使別校❼誅斬東且彌❽王，亦更立其種人為王，於是車師六國❾悉平。

3 其冬，勇發諸國兵擊匈奴呼衍王❿，呼衍王亡走，其眾二萬餘人皆降。捕得單于從兄，勇使加特奴手斬之，以結車師匈奴之隙。北單于自將萬餘騎入後部，至金且谷⓫，勇使假司馬曹俊馳救之。單于引去，俊追斬其貴人骨都侯⓬，於是呼衍王遂徙居枯梧河⓭上。是後車師無復虜跡，城郭皆安。唯焉耆王元孟未降。

4 二年，勇上請攻元孟，於是遣敦煌太守張朗將河西四郡⓮兵三千人配勇。因發諸國兵四萬餘人，分騎為兩道擊之。勇從南道，朗從北道，約期俱至焉耆。而朗先有罪，欲徼功⓯自贖，遂先期至爵離關⓰，遣司馬將兵前戰，首虜二千餘人。

元孟懼誅，逆遣使乞降，張朗徑入焉耆受降而還。元孟竟不肯面縛⑰，唯遣子詣闕貢獻。朗遂得免誅。勇以後期，徵下獄，免。後卒于家。

【章　旨】以上為〈班勇傳〉的第二部分。記述班勇以西域長史身分於安帝後期和順帝前期在西域建立的功績，包括屯田柳中，在樓蘭嘉獎北道鄯善國歸附，招撫南道龜茲、姑墨、溫宿三國，擊敗北匈奴伊蠡王，平定南道車師六國，驅逐北匈奴單于和呼衍王，孤立並攻取南道焉耆國，使之最終遣使乞降。

【注　釋】❶延光　東漢安帝劉祜年號，西元一二二－一二五年。❷柳中　在今新疆鄯善西南魯克沁附近。此次出屯柳中，乃是安帝接受敦煌太守張璫和尚書陳忠的建議而作出的決定。詳見本書卷八十八。❸三綬　當指屬國自王侯以下各級官吏的印綬而言，即金印紫綬、銀印青綬、銅印黑綬。《漢書・西域傳》：鄯善國「輔國侯、卻胡侯、鄯善都尉、擊車師都尉、左右且渠、擊車師君各一人，譯長二人。」又本書卷三十三〈朱浮傳〉謂彭寵「身帶三綬，職典大邦」，李賢注：「寵為漁陽太守、建忠侯、大將軍，故帶三綬」，則謂一身三任佩三印，與此處所言三綬，義恐有別。胡三省《通鑑音註》：「三綬，疑當作王綬」，可備一說，足供參考。❹伊蠡王　東漢時匈奴單于部屬。曾占據車師前王所轄區域。❺伊和谷　在今新疆奇臺西南。❻張掖　郡名。治所當時在觻得縣（今甘肅張掖西北）。❼別校　單獨領兵配合主將作戰的軍官。❽東且彌　西域城郭國之一。國都建於兌虛谷（今新疆烏魯木齊西部）。❾車師六國　指車師前部、後部與東且彌、卑陸、蒲類、移支。❿呼衍王　匈奴顯貴氏族呼衍氏的首領。呼衍，亦作「呼延」。⓫金且谷　在今新疆北部博格達山中。⓬骨都侯　匈奴單于的輔政大臣，主斷獄訟。⓭枯梧河　其確切方位不詳。⓮河西四郡　指金城、敦煌、張掖、酒泉。⓯徼功　搶占功勞。徼，通「邀」。求取。⓰爵離關　在今新疆庫車北。⓱面縛　古代表示投降的一種方式。意為雙手反綁於背而面朝前。

【語　譯】延光二年夏季，朝廷再度任命班勇擔當西域長史，率領五百名士兵，出塞屯戍在柳中。第三年正月，班勇抵達樓蘭，鑑於鄯善歸附，特地授給各級官印。但龜茲王白英仍然心存疑慮未能歸順，班勇使用恩德信義疏導他，白英於是率領姑墨、溫宿二國國王自我捆綁著來到班勇住處投降。班勇隨後調發這些國家的步兵和騎兵一萬多人推進到車師前王的都城，在伊和谷攻打匈奴伊蠡王迫使他逃走，收編了車師前部五千多人，就在這時車師前部又重新得到開通。於是撤回來，在柳中進行屯田。

2 延光四年秋季，班勇調發敦煌、張掖、酒泉三郡的六千名騎兵以及鄯善、疏勒、車師前部的軍隊進擊車師後部王軍就，把他打得大敗，斬殺並俘獲了總共八千多人，馬匹牲畜五萬多頭。而且活捉了軍就以及匈奴的持節使者，便把二人帶到索班陣亡的地方斬殺了他們，用以洗刷恥辱，並將首級送到京城洛陽。順帝永建元年，重新扶立車師後部原國王的兒子加特奴當國王。班勇又派別校斬殺了東且彌國王，也重新扶立本族人當國王，到這時車師六國全被平定了。

3 當年冬天，班勇又調發各國軍隊進擊匈奴呼衍王，呼衍王逃走，他手下的二萬多人全部投降。而且捉到了單于的堂兄，班勇便讓加特奴親手斬殺了他，藉此而使車師與匈奴結下仇隙。北單于親自率領一萬多名騎兵進入車師後部，在到達金且谷時，班勇命令假司馬曹俊飛速趕去援救。單于帶兵退走，曹俊追擊，斬殺了對方的貴人骨都侯，於是匈奴呼衍王便遷居到枯梧河一帶。從此以後，車師不再有匈奴的蹤跡，城郭都獲得安寧。只剩下焉耆王元孟還沒歸降。

4 順帝永建二年，班勇上書請求進攻元孟，於是朝廷派遣敦煌太守張朗率領河西四郡的三千名士兵配合班勇行動。班勇隨即調發西域各國軍隊四萬多人，把騎兵分為兩路，進擊元孟。班勇從南道挺進，張朗從北道挺進，約定日期共同抵達焉耆。張朗先前犯有罪過，便想搶占功勞來替自己贖罪，於是比約定的日期提前抵臨爵離關，派遣司馬領兵衝上前去死戰，斬殺並擒獲了二千多人。元孟害怕被殺，趕在前頭派出使者乞求投降，張朗便直接進入焉耆，接受投降撤回來。元孟一直不肯將自己雙手反綁面朝前表示投降，只是派遣兒子到朝廷獻納貢品。張朗由此獲得免予殺頭的恩典。班勇因為超過約定日期才到達，被調回朝廷受審，關進監獄，又得到免予追究的處理。後來在家中去世。

1 梁慬，字伯威，北地弋居❶人也。父諷，歷州宰❷。永元元年，車騎將軍❸竇憲❹出征匈奴，除諷為軍司馬，令先齎金帛使北單于，宣國威德，其歸附者萬餘人。後坐失憲意，髡❺輸武威❻，武威太守承旨殺之。竇氏既滅，和帝❼知其為憲所誣，徵慬，除為郎中❽。

2 慬有勇氣，常慷慨好功名。初為車騎將軍鄧鴻司馬，再遷，延平❾元年拜西域副校尉。慬行至河西，會西域諸國反叛，攻都護任尚於疏勒。尚上書求救，詔慬將河西四郡羌胡五千騎馳赴之，慬未至而尚已得解。會徵尚還，以騎都尉❿段禧為都護，西域長史趙博為騎都尉。禧、博守它乾城。它乾城小，慬以為不可固，乃譎說龜茲王白霸，欲入共保其城，白霸許之。吏人固諫，白霸不聽。慬既入，遣將急迎禧、博，合軍八九千人。龜茲吏人並叛其王，而與溫宿、姑墨數萬兵反，共圍城。慬等出戰，大破之。連兵數月，胡眾敗走，乘勝追擊，凡斬首萬餘級，獲生口數千人，駱駝畜產數萬頭，龜茲乃定。而道路尚隔，檄書⓫不通。歲餘，朝廷憂之。公卿議者以為西域阻遠，數有背叛，吏士屯田，其費無已。永初元年，遂罷都護，遣騎都尉王弘發關中⓬兵迎慬、禧、博及伊吾盧、柳中屯田吏士。

3 二年春，還至敦煌。會眾羌反叛，朝廷大發兵西擊之，逆詔慬留為諸軍援。

慬至張掖日勒⑬。羌諸種萬餘人攻亭候⑭，殺略吏人。慬進兵擊，大破之，乘勝追至昭武⑮，虜遂散走，其能脫者十二三。及至姑臧⑯，羌大豪三百餘人詣慬降，並慰譬遣還故地，河西四郡復安。

慬受詔當屯金城⑰，聞羌轉寇三輔，迫近園陵⑱，即引兵赴擊之，轉戰武功美陽關⑲。慬臨陣被創，不顧，連破走之，盡還得所掠生口⑳，獲馬畜財物甚眾，羌遂奔散。朝廷嘉之，數璽書㉑勞勉，委以西方事，令為諸軍節度。

三年冬，南單于㉒與烏桓大人㉓俱反。以大司農㉔何熙行車騎將軍事㉕，中郎將龐雄為副，將羽林五校㉖營士，及發緣邊十郡㉗兵二萬餘人，又遼東㉘太守耿夔㉙率將鮮卑㉚種眾共擊之，詔慬行度遼將軍事㉛。龐雄與耿夔共擊匈奴奧鞬日逐王㉜，破之。單于乃自將圍中郎將耿种於美稷㉝，連戰數月，攻之轉急，种移檄求救。明年正月，慬將八千餘人馳往赴之，至屬國故城㉞，與匈奴左將軍㉟、烏桓大人戰，破斬其渠帥㊱，殺三千餘人，虜其妻子，獲財物甚眾。單于復自將七八千騎迎攻，圍慬。慬被甲奔擊，所向皆破，虜遂引還虎澤㊲。三月，何熙軍到五原曼柏㊳，暴疾，不能進，遣龐雄與慬及耿种步騎萬六千人攻虎澤。連營稍前，單于惶怖，遣左奧鞬日逐王詣慬乞降，慬乃大陳兵受之。單于脫帽徒跣㊴，面縛稽顙(40)，納質。會熙卒于師，即拜慬度遼將軍。龐雄還為大鴻臚(41)。雄，巴郡(42)人，有勇略，稱為名將。

6 明年，安定(43)、北地、上郡(44)皆被羌寇，穀貴人流，不能自立。詔慬發邊兵迎三郡太守，使將吏人徙扶風界。慬即遣南單于兄子優孤塗奴將兵迎之。既還，慬以塗奴接其家屬有勞，輒授以羌侯印綬，坐專擅，徵下獄，抵罪。明年，校書郎馬融(45)上書訟慬與護羌校尉(46)龐參，有詔原刑(47)。語在龐參傳(48)。

7 會叛羌寇三輔，關中盜賊起，拜慬謁者，將兵擊之。至湖縣(49)，病卒。

8 何熙字孟孫，陳國(50)人。少有大志。永元中，為謁者(51)。身長八尺五寸，善為威容，贊拜殿中，音動左右。和帝偉之，擢為御史中丞(52)，歷司隸校尉、大司農。及在軍臨歿，遺言薄葬。三子：臨，瑾，阜。臨、瑾並有政能。阜俊才早沒。臨子衡，為尚書，以正直稱，坐訟李膺(53)等下獄，免官，廢于家。

【章　旨】以上為〈梁慬傳〉。記述梁慬的籍貫、家世、性格特點，其以西域副校尉、度遼將軍身分於殤帝至安帝時期在西域和西北邊區建立的功績。包括繼班超之後、自班勇之前在龜茲維護西域都護的駐守地位，撤離西域後破除羌族部落對河西及三輔地區的騷擾，會同諸將平定南匈奴單于和烏桓大人的叛亂。與此相聯繫，還附帶記述了龐雄、何熙等人的主要事跡。

【注釋】❶北地弋居　北地，郡名。治今寧夏吳忠西南黃河東岸。弋居，縣名。治今甘肅寧縣南。❷州宰　猶言州牧，即州刺史。❸車騎將軍　武官名號，地位比同公一級，掌管征伐叛逆者。❹竇憲　東漢章帝竇皇后的兄長，和帝的非直系舅父。和帝時位至大將軍，權傾朝野。詳見本書卷二十三。❺髡　髡鉗。即對服五年勞役的罪犯剃去頭髮，用鐵圈套住脖頸。❻武威　郡名。治今甘肅武威。❼和帝　東漢皇帝。名肇，卒謚孝和。詳見本書卷四。❽郎中　漢代郎官之一種，掌持戟值班，宿衛殿門，出充車騎。❾延平　東漢殤帝劉隆年號，西元一〇六年。❿騎都尉　武官之稱。其與校尉同級，掌管騎兵的屯駐，亦奉命率兵征伐。⓫檄書　軍事文書。⓬關中　指函谷關以西地區。⓭日勒　縣名。治今甘肅永昌西。⓮亭候　指瞭望和監視敵情的哨所、堡壘。⓯昭武　縣名。治今甘肅臨澤西北。⓰姑臧　縣名。治今甘肅武威。⓱金城　郡名。治今甘肅永靖西北湟水南岸。⓲園陵　指西漢帝王的陵墓。凡十一處，分布在今陝西西安附近。⓳武功美陽關　武功，縣名。治今陝西扶風東南。美陽關，位於武功縣北七里處。美陽，縣名。於其治所設關，故稱美陽關。⓴生口　指被用作奴隸的人口。㉑璽書　詔書。因加蓋璽印，故稱璽書。㉒南單于　駐牧於漢南地帶和沿邊一線的匈奴部落的最高首領。㉓烏桓大人　對烏桓部落首領的特稱。其經推舉產生，均由勇健並能理決鬥訟者充任，不世襲。烏桓，亦作「烏丸」。屬東胡部落之一，因遷至烏桓山（今內蒙古阿魯科爾沁旗北，即大興安嶺山脈南端）而以山名作為族號。其後繼續內徙，至東漢主要分布在東起遼東、西至朔方的沿邊十郡之內，助漢抗擊匈奴及鮮卑。詳見本書在卷九十。㉔大司農　漢代九卿之一，簡稱大農。主管中央財政。㉕行車騎將軍事　代理性的一種軍職。車騎將軍，為漢代重號將軍之一。㉖羽林五校　羽林，由羽林中郎將直轄的以羽林郎為主體組成的宿衛軍。五校，由五校尉分別統領的宿衛軍。㉗緣邊十郡　謂五原、雲中、定襄、鴈門、朔方、代郡、上谷、漁陽、遼西、右北平。㉘遼東　郡名。治今遼寧遼陽老城。㉙耿夔　以東漢開國元勳耿弇為始祖的耿氏軍事世家的重要成員。詳見本書卷十九。㉚鮮卑　東胡部落之一，因遷至鮮卑山（在今內蒙古科爾沁右翼中旗西）而以山名作為族號。南鄰烏桓，至東漢陸續占領匈奴故地，並向塞內移動，對漢時降時叛。㉛行度遼將軍事　代理性的一種軍職。度遼將軍為二千石武官，專掌衛護南單于，所領兵營則稱度遼營，駐紮在五原曼柏縣。㉜奧鞬日逐王　匈奴所設立的一種高官官號，分為左、右。㉝美稷　縣名。治今內蒙古準噶爾旗西北。㉞屬國故城　指屬國都尉的駐地，亦即美稷縣城。《漢書·地理志》載西河郡所轄「美稷」為「屬國都尉治」。又本書卷四〈孝和孝殤帝紀〉載永元二年二月己亥，「復置西河、上郡屬國都尉官。」屬國為安置歸附的匈奴、羌、夷等部眾而闢設的行政區劃，其長官為屬國都尉，秩比二千石。顏師古《漢書注》：「凡言屬國者，存其國號而屬漢朝，故曰屬國。」㉟左將軍　匈奴所設高官之一，即左大將。㊱渠帥　謂部落首領。㊲虎澤　在今內蒙古達拉特旗東南。

㊳五原曼柏　五原，郡名。治所當時在九原縣（今內蒙古包頭西北）。曼柏，縣名。治今內蒙古準噶爾旗西北。㊴徒跣　光著腳。㊵稽顙　表示極度虔誠的一種跪拜禮。即屈膝下拜，以額觸地。㊶大鴻臚　漢代九卿之一，掌管朝廷的禮賓事宜。㊷巴郡　郡名。治所當時在江州縣（今重慶嘉陵江北岸）。㊸安定　郡名。治今甘肅鎮原東南。㊹上郡　郡名。治今陝西榆林東南。㊺馬融　東漢經學家。詳見本書卷六十。㊻護羌校尉　官名。秩比二千石，總領西羌事務。其下屬有長史和司馬等。㊼原刑　恕罪免刑。㊽龐參傳　編列在本書卷五十一。其中載馬融奏疏稱：「竊見前護羌校尉龐參，文武昭備，智略弘遠，既有義勇果毅之節，兼以博雅深謀之姿。又度遼將軍梁慬，前統西域，勤苦數年，還留三輔，功效克立，間在北邊，單于降服。今皆幽囚，陷於法網。昔荀林父敗績於邲，晉侯使復其位；孟明視喪師於崤，秦伯不替其官。故晉景并赤狄之土，秦穆遂霸西戎。宜遠覽二君，使參、慬得在寬宥之科，誠有益於折衝，毗佐於聖化。」且云：「書奏，赦參等。」㊾湖縣　縣名。治今河南靈寶西北。㊿陳國　封國名。治今河南淮陽。(51)謁者　漢代九卿之一光祿勳的屬官。按其具體職掌又分幾種。據下文所述，此處則為常侍謁者，負責殿上威儀。(52)御史中丞　東漢中央監察機構御史臺的長官。品秩為千石。負責彈劾百官，審理案件，監臨朝儀。(53)李膺　東漢後期反對宦官專政的官僚士大夫的代表人物。詳見本書卷六十七。

【語　譯】 梁慬，字伯威，是北地郡弋居縣人。他的父親梁諷曾任州刺史。在和帝永元元年，車騎將軍竇憲出兵征伐匈奴，把梁諷任命為軍司馬，讓他攜帶金銀絲帛先去出使北單于，宣明國家的威力與恩德，結果有一萬多人自動歸附。後來因為違背了竇憲的旨意，而被處以髡刑發配到武威郡，武威太守承奉竇憲的旨意殺了他。竇氏被誅滅以後，和帝知道他是遭竇憲誣陷，就徵召梁慬，把他任命為郎中。

2 梁慬很有勇氣，時常表現出慷慨激昂的勁頭，熱衷於功名。起初擔任車騎將軍鄧鴻的司馬，繼續得到升遷，在殤帝延平元年被任命為西域副校尉。梁慬帶兵來到河西，正遇上西域各國反叛，在疏勒攻打西域都護任尚。任尚向朝廷上書求救，朝廷便下詔，命令梁慬統率河西四郡的五千名羌族騎兵飛速趕去救援，梁慬還在途中而任尚已經得到解救。恰逢朝廷徵調任尚回京，任命騎都尉段禧擔當西域都護，西域長史趙博擔當騎都尉。段禧、趙博就堅守它乾城。它乾城很小，梁慬認為堅守不住，便設法勸說龜茲王白霸，希望允許他進入城中共同保衛該城，白霸答應了這一請求。龜茲官吏部眾一再勸阻，但白霸拒不聽從。梁慬入城以後，派遣將校火速去迎接段禧、趙博，合成一支八九千人的軍隊。龜茲官吏部眾一起叛離他們的國王，同溫宿、姑墨數萬名士兵造反，共同圍攻它乾城。梁慬等人出兵迎戰，將他們打得大敗。一連交兵好幾個月，對方部眾逃走，梁慬等人乘勝追擊，總共斬殺一萬多顆首級，擒獲數千名俘虜，以及數萬頭駱駝牲畜，龜茲這才平定下來。由於道路仍被阻隔，軍事文書往來不暢。一年多後，朝廷對這種情況很感憂慮。商議對策的公卿們認為西域距離遙遠，道路阻隔，多次出現反叛的舉動，官吏士兵在那裡屯田，費用不計其數。於是在安帝永初元年，便撤消了西域都護一職，派遣騎都尉王弘調發關中地區的部隊去迎接梁慬、段禧、趙博以及在伊吾盧、柳中屯田的官吏士兵。

3 永初二年春季，梁慬回到敦煌。正趕上各個羌族部落反叛，朝廷調集大量兵力向西進擊它們，事先下達詔書，命令梁慬留下來充當各支軍隊的援助力量。梁慬抵達張掖郡日勒縣。羌族各個部落共一萬多人正在攻打哨所和堡壘，殺死並劫掠官吏及民眾。梁慬進兵攻擊，把他們打得大敗，乘勝追殺到昭武縣，於是對方潰散奔逃，僅有十分之二三的人得以逃脫。開進姑臧縣後，三百多名羌族頭領前往梁慬那裡主動投降，梁慬對他們一起進行安慰開導，分別遣回到原來的居住地，河西四郡重新獲得安寧的局面。

4 梁慬接到詔書，應在金城郡屯駐，聽說羌族部落調轉方向去進犯三輔地區，逼近了帝室園陵，立即帶領部隊趕去攻打它們，轉戰到武功縣美陽關。梁慬在對陣中受傷，但他不予理會，接連擊破趕走對方，把對方劫掠的用作奴隸的人口全部奪回來，捕獲了大量的馬匹牲畜和財物，羌族部眾於是四散奔逃。朝廷對梁慬的行動十分讚賞，多次下達蓋有璽印的詔書進行慰勞勉勵，把西部事務交給他全權處理，命他統領各支兵馬。

5 永初三年冬季，南單于與烏桓大人全都反叛。朝廷任命大司農何熙為行車騎將軍事，中郎將龐雄為副手，率領羽林軍和五校尉各營的兵士，以及從沿邊十郡調發的兩萬多人馬，再加上遼東太守耿夔率領的鮮卑族各部部眾，一起進擊叛軍，並下詔任命梁慬為行度遼將軍事。龐雄與耿夔共同攻打匈奴奧鞬日逐王，擊敗了他。於是南單于親自率兵把中郎將耿种圍困在美稷縣，接連交戰好幾個月，對耿种加緊進行攻擊，耿种便發出文書求救。到永初四年正月，梁慬率領八千多人火速前去救援，抵達屬國故城時，與匈奴左將軍、烏桓大人展開激戰，打敗並斬殺了對方的首領，殺死三千多人，活捉了他們的妻子和孩子，繳獲到大量的財物。南單于又親自率領七八千名騎兵迎戰，包圍了梁慬。梁慬披掛鎧甲奔殺衝擊，所到之處都取得勝利，南單于便領兵撤回到虎澤。三月分時，何熙的軍隊到達五原郡曼柏縣，但他突發重病，不能再向前推進，就派龐雄與梁慬以及耿种帶領一萬六千名步兵和騎兵攻打虎澤。他們三人連營步步進逼，南單于十分恐怖，就派左奧鞬日逐王到梁慬那裡請求投降，梁慬於是布下雄盛的軍陣接受對方的投降。南單于不戴帽子光著腳，雙手反綁面朝前，屈膝下拜額觸地，獻納上人質。這時正趕上何熙在軍中去世，隨即委任梁慬擔當度遼將軍。龐雄回朝後升任大鴻臚。龐雄是巴郡人，很有勇力和謀略，被人稱為名將。

6 永初五年，安定、北地、上郡都受到羌族部落的劫掠，糧價暴漲，居民流亡，沒辦法再維持下去。朝廷下詔，命令梁慬調發邊境部隊去迎接三郡太守，讓他們帶領官吏民眾遷徙到扶風轄區內安頓。梁慬隨即派遣南單于的姪子優孤塗奴率兵去迎接。接回來後，梁慬因為優孤塗奴把他的家屬安全迎回立有功勞，便授給他羌侯印綬，由此犯下擅權專斷的罪過，被徵回京城受審，關入監獄，依罪懲辦。永初六年，校書郎馬融上書替梁慬和護羌校尉龐參做申辯，朝廷隨後有詔書下達，准予恕罪免刑。詳情載錄在〈龐參傳〉中。

7 這時正遇上反叛的羌族部落進犯三輔地區，關中盜賊興起，就任命梁慬為謁者，率兵前去攻打他們。到達湖縣時，因病去世了。

8 何熙字孟孫，是陳國人。他從年輕時就懷有遠大的志向。在和帝永元年間，擔任謁者。他身高八尺五寸，很會表現出莊重威嚴的儀容，在殿廷上協助舉行朝拜禮儀時，聲音洪亮得震動左右。和帝認為他有一股雄偉的氣勢，提升他擔任御史中丞，後來又當司隸校尉、大司農。在軍中去世前，他留下遺囑，要求簡單埋葬他。他有三個兒子，依次是何臨、何瑾、何阜。其中何臨、何瑾都有從政的才能。何阜也屬於英才，卻很早就死去了。何臨的兒子何衡，曾任尚書，以正直著稱，因替李膺等人做申辯而被關進監獄，撤銷了官職，在家中一直未被重新起用。

論曰：時政平則文德❶用，而武略之士無所奮其力能，故漢世有發憤張膽，爭膏身❷於夷狄以要功名，多矣。祭肜❸、耿秉❹啟匈奴之權，班超、梁慬奮西域之略，卒能成功立名，享受爵位，薦功祖廟，勒勳于後，亦一時之志士也。

贊曰：定遠慷慨，專功西遐❺。坦步蔥、雪❻，咫尺龍沙❼。慬亦抗憤❽，勇乃負荷❾。

【章　旨】以上是作者的評論讚頌之語。在肯定三位傳主堪稱「一時之志士」的同時，強調意氣風發式的主觀努力和個人奮鬥對客觀條件不充分時仍能「成功立名」的決定性作用，帶出時勢造英雄、英雄促時勢的意味。

【注　釋】❶文德　禮樂教化。❷膏身　獻身；捐軀。膏，沾溉。借指赴死。❸祭肜　東漢開國元勳祭遵的堂弟，鎮撫北邊的重要將領。本書卷二十載：鮮卑大都護「偏何邑落諸豪並歸義，願自效。肜曰：『審欲立功，當歸擊匈奴，斬送頭首，乃信耳。』偏何等皆仰天指心曰：『必自效。』即擊匈奴左伊秩訾部，斬首二千餘級，持頭詣郡。其後歲歲相攻，輒送首級，受賞賜。自是匈奴衰弱，邊無寇警。」❹耿秉　東漢開國元勳耿弇的姪子，兩度北征匈奴的主要將領。本書卷十九載：「數上言兵事。常以中國虛費，邊陲不寧，其患專在匈奴。以戰去戰，盛王之道。顯宗既有志北伐，陰然其言。永平中，召詣省闥，問前後所上便宜方略，拜謁者僕射，遂見親幸。每公卿會議，常引秉上殿，訪以邊事，多簡帝心。」❺西遐　西部邊陲。❻蔥雪　蔥嶺和雪山（天山）。❼龍沙　白龍堆，為沙漠之稱。在今新疆羅布泊與甘肅敦煌古玉門關之間。❽抗憤　激昂憤慨。❾負荷　繼承父業之義。《左傳·昭公七年》載子產曰：「古人有言曰，其父析薪，其子弗克負荷。」負，背扛。荷，肩挑。

【語　譯】史家評論說：國家政治清平，禮樂教化就得到施用，而通曉軍事韜略的人沒有地方施展他們的才能，所以在漢代有人鼓起勇氣，放開膽量，競相在邊遠地區獻身而博取功名，像這類人物真是太多了。東漢的祭肜、耿秉開啟了朝廷征伐匈奴的方略，班超、梁慬奮揚平定西域的宏圖，最終能夠大功告成，英名遠揚，享受爵位，向祖廟獻上功績，給後代留下勳業，也是一個時代的有志之士啊。

史官評議說：定遠侯意氣慷慨，特在西部邊陲立下不朽的功勳。既把葱嶺和雪山看得很平坦而安詳通過，又把龍沙看得非常近而一步跨越。梁慬也顯出激昂憤慨的氣勢，班勇能夠繼承父親的事業。

【研　析】面對本篇合傳，不能不使人觀前瞻後，把目光投注在張騫的「鑿空」之功和班超的「鎮撫」之功上。他們都是以西域這同一歷史舞臺為依托，且看張騫所建立的「鑿空」之功：他於漢武帝建元二年（西元前一三九年）和元狩四年（西元前一一九年），兩度出使西域。第一次則歷盡艱險，用時十三年，身經匈奴、大宛（前蘇聯中亞費爾幹納盆地）、康居（今巴爾喀什湖和鹹海之間）、大月氏（今阿姆河中偏上游一帶）、大夏（今興都庫什山與阿姆河上游之間）等國，並間接了解到其他五六個大國的情況。第二次則取道河西走廊，出使烏孫（今伊犁河流域），並從烏孫派遣副使分赴西域諸國包括其未曾身歷的安息（今伊朗）、身毒（今印度）等國，自此開闢了由中原通往西域的絲綢之路，促使天山南北成為中西交通的橋梁，而且獲得了大量前所未聞的有關新疆地區和中亞若干國家、部落的地理與歷史信息，諸如位置、距離、四鄰、農牧業、物產、人口、兵力、城邑等等，擴大了中國人的地理知識和地理視野。在第一次出使西域歸來後，張騫配合進擊匈奴的戰爭，發揮出軍事嚮導活地圖的作用，被封為博望侯，「取其能博廣瞻望也」。在第二次出使西域前，張騫又提出了「斷匈奴右臂」的主張，使之變成漢王朝的戰略決策和後世遵循的戰略思想；正是依照這一戰略思想，班超在西域「備遭艱戹」地奮鬥三十一年，其所建立的「鎮撫」之功是：首先致力於南道鄯善、于窴、莎車諸國的歸服，接下來籌劃北道疏勒、姑墨、龜茲、焉耆諸國的賓從，經過對南北兩道犬牙交錯的拉鋸戰和外交談判與斡旋，最終實現西域五十餘國的悉數內屬，使北匈奴完全喪失了賴以進犯中原的前哨陣地和供給線，且於和帝永元九年（西元九七年），又派下屬甘英西使大秦（羅馬帝國），經條支（今伊拉克）諸國，至安息西界(波斯灣),未過海而還,成為繼張騫之後到達西亞最遠的使節。班超以功受封定遠侯。簡言之,張騫始開絲路,班超則重開絲路;張騫首倡斷匈奴右臂,班超則較之前代真正無所遺漏地徹底斬斷了匈奴的右臂。絲路本身,其實代表著東西方文明與文化的早期接觸、交流與交融;而斷匈奴右臂,在當時雖然主要出自維護國家安全的考慮,但實質上是先進文化、先進政治文明同野蠻落後勢力之間的衝突、角逐與搏鬥。西域五十餘國之所以全部歸漢,最根本的原因在於:它們遭受「匈奴斂稅重刻」的盤剝與奴役達到了「不堪命」的地步,國王也常由匈奴選取非其種屬的人強行予以扶立;反之,東漢王朝則對它們提供數量可觀的經濟援助,據本書〈袁安傳〉所述,每年都高達七千四百八十萬錢,何況還因俗而治,「皆佩漢印綬」呢!明乎此,則張騫、班超之功遠非常情所可揆度。

班超上距張騫二百一十六年,其間儘管風雲變幻,波瀾起伏,但歸根結底,張騫作為中國歷史上第一位通西域的使者,其「鑿空」之功構成了班超「鎮撫」之功的先導,為其創設了歷史前提和馳騁空間,而班超的「鎮撫」之功則是張騫「鑿空」之功的延伸與拓展,使其煥然一新,別成景觀。二者既反映出絲綢之路得以開闢和暢通的艱難歷程,而且顯示出漢王朝轄領天山南北地區的歷史新葉,同時也表明,兩人都是傑出的外交家,張騫更多地透瀉出探險家的氣質,而班超則更多地振揚出軍事家的雄風。博望侯與定遠侯的封號,頗為恰切地映現出了二人的歷史影像與特徵。至於他們出生入死的奮鬥精神,早已成為中華民族乃至全人類的共同財富。(蘇文珠注譯)

卷四十八

楊李翟應霍爰徐列傳第三十八

【題　解】本卷是楊終、李法、翟酺、應奉、應劭、霍諝、爰延、徐璆等八人的合傳。這八位人物被放在一起並按年代先後順序加以記述，主要是因為他們都屬於東漢供職中央和地方的重要官員，特別是二千石官員的緣故，也有家族因素的考慮在內。其中對楊終，重點記述了諫罷邊屯、開白虎觀會議之端緒、規勸外戚嚴教子弟的事跡；對李法，重點記述了指斥朝政弊端的事跡；對翟酺，重點記述了痛切針砭時弊、節省皇家工程支出、倡興太學的事跡；對應奉，重點記述了記憶力極強和兩度平息地方叛亂、阻止寵妃為后的事跡；對應劭，重點記述了勤於著述、成果豐贍、高度關注邊區事宜和司法刑律以及國典朝章的事跡；對霍諝，重點記述了為其舅父鳴冤、安撫邊區、陳奏外戚權臣罪過的事跡；對爰延，重點記述了當面喻示君主缺失、奏請進賢士斥邪臣的事跡；對徐璆，重點記述了抗旨懲治貪汙、擊破黃巾軍、獻呈傳國玉璽的事跡。合而觀之，從章帝即位到獻帝策拜曹操為丞相這一期間的內外大事和政局演變，都可借助這篇合傳傳主的所作所為得見一斑。而東漢末世天子荒淫、女主干政、外戚擅權、宦官專政等政治特點則躍然紙上，由此造成的皇權喪失殆盡和軍閥割據自重乃至徑行稱帝的最終結局，也在〈應劭傳〉和〈徐璆傳〉中有所顯現。

1 楊終，字子山，蜀郡成都❶人也。年十三，為郡小吏，太守❷奇其才，遣詣京師受業，習春秋❸。顯宗❹時，徵詣蘭臺❺，拜校書郎❻。

2 建初❼元年，大旱穀貴，終以為廣陵、楚、淮陽、濟南之獄❽，徙者萬數，又遠屯絕域❾，吏民怨曠❿，乃上疏曰：「臣聞『善善及子孫，惡惡止其身』⓫，百王常典，不易之道也。秦政酷烈，違啎⓬天心，一人有罪，延及三族⓭。高祖⓮平亂，約法三章⓯。太宗⓰至仁，除去收孥⓱。萬姓廓然⓲，蒙被更生，澤及昆蟲，功垂萬世。陛下聖明，德被四表⓳。今以比年⓴久旱，災疫未息，躬自菲薄㉑，廣訪失得，三代㉒之隆，無以加焉。臣竊桉春秋水旱之變，皆應暴急，惠不下流。自永平㉓以來，仍連大獄，有司窮考，轉相牽引，掠考㉔冤濫，家屬徙邊。加以北征匈奴㉕，西開三十六國㉖，頻年服役，轉輸㉗煩費。又遠屯伊吾、樓蘭、車師、戊己㉘，民懷土思㉙，怨結邊域。傳曰：『安土重居，謂之眾庶。』㉚昔殷民近遷洛邑，且猶怨望㉛，何況去中土之肥饒，寄不毛之荒極㉜乎？且南方暑濕，障毒㉝互生。愁困之民，足以感動天地，移變陰陽矣。陛下留念省察，以濟元元㉞。」書奏，肅宗㉟下其章。司空第五倫㊱亦同終議。太尉牟融㊲、司徒鮑昱㊳、校書郎班固㊴等難倫，以施行既久，孝子無改父之道㊵，先帝所建，不宜回異㊶。終復上書曰：「秦築長城，功役繁興，胡亥[42]不革，卒亡四海。故孝元棄珠崖之郡[43]，光武絕西域之國[44]，不以介鱗[45]易我衣裳[46]。魯文公毀泉臺，春秋譏之曰『先祖為之而己毀之，不如勿居而已』[47]，以其無妨害於民也。襄公作三軍，昭公舍之，君子大其復古[48]，以為不舍則有害於民也。今伊吾之役，樓蘭之屯，久而未還，非天意也。」帝從之，聽還徙者，悉罷邊屯。

3　終又言：「宣帝[49]博徵群儒，論定五經[50]於石渠閣[51]。方今天下少事，學者得成其業，而章句[52]之徒，破壞大體[53]。宜如石渠故事[54]，永為後世則。」於是詔諸儒於白虎觀[55]論考同異焉。會終坐事[56]繫獄，博士[57]趙博、校書郎班固、賈逵[58]等，以終深曉春秋，學多異聞，表請之，終又上書自訟[59]，即日貰出[60]，乃得與於白虎觀焉。後受詔刪太史公書[61]為十餘萬言。

【章　旨】以上為〈楊終傳〉的第一部分。介紹楊終的籍貫、早仕和接受官方培養從而熟諳《春秋》以及在中央供職的初始情況，記述其針對章帝即位伊始大旱穀貴問題所進呈的兩道奏疏，促成白虎觀會議得以舉行的主要建樹。

【注　釋】❶蜀郡成都　蜀郡，郡名。治所在成都縣（今四川成都）。成都，縣名。自戰國秦惠文王始建，迄東漢沿而不改。❷太守　郡守的別稱，即一郡長官。唐李賢注引袁山松《書》：「時蜀郡有雷震決曹，終上白記，以為斷獄煩苛所致，太守乃令終賦雷電之意而奇之。」❸春秋　儒家《五經》之一，實乃現存最早的中國古代編年史。由於漢代經學盛行，而《春秋公羊》學更影響巨大，故言及《春秋》，往往以傳代經，即稱說《春秋》如何如何，實際是引證《公羊》學的理論或具體觀點。自此以下述及《春秋》處，便是如此。❹顯宗　東漢皇帝劉莊。卒諡孝明，廟號顯宗。事詳本書卷二。❺蘭臺　漢代宮廷藏書處所之一。❻校書郎　官名。負責在蘭臺等處整理校訂典籍。❼建初　東漢章帝劉炟年號，西元七六－八四年。❽廣陵楚淮陽濟南之獄　發生在顯宗執政期間查辦諸侯王謀反篡位的四起重大案件。廣陵，廣陵思王劉荊。楚，楚王劉英。淮陽，淮陽王劉延。濟南，濟南安王劉康，俱為顯宗的同父同母或同父異母兄弟。有關案件詳見本書卷四十二及卷二。❾絕域　極遠之地。❿怨曠　長久別離的意思。怨，別。曠，久。⓫臣聞二句　這是援引《春秋公羊傳》的說法。《春秋．昭公二十年》：「夏，曹公孫會自鄸出奔宋。」對此事《公羊傳》解釋說：「畔也。畔則曷為不言其畔？為公子喜時之後諱也。」「賢公子喜時，則曷為為會諱？君子之善善也長，惡惡也短。惡惡止其身，善善及子孫。賢者子孫，故君子為之諱也。」⓬違牾　違逆。⓭三族　指父族、母族、妻族。一說父、子、孫為三族，或說父母、兄弟、妻子為三族。⓮高祖　指西漢皇帝劉邦的廟號。事詳《史記．高祖本紀》、《漢書．高帝紀》。⓯三章　謂殺人者死，傷人及盜抵罪。《史記．高祖本紀》載，劉邦西入咸陽，除秦苛法，「與父老約，法三章耳。」⓰太宗　指西漢皇帝劉恆。卒諡孝文，廟號太宗。事詳《史記．孝文本紀》、《漢書．文帝紀》。《史記．孝文本紀》：「文帝德至盛也，豈不仁哉！」⓱收孥　古代連坐法的一種規定。即一人犯罪，妻子則被打入官奴婢的行列。⓲廓然　心頭憂懼完全消失的樣子。形容障礙去除，心意舒展。⓳四表　四方之外。指最遙遠的地帶。⓴比年　連年。㉑菲薄　意謂減損個人在衣食等方面的享用。㉒三代　指夏商周。㉓永平　東漢明帝劉莊年號，西元五八－七五年。㉔掠考　嚴刑逼供。㉕匈奴　活動於中國古代北方的游牧部族。其社會組織以部落聯盟為主，最高首領稱為單于。自西漢宣帝時分裂為東、西兩部，東匈奴降漢。迄至東漢初期，又分裂為南、北兩部，南匈奴內附。明帝晚期則對北匈奴大規模用兵，取得勝利。㉖三十六國　對西域眾國的統稱。㉗轉輸　指輾轉運送軍事物資的行動。㉘伊吾句　伊吾，西域屯戍重地之一。位於今新疆哈密西部。東漢明帝大破匈奴後，於此設置宜禾都尉，專事屯田。樓蘭，西域城郭國之一。國都為樓蘭城，故址在今新疆羅布泊西北岸。後遷都扜泥城（今新疆若羌附近），改國名為鄯善。車師，西域城郭國之一。國都為交河城，故址在今新疆吐魯番西北。戊己，指戊己校尉屯戍所在地，即高昌壁。故址在今新疆吐魯番東。㉙土思　即故鄉之思。㉚傳曰三句　傳，指先秦古書而言。西漢劉向《說苑．修文》：「傳曰觸情從欲謂之禽獸，苟可而行謂之野人，安故重遷謂之眾庶，辨然通古今之道謂之士，進賢達能謂之大夫，敬上愛下謂之諸侯，天覆地載謂之天子。」㉛昔殷民二句　係指盤庚遷都之事而言。盤庚，商朝的第二十位國王，為避水害和去奢行儉而排除重重阻力，將國都由奄（山東曲阜）遷至殷（河南安陽）。這裡乃據《尚書・盤庚序》：「盤庚五遷，將治亳，殷人咨胥怨。」亳，河南偃師。故曰：「近遷洛邑。」㉜荒極　指四周極為遙遠偏僻的地區。《爾雅》：「孤竹、北戶、西王母、日下，謂之四荒。」又「東至於泰遠，西至於邠國，南至於濮鈆，北至於祝栗，謂之四極。」㉝障毒　瘴氣毒霧。障，通「瘴」。指瘴氣。瘴氣為南方山林間溼熱氣而能使人染上重病的一種毒氣。㉞元元　黎民百姓。高誘《戰國策注》：「元，善也。民之類善，故稱元。」㉟肅宗　指東漢皇帝劉炟。卒謚孝章，廟號肅宗。事詳本書卷三。㊱司空第五倫　司空，東漢所設三公之一。掌管全國建築工程等事務。第五倫，東漢前期以廉潔正直著稱的大臣。第五，複姓。詳見本書卷四十一。㊲太尉牟融　太尉，東漢所設三公之一。掌管全國軍政等事務。牟融，東漢前期以博學才高著稱的大臣。詳見本書卷二十六。㊳司徒鮑昱　司徒，東漢所設三公之一。掌管全國民政等事務。鮑昱，東漢前期以奉法守正知名的大臣。詳見本書卷二十九。㊴班固　東漢史學家，《漢書》的主要編著者。詳見本書卷四十。㊵孝子無改父之道　語本《論語・學而》：「三年無改於父之道，可謂孝矣。」㊶回異　違反；改變。㊷胡亥　秦朝的第二代皇帝。史稱秦二世，事詳《史記・秦始皇本紀》。㊸孝元棄珠崖之郡　孝元，指西漢皇帝劉奭。孝元為其謚號。《漢書・元帝紀》載：初元三年春，「珠厓郡山南縣反，博謀群臣。待詔賈捐之以為宜棄珠厓，救民饑饉。乃罷珠厓。」珠崖，為漢武帝時所設郡，即今海南島地區。㊹光武絕西域之國　光武，東漢王朝創建者劉秀。光武為其謚號。詳見本書卷一。西域，漢代對玉門關以西地區的總稱，包括今敦煌以西至新疆全區在內。㊺介鱗　指代周邊部族及方國。意謂其地其人落後，與魚鱉無異。㊻衣裳　指代中原王朝。揚雄《法言・孝至篇》：「朱厓之絕，捐之之力也。否則介鱗易我衣裳。」㊼魯文公三句　魯文公，春秋時魯國國君。泉臺，魯莊公在泉宮所築之臺。《春秋・文公十六年》載：八月「毀泉臺。」《公羊傳》：「毀泉臺何以書？譏。何譏爾？築之譏，毀之譏。先祖為之，己毀之，不如勿居而已矣。」㊽襄公三句　襄公，春秋時魯國國君。三軍，上軍、中軍、下軍，而以中軍地位最高。按西周制度規定，每軍各由一萬二千五百人組成，分別命卿擔任主帥。天子建六軍，諸侯大國建三軍，次國建二軍，小國建一軍。《春秋・襄公十一年》：「春王正月，作三軍。」《公羊傳》：「三軍者何？三卿也。作三軍何以書？譏。何譏爾？古者上卿下卿，上士下士。」昭公為《春秋》十二公中的第十位魯國國君。《春秋・昭公五年》：「春王正月，舍中軍。」《公羊傳》：「舍中軍者何？復古也。」㊾宣帝　西漢皇帝。名詢，卒謚孝宣，廟號中宗。事詳《漢書・宣帝紀》。㊿五經　儒家經典《易》、《書》、《詩》、《儀禮》、《春秋》的合稱。(51)石渠閣　西漢宮廷藏書處所之一。位於長安未央宮北。《三輔黃圖・閣》：「石渠閣，蕭何造。其下礱石為渠以導水，若今御溝，因為閣名。所藏入關所得秦之圖籍。至於成帝，又于此藏祕書焉。」(52)章句　以分章析句為特點的一種解說經書的方式。(53)大體　指經文的要義主旨。(54)故事舊有的舉措或事例。《漢書・宣帝紀》載：甘露三年三月，「詔諸儒講《五經》同異，太子太傅蕭望之等平奏其議，上親稱制臨決焉。迺立梁丘《易》、大小夏侯《尚書》、《穀梁春秋》博士。」(55)白虎觀　漢代宮殿之一。又稱白虎殿。位於未央宮內。東漢定都洛陽，沿襲前制仍建此殿。(56)坐事　因事獲罪。(57)博士　官名。秩比六百石，負責在太學講授儒家經典，培養學生。朝廷遇有疑難之事詢問，則進行對答。《漢書・成帝紀》：「詔曰：『古之立太學，將以傳先王之業，流化於天下也。儒林之官，四海淵原，宜皆明於古今，溫故知新，通達國體，故謂之博士。』」(58)賈逵　東漢經學家。詳見本書卷三十六。(59)自訟　自我申辯。(60)貰出　寬免釋放。貰，寬免；赦免。(61)太史公書　司馬遷《史記》的原稱。

【語　譯】楊終，字子山，是蜀郡成都人。年齡僅僅十三歲時，就擔任郡中小吏，太守對他的才幹感到很驚奇，就把他送到京師洛陽接受教育，由此熟悉《春秋》。顯宗在位時，被徵召到蘭臺，授予校書郎一職。

2 章帝建初元年，全國旱情嚴重，糧價暴漲，楊終認為這是由於在查辦廣陵王劉荊、楚王劉英、淮陽王劉延、濟南安王劉康先後謀反的四起大案時，受到發配處罰的人多達萬名，又都屯戍在最邊遠的地區，官吏民眾長久別離而怨氣沖天，於是上疏說：「臣下我聽說『褒揚美好的行為就延及到他的子孫，憎恨邪惡的行為僅限於他本人』，這是歷代帝王的常規和不可改變的準則。秦朝政治嚴酷慘烈，違背上天的意願，一人有罪，連同三族以內的親屬都受到懲罰。漢高祖平定禍亂，僅僅約定法律三條。孝文帝仁慈到極點，廢除妻子連坐的規定。天下人頓感心意舒展，如同蒙受到再生復活一般，恩澤施布到昆蟲，功業垂示於萬世。陛下您神聖英明，恩德擴展到四方最遙遠的地帶。如今鑑於連年久旱，災害瘟疫不斷發生，就親自帶頭減損個人在衣食等方面的享用，廣泛訪求做得不對的地方，即使是隆盛的夏商周三代，也沒有比這更好的了。臣下我私自做考察，《春秋》所記載的重大水災旱災，都與暴政嚴刑、恩惠不向百姓施布相應合。自從顯宗永平以來，接連興起大案，司法部門和辦案人員無休止地追究，互相輾轉牽引，嚴刑逼問，製造出大量冤案，家屬被發配到邊疆一帶。再加上向北征伐匈奴，向西統轄三十六國，連年讓百姓服役，輾轉運送軍事物資耗費了無數的人力物力。又在遙遠的伊吾、樓蘭、車師、戊己校尉駐地派人屯戍，民眾都懷念故土，邊疆一帶聚集著怨恨情緒。古書上早就說過：『安於故土，看重常居，這就叫做普通百姓。』從前殷代民眾要隨國都遷到距離洛邑很近的地方，尚且怨恨不已，何況離開肥美富饒的中原大地，寄身在寸草不生的極為遙遠偏僻的邊區呢？而且南方酷熱潮溼，瘴氣和毒霧交互產生。愁苦困窮的百姓，足以感天動地，使陰陽顛倒錯亂。請陛下留心加以思索考察，以拯救善良的百姓。」章疏奏上以後，肅宗把它交給朝臣們討論。司空第五倫也贊同楊終的意見。而太尉牟融、司徒鮑昱、校書郎班固等人卻對第五倫提出詰難，認為已經施行很長時間了，孝子不改變父親生前的作法，先帝所建立的做法，不應違反它。楊終因而又上書說：「秦朝修築長城，頻繁興起勞役，胡亥仍不革除，最終失去了天下。所以孝元皇帝乾脆放棄珠崖郡，光武皇帝直接拒絕西域各國的內附請求，不會為了四周部族而改變中原王朝。當年魯文公拆毀泉臺，《春秋》譏刺他說『先祖建造它，可到自己又拆毀它，不如不去居住也就罷了』，這是因為它對民眾構不成妨害啊。魯襄公設置三軍，到魯昭公裁撤掉中軍，君子盛讚他能夠恢復古代的制度，認為不裁撤就對百姓有害啊。現今在伊吾服役的人，在樓蘭屯戍的人，時間已經很長而未能返回故鄉，這絕不符合上天的意願啊。」章帝採納了楊終的建議，允許被發配的人返回內地，把邊疆屯戍的據點全都裁撤了。

3　楊終又奏請說：「漢宣帝大範圍徵召各派儒士，在石渠閣討論定正《五經》。如今天下沒有多少事情，學者得以成就他們的學術事業，然而分章析句來解說經書的那些人，破壞經文的要義主旨。應該重新推出石渠閣那樣的舉措，永遠成為後世的依據和準繩。」於是章帝下達詔書，讓各位儒士在白虎觀討論考辨經書的異同。這時楊終恰巧因事獲罪被關進監牢，博士趙博、校書郎班固、賈逵等人鑑於楊終通曉《春秋》，在學問上了解許多不同的說法，就進呈表章請求寬恕他，楊終也上書替自己申辯，當天被赦免釋放出來，於是得以在白虎觀參加討論。後來又承奉詔書，把《太史公書》刪節成十多萬字。

時太后[1]兄衛尉馬廖[2]，謹篤自守，不訓諸子。終與廖交善，以書戒之曰：

「終聞堯舜之民，可比屋而封[3]；桀紂之民，可比屋而誅。何者？堯舜為之隄防[4]，桀紂示之驕奢故也。詩曰：『皎皎練絲，在所染之。』上智下愚，謂之不移❺；中庸❻之流，要在教化。春秋殺太子母弟，直稱君甚惡之者，坐失教也❼。禮制❽，人君之子年八歲，為置少傅❾，教之書計❿，以開其明；十五置太傅⓫，教之經典，以道⓬其志。漢興，諸侯王⓭不力教誨，多觸禁忌，故有亡國⓮之禍，而乏嘉善之稱。今君位地尊重，海內所望，豈可不臨深履薄⓯，以為至戒！黃門郎⓰年幼，血氣方盛，既無長君⓱退讓之風，而要結⓲輕狡無行之客，縱而莫誨，視成任性，鑒念前往，可為寒心。君侯⓳誠宜以臨深履薄為戒。」廖不納。子豫後坐縣書誹謗⓴，廖以就國。

終兄鳳為郡吏，太守廉范㉑為州㉒所考，遣鳳候終，終為范游說，坐徙北地㉓。帝東巡狩㉔，鳳皇黃龍並集，終贊頌嘉瑞，上述祖宗鴻業，凡十五章。奏上，詔貰還故郡。著春秋外傳㉕十二篇，改定章句十五萬言。永元㉖十二年，徵拜郎中㉗，以病卒。

【章旨】以上為〈楊終傳〉的第二部分。記述楊終以友人身分對外戚馬廖教子不力的規勸，及其獲罪遇赦的情由和經學著作、文學作品。

【注釋】❶太后 指孝明帝明德馬皇后，為東漢開國元勳馬援之女，孝章帝養母。詳見本書卷十〈皇后紀〉。❷衛尉馬廖衛尉，漢代九卿之一。負責統率衛士守衛南北宮，多由皇帝親信或外戚擔任此職。馬廖，馬援的長子，章帝的舅父。詳見本書卷二十四。❸比屋而封　形容政治教化達到的極其美好的狀態與程度。比屋，家家戶戶。封，意為受到旌表。❹隄防　管束；防備。❺上智下愚二句　語本《論語・陽貨》：「子曰：『唯上知與下愚不移。』」❻中庸　這裡意為中等、一般、普通。❼春秋三句　母弟即胞弟。甚，責備之義。坐，由於；因為。《春秋・僖公五年》：「春，晉侯殺其世子申生。」《公羊傳》：「曷為直稱晉侯以殺？殺世子母弟直稱君者，甚之也。」❽禮制　這裡指《大戴禮記》中〈保傅〉、《禮記》中〈文王世子〉的有關載述而言。❾少傅　與太傅相對而稱，為古代協助太傅對太子進行德義訓導之官。❿書計　猶今言語文和算術。⓫太傅　古代訓導太子之官。《禮記・文王世子》：「凡三王教世子，立太傅、少傅以養之，欲其知父子君臣之道也。太傅審父子君臣之道以示之，少傅奉世子以觀太傅之德行而審喻之。」⓬道　通「導」。引導；疏導。⓭諸侯王　指漢自高祖劉邦起所分封的皇室同姓子孫。⓮亡國　意為封國被裁撤取消。⓯臨深履薄　「如臨深淵，如履薄冰」的縮語。語出《詩・小旻》。⓰黃門郎　漢代郎官之一種，又稱黃門侍郎。黃門，宮門。宮門皆黃闥，故名。其品秩為六百石，掌侍從左右，給事中，關通中外。馬廖之子馬防、馬光當時俱為黃門郎。⓱長君　西漢文帝竇皇后的兄長，其字長君，與胞弟廣國（字少君）在《漢書・外戚列傳》載：由於二人出身微賤，「乃選長者之有節行者與居，竇長君、少君由此為退讓君子，不敢以富貴驕人。」⓲要結　邀引交結。⓳君侯　對尊貴者的一種敬稱。衛宏《漢官舊儀》：「列侯為丞相相國，號君侯。」⓴縣書誹謗　縣書，公開上書之義。縣，通「懸」。本書〈馬廖傳〉：「子豫，為步兵校尉。太后崩後，馬氏失埶，廖性寬緩，不能教勒子孫，豫遂投書怨誹。又防、光奢侈，好樹黨與。八年，有司奏免豫，遣廖、防、光就封。豫隨廖歸國，考擊物故。」㉑廉范　東漢前期以氣俠立名、轉任多處的地方郡守。詳見本書卷三十一。據本傳，此時則為蜀郡太守。㉒州　漢代由監察區轉化而成的一級行政區。東漢共分十三州，州設刺史。蜀郡當時隸屬益州。㉓北地　郡名。治今寧夏吳忠西南黃河東岸。李賢注引《益都耆舊傳》：「終徙於北地望松縣，而母於蜀物故。終自傷被罪充邊，乃作〈晨風〉之詩，以舒其憤。」㉔巡狩　視察之義。本書卷三〈肅宗孝章帝紀〉：元和二年二月「丙辰，東巡狩。己未，鳳皇集肥城。辛未，幸太山，柴告岱宗。有黃鵠三十，從西南來，經祠壇上，東北過於宮屋，翱翔升降。進幸奉高。壬申，宗祀五帝於汶上明堂。五月戊申，詔曰：『乃者鳳皇、黃龍、鸞鳥比集七郡，或一郡再見，及白烏、神雀、甘露屢臻。祖宗舊事，或班恩施。』」㉕春秋外傳　此書久已失傳。㉖永元　東漢和帝劉肇年號，西元八九－一〇五年。㉗郎中　漢代郎官之一。掌持戟值班、宿衛殿門、出充車騎。李賢注引袁山松《書》：「侍中賈逵薦終博達忠直，徵拜郎中。及卒，賜錢二十萬。」

【語 譯】當時馬太后的兄長、擔任衛尉的馬廖，謹慎誠實，嚴格要求自己，但不訓導家中的幾個兒子。楊終與馬廖交情很深，就寫信告誡他說：「我聽說唐堯、虞舜的平民百姓，家家都可以受到旌表；而夏桀、殷紂王的平民百姓，家家都可以判處死刑。這是為什麼呢？因為唐堯、虞舜對他們加以約束，而夏桀、殷紂王只向他們顯示驕縱奢侈的緣故。《詩》上說：『潔白的熟絲，全在用什麼顏色去漂染。』上等的聰明人和下等的愚蠢人，可以稱作無法改變的兩種人；而處於中等的那類人，關鍵在於教化他們。《春秋》遇有殺死太子或胞弟這類事件，加以記載時都直接稱呼那個國君的名號，表示責備憎惡，原因是因為這些國君在教育親屬上放任自流。古代禮制規定，君王之子長到八歲時，為他設置少傅，教他寫字計算，用來開啟他的智慧；十五歲時又設置太傅，教他經籍典制，用來引導他的志向。漢朝興起時，對諸侯王不大力進行教誨，很多人觸犯禁令和應該忌諱的事情，因此產生了封國被取消的禍患，而缺少美好良善的稱譽。如今您地位尊貴，是全國關注的對象，怎能不把如臨深淵、如履薄冰作為最高的警戒！您膝下的幾個黃門郎年齡還小，血氣正盛，本來沒有當年竇長君那種退避謙讓的風範，卻邀集交結一大批輕狂無行的傢伙，對此放任自流而不進行教誨，眼看著他們隨意胡來，由此想到以往的教訓，真叫人感到寒心。您確實應把如臨深淵、如履薄冰引為鑑戒。」馬廖對這番勸告拒不接受。後來他的兒子馬豫因公開上書誹謗當朝犯下罪過，馬廖由於這個緣故也離開京師前往封國。

楊終的哥哥楊鳳擔任蜀郡的吏員，而本郡太守廉范受到益州刺史的究查訊問，就派楊鳳去看望楊終，楊終為廉范說情，因此獲罪被發配到北地郡。章帝後來去東部視察，鳳凰和黃龍一同出現，楊終就寫贊文頌揚美好的瑞應，往上追述本朝列祖列宗的盛大功業，總共十五章。奏上以後，章帝下詔，赦免並允許他返回故郡。楊終著有《春秋外傳》十二篇，改定章句十五萬字。和帝永元十二年，徵召他授予郎中官，最後因病去世。

李法，字伯度，漢中南鄭❶人也。博通群書，性剛而有節。和帝❷永元九年，應賢良方正❸對策，除博士，遷侍中、光祿大夫❹。歲餘，上疏以為朝政苛碎，違永平、建初故事；宦官權重，椒房❺寵盛；又譏史官記事不實，後世有識，尋功計德❻，必不明信。坐失旨，下有司，免為庶人。還鄉里，杜門自守。故人儒生時有候之者，言談之次，問其不合上意之由，法未嘗應對。友人固問之，法曰：「鄙夫可與事君乎哉？苟患失之，無所不至❼。孟子有言：『夫仁者如射，正己而後發。發而不中，不怨勝己者，反諸身而已矣。』❽」在家八年，徵拜議郎、諫議大夫❾，正言極辭，無改於舊。出為汝南❿太守，政有聲迹。後歸鄉里，卒於家。

【章　旨】以上為〈李法傳〉。記述李法恪守節操、直言極諫和在地方郡守任內政績顯著的事跡。

【注　釋】❶漢中南鄭　漢中，郡名。治今陝西漢中。南鄭，縣名。治今陝西漢中東。❷和帝　東漢皇帝。名肇，卒諡孝和。詳見本書卷四。❸賢良方正　漢代選拔官吏的科目之一。參加者須對朝政得失直言極諫，表現突出則授予官職。❹侍中光祿大夫　侍中，侍中寺的屬官，秩比二千石，掌侍皇帝左右，贊導眾事，顧問應對。光祿大夫，光祿勳的屬官，秩比二千石，掌顧問應對，唯詔令所使。❺椒房　后妃的代稱。椒房為皇后所居的宮殿，殿內以花椒子和泥塗壁，代表溫暖、芬芳、多子。❻尋功計德　功謂功績，德謂德業。《左傳・襄公二十四年》載穆叔曰：「大上有立德，其次有立功，其次有立言。雖久不廢，此之謂三不朽。」❼鄙夫三句　本於《論語・陽貨》：「子曰：鄙夫可與事君也與哉！其未得之也患得之，既得之患失之。苟患失之，無所不至矣。」李賢注引鄭玄注：「無所不至，謂諂佞邪媚，無所不為也。」❽孟子有言六句　孟子，繼孔子之後儒家學派最有影響的代表人物，被奉為亞聖。《史記》卷七十四有傳。這裡所引五句話，見《孟子・公孫丑下》，且字句略有出入。其中「反諸身」，原作「反求諸己」，意謂克己自責而不責人。❾議郎諫議大夫　議郎，漢代郎官之一種。掌顧問應對，無常事，唯詔令所使。諫議大夫，光祿大夫的屬官，職掌與議郎相同。❿汝南　郡名。治今河南上蔡西南。

【語譯】李法，字伯度，是漢中郡南鄭縣人。他通曉各種書籍，性情剛正又有節操。在和帝永元九年，他參加賢良方正科目的對策，被授予博士一職，又升任侍中、光祿大夫。僅過一年多，就上疏認為朝政苛刻瑣碎，違背了明帝永平、章帝建初年間的既定規制；宦官權力太重，后妃及其家族得到的寵信過於貴盛；又譏刺史官記事不真實，後世有識之士探尋功績德業，肯定不會相信。因為這些看法背離了皇帝的意旨而獲罪，被交給有關部門處理，結果免去官職成為平民百姓。他回到故鄉後，謝絕一切交往，獨自守持本人的操行。老朋友和當地儒生經常有來看望他的，在言談之間，問起他不合皇帝意旨的原由，李法從未做過回答。友人一個勁兒地問他，李法說：「能和卑劣的人一起事奉君主嗎？如果總是擔心失去什麼，那就任何壞事都會幹出來了。孟子早就說過這樣的話：『仁德的人就像射手，端正自己的姿勢然後把箭射出去。射出去卻未命中，並不埋怨勝過自己的人，反過來從自己身上找原因，問題也就解決了。』」李法在家待了八年，後被徵召擔任議郎、諫議大夫，仍然敢於直言而毫無忌諱，不改原來的作風。他從朝廷調到地方，就任汝南太守，政務頗有名聲。後來又返歸故鄉，在家中去世。

1 翟酺，字子超，廣漢雒❶人也。四世傳詩。酺好老子❷，尤善圖緯❸、天文、歷筭。以報舅讎，當徙日南❹，亡於長安❺，為卜相工❻，後牧羊涼州❼。遇赦還。仕郡，徵拜議郎，遷侍中。

2 時尚書❽有缺，詔將大夫六百石❾以上試對政事、天文、道術❿，以高第⓫者補之。酺自恃能高，而忌故太史令⑫孫懿，恐其先用，乃往候懿。既坐，言無所及，唯涕泣流連。懿怪而問之，酺曰：「圖書有漢賊孫登⑬，將以才智為中官⑭所害。觀君表相，似當應之。酺受恩接，悽愴君之禍耳！」懿憂懼，移病⑮不試。由是酺對第一，拜尚書。

3 時安帝⑯始親政事，追感祖母宋貴人⑰，悉封其家。又元舅耿寶⑱及皇后兄弟閻顯⑲等並用威權。酺上疏諫曰：

4 「臣聞微子佯狂而去殷⑳，叔孫通背秦而歸漢㉑，彼非自疏其君，時不可也。臣荷殊絕之恩，蒙值不諱㉒之政，豈敢雷同㉓受寵，而以戴天履地。伏惟陛下應天履祚㉔，歷值中興，當建太平之功，而未聞致化之道。蓋遠者難明，請以近事徵之。昔竇、鄧㉕之寵，傾動四方，兼官重紱㉖，盈金積貨，至使議弄神器㉗，改更社稷。豈不以埶尊威廣，以致斯患乎？及其破壞，頭顙墮地，願為孤豚㉘，豈可得哉！夫致貴無漸㉙失必暴，受爵非道殃必疾。今外戚寵幸，功均造化㉚，漢元㉛以來，未有等比。陛下誠仁恩周洽㉜，以親九族㉝，然祿去公室㉞，政移私門，覆車重尋，寧無摧折㉟？而朝臣在位，莫肯正議，翕翕呰呰㊱，更相佐附。臣恐威權外假，歸之良難，虎翼㊲一奮，卒不可制。故孔子曰『吐珠於澤，誰能不含』㊳；

老子稱『國之利器，不可以示人』㊴。此最安危之極戒，社稷之深計也。

5 「夫儉德之恭㊵，政存約節。故文帝愛百金於露臺㊶，飾帷帳於皁囊㊷。或有譏其儉者，上曰：『朕為天下守財耳，豈得妄用之哉？』至倉穀腐而不可食，錢貫㊸朽而不可校。今自初政已來，日月未久，費用賞賜已不可筭。斂天下之財，積無功之家，帑藏㊹單盡㊺，民物彫傷，卒㊻有不虞，復當重賦百姓，怨叛既生，危亂可待也。

6 「昔成王㊼之政，周公㊽在前，邵公㊾在後，畢公㊿在左，史佚(51)在右，四子挾而維之。目見正容，耳聞正言，一日即位，天下曠然(52)，言其法度素定也。今陛下有成王之尊而無數子之佐，雖欲崇雍熙(53)，致太平，其可得乎？

7 「自去年已來，災譴(54)頻數，地坼天崩，高岸為谷(55)。脩身恐懼，則轉禍為福；輕慢天戒，則其害彌深。願陛下親自勞恤(56)，研精致思，勉求忠貞之臣，誅遠佞諂之黨，損玉堂(57)之盛，尊天爵(58)之重，割情欲之歡，罷宴私(59)之好。帝王圖籍，陳列左右，心存亡國所以失之，鑒觀興王所以得之，庶災害可息，豐年可招矣。」

8 書奏不省，而外戚寵臣咸畏惡之。

【章　旨】以上為〈翟酺傳〉的第一部分。記述翟酺的籍貫、特長、逃亡經歷、步入仕途，和以欺騙手段排除競爭對手從而獲取到尚書職位的情況，載錄了其所進呈的針砭時弊的奏疏。

【注　釋】❶廣漢雒　廣漢，郡名。治今四川廣漢北。雒，縣名。❷老子　即《道德經》。凡八十一章，五千言，為中國先秦道家學派的開山之作。❸圖緯　圖讖與緯書。圖讖以隱語形式預決興亡吉凶，有時帶圖，故稱圖讖。緯書指用神祕學說解釋儒家經典的書籍，此類書籍以輔翼經典的姿態出現，故稱緯書。❹日南　郡名。治今越南廣治省甘露河與廣治河合流處。❺長安　西漢京師所在地，即今陝西西安。❻卜相工　給人算卦相面的人。❼涼州　東漢十三州之一。治今甘肅張家川回族自治縣。❽尚書　尚書臺所屬官員的一種官稱。尚書臺又稱中臺，是東漢時專設的一個協助皇帝處理政務的機構，下分六曹，每曹均設尚書一人，各掌其事。尚書，意為執掌文書，秩低權重，為其特徵。詳見本書〈志第二十六・百官三〉。❾大夫六百石　大夫為文職散官和職事官的通稱，六百石為大夫的最低品秩。❿政事天文道術　均為東漢選拔官吏的考試科目。⓫高第　指優秀的等級。⓬太史令　官名。品秩為六百石，掌管天象觀測、曆法制定和時節禁忌等。⓭圖書有漢賊孫登　李賢注引緯書《春秋保乾圖》：「漢賊臣，名孫登，大形小口，長七尺九寸，巧用法，多技方，《詩》《書》不用，賢人杜口。」⓮中官　猶言宦官。⓯移病　呈遞文書稱病。亦即藉故求免之義。⓰安帝　東漢皇帝。名祜，卒諡孝安。詳見本書卷五。⓱宋貴人　章帝的群妃之一，被章德竇皇后誣以挾邪媚道而自殺。貴人，東漢六宮的一種稱號，地位僅次於皇后，佩金印紫綬。⓲元舅耿寶　元舅，大舅。耿寶，安帝生母耿貴人的兄長。襲封牟平侯，位至大將軍。安帝死後，在外戚爭奪權力的鬥爭中被貶自殺。⓳閻顯　安帝皇后閻姬的兄長。襲封北宜春侯，改封長社侯，與弟閻景、閻耀、閻晏並為卿校，典領禁兵。安帝死後與閻皇后擇立少帝，剷除耿氏家族，任車騎將軍，不久又在宦官發動的擁立順帝的宮廷政變中被殺，閻氏家族亦徹底覆滅。⓴微子佯狂而去殷　微子，商紂王的兄長。名開，因封於微地、位列子爵而稱微子。他被孔子視作「殷末三仁」之一，事跡主要見於《尚書・微子》及《史記・宋微子世家》。這裡說他「佯狂（裝瘋）」則與史實不符，佯狂者乃為箕子。㉑叔孫通背秦而歸漢　叔孫通，原為秦博士，在秦末天下大亂中投奔劉邦，為其制定禮儀，官太常、太子太傅。司馬遷稱之為漢家儒宗。《史記》卷九十九有傳。㉒不諱　即鼓勵直言。㉓雷同　隨聲附和、不分是非之義。《禮記・曲禮上》：「毋雷同。」鄭玄注：「雷之發聲，物無不同時應者。人之言，當各由己，不當然也。」㉔履祚　登上帝位。㉕竇鄧　竇，竇憲。鄧，和帝皇后鄧綏的家族成員。竇憲，為章帝竇皇后的兄長，和帝的非直系舅父。和帝時位至大將軍，權傾朝野。詳見本書卷二十三。〈孝和孝殤帝紀〉載：永元四年六月，「竇憲潛圖弒逆。庚申，幸北宮，詔收捕憲黨射聲校尉郭璜、璜子侍中舉、衛尉鄧疊、疊弟步兵校尉磊，皆下獄死。使謁者僕射收憲大將軍印綬，遣憲及弟篤、景就國，到皆自殺。」本傳所記則更為詳細。本書卷十有〈和熹鄧皇后傳〉，稱其臨朝聽政二十年，安帝實屬傀儡。卷二十三內載：安帝「建光元年，太后崩，未及大斂，帝復申前命，封騭為上蔡侯，位特進。帝少號聰敏，及長多不德，而乳母王聖見太后久不歸政，慮有廢置，常與中黃門李閏候伺左右。及太后崩，宮人先有受罰者，懷怨恚，因誣告悝、弘、閶先從尚書鄧訪取廢帝故事，謀立平原王得。帝聞，追怒，令有司奏悝等大逆無道，遂廢西平侯廣德、葉侯廣宗、西華侯忠、陽安侯珍、都鄉侯甫德皆為庶人。騭以不與謀，但免特進，遣就國。宗族皆免官，歸故郡，沒入騭等貲財田宅，徙鄧訪及家屬於遠郡。郡縣逼迫，廣宗及忠皆自殺。又徙封騭為羅侯，騭與子鳳並不食而死。騭從弟河南尹豹、度遼將軍舞陽侯遵、將作大匠暢皆自殺。」㉖紱　拴繫官印的絲帶，亦指官印。㉗神器　喻指上天授付的帝位。《道德經》：「天下神器，不可為也。為者敗之，執者失之。」㉘孤豚　比喻最可憐的角色。《莊子・列禦寇》：「或聘於莊子，莊子應其使曰：『子見夫犧牛乎？衣以文繡，食以芻菽。及其牽而入於太廟，欲為孤犢，其可得乎？』」㉙漸　即過程。㉚造化　指天地。㉛漢元　漢朝建立的第一天。㉜周洽　周遍；普遍。㉝九族　凡兩說：一說父族四、母族三、妻族二為九族；一說以自身為本位，往上推至四世高祖，往下推至四世玄孫為九族。㉞公室　王室；君主之家。㉟摧折　毀敗。㊱翕翕訾訾　形容左右隨順、得過且過的情狀。《詩・小旻》：「翕翕訾訾，亦孔之哀。」《毛傳》：「翕翕然患其上，訾訾然思不稱其上。」《爾雅》：「翕翕，訾訾，莫供職也。」㊲虎翼　給老虎添加的翅膀。比喻強暴勢力強上加強。《韓非子・難勢》：「故周書曰：毋為虎傅翼，將飛入邑，擇人而食之。夫乘不肖人於勢，是為虎傅翼也。」㊳孔子曰二句　李賢注：「《春秋保乾圖》曰：『臣功大者主威侵，權並族害己姦行，吐珠於澤，誰能不含。』諭君之權柄外假，則必競取以為己利，猶珠出於澤中，誰能不含取以為己寶也。吐猶出也。」㊴老子稱二句　見《道德經》。李賢注引河上公注：「利器謂權道也。理國權道，不可以示執事之臣。」㊵夫儉德之恭　意謂節儉是德行中最需要看重的一環。《左傳・莊公二十四年》載魯國大夫御孫曰：「儉，德之共也；侈，惡之大也。」共，通「恭」。恭敬。㊶露臺　露天臺榭。《漢書・文帝紀》：「孝文皇帝即位二十三年，宮室苑囿，車騎服御，無所增益。有不便，輒弛以利民。嘗欲作露臺，召匠計之，直百金。上曰：『百金，中人十家之產也。吾奉先帝宮室，嘗恐羞之，何以臺為？』」下文「上曰」云云，即由此另作表述而來。㊷皁囊　黑色的帛製口袋，用以裝放機密的上奏文書。《漢書・東方朔傳》：孝文皇帝「集上書囊，以為殿帷。」顏師古注：「集謂合聚也。」㊸錢貫　穿結銅錢的繩子。㊹帑藏　國庫的錢物儲備。㊺單盡　空竭；枯竭。單，通「殫」。盡。㊻卒　通「猝」。猛然；突然。

㊼成王　西周第二代國王。名誦，在位期間使西周王朝得到鞏固與發展，出現了禮興刑措、萬民和睦而頌聲大作的局面。歷史上把他和其子康王的治績稱為成康之治。事跡主要見於《尚書・金縢》、〈多方〉及《史記・周本紀》。㊽周公　西周初期的大政治家，魯國的始祖。名旦，為周文王第四子、武王之弟，因其采邑在周（今陝西岐山縣），故稱周公。成王時官任太師。事跡主要見於《尚書・周書》諸篇及《史記・周本紀》、〈魯周公世家〉。㊾邵公　通作「召公」。周王室的一個姬姓分支的代表人物，戰國燕國的始祖。名奭，食邑於召（今陝西岐山縣西南），故稱召公。成王時官任太保。事跡主要見於《尚書・召誥》及《史記・周本紀》、〈燕召公世家〉。㊿畢公　周文王庶子，戰國魏國的始祖。名高，因始封於畢（今陝西咸陽東北），故稱畢公。周公死後則繼任太師。事跡主要見於《尚書・顧命》及《史記・周本紀》、〈魏世家〉。51史佚　又作「尹逸」。西周初期著名的大臣。史或尹乃係官稱，佚或逸則為其名。曾主持武王滅商、建國開基的大典。詳見《逸周書・克殷》。52曠然　形容毫無阻礙，前途一片光明。53雍熙　和樂太平。54災譴　意謂上天以各種罕見的反常現象或嚴重的自然災害對人間王朝政治黑暗發出的警告與譴責。55高岸為谷　形容地表變形的劇烈情狀和程度。語出《詩・十月之交》。56勞恤　慰撫、救濟。57玉堂　嬪妃的住所。這裡借指寵妃。58天爵　由天子所封賜的官爵。語出《孟子・告子下》：「仁義忠信，樂善不倦，此天爵也；公卿大夫，此人爵也。」原謂道德修養高於所得官爵，此處意義不同。59宴私　指閒暇時間裡的所作所為。

【語　譯】翟酺，字子超，是廣漢郡雒縣人。家中四代傳習《詩》。翟酺喜好《老子》，更精通圖讖與緯書、天文和曆算。因替舅父報仇，按罪應被發配到日南郡，可他逃亡到長安，當了一名給人算卦相面的人，後來又在涼州放羊。遇上大赦返回故鄉。在本郡供職，被朝廷徵召任命為議郎，又升任侍中。

2　當時尚書員額出現空缺，皇帝下詔，責成大夫六百石以上的官員參加考試，對答政事、天文、道術方面的策問，用入選優秀等級的人來填補。翟酺依仗自己才能高，可又疑忌原太史令孫懿，惟恐他先被任用，於是就前去拜見孫懿。坐定後，一句話也不說，只管淚流滿面哭個不停。孫懿感到很奇怪，就問他原因，翟酺回答說：「圖讖上有個漢賊孫登，將因才幹智能被宦官所害。我觀看您的相貌，似乎正與此人應合。我受到您的恩待，只是為您的災禍痛心罷了！」孫懿聽後深感憂慮恐懼，就上書稱病，未去參加考試。由此翟酺對策獲得第一名，被授予尚書一職。

3 這時安帝剛剛親自掌理政事，追思感念祖母宋貴人，便對宋氏家族成員全部予以封賞。加上安帝大舅耿寶及皇后兄弟閻顯等人都依恃權勢作威作福。於是翟酺上疏勸諫說：

4 「臣下我聽說微子裝瘋而離開殷王室，叔孫通背叛秦朝而投奔漢王，這不是他們自己要疏遠本朝的君主，而是時勢不允許啊。臣下我蒙受異乎尋常的恩典，正趕上鼓勵直言的政局，怎敢跟在那些受寵的人後面隨聲附和，而在天地之間苟活呢！臣下我想，陛下順應天意登上帝位，正值國家重新興盛的契機，應當建立起太平的功業，可卻還沒聽到實現天下大治的措施。由於太遠的事情難以闡明其中的道理，請求允許我用最近的事情來做驗證。過去竇憲和鄧太后家族成員最受寵信的時候，權勢及於全國，身兼數職，金銀財物堆積得滿滿的，以致囂張到圖謀篡位，改換社稷。這難道不是因為權勢太大，才造成此類禍患的嗎？等到他們失敗，那就俯首在地，即使甘願成為世上最可憐的角色，怎麼能得到呢！獲得富貴未曾歷經一個過程，喪失掉也就必定在轉眼之間；獲得爵位卻不是憑藉道義得來的，禍殃也就必定迅速降臨。如今外戚深受寵幸，功績看上去簡直和天地創造萬物等同，這從漢朝建立以來，沒有能與目前情況相比擬的。陛下確實是仁德恩惠周遍，用以親睦九族，但官俸由王室發放變成了權臣發放，政權轉到了私家手上，外戚在重蹈覆轍，哪能沒有毀敗的那一天？然而朝臣各居其位，卻沒誰願意嚴正議論，只管得過且過，遞相依附幫腔。臣下我只怕威勢和權力交付給他人掌握，收回來就太難了，猛虎張開翅膀一飛，到最後便無法制服。所以孔子強調說『把寶珠放在湖澤中，誰能不去據為己有』，老子也宣稱『國家的權力，不可以交給他人』。這屬於最重要的關於安危的告誡，也是對國家社稷的深遠謀劃呀。

5 「節儉是德行中最需要看重的一環，國政必須把儉省放在重要的位置。因而漢文帝在露臺問題上愛惜百金的支出而不予修建，在帷帳裝飾上專用廢置的黑色帛製口袋來綴連。有人譏笑這太儉省，文帝說：『我為天下守財罷了，怎能隨意使用它們呢？』直至倉庫中的糧食多得發霉變質而不能食用，穿結銅錢的繩子朽斷而無法清點。如今從陛下開始執政以來，時間還不長，可費用與賞賜就已經難以計數了。聚斂天下的財富，卻積聚在沒有功勞的人家中，國庫儲備耗盡，民眾和物資凋敝傷殘，若出現突發事件，又會重重地向百姓徵收賦稅，而怨恨反叛既已產生，危險與動亂也就指日可待了。

6 「從前周成王掌理國政，周公在他前面，邵公在他後面，畢公在他左邊，史佚在他右邊，四個人夾輔維護他。他雙目看到的都是純正的面容，兩耳聽到的都是忠正的言論，一旦即位，整個天下都感到前途一片光明，這是說他那法度是平素就確立起來的。如今陛下您擁有周成王的尊貴地位卻沒有像周公那樣的幾位輔臣，雖然想國家和熙康寧，實現太平，哪能達到呢？

7 「自從去年以來，上天的災異譴告頻繁發生，地裂天崩，高岸變成深谷。如果修明自身品德，深感恐懼憂慮，就會把災禍轉化為吉福；倘若輕視慢待上天的懲戒，就會禍害越來越深重。願陛下對此親自補救，深刻思考，大力尋求忠貞的臣僚，誅除疏遠奸佞諂媚的奸黨，抑制后妃的貴盛，珍惜朝廷的官爵，割捨情欲的歡娛，止息閒暇時間的偏好。把怎樣稱帝稱王天下的圖籍，陳列在左右，心中存念國家之所以滅亡的根由，觀察借鑑帝王之所以興起的緣故，這樣災害就能夠止息，豐年就可以到來了。」

8 這通章疏奏上以後，未被理會，而外戚寵臣既怕他又恨他。

1 延光❶三年，出為酒泉❷太守。叛羌千餘騎徙敦煌❸來鈔郡界，酺赴擊，斬首九百級，羌眾幾盡，威名大震。遷京兆尹❹。順帝❺即位，拜光祿大夫，遷將作大匠❻。損省經用❼，歲息四五千萬。屢因災異，多所匡正❽。由是權貴共誣酺及尚書令❾高堂芝等交通屬託，坐減死❿歸家。復被章云酺前與河南張楷⓫等謀反，逮詣廷尉⓬。及杜真⓭等上書訟之，事得明釋。卒於家。

2 著援神⓮、鉤命⓯解詁十二篇。

3　初，酺之為大匠，上言：「孝文皇帝始置一經博士⑯，武帝⑰大合天下之書，而孝宣論六經⑱於石渠，學者滋盛，弟子⑲萬數。光武初興，愍其荒廢，起太學⑳博士舍、內外講堂，諸生橫巷，為海內所集。明帝時辟雍㉑始成，欲毀太學，太尉趙熹㉒以為太學、辟雍皆宜兼存，故並傳至今。而頃者頹廢，至為園採芻牧之處。宜更修繕，誘進後學。」帝從之。酺免後，遂起太學，更開拓房室，學者為酺立碑銘於學云。

【章　旨】以上為〈翟酺傳〉的第二部分。記述翟酺在安、順時期，地方與中央任內斬殺犯境羌兵、節省工程費用支出、倡修太學、撰寫緯書注解著作的四宗要事，以及連受權貴陷害被免職的遭遇。

【注　釋】❶延光　東漢安帝劉祜年號，西元一二二—一二五年。❷酒泉　郡名。治今甘肅酒泉市。❸敦煌　郡名。治敦煌縣（今甘肅敦煌西）。❹京兆尹　故京長安（今陝西西安）的行政長官。其品秩雖與各地郡守相同，俱為二千石，但職權和實際地位都在郡守之上。❺順帝　東漢皇帝。名保，卒諡孝順。詳見本書卷六。❻將作大匠　漢代二千石官，亦簡稱大匠。掌管宗廟、宮室、陵園等重要工程的建造。❼經用　指日常性的費用支出。❽匡正　糾正。李賢注引《益都耆舊傳》：「時詔問酺陰陽失序，水旱隔並，其設銷復興濟之本。酺上奏陳圖書之意曰：『漢四百年將有弱主閉門聽難之禍，數在三百年之間。斗歷改憲，宜行先王至德要道，奉率時禁，抑損奢侈，宣明質樸，以延四百年之難。』帝從之。」❾尚書令　尚書臺長官。其品秩為千石，掌管選署和上傳下達尚書六曹文書眾事。❿減死　減免死刑。⓫河南張楷　河南，指東漢河南尹所轄領的京師地區。治今河南洛陽東北。張楷，東漢儒士與術士。詳見本書卷三十六。⓬廷尉　漢代九卿之一。掌管重大案件和全國各地疑難案件的審判。兵獄同制，故稱廷尉。⓭杜真　東漢蜀地學者。李賢注引《益都耆舊傳》：「杜真字孟宗，廣漢綿竹人也。少有孝行，習《易》、《春秋》，誦百萬言。兄事同郡翟酺。酺後被繫獄，真上檄章救酺，繫獄笞六百，竟免酺難，京師莫不壯之。」⑭援神　全稱《孝經緯・援神契》。⑮鉤命　全稱《孝經緯・鉤命決》。以上二書，俱為漢代緯書的組成部分。⑯一經博士　學官之稱。此稱不見於《史記》、《漢書》。李賢注：「武帝建元五年，始置《五經》博士。文帝之時，未遑庠序之事。酺之此言，不知何據。」《漢書・楚元王傳》：「文帝時聞申公為《詩》最精，以為博士。」或與一經博士有關。⑰武帝　西漢皇帝。名徹，卒諡孝武，廟號世宗。事詳《史記・孝武本紀》、《漢書・武帝紀》。⑱六經　這裡指《五經》和《春秋穀梁傳》而言。⑲弟子　全稱博士弟子，又稱博士弟子員，為在太學聽博士授課的學生。李賢注：「昭帝時博士弟子員百人，宣帝末增倍之，元帝時詔無置弟子員，以廣學者，故言以萬數也。」⑳太學　設於京師的國家最高學府。西漢自武帝時始置太學，東漢採納翟酺這一建議後，太學大為發展。順帝時有二百四十房，一千八百五十室。質帝時，太學生達三萬人。㉑辟雍　西周王室所設大學之稱。東漢沿用。班固《白虎通義・辟雍》：「天子立辟雍何？所以行禮樂，宣德化也。辟者，璧也，象璧圓，又以法天，於雍水側，象教化流行也。辟之為言積也，積天下之道德也。雍之為言壅也，壅天下之殘賊，故謂之辟雍也。」㉒趙憙　東漢前期正身立朝的大臣。詳見本書卷二十六。

【語譯】安帝延光三年，翟酺從朝廷調到地方，就任酒泉太守。一千多名反叛的羌族騎兵從敦煌移動過來掠劫本郡，翟酺前去迎頭痛擊，斬獲九百顆首級，羌兵幾乎全被消滅，由此而威名大震。升任京兆尹。順帝即位後，任命他為光祿大夫，又升任將作大匠。任內節約日常性的費用支出，一年就省下四五千萬。他屢次利用奇異災象，對朝政提出許多匡正意見。因此權貴聯合誣陷翟酺與尚書令高堂芝等人相互勾結接受囑託，被處以減免死刑的罪過遣送回老家。又受到奏章的舉劾，稱說翟酺過去曾與河南張楷等人謀反，結果被逮捕押送到廷尉那裡。到杜真等人上書替他做申辯，事情才真相大白，免予追究。最後在家中去世。

2 著有《孝經緯・援神契解詁》和《孝經緯・鉤命決解詁》十二篇。

3 當初，翟酺在擔任將作大匠時，曾提建議說：「孝文皇帝開始設置一經博士，到武帝大規模聚合天下的圖書，而孝宣帝在石渠又論定《六經》，學習經書的人越來越多，在國家最高學府研習的弟子數以萬計。光武帝剛剛建國，哀憫經學荒廢，就興建太學博士舍和內外講堂，眾生員擠滿過道，成為全天下學子匯集的地方。明帝時才建成辟雍，準備毀棄太學，太尉趙憙認為太學、辟雍都應同時存在，因而一起傳續到現在。但最近已頹敗荒廢，乃至變成採摘野菜、放牧牲畜的處所。應該重新加以修繕，誘導激勵後來的學子。」順帝採納了這一建議。翟酺被免職後，朝廷便營建太學，進一步開闢拓展房舍屋室，眾學子於是在太學為翟酺刻立碑銘紀念他。

1 應奉，字世叔，汝南南頓❶人也。曾祖父順，字華仲，和帝時為河南尹❷、將作大匠，公廉約己，明達政事。生十子，皆有才學。中子❸疊，江夏❹太守。疊生郴，武陵❺太守。郴生奉。

2 奉少聰明，自為童兒及長，凡所經履❻，莫不暗記。讀書五行並下。為郡決曹史❼，行部❽四十二縣，錄囚徒❾數百千人。及還，太守備問之，奉口說罪繫姓名，坐狀❿輕重，無所遺脫，時人奇之。著漢書後序⓫，多所述載。大將軍梁冀⓬舉茂才⓭。

3 先是，武陵蠻詹山等四千餘人反叛，執縣令⓮，屯結連年。詔下公卿議，四府⓯舉奉才堪將帥。永興⓰元年，拜武陵太守。到官慰納，山等皆悉降散。於是興學校，舉仄陋⓱，政稱變俗。坐公事免。

4 延熹⓲中，武陵蠻復寇亂荊州⓳，車騎將軍馮緄⓴以奉有威恩，為蠻夷所服，上請與俱征。拜從事中郎㉑。奉勤設方略，賊破軍罷，緄推功於奉，薦為司隸校尉㉒。糾舉姦違，不避豪戚，以嚴厲為名。

及鄧皇后㉓敗，而田貴人㉔見幸，桓帝㉕有建立之議。奉以田氏微賤，不宜超登后位，上書諫曰：「臣聞周納狄女，襄王出居于鄭㉖；漢立飛燕，成帝胤嗣泯絕㉗。母后之重，興廢所因。宜思關雎㉘之所求，遠五禁㉙之所忌。」帝納其言，竟立竇皇后㉚。

及黨事㉛起，奉乃慨然以疾自退。追愍屈原㉜，因以自傷，著感騷㉝三十篇，數萬言。諸公多薦舉，會病卒。子劭。

【章旨】以上為〈應奉傳〉。記述應奉的籍貫、家世、記憶力極強的天賦、撰寫的史學著作，兩度平息武陵部族反叛和諫阻漢桓帝冊立寵妃為皇后的舉動，以及因統治集團內部矛盾加劇而辭官的政治抉擇與心態。

【注釋】❶汝南南頓　汝南，郡名。治今河南平輿北。南頓，縣名。治今河南項城西南。❷河南尹　東漢京師地區的行政長官。其地位高於各郡郡守。李賢注引華嶠《書》：「華仲少給事郡縣，為吏清公，不發私書。舉孝廉，尚書郎轉右丞，遷冀州刺史，廉直無私。遷東平相，賞罰必信，吏不敢犯。有梓樹生於廳事室上，事後母至孝，眾以為孝感之應。時竇憲出屯河西，刺史、二千石皆遣子弟奉賂遺憲。憲敗後，咸被繩黜，順獨不在其中，由是顯名。為將作大匠，視事五年，省費億萬。」❸中子　排行居中的兒子。❹江夏　郡名。治今湖北新洲西。❺武陵　郡名。治今湖南常德。❻經履　經歷；閱歷。李賢注引謝承《書》：「奉少為上計吏，許訓為計掾，俱到京師。訓自發鄉里，在路晝頓暮宿，所見長吏、賓客、亭長、吏卒、奴僕，訓皆密疏姓名，欲試奉。還郡，出疏示奉。奉云：『前食潁川綸氏都亭，亭長胡奴名祿，以飲漿來，何不在疏？』坐中皆驚。」又：「奉年二十時，嘗詣彭城相袁賀。賀時出行閉門，造車匠於內開扇出半面視奉，奉即委去。後數十年於路見車匠，識而呼之。」❼決曹史　司法部門的官吏。決曹，為漢代掌管刑事案件判決的機構。史，佐吏之稱。正曰掾，副曰屬。❽行部　意為巡視所轄區域，考核政績。❾錄囚徒　向在押犯人訊察斷獄情況，平反冤案，糾正錯案，或督辦久繫未決案。均由上級長官乃至皇帝來親自進行。錄，審查甄別的意思。❿坐狀　罪狀。⓫漢書後序　此書久佚。李賢注引袁山松《書》：「奉又刪《史記》、《漢書》及《漢記》三百六十餘年，自漢興至其時，凡十七卷，名曰《漢事》。」⓬大將軍梁冀　大將軍，原為漢代掌管領兵征伐之事的最高將領，後來變成文職的宰輔之官，又由榮譽稱號變成權勢極大的實職，多由外戚充任。梁冀，東漢一手援立沖帝、質帝、桓帝的外戚權臣。詳見本書卷三十四。⓭茂才　漢代選拔官吏的科目之一。原稱秀才，避光武帝名諱改。⓮縣令　一縣長官。漢制，縣萬戶以上為縣令，不滿萬戶為縣長。⓯四府　三公府與大將軍府的合稱。府，謂其所辟設的官署。⓰永興　東漢桓帝劉志年號，西元一五三—一五四年。⓱仄陋　處於偏僻地區或社會底層的賢人賢才。⓲延熹　東漢桓帝年號，西元一五八—一六七年。⓳荊州　東漢所劃分的十三州之一。治今湖南常德東北。⓴車騎將軍馮緄　車騎將軍，武官名號，地位比同公一級，掌管征伐叛逆者。馮緄，東漢後期的高級將領。詳見本書卷三十八。㉑從事中郎　將軍的散職官屬，職責是參與軍事謀議，品秩為六百石。李賢注引謝承《書》：「時詔奉曰：『蠻夷叛逆作難，積惡放恣，鑊中之魚，火熾湯盡，當悉燋爛，以刷國恥。朝廷以奉昔守南土，威名播越，故復式序重任。奉之廢興，期在於今。賜奉錢十萬，駮犀方具劍、金錯把刀劍、革帶各一。奉其勉之。』」㉒司隸校尉　簡稱司隸，漢代京師地區的監察官。秩比二千石，負責督察朝中百官和京師地區的非法活動。由統領一千二百人組成的一支武裝隊伍而得名。東漢十三州中，以京師七郡為司隸部，但其地位高於其他諸州，司隸權力亦遠非刺史可比。㉓鄧皇后　桓帝冊立的第一位皇后。名猛女，在後宮爭鬥中被廢黜，憂懼而死。詳見本書卷十。㉔田貴人　桓帝寵愛的一個妃子。㉕桓帝　東漢皇帝。名志，卒諡孝桓。詳見本書卷七。㉖周納狄女二句　周指東周而言，狄女謂狄族部落首領的女兒，其被納為王后之後稱隗氏。襄王為東周第六代國王，鄭指鄭國。《左傳．僖公二十四年》：「夏，狄伐鄭取櫟。王德狄人，將以其女為后。富辰諫曰：『不可。臣聞之曰：報者倦矣，施者未厭。狄固貪惏，王又啟之。女德無極，婦怨無終，狄必為患。』王又弗聽。」「秋，頹叔、桃子奉大叔以狄師伐周，大敗周師，獲周公忌父、原伯、毛伯、富辰。王出適鄭，處於氾。」㉗漢立飛燕二句　飛燕為西漢成帝趙皇后的名號。因她擅長歌舞，體輕如燕，故名飛燕。見《漢書．外戚列傳》。成帝為西漢皇帝，名驁，卒諡孝成。《漢書．成帝紀》載：趙飛燕姐妹二人「貴傾後宮」，「顓寵十餘年，卒皆無子」。㉘關雎　《詩．國風》的第一首詩。其在漢代被視為「四始」的首要組成部分，主題思想則被《詩・序》解釋為：「關雎，后妃之德也。樂得淑女以配君子，憂在進賢，不淫其色，哀窈窕，思賢才而無傷善之心焉，是〈關雎〉之義也。」㉙五禁　指對五種家族的女子不能聘娶的禮教規定。《大戴禮記・本命》：「女有五不取：逆家子不取，亂家子不取，世有刑人不取，世有惡疾不取，喪婦長子不取。逆家子者為其逆德也，亂家子者為其亂人倫也，世有刑人者為其棄於人也，世有惡疾者為其棄於天也，喪婦長子者為其無所受命也。」又李賢注引《韓詩外傳》：「婦人有五不娶：喪父之長女不娶，為其不受命也；世有惡疾不娶，棄於天也；世有刑人不娶，棄於人也；亂家女不娶，類不正也；逆家子不娶，廢人倫也。」㉚竇皇后　桓帝冊立的第二位皇后。名妙，為大將軍竇武之女。詳見本書卷十。㉛黨事　史稱黨錮之禍。指發生在桓、靈在位時期官僚士大夫反對宦官專權而遭禁錮的政治事件。這一事件延續十幾年，直至黃巾之亂後方告結束。黨是宦官對官僚士大夫集團的稱謂，即團夥、幫派之義。詳見本書卷六十七。㉜屈原　戰國時代的偉大愛國詩人。其代表作〈離騷〉等至今仍完整保存並廣為傳誦。見《史記》卷八十四。㉝感騷　原作已佚。

【語譯】應奉，字世叔，是汝南郡南頓縣人。他的曾祖父應順，字華仲，在和帝時相繼擔任河南尹、將作大匠，公正廉潔，約束自己，熟悉政事。生有十個兒子，個個都有才幹學識。排行居中的應疊，官至江夏太守。應疊生應郴，官至武陵太守。應郴生應奉。

2　應奉從小就特聰明，自兒童時代到長大成人，凡是親身經歷過的事情，沒有一件不暗暗牢記在腦海中的。讀書一眼同時連看五行字。在擔任本郡決曹史時，巡察所在轄區四十二個縣，審斷甄別囚徒上千人。到他回來後，太守詳細詢問情況，應奉出口述說罪犯和在押人員的姓名，罪狀的輕重，沒有一個被遺漏的，當時人對此深感驚奇。他還編著《漢書後序》，載述了許多史實。大將軍梁冀把他保舉為茂才。

3　在此以前，武陵蠻詹山等四千多人反叛，抓起縣令，連年屯營紮寨，相互聯絡。朝廷下詔給公卿，商議對策，四府聯合推舉應奉有才幹可以擔當將帥。桓帝永興元年，委任他為武陵太守。到任之後，通過慰撫收納，詹山等全都歸降散去。於是興辦學校，選用被埋沒的賢才，在施政上被譽為改變了當地的習俗。後因公事被免職。

4　到桓帝延熹年間，武陵蠻又重新作亂，劫掠荊州，車騎將軍馮緄鑑於應奉對蠻夷有恩德，被蠻夷所敬服，就向上請求與他共同去征討。應奉隨後被任命為從事中郎。他積極籌劃方略，到攻破叛賊、回軍以後，馮緄把功勞歸在應奉身上，推薦他出任司隸校尉。他糾察舉奏奸惡違法的人，不迴避勢力強大的皇親國戚，以嚴厲著稱。

5 到鄧皇后被廢黜以後，田貴人受到寵幸，桓帝有將她立為皇后的意向。應奉認為田氏出身低微貧賤，不應一下子就登上皇后的寶座，就上書勸諫說：「臣下我聽說東周王室納取狄女為王后，結果襄王出奔到鄭國；漢朝冊立趙飛燕為皇后，成帝斷絕了後嗣。母后地位重要，關係到國家的興亡。應當思索〈關雎〉詩所求取的對象，遠離五禁中所忌諱的女子。」桓帝接受了這一勸諫，最後冊立了竇皇后。

6 黨錮事件發生，應奉便深感憤慨，拿疾病作藉口自動退職。他追思憫惜屈原，由此自我感傷，便撰寫《感騷》，共計三十篇，好幾萬字。眾位公卿大都薦舉他，但正趕上他患病去世了。其子為應劭。

1 劭字仲遠。少篤學，博覽多聞。靈帝❶時舉孝廉❷，辟車騎將軍何苗掾❸。

2 中平❹二年，漢陽❺賊邊章、韓遂與羌胡為寇，東侵三輔❻，時遣車騎將軍皇甫嵩❼西討之。嵩請發烏桓❽三千人。北軍中候❾鄒靖上言：「烏桓眾弱，宜開募鮮卑❿。」事下四府，大將軍掾韓卓議，以為「烏桓兵寡，而與鮮卑世為仇敵，若烏桓被發，則鮮卑必襲其家。烏桓聞之，當復棄軍還救。非唯無益於實，乃更沮三軍之情。鄒靖居近邊塞，究其態詐。若令靖募鮮卑輕騎五千，必有破敵之效」。劭駮之曰：「鮮卑隔在漠北，犬羊為群，無君長之帥，廬落⓫之居，而天性貪暴，不拘信義，故數犯障塞，且無寧歲。唯至互市⑫，乃來靡服⑬。苟欲中國珍貨，非為畏威懷德。計獲事足，旋踵為害。是以朝家⑭外而不內，蓋為此也。往者匈奴反叛，度遼將軍⑮馬續、烏桓校尉⑯王元發鮮卑五千餘騎，又武威⑰太守趙沖亦率鮮卑征討叛羌。斬獲醜虜⑱，既不足言，而鮮卑越溢，多為不法。裁以軍令，則忿戾作亂；制御小緩，則陸掠⑲殘害。劫居人，鈔商旅，啗人牛羊，略人兵馬。得賞既多，不肯去，復欲以物買鐵。邊將不聽，便取縑帛聚欲燒之。邊將恐怖，畏其反叛，辭謝撫順，無敢拒違。今狄寇未殄⑳，而羌為巨害，如或致悔，其可追乎？臣愚以為可募隴西㉑羌胡守善不叛者，簡其精勇，多其牢賞㉒。太守李參沈靜有謀，必能獎厲得其死力。當思漸消之略，不可倉卒望也。」韓卓復與劭相難反覆。於是詔百官大會朝堂，皆從劭議。

3 三年，舉高第，再遷，六年，拜太山㉓太守。初平㉔二年，黃巾㉕三十萬眾入郡界。劭糾率文武連與賊戰，前後斬首數千級，獲生口㉖老弱萬餘人，輜重二千兩㉗，賊皆退卻，郡內以安。興平㉘元年，前太尉曹嵩㉙及子德從琅邪㉚入太山，劭遣兵迎之，未到，而徐州牧陶謙㉛素怨嵩子操㉜數擊之，乃使輕騎追嵩、德，並殺之於郡界。劭畏操誅，棄郡奔冀州牧袁紹㉝。

【章旨】以上為〈應劭傳〉的第一部分。記述應劭的初期仕履、對平定西北叛亂所抱持的摒棄鮮卑而調發隴西良善羌胡的動議，在郡守任內擊敗黃巾軍餘部的政績，自行棄職而奔往冀州的緣由。

【注釋】❶靈帝　東漢皇帝。名宏，卒諡孝靈。詳見本書卷八。❷孝廉　漢代選拔官吏的科目之一。得入此選者，往往躋身尚書郎的行列。❸何苗掾　何苗，靈帝何皇后的兄弟。本書無傳。掾，在將軍府掌管一曹事務的長官。❹中平　東漢靈帝劉宏年號，西元一八四－一八九年。❺漢陽　郡名。由天水郡改稱而來，治今甘肅甘谷東。❻三輔　京兆尹、左馮翊、右扶風的合稱。指故京長安地區而言。始由漢武帝設置，相當於三個郡，承擔拱衛京師之責，故用「輔」字稱之。❼皇甫嵩　東漢後期的高級將領。詳見本書卷七十一。❽烏桓　亦作「烏丸」。東胡部落之一，因遷至烏桓山（今內蒙古阿魯科爾沁旗北，即大興安嶺山脈南端）而以山名作為族號。其後繼續內徙，至東漢主要分布在東起遼東、西至朔方的沿邊十郡之內，助漢抗擊匈奴及鮮卑。詳見本書在卷九十。❾北軍中候　武官名。品秩為六百石，掌監北軍五營。北軍，在東漢屬於由五校尉指揮的禁衛軍。❿鮮卑　東胡部落之一，因遷至鮮卑山（今內蒙古科爾沁右翼中旗西）而以山名作為族號。南鄰烏桓，至東漢陸續占領匈奴故地，並向塞內移動，對漢時降時叛。⓫廬落　氈帳；廬帳。⓬互市　雙方在邊塞地區展開的互通有無的貿易活動。⓭靡服　順服；歸從。⓮朝家　猶言國家。⓯度遼將軍　武官名號。其品秩為二千石，專掌衛護南單于，所領兵營則稱度遼營，駐紮在五原曼柏縣。⓰烏桓校尉　全稱護烏桓校尉，秩比二千石，掌管漢王朝對烏桓的賞賜以及質子、關市等事務。其駐地當時在上谷寧城（今河北宣化）。⓱武威　郡名。治今甘肅武威。⓲醜虜　一種蔑稱，意為眾多的俘虜。醜，眾多。⓳陸掠　擄掠。⓴殄　滅絕。㉑隴西　郡名。治今甘肅臨洮。㉒牢賞　牢，軍餉。賞，犒賞的物品。李賢注：「牢，稟食也。」㉓太山　郡名。治今山東泰安東。㉔初平　東漢獻帝年號，西元一九〇－一九三年。㉕黃巾　對東漢末期農民軍的稱謂。由太平道首領張角組織發動，以其所屬部眾頭裹黃巾作為標幟，席捲全國，自靈帝中平元年（西元一八四年）一直延續到獻帝建安中葉，長達二十餘年。不僅使東漢王朝名存實亡，也促成了各地軍閥乘機崛起、連年混戰的局面，直至三國鼎立，方告一階段。㉖生口　俘虜。㉗兩　「輛」的古字。㉘興平　東漢獻帝劉協年號，西元一九四－一九五年。㉙曹嵩　曹操的父親。事跡略見於本書卷七十八、《三國志・魏書・武帝操》裴松之注。㉚琅邪　封國名。治今山東臨沂北。㉛徐州牧陶謙　徐州，東漢十三州之一。治今山東郯城。牧，領轄之義，實即刺史的別稱。陶謙，東漢後期的地方要員。本書卷七十三和《三國志・魏書八》有傳。㉜操　即曹操。其為三國魏政權的奠基人和建安文學的傑出代表。事跡詳見《三國志・魏書・武帝操》。㉝冀

州牧袁紹　冀州，東漢十三州之一。治今河北臨漳西南。袁紹，東漢末葉擁兵自重的地方軍閥，名門顯貴袁氏家族的重要成員。其在官渡之戰中被曹操擊敗。本書卷七十四和《三國志・魏書六》有傳。

【語　譯】應劭，字仲遠。他從小時候就專心學習，廣泛閱覽，掌握許多知識。靈帝時被保舉為孝廉，又被徵召為車騎將軍何苗的屬吏。

2　靈帝中平二年，漢陽郡盜賊邊章、韓遂與羌胡進行抄掠，向東侵入三輔地區。當時派遣車騎將軍皇甫嵩向西進發，討伐他們。皇甫嵩請求調發烏桓三千人助戰。北軍中候鄒靖發表意見說：「烏桓部眾戰鬥力差，應該招募鮮卑人。」這件事被交付給四府討論，大將軍屬吏韓卓提出看法，認為「烏桓兵力很少，又與鮮卑世代結為仇敵，如果烏桓被調發，那麼鮮卑必定會去襲擊他們的居住地。烏桓聽到這一消息，就會丟棄大軍又回兵營救。不僅對戰事無益，反而會進一步挫傷三軍的士氣。鄒靖駐地靠近邊塞，了解那裡的變詐情形。如果命令鄒靖招募五千名鮮卑輕騎兵，肯定會收到破敵的效果」。應劭反駁韓卓的看法說：「鮮卑遠在漠北，像犬羊那樣結隊成群，沒有君長的統領，住的是氈帳，天性又貪婪殘暴，不守信義，所以屢屢侵犯邊塞，沒有寧靜的歲月。只有到了雙方展開貿易活動的時候，才前來歸順。只想僥倖得到中原的珍寶，並不是懼怕天威感念恩德。欲望得到滿足、事情辦完之後，抬腳便又為害。因此國家把他們拒之國內之外而不許其內附，大概就因為這一緣故吧。從前匈奴反叛，度遼將軍馬續、烏桓校尉王元調發五千多名鮮卑輕騎兵，又有武威太守趙沖也率領鮮卑征討過反叛的羌族部落。斬殺俘獲對方部眾，本來就不值得一提，可鮮卑卻超越法度逞驕橫，幹出許多違法的事情。拿軍令制裁他們，他們就憤恨作亂；控制稍一鬆弛，他們便又擄掠殘害。搶劫居民，劫奪商旅，吃人牛羊，搶人兵器馬匹。已經得到眾多的賞賜，卻不肯離去，又想用東西買鐵。邊將不允許這樣做，他們就取來絲織賞賜品堆在一起要燒掉。邊將恐怖，害怕他們反叛，就說好話去安撫，不敢拒絕違背。現今狡詐的賊寇尚未滅絕，而羌族部落也構成巨大的禍害，如果由此釀成後悔的蠢事，還能補救嗎？臣下我愚昧地認為，可以招募隴西郡內恪守良善而不背叛的羌胡，挑選其中精悍勇猛的人，對他們多發軍餉和犒賞物品。而本郡太守李參沉穩鎮靜，頗有謀略，一定能獎勵得法，使他們拼死效力。朝廷應當考慮逐步消滅賊寇的方略，不能希望迅速解決問題。」韓卓又與應劭反覆詰難。於是靈帝下詔，命令百官在朝堂會合集議，結果都同意應劭的主張。

3 靈帝中平三年，應劭在保舉中考入優秀的行列，又得到升遷，六年，出任太山太守。獻帝初平二年，黃巾軍三十萬部眾攻入本郡轄區之內。應劭聚集率領手下的文官武將連續與賊寇交戰，前後斬殺數千顆首級，活捉俘虜和老弱人等一萬多人，繳獲各類物資的運輸車二千輛，賊寇於是全都退走，本郡因此得以平安。獻帝興平元年，前太尉曹嵩和他的兒子曹德從琅邪國進入太山郡，應劭派兵去迎接，尚未到達時，徐州牧陶謙因為一向怨恨曹嵩的兒子曹操多次攻打他，就派輕騎兵追趕曹嵩、曹德，把他們一起殺死在太山郡轄區內。應劭害怕曹操誅殺他，便丟棄太守的職位，投奔到冀州牧袁紹那裡。

1 初，安帝時河間❶人尹次、潁川❷人史玉皆坐殺人當死，次兄初及玉母軍並詣官曹求代其命，因縊而物故。尚書陳忠❸以罪疑從輕，議活次、玉。劭後追駁之，據正典刑，有可存者。其議曰：

2 「尚書稱『天秩有禮，五服五章哉。天討有罪，五刑五用哉』❹。而孫卿亦云『凡制刑之本，將以禁暴惡，且懲其末也。凡爵列、官秩、賞慶、刑威，皆以類相從，使當其實也』❺。若德不副位，能不稱官，賞不酬功，刑不應罪，不祥莫大焉。殺人者死，傷人者刑，此百王之定制，有法之成科❻。高祖入關，雖尚約法，然殺人者死，亦無寬降。夫時化則刑重，時亂則刑輕。書曰『刑罰時輕時重』[7]，此之謂也。

3 「今次、玉公以清時釋其私憾，阻兵安忍[8]，僵尸道路。朝恩在寬，幸至冬獄[9]，而初、軍愚狷[10]，妄自投斃。昔召忽親死子糾之難，而孔子曰『經於溝瀆，人莫之知』[11]。朝氏之父非錯刻峻，遂能自隕其命，班固亦云『不如趙母指括以全其宗』[12]。傳曰『僕妾感慨而致死者，非能義勇，顧無慮耳』[13]。夫刑罰威獄，以類天之震燿殺戮也；溫慈和惠，以放[14]天之生殖長育也。是故春一草枯則為灾，秋一木華[15]亦為異。今殺無罪之初、軍，而活當死之次、玉，其為枯華，不亦然乎？陳忠不詳制刑之本，而信一時之仁，遂廣引八議[16]求生之端。夫親故賢能功貴勤賓[17]，豈有次、玉當罪之科哉？若乃小大以情[18]，原心定罪[19]，此為求生，非謂代死可以生也。敗法亂政，悔其可追。」

4 劭凡為駮議三十篇，皆此類也。

5 又刪定律令為漢儀[20]，建安[21]元年乃奏之。曰：「夫國之大事，莫尚載籍[22]。載籍也者，決嫌疑[23]，明是非，賞刑之宜，允獲厥中[24]，俾後之人永為監焉。故膠西相董仲舒[25]老病致仕[26]，朝廷每有政議，數遣廷尉張湯[27]親至陋巷，問其得失。

於是作春秋決獄(28)二百三十二事，動以經對，言之詳矣。逆臣董卓(29)，蕩覆王室，典憲焚燎，靡有孑遺(30)，開辟(31)以來，莫或茲酷。今大駕東邁，巡省許都(32)，拔出險難，其命惟新(33)。臣累世受恩，榮祚(34)豐衍，竊不自揆，貪少云補，輒撰具(35)律本章句、尚書舊事、廷尉板令、決事比例、司徒都目、五曹詔書(36)及春秋斷獄凡二百五十篇。蠲去復重，為之節文(37)。又集駁議三十篇，以類相從，凡八十二事。其見漢書(38)二十五，漢記(39)四，皆刪敘潤色，以全本體。其二十六，博採古今瓌瑋(40)之士，文章煥炳(41)，德義可觀。其二十七，臣所創造。豈繄(42)自謂必合道衷(43)，心焉憤邑(44)，聊以藉手(45)。昔鄭人以乾鼠為璞，鬻之於周(46)；宋愚夫亦寶燕石，緹緗十重(47)。夫覩之者掩口盧胡(48)而笑，斯文(49)之族，無乃類旃(50)。左氏實云雖有姬姜絲麻，不棄憔悴菅蒯，蓋所以代匱也(51)。是用敢露頑才，廁于明哲之末。雖未足綱紀國體，宣洽時雍(52)，庶幾觀察，增闡(53)聖聽。惟因萬機之餘暇，游意省覽焉。」獻帝(54)善之。

6 二年，詔拜劭為袁紹軍謀校尉(55)。時始遷都於許，舊章堙沒，書記(56)罕存。劭慨然歎息，乃綴集所聞，著漢官禮儀故事(57)，凡朝廷制度，百官典式(58)，多劭所立。

【章　旨】以上為〈應劭傳〉的第二部分。記述應劭編纂《駮議》和《漢儀》、《漢官禮儀故事》等書籍的動機、體例、主要內容，及所產生的效用。

【注　釋】❶河閒　封國名。治今河北獻縣東南。❷潁川　郡名。治今河南禹州。❸陳忠　東漢後期以法學傳家的官員。詳見本書卷四十六。❹尚書稱四句　尚書，儒家《五經》之一，實乃現存最早的中國古代文告檔卷的彙編。其通行本則為《今文尚書》和《偽古文尚書》的混合體，而以《今文尚書》二十八篇可信度較高。此處所引四句經文，出自〈皋陶謨〉。五服指天子、諸侯、卿、大夫、士的五等禮服。五章意謂借助禮服等級分別彰明他們的德行大小和地位高低。五刑指墨（刺面）、劓（割鼻）、刖（砍腳）、宮（破壞生殖器）、大辟（斬首）的五種不同的刑罰。五用意謂按照罪行輕重分別予以懲治和施用。❺孫卿亦云六句　孫卿，即戰國思想家荀況。漢代因避孝宣帝劉詢之名諱而將其「荀」姓改成「孫」字。《史記》卷七十四有傳。這裡所引述的六句話，乃係摘錄《荀子・正論》中的語句綴連而成，且有變動之處。❻成科　固有的法律條文。❼書曰刑罰時輕時重　本於《尚書・呂刑》：「刑罰世輕世重，惟齊非齊，有倫有要。」❽阻兵安忍　依仗武力，習慣於殘忍。《左傳・隱公四年》載魯大夫眾仲曰：「夫州吁，阻兵而安忍。」❾冬獄　到冬季予以處決。❿愚狷　愚昧執拗。⓫昔召忽三句　召忽為春秋前期齊國的大夫，子糾為齊桓公的兄長。在兄弟二人爭奪國君繼承權的鬥爭中，子糾被追殺，召忽身為子糾師傅亦為之殉難。《左傳・莊公九年》：九月「乃殺子糾於生竇。召忽死之。」《論語・憲問》記載孔子評論管仲之語：「豈若匹夫匹婦之為諒也，自經於溝瀆而莫之知也。」漢代儒者認為這是孔子特就召忽之舉而發。諒，意為不值得稱道的信義。自經，即自縊。⓬朝氏之父三句　朝氏亦寫作「晁氏」或「鼂氏」。錯，鼂錯。為漢景帝時的御史大夫。《漢書》卷四十九載：鼂錯為人峭直刻深，號曰智囊。其「所更令三十章，諸侯讙譁。錯父聞之，從潁川來，謂錯曰：『上初即位，公為政用事，侵削諸侯，疏人骨肉，口讓多怨，公何為也？』錯曰：『固也。不如此，天子不尊，宗廟不安。』父曰：『劉氏安矣而鼂氏危，吾去公歸矣。』遂飲藥死，曰：『吾不忍見禍逮身。』」班固在本傳末尾所作〈贊〉：「鼂錯銳於為國遠慮，而不見身害。其父睹之，經於溝瀆，亡益救敗，不如趙母指括以全其宗。」趙母，戰國趙國名將趙奢之妻，為趙括之母。趙括只會紙上談兵，在長平之戰中使四十萬趙軍被秦將白起坑殺，本人亦被射死。《史記・廉頗藺相如列傳》：「括將行，其母上書言於王曰：『括不可使將。』王曰：『何以？』對曰：『其父子異心，願王勿遣。』王曰：『母置之。吾已決矣。』括母因曰：『王終遣之，即有如不稱，妾得無隨坐乎？』王許諾。」戰後「趙王亦以括母先言，竟不誅也。」⓭傳曰三句　傳指古書而言。顧，只是之義。語本《史記・季布欒布列傳》司馬遷語：「夫婢妾賤人感慨而自殺者，非能勇也，其計畫無復之耳。」⓮放　通「仿」。仿效；仿照。自此以上三句，係本《左傳・昭公二十五年》鄭國大夫游吉（子大叔）對答趙簡子之語為說。⓯華　開花之義。⓰八議　又稱「八辟」。指對貴族犯罪區分情況而予以減刑或免刑處理的特權規定。⓱親故賢能功貴勤賓　八議的具體對象。親，王朝宗室。故，君主故舊。賢，具有德行的人。能，身懷道藝的人。功，建立重大功勳的人。貴，社會地位高貴的人。勤，辛勞致力國事的人。賓，本朝之前已被遞相取代的兩個朝代的後裔。⓲情　謂實際情況。《左傳・莊公十年》載莊公曰：「小大之獄，雖不能察，必以情。」⓳原心定罪　推究當事人的犯罪動機和具體情節來判罪量刑。《漢書・薛宣傳》：「《春秋》之義，原心定罪。」顏師古注：「原謂尋其本也。」⓴漢儀　此書久佚。㉑建安　東漢獻帝年號，西元一九六—二二〇年。㉒載籍　典籍。㉓嫌疑　指疑惑不明的事理。㉔中　最適中的尺度或最恰當的標準。㉕膠西相董仲舒　膠西，封國之名。治今山東高密西南。相，由中央派往封國輔助諸侯王料理政務的官員，如同郡守。董仲舒，西漢儒學大師，《春秋公羊》學的代表人物。《史記》卷一二一、《漢書》卷五十六有傳。㉖致仕　離職退休。㉗張湯　西漢以嚴酷苛刻著稱的司法大臣。《史記》卷一二二、《漢書》卷五十九有傳。㉘春秋決獄　又稱《春秋決事》。原書已佚，今有清人輯本行世。事指案例而言。其決獄或決事主旨則在於悉以《春秋》經義為依據，斷定是否犯罪和如何判刑。㉙董卓　東漢末葉擁兵擅政的權臣。本書卷七十二和《三國志・魏書六》有傳。㉚子遺　遺留；殘存。㉛開辟　開天闢地。即人類開始誕生之際。㉜許都　許縣。位於今河南許昌東。建安元年（西元一九六年）曹操挾持獻帝建都於此，故稱許都。㉝其命惟新　意謂國運煥然一新。《詩・文王》：「周雖舊邦，其命維新。」鄭箋：「大王聿來胥宇而國於周，王跡起矣，而未有天命，至文王而受命。言新者，美之也。」㉞榮祚　功名利祿。㉟撰具　編定；撰就。㊱律本章句　以上六書均已失傳。後二書中所謂司徒，亦即丞相。因其總領綱紀，佐理萬機，故有「都目」之稱，意為政務綱目。五曹，則緣於西漢成帝始置尚書員五人，分為常侍曹，二千石曹，戶曹，主客曹，三公曹。㊲節文　縮減文字的意思。㊳漢書　又稱《前漢書》，中國第一部紀傳體斷代史。東漢班固撰。凡一百卷，由十二帝紀、八表、十志、七十列傳組成，記述西漢一代史事。㊴漢記　即《東觀漢記》。為記載東漢歷史的紀傳體官修史書。原共一百四十二篇，與《史記》、《漢書》合稱三史，後散佚。今有輯本行世。㊵瓌瑋　謂才能卓異。㊶煥炳　形容文采明麗。㊷緊　指示代詞「是」，猶今言「這」。㊸道衷　治國之道的恰切點。㊹憤邑　憤恨憂鬱。邑，通「悒」。㊺藉手　借人之手以為己助，猶言借助。㊻昔鄭人二句　意為不辨虛實。《尹文子・大道下》：「鄭人謂玉未理者為璞，周人謂鼠未臘者為璞。周人懷璞謂鄭賈曰：「欲買璞乎？」鄭賈曰「欲之。」出其璞視之，乃鼠也，因謝不取。」李賢注：「《戰國策》亦然。今此乃云『鄭人以乾鼠為璞』，便與二說不同。此云『乾鼠』，彼云『未臘』，事又差舛。」[47]宋愚夫二句　意為不識真假。燕石，燕山出產的一種類似玉的石頭。緹緗，赤色的厚繒。李賢注引《闕子》：「宋之愚人得燕石梧臺之東，歸而藏之，以為大寶。周客聞而觀之，主人父齋七日，端冕之衣，釁之以特牲，革匱十重，緹巾十襲。客見之，俛而掩口盧胡而笑曰：『此燕石也，與瓦甓不殊。』主人父怒曰：『商賈之言，豎匠之心。』藏之愈固，守之彌謹。」[48]盧胡　笑聲從喉嚨間發出來，即暗自發笑。[49]斯文　具有文化修養之義。[50]旃　「之焉」的合音字。[51]左氏實云三句　實為語助詞，無實義。語採《左傳・成公九年》所載君子曰：「《詩》云：『雖有絲、麻，無棄菅、蒯。雖有姬、姜，無棄蕉萃。凡百君子，莫不代匱。』言備之不可以已也。」這裡所引用的六句詩，不見於《詩經》，乃係逸詩。其中絲、麻代表上等物料，菅、蒯則為多年生草本植物，古人以之編席製鞋，代表下等物料。姬、姜分別為黃帝、炎帝之姓，用來代表雍容華貴的貴族婦女。蕉萃，憔悴。形容面色難看，用來代表醜陋卑賤的女子。代匱，意謂或缺此，或缺彼。[52]時雍　和平興盛之義。[53]增闡　增廣。[54]獻帝　東漢最後一位皇帝。名協，實係權臣手中的傀儡，卒諡孝獻。詳見本書卷九。[55]軍謀校尉　官名。本書僅此一見，司馬彪〈百官志〉亦付諸闕如。其職掌顧名思義，當為參議軍事。[56]書記　指各種文字記載。[57]漢官禮儀故事　此書久佚。今有清人輯本傳世。[58]典式　典禮儀式。

【語　譯】起初，安帝時河間人尹次、潁川人史玉都犯下殺人罪應當處死，尹次的哥哥尹初以及史玉的母親名「軍」的這位老太婆一起到官府司法部門請求代替他二人去償命，隨後便自縊身亡。尚書陳忠根據經典中疑難案件應從輕處罰的原則，提出對尹次、史玉免除死刑的動議。應劭後來反駁糾正這種動議，其中對怎樣依據國家刑法正確進行判決，還有可以保存下來做參考的地方。他那駁正意見說：

2

《尚書》強調『皇天對具有德行的人做出安排，通過五等禮服來分別彰明他們的大小德行；上天懲罰犯罪的人，運用五種刑法來分別對他們的罪過進行處治』。孫卿也說『但凡制定刑法的目的，都是用來禁止兇暴奸惡的行為，並且懲治那些輕微的罪過。凡是爵位等級、官職品秩、賞賜多少、刑罰輕重，都按類別依次排定，使它們符合各自的實際情形』。如果德行與爵位不相符合，才能與官職不相對應，賞賜與功勞存在差距，刑罰與罪過相去太遠，那就沒有比這更大的社會政治危機了。殺人者要處死，傷人者要判刑，這是歷代帝王既定的制度和法律固有的條文。高祖進入函谷關，雖然崇尚法律簡明，但對殺人者要處死這一條，也沒做出寬容或降低的規定。在教化大行的時代，刑罰就重；在社會動亂的時代，刑罰就輕。《尚書》中說『刑罰要隨著時代的不同而有輕有重』，講的就是這個意思。

3 「如今尹次、史玉公然在政治清平的時代發洩他們的個人私憤，依仗武力，殘忍成性，使被害人在道路上屍體僵臥。朝廷的恩典講求寬厚，幸運地讓罪犯到冬季才被處決，可尹初、和名「軍」的這位老太婆愚昧執拗，妄自投訴斃命。從前召忽為子糾遇難而主動死去，孔子說他『在路旁山野中自縊，沒有一個人會知曉』。鼂錯的父親責備鼂錯苛刻嚴峻，於是能把本人的性命自動賠進去，班固也說這樣做，『不如趙母向君王講明趙括不能出任統帥從而保全住整個宗族』。古書上也說『奴僕婢妾慷慨而獻出性命的，並不是出於義勇，只是沒有任何考慮罷了』。刑罰和令人恐怖的牢獄，是用來比照上天的震撼與殺戮的；溫和慈惠，是用來仿效上天使萬物得到孕育生長的。因而春天若有一株草枯萎就屬於災害，秋天若有一棵樹開花就屬於怪異。現在事實上已經殺死了無罪的尹初和名「軍」的這位老太婆，卻讓本應處死的尹次、史玉保住性命，這和春天草枯萎、秋天樹開花不也是一樣的嗎？陳忠不明瞭制定刑法的目的，卻伸張一時的仁義，於是廣泛引申八議讓人存活的諸多方面。然而親、故、賢、能、功、貴、勤、賓這八種情況，哪有適合給尹次、史玉定罪的條文呢？至於大小案件按照實際情況來審斷，推究當事人的犯罪動機和具體情節來判罪量刑，這是盡可能讓人存活下來，但不是說別人代替他去死就可以讓他存活下來。破壞法律擾亂朝政，便會後悔還得費力去補救了。」

4 應劭總共寫成駁議三十篇，都是這一類的文字。

5 應劭又刪定律令編為《漢儀》，在建安元年上奏給朝廷。其中說：「國家大事，沒有比朝廷典籍更顯重要的了。典籍這東西，可以決斷疑惑不明的事理，判明是非，使賞罰的恰當作法，的的確確獲取到最為適中的尺度，讓後人永遠把它作為鏡子。因此膠西相董仲舒年老多病離職退休後，朝廷每次遇有政事需要商議，就多次派遣廷尉張湯親身到他簡陋的住所，詢問得失。於是他寫成《春秋決獄》，列舉了二百三十二個案例，一上來就用經典大義來對答，已經講得相當詳盡了。大逆不道的賊臣董卓，顛覆王室，焚燒典籍憲章，沒有完整留存下來的，這從人類誕生以來，夠得上最為酷烈的事情了。如今皇帝大駕向東挺進，視察許都，從艱險危難中掙脫出來，國運煥然一新。臣下我幾代蒙受皇恩，功名利祿在延續擴大，私下不自量力，貪求能對朝政稍有補益，就擅自編成了《律本章句》、《尚書舊事》、《廷尉板令》、《決事比例》、《司徒都目》、《五曹詔書》以及《春秋斷獄》，總共二百五十篇。刪除彼此重複的地方，縮減文字。又彙集駁議三十篇，按類排列，共計八十二個案例。其中見於《漢書》的有二十五宗，見於《漢記》的有四宗，都刪節重編，加工潤色，以成為體系完整系統。其他二十六宗，廣泛擇取古今才能卓異的人士，文采明麗的文章，在仁德道義上值得觀覽的內容。另外二十七宗，是臣下我所獨創的。哪敢自認為它們一定符合治國之道，只不過心中憤恨憂鬱，姑且借用他人之手，助己一臂之力罷了。從前有個鄭國人把陰乾的田鼠肉當成還沒加工的玉石塊，賣給周人；宋國的一個蠢傢伙也把燕山的石頭看作珍寶，用十層紅色的厚縑帛裹藏它。看見的人都捂著嘴暗自發笑，具有文化修養的士族，恐怕與他們也很類似吧！《春秋左氏傳》強調即使擁有高貴女子和上等物料，也不拋棄低賤婦女和下等物料，目的是免得缺東少西啊。所以我敢顯露一下拙才，置身在明哲人士的末尾。雖然不足以統領起國家的大政方針，宣導和平興盛的氣象，但卻希望有助於觀察政事，增廣聖上的見聞。只求您能夠利用日理萬機的空餘時間，隨意觀閱思考一下。」獻帝認為這部書編得很好。

6 建安二年，獻帝下詔，任命應劭為袁紹屬下的軍謀校尉。當時剛把都城遷到許縣，舊有的典章制度都不再行用了，各種文字記載保存下來的很少。應劭對這種情況深為感歎，於是綴集所見所聞，著成《漢官禮儀故事》，但凡當時的朝廷制度，百官的典禮儀式，大多都是應劭建立起來的。

1 初，父奉為司隸時，並下諸官府郡國，各上前人像贊，劭乃連綴其名，錄為狀人紀❶。又論當時行事❷，著中漢輯序❸。撰風俗通❹，以辯物類名號，釋時俗嫌疑。文雖不典，後世服其洽聞。凡所著述百三十六篇。又集解漢書，皆傳于時。後卒於鄴❺。

2 弟子瑒、璩❻，並以文才稱。

3 中興❼初，有應嫗者，生四子而寡。見神光照社❽，試探之，乃得黃金。自是諸子宦學❾，並有才名，至瑒七世通顯❿。

【章旨】以上為〈應劭傳〉的第三部分。記述應劭的四部史學著作和應氏家族的傳衍情況。一方面表現出應劭勤於著述和見聞廣博的個性特徵，另方面顯示出應氏家族屬於文化型的世家大族。

【注釋】❶狀人紀　此書當為傳記一類的著述，久佚。❷行事　所行的事實。❸中漢輯序　此書當為記事史籍，久佚。❹風俗通　此書今存十卷，已非全帙。❺鄴　縣名。為魏郡郡治所在和曹操的大本營所在，不啻當時的政治中心。其故址即今河北臨漳西南鄴鎮。❻瑒璩　應劭的兩個姪子。其中應瑒為建安七子之一。李賢注引華嶠《書》：「劭弟珣，字季瑜，司空掾。珣生瑒。」《三國志・魏書・王衛二劉傅傳》：「瑒轉為平原侯庶子，後為五官將文學。瑒弟璩，璩子貞，咸以文章顯。璩官至侍中，貞咸熙中參相國軍事。」❼中興　指光武帝劉秀重建劉氏王朝。❽社　指鄉里祭祀土地神的場所。❾宦學　做官與求學。❿七世通顯　指應順為將作大匠，其子應疊為江夏太守，疊子應郴為武陵太守，郴子應奉為從事中郎，奉子應劭為車騎將軍掾，劭弟應珣為司空掾，珣子應瑒為五官將文學。

【語譯】當初在應劭的父親應奉充任司隸校尉時，同時命令各個官府和郡國，分別獻上前人的畫像和讚頌文字，應劭藉此將這些人物串連綴合在一起，編錄成《狀人紀》。又論述當時所行的事實，著成《中漢輯序》。還撰寫《風俗通》，用來辨別事物類屬的名稱，解說當時世俗疑惑不明的事理。文字表述儘管不能成為典則，但後世佩服他見聞廣博。所有著述加到一起總共為一百三十六篇。又把《漢書》的解說文字彙集成一書，在當時都得到傳布。應劭最後在鄴城去世。

2 他的兩個姪子應瑒、應璩，都憑藉文才享有聲譽。

3 在漢朝重建之初，有個姓應的婦女，生下四個兒子以後成為寡婦。她看見神光照射在鄉里祭祀土地神的地方，便試著伸手去探挖，竟然得到黃金。從此幾個兒子做官與求學，都有才高的名氣，到應瑒那一代，七世接連顯赫。

1 霍諝，字叔智，魏郡❶鄴人也。少為諸生❷，明經。有人誣諝舅宋光於大將軍梁商❸者，以為妄刊章文❹，坐繫洛陽詔獄❺，掠考❻困極。諝時年十五，奏記❼於商曰：

2 「將軍天覆厚恩，愍舅光冤結，前者溫教❽許為平議❾，雖未下吏斷決其事，已蒙神明❿顧省之聽。皇天后土，寔聞德音。竊獨踴躍，私自慶幸。諝聞春秋之義，原情定過，赦事誅意⓫，故許止雖弒君而不罪⓬，趙盾以縱賊而見書⓭。此仲尼⓮所以垂王法，漢世所宜遵前脩⓯也。傳曰：『人心不同，譬若其面。』⓰斯蓋謂大小窳隆⓱醜美之形，至於鼻目眾竅毛髮之狀，未有不然者也。情之異者，剛柔舒急倨敬⓲之間。至於趨利避害，畏死樂生，亦復均也。諝與光骨肉，義有相隱⓳，言其冤濫，未必可諒⓴，且以人情平論其理。

3

「光衣冠㉑子孫，徑路平易㉒，位極州郡，日望徵辟㉓，亦無瑕穢㉔纖介之累，無故刊定詔書，欲以何名？就有所疑，當求其便安㉕，豈有觸冒死禍，以解細微？譬猶療飢於附子㉖，止渴於酖毒㉗，未入腸胃，已絕咽喉，豈可為哉！昔東海孝婦見枉不辜，幽靈感革，天應枯旱㉘。光之所坐，情既可原，守闕㉙連年，而終不見理。呼嗟紫宮㉚之門，泣血兩觀㉛之下，傷和致災，為害滋甚。凡事更赦令㉜，不應復案㉝。夫以罪刑明白，尚蒙天恩，豈有冤謗無徵，反不得理？是為刑宥㉞正罪，戮加誣侵㉟也。不偏不黨㊱，其若是乎？明將軍德盛位尊，人臣無二，言行動天地，舉厝㊲移陰陽，誠能留神，沛然曉察，必有于公㊳高門之福，和氣㊴立應，天下幸甚。」

4

商高謞才志，即為奏原㊵光罪，由是顯名。

【章　旨】以上為〈霍諝傳〉的第一部分。記述霍諝的籍貫、諸生身分和為舅父洗清罪名的意見書。

【注　釋】❶魏郡　郡名。治所在鄴縣。❷諸生　在太學中求學的學生。❸梁商　東漢外戚權臣。順帝皇后梁妠和大將軍梁冀之父。詳見本書卷三十四。❹妄刊章文　擅自刪除政令條文。據下文所述，章文係指詔書而言。❺洛陽詔獄　洛陽，東漢都城。今屬河南。詔獄，關押欽犯的監獄。❻掠考　嚴刑逼供。❼奏記　以書面形式向公府長官陳述意見。❽溫教　態度溫和的指示。教，一種文體。即上司或尊長下達的告諭。❾平議　公平論定。❿神明　如神之明。這裡是向對方深表尊崇的敬辭。⓫赦事誅意　不問實際行動如何而只推究其居心來斷定罪責。赦，捨棄；放置。⓬故許止雖弒君而不罪　許止，春秋時期許悼公之子。《春秋・昭公十九年》：「冬，葬許悼公。」《公羊傳》：「賊未討，何以書葬？不成於弒也。曷為不成於弒？止進藥而藥殺也。止進藥而藥殺，則曷為加弒焉爾？譏子道之不盡也。葬許悼公，是君子之赦止也。赦止者，免止之罪辭也。」何休注：「原止欲愈父之病，無害父之意，故赦之。」以上即為「原情定過」的典型例證。⑬趙盾以縱賊而見書　趙盾，春秋時期晉國大臣。《春秋・宣公二年》：「秋九月乙丑，晉趙盾弒其君夷獋。」又：「六年春，晉趙盾、衛孫免侵陳。」《公羊傳》：「趙盾弒君，此其復見何？親弒君者，趙穿也。親弒君者趙穿，則曷為加之趙盾？不討賊也。何以謂之不討賊？晉史書賊曰晉趙盾弒其君夷獋。趙盾曰：『天乎！無辜。吾不弒君，誰謂吾弒君者乎？』史曰：『爾為仁為義，人弒爾君而復國不討賊，此非弒君而何？』」以上即為「赦事誅意」的典型例證。⑭仲尼　指孔子。孔子名丘字仲尼。⑮前脩　前賢。這裡指其作法而言。⑯傳曰三句　傳，《左傳》。《左傳・襄公三十一年》：「子產曰：『人心之不同，如其面焉。吾豈敢謂子面如吾面乎？抑心所謂危，亦以告也。』」⑰窳隆　凹凸。⑱倨敬　傲慢與恭敬。⑲義有相隱　指親親相隱的原則，即親屬之間有罪應當相互隱瞞，不告發，不作證。這項原則以儒家經典為理論依據，自漢代已被法律所承認並予以貫徹施行。義，道義；事理。隱，隱諱；隱瞞。《論語・子路》：「葉公語孔子曰：『吾黨有直躬者，其父攘羊而子證之。』孔子曰：『吾黨之直者異於是。父為子隱，子為父隱，直在其中矣。』」何晏《集解》：「直躬，直身而行。」《漢書・宣帝紀》載本始四年（西元前七〇年）詔令稱：「自今子首匿父母，妻匿夫，孫匿大父母，皆勿坐。其父母匿子，夫匿妻，大父母匿孫，罪殊死，皆上請廷尉以聞。」顏師古注：「凡首匿者，言為謀首而藏匿罪人。」⑳諒　相信之義。㉑衣冠　官僚士大夫的代稱。㉒徑路平易　遵守常規，無所貪求。㉓徵辟　漢代選用官吏的一種制度。徵，皇帝特意徵召人才。辟，公卿郡守聘任幕僚屬員。㉔瑕穢　指過失或惡行。㉕便安　便利安穩。㉖附子　多年生草本植物。莖葉有毒，根部尤劇。㉗酖毒　毒酒。酖，傳說中的一種毒鳥。以其羽毛浸酒，飲之立死。㉘昔東海孝婦三句　東海，郡名。治今山東郯城北。感革，感於此而達於彼。《漢書・于定國傳》：「東海有孝婦，少寡亡子，養姑甚謹。姑欲嫁之，終不肯。姑謂鄰人曰：『孝婦事我勤苦，哀其亡子守寡。我老久絫丁壯，奈何？』其後姑自經死。姑女告吏，婦殺我母。吏捕孝婦，孝婦辭不殺姑，吏驗治孝婦，自誣服。具獄上府，太守竟論殺孝婦，郡中枯旱三年。」㉙守闕　等候朝廷判決。㉚紫宮　天帝的居所，用以指代帝王宮禁。㉛兩觀　宮門前兩側的樓闕。因登其上可以遠觀，故謂之觀。屬於標誌性建築。㉜赦令　朝廷發布的減免罪刑的命令。㉝案　追究；審問。㉞宥　寬恕；赦免。㉟誣侵　受到誣陷侵害的人。㊱不偏不黨　公正而不偏袒任何一方。《墨子・兼愛上》援引〈周詩〉曰：「王道蕩蕩，不偏不黨。王道平平，不黨不偏。其直若矢，其易若底。君子之所履，小人之所視。」㊲舉厝　指做出的決定。㊳于

公 西漢以斷獄公平著稱的地方法官，為廷尉于定國之父。事跡略見於《漢書・于定國傳》：「定國父于公其閭門壞，父老方共治之。于公謂曰：『少高大門閭，令容駟馬高蓋車。我治獄多陰德，未嘗有所冤，子孫必有興者。』至定國為丞相，永為御史大夫，封侯傳世云。」❸❾和氣 陰陽諧和之氣。❹⓪原 寬免。

【語譯】霍諝，字叔智，是魏郡鄴縣人。少年時代就成為太學的學生，通曉儒家經典。有人向大將軍梁商誣告霍諝的舅父宋光，認為他擅自刪除政令條文，由此犯罪而被囚禁在洛陽專門關押欽犯的監獄中，受盡嚴刑逼供，達到了令人無法忍受的程度。霍諝這時年紀剛十五歲，便以書面形式向梁商陳述意見說：

2 「將軍像皇天覆蓋萬物那樣降賜厚重的恩德，哀憫我舅父宋光冤屈聚結，在先前下達態度溫和的指示，答應進行公平論定，雖然還沒責成司法官員判決這樁案件，但已蒙受到您那聖明如神般予以省察的應允。皇天后土，實際上已經聽到了仁德的聲音。我私下一個人歡呼跳躍，內心深感慶幸。我聽說《春秋》的義理，在於推究當事人的犯罪動機和具體情節來判罪量刑，不問實際行動如何而只推究其居心來斷定罪責。因此許止雖然殺死國君卻不把他當成罪人來看待，趙盾因為放過殺死國君的兇手而被記載下來。這正是孔子垂示王法的用意，也是我們漢朝應按前賢的作法去做的。《左傳》上說：『人心不同，就像人的長相一樣。』這大概是說大小、凹凸、美醜的具體形狀，直至鼻子、眼睛、七竅和毛髮的樣式，沒有不是如此的。性情不同，又在剛強與柔弱、急躁與遲緩、傲慢與恭謹之間。至於趨利避害，畏懼死亡樂意生存，卻又都是完全一樣的。我和宋光是骨肉之親，按道理具有互相隱諱的義務，說他冤枉受害，未必可信，姑且依照人之常情公平地論議一下其中的事理。

3 「宋光是官僚士大夫的後代，遵守常規，無所貪求，在州郡地位最高，每天都希望得到朝廷的徵召，也沒有絲毫的過失拖累，卻要無故刪改詔書，他打算達到什麼目的呢？即使產生某種疑慮，也會尋求對自己便利安穩的應付辦法，哪有冒犯死罪而去解除細小威脅的呢？這就如同用附子來充飢，用毒酒來止渴，還沒進入腸胃，剛到咽喉就已經喪命了，有誰會去這樣做呢！從前東海孝婦遭受冤屈，無罪被殺，幽靈由此及彼產生感通，上天為她做出了寸草不生的大旱回應。宋光犯下的罪名，情由本來可以推究，等候朝廷判決也都一年多了，可到最後卻得不到審理。人們在皇宮門前呼喊冤枉，在兩觀下面哭得眼中流血，這就會損傷和氣，招來天災，構成的危害更為嚴重。凡是案件經過赦免命令確認的，就不應再予追究。罪過刑罰明確清楚，尚且蒙受到朝廷的恩典，哪有受冤枉、遭誹謗但無證據，反而得不到昭雪的呢？這等於是刑法寬恕真正的罪犯，斬殺卻施加到被誣陷侵害者的身上。公正而不偏袒，竟像這個樣子嗎？賢明將軍您仁德隆盛，地位尊顯，人臣當中找不出第二個來，言行震動天地，舉措扭轉陰陽，果真能夠稍加留神，迅速明察，必定會有當年于公加高里門那樣的吉福，陰陽諧和之氣立刻就會做出回應，整個天下都幸運到極點了。」

4 梁商覺得霍諝才華志氣很高，馬上為他上奏，寬免宋光的罪過，霍諝由此而名聲顯揚。

仕郡，舉孝廉，稍遷金城❶太守。性明達篤厚❷，能以恩信化誘殊俗❸，甚為羌胡所敬服。遭母憂❹，自上歸行喪❺。服闋❻，公車❼徵，再遷北海❽相，入為尚書僕射❾。是時大將軍梁冀貴戚秉權，自公卿以下莫敢違啎。諝與尚書令尹勳❿數奏其事，又因陛見⓫陳聞罪失。及冀誅後，桓帝嘉其忠節，封鄴都亭侯⓬。前後固讓，不許。出為河南尹，遷司隸校尉，轉少府⓭、廷尉，卒官。

子儁，安定⓮太守。

【章　旨】以上為〈霍諝傳〉的第二部分。記述霍諝安撫邊區的政績，和指陳外戚權臣罪過的超常行動。

【注　釋】❶金城　郡名。治今甘肅永靖西北。❷篤厚　忠實厚道。❸殊俗　指習俗與內地不同的邊遠地區。❹母憂　母親亡故。❺行喪　辦理喪事。❻服闋　守喪期滿，除去孝服。闋，終結；完畢。❼公車　漢代九卿之一衛尉的下屬機構。其長官為公車令，負責宮殿警衛及受理天下上書和徵召事宜。❽北海　封國名。治今山東昌樂西。❾尚書僕射　尚書臺的副長官。其品秩為六百石，掌管尚書事務。❿尹勳　東漢後期的正直朝臣。詳見本書卷六十七。⓫陛見　當面謁見皇帝。陛，殿階。⓬鄮都亭侯　按功勞授予的一種爵位封號。漢制規定，功大者以縣為其食邑，功小者以鄉、亭為其食邑。⓭少府　漢代九卿之一。掌管皇室財務和皇帝車輦、服飾、寶貨、珍膳等物。⓮安定　郡名。治今甘肅鎮原東南。

【語譯】霍諝在郡中供職，被保舉為孝廉，一步步升任金城太守。他天性精明通達又忠實厚道，能用恩惠誠信教化誘導習俗與內地不同的邊遠地區，受到羌胡的高度敬服。突然遇上母親亡故，就主動請求回去辦理喪事。守喪期滿後，公車署又加以徵召，再次出任北海相，入朝擔任尚書僕射。這時大將軍梁冀身為貴戚執掌朝權，從公卿以下沒有誰膽敢違抗他的意旨。而霍諝與尚書令尹勳卻多次上奏梁冀的不法之事，又利用面見皇帝的機會陳述他的罪過。等到梁冀被誅殺以後，桓帝讚賞霍諝的忠心和節操，封他為鄮都亭侯。他前後多次堅決辭讓，但未得到批准。他從朝廷調到地方，就任河南尹，又改任司隸校尉，轉任少府、廷尉，最後在官任上去世。

其子霍儁是安定太守。

爰延，字季平，陳留外黃❶人也。清苦好學，能通經教授。性質慤❷，少言辭。縣令隴西牛述好士知人，乃禮請延為廷掾❸，范丹為功曹❹，濮陽潛❺為主簿❻，常共言談而已。後令史昭以為鄉嗇夫❼，仁化大行，人但聞嗇夫，不知郡縣。在事二年，州府❽禮請，不就。桓帝時徵博士，太尉楊秉❾等舉賢良方正，再遷為侍中。

帝游上林苑⑩，從容問延曰：「朕何如主也？」對曰：「陛下為漢中主⑪。」帝曰：「何以言之？」對曰：「尚書令陳蕃⑫任事則化，中常侍黃門⑬豫政則亂，是以知陛下可與為善，可與為非。」帝曰：「昔朱雲⑭廷折欄檻，今侍中面稱朕違，敬聞闕矣。」拜五官中郎將⑮，轉長水校尉⑯，遷魏郡太守，徵拜大鴻臚⑰。

【章　旨】以上為〈爰延傳〉的第一部分。記述爰延的籍貫、性格特徵、供職基層的顯著政績，特別是對當朝天子漢桓帝面對面的委婉批評。

【注　釋】❶陳留外黃　陳留，郡名。治今河南開封東南陳留城。外黃，縣名。治今河南民權西北。❷質慤　質樸誠實。❸廷掾　縣令或縣長的佐吏。負責監鄉五部，春夏為勸農掾，冬秋為制度掾，在縣稱廷掾。❹功曹　全稱功曹史，這裡為縣設屬官，負責選署功勞業績。❺濮陽潛　人名。濮陽為複姓。❻主簿　這裡為縣設屬官，掌管文書簿籍和印鑑等。❼鄉嗇夫　基層行政組織的負責人。掌管一鄉民情善惡及賦稅傜役。❽州府　一州所設機構的統稱。❾楊秉　東漢後期潔身自好的大臣，名門顯貴楊氏家族的重要成員。詳見本書卷五十四。❿上林苑　漢代皇家園林之一。⓫中主　中等的君主。《漢書・古今人表》：「齊桓公，管仲相之則霸，豎貂輔之則亂，可與為善，可與為惡，是謂中人。」⓬陳蕃　東漢後期謀誅宦官的清正大臣。詳見本書卷六十六。⓭中常侍黃門　中常侍，東漢宦官的最高職務。秩比二千石，掌侍從左右，從入內宮，回答皇帝詢問，承奉差遣辦事等。黃門，這裡指小黃門、中黃門等由宦官擔任的官職。⓮朱雲　西漢後期敢於直諫的官員。《漢書》卷六十七：「至成帝時，丞相、故安昌侯張禹以帝師，位特進，甚尊重。雲上書求見，公卿在前，雲曰：『今朝廷大臣，上不能匡主，下亡以益民，皆尸位素餐，孔子所謂鄙夫不可與事君，苟患失之，亡所不至者也。臣願賜尚方斬馬劍，斷佞臣一人，以厲其餘。』上問：『誰也？』對曰：『安昌侯張禹！』上大怒曰：『小臣居下訕上，廷辱師傅，罪死不赦！』御史將雲下，雲攀殿檻，檻折，雲呼曰：『臣得下從龍逄、比干，遊於地下足矣。未知聖朝何如耳。』」⓯五官中郎將　漢代九卿之一光祿勳的屬官，負責率部守衛宮殿，出充車騎。⓰長水校尉　東漢五校尉之一。負責率部衛戍京師及宿衛宮廷。⓱大鴻臚　漢代九卿之一。掌管朝廷的禮賓事宜。

【語譯】爰延，字季平，是陳留郡外黃縣人。他清貧勞苦，喜好學習，能通曉經典，進行傳授。天性質樸誠實，很少講話。外黃縣令隴西人氏牛述喜愛士子，很會識別人才，於是按照禮節聘請爰延當廷掾，范丹當功曹，濮陽潛當主簿，經常在一起談論政事。後一任縣令史昭派爰延去當鄉嗇夫，結果仁義教化得到普遍推行，以致人們只知道有個嗇夫，不知道郡守縣令是誰。在職二年，州府按照禮節請他上任，但他不去就職。桓帝時被徵召為博士，太尉楊秉等人保舉他為賢良方正，再次升遷為侍中。

桓帝曾在上林苑遊玩，不特意地向爰延詢問說：「我是一個怎樣的君主？」爰延對答說：「陛下是漢朝的一個中等君主。」桓帝說：「憑什麼這樣講呢？」爰延對答說：「尚書令陳蕃掌管政事，國家就得到治理；中常侍黃門干預朝政，國家就出現混亂。因此知道陛下可以同賢人推行善政，也可以和壞人做出錯事。」桓帝說：「從前朱雲在殿廷上碰斷欄檻，今日侍中當面陳說我的過錯，我恭敬地聽到不足了。」於是委任爰延為五官中郎將，轉任長水校尉，改任魏郡太守，又徵召任命為大鴻臚。

帝以延儒生，常特宴見❶。時太史令上言客星❷經帝坐❸，帝密以問延。延因上封事❹曰：「臣聞天子尊無為上，故天以為子，位臨臣庶，威重四海。動靜以禮，則星辰順序；意有邪僻，則晷度❺錯違。陛下以河南尹鄧萬有龍潛❻之舊，封為通侯❼，恩重公卿，惠豐宗室。加頃❽引見，與之對博❾，上下媟黷❿，有虧尊嚴。臣聞之，帝左右者，所以咨政德也。故周公戒成王曰『其朋其朋』⓫，言慎所與也。昔宋閔公⓬與彊臣共博，列婦人於側，積此無禮，以致大灾。武帝與倖臣李延年、韓嫣⑬同臥起，尊爵重賜，情欲無厭，遂生驕淫之心，行不義之事，卒延年被戮，嫣伏其辜。夫愛之則不覺其過，惡之則不知其善，所以事多放濫，物情⑭生怨。故王者賞人必酬其功，爵人必甄⑮其德。善人同處，則日聞嘉訓⑯；惡人從游，則日生邪情。孔子曰：『益者三友，損者三友。』⑰邪臣惑君，亂妾危主，以非所言則悅於耳，以非所行則翫於目，故令人君不能遠之。仲尼曰：『唯女子與小人為難養，近之則不遜，遠之則怨。』⑱蓋聖人之明戒也！昔光武皇帝與嚴光⑲俱寢，上天之異，其夕即見。夫以光武之聖德，嚴光之高賢，君臣合道，尚降此變，豈況陛下今所親幸，以賤為貴，以卑為尊哉？惟陛下遠讒諛之人，納謇謇⑳之士，除左右之權，寤宦官之敝。使積善日熙㉑，佞惡消殄，則乾灾㉒可除。」帝省其奏。因以病自上，乞骸骨㉓還家。靈帝復特徵，不行，病卒。

子驥，白馬㉔令，亦稱善士。

【章　旨】以上為〈爰延傳〉的第二部分。記述爰延受到的殊遇和藉機進呈的機密奏章，以及告病還鄉的舉動。

【注　釋】❶宴見　在閒暇時間召見。與朝見不同。顏師古《漢書注》：「以閑宴時而入見天子。」宴，通「曣」。❷客星　指天空中突然出現的新星。因其遊動於星辰之間，如同來客，故稱客星。《史記・天官書》：「客星出天廷，有奇令。」❸帝

坐　亦作「帝座」。古代星名。屬天市垣，即武仙座α星。《甘石星經》：「帝座一星在市中，神農所貴，色明潤。」❹封事　帶有保密性質的奏章。為防止內容洩露，上奏時特用皂囊封緘，故稱封事。李賢注：「宣帝始令群臣得奏封事，以知下情。封有正有副，領尚書者先發副封，所言不善，屏而不奏。後魏相奏去副封，以防壅蔽。」❺晷度　在日晷儀上投射的日影長短的度數。❻龍潛　指登上帝位以前的那個階段。❼通侯　封爵之稱。原名徹侯，因避漢武帝名諱而改。乃係秦漢二十等爵的最高一級。❽加頃　意為尋找各種空餘時間。❾對博　面對面進行賭博遊戲。❿媟黷　褻狎；輕慢。顏師古《漢書注》：「媟，狎也。黷，垢濁也。」⓫故周公句　朋，朋黨。《尚書・洛誥》載周公告誡成王：「孺子其朋，孺子其朋，其往！」偽《孔傳》：「少子慎其朋黨。少子慎朋黨，戒其自今已往。」⓬宋閔公　春秋時期宋國的國君。名捷，閔公為其謚號。《春秋・莊公十二年》：「秋八月甲午，宋萬弒其君捷及其大夫仇牧。」《公羊傳》：「萬嘗與莊公戰，獲乎莊公。莊公歸，散舍諸宮中數月，然後歸之。歸反，為大夫於宋。與閔公博，婦人皆在側。萬曰：『甚矣魯侯之淑，魯侯之美也。天下諸侯宜為君者，唯魯侯爾。』閔公矜此婦人，妒其言，顧曰：『此虜也。爾虜焉故，魯侯之美惡乎至?』萬怒，搏閔公，絕其脰（脖頸）。」⓭李延年韓嫣　李延年，西漢音樂家，武帝李夫人的兄長，宦者。《漢書・佞幸列傳》：「延年善歌，為新變聲。是時上方興天地諸祠，欲造樂，令司馬相如等作詩頌，延年輒承意弦歌所造詩，為之新聲曲。而李夫人產昌邑王，延年繇是貴為協律都尉，佩二千石印綬，而與上臥起，其愛幸埒韓嫣。」韓嫣，韓王信的曾孫。《漢書・佞幸列傳》：「武帝為膠東王時，嫣與上學書相愛。及上為太子，愈益親嫣。嫣善騎射，聰慧。上即位，欲事伐胡，而嫣先習兵，以故益尊貴，官至上大夫，賞賜擬鄧通。始時嫣常與上共臥起。」⓮物情　猶言民心。⓯甄　彰明；表彰。⓰嘉訓　美好的訓導。⓱孔子曰三句　語見《論語・季氏》：「友直，友諒，友多聞，益矣；友便僻，友善柔，友便佞，損矣。」⓲仲尼曰四句　語見《論語・陽貨》。養，畜養。不遜，猶言放肆無禮。⓳嚴光　東漢初葉的著名隱士，光武帝劉秀的老同學。本書卷八十三〈逸民列傳〉：「因共偃臥，光以足加帝腹上。明日，太史奏客星犯御座甚急。帝笑曰：『朕故人嚴子陵共臥耳。』除為諫議大夫，不屈，乃耕於富春山。後人名其釣處為嚴陵瀨焉。」⓴謇謇　忠貞正直。㉑熙　廣大之義。㉒乾灾　上天降示的災禍。㉓乞骸骨　請求退休。㉔白馬　縣名。治今河南滑縣舊縣東。東漢末關羽解白馬之圍，即此。

【語　譯】桓帝鑑於爰延是個儒生，常常特地在閒暇時間裡召見他。這時太史令稟報客星掠過帝坐星，桓帝就拿這件事向爰延祕密做詢問。爰延隨後進呈機密奏章說：「臣下我聽說天子尊貴，至高無上，所以上天把他作為自己的兒子，位居臣僚百姓之上，威震四海。如果一舉一動都按禮制去做，星辰就按固有的次序運行；如果心中產生邪僻的想法，日影長短的度數就會錯位。陛下因為河南尹鄧萬在陛下登上帝位以前就有交情，便把他封為通侯，對他的恩典比三公九卿還要重，對他的賞賜比宗室還要豐厚。尋找各種空餘時間引見他，與他面對面進行賭博遊戲，上下褻狎，有損陛下的尊嚴。臣下我聽說，帝王左右的人，是用來諮詢政務德義的。因此周公告誡成王說『要重視朋友，要重視朋友』，這是在強調謹慎對待和自己在一起的人。從前宋閔公與勢力強大的權臣共同博戲，讓婦人在身邊陪伴，不斷做這種無禮之事，招來脖頸被擰斷的大禍。漢武帝與佞幸的臣下李延年、韓嫣一同起臥，對他們封爵高，賞賜重，慾望沒有滿足的時候，於是使他們產生驕縱淫逸的邪念，幹出不義的壞事，最後李延年被殺，韓嫣按罪狀受到相應的懲罰。喜愛一個人就覺察不出他有什麼過錯，憎惡一個人就看不出他有什麼優點，所以做事大多放縱過度，民心就產生怨恨。因而帝王對誰進行賞賜，一定要根據他的功勞；對誰授給爵位，一定要考察他的德行。與善人在一起，每日都會聽到善意的訓導；與惡人相交往，每日都會產生邪惡的念頭。孔子說：『有益的交友存在著三種情形，有害的交友也存在著三種情形。』邪惡的臣僚會迷惑君王，淫亂的姬妾會危害國主，用不該說的話來讓人聽起來感到悅耳，用不該做的事來讓人看上去習以為常，致使君王不能遠離他們。仲尼說：『只有女子和小人是最難畜養的。接近他們，他們就放肆無禮；疏遠他們，他們就產生怨恨。』這是聖人的英明告誡啊！昔日光武皇帝與嚴光在一起就寢，上天的異常星象，在當天夜晚就顯現了。憑仗光武皇帝的聖明仁德，嚴光的高潔賢良，君臣在道義上彼此契合，尚且降下這種變異，何況陛下現今所寵幸的對象，是把低賤奉為高貴，將卑下奉為尊顯呢？只盼陛下遠離讒佞阿諛的小人，接納忠貞正直的人士，撤除身邊人的權力，明瞭宦官的弊害。使積聚善行的人士一天比一天多，讓奸佞邪惡的傢伙消除滅絕，這樣一來，上天降示的災禍便可以消除了。」桓帝仔細看了這道奏章。爰延隨後用身患疾病作理由主動上奏，請求退休，回到家鄉。靈帝又特意徵召他，他沒上路赴任，最後因病去世。

其子爰驥是白馬縣縣令，也享有善士的稱譽。

1 徐璆，字孟玉，廣陵海西❶人也。父淑❷，度遼將軍，有名於邊。璆少博學，辟公府❸，舉高第。稍遷荊州刺史。時董太后❹姊子張忠❺為南陽❻太守，因埶放濫，臧罪❼數億。璆臨當之部，太后遣中常侍以忠屬璆。璆對曰：「臣身為國，不敢聞命。」太后怒，遽徵忠為司隸校尉，以相威臨。璆到州，舉奏忠臧餘一億，使冠軍縣❽上簿❾詣大司農❿，以彰暴其事。又奏五郡太守及屬縣有臧汙者，悉徵案罪，威風大行。中平元年，與中郎將朱儁⓫擊黃巾賊於宛⓬，破之。張忠怨璆，與諸閹官構造⓭無端，璆遂以罪徵。有破賊功，得免官歸家。後再徵，遷汝南太守，轉東海相，所在化行。

2 獻帝遷許，以廷尉徵，當詣京師，道為袁術⓮所劫，授璆以上公⓯之位。璆乃歎曰：「龔勝、鮑宣⓰，獨何人哉？守之必死！」術不敢逼。術死軍破，璆得其盜國璽⓱，及還許，上之，并送前所假⓲汝南、東海二郡印綬⓳。司徒趙溫謂璆曰：「君遭大難，猶存此邪？」璆曰：「昔蘇武⓴困於匈奴，不隊㉑七尺之節㉒，況此方寸印乎？」

3 後拜太常㉓，使持節拜曹操為丞相。操以相讓璆，璆不敢當。卒於官。

【章　旨】以上為〈徐璆傳〉。記述徐璆的籍貫、仕履、違抗太后旨意懲治荊州貪官的舉措，擊破黃巾軍的功勞，化導地方的政績，在大亂中拒絕軍閥高官引誘、特向朝廷獻呈傳國璽並繳還原發印綬的行動。

【注　釋】❶廣陵海西　廣陵，郡名。治今江蘇揚州西北蜀岡。海西，縣名。治今江蘇灌南東南。❷淑　李賢注引謝承《書》：「淑字伯進。寬裕博學，習《孟氏易》、《春秋公羊傳》、《禮記》、《周官》，善誦《太公六韜》。交接英雄，常有壯志。」❸公府　指三公府。李賢注引袁山松《書》：「璆少履清高，立朝正色。稱揚後進，惟恐不及。」❹董太后　漢靈帝的生母。本書卷十〈皇后紀〉：「及竇太后崩，始與朝政，使帝賣官求貨，自納金錢，盈滿堂室。」❺張忠　人名。本書無傳。❻南陽　郡名。治今河南南陽。❼臧罪　貪汙罪。❽冠軍縣　縣名。治今河南鄧州西北。❾上簿　奏呈統計報表之義。❿大司農　漢代九卿之一，簡稱大農。主管中央財政。⓫中郎將朱儁　中郎將，實為鎮賊中郎將。朱儁，東漢後期擊破黃巾軍的主要將領。詳見本書卷七十一。⓬宛　縣名。為南陽郡郡治所在。⓭構造　捏造；編造。⓮袁術　袁紹的堂弟。其於建安二年（西元一九七年）擁兵稱帝，兩年後因軍隊潰散鬱憤成疾，吐血而死。本書卷七十五和《三國志・魏書六》有傳。⓯上公　東漢官位級別的最高一級。只有太傅，方為上公。因袁術業已擅自稱帝，故可徑行授予此位。⓰龔勝鮑宣　俱為西漢後期忠於劉氏王朝而不與王莽合作的朝臣。《漢書》卷七十二有傳。其中鮑宣官任司隸校尉，在王莽輔政時被殺。龔勝官任光祿大夫，在王莽即位後不食而死。⓱國璽　指秦始皇製作的傳國玉璽。李賢注引衛宏曰：「秦以前以金、玉、銀為方寸璽，秦以來天子獨稱璽，又以玉，群下莫得用。其玉出藍田山，題是李斯書，其文曰『受命於天，既壽永昌』，號曰傳國璽。漢高祖定三秦，子嬰獻之。高祖即位，乃佩之。王莽篡位，就元后求璽，后乃出以投地，上螭一角缺。及莽敗時，仍帶璽紱。杜吳殺莽，不知取璽，公賓就斬莽首，並取璽。更始將李松送上更始。赤眉至高陵，更始奉璽上赤眉。建武三年，盆子奉以上光武。孫堅從桂陽入雒討董卓，軍於城南，見井中有五色光，軍人莫敢汲，堅乃浚得璽。袁術有僭盜意，乃拘堅妻求之。術得璽，舉以向附。魏武謂之曰：『我在，不聽汝乃至此。』時璆得而獻之。」⓲假　給予；授付。⓳印綬　印章和繫印的絲帶。⓴蘇武　西漢以盡忠守節聞名於世的大臣。在匈奴被扣押十九年，杖漢節牧羊北海之上，回朝後拜授典屬國。《漢書》卷五十四有傳。㉑隊　同「墜」。喪失。㉒七尺之節　使臣所持的代表國家尊嚴與權力的憑證物，即旌節。七尺，係指柄長而言。其具體形制，李賢注：「節，所以為信也。以竹為之，柄長八尺，以旄牛尾為其毦，三重。」所謂柄長八尺，則與此處所言不同。㉓太常　漢代九卿之一。掌管祭祀社稷、宗廟和朝會、喪葬諸禮儀以及皇帝的寢廟園陵等事宜。

【語譯】徐璆，字孟玉，是廣陵郡海西縣人。父親叫徐淑，曾任度遼將軍，在邊地享有名望。徐璆從年輕時就學問廣博，被徵召到三公府，在保舉中考入優秀的行列。一步步升任荊州刺史。這時董太后的外甥張忠正擔任南陽太守，利用皇親國戚的權勢放縱無度，犯下貪汙數億的重罪。南陽正是徐璆這位荊州刺史所管之地，董太后派中常侍將張忠託付給徐璆照看。徐璆回答說：「我身為臣子，為的是國家，不敢聽從這種命令。」董太后由此大怒，立刻徵召張忠擔任司隸校尉，用來威脅控制徐璆。徐璆抵達荊州後，舉奏張忠貪汙一億多，責成冠軍縣向大司農呈送統計報表，用來揭露公布張忠的醜事。又奏報本州五個郡的太守以及下屬各縣犯有貪汙罪行的人，全部押送上來，審訊定罪，隨後威猛的氣勢擴展到整個轄區。靈帝中平元年，徐璆與中郎將朱儁在宛縣進擊黃巾軍，打垮了他們。張忠怨恨徐璆，與那幫宦官捏造毫無根據的罪狀，於是徐璆以有罪的名義被徵調回來。但因立有擊破賊軍的功勞，獲得罷免官職的處罰，回到家鄉。後來又被徵召，調任汝南太守，轉任東海相，所到之處，教化都推行開來。

2 獻帝遷都到許縣，特以廷尉一職徵召徐璆，應當到京師去供職，但在路上卻被袁術劫持，要授給徐璆上公的高位。徐璆於是歎息說：「龔勝、鮑宣是怎樣的人呢？我效仿他們，志在一死！」袁術不敢逼他。袁術身死軍破之際，徐璆得到了他所竊取的傳國玉璽，回到許都之後，就將它上交給朝廷，並送還以前朝廷所發給的汝南、東海二郡的印綬。司徒趙溫對徐璆說：「您遭受大難，仍舊保存它們幹什麼？」徐璆回答說：「從前蘇武被困在匈奴，決不失落七尺旌節，何況這一寸見方的官印呢？」

3 徐璆後來被任命為太常，朝廷派他攜帶儀節封拜曹操為丞相。曹操要把丞相讓給徐璆，徐璆不敢應允。最後在官任上去世。

論曰：孫懿以高明見忌，而受欺於陰計；翟酺資譎數❶取通，而終之以謇諫❷。豈性智❸自有周偏，先後之要殊度乎？應氏七世才聞，而奉、劭采章為盛。

及撰著篇籍，甄紀異知，雖云小道❹，亦有可觀者焉。延、璆應對辯正，而不犯陵上之尤❺，斯固辭❻之不可以已也。

贊曰：楊終、李法，華陽❼有聞。二應克聰❽，亦表汝濆❾。翟酺詐懿，霍諝請舅。延能訐❿帝，璆亦忤后。

【章　旨】以上是本書作者的評論讚頌之語，分別點明每位人物平生事跡中最為突出之處，進而強調人性的複雜性，撰述的可貴性，言詞的重要性，超常舉動的影響力。

【注　釋】❶譎數　欺詐的手法。❷謇諫　直言進諫。❸性智　稟性才智。❹小道　指才藝。才藝不如經術重要，故而謂之為小道。《論語・子張》：「子夏曰：雖小道，必有可觀者焉。致遠恐泥，是以君子不為也。」何晏《集解》：「小道，謂異端。」異端，指禮樂教化以外的其他學說，但才藝也包括在小道之內。究竟意係何謂，應隨文而定。❺尤　過失；罪過。❻辭　言詞；文辭。《左傳・襄公三十一年》：「叔向曰：『辭之不可以已也，如是夫！子產有辭，諸侯賴之，若之何其釋辭也？詩曰辭之輯矣，民之協矣；辭之繹矣，民之莫矣。其知之矣。』」❼華陽　華山以南。山南曰陽。這裡用以指代川陝地區。該地區屬於古代梁州之域。《尚書・禹貢》：「華陽黑水惟梁州。」偽《孔傳》：「東據華山之南，西距黑水。」孔穎達疏：「東據華山之南，不得其山，故言陽也。」❽克聰　聰明過人。克，能夠。❾汝濆　汝水岸畔。這裡用以指代汝水地區。濆，水邊；涯岸。❿訐　揭發；攻擊。

【語　譯】史家評論說：孫懿因高明遭到嫉妒，反而被暗用的小計策所蒙騙；翟酺借助欺詐的手法獲取到重要官職，反而用直言進諫告終。這難道是稟性才智自有全面和偏狹的區分，先後的行動要領在目標上不同嗎？應氏七代都憑才能著稱，而應奉、應劭父子又文采突出。至於撰著篇章典籍，辨別記述通常很難了解的事物，雖說僅僅是才藝，但也有值得稱道的地方。爰延、徐璆應對辯正，卻不犯以下陵上的罪過，這正表明言詞的講求從來就是不能廢棄的呀。

史官評議說：楊終和李法，在華山以南地區贏得名聲。應奉父子倆聰明過人，也在汝水一帶顯揚出來。翟酺蒙騙住孫懿，霍諝為舅父求得生存。爰延能揭發漢桓帝的缺失，徐璆也違抗董太后的命令。

【研析】本卷合傳記述東漢八個歷史人物，其中涉及到文化教育領域的重要舉措引人注目：一是楊終對白虎觀會議得以舉行的倡導之功。白虎觀會議是繼西漢石渠閣會議之後討論《五經》同異、統一今文經義的一次重要學術會議。石渠閣會議於宣帝甘露三年（西元前五一年）召開，白虎觀會議於章帝建初四年（西元七九年）舉行，兩次會議相隔一百三十年，成為中國經學史上後無繼響的大事件。在石渠閣會議上，諸儒講論《五經》同異，由漢宣帝親自裁定評判，並彙集成《石渠奏議》一書，又將梁丘《易》、大小夏侯《尚書》、《春秋穀梁傳》立於學官，不僅鞏固強化了漢武帝罷黜百家、獨尊儒術的思想文化政策，也使儒家學說進一步得到統一。白虎觀會議既「如石渠故事」舉行，則亦由章帝親自主持，命令五官中郎將魏應秉承意旨向參加會議者主要是今文學派的著名儒生發問，而侍中淳于恭則代表諸儒予以解答上奏，最後以詔制形式做出裁決。如此考詳《五經》同異，連月始罷。其後又由班固將討論結果纂輯成《白虎通德論》（又稱《白虎通義》），作為欽定經典和國家法規公布於世。這次會議討論的問題，實際是對封建社會和國家禮儀制度、倫理準則等基本名詞概念的解釋與規定，也涉及到哲學問題。其中對「三綱六紀」充分肯定，並把「君為臣綱」列作三綱之首，使封建倫理綱常系統化、絕對化了。同時將當時盛行的陰陽五行特別是讖緯學說與儒家經典揉合為一體，用以說明自然、社會、人生的種種現象，使儒家思想徹底神學化了。迄今《石渠奏議》業已久佚，而《白虎通義》猶完整存世。可見楊終關於博徵群儒、再度統一今文經義的奏議是何等重要了。如果沒有楊終這番上言，恐怕歷史上也就沒有白虎觀會議，而中國經學史也會缺少那濃彩重筆的一頁，《白虎通義》種種，亦無從談起。

二是翟酺對振興太學的突出貢獻。太學是中國古代中央官學系統的主體構成部分，是遙承西周辟雍制度而至漢武帝時期始在京師建立的國家最高學府和教育機構，承擔著培養儒學專門人才和官吏後備軍的重大任務，因而歷經昭、宣、元、成四帝直至王莽秉政，其規模不斷擴大，出現了「築舍萬區，作市常滿倉，制度甚盛」的局面（《漢書・王莽傳》）。東漢光武帝在大亂之後，亦銳意恢復太學，經明帝、章帝、和帝，太學仍在正常運轉。但「自安帝覽政，薄於藝文，博士倚席不講，朋徒相視怠散，學舍頹敝，鞠為園蔬，牧兒蕘豎，至於薪刈其下」（本書卷七十九）。這種狀況持續到順帝即位後的第六個年頭仍未得到改變。正是有鑑於斯，翟酺身為將作大匠，才建議「宜更修繕，誘進後學」。結果是：自永建六年九月辛巳，「順帝感翟酺之言，乃更修黌宇，凡所造構二百四十房，千八百五十室」。到質帝本初元年，梁太后又下詔：「大將軍下至六百石，悉遣子就學。每歲輒於鄉射月一饗會之，以此為常。」此後「遊學增盛，至三萬餘生」（本書卷七十九）。這表明，太學在短短的十五年間確實大有發展，成為中國古代教育史上的一個盛舉。更為重要的是，人數眾多的太學生在東漢末期響應並支持正直朝臣反對宦官的鬥爭，勇於諷議朝政，抨擊閹豎，成為中國古代大規模學生運動的先驅。明乎此，則「學者為酺立碑銘於學」，便勢所必至，叫人更多一層理解了。（蘇文珠注譯）

卷四十九

王充王符仲長統列傳第三十九

【題解】本卷傳主三人均為東漢時期的傑出思想家，故而按其生卒年代之先後予以集中記述。對王充，主要展示其卓犖學人的本色，標揭《論衡》這部「八十五篇，二十餘萬言」的代表作「釋物類同異，正時俗嫌疑」的鋒芒所向，以及《養性書》「裁節嗜欲，頤神自守」的養生主張；對王符，則顯現其耿介書生的風采，宣明《潛夫論》這部由「三十餘篇」組成的傑作「指訐時短，討讁物情」的獨到之處，擇錄其中「足以觀見當時風政」的五篇文字，以見其才識之高；對仲長統，則凸顯其倜儻狂生和一世才子的風貌，彰明《昌言》這部「十餘萬言」的論著「論說古今及時俗行事」的內容特點，選輯其中「有益政者」的三篇原文和另外一篇〈樂志論〉、兩首四言詩，以挈其要，昭其異。將此三人及其著述合為一傳，頗可看出東漢一代社會政治思想的聚合焦點與演變軌跡。唐代韓愈把本傳傳主譽為「後漢三賢」，使其影響得到大幅擴展與提升。

1　王充，字仲任，會稽上虞❶人也，其先自魏郡元城❷徙焉。充少孤，鄉里稱孝。後到京師，受業太學❸，師事扶風班彪❹。好博覽而不守章句❺。家貧無書，常游洛陽市肆❻，閱所賣書，一見輒能誦憶，遂博通眾流❼百家之言。後歸鄉里，屏居教授。仕郡為功曹❽，以數諫爭不合去。

2 充好論說，始若詭異❾，終有理實❿。以為俗儒守文⓫，多失其真，乃閉門潛思，絕慶弔⓬之禮，戶牖⓭牆壁各置刀筆⓮。著論衡⓯八十五篇，二十餘萬言，釋物類同異，正時俗嫌疑⓰。

3 刺史董勤⓱辟為從事⓲，轉治中⓳，自免還家。友人同郡謝夷吾⓴上書薦充才學，肅宗㉑特詔公車㉒徵，病不行。年漸七十，志力衰耗，乃造養性書㉓十六篇，裁節嗜欲，頤神自守。永元㉔中，病卒于家。

【章　旨】以上為〈王充傳〉。記述王充的籍貫、貧寒家境、卓異天賦、求學經歷和歸鄉後教書與入仕的初始情況，撰寫《論衡》的動機、過程、思想傾向、內容特點及其晚年的政治際遇和作為。

【注　釋】❶會稽上虞　會稽，郡名。治今浙江紹興。上虞，縣名。治今浙江上虞百官鎮。❷魏郡元城　魏郡，郡名。治今河北臨漳西南鄴鎮。元城，縣名。治今河北大名東。❸太學　由國家在京師設立的最高學府。唐李賢注引袁山松《書》：「充幼聰明，詣太學，觀天子臨辟雍，作〈六儒論〉。」❹扶風班彪　扶風，三輔的組成部分，即右扶風，為拱衛京師長安的政區之一。東漢時治今陝西興平東南南佐村。班彪，東漢初期著名儒士和史學家。撰有《史記後傳》等，已佚，部分內容尚保留在《漢書》中。本書卷四十有傳。❺章句　以分章析句為特點的一種解說經書的方式。這裡指代正統的說法或講法。❻市肆　指當時商業街上賣書的地方。❼眾流　謂各個學派。❽功曹　郡設屬官，全稱功曹史，負責選署功勞業績。❾詭異　怪誕奇異。❿理實　道理情實。⓫守文　意謂抱住書本記載不放。⓬慶弔　慶，賀婚祝壽之事。弔，弔唁死者之事。泛指人情往來活動。⑬戶牖　門窗。⑭刀筆　刀，用以刮去筆誤之處的書刀。筆，毛筆，泛指書寫工具。⑮論衡　中國古代重要的哲學著作。今猶傳世，僅佚失〈招致〉一篇。作者〈自紀〉：「《論衡》者，所以詮輕重之言，立真偽之平。」意謂對古今一切思想學說進行衡量，作出評判。李賢注引袁山松《書》：「充所作《論衡》，中土未有傳者。蔡邕入吳，始得之，恆祕玩以為談助。其後王朗為會稽太守，又得其書，及還許下，時人稱其才進。或曰不見異人，當得異書。問之，果以《論衡》之益。由是遂見傳焉。」又引《抱朴子》：「時人嫌蔡邕得異書，或搜求其帳中隱處，果得《論衡》，抱數卷持去。邕丁寧之曰：『唯我與爾共之，勿廣也。』」⑯嫌疑　指疑惑不明的事理。⑰刺史董勤　刺史，一州長官。至東漢漸由負責監察轉變為掌管所在州的軍政大權。董勤，本書及輯本《東觀漢記》、八家後漢書俱無其傳，事跡不詳。⑱從事　州部屬官，全稱從事史，協助刺史料理事務。⑲治中　州部屬官，全稱治中從事，負責選署及眾事。⑳謝夷吾　精通占卜的術士。詳見本書卷八十二。李賢注引謝承《書》：「夷吾薦充曰：『充之天才，非學所加。雖前世孟軻、孫卿，近漢揚雄、劉向、司馬遷，不能過也。』」㉑肅宗　東漢章帝劉炟廟號。詳見本書卷三。㉒公車　這裡指漢代用以迎送被徵辟人員而由公家所配備的車馬。亦可解為官署之稱。㉓養性書　今已久佚失傳。㉔永元　東漢和帝劉肇年號，西元八九—一〇五年。

【語譯】 王充，字仲任，是會稽郡上虞縣人，他祖上最初是從魏郡元城縣遷徙到這裡來的。王充小時候就成為孤兒，在鄉里贏得孝順的讚譽。後來抵達京師，在太學接受教育，拜扶風人班彪為師。他喜好博覽群書而不恪守正統的解說。家中貧困沒有藏書，就常到洛陽集市上書店書攤集中的地方遊逛，閱讀那裡賣的書，讀過一遍就能背誦記憶下來，於是多方面通曉了各個學派和代表人物的言論。後來回到故鄉，謝絕人事交往活動，一心教書。又去郡中供職，擔任功曹史，因為多次規諫論爭得不到採納，就辭職離去了。

2 王充熱衷於議論辯說，乍一聽好像很怪誕奇異，到最後卻深感其中真有道理情實。他認為世俗儒生死死抱住書本記載不放，大多失去原意真相，於是便閉門深思，斷絕慶賀弔唁之類的禮節往來活動，在門窗和牆壁周圍分別放滿書刀筆札，著成《論衡》八十五篇，多達二十餘萬字，闡明事物類別的異同，矯正當時世俗疑惑不明的事理。

3 刺史董勤把他徵辟為從事，又轉為治中，他自求免職回到家鄉。同郡友人謝夷吾向朝廷上書推薦王充的才能學識，肅宗特地下詔，命令派車馬去徵召他，但他因病而未成行。王充到年齡接近七十歲時，神志精力已感衰弱耗盡，就寫出《養性書》十六篇，強調節制嗜好和欲念，頤養精神，自行守護。和帝永元年間在家中病逝。

王符，字節信，安定臨涇❶人也。少好學，有志操，與馬融、竇章、張衡、崔瑗❷等友善。安定俗鄙庶孽❸，而符無外家❹，為鄉人所賤。自和、安❺之後，世務游宦，當塗者更相薦引，而符獨耿介不同於俗，以此遂不得升進。志意蘊憤，乃隱居著書三十餘篇，以譏當時失得，不欲章顯其名，故號曰潛夫論❻。其指訐❼時短，討讁❽物情，足以觀見當時風政，著其五篇云爾。

【章旨】以上為〈王符傳〉的第一部分。記述王符的籍貫、卑賤出身、志向節操、交遊狀況、所處的時代氛圍和生活環境，其人的耿介性格以及由此招致的後果和造成的心態，標揭《潛夫論》之所由作的動因、命名的緣故、本書所獨具的價值與意義，並交代摘錄其原文的用意。

【注釋】❶安定臨涇　安定，郡名。治所在臨涇。臨涇，縣名。治今甘肅鎮原東南。❷馬融竇章句　馬融，東漢經學家。詳見本書卷六十。竇章，東漢開國功臣竇融的玄孫。詳見本書卷二十三。張衡，東漢辭賦家和自然科學家。詳見本書卷五十九。崔瑗，東漢文學家。詳見本書卷五十二。❸庶孽　偏房所生之子。《公羊傳》何休注：「庶孽，眾賤子，猶樹之有孽生。」❹外家　母親的娘家，即外祖父、外祖母家。❺和安　和，指和帝劉肇。詳見本書卷四。安，指安帝劉祜。詳見本書卷五。❻潛夫論　中國古代重要的政治理論著作。今猶傳世，凡十卷、三十六篇。❼指訐　指摘攻訐。訐，攻擊；揭發。❽討讁　究尋譴責。讁，譴責。

【語譯】王符，字節信，是安定郡臨涇縣人。他從少年時代就喜好學習，立有志向和節操，與馬融、竇章、張衡、崔瑗等人交往密切。安定郡當地的習俗瞧不起姬妾所生的孩子，而王符沒有外祖母家，因此受到鄉人的輕視。自從和帝、安帝以後，世人都在四處求官上費心思，當權者也遞相引薦推舉，而王符偏偏耿直，硬與時俗做對，因此得不到升進。他內心蘊積著憤激之情，於是隱居起來，著書三十多篇，用來譏刺當時的錯誤現象，又不願意顯露自己的姓名，所以就把它命名為《潛夫論》。書中指摘攻擊當時的社會弊病，究尋譴責人心的失常狀態，足以看出當時的風氣和政局來，這裡只過錄其中的五篇而已。

1 貴忠篇❶曰：

2 「夫帝王之所尊敬者天也，皇天之所愛育者人也。今人臣受君之重位，牧❷天之所愛，焉可以不安而利之，養而濟之哉？是以君子任職則思利人，達上❸則思進賢，故居上而下不怨，在前而後不恨也。書稱『天工人其代之』❹。王者法天而建官，故明主不敢以私授，忠臣不敢以虛受。竊人之財猶謂之盜，況偷天官❺以私己乎！以罪犯人，必加誅罰，況乃犯天，得無咎乎？夫五代❻之臣，以道事君，澤及草木，仁被率土❼，是以福祚流衍，本支百世❽。季世之臣，以諂媚主，不思順天，專杖殺伐。白起、蒙恬❾，秦以為功，天以為賊；息夫、董賢❿，主以為忠，天以為盜。易曰：『德薄而位尊，智小而謀大，鮮不及矣。』⓫是故德不稱⑫，其禍必酷；能不稱⑬，其殃必大。夫竊位之人，天奪其鑒⑭。雖有明察之資，仁義之志，一旦富貴，則背親捐舊，喪其本心，疏骨肉而親便辟⑮，薄知友而厚犬馬，寧見朽貫千萬，而不忍貸人一錢；情知積粟腐倉，而不忍貸人一斗，骨肉怨望於家，細人謗讟⑯於道。前人以敗，後爭襲之，誠可傷也。

3 「歷觀前政貴人之用心也，與嬰兒子其何異哉？嬰兒有常病，貴臣有常禍，父母有常失，人君有常過。嬰兒常病，傷於飽也；貴臣常禍，傷於寵也。哺乳多則生癇病⑰，富貴盛而致驕疾。愛子而賊⑱之，驕臣而滅之者，非一也。極其罰者，乃有仆死⑲深牢，銜刀⑳都市，豈非無功於天，有害於人者乎？夫鳥以山為埤㉑而增巢其上，魚以泉為淺而穿穴其中，卒所以得者餌也。貴戚願其宅吉而制為令名㉒，欲其門堅而造作鐵樞㉓，卒其所以敗者，非苦禁忌少而門樞朽也，常苦崇財貨而行驕僭耳。

4 「不上順天心，下育人物，而欲任其私智，竊弄君威，反戾㉔天地，欺誣神明㉕。居累卵之危，而圖太山㉖之安；為朝露之行㉗，而思傳世之功。豈不惑哉！豈不惑哉！」

【章　旨】以上是〈王符傳〉的第二部分。摘錄其《潛夫論・貴忠篇》。首先闡明「進賢」方為忠君敬天的最根本的表現，由此揭露竊位者抑賢棄賢的醜惡行徑與可恥下場，進而針砭貴臣貴戚聚斂財富、驕奢僭越的致命傷及其必然敗亡的結局。

【注　釋】❶貴忠篇　貴忠，亦作「忠貴」，《潛夫論》的第十一篇。這裡所錄文字，乃係摘要綴聯而成，與原文存在較大出入。《潛夫論・敘錄》：「夫位以德興，德貴忠立，社稷所賴，安危是繫。非夫讜直貞亮，仁慈惠和，事君如天，視民如子，則莫保爵位，而全令名。故敘〈忠貴〉第十一。」❷牧　管理之義。❸達上　意謂有條件接觸到皇帝。上，指當朝天子而言。❹書稱句　書，即《尚書》，為儒家《五經》之一，實乃現存最早的中國古代文告檔卷的彙編。其通行本則為《今文尚書》和偽《古文尚書》的混合體，而以《今文尚書》二十八篇可信度較高。此處所引經文「天工人其代之」，出自〈皋陶謨〉。意謂上天擔負的職責，經由世上合適的人選來代替完成。偽《孔傳》對此句的解釋是：「言人代天理官，不可以天官私非其才也。」❺天官　實謂人間王朝主要是封建政權的一整套機構設置和職位安排。漢代流行官制象天說，即上文所云「王者法天而建官」，故稱。❻五代　指堯、舜、夏、商、周。❼率土　猶言全天下。《詩・北山》：「溥天之下，莫非王土。率土之濱，莫非王臣。」❽本支百世　語出《詩・文王》。意謂家族興盛，傳衍綿長。❾白起蒙恬　俱為秦國名將，《史記》卷七十三、卷八十八有傳。白起率兵與趙軍戰於長平，坑殺趙軍降卒四十萬。蒙恬北逐戎翟，築長城，起臨洮，至遼東，延袤萬餘里，損耗民力甚巨。❿息夫董賢　息夫，指息夫躬。其於漢哀帝時因誣告東平王謀反得封宜陵侯，《漢書》卷四十五有傳。董賢，漢哀帝寵幸的弄臣。其以男色和柔媚青雲直上，惑亂朝政，《漢書・佞幸傳》有傳。⓫易曰四句　易，即《周易》，為儒家《五經》之首，實乃先秦占筮書。通常亦將後出的《易傳》包括在內。此處所引三句原文，即出自〈繫辭下〉。⓬德不稱　此句「稱」下應補「其任」二字。⓭能不稱　此句「稱」下應補「其位」二字。⓮天奪其鑒　意謂喪失了察見自身醜惡的本能。《左傳・僖公二年》：「虢公敗戎于桑田。晉卜偃曰：『是天奪之鑒，而益其疾也。』」杜預注：「鑒，所以自照也。」⓯便辟　獻媚討好的人。⓰譖讟　怨恨毀謗。⓱癇病　小兒痙攣病症，即抽羊角風。⓲賊　傷害；戕害。⓳仆死　倒斃。⓴銜刀　以刀斷頸，即俗稱刀嵌頸，指受刑而死。《戰國策・秦策五》載，趙國名將武安君李牧為韓倉所譖，賜死。李牧「右舉劍將自誅，臂短不能及，銜劍徵之於柱，以自刺。武安君死，五月趙亡。」㉑埤　低下。自此以下四句，本於《大戴禮記・曾子疾病》。㉒令名　美名；吉祥的稱謂。㉓鐵樞　外層包有鐵皮的門上轉軸。樞，門上轉軸。㉔反戾　違逆。㉕神明　神靈。㉖太山　即泰山。㉗朝露之

行　指經不起時間檢驗的行徑。朝露，清晨的露珠，用以比喻存在時間短促，容易徹底消失。李賢注引蘇子：「人生一世，若朝露之託於桐葉耳，其與幾何？」

【語　譯】〈貴忠篇〉講：

2　「帝王尊崇敬奉的對象是皇天，皇天愛護養育的對象是人類。如今臣僚承受君主授付的重位，管理皇天所愛護的人，怎麼可以不教他們安定並得到好處，養育並扶助他們呢？因此君子擔任職務，就想到對他人有利，接觸到皇帝就想到推薦賢人，因此身居高位而下面的人對他不埋怨，處在前面而位於後面的人對他不忌恨。《尚書》中強調『上天擔負的職責，經由世上合適的人選來代替完成』。稱王天下的人要效法天上的星象建立職官制度，因此聖明的君主不敢憑私情授給誰官爵，忠正的臣僚也不敢靠無功接受官爵。偷竊別人的財物尚且被稱為盜，何況偷竊朝廷官用來謀取自己的私利呢！因為罪過而觸犯了他人，必定會受到誅罰，何況竟然觸犯到皇天，能不招來災禍嗎？堯、舜、夏、商、周這五代的臣僚，依靠正確的準則和方法侍奉君主，恩澤延及到草木，仁愛施加到整個天下，因此福運流布擴展，家族長期延續。然而末世的臣僚，全憑阿諛奉承討好君主，根本不考慮順應天道，只靠殺戮征伐往上升。白起、蒙恬這類人，秦國認為他們建有功勳，可皇天卻認為他們殘害生靈；息夫躬、董賢這類人，當朝天子認為他們忠誠盡職，可皇天卻認為他們竊取官位。《易經》上說：『德業淺薄卻地位尊貴，智慧有限卻野心勃勃，很少不遭禍殃的。』因此德業與他的職務不相稱，禍害必定相當嚴重；才能與他的官位不相稱，災殃必定十分巨大。竊取官位的人，皇天讓他喪失掉察見自身醜惡的本能。即使某些人具有明察的天資和實行仁義的願望，可一旦富貴，卻背叛親人，拋棄老朋友，喪失掉原來的善心，疏遠骨肉同胞，親近獻媚討好的小人，怠慢知心好友，厚愛犬馬玩物，寧可眼看著萬貫錢財散成堆，也不肯借給別人一枚銅錢；明明知道倉中堆積的糧食已經腐爛，也不肯借給別人一斗穀米，致使骨肉同胞在家中怨恨不已，平民百姓在路上痛罵怒責。前人由此而身敗名裂，後人卻爭相重蹈覆轍，這確實令人感到可悲呀！

3 「縱觀前代各朝的國政，尊貴人物的用心究竟和嬰兒存在什麼不同呢？嬰兒常有容易患上的病症，貴臣常有容易招來的禍害，父母常有容易出現的閃失，君主常有容易發生的過錯。嬰兒容易患上的病症，是由吃得過飽導致的；貴臣容易招來的禍害，是由受寵過多形成的。哺乳超過限度就會得上羊角風病，富貴不可一世就會滋生驕縱的壞毛病。疼愛兒子結果卻害了他，使臣僚變得驕縱結果卻殺了他，這類情況並不是絕無僅有的。對他們處以最重的懲罰，有的倒斃在地牢中，有的斬殺在國都市場上，這難道不是因為他們對皇天無功，對世人卻有害造成的嗎？鳥兒覺得山巒低下便在山上築巢，魚兒認為池泉淺顯便在裡面搭窩，但最後都被人們捕捉，原因就是貪戀餌食上了鉤哇！貴盛的皇親國戚都樂意自家的宅第吉利而起好聽的名稱，都希望自家的大門堅固而製作鐵皮轉軸，最終致其失敗，原因並不是禁忌不周和大門轉軸朽爛，而是出於常為財富增多費心機，肆意驕縱僭越罷了。

4 「上而不順從皇天的意願，下而不養育世人萬物，卻只想耍弄本人的小聰明，盜用並施展君主的威權，違逆天地，欺騙神靈。處在累卵那樣極度危險的境地，卻希圖像泰山那樣安全穩固；做出根本經不起時間檢驗的行為，卻謀求世代都能保持貴盛地位的功業。這難道不是太糊塗了嗎！這難道不是太糊塗了嗎！」

1 浮侈篇❶曰：

2 「王者以四海為家，兆人❷為子。一夫不耕，天下受其飢；一婦不織，天下受其寒。今舉俗❸舍本農，趨商賈，牛馬車輿，填塞道路，游手為巧❹，充盈都邑，務本者少，浮食者眾。『商邑翼翼，四方是極❺。』今察洛陽，資末業者什於農夫，虛偽游手什於末業。是則一夫耕，百人食之；一婦桑，百人衣之。以一奉百，孰能供之！天下百郡千縣，市邑萬數，類皆如此。本末不足相供，則民安得不飢寒？飢寒並至，則民安能無姦軌❻？姦軌繁多，則吏安能無嚴酷？嚴酷數加，則下安能無愁怨？愁怨者多，則咎徵❼並臻。下民無聊，而上天降災，則國危矣。

3 「夫貧生於富，弱生於彊，亂生於化，危生於安。是故明王之養民，憂之勞之，教之誨之，慎微防萌，以斷其邪。故易美節以制度，不傷財，不害民❽。七月❾之詩，大小❿教之，終而復始。由此觀之，人固不可恣也。

4 「今人奢衣服，侈飲食，事口舌而習調欺⓫。或以謀姦合任⓬為業，或以游博持掩⓭為事。丁夫不扶犂鋤，而懷丸挾彈，攜手上山遨遊，或好取土作丸賣之，外不足禦寇盜，內不足禁鼠雀。或作泥車瓦狗諸戲弄之具，以巧詐小兒，此皆無益也。

5 「詩刺『不績其麻，市也婆娑⓮』。又婦人不修中饋⓯，休其蠶織，而起學巫祝⓰，鼓舞事神，以欺誣細民，熒惑⓱百姓妻女。羸弱⓲疾病之家，懷憂憤憤，易為恐懼。至使奔走便時，去離正宅，崎嶇路側，風寒所傷，姦人所利，盜賊所中。或增禍重祟，至於死亡，而不知巫所欺誤，反恨事神之晚，此妖妄之甚者也。

6 「或刻畫好繒[19]，以書祝辭[20]；或虛飾巧言，希致福祚；或糜折金綵，令廣分寸；或斷截眾縷，繞帶手腕；或裁切綺縠[21]，縫紩[22]成幡。皆單費百縑[23]，用功千倍，破牢為偽[24]，以易就難，坐食嘉穀，消損白日。夫山林不能給野火，江海不能實漏卮[25]，皆所宜禁也。

7 「昔孝文皇帝[26]躬衣弋綈[27]，革舄韋帶[28]。而今京師貴戚，衣服飲食，車輿廬第，奢過王制，固亦甚矣。且其徒御[29]僕妾，皆服文組綵牒[30]，錦繡綺紈[31]，葛子升越[32]，筩中女布[33]，犀象[34]珠玉，虎魄瑇瑁[35]，石山隱飾，金銀錯鏤，窮極麗靡，轉相誇咤[36]。其嫁娶者，車軿[37]數里，緹帷[38]竟道，騎奴侍童，夾轂[39]並引。富者競欲相過，貧者恥其不逮，一饗[40]之所費，破終身之業。古者必有命[41]然後乃得衣繒絲而乘車馬，今雖不能復古，宜令細民略用孝文之制。

8 「古之葬者，厚衣之以薪，葬之中野，不封不樹，喪期無數。後世聖人易之以棺槨[42]，桐木為棺，葛采為緘[43]，下不及泉，上不泄臭[44]。中世以後，轉用楸梓[45]槐柏杶樗[46]之屬，各因方土，裁用膠漆[47]，使其堅足恃，其用足任，如此而已。今者京師貴戚，必欲江南檽[48]梓豫章之木[49]。邊遠下土，亦競相放效[50]。夫檽梓豫章，所出殊遠，伐之高山，引之窮谷，入海乘淮[51]，逆河[52]泝洛[53]，工匠彫刻，連累日月，會眾而後動，多牛而後致，重且千斤，功將萬夫，而東至樂浪[54]，西達敦煌[55]，費力傷農於萬里之地。古者墓而不墳[56]，中世墳而不崇。仲尼[57]喪母，冢高四尺，遇雨而崩，弟子請修之，夫子泣曰：「古不修墓。」及鯉[58]也死，有棺無椁。文帝葬芷陽[59]，明帝[60]葬洛南，皆不臧[61]珠寶，不起山陵，墓雖卑而德最高。今京師貴戚，郡縣豪家，生不極養，死乃崇喪。或至金縷[62]玉匣，檽梓楩柟[63]，多埋珍寶偶人[64]車馬，造起大冢，廣種松柏，廬舍祠堂，務崇華侈。案鄗畢[65]之陵，南城[66]之冢，周公[67]非不忠，曾子[68]非不孝，以為褒君愛父，不在於聚財；揚名顯親，無取於車馬。昔晉靈公[69]多賦以雕牆，春秋[70]以為不君；華元、樂舉[71]厚葬文公[72]，君子以為不臣。況於群司士庶，乃可僭侈主上，過天道乎？」

【章　旨】以上是〈王符傳〉的第三部分。摘錄其《潛夫論・浮侈篇》。其中以京師洛陽為例，擺出致力耕織和熱衷工商的務本與趨末的主要矛盾及其日趨尖銳化所造成的巨大危害，點明帝王養民教民的責任，列舉遊手好閒、專搞歪門邪道以及婦女信奉巫祝、毀物事神的帶有普遍性的社會現象，極力斥責鬥富之風和厚葬之風。

【注　釋】❶浮侈篇　《潛夫論》的第十二篇。這裡所錄文字，與原文基本相對應，亦有刪略和歧異之處。《潛夫論・敘錄》：「先王理財，禁民為非，〈洪範〉憂民，《詩》刺未資。浮偽者眾，本農必衰，節以制度，如何弗議？故敘〈浮侈〉第十二。」❷兆人　眾民；百姓。兆，數詞，極言其多。❸舉俗　猶言全社會。❹游手為巧　指製作高級奢侈品的人。❺商邑翼翼二句語出《詩．殷武》。商邑，指商王朝的都城。翼翼，盛大突出的樣子。極，最高的效仿準繩。鄭玄注：「極，中也。翼翼然可則效，乃四方之中正也。」❻姦軌　亦作「姦宄」。指違法作亂的舉動。在外為姦，在內為宄。❼咎徵　上天譴責的徵兆，如恆溫常寒之類。❽節以制度三句　出自〈節卦．彖辭〉。節以制度，憑藉制度來進行節制。鄭玄注：「空府藏則傷財，力役繁則害人，二者奢泰之所致。」❾七月　《詩．豳風》中的第一篇。❿大小　大，謂耕田採桑的技藝。小，謂割茅草、搓草繩之類的活動。⓫調欺　欺詐蒙騙。⓬合任　意謂聚合在一起，依靠勇力專做替人報仇之事。⓭游博持掩　指代各種賭博行徑。博謂六博，掩謂意錢，屬於博戲的一種方式。《漢書．貨殖傳》：「又況掘冢博掩，犯姦成富。」⓮不績其麻二句　出自《詩．東門之枌》。績，紡織。市，集市。婆娑，舞姿翩躚的樣子。⓯中饋　指操辦家中膳食事宜，即主持好家務。語出《易．家人》六二爻辭：「無攸遂，在中饋，貞吉。」⓰巫祝　巫，指通過娛神手段給人消災卻病的人。祝，指祭祀時誦讀祈福言詞的人。原為國家神職人員，後在民間演變成職業宗教者。⓱熒惑　迷惑。⓲羸弱　瘦弱。⓳好繒　優質的絲帛。繒，帛。⓴祝辭　祈福的言詞。㉑綺縠　綺，帶有花紋的絲織品。縠，縐紗。㉒縫紩　縫製。紩，亦作「縫」解。㉓百縑　大量的上好物料。縑，細絹，用雙絲織成，幅面呈淺黃色。㉔破牢為偽　變有用為無用。牢，指結實的絹帛而言。㉕漏巵　底部有孔的酒器。㉖孝文皇帝　西漢君主。名恆，孝文為其謚號。事詳《史記．孝文本紀》、《漢書．文帝紀》。㉗弋綈　黑色粗厚的絲織物。弋，通「黓」。黑色。綈，繒。㉘革舄韋帶　革舄，用生皮製成的鞋。韋帶，上無裝飾物件的皮帶。㉙徒御　指聽候差遣的各種勤雜人員。㉚文組綵牒　文組，彩色絲帶。綵牒，色彩絢爛的疊布。李賢注：「牒，即今疊布也。」㉛紈　白色的細絹。《漢書．地理志第八下》：齊國風俗「彌侈，織作冰紈綺繡純麗之物。」㉜葛子升越　均為細布名稱。葛子，用芭蕉纖維織成。子則形容其精細程度。李賢注引沈懷遠《南越志》：「蕉布之品有三，有蕉布，有竹子布，又有葛焉。雖精麤之殊，皆同出而異名。」升越，越地所產雪白的細布。布以八十縷為「升」。㉝筩中女布　俱為細布名稱。筩中即筒布，又稱筒中布，因其捲成筒狀而得名。筩，意為竹筒。揚雄〈蜀都賦〉：「布則蜘蛛作絲，不可見風，筩中黃潤，一端數金。」女布，細麻布。李賢注引盛弘之《荊州記》：「秭歸縣室多幽閑，其女盡織布至數十升。」又：「今永州俗猶呼貢布為女子布也。」㉞犀象　指犀牛角和象牙。㉟虎魄瑇瑁　虎魄，即琥珀。古代松柏樹脂的化石，色淡黃或褐、紅褐。質優者被用作裝飾品。《廣雅》：「虎魄，珠也。生地中，其上及旁不生草，深者八九尺。初時如桃膠，凝堅乃成。其方人以為枕。出罽賓及大秦國。」瑇瑁，亦作玳瑁。一種形狀似龜的爬行動物。其甲殼呈黃褐色，帶有黑斑和光澤，可做裝飾品。李賢注引《吳錄》：「瑇瑁似龜而大，出南海。」㊱誇咤　誇示炫耀。咤，與「誇」同義。㊲車軿　謂迎送的車輛。四面遮罩而供婦女乘坐的牛車，稱作軿車。㊳緹

帷　橘紅色的帳篷。㊴轂　車輪。㊵一饗　猶言一次宴席。㊶命　指天子頒發的特許令。李賢注引《尚書大傳》：「古之帝王者必有命。人能敬長矜孤、取舍好讓者，命於其君，得乘飾車駢馬，衣文錦。未有命者，不得衣，不得乘，乘衣者有罰。」㊷古之葬者六句　以上六句，本於《易傳・繫辭下》。薪，柴草。中野，野地當中。封，謂聚土為墳。樹，樹之義。數，固定的期限。棺槨，棺指內棺，槨指外棺。平民則有棺無槨，亦即僅為一層。《尸子》：「禹之喪法，死於陵者葬於陵，死於澤者葬於澤，桐棺三寸，制喪三日。」㊸緘　裹束。《墨子・節葬下》：「舜西教乎七戎，道死，葬南己之市，衣衾三領，穀木之棺，葛以緘之。」㊹臭　謂屍體腐爛的氣味。㊺楸梓　俱為落葉喬木。楸，以木質細密為世所重。梓，以木質輕軟耐朽受人青睞。㊻杶櫄　杶，香椿樹。櫄，臭椿樹。㊼膠漆　兩種粘結之物。㊽檽　亦作「楄」，木名。李賢注引《爾雅》郭璞注：「檽似槲樕而痺小。」並認為「恐非棺槨之用。」㊾豫章之木　即枕木和樟木。豫謂枕木，其與樟木生長至七年方可區別開來。樟木木質密緻，內含樟腦香氣，頗有防蟲蛀特效。㊿放效　仿效。放，通「仿」。(51)淮　指淮水。(52)河　指黃河。(53)洛　指洛水。(54)樂浪　郡名。治所當時在朝鮮縣（今朝鮮平壤市大同江南岸土城洞）。(55)敦煌　郡名。治今甘肅敦煌西。(56)墓而不墳　墓，修墓。墳，築墳。二者的區別是墳大墓小，墓低墳高。《禮記・檀弓上》：「孔子既得合葬於防，曰：『吾聞之，古也墓而不墳。今丘也，東西南北之人也，不可以弗識也。』於是封之，崇四尺。」(57)仲尼　指孔子。孔子名丘，字仲尼，為中國古代最偉大的思想家和教育家。這裡所舉葬母之事，詳見《禮記・檀弓上》。(58)鯉　孔子之子。字伯魚，年五十去世，當年孔子七十歲。《論語・先進》：「子曰：『鯉也死，有棺而無槨。吾不徒行以為之槨，以吾從大夫之後，不可徒行也。』」(59)芷陽　縣名。治今陝西西安東北。西漢文帝時改稱霸陵。(60)明帝　東漢皇帝。名莊，在位期間法令嚴明，亦傷於苛察，卒諡「孝明」。詳見本書卷二。(61)臧　通「藏」。斂藏。(62)金縷　即金縷玉衣，罩於死者全身之上。河北滿城漢墓出土有兩套實物，各由兩千多枚玉片用金絲編綴而成。(63)楩柟　楩，生長在南方的一種大樹，木質堅密，又稱黃楩木。柟，楠木，為常綠大喬木，木質堅密且散發芳香氣味。(64)偶人　以土木等原料製成的人形仿造物，用於喪葬。(65)鄗畢　鄗，西周京師。畢，鄗京郊區的畢原。周文王和武王都葬於此地而無墳隴。故址在今陝西西安西南。(66)南城　山名。為曾子之父曾皙的埋葬處所。在今山東費縣西南。(67)周公　西周初期的大政治家。名旦，為周文王第四子、武王之弟。其事跡主要見於《尚書・周書》諸篇及《史記・周本紀》、〈魯周公世家〉。(68)曾子　指孔子的學生曾參。以踐行孝道著稱。事跡散見於《論語》、《禮記》、《史記・仲尼弟子列傳》等書。(69)晉靈公　春秋時期晉國國君。(70)春秋　儒家《五經》之一，實乃現存最早的中國古代編年史。由於漢代經學家將《左氏春秋》視為詮解《春秋》之作，遂稱之為《春秋左氏傳》，簡稱《左氏傳》或《左傳》，且與《春秋公羊傳》、《春秋穀梁傳》合稱「《春秋》三傳」，並且經傳時而不作嚴格區分，即以《左傳》為《春秋》。這裡「不君」和下文「不臣」云云，便是如此。其原文乃係出自《左傳・宣公二年》：「晉靈公不君，厚斂以雕牆。」杜預：「不君，失君道也。雕，畫也。」 71 華元樂舉　春秋時期宋國的兩位執政大臣。 72 文公　指宋文公。《左傳・成公二年》：「八月，宋文公卒，始厚葬，用蜃炭，益車馬，始用殉，重器備，槨有四阿，棺有翰檜。君子謂華元、樂舉『於是乎不臣。臣，治煩去惑者也，是以伏死而爭。今二子者，君生則縱其惑，死又益其侈，是棄君於惡也，何臣之為？』」

【語　譯】〈浮侈篇〉講：

2 「稱王天下的人把四海作為自己的家宅，把萬民當成自己的兒子。如果有一個農夫不耕種，天下人就會因此挨餓；如果有一個婦女不織布，天下人就會因此受凍。如今全社會拋棄農業生產，都去從事經商活動，牛馬車輛塞滿道路，製作奢侈物品的人充斥都邑，致力農業生產的人很少，吃閒飯的人眾多。《詩》中早就說過：『商朝都城盛大繁榮，成為四方各地效仿的榜樣。』現今察看一下洛陽，靠經商過活的人比農夫多十倍，遊手好閒的人又比經商者多十倍。這純屬一個農夫在耕種，一百個人在等著食用；一個婦女在養蠶織布，一百個人在等著穿衣。用一個人供養上百個人，誰能供養得起呢！天下設有千百個郡縣和上萬個集市城鎮，差不多都是這種情況。農桑本業和工商末業比例顛倒，眾百姓怎能不飢寒？飢寒同時襲來，眾百姓怎能不幹出違法作亂的事情來？違法作亂的事情多，官吏怎能不施用嚴刑酷法？嚴刑酷法頻繁施用，眾百姓怎能不愁苦怨恨？愁苦怨恨的人增多，上天譴責的徵兆都會一起出現。世上眾百姓沒有依靠，而上天又降下災禍，國家也就危險了。

3 「貧窮從富貴轉化而來，脆弱從強盛轉化而來，動亂從教化轉化而來，危機從安定轉化而來。因此聖明的君主養育百姓，既憂慮慰勞他們，又教化訓導他們，防微杜漸，斷絕他們的邪念。所以《易》就讚揚：用制度進行節制，不損耗財物，不傷害百姓。〈豳風・七月〉這首詩，從耕田採桑的技藝到割茅草、搓草繩之類的活動，都教導百姓一年四季怎樣做，周而復始。由此看來，世人原本就不能任意放縱胡亂來的。

4 「如今世人卻在衣著上擺闊氣，在飲食上講排場，整天花言巧語，對欺詐蒙騙習以為常。有人把設圈套陷害人、靠勇力替人報仇作為職業，有人專門從事賭博撈錢的勾當。農夫不去扶犁耕作，卻懷揣彈弓泥丸，攜手上山遊逛，還有人喜歡取土製成彈丸來出售，這從外部來說不足以抵禦賊寇強盜，從內部來說也不足以嚇住鼠雀之類的亂人。還有人製作泥車、瓦狗等專供玩耍的各種器物，欺哄兒童，這些都是沒有什麼益處的玩藝兒。

5 「《詩》上諷刺『不織她的麻布，卻到集市上去跳舞』的現象。再者作為婦女，竟不操持家務，養蠶織布，轉而去學巫祝那套玩意，敲鼓跳舞，事奉鬼神，用來欺騙平民，迷惑百姓的妻子兒女。體弱多病的人家，本來就心中憂憤，更容易引起恐懼情緒。以致叫他們瞅準合適的時機躲避病殃，離開正宅，在路旁繞來轉去，飽受風寒的侵襲，使奸人占到便宜，被盜賊所劫掠。有的還由此禍患增多，病情加重，直至死亡，到頭來卻不知道是被巫婆所欺騙耽誤，反而恨自己侍奉鬼神太晚了，這純屬最嚴重的妖妄行徑。

6 「還有人在優質的絲帛上描繪圖案，書寫祈福的言詞；也有人編造虛偽的動聽話語，希望能招來吉運；還有人毫不吝惜地撕碎華麗的絲織品，使它們長寬達到規定的幾寸幾分；也有人把眾多的絲線裁斷，纏繞在手腕上避邪；還有人剪裁幅面上帶花紋的細絹和縐紗，縫製成神幡。這些舉動都耗盡大量的上好物料，投入千倍的功力，變有用為無用，把簡易轉向艱難，白吃精美的糧食，浪費大好的時光。山林經不起野火燒，江海填不滿底部帶孔的酒器，都是官府應該禁止的。

7 「從前孝文皇帝帶頭穿黑色粗厚的衣服，用生皮製成的鞋子，上面沒有任何裝飾物件的皮帶。可現今京城的貴戚，卻從衣服飲食到車馬宅第，都講究奢華，超過了天子的規格，這本來就太過分了。再加上他們手下的勤雜人員和奴僕侍妾也全都穿用彩色絲帶，色彩絢爛的疊布，精美的綢緞，花紋豔麗或雪白的細絹，以及像葛子、升越、筩中、女子布之類做成的名貴服裝，還享用犀牛角、象牙、珠寶、玉石、琥珀、玳瑁等裝飾物品，甚至繪製出隱約隆起的山石底紋，交錯鑲嵌金銀，簡直華麗奢靡到了極點，轉而相互誇示炫耀。那些逢有嫁娶之事的人家，動輒迎送的車輛排得數里長，橘紅色的帳篷占滿整條街，騎馬的奴僕和侍童在車輪兩旁簇擁開道。財力雄厚的人家必定要設法超過對方，而貧窮的人家因為比不上他們而感到羞恥，一次宴席所花的費用，耗盡一輩子積攢起的家業。在古代，必須得到帝王的特許令，才有資格穿用絲質服裝和乘坐車馬，如今即使不能恢復古代的作法，也應命令眾百姓大致遵用孝文皇帝時的制度。

8 「遠古時代下葬，只用柴草把屍體裹得厚厚的，埋在野地當中，既不築墳，也不植樹，更沒有規定的服喪期限。後世聖人把這種喪葬方式改換成棺槨盛屍，用桐木製成棺材，拿葛蔓作為裹束的東西，葬埋深度掌握在下不及泉、上不透洩朽爛氣味的程度。中古以後，轉而選用楸木、梓木、槐木、柏木、香椿木，臭椿木等材料做棺材，各自根據本地的出產行事，再使用膠或漆粘結好，使它堅固得讓人放心，作用得到充分發揮，也就可以了。可現今京師的貴戚們，卻一定要用江南的檽木、梓木、樟木做材料。邊遠落後地區，也競相仿效。像檽木、梓木、樟木這類名貴木材，生長在相當遙遠的地方，先從高山上砍伐下來，再拖到深谷，然後入海運送，又經過淮水，逆黃河、洛水而上，到工匠手中還得雕刻，時間持續很長，聚合眾勞力而後行動，使用很多牛而後運到，重量超過千斤，人力將近萬名，往東直至樂浪，向西抵達敦煌，在萬里範圍內耗費民力又妨害農業生產。須知上古時代修墓而不築墳，中古時代築墳也不講求高大。孔子失去母親，墳墓才堆成四尺高，遇雨全塌了，弟子們請求重新修建，可孔子流著眼淚說：『古代並不修墓。』到兒子孔鯉死去時，也有棺無槨。文帝葬在芷陽，明帝葬在洛南，都不埋藏珠寶，也不營造山陵，墓雖低矮，可德行最高。如今京師的貴戚們，郡縣的豪富人家，在父母生前不盡力奉養，死後竟大辦喪事。有的靡費到金鏤衣加身，玉匣隨葬，棺木材質為檽木、梓木、黃楩木、楠木，埋入大量的珍寶、偶人、車馬，修建起高大的墳墓，大面積種植松樹柏樹，守喪的廬舍和祭祀的祠堂也都極盡奢華。考察位於鄗京畢原的周文王和武王的王陵，坐落在南城山的曾晳的墳墓，表明周公對父王、天子不是不忠誠，曾子對生身之父不是不孝順，反而認為他們褒揚君主，熱愛父親，並不表現在陵墓中要多聚財物上；播揚名聲，顯耀雙親，並不在車馬陪葬上用心。從前晉靈公增收賦稅，用來修飾宮牆，《春秋》認為這是無道的國君；華元、樂舉二人厚葬宋文公，君子認為這是瀆職的大臣。何況百官、士人、百姓，難道可以奢侈超過主上違犯天意嗎？」

1 實貢篇❶曰：

2 「國以賢興，以諂衰；君以忠安，以佞危。此古今之常論，而時所共知也。然衰國危君，繼踵不絕者，豈時無忠信正直之士哉，誠苦其道不得行耳。夫十步之間，必有茂草❷；十室之邑，必有忠信❸。是故亂殷有三仁❹，小衛多君子❺。今以大漢之廣土，士民之繁庶，朝廷之清明，上下之脩正，而官無善吏，位無良臣。此豈時之無賢？諒❻由取之乖實。夫志道者少與❼，逐俗者多疇❽，是以朋黨用私，背實趨華。其貢士者，不復依其質幹❾，準其才行，但虛造聲譽，妄生羽毛❿。略計所舉，歲且二百。覽察其狀⓫，則德侔顏、冉⓬，詳覈厥能，則鮮及中人⓭，皆總務升官，自相推達。夫士者貴其用也，不必求備。故四友⓮雖美，能不相兼；三仁齊致，事不一節。高祖⓯佐命，出自亡秦；光武⓰得士，亦資暴莽⓱。況太平之時，而云無士乎？

3 「夫明君之詔也若聲，忠臣之和也如響。長短大小，清濁疾徐，必相應也。且攻玉以石⓲，洗金以鹽⓳，濯錦以魚⓴，浣布以灰㉑。夫物固有以賤理貴，以醜化好者矣。智者棄短取長，以致其功。今使貢士必覈以實，其有小疵，勿彊衣飾㉒，出處默語㉓，各因其方，則蕭、曹、周、韓㉔之倫，何足不致？吳、鄧、梁、竇㉕。

之屬，企踵㉖可待。孔子曰：『未之思也，夫何遠之有㉗？』」

【章　旨】以上是〈王符傳〉的第四部分。摘錄其《潛夫論・實貢篇》。主要針對保舉任用官吏問題，指摘結黨營私、背實趨華和求全責備的積弊，相應提出因才授職的建議。

【注　釋】❶實貢篇　《潛夫論》的第十四篇。這裡所錄文字，與原文出入較大，刪略之跡明顯。《潛夫論・敘錄》：「明主思良，勞精賢知，百寮阿黨，不覈真偽。苟崇虛舉，以相誑曜，居官任職，則無功效。故敘〈實貢〉第十四。」❷夫十步之間二句　本於《說苑・談叢》：「十步之澤，必有芳草。」❸十室之邑二句　襲自《論語・公治長》：「十室之邑，必有忠信。」意謂即使只有十戶人家居住的小地方，一定有像我這樣忠誠信實的人。十室之邑，只住了十戶人家的小地方，指極小的城邑，以顯示忠信之人易得。❹亂殷有三仁　亂殷，指商紂王在位期間。三仁，謂箕子、微子、比干。《論語・微子》：「微子去之，箕子為之奴，比干諫而死。孔子曰：『殷有三仁焉。』」❺小衛多君子　衛，指春秋時期衛國而言。《左傳・成公三年》：「衛侯使孫良夫來聘，且尋盟。」臧宣叔曰：「衛在晉，不得為次國。」杜預注：「春秋時以彊弱為大小，故衛雖侯爵，猶為小國。」又〈襄公二十九年〉載：吳國公子季札自鄭「適衛，說（悅）蘧瑗、史狗、史鰌、公子荊、公叔發、公子朝，曰：『衛多君子，未有患也。』」❻諒　確實；實在。❼與　猶言夥伴。❽疇　同類。後作「儔」。❾質幹　主體所在。今言「素質」之義。❿羽毛　喻指華而不實的事項。⓫狀　指保舉文書，與現今推薦書相類似。⓬顏冉　顏，顏淵。冉，冉耕。俱為孔子的得意門生。《論語・先進》：「德行：顏淵、閔子騫、冉伯牛、仲弓。」⓭中人　一般人；中等人。⓮四友　這裡指深受孔子讚賞的四名弟子。李賢注引《尚書大傳》：「孔子曰：『文王得四臣，丘亦得四友。』」具體是說顏淵可為胥附，子貢可為奔走，子張可為先後，子路可為禦侮，各具其能又各盡其用。《孔叢子・論書》亦有此種說法。⓯高祖　西漢王朝的創建者劉邦。高祖為其廟號。⓰光武　東漢王朝的創建者劉秀，光武為其謚號。詳見本書卷一。⓱暴莽　指王莽。王莽奪取西漢政權並強力推行其各項復古措施及軍事行動，故而這裡謂之為暴莽。事詳《漢書・王莽傳》。⓲攻玉以石　意謂借助外力可以成就自身事業。下三句與此同義。《詩・鶴鳴》：「它山之石，可以攻玉。」⓳洗金以鹽　洗金，謂使金屬閃出光澤來。李賢注：「今之金工發金色者，皆淬之于鹽水焉。」⓴濯錦以魚　錦，為高級絲織品。魚，當指魚鱗之類而言。㉑浣布以灰　灰，草木灰。《禮記・內則》：「冠帶垢，和灰請漱；衣裳垢，和灰請澣。」㉒衣飾　比喻找理由預以開脫或掩飾，亦即文過飾非之義。㉓出處默語　指行事的準則與方式。《易・繫辭上》：「君子之道，或出或處，或默或語。」㉔蕭曹周韓　蕭，蕭何。曹，曹參。周，周勃。韓，韓信。其中蕭、曹為西漢文臣，周、韓為西漢武將。四人事跡詳見《史記・蕭相國世家》、〈曹相國世家〉、〈絳侯周勃世家〉、〈淮陰侯列傳〉及《漢書・蕭何曹參傳》、〈周勃傳〉、〈韓信傳〉。㉕吳鄧梁竇　吳，吳漢。鄧，鄧禹。梁，梁統。竇，竇融。均為東漢開國功臣，其中梁統則以明於刑律見稱。四人事詳本書卷十八、卷十六、卷三十四、卷二十三。㉖企踵　踮起腳跟。形容速度之快。㉗未之思也二句　見《論語・子罕》。錢穆解析，孔子引逸詩而說之，謂實不思而已。若果思之，即近在我心，何遠之有。

【語譯】〈實貢篇〉講：

2　「國家因有賢能者而興盛，因有諂媚者而衰敗；君主依靠忠正的臣僚而安寧，信用佞幸的臣僚而傾危。這是古今公認的論斷和當前人們都知道的事情。然而使國家衰敗、君主危險的情況接連出現，總不斷絕，其原因難道是當時沒有忠信正直的士人嗎，實在是因為他們的主張得不到施行罷了。在十步遠的範圍內，必定會有茂盛的青草；在十戶人家的城邑裡，必定會有忠信的士人。所以殷朝昏亂時便湧現出三位仁人，弱小的衛國也有許多君子。現在憑藉盛大漢朝的廣袤國土，士人平民的眾多，朝廷的清正英明，由上至下的品行端正，卻落得個百官中沒有優秀的吏員，職位上沒有賢良的臣僚。這哪裡是當前沒有賢人？實在是由於選取人才時背離了選人的標準。把志向投注在道德原則上的人缺少夥伴，而迎合世俗的人卻有很多同類，因此拉幫結派，謀求私利，背離忠實，趨向浮華。那些向朝廷保舉人才的人，不再依據被保舉者的素質狀況，衡量他們的才幹操行，只是虛造聲望名譽，任意編造華而不實的事項。約略統計得到保舉的對象，每年差不多二百人。觀看提交的保舉文書，就個個具有和顏淵、冉耕相同的德行，但仔細考核他們的才能，卻很少有能趕上中等人的，其實是這些人都在務求升官，自相推舉以求騰達。對於士人，貴在使他們發揮作用，不必求全責備。因此像『四友』那般人物儘管傑出，但才能也無法聚於一身；把殷末『三仁』全都招來，辦事仍各有側重。協助高祖皇帝打天下的人，都是出自亡秦的臣民；光武皇帝獲取到人才，也出自暴虐的新朝。況且在太平時代，能說沒有人才嗎？

3 「聖明君主的詔令如同呼聲，而忠臣的應和恰似回音。從長短大小到清濁快慢，一定會彼此相應合。再者，要用別處的石頭磨治出美玉，要用鹽水淬煉出金屬的光澤，要用魚鱗清洗錦緞，要用灰漿洗淨布匹。事物本來就存在著以低賤治理高貴、用醜陋染化美好的現象。作為聰明人，都需要互相取長棄短，用以實現他們的功業。現今在保舉人才問題上，要讓保舉者必須考核實際情況，對那些身上確有小毛病的人，不要設法文過飾非，在行事的準則與方式上，各自依從他們本人的特點，那麼像蕭何、曹參、周勃、韓信這等人物，哪能網羅不到呢？像吳漢、鄧禹、梁統、竇融這類英才，也蹺足可待。孔子早就說過：『只是沒有想念吧！真想念就近在心中，還有什麼遙遠的呢？』」

1 愛日篇❶曰：

2 「國之所以為國者，以有民也；民之所以為民者，以有穀也；穀之所以豐殖者，以有民功❷也；功之所以能建者，以日力也。化國❸之日舒以長，故其民閑暇而力有餘；亂國之日促以短，故其民困務而力不足。舒長者，非謂羲和❹安行，乃君明民靜而力有餘也；促短者，非謂分度❺損減，乃上闇下亂，力不足也。孔子稱『既庶則富之，既富乃教之❻』。是故禮義生於富足❼，盜竊起於貧窮；富足生於寬暇，貧窮起於無日❽。聖人深知力者民之本，國之基也，故務省徭役，使之愛日。是以堯敕羲和，欽若昊天，敬授民時。明帝時，公車❾以反支日❿不受章奏，帝聞而怪曰：『民廢農桑，遠來詣闕⓫，而復拘以禁忌，豈為政之意乎？』

於是遂蠲[12]其制。今冤民仰希[13]申訴，而令長[14]以神[15]自畜，百姓廢農桑而趨府廷[16]者，相續道路，非朝餔[17]不得通，非意氣[18]不得見。或連日累月，更相瞻視[19]；或轉請鄰里，饋糧應對。歲功[20]既虧，天下豈無受其飢者乎？

3 「孔子曰：『聽訟[21]吾猶人也。』從此言之，中才以上，足議曲直，鄉亭部吏[22]，亦有任決斷者，而類多枉曲[23]，蓋有故焉。夫理直則恃正而不撓[24]，事曲則諂意以行賕[25]。不撓故無恩於吏，行賕故見私於法。若事有反覆[26]，吏應坐[27]之，吏以應坐之故，不得不枉之於庭。以羸民[28]之少黨，而與豪吏對訟，其埶得無屈乎？縣承吏言，故與之同。若事有反覆，縣亦應坐之，縣以應坐之故，而排[29]之於郡。以一民之輕，而與一縣為訟，其理豈得申乎？事有反覆，郡亦坐之，郡以共坐之故，而排之於州[30]。以一民之輕，與一郡為訟，其事豈獲勝乎？既不肯理，故乃遠詣公府[31]。公府復不能察，而當延以日月。貧弱者無以曠旬[32]，彊富者可盈千日。理訟若此，何枉之能理乎？正士懷怨結而不見信，猾吏崇姦軌而不被坐，此小民所以易侵苦，而天下所以多困窮也。

4 「且除上天感痛致災，但以人功見事[33]言之：自三府州郡，至于鄉縣典司之吏，辭訟之民，官事相連，更相檢對[34]者，日可有十萬人。一人有事，二人經營，是為日三十萬㉟人廢其業也。以中農㊱率之，則是歲三百萬人受其飢者也。然則盜賊何從而銷，太平何由而作乎？詩云：『莫肯念亂，誰無父母㊲？』百姓不足，君誰與足㊳？可無思哉？可無思哉？」

【章　旨】以上是〈王符傳〉的第五部分。摘錄其《潛夫論・愛日篇》。強調珍惜光陰和愛護民力，說明寬舒民力則民時充裕而民功成、損耗民力則民時迫促而民功廢，指出日力乃係民之本、國之基。

【注　釋】❶愛日篇　《潛夫論》的第十八篇。這裡所錄文字，與原文頗有出入。《潛夫論・敘錄》：「民為國基，穀為民命，日力不暇，穀何由盛？公卿師尹，卒勞百姓，輕奪民時，誠可憤諍。故敘〈愛日〉第十八。」❷民功　民眾的勞動成果。❸化國　實現大治的國家。❹羲和　指代太陽。《山海經・大荒南經》：「東南海之外，甘水之間，有羲和之國。有女子名曰羲和，方浴日於甘泉。羲和者，帝俊之妻，生十日。」郭璞注：「羲和蓋天地始生主日月者也。」❺分度　指太陽運行的全年里程和具體的天體位置。李賢注引《洛書甄耀度》：「凡周天三百六十五度四分度之一，一度為千九百三十二里。日一日行一度，月一日行十三度十九分度之一。」❻既庶則富之二句　《論語・子路》：「子適衛，冉有僕。子曰：『庶矣哉！』冉有曰：『既庶矣，又何加焉？』曰：『富之。』曰：『既富矣，又何加焉？』曰：『教之。』」何晏注：「庶，眾也，言衛人眾多。」❼禮義生於富足　《管子・牧民》：「倉廩實則知禮節，衣食足則知榮辱。」❽無日　整天瞎忙亂幹、永不消停的意思。❾公車　漢代九卿之一衛尉的下屬機構，其長官為公車令，負責宮殿警衛及受理天下上書和徵召事宜。❿反支日　陰陽術數中所講的禁忌凶日。李賢注據《陰陽書》：「凡反支日，用月朔為正。戌、亥朔，一日反支；申、酉朔，二日反支；午、未朔，三日反支；辰、巳朔，四日反支；寅、卯朔，五日反支；子、丑朔，六日反支。」⓫詣闕　意謂到天子腳下告御狀。⓬蠲　廢除。⓭仰希　急切盼望之義。⓮令長　令，縣令。長，縣長。漢制，縣萬戶以上為縣令，不滿萬戶為縣長。⓯神　難見如神的意思。⓰府廷　指三公府的辦公地點。⓱朝餔　指辦公時間。朝，上朝之時。餔，晚飯之時。朝餔即辰時至申時，相當於現代時間早上七點至下午四點。古代在此時段內料理日常政務。餔，後作「晡」。⓲意氣　指以行賄方式向當權者表達請託之意。⓳瞻視　顧盼。⓴歲功　全年的生產活動。㉑聽訟　審理案件。此句引自《論語・顏淵》。㉒鄉亭部吏　指基層地方行政組織的供職人員。部，所在地界之義。漢承秦制，大致以百戶人家為里，設里魁；十里為亭，設亭長；十亭為鄉，設有秩、三老、游徼，分別掌管一鄉政務、教化、治安。㉓枉曲　不公正。㉔橈　屈從；屈服。㉕行賕　即行賄。㉖事有反覆　意謂罪犯翻供而經複審認定案情確有差錯，需要推翻原判，重新定罪量刑。㉗坐　指反過來承擔相應責任而受到同樣的刑事處罰。㉘羸民　弱小孤單的百姓。㉙排　排擠。指利用權勢和狡詐手法使占理一方變得無理。㉚州　漢代由監察區轉化而成的一級行政區。東漢共分十三州，州設刺史。㉛公府　指三公府。東漢以太尉、司徒、司空為三公，下設具體機構和官屬，合稱三府。本書卷八十四〈楊秉傳〉：「漢世故事：三公之職，無所不統。」㉜曠旬　白白等候十天的意思。古制，複審案件在十天之內辦結。㉝人功見事　人力付出和現實事項。見，通「現」。㉞檢對　檢驗核對。㉟三十萬　三當作「二」。因為依照漢代的計算比例，中農一戶的糧食收穫量可供七人食用。㊱中農　中等農戶。㊲莫肯念亂二句　意謂切莫想去作亂，誰家沒有父母？見《詩·沔水》。㊳百姓不足二句　本於《論語·顏淵》所載有若對答魯哀公之語。

【語　譯】〈愛日篇〉講：

2　「國家之所以成為國家，在於擁有民眾；民眾之所以成為民眾，在於擁有糧食。糧食之所以能夠生長豐收，在於擁有民眾的勞動；勞動成果之所以能夠取得，在於每日都付出辛勞。在天下大治的國度，時光充足又悠長，所以那裡的民眾顯得閒暇而力量充足；在混亂動盪的國度，時光匆促又短暫，所以那裡的民眾顯得困頓而力量不足。時光充足又悠長，不是說太陽總不落山，而是表明君主聖明，百姓安定，致使力量充足啊；時光匆促又短暫，不是說太陽運行的里程有所減少，而是表明上面昏暗，下面混亂，致使力量不足啊。孔子強調『已經人口眾多了，就讓他們富裕起來；已經富裕了，就教化他們』。因此禮義是從富足中產生出來的，盜竊行為是從貧窮中產生出來的；富足是從寬鬆閒暇中產生出來的，貧窮是從沒日沒夜勞動中產生出來的。聖人深深懂得勞動是百姓的根本和國家的根基，所以就盡量減輕徭役，使民眾愛惜光陰。因而帝堯命令羲和，敬重順從昊天，向民眾及時準確地頒布曆法。明帝時，公車衙門因反支日不受理章奏，明帝聽說後指責說：『百姓廢棄農耕桑蠶，遠道前來天子腳下告御狀，官署卻又受到禁忌的拘束不予受理，這難道是為政的本意嗎？』於是就廢除了這項制度。如今蒙受冤屈的百姓急切盼望真能得到申訴，可各地的縣令、縣長們卻擺出如同尊神的架式極難見到，以便伺機勒索錢財，於是百姓中廢棄農耕桑蠶、奔赴三公府大堂上訴的人，在道路上一個接一個，但不在辦公時間內就無法遞呈申訴書，不進行賄賂就無法見到審判官。致使有的人連日累月，不斷顧盼；有的人轉請鄰里送給吃的，等待應對審訊。全年的生產活動既已荒廢，天下哪能沒有遭受飢餓折磨的人呢？

3 「孔子說：『審理案件我同普通人一樣。』據此而言，中等才能以上的人，足以判定是非曲直，各地鄉亭所屬的吏員，也有勝任斷案的，然而大多審理得不公正，恐怕是有原因的。有理的一方當然會依仗正義而不屈服，理由的一方自然就心想買通而行賄。不屈服因而對斷案的吏員便無報謝，行賄因而就受到執法者私庇。如果經過複審而原判被推翻，斷案的吏員按規定就會受到同樣的刑事處罰，由於斷案吏員會受到同樣的刑事處罰的緣故，不得不在縣級法庭上做出無視案件實情但又占理的辯護。這樣一來，弱小的百姓勢單力薄，竟與勢力很大的吏員對質，結果能不蒙受冤屈嗎？縣裡接受的是斷案吏員的言詞，因而判決與他們相同。如果經過複審而原判被推翻，縣裡按規定也會受到同樣的刑事處罰，由於縣裡會受到同樣的刑事處罰的緣故，就把占理一方弄成無理上報到郡。這樣一來，憑藉一名百姓微不足道之力，竟與一縣官吏打起官司來，他的正義怎能得到伸張呢？如果經過複審而原判被推翻，郡裡按規定也會受到同樣的刑事處罰，由於郡裡會受到同樣的刑事處罰的緣故，就把占理一方弄成無理上報到州。這樣一來，憑藉一名百姓微不足道之力，竟與一郡官吏打起官司來，這場官司難道能勝訴嗎？州裡既然不肯受理訴訟，所以就遠道來到三公府告狀。三公府又不能迅速察斷，需要推遲時間。貧窮弱小者沒辦法白等上十天半月，而豪強富戶可以堅持千日。像這樣審理訴訟案件，冤屈怎麼能得到昭雪呢？正直之士內心積壓著怨恨的疙瘩而得不到伸張，狡詐吏員助長奸惡歹徒卻不被連帶定罪，這就是平民百姓容易受侵害而天下困窮人多的原因。

4 「姑且把上天對世間亂象深感痛恨而降示的災禍排除在外，僅以人力付出和現實事項而言：從三公府到各州郡，直至鄉縣負責斷案的吏員，加上打官司的民眾，以及官府事務互有關連、需要逐級檢驗核對而動用的人手，每天會有十萬人。一人有事，還要兩人來幫忙，這就等於每天有三十萬人荒廢他們的本業。按中等農戶的糧食收穫量平均計算，每年就有三百萬人因此而挨餓。那麼，盜賊怎麼會銷聲匿跡呢？又怎麼會天下太平呢？《詩》上說：『切莫想去作亂，誰家沒有父母？』百姓不豐足，君主怎麼會富足？對此能不認真思考嗎？對此能不認真思考嗎？」

1 述赦篇❶曰：

2 「凡療病者，必知脈之虛實，氣之所結，然後為之方，故疾可愈而壽可長也；為國者，必先知民之所苦，禍之所起，然後為之禁，故姦可塞而國可安也。今日賊❷良民之甚者，莫大於數赦贖❸。赦贖數，則惡人昌而善人傷矣。何以明之哉？夫謹敕❹之人，身不蹈非，又有為吏正直，不避彊禦❺，而姦猾之黨橫加誣言者，皆知赦之不久故也。善人君子，被侵怨而能至闕庭自明者，萬無數人；數人之中得省問❻者，百不過一；既對尚書❼而空遣去者，復什六七矣。其輕薄姦軌，既陷罪法，怨毒之家冀其辜戮❽，以解畜憤，而反一槩悉蒙赦釋，令惡人高會而誇咤，老盜服臧❾而過門，孝子見讎而不得討，遭盜者覩物而不敢取，痛莫甚焉！

3 「夫養稂莠❿者傷禾稼，惠姦軌者賊良民。書曰：『文王作罰，刑茲無赦⓫。』先王之制刑法也，非好傷人肌膚，斷人壽命也；貴威姦懲惡，除人害也。故經稱『天命有德，五服五章哉，天討有罪，五刑五用哉⓬』；詩刺『彼宜有罪，汝反脫之⑬』。古者唯始受命之君，承大亂之極，寇賊姦軌，難為法禁，故不得不有一赦，與之更新⑭，頤育⑮萬民，以成大化。非以養姦活罪，放縱天賊⑯也。夫性惡之民，民之豺狼，雖得放宥⑰之澤，終無改悔之心。旦脫重梏⑱，夕還囹圄⑲，嚴明令尹⑳，不能使其斷絕。何也？凡敢為大姦者，才必有過於眾，而能自媚於上者也。多散誕得之財㉑，奉以諂諛之辭，以轉相驅，非有第五公㉒之廉直，孰不為顧哉？論者多曰：『久不赦則姦軌熾而吏不制，宜數肆眚㉓以解散之。』此未昭政亂之本源，不察禍福之所生也。」

【章旨】以上是〈王符傳〉的第六部分。摘錄其《潛夫論・述赦篇》。主要針對頻繁赦罪免刑的問題，斷言此舉純係禍國殃民的最大弊政，指明了惡賊慣犯死不悔改的本性和大奸巨猾的逃罪伎倆。

【注釋】❶述赦篇　《潛夫論》的第十六篇。這裡所錄文字，與原文相較，刪略之處頗多。《潛夫論・敘錄》：「君憂臣勞，古今通義，上思致平，下宜竭惠。貞良信士，咸痛數赦，姦宄繁興，但以赦故。乃敘〈述赦〉第十六。」❷賊　危害；傷害。❸赦贖　減免罪罰，允許用錢物贖罪免刑。❹謹勑　謹慎小心而嚴於律己。勑，通「飭」。❺彊禦　勢力強大的人。❻省問　審察詢問。❼尚書　尚書臺所屬官員的一種官稱。尚書臺又稱中臺，是東漢時專設的一個協助皇帝處理政務的機構，下分六曹，每曹均設尚書一人，各掌其事。尚書意為執掌文書，秩低權重，為其特徵。詳見本書〈志第二十六・百官三〉。❽辜戮　按罪判處死刑。❾服臧　攜帶贓物的意思。臧，竊取的物品。❿稂莠　泛指對禾苗有害的雜草。《爾雅》：「稂，童粱。」郭璞注：「莠類也。」《孟子・盡心下》：「惡莠恐其亂苗也。」趙岐注：「莠之莖葉似苗。」⓫文王作罰二句　語出《尚書・康誥》。文王，名昌，西周王朝的奠基人。⓬天命四句　語出《尚書・皋陶謨》。五服指天子、諸侯、卿、大夫、士的五等禮服，五章，意謂借助禮服等級分別彰明他們的德行大小和地位高低。五刑，指墨（刺面）、劓（割鼻）、刖（砍腳）、宮（閹割）、大辟（斬首）的五種不同的刑罰。五用，意謂按照罪行輕重分別予以懲治。⓭彼宜有罪二句　引自《詩・瞻卬》。《毛傳》：「脫，赦也。」⓮更新　除舊布新之義。⓯頤育　養育。⓰天賊　上天所誅殺的對象。⓱放宥　免罪釋放。⓲重梏　沉重的刑具。⓳囹圄　即監牢、監獄。⓴令尹　縣令和縣尹。這裡指代地方官員。㉑誣得之財　猶言不義之財。誣得，白白獲得的意思。㉒第五公　指東漢前期名臣第五倫。因其位至司空，故而這裡稱之為第五公。第五乃係複姓。詳見本書卷四十一。㉓肆眚　「眚災肆赦」的縮語。語出《尚書・堯典》，意謂過失成災遂赦免。眚，過失。肆，遂。

【語譯】〈述赦篇〉講：

2　「凡是給人治病的醫生，必定要了解脈搏的虛實，內氣鬱結的地方，然後給患者開藥方，由此可以使疾病痊癒，壽命延長；治理國家的人，一定要先了解民眾的疾苦所在，禍害產生的根源，然後對此予以禁止，因而奸邪可以杜絕而國家能夠安定啊。如今危害百姓最嚴重的事情，沒有什麼能比屢次赦免罪犯、允許贖罪更大的了。赦免罪犯、允許贖罪次數一多，惡人就氣焰囂張而好人卻深受傷害了。拿什麼來證明這一點呢？世上謹慎而嚴於律己的人，自身不會陷入幹壞事的泥潭，還有在位的官員正直無私，也不畏懼勢力強大的對手，然而一群奸猾之徒對他憑空進行誣衊，就是因為都知道不久就會得到赦免的緣故。善人君子中受到侵害而心中怨恨並能到朝廷自我申辯的人，一萬個當中也沒有幾個；這幾個人當中真能得到審察詢問的，一百個當中也頂多有一個；經過對答尚書的詢問卻無結論又被打發走的人，仍會占到十分之六以上。那些作奸犯科的輕薄惡棍，已經落入法網，對他們深惡痛絕的受害人只希望將他們按罪判處死刑，以解除平素積聚在心頭的憤恨，可他們反而一個不漏地都蒙受到免罪釋放，致使惡棍歹徒大擺酒席慶賀，到處誇耀炫示，屢教不改的慣犯攜帶贓物故意經過失主的家門，孝子看見仇人卻無法報仇雪恨，被盜者看見自己的物品竟不敢取回來，痛苦沒有比這更為深切的了！

3　「不翦除雜草就會傷害禾苗，善待違法作亂的人就會危害良民。《尚書》中說：『周文王制定刑罰，懲治罪犯而不赦免。』古代聖明的帝王制定刑法，並不是喜好損傷人的肌膚，中斷人的壽命；而是重在威懾奸賊，懲戒惡徒，剷除世人的禍害。因而經典中強調『皇天對具有德行的人做出安排，通過五等禮服來分別彰明他們的大小德行；上天懲罰犯罪的傢伙，運用五種刑法來分別對他們的罪過進行處治』；《詩》譏刺『那人本該有罪，你反而赦免他』的作法。古代只有最先奉受天命建立新王朝的君主，承接大亂的極度情勢，鑑於強盜惡賊難以被法律控制住，所以不得不有一次赦免，與他們除舊布新，養育萬民，以便形成教化深入人心的局面。並不是用來養護奸賊而讓罪犯活命，放縱皇天所誅殺的對象。本性邪惡的刁民，是百姓中的豺狼，雖然蒙受到免罪釋放的恩澤，但終究沒有悔改之心，早晨剛被卸掉沉重的刑具，晚上又被關進了監牢，嚴明的地方官員，也不能使這種現象斷絕。這是為什麼呢？因為只要是敢做大壞事的人，一定懷有超過普通人的才智，又能對上面獻上自己的殷勤。多多散發白白攫取到的不義之財，拿諂媚的言詞去打動，叫上面一個接一個替他說話辦事，如果不具備我朝第五倫那樣的廉潔正直，誰能不對巨額錢物不動心呢？議論政事的人多數都說：『長久不進行赦免，違法作亂的人就會更囂張而官吏遏制不住，應該不斷赦免，從而把它消除驅散。』這種主張是不明瞭政治動亂的本源，看不出禍害產生的根由啊。」

後度遼將軍❶皇甫規❷解官歸安定，鄉人有以貨得鴈門太守❸者，亦去職還家，書刺❹謁規。規臥不迎，既入而問：「卿前在郡食鴈美乎？」有頃，又白❺王符在門。規素聞符名，乃驚遽❻而起，衣不及帶，屣履❼出迎，援符手而還，與同坐，極歡。時人為之語曰：「徒見二千石❽，不如一縫掖❾。」言書生道義之為貴也。符竟不仕，終於家。

【章　旨】以上是〈王符傳〉的第七部分。著力敘寫王符深受度遼將軍皇甫規禮遇之事，且與鴈門太守遭蔑視、受嘲弄形成鮮明對照和強烈反差。

【注　釋】❶度遼將軍　武官名號。其品秩為二千石，專掌衛護南單于，所領兵營則稱度遼營，駐紮在五原曼柏縣。❷皇甫規　東漢後期致力於西北邊務的重要將領。詳見本書卷六十五。❸鴈門太守　鴈門，郡名。治今山西朔州東南夏關城。太守，為郡守的別稱，即一郡長官。❹書刺　書寫名片。刺，名片。❺白　稟報。❻驚遽　驚異疾速。❼屣履　拖拉著鞋朝前走。用以形容急促之狀。❽二千石　漢代品秩等級的重要組成部分之一。從中央九卿到地方郡守及諸侯國相基本上都屬於這一等級，又因祿米數量存在差異，遂細緻區分為中二千石、真二千石、比二千石三個層次。這裡用作郡守的代稱。❾縫掖　大袖單衣，係儒士常服。《禮記·儒行》：「孔子曰：『丘少居魯，衣逢掖之衣。』」鄭玄注：「逢猶大也。大掖之衣，大袂單衣也。」

【語　譯】後來度遼將軍皇甫規卸去職務，返歸原籍安定，同鄉有個靠錢財當上鴈門太守的人也離職回到家中，呈遞本人名片前來拜見皇甫規。皇甫規躺在床上不迎接，進來後就問：「你從前在郡守任上，食用大雁覺得好吃嗎？」不一會兒，手下又稟報王符在門外候見。皇甫規平素就聞知王符的大名，於是驚異疾速地起身下床，連衣帶都來不及繫上，拖拉著鞋出門迎接，又一路拉著王符的手回到室內，與他並排坐定，極盡歡悅之情。當時人特就此事編成順口溜說：「徒然當個二千石，不如一個長袖衫。」這是在說書生憑道義受到尊重啊。王符一直沒做官，最後在家中去世。

1 仲長統，字公理，山陽高平❶人也。少好學，博涉書記❷，贍於文辭。年二十餘，游學青、徐、并、冀❸之間，與交友者多異之。并州刺史高幹，袁紹❹甥也。素貴有名，招致四方游士，士多歸附。統過❺幹，幹善待遇，訪以當時之事。統謂幹曰：「君有雄志而無雄才，好士而不能擇人，所以為君深戒也。」幹雅自多❻，不納其言，統遂去之。無幾，幹以并州叛，卒至於敗。并冀之士皆以是異統。

2 統性俶儻⑦，敢直言，不矜小節，默語無常，時人或謂之狂生。每州郡命召，輒稱疾不就。常以為凡遊帝王者，欲以立身揚名耳，而名不常存，人生易滅，優遊偃仰，可以自娛，欲卜居⑧清曠，以樂其志，論之曰：「使居有良田廣宅，背山臨流，溝池環帀⑨，竹木周布，場圃築前，果園樹後。舟車足以代步涉之艱，使令⑩足以息四體之役。養親有兼珍之膳⑪，妻孥無苦身之勞。良朋萃止⑫，則陳酒肴以娛之；嘉時吉日，則亨羔豚以奉之。躕躇⑬畦苑，遊戲平林，濯清水，追涼風，釣游鯉，弋⑭高鴻。諷於舞雩⑮之下，詠歸高堂之上。安神閨房，思老氏⑯之玄虛；呼吸精和⑰，求至人⑱之彷彿。與達者數子，論道講書，俯仰二儀⑲，錯綜人物。彈南風⑳之雅操，發清商㉑之妙曲。消搖㉒一世之上，睥睨㉓天地之間。不受當時之責，永保性命之期。如是，則可以陵㉔霄漢，出宇宙之外矣。豈羨夫入帝王之門哉！」

3 又作詩二篇，以見其志。辭曰：

4 「飛鳥遺跡，蟬蛻㉕亡殼。騰蛇㉖棄鱗，神龍喪角㉗。至人能變，達士拔俗。乘雲無轡㉘，騁風無足。垂露成幃㉙，張霄㉚成幄。沆瀣㉛當餐，九陽㉜代燭。恆星豔珠，朝霞潤玉。六合㉝之內，恣心所欲。人事可遺，何為局促㉞？

5 「大道雖夷，見幾㉟者寡。任意無非，適物無可。古來繞繞㊱，委曲如瑣㊲。百慮何為，至要在我。寄愁天上，埋憂地下。叛散五經㊳，滅棄風、雅㊴。百家雜碎，請用從火㊵。抗志山栖，游心海左。元氣為舟，微風為柂㊶。敖翔太清，縱意容冶㊷。」

6 尚書令㊸荀彧㊹聞統名，奇之，舉為尚書郎。後參丞相曹操軍事㊺。每論說古今及時俗行事，恆發憤歎息。因著論名曰昌言㊻，凡三十四篇，十餘萬言。

7 獻帝㊼遜位之歲，統卒，時年四十一。友人東海繆襲㊽常稱統才章足繼西京董、賈、劉、揚㊾。今簡撮㊿其書有益政者，略載之云。

【章 旨】以上為〈仲長統傳〉的第一部分。記述仲長統的籍貫、文學才華、遊學經歷、政治預見力及其在友人和士人心目中的重要地位。載錄其〈樂志論〉和二首詩，見其性格和人生志趣。記述其撰述《昌言》的原由和受到的超常推重，並交代摘錄其原書篇目的側重點所在。

【注 釋】❶山陽高平 山陽，郡名。治今山東金鄉西北。高平，縣名。治今山東微山縣西北。❷書記 泛指各類文字記述。❸青徐并冀 俱為州名。四州轄境大致相當於今山東、江蘇長江以北和山西大部及河北中南部地區。❹袁紹 東漢末葉擁兵自重的地方軍閥，名門顯貴袁氏家族的重要成員。其在官渡之戰中被曹操擊敗。本書卷七十四和《三國志・魏書六》有傳。❺過 前往拜訪之義。❻雅自多 一向自以為了不起。雅，一向；素來。❼俶儻 豪爽灑脫。❽卜居 選取居住地點的意思。

卜，謂通過占卜方式來擇定。❾環帀　環繞；圍繞。帀，亦作「匝」。❿使令　指奴僕一類人。⓫兼珍之膳　由各種山珍海味組配成的套餐。⓬萃止　聚集。止，語尾助詞，無實義。⓭躕躇　來回走動。李賢注：「躕躇，猶踟躕也。」⓮弋　用帶絲繩的箭去射。⓯舞雩　祭祀求雨的地方。其地有壇有樹，在此處舉行雩祭，伴有樂舞，故稱舞雩。《論語・先進》載曾點曰：「莫春者，春服既成，冠者五六人，童子六七人，浴乎沂，風乎舞雩，詠而歸。」這裡即用此義。⓰老氏　指道教學派的創始人老子。其事跡主要見於《史記・老子韓非列傳》。⓱精和　精氣的和諧形態。⓲至人　完全達到忘我境界的人。《莊子・逍遙遊》：「至人無己。」⓳二儀　即天地。⓴南風　相傳為虞舜創制的樂曲。《禮記・樂記》：「昔者舜作五絃之琴，以歌〈南風〉。」又《孔子家語・辯樂解》載〈南風〉：「南風之薰兮，可以解吾民之慍兮。南風之時兮，可以阜吾民之財兮。」㉑清商　五音之一，調性淒清哀婉。漢世曾將古代《清樂》中的〈平調〉、〈清調〉、〈瑟調〉謂之為「清商三調」。李賢注引《三禮圖》：「琴本五弦，曰宮、商、角、徵、羽。文王增二，曰少宮、少商，弦最清也。」㉒消搖　即逍遙。㉓睥睨　這裡為傲視一切之義。㉔陵　通「淩」。淩越。㉕蟬蛻　指蟬在夏秋間脫去外殼變為成蟲的自然現象與具體過程。蟬係常見的一種昆蟲，俗稱知了。㉖騰蛇　傳說中的一種會飛的蛇。《爾雅》：「騰蛇有鱗。」凡蛇屬，屆時均要脫皮，故而這裡說棄鱗。㉗喪角　指龍角化解。《廣雅》：「有角曰龍。」㉘轡　馬籠頭。㉙幃　帳篷。幃與下文「幄」的細微區別是，在旁曰幃，在上曰幄。㉚霄　指摩天赤氣。㉛沆瀣　指北方夜半凝聚而成的清氣。㉜九陽　即太陽。《山海經・海外東經》：「湯谷上有扶桑，十日所浴，在黑齒北，居水中，有大木，九日居下枝，一日居上枝。」㉝六合　天地四方。㉞局促　意謂受束縛而不得舒展。㉟見幾　察見預兆之義。《易・繫辭下》：「幾者，動之微，吉凶之先見者也。君子見幾而作，不俟終日。」㊱繞繞　形容糾結纏繞的情狀。㊲瑣　通「鎖」。鎖鏈。㊳五經　《周易》、《尚書》、《詩》、《儀禮》、《春秋》的合稱。㊴風雅　〈風〉指〈風〉詩，即十五〈國風〉；〈雅〉指〈雅〉詩，即〈小雅〉、〈大雅〉。這裡用以指代《詩》所播揚的純正精神。㊵從火　焚毀之義。㊶柂　船尾。㊷容冶　遊樂。㊸尚書令　尚書臺的長官。其品秩為千石，掌管選署和上傳下達尚書六曹文書眾事。下文「尚書郎」則為其屬官，負責處理曹務。始入尚書臺者稱守尚書郎中，滿一年稱尚書郎，三年稱侍郎。具體人選則多為孝廉中身懷才能者。㊹荀彧　三國形成過程中協助曹操統一北方的重要謀士。事詳本書卷七十和《三國志・魏書・荀彧傳》。㊺後參丞相曹操軍事　意為後來充任丞相曹操的參軍事。參軍事為一種幕僚性的名義，又稱參軍，自東漢末葉始為興行。曹操，三國魏政權的奠基人和建安文學的傑出代表。事跡詳見《三國志・魏書・武帝操》。㊻昌言　原書今已失傳，清嚴可均《全後漢文》卷八十八至八十九輯錄佚文較為完備，達萬言以上。書名原本取義於《尚書・皋陶謨》：「禹拜昌言。」昌，正當之義。㊼獻

帝 東漢最後一位皇帝。名協，實係權臣手中的傀儡，卒諡孝獻。詳見本書卷九。48東海繆襲 東海，郡名。治今山東郯城北。繆襲，字熙伯，官至光祿勳。《三國志》卷二十一有傳。49西京董賈劉揚 西京，即長安，今陝西西安。這裡用以指代西漢王朝。董賈劉揚，董，董仲舒，為思想家。賈，賈誼，為政論家和辭賦家。劉，劉向，為文獻學家。揚，揚雄。為思想家和辭賦家。前二人事跡詳見《史記・儒林列傳》、〈屈原賈生列傳〉及《漢書・董仲舒傳》、〈賈誼傳〉，後二人事跡詳見《漢書・劉向傳》、〈揚雄傳〉。50簡撮 擇取。

【語譯】仲長統，字公理，是山陽郡高平縣人。他從少年時代就喜好學習，廣泛涉獵各類文字記述，在文辭上出口成章。二十多歲時，往來於青、徐、并、冀四州之間求學，與他結為朋友的人大都對他另眼相看。并州刺史高幹，是袁紹的外甥，一向貴盛，很有名望，招攬各地四處遊動的士人，士人大多投奔依附他。仲長統前來拜訪高幹，高幹很優厚地接待他，特用當前的大事向他尋問。仲長統對高幹說：「您有雄偉的志向卻沒有突出的才能，喜好士人卻看不出誰好誰壞，這是您應該深深引以為戒的。」高幹一向自以為了不起，拒不接受這番勸告，於是仲長統就離開了他。沒過多久，高幹憑仗并州叛亂，最後落個兵敗被殺的下場。并、冀二州的士人都根據這件事認為仲長統很有識別人物的眼光。

2 仲長統秉性豪爽灑脫，敢於直言，不拘小節，緘默或縱論常不固定，當時有的人把他稱為狂生。每逢州郡任命徵召，他都藉口疾病在身而不就職。一向認為凡是到帝王那裡遊說的人，都想立身揚名罷了，可名聲不會永存，人生容易消逝，悠閒自得，可以自我獲得歡娛，總想在清靜空曠的地方擇定住所，來讓自己的志願完全實現，就論證這一問題說：「假如居所擁有良田闊宅，背靠青山，面臨流水，溝池環繞，竹木四布，場圃修築在前面，果園栽種在後面。車船足以代替跋山涉水的艱辛，奴僕足以免除本人親自去做的雜事。奉養雙親備有各種山珍海味，妻兒沒有幹體力活必須付出的勞苦。好朋友聚集在一起，就陳列美酒佳餚使他們高興；每到良辰吉日，就烹製羔羊小豬供奉上蒼。在菜畦花圃間來回走動，在樹林中遊玩戲耍，用清水洗濯，用涼風拂面，釣上游動的鯉魚，射下高空的鴻雁。在舞雩下面吟誦，唱著歌回到高堂上。在內室安下神來，凝思老子的玄遠虛靜；呼出吸入協調的精氣，求取至人的大致境界。同幾個通達的人士，議論大道，講說典籍，觀天察地，排比評定人物。彈奏〈南風〉這等雅致的琴曲，生發出淒清哀婉的精妙音調。在整個生存時代中逍遙自在，在天地之間傲視一切。不受當時的任何責難，長久保持性命的期限。像這樣，就可以凌越雲霄天河，超出宇宙之外了。又哪裡對步入帝王的門檻表示羨慕呢！」

3 又創作了兩首詩，用來顯現自己的志向。詩句如下所述：

4 「飛鳥會遺留下蹤跡，知了蛻化為成蟲就脫去外殼。會飛的蛇要蛻皮，神異的龍要化解龍角。完全達到忘我境界的人能夠應對變化，通達的人士無疑會超凡脫俗。乘雲而飛無羈無束，挾風而行不用足步。把垂掛的露珠搭成幕帳，將摩天的赤氣組成帷幄。用午夜凝聚而成的清氣作為食品，拿白天的太陽代替蠟燭。以恆星為光豔的珍珠，以朝霞為滋潤的美玉。在天地四方之內，隨心所欲。人間之事可以全部排遣掉，為什麼受它束縛而不得舒展呢？

5 「大道雖然平坦，但能察見預兆的人卻很少。隨順自然而然的意向就沒有過錯，適應客觀萬物就沒有行不通的。自古以來糾結纏繞真複雜，曲折細密如鎖鏈。考慮那麼多幹什麼，最關鍵的還在自我。把愁苦寄寓在天上，將憂慮葬埋在地下。背離肢解《五經》，毀敗廢棄〈風〉詩、〈雅〉詩的純正精神。由此形成的百家之說雜亂破碎，請把它們全部焚燒。與世俗志向不同而棲居山林，讓心思飛往大海彼岸。將元氣當作船隻，把微風當作船尾。在太空裡遨遊飛翔，在遊樂中極盡情思。」

6 尚書令荀彧聞聽仲長統的名聲，覺得他非同尋常，就推舉他擔任尚書郎。後來他又充任丞相曹操的參軍事。每當談論起古今以及當前的社會風氣和所作所為，他總感到憤慨，為之歎息。於是就寫成論著，命名為《昌言》，共計三十四篇，十多萬字。

7 獻帝退位那一年，仲長統去世，時年四十一歲。友人東海郡繆襲常常稱讚仲長統的才學文章足以承接西漢的董仲舒、賈誼、劉向、揚雄。如今擇取那部書中對政治有益的內容，簡要記載在下面。

1 理亂篇曰：

2 「豪傑之當天命者，未始有天下之分❶者也。無天下之分，故戰爭者競起焉。于斯之時，並偽假天威，矯據方國，擁甲兵與我角才智，程❷勇力與我競雌雄，不知去就，疑誤天下，蓋不可數也。角知者皆窮，角力者皆負，形不堪復伉❸，埶不足復校❹，乃始羈首係頸，就我之銜紲❺耳。夫或曾為我之尊長矣，或曾與我為等儕❻矣，或曾臣虜我矣，或曾執囚我矣。彼之蔚蔚❼，皆匈詈腹詛❽，幸我之不成，而以奮其前志，詎肯用此為終死之分邪？

3 「及繼體❾之時，民心定矣。普天之下，賴我而得生育，由我而得富貴，安居樂業，長養子孫，天下晏然❿，皆歸心於我矣。豪傑之心既絕，士民之志已定，貴有常家，尊在一人。當此之時，雖下愚之才居之，猶能使恩同天地，威侔鬼神。暴風疾霆，不足以方其怒；陽春時雨，不足以喻其澤。周、孔⓫數千，無所復角其聖；賁、育⓬百萬，無所復奮其勇矣。

4 「彼後嗣之愚主，見天下莫敢與之違，自謂若天地之不可亡也，乃奔其私嗜，騁其邪欲，君臣宣淫⓭，上下同惡。目極角觝⓮之觀，耳窮鄭、衛之聲⓯。入則耽於婦人，出則馳於田獵。荒廢庶政⓰，棄亡人物⓱，澶漫⓲彌流，無所底極⓳。信任親愛者，盡佞諂容說之人也；寵貴隆豐[20]者，盡后妃姬妾之家也。使餓狼守庖廚，飢虎牧牢豚[21]，遂至熬天下之脂膏，斲[22]生人之骨髓。怨毒無聊，禍亂並起，中國[23]擾攘[24]，四夷[25]侵叛，土崩瓦解，一朝而去。昔之為我哺乳之子孫者，今盡是我飲血之寇讎[26]也。至於運徙勢去，猶不覺悟者，豈非富貴生不仁，沈溺致愚疾邪？存亡以之迭代，政亂從此周復，天道常然之大數[27]也。

「又政之為理者，取一切[28]而已，非能斟酌賢愚之分，以開盛衰之數也。日不如古，彌以遠甚，豈不然邪？漢興以來，相與同為編戶齊民[29]，而以財力相君長者，世無數焉。而清絜之士[30]，徒自苦於茨棘之間[31]，無所益損於風俗也。豪人之室，連棟數百，膏田滿野，奴婢千群，徒附[32]萬計。船車賈販，周於四方；廢居[33]積貯，滿於都城。琦賂[34]寶貨，巨室不能容；馬牛羊豕，山谷不能受。妖童美妾，填乎綺室；倡謳[35]伎樂，列乎深堂。賓客待見而不敢去，車騎交錯而不敢進。三牲[36]之肉，臭而不可食；清醇之酎[37]，敗而不可飲。睇盼[38]則人從其目之所視，喜怒則人隨其心之所慮。此皆公侯之廣樂[39]，君長之厚實[40]也。苟能運智詐者，則得之焉；苟能得之者，人不以為罪焉。源發而橫流，路開而四通矣。求士之舍榮樂而居窮苦，棄放逸而赴束縛[41]，夫誰肯為之者邪！夫亂世長而化世短。

亂世則小人貴寵，君子困賤。當君子困賤之時，跼高天，蹐厚地㊷，猶恐有鎮厭㊸之禍也。逮至清世，則復入於矯枉過正之檢㊹。老者耄㊺矣，不能及寬饒之俗；少者方壯，將復困於衰亂之時。是使姦人擅無窮之福利，而善士挂不赦之罪辜。苟目能辯色，耳能辯聲，口能辯味，體能辯寒溫者，將皆以脩絜為諱惡，設智巧以避之焉，況肯有安而樂之者邪？斯下世㊻人主一切之愆㊼也。

6 「昔春秋之時，周氏㊽之亂世也。逮乎戰國，則又甚矣。秦政㊾乘并兼之埶，放虎狼之心，屠裂㊿天下，吞食生人，暴虐不已，以招楚漢51用兵之苦，甚於戰國之時也。漢二百年而遭王莽之亂，計其殘夷52滅亡之數，又復倍乎秦、項矣。以及今日，名都空而不居，百里絕而無民者，不可勝數。此則又甚於亡新之時也53。悲夫！不及五百年，大難三起54，中間之亂，尚不數焉。變而彌猜，下55而加酷，推此以往，可及於盡矣。嗟乎！不知來世聖人救此之道，將何用也？又不知天若窮此之數56，欲何至邪？」

【章　旨】以上是〈仲長統傳〉的第二部分。摘錄其《昌言·理亂篇》。著眼於治亂興衰的重大問題，探究開國君主掃滅群雄的艱難歷程和第二代帝王順受其成的有利形勢，列示後繼庸劣君主驕奢淫逸、朝政日非、天怨人怒、自取滅亡的慘痛教訓，指斥末世人主只管採用權宜之計而造成的賢愚顛倒、道德淪喪、豪強勢力惡性膨脹的社會危機與衰敗局勢。

【注 釋】❶分 緣分；福分。❷程 通「逞」。❸伉 匹敵。❹校 抗爭；較量。❺銜紲 掌控之義。銜，馬嚼子。紲，馬轡繩。❻等儕 地位對等的人。❼蔚蔚 抑鬱。蔚，通「鬱」。❽匈詈腹詛 內心痛恨至極。匈，通「胸」。詈，謾罵。詛，詛咒。❾繼體 指嫡長子繼承帝位。體謂先帝之正體。❿晏然 安寧。⓫周孔 周指周公，孔指孔子。⓬賁育 賁，指孟賁。育，夏育。二人俱為古代著名的勇士。⓭宣淫 公開淫亂。《左傳．宣公九年》載洩治規諫陳靈公曰：「公卿宣淫，民無效焉。」杜預注：「宣，示也。」⓮角觝 漢代盛行的樂舞雜技。《漢書．武帝紀》載元封三年春，「作角觝戲，三百里內皆觀。」顏師古注引文穎：「名此樂為角觝者，兩兩相當角力，角伎藝射御，故名角觝。蓋雜伎樂也，巴俞戲魚龍蔓延之屬也。」⓯鄭衛之聲 指代輕靡放蕩的音樂。鄭衛，乃係春秋時期的兩個國家，其俗淫逸，反映到音樂上則為靡靡之音，受到儒家排斥。《禮記．樂記》：「鄭音好濫淫志，宋音燕女溺志，衛音趨數煩志，齊音敖辟喬志。此四者，皆淫於色而害於德，是以祭祀弗用也。」⓰庶政 指日常的各項政事。⓱人物 眾人和萬物。⓲澶漫 縱逸。《莊子．馬蹄》：「澶漫為樂。」⓳底極 意為到達盡頭的時候。⓴隆豐 隆謂貴盛，豐謂富有。即既富且貴。㉑牢豚 泛指祭祀用的牲畜。牛羊豬三牲俱全為太牢，無牛為少牢。㉒斲 榨取之義。㉓中國 謂建都中原的王朝。㉔擾攘 混亂；動亂。㉕四夷 指周邊部族或方國。古以東夷、西戎、南蠻、北狄為四夷。㉖寇讎 仇敵；大敵。㉗大數 大勢；定律。㉘一切 謂不做根本考慮、只圖眼前便利而採取的臨時性的統治方法，亦即權宜之計。顏師古《漢書注》：「一切者，權時之事，非經常也。猶如以刀切物，苟取整齊，不顧長短縱橫，故言一切。」㉙編戶齊民 正式編入國家戶籍的平民百姓。齊，謂彼此地位平等，無貴賤之分。㉚清絜之士 指注重道德修養的讀書人。㉛茨棘之間 喻指惡劣的社會環境。㉜徒附 即佃農，其身分為半農奴。既為豪強勢家耕作，又充當其私兵。附，依附。㉝廢居 伺機賤買貴賣的一種牟利手段。廢謂售出，居謂囤積。《史記．平準書》：「轉轂百數，廢居蓄邑。」裴駰《集解》引徐廣：「廢居者，貯蓄之名也。有所廢，有所蓄，言其乘時射利也。」㉞琦賂 珍貴的財物。李賢注引《抱朴子》：「片玉可以琦，奚必俟盈尺。」㉟倡謳 賣唱的歌女。㊱三牲 牛羊豬。㊲酎 反覆釀成的純正好酒。㊳睇盼 顧盼。這裡指視線的移動。㊴廣樂 多方面的享樂。㊵厚實 數量巨大的揮霍。㊶束縛 意謂自求高潔如同身受拘執。㊷跼高天二句 形容惶恐不安。語本《詩．正月》：「謂天蓋高，不敢不跼；謂地蓋厚，不敢不蹐。」跼，彎腰屈身。蹐，小步行走。㊸鎮厭 意為用強力使之懾服。㊹檢 法度；法式。㊺耄 古稱八十歲為耄。㊻下世 末世。㊼愆 過失；過錯。

㊽周氏　即姬姓所建周王朝。㊾秦政　指秦始皇。政為其名。㊿屠裂　屠殺肢解。(51)楚漢　楚，項羽為首的西楚政權。漢，劉邦為首的西漢政權。(52)殘夷　猶言殘殺。李賢注：「孝平帝時，凡郡國一百三，縣邑一千三百一十四，道三十四，侯國二百四十一。地東西九千三百二里，南北一萬三百六十八里。人戶一千二百二十三萬三千六十二，口五千九百五十九萬四千九百七十八。此漢家極盛之時。遭王莽喪亂，暨光武中興，海內人戶，準之於前，十裁二三，邊方蕭條，略無孑遺。」(53)此則又甚於亡新之時也　新為王莽代漢後所定立的國號。李賢注：「孝靈遭黃巾之寇，獻帝嬰董卓之禍，英雄棊峙，白骨膏野，兵亂相尋三十餘年，三方既寧，萬不存一也。」這就是甚於亡新之時的大致情況。(54)大難三起　指秦王朝被推翻、王莽代漢及綠林赤眉起兵、獻帝時各地軍閥繼黃巾被鎮壓後展開的混戰。(55)下　往後之義。(56)數　氣數。

【語　譯】〈理亂篇〉說：

2　「豪傑中承當天命的人，並不是從一開始就享有統領天下的福分。正因為沒有統領天下的福分，所以通過武力爭奪天下的人競相崛起。在這一時期，他們全都假藉皇天的威靈，硬行占據一方土地，仗恃軍隊與我方較量才智，逞勇力與我方一爭雌雄，不曉得放棄什麼歸從誰，誤導天下之人，像這類人物真是多極了。較量才智的人都已無計可施，比試勇力的人都已失敗，從情形上不能再兩相匹敵，從局勢上不足以再彼此抗爭，這才狼狽地主動投降，前來接受我方的控制罷了。這些人有的曾是我方的尊長，有的曾是與我方地位對等的人，有的曾把我方收為臣下、當過俘虜來對待，有的曾逮捕囚禁過我方。他們投降後相當抑鬱，都在內心謾罵詛咒，巴不得我方不能成功，以便重新振揚他們從前的宏圖大志，哪裡肯由此就一輩子認命呢？

3　「到第二代君主繼承帝位時，民心已經安定了。普天之下依賴我朝而得以生息養育，經由我朝而得以富貴，安居樂業，使子孫發育成長，天下安寧，都把心意歸向我朝了。豪傑奪取天下的野心既已滅絕，讀書人和眾百姓的志願既已穩定，貴盛就有世襲的人家，尊崇就集中在天子一人身上。在這個階段，即使是低劣愚蠢的人當皇帝，也能使恩澤如同天地，威力等同鬼神。猛烈的狂風和乍響的巨雷，也不足以和他的怒氣相比擬；溫暖的春季和適時降下的雨水，也不足以同他的恩澤作比方。像周公和孔子那樣的聖人出現幾千個，也沒有什麼資本與他再比試聖明；像孟賁、夏育那樣的勇士出現百萬名，也沒有什麼地方再能顯示他們的勇力了。

4 「那些後來繼位的愚昧君主，看到天下沒有人敢同他做對，就自以為能像天地那樣永不消亡，於是便朝個人的嗜好狂奔而去，放縱自己的邪惡欲念，君臣公開淫亂，上下共同作惡。眼中看盡角抵之類的雜技表演，耳旁傾聽輕靡放蕩的音樂。入內就抱住婦人不放，出外就只管縱情打獵。荒廢日常的各項政事，拋棄眾人和萬物，縱逸越發擴展，沒有到達盡頭的時候。相信任用和親近愛護的人，都是些諂媚取悅的傢伙；寵愛倚重並使他們貴盛富足的對象，都是后妃姬妾的娘家成員。讓餓狼一樣的人守護廚房，叫飢虎一樣的人看管牲畜，直至熬盡天下的油水，榨取活人的骨髓。怨恨至極，失去依靠，禍亂到處興起，中原大地一片混亂，四周部族入侵反叛，土崩瓦解，一個早朝就喪失掉帝位。過去那些被我朝養育的眾百姓的子孫們，現在全是痛飲我朝鮮血的仇敵。甚至已經國運轉移，權勢喪失，有人仍舊不覺悟，這難道不是富貴產生出不仁，沉溺招致愚昧病嗎？國家存亡憑藉這一條迭相替代，政治動亂從這上面周而復始，果真屬於天道總像這樣來運行的定律啊。

5 「再者掌理國政的人，不過得過且過罷了，不能夠斟酌賢人和笨蛋的區別，用來開啟盛衰的趨向。由於日益比不上古代，距離古代越來越遠，怎能不形成這種局面呢？漢朝建立以來，一戶接一戶都是正式編入國家戶籍的平民百姓，可憑仗財力而被尊奉為當地土皇帝的人，在這世上不計其數。然而注重道德修養的人士，卻白白在惡劣的社會環境中自受煎熬，對社會風氣的改變沒有任何影響。豪門大戶的屋室，棟宇相連，多達數百處，肥沃的田地布滿原野，奴婢成群上千，依附的佃農要用萬名來統計。駕船乘車做生意，遍及全國各地；賤買貴賣，囤積居奇，充斥整個都城。珍貴的財物和稀罕的貨物，連巨大的房屋都盛放不下；馬牛和豬羊，連山谷都無處容納。供玩弄的童僕和嬌美的姬妾，填滿了綺麗的內室；歌女舞伎，排列在幽深的廳堂。賓客等待接見，卻不敢擅自離去；車馬擁擠在一起，卻不敢貿然前行。牛、羊、豬這類肉食品，多得變腐爛而無法再吃；清醇的美酒佳釀，多得放壞了而不能再喝。視線做移動，人們也要跟隨他的目光走；高興或發怒，人們也要依從他的情緒而定。這都屬於公卿諸侯的多方面的享樂，土皇帝們的肆意揮霍。如果有誰能夠施展智謀詐術，就會得到以上所說的一切；倘若有人確實得到了，人們並不認為他有罪。源頭一開，支流就到處蔓延。道路一開闢，四面八方就都通達了。像這樣卻要求士人捨棄榮耀安樂而處在窮苦當中，拋棄放縱飄逸而進入自我束縛當中，有誰願意去做呢！歷史上亂世存在的時間長，治世存在的時間短。在亂世裡，小人貴盛受寵信，君子卻困頓貧賤。當君子困頓貧賤的時候，即使屈身彎腰對蒼天，小步行走在大地上，仍然害怕鎮壓的災禍降臨到頭上。熬到政治清平的年代，又陷入矯枉過正的法度鉗制當中。老得八九十歲了，無法趕上寬裕豐饒的社會；年輕人正值血氣方剛，又將在衰亂階段遭受困苦。這就導致奸邪小人獨享那永無盡頭的福分和私利，卻讓賢良的士人蒙受那不可赦免的罪過。這樣一來，世人只要雙眼能分辨顏色，兩耳能分辨聲音，嘴巴能分辨味道，肌膚能分辨冷熱，都會把注重道德修養看成是特為本人的醜惡行徑做掩護，想盡智謀巧計來避開它，哪裡會有對道德修養感到理所應當、自覺去加強的人呢？這是末世君主得過且過造成的過失。

6 「從前的春秋時代，是周王朝的亂世。延續到戰國，情況就更嚴重了。秦王嬴政利用兼併六國的形勢，放縱虎狼般的心腸，屠殺肢解天下，吞滅百姓，暴虐不止，由此招來楚漢用兵爭帝位的痛苦，比戰國時代還要厲害。漢朝存在二百年又遭遇王莽之亂，計算被他殘殺毀滅的人數，又超過嬴秦、項羽一倍了。直至今日，著名的都邑卻空蕩蕩而無人居住，百里之內斷絕人煙竟沒有百姓，諸如此類的情況多得數不過來。這比滅亡的王莽新朝時期又更嚴重了。太可悲了呀！不到五百年，發生了三次大劫難，在此過程中出現的其他戰亂，還未計算在內。變亂致使猜忌愈益加劇，越往後越顯得殘酷，據此往下推，可以惡化到人類滅絕了。哎呀呀！真不知道來世聖人拯救這種局勢，將會採用什麼方法？又不清楚上天如果要使目前氣數完結，究竟打算把它再引到哪裡去？」

1 損益篇曰：

2

「作❶有利於時，制❷有便於物者，可為也。事有乖於數，法有翫❸於時者，可改也。故行於古有其迹，用於今無其功者，不可不變。變而不如前，易而多所敗者，亦不可不復❹也。漢之初興，分王子弟❺，委之以士民之命，假之以殺生之權。於是驕逸自恣，志意無厭。魚肉百姓，以盈其欲；報蒸❻骨血，以快其情。上有簒叛不軌之姦，下有暴亂殘賊之害。雖藉親屬之恩，蓋源流形埶使之然也。降爵削土❼，稍稍割奪，卒至於坐食奉祿而已。然其洿穢❽之行，淫昏之罪，猶尚多焉。故淺其根本，輕其恩義，猶尚假一日之尊，收士民之用。況專之於國，擅之於嗣，豈可鞭笞叱咤，而使唯我所為者乎？時政彫敝，風俗移易，純樸已去，智惠❾已來。出於禮制之防，放於嗜欲之域久矣，固不可授之以柄，假之以資者也。是故收其奕世❿之權，校其從橫⓫之埶，善者早登，否者早去，故下土無壅滯⓬之士，國朝無專貴之人。此變之善，可遂行⓭者也。

3

「井田⓮之變，豪人貨殖，館舍布於州郡，田畝連於方國⓯。身無半通青綸⓰之命，而竊三辰龍章⓱之服；不為編戶一伍之長⓲，而有千室名邑之役⓳。榮樂過於封君⓴，埶力侔於守令。財賂自營，犯法不坐㉑。刺客死士，為之投命㉒。至使弱力少智之子，被穿帷敗，寄死㉓不斂，冤枉窮困，不敢自理。雖亦由網禁疎闊，蓋分田㉔無限使之然也。今欲張太平之紀綱，立至化㉕之基趾，齊民財之豐寡，正風俗之奢儉，非井田實莫由也。此變有所敗，而宜復者也。

4 「肉刑㉖之廢，輕重無品，下死㉗則得髡鉗㉘，下髡鉗則得鞭笞㉙。死者不可復生，而髡者無傷於人。髡笞不足以懲中罪㉚，安得不至於死哉！夫雞狗之攘竊，男女之淫奔，酒醴之賂遺，謬誤之傷害㉛，皆非值於死者也。殺之則甚重，髡之則甚輕。不制中刑㉜以稱其罪，則法令安得不參差，殺生安得不過謬乎？今患刑輕之不足以懲惡，則假臧貨以成罪，託疾病以諱殺㉝。科條㉞無所準，名實不相應，恐非帝王之通法，聖人之良制也。或曰：過刑㉟惡人，可也；過刑善人，豈可復哉？曰：若前政以來，未曾枉害善人者，則有罪不死也，是為忍於殺人，而不忍於刑人也。今令五刑有品，輕重有數㊱，科條有序，名實有正，非殺人逆亂鳥獸之行㊲甚重者，皆勿殺。嗣周氏之祕典㊳，續呂侯之祥刑㊴，此又宜復之善者也。

5 「易曰：『陽一君二臣，君子之道也；陰二君一臣，小人之道也。』㊵然則寡者，為人上者也；眾者，為人下者也。一伍之長，才足以長一伍者也；一國之君，才足以君一國者也；天下之王，才足以王天下者也。愚役於智，猶枝之附幹，此理天下之常法也。制國[41]以分人，立政以分事，人遠則難綏[42]，事總則難了。今遠州之縣，或相去數百千里，雖多山陵洿澤，猶有可居人種穀者焉。當更制其境界[43]，使遠者不過二百里。明版籍[44]以相數閱[45]，審什[46]伍以相連持[47]，限夫田[48]以斷并兼，定五刑以救死亡，益君長以興政理，急農桑以豐委積[49]，去末作以一本業，敦教學以移情性，表德行以厲風俗，覈才蓺以敘官宜[50]，簡精悍以習師田[51]，修武器以存守戰，嚴禁令以防僭差[52]，信賞罰以驗懲勸，糾游戲[53]以杜姦邪，察苛刻以絕煩暴。審此十六者以為政務，操之有常，課之有限，安寧勿懈墮，有事不迫遽[54]，聖人復起，不能易也。

6

「向者，天下戶過千萬，除其老弱，但戶一丁壯，則千萬人也。遺漏既多，又蠻夷戎狄[55]居漢地者尚不在焉。丁壯十人之中，必有堪為其什伍之長，推什長已上，則百萬人也。又十取之，則佐史[56]之才已上十萬人也。又十取之，則可使在政理之位者萬人也。以筋力[57]用者謂之人，人求丁壯；以才智用者謂之士，士貴者老[58]。充此制以用天下之人，猶將有儲，何嫌乎不足也？故物有不求，未有無物之歲也；士有不用，未有少士之世也。夫如此，然後可以用天性[59]，究人理[60]，興頓廢，屬[61]斷絕，網羅遺漏，拱柙[62]天人矣。

7　「或曰：善為政者，欲除煩去苛，并官省職，為之以無為[63]，事之以無事，何子言之云云也？曰：若是，三代[64]不足摹[65]，聖人未可師也。君子用法制而至於化，小人用法制而至於亂。均是一法制也，或以之化，或以之亂，行之不同也。苟使豺狼牧羊豚，盜跖[66]主征稅，國家昏亂，吏人放肆，則惡復論損益之閒哉！夫人待君子然後化理，國待蓄積乃無憂患。君子非自農桑以求衣食者也，蓄積非橫賦斂以取優饒者也。奉祿誠厚，則割剝貿易[67]之罪乃可絕也；蓄積誠多，則兵寇水旱之災不足苦也。故由其道而得之，民不以為奢；由其道而取之，民不以為勞。天災流行，開倉庫以稟貸[68]，不亦仁乎？衣食有餘，損靡麗以散施，不亦義乎？彼君子居位為士民之長，固宜重肉累帛，朱輪四馬。今反謂薄屋者為高，藿食[69]者為清，既失天地之性，又開虛偽之名，使小智居大位，庶績不咸熙[70]，未必不由此也。得拘絜[71]而失才能，非立功之實也。以廉舉而以貪去，非士君子之志也。夫選用必取善士。善士富者少而貧者多，祿不足以供養，安能不少[72]營私門乎？從而罪之，是設機置穽[73]以待天下之君子也。

8　「盜賊凶荒，九州代作，飢饉暴至，軍旅卒發，橫稅弱人，割奪吏祿，所恃者寡，所取者猥[74]，萬里懸乏，首尾不救，徭役並起，農桑失業，兆民呼嗟於昊天，貧窮轉死於溝壑矣。今通肥饒之率[75]，計稼穡之入，令畝收三斛，斛取一斗，未為甚多。一歲之間，則有數年之儲，雖興非法之役，恣奢侈之欲，廣愛幸之賜，猶未能盡也。不循古法[76]，規為輕稅，及至一方有警，一面被災，未逮三年，校計騫短[77]，坐視戰士之蔬食，立望餓殍[78]之滿道，如之何為君行此政也？二十稅一，名之曰貊[79]，況三十稅一乎？夫薄吏祿以豐軍用，緣於秦征諸侯，續以四夷，漢承其業，遂不改更，危國亂家，此之由也。今田無常主，民無常居，吏食日稟[80]，班祿未定。可為法制，畫一定科[81]，租稅十一，更賦[82]如舊。今者土廣民稀，中地[83]未墾；雖然，猶當限以大家，勿令過制。其地有草者，盡曰官田，力堪農事，乃聽受之。若聽其自取，後必為姦也。」

【章旨】以上是〈仲長統傳〉的第三部分。摘錄其《昌言・損益篇》。面對制度損益問題，主張全面恢復井田制，適當恢復古代的肉刑；建議調整邊遠郡縣的行政區劃，進而提出十六項具體措施，敦促實行；倡言人才廣布，足堪選用；宣明貴在得人，必用君子，且應厚祿養廉，破除官場歪風；力主恢復十取其一的古代租稅制度，保留漢朝的既定更賦制度，實行荒田收歸國有另行分配的政策。

【注釋】❶作　創設。❷制　制定。❸翫　鬆弛懈怠。指在人們思想上失去了權威性和約束力。❹復　恢復。❺分王子弟　指漢高祖劉邦實行的分封同姓諸侯王的制度。起初共封九王，分布在長江、黃河中下游地區。既對鞏固新生的漢王朝的統治特別是粉碎呂后篡權起到了一定的作用，但更多地造成了日後中央集權同地方割據的尖銳矛盾乃至軍事對抗。❻報蒸　男女長幼間的亂倫行為。❼降爵削土　指漢武帝接受主父偃的建議所頒行的推恩令而言。該法令規定，諸侯王除由嫡長子繼承王位外，其他諸子都在王國範圍內分得封地，成為侯國。由此一個大王國便越分越小，其勢力也隨之日益削弱。❽洿穢　汙穢；骯髒。❾智惠　即智慧。《老子》：「智慧出，有大偽。」❿奕世　累世；一代接一代。⓫從橫　意謂胡作非為，肆無忌憚。⓬壅滯　受壓制而不得志。⓭遂行　實行；施行。⓮井田　商周時期曾實行的一種土地制度。因將土地劃成一個個面積大體相等的方塊，形如「井」字，故名。秦孝公十二年（西元前三五〇年）商鞅變法，廢井田，開阡陌，此後井田制遂告終結。⓯方國　指諸侯王的封國。漢代實行郡國並行制，故言。⓰半通青綸　指俸祿僅為百石的鄉級官吏佩戴的印綬。半通，半方。指印而言。青綸，為青絲織就的綬帶，用以繫印。李賢注引《十三州志》：「有秩、嗇夫，得假半章印。」又本書〈輿服志〉：「百石，青紺綸，一采，宛轉繆織，長丈二尺。」⓱三辰龍章　指繪製的日、月、星和山龍的圖案。三辰，日、月、星。⓲一伍之長　即伍長。漢承秦制，以五家為伍，設伍長。⓳而有千室名邑之役　意謂權勢如同公侯。語本《論語・公治長》：「千室之邑，百乘之家，可使為之宰也。」⓴封君　受有封邑的貴族。顏師古《漢書注》：「封君，受封邑者，謂公主及列侯之屬也。」㉑坐　抵罪。㉒投命　付出性命。㉓寄死　死於異地他鄉。㉔分田　指私人在國家最高限額內占有的田地。㉕至化　臻於極點的教化，即大治。㉖肉刑　損害罪人肉體的刑罰。初為五刑，其後名目增多且愈益殘酷。漢文帝十三年（西元前一六七年）五月開始廢除肉刑。㉗下死　減死一等。李賢注：「下猶減也。」㉘髡鉗　對服五年勞役的罪犯剃去頭髮，用鐵圈套住脖頸，稱為髡鉗。㉙鞭笞　以鞭抽打。用竹板擊背或擊臀，即後世俗稱的打板子。㉚中罪　介乎於重罪和輕罪之間的罪行。顏師古《漢書注》：「中罪，非大非小也。」這裡指犯下此類罪行的人。㉛謬誤之傷害　即過失傷人、過失殺人。㉜中刑　中等刑罰，與小刑、大刑相對而言。《周禮・地官・司市》：「小刑憲罰，中刑徇罰，大刑撲罰。」又《國語・魯語上》：「中刑用刀鋸。」㉝假臧貨二句　意謂通過增大贓物的數額，加重其罪行；以囚犯身患疾病為名，令其死於牢獄當中。㉞科條　指具體的法律條文規定。㉟過刑　輕罪重罰，判死罪的意思。㊱數　猶言量刑標準。㊲鳥獸之行　指親屬間的亂倫行為。㊳祕典　指三典，即輕典、中典、重典。《周禮・秋官・大司寇》：「掌邦之三典，以佐王刑邦國，詰四方。一曰刑新國用輕典，二曰刑平國用中典，三曰刑亂國用重典。」㊴呂侯之祥刑　呂侯，為協助周穆王制訂刑法的大臣。祥刑，是說善用刑罰。《尚書・呂刑》：「教爾祥刑。」偽《孔傳》：「告汝以善用刑之道。」㊵易曰五句　引自《易傳・繫辭下》。其中「陽一君二臣」今本作「陽一君而二民」，「陰二君一臣」今本作「陰二君而一民」。陽，陽卦。陰，陰卦。陽卦震、坎、艮，其單卦由三爻構成，三爻為一陽爻和兩陰爻，一陽爻象徵君主，兩陰爻代表臣民。這一卦象顯示著一位君主統治眾多的臣民，故而屬於君子之道。陰卦巽、離、兌，其單卦亦由三爻構成，三爻則為兩陽爻和一陰爻，兩陽爻依然象徵君主，一陰爻仍代表臣民。這一卦象顯示著臣民接受多數君主的層層統治，故而屬於小人之道。㊶制國　意謂劃分全國的行政區域。《周禮．天官．冢宰序》：「惟王建國，辨方正位，體國經野，設官分職，以為民極。」㊷綏　安撫。㊸境界　指各個政區的管轄範圍。㊹版籍　戶口登記簿。版謂其登記時所使用的木片。㊺數閱　清點查驗的意思。㊻什　漢承秦制，以十家為什，設什長。㊼連持　猶連坐。意謂互相保護、互相檢舉和共同承擔刑事責任。㊽夫田　計口授田制度下一戶人家所領受的田地。夫謂農村壯勞力，即一家之主。李賢注引《司馬法》：「步百為畝，畝百為夫，夫三為屋，屋三為井。」㊾委積　儲備；積蓄。㊿官宜　指適合其擔任的官職而言。(51)師田　征伐與田獵。(52)僭差　超越等級規定的行為。(53)游戲　指賭博等類活動。(54)迫遽　倉促應對的意思。(55)蠻夷戎狄　指四周部族及方國。蠻，謂處於南方者。夷，謂處於東方者。戎，謂處於西方者。狄，謂處於北方者。(56)佐史　漢代縣屬吏員，掌管文書事務。(57)筋力　體力。(58)耆老　老成人。(59)天性　這裡猶言天才，指天賦、稟賦而言。(60)人理　即人治。(61)纘　接續。(62)拱柙　綜括之義。(63)無為　不作人為的強行干涉而任其自然發展與變化。此句和下句本於《老子》：「為無為，事無事。」(64)三代　指夏商周。(65)摹　效法；模倣。李賢注：「三代皆用肉刑及井田之法，今不用，是不摹之也。」(66)盜跖　傳說中的江洋大盜。《莊子》外篇有〈盜跖〉，稱其「從卒九千人，橫行天下，侵暴諸侯」。(67)貿易　指暗中更換物品。(68)稟貸　謂把官糧借給百姓。(69)藿食　吃粗糙食物的意思。藿，豆葉。(70)咸熙　全都興盛。咸，皆；都。語出《尚書．堯典》：「允釐百工，庶績咸熙。」(71)拘絜　謂自我約束而保持本人高潔的品格，即隱逸之士。(72)少　稍略；稍微。(73)設機置穽　意謂採取兇狠陰險的手段預以應對。機，弩牙。穽，陷阱。(74)猥　繁多雜碎。(75)率　平均數。(76)古法　指十取其一的賦稅制度，即按全年收穫量的十分之一來徵稅。(77)虧短　虧損缺少。(78)餓殍　餓死的人縱橫相枕。(79)貉　古代北方的一個落後部族的名稱。這裡所述本於《孟子．告子下》：「白圭曰：『吾欲二十而取一，何如？』孟子曰：『子之道，貉道也。』」趙岐注：「貉，夷貉之人在荒者也。貉在北方，其氣寒，不生五穀，無中國之禮，故可二十取一而足也。」(80)日稟　也作「日廩」。古時官吏每日所得的公糧。稟，賜穀。此指按日發放祿米。由此可見當時國家財政的拮据狀況。(81)定科　指由法令做出明確規定的賦役徵調制度。(82)更賦　由代役錢轉化而來的一種類似人丁稅的賦稅。漢制，二十三至五十六歲的成年男子，均有為國家服徭役的義務。其徭役由力役和兵役兩部分組成，凡本人無法或不願服役者，可向官府繳納三百（或說兩千）錢，由官府另外雇人代其服役。因履行服役義務是輪番進行的，故而稱這筆錢為更賦。更賦自漢武帝以後因地方官府常常強令服役者出錢代役，已同人丁稅性質相近了。更，迭相代替。(83)中地　土質在中等以下的田地。

【語　譯】〈損益篇〉說：

2 「創設什麼而對時勢有利，制定什麼而對事物便捷，這是可以去做的。政事與定律相違逆，法令到一定階段已經失去約束力，這是可以更改的。所以對古代實行起來見到成效而現在繼續施用卻沒有功效的制度，就不能不加以變革。對經過變革卻不如從前、改換以後卻大多失敗的舉措，也不能不重新恢復過來。漢朝最初建立時，分封皇族劉姓子弟為藩王，把士民的性命交付給他們，將生殺大權授付給他們。於是他們就驕奢放縱，任意胡來，慾望沒有滿足的時候。魚肉百姓，用來填充他們的貪慾；親屬亂倫，用來發洩他們的情慾。上面有妄圖篡奪帝位、叛亂謀反的奸賊，下面有兇暴殘忍、殺人傷人的禍害。雖然憑藉親屬的恩情行分封，但恐怕也是起源流變、客觀形勢造成這樣的。通過降低爵位等級，削減封區土地，逐漸加以分割剝奪，最後達到只讓諸侯王乾拿俸祿而已。然而他們汙穢的行為，淫亂昏虐的罪行，仍然還有很多。所以削弱他們的根基，使他們蒙受的恩義變輕微，但依然給他們活一天就有一天的尊貴地位，收到如同士民那樣的對國家的用處。既然如此，對那些獨掌封國大權、逕自傳給後嗣的人，怎麼能靠鞭笞叱吒便叫他們完全聽從我的驅使呢？現今政治衰敗，風俗在轉移變換，純樸已經消逝，智詐已經撲來。超出禮制的防範而在嗜好貪欲上放縱不羈，簡直太久了，原本就是不能把權力授付給他們的，也不能把資財撥付給他們的。因此就收回他們世代沿襲的權力，遏制他們橫行霸道的氣焰，對其中的好人及早封賜，對其中的壞蛋及早去除，由此而在民間沒有受壓制、不得志的士人，在朝廷沒有專權擅政的傢伙。這是正確的變革，可以立即推行。

3 「井田制被取消以後，地方豪強從事工商業活動，館舍遍布州郡，田地連接到封國。他們身無朝廷授予的最低官職，卻私自穿用繡有日月星和山龍圖案的朝服；不擔任五戶人家組成的小小伍長，卻有如同公侯的權勢。榮耀和安樂超過封君，勢力與太守縣令對等。自行謀劃賄賂，犯法不用抵罪。刺客和替人賣命的人，都為他們付出性命。嚴重到那些力弱愚蠢的年輕人，破被爛帳，死在異地他鄉而無人為他收屍，蒙受冤枉的人家迫於貧窮困頓，不敢主動提出申訴。這雖然也和法網疏闊有關，但還是由私人所占田地沒有限制才造成這樣的。如今要想張布開太平的綱紀，奠立起大治的根基，平整民眾財富的占有數量，矯正奢侈的社會風氣，除非恢復井田制是無法真正實現的。這是上述所謂失敗的變革，而應恢復以前制度的情況。

4　「肉刑廢除後，新刑法在輕重上沒有相應的等次，死罪減刑一等就判處髡鉗，髡鉗減刑一等就判處鞭笞。受害死去的人不能復生，而罪犯被判處髡鉗卻在肉體上受不到損傷。髡鉗鞭笞不足以懲治犯下中等罪行的人，怎能不促使罪犯僥倖去犯死罪呢！偷竊雞狗，男女私奔，酒肉賄賂，過失傷人或過失殺人，都夠不上死罪。把他們處死就太重了，而判髡鉗又太輕了。不制定中等刑罰來與他們的罪過相適應，法令怎能不出入很大，斬殺活人又不判死罪又怎麼能不大錯而特錯呢？如今擔心刑罰太輕不足以懲戒惡人，於是便通過增大贓物的數額，加重其罪行；以囚犯身患疾病為名，讓他死在牢獄當中。這純屬具體的法律條文規定沒有準則，罪名和實際不相符合，恐怕不是帝王適應一切的法律和聖人純正無瑕的制度。有人說：對惡人輕罪重罰判死罪，是可以的；對好人輕罪重罰判死罪，怎能恢復這種作法呢？我回答說：如果從以前的政法施行以來，未曾錯殺過好人，那麼現在好人有罪卻不處死，這等於是忍心讓好人殺人，卻不忍心對好人施用刑罰啊。如今應使五刑具有等次，輕重具有標準，具體的法律條文規定具有條理，罪名和實際相符，除去殺人、造反、亂倫這類十分嚴重的罪行，都不斷殺。繼承周代的祕府法典，接續呂侯的善用刑罰之道，這又是應該恢復的良好舉措。

5　「《易》上說：『陽卦代表著一君二臣，屬於君子之道；陰卦象徵著二君一臣，屬於小人之道。』既然如此，那麼恰恰表明，為數最少的，正是在他人之上的人；為數眾多的，正是在他人之下的人。一個伍長，他的才幹是足以領導五戶人家的；一個諸侯國君，他的才幹是足以掌管一個諸侯國的；一個全天下的帝王，他的才幹是足以統率全天下的。愚昧人被聰明人所役使，猶如樹枝附著在樹幹上，這是治理天下的通行法則。憑藉人口分配來劃定全國的行政區域，依靠事務歸屬來確立國政，人離得遠就難以安撫，事務太集中就難以了斷。如今遠處那些州的下屬各縣，有的距離數百里或上千里，雖然境內山陵沼澤很多，但仍有可以住人種莊稼的地方。應該重新劃定那裡的轄區範圍，使距離遠的縣不超過二百里。把戶口登記簿做得明明白白以便相互清查，將什伍這些基層組織弄得詳詳細細以便彼此同擔責任，限定每戶的田地占有數量以便斷絕豪強兼併土地的現象，制定好各種刑罰以便拯救死亡的人，增加地方各級官員以便振興政治，積極鼓勵農耕桑蠶以便擴大物資儲備，排斥工商業經營活動以便都回到農業生產上來，促進學校教育以便轉化人們的性情，表彰德行高尚的人以便激勵社會風俗變純正，考核才能道藝以便安排好適合每個人擔任的官職，挑選精明強悍的勇士以便熟悉征討和田獵行動，整治好武器裝備以便始終保持出戰守衛的狀態，強化禁令以便防止超越等級規定的行為，切實施行賞罰以便證明懲處與鼓勵，糾察賭博等類活動以便杜絕奸邪產生，察覺苛刻的作法以便斷絕煩瑣暴虐的舉措。審慎地把這十六項作為政務，貫徹起來不間斷，按一定期限加以考核督促，安穩寧靜而不懈怠，遇事而不倉促應對，即使聖人重新出世，也是無法改變這些的。

6　「在過去，天下戶口總數超過千萬，除去那些老人孩子，每戶只要擁有一個壯勞力，就是千萬人哪。這裡面還有很多遺漏的，而且不把蠻、夷、戎、狄各個部族居住在漢地的人計算在內。十個壯勞力中，必定會有一個能夠勝任什長或伍長的人，由能勝任什長以上的職務做推算，便有一百萬人。再十取其一，能夠勝任佐史以上職務的人才就達到十萬人了。再十取其一，能夠承擔料理政事的職位的人才，也有一萬名了。憑仗體力為世所用的人，叫做平民百姓，對平民百姓來說，求取的是年輕力壯；依靠才智為世所用的人，叫做士，對士來說，看重的是經驗老到。充實完善這種制度，去任用天下的人士，還會有儲備人才，根據什麼仍嫌不夠用呢？因而物資只有不去尋求的，不存在沒有物資的歲月；士人只有不被任用的，不存在缺少士人的時代。像這樣來認識問題，然後可以任用天才，探究由人怎樣去治理，使荒廢停滯的政務振興起來，把斷絕的事項接續上，網羅起遺漏的人才，達到天人合一了。

7　「有人說：善於掌理國政的人，都想去除煩瑣苛刻，合併裁減官職，以有為達到無為，以有所事而達到無所事，為什麼你大講特講以上那一套呢？我回答說：如果像你們所說的這樣，那就夏商周三代不足以效做了，聖人不可以奉為老師了。君子運用法制而實現大治，小人運用法制卻造成混亂。都是同一個法制，有的靠它實現大治，有的靠它帶來動亂，這是由於運用的不一樣啊。如果讓豺狼去管理羊和豬，讓盜跖去主持徵稅工作，國家黑暗混亂，官吏們肆無忌憚，那在制度減損增益問題上還能談論什麼呢！平民百姓有待君子去管理，然後會得到教化治理；國家有待積蓄雄厚，才沒有憂患。君子並不是從農耕桑蠶中求取衣食的人，積蓄也不是通過橫徵暴斂來取得寬裕。俸祿確實優厚，攫取盤剝和倒買倒賣的罪過才可以斷絕；蓄積確實眾多，戰爭、賊寇和洪水、大旱這些災害才不足以造成危害。因而依照正確的原則和方法得到富貴，民眾不認為是奢侈；依照正確的原則和方法徵調賦役，民眾不覺得勞苦。天災四處蔓延，就打開倉庫借給百姓糧食，不也很仁慈嗎？衣食有剩餘，減少奢靡華麗的物品，用以散發施捨，不也很德義嗎？那些君子身居官位，成為士民的統領者，本來就應該享用各種美食和高級服飾，乘坐四馬駕挽的彩色車輛。可現今卻認為故意居住簡陋房屋的人高尚，吃粗糙食物的人清廉，這既喪失了天地賦予給世人的本性，又製造了虛偽的名聲，致使只會耍小聰明的人反而身居高位，各項政務都不興盛，未必不是這一點造成的。得以隱逸高潔卻未發揮出本人的才能，並不是建立功業的實際體現。因為廉潔被保舉卻又因為貪婪被撤職，並不是士君子的志願。選用官吏必定要擇取優秀的士人。但優秀的士人富有者很少，貧窮者居多，那點兒俸祿不足以供養全家老小，怎能不稍微替個人撈些好處呢？由此便給他定罪，這是採取兇狠陰險的手段來對待天下的君子。

8 「盜賊和災荒在全國各地交替出現，饑饉大範圍降臨，軍隊突然調發，對貧弱百姓橫徵暴斂，剋扣停發官吏的俸祿，人們可依恃的東西很少，但公家收取的東西卻繁多瑣碎，萬里之內空虛匱乏，首尾不能相救，各種徭役同時興起，農耕蠶桑失去本業，億萬民眾面向蒼天呼喊哀歎，貧窮百姓輾轉死在路旁和山野當中。現今按照上等田地的平均數，計算每年糧食生產的收穫量，每畝收穫達到三斛，每斛徵收一斗，構不成稅率太重。而一年之內，便有夠幾年用的儲備，即使興起臨時性的徭役，放縱奢侈的欲望，增多加重對寵愛者的賞賜，也不會耗光用盡。不遵循古代的稅法，定成較輕的稅額，等到某一區域發生緊急情況，某處地方遭受災害，不到三年，再一統計虧損缺口，就只能坐視戰士吃糠嚥菜，乾乾望著餓死的人們堆滿道路了，身為君主怎能把國政敗壞到如此地步呢？按全年收穫量的二十分之一來徵稅，早被叫做異族貊國的作法，何況按全年收穫量的三十分之一來徵稅呢？降低官吏的俸祿，拿去增加軍事費用，起因於秦國征討諸侯，接著對四夷用兵，漢朝繼承秦朝的帝業，於是就不予更改，導致國家危險混亂的原因，正在這裡。如今田地沒有固定的主人，民眾沒有固定的住所，官吏靠每日領取祿米過活，俸祿等級尚未確定。對此可以訂立法度，統一做出條文規定，租稅按全年收穫量的十分之一來徵收，代役錢仍和從前一樣。現在土地廣闊，人口稀少，土質在中等以下的田地還未得到開墾；儘管情況如此，仍要對豪強富戶進行限制，不允許他們占田超過最高限額。那些野草叢生的土地，都稱為官田，有誰確能做好農業生產，這才允許他耕種。如果聽憑他自行取用，日後必定會做出壞事來。」

1 法誡篇曰：

2 「周禮六典❶，冢宰貳王❷而理天下。春秋之時，諸侯明德者，皆一卿為政。爰及戰國，亦皆然也。秦兼天下，則置丞相❸，而貳之以御史大夫❹。自高帝逮于孝成❺，因而不改，多終其身。漢之隆盛，是惟在焉。夫任一人則政專，任數人則相倚。政專則和諧，相倚則違戾。和諧則太平之所興也，違戾則荒亂之所起也。光武皇帝慍數世❻之失權，忿彊臣❼之竊命，矯枉過直，政不任下，雖置三公❽，事歸臺閣❾。自此以來，三公之職，備員❿而已；然政有不理，猶加譴責。而權移外戚之家，寵被近習之豎⓫，親其黨類，用其私人，內充京師，外布列郡，顛倒賢愚，貿易選舉⓬，疲駑⓭守境，貪殘牧民，撓擾⓮百姓，忿怒四夷，招致乖叛，亂離斯瘼⓯。怨氣並作，陰陽失和，三光⓰虧缺，怪異數至，蟲螟⓱食稼，水旱為災，此皆戚宦之臣所致然也，反以策⑱讓⑲三公，至於死免，乃足為叫呼蒼天，號咷泣血者也。又中世之選三公也，務於清慤⑳謹慎，循常習故者。是婦女之檢柙㉑，鄉曲㉒之常人耳，惡足以居斯位邪？埶既如彼，選又如此，而欲望三公勳立於國家，績加於生民，不亦遠乎？

3 「昔文帝之於鄧通㉓，可謂至愛，而猶展申徒嘉㉔之志。夫見任如此，則何患於左右小臣哉？至如近世，外戚宦豎請託不行，意氣不滿，立能陷人於不測之禍，惡可得彈正㉕者哉！曩者任之重而責之輕，今者任之輕而責之重。昔賈誼感絳侯㉖之困辱，因陳大臣廉恥之分，開引自裁㉗之端。自此以來，遂以成俗。繼世之主，生而見之，習其所常，曾莫之悟。嗚呼，可悲夫！左手據天下之圖，右手刎其喉㉘，愚者猶知難之，況明哲君子哉！光武奪三公之重，至今而加甚，不假后黨㉙以權，數世而不行，蓋親疏之埶異也。母后之黨，左右之人，有此至親之埶，故其貴任萬世。常然之敗㉚，無世而無之，莫之斯鑒，亦可痛矣。未若置丞相自總之。若委三公，則宜分任責成。夫使為政者，不當與之婚姻；婚姻者，不當使之為政也。如此，在位病人㉛，舉用失賢，百姓不安，爭訟不息，天地多變，人物多妖㉜，然後可以分此罪矣。

4

「或曰：政在一人，權甚重也。曰：人實難得，何重之嫌？昔者霍禹、竇憲、鄧騭、梁冀㉝之徒，藉外戚之權，管國家之柄；及其伏誅，以一言之詔，詰朝㉞而決，何重之畏乎？今夫國家漏神明於媟近㉟，輸權重於婦黨，筭十世而為之者八九焉。不此之罪而彼之疑，何其詭㊱邪！」

【章　旨】以上是〈仲長統傳〉的第四部分。摘錄其《昌言・法誡篇》。立足於政令暢通問題，呼籲重新實行丞相協助天子統領政務的制度，剖析三公有職無權和外戚宦官專政的弊害，批判責罰侮辱三公和縱容寵信外戚的兩種態度與作法，提出對三公應分任責成的主張，並以皇權至高無上駁斥政在一人權太重的觀點。

【注　釋】❶周禮六典　周禮，儒家經典之一，與《儀禮》、《禮記》合稱《三禮》，實乃中國古代以設官分職為主體內容的一部政治制度專著。六典：一曰治典，用以治理官府，即當時的組織法與相關條例；二曰教典，用以化導萬民，即當時的教育法規；三曰禮典，用以諧和萬民，即當時的道德規範和社會行為準則；四曰政典，用以調節萬民所承擔的義務，即當時的行政法規；五曰刑典，用以糾正萬民的越軌行為，即當時的刑法；六曰事典，用以保障萬民的生活，即當時的經濟法規和工藝操作標準及規則等。❷冢宰貳王　冢宰，百官之長，相當於後世的丞相、宰相。《爾雅》：「冢，大也。」貳王，輔佐天子之義。貳，亦即助手。《周禮・天官・冢宰》：「掌建邦之六典，以佐王理邦國」。❸丞相　輔佐皇帝料理國政的首席大臣。秦統一後設立左、右丞相，漢初則置一名丞相。其品秩為萬石，負責典領百官，於政務無所不統。❹御史大夫　秦漢王朝設置的最高監察官，事實上的副丞相。其品秩最初為中二千石，負責協助丞相綜理大政，重在執法和糾察。❺孝成　西漢君主。名驁，孝成為其謚號。詳見《漢書・成帝紀》。❻數世　指西漢元、成、哀、平四個皇帝相繼在位時期。❼彊臣　謂王莽。❽三公　這裡為太尉、司徒、司空的合稱。三公作為最尊顯的三個宰輔重臣，古已有之，指太師、太傅、太保或司徒、司馬、司空。漢武帝時，始以丞相、御史大夫、太尉為三公，其後罷太尉增設大司馬，改御史大夫之名為大司空，改丞相之名為大司徒，又改大司馬之名為太尉。三公在兩漢時期經歷了一個由官品不等到平級並立、由位尊職重到銜高權輕的過程，實質上都是對相權的分割與牽制。❾臺閣　指尚書臺。❿備員　充數。意謂身居其官卻有職無權。⓫近習之豎　指宦官。近習，謂在皇帝左右而得到親信寵愛。⓬貿易選舉　以受賄方式操縱保舉選用官吏的工作。⓭疲駑　喻指蠢笨無能的人。⓮撓擾　煩擾；騷擾。⓯瘨　病痛。泛指困苦。⓰三光　日、月、星。⓱螟　螟蛉蛾的幼蟲，從葉腋蝕入稻莖，使稻枯死。⓲策　指策書，為皇帝專用的公文之一。⓳讓　責問；怪罪。⓴清愨　清廉誠實。㉑檢柙　規矩；法式。㉒鄉曲　鄉間；鄉下。㉓鄧通　西漢文帝時的佞幸之臣。景帝時不名一錢，寄死人家。《漢書．佞幸傳》有傳。㉔申徒嘉　即「申屠嘉」。西漢前期以剛毅守節著稱的大臣。文景之際官至丞相。《漢書》卷四十二：「是時太中大夫鄧通方愛幸，賞賜累鉅萬，文帝常燕飲通家，其寵如是。是時嘉入朝，而通居上旁，有怠慢之禮。嘉奏事畢，因言曰：『陛下幸愛群臣則富貴之，至於朝廷之禮，不可以不肅！』上曰：『君勿言，吾私之。』罷朝坐府中，嘉為檄召通詣丞相府，不來且斬通。通恐，入言上。上曰：『汝弟往，吾今使人召若。』通至丞相府，免冠徒跣，頓首謝嘉。嘉坐自如，弗為禮，責曰：『夫朝廷者，高皇帝之朝廷也。通小臣，戲殿上，大不敬，當斬。史今行斬之！』通頓首，首盡出血，不解。上度丞相已困通，使使持節召通，而謝丞相：『此吾弄臣，君釋之。』鄧通既至，為上泣曰：『丞相幾殺臣。』」㉕彈正　彈劾糾正。㉖絳侯　指西漢開國元勳周勃。㉗自裁　即自殺。《漢書．賈誼傳》載其於文帝時所上政事疏有云：古者大臣「其有大辠者，聞命則北面再拜，跪而自裁，上不使捽抑而刑之也。」且作記述說：「是時丞相絳侯周勃免就國，人有告勃謀反，逮繫長安獄治，卒無事，復爵邑，故賈誼以此譏上。上深納其言，養臣下有節。是後大臣有罪，皆自殺，不受刑。」㉘左手二句　意謂在重利和輕生之間擇取後者而放棄前者。㉙后黨　指太后、皇后的親族或與太后、皇后利害關係一致的人所結成的政治集團。㉚常然之敗　通常無法避免的敗亡結局。㉛病人　謂使萬民困敝。㉜妖　指奇異的反常現象。㉝霍禹竇憲鄧騭梁冀　均係兩漢時期的外戚權臣。其中霍禹為西漢大司馬大將軍霍光之子，襲封博陸侯，其事跡主要見於《漢書．霍光傳》。竇憲、鄧騭、梁冀則本書卷二十三、卷十六、卷三十四分別有傳。㉞詰朝　清晨時分；黎明之際。形容迅速或時間短暫。㉟媟近　指狎昵親近的小人。㊱詭　違逆；相反。

【語譯】〈法誡篇〉說：

2　「《周禮》六典，冢宰藉此輔佐國王治理天下。春秋時期，諸侯中彰明德行的國君，都依靠一名正卿掌管政務。延續到戰國，也都是這樣。秦國兼併天下，則設置丞相，用御史大夫充當丞相的助手。從漢高帝到孝成帝，一直沿用而不更改，大多讓他們終身供職。漢朝隆盛，關鍵就只在這一點上。授權一人就政令集中，任用數人就相互推諉。政令集中便會整體和諧，相互推諉便會彼此違逆。整體和諧構成太平興起的緣由，彼此違逆形成荒廢混亂產生的誘因。光武皇帝惱恨漢家好幾代天子失去權柄，忿恨強暴的奸臣竊取皇權，結果矯枉過正，國政不交給臣下掌管，雖然設置三公，但政事都歸尚書臺處理。從此以後，三公職位只是湊數而已；然而政務治理不好，仍對三公進行譴責。導致權力轉移到外戚家族那裡，寵信身邊的宦官，他們親近自己的黨羽，任用手下的親信，在內部充斥京師，在外部布滿各郡，把賢士說成蠢才，用受賄方式操縱保舉選用官吏的工作，令衰老無能的人守衛邊境，讓貪婪殘暴的人管理民眾，騷擾百姓，激怒四方部族，招致對抗反叛，由此造成動亂流離的痛苦。怨氣同時發洩出來，陰陽失去和諧的狀態，日食、月食和星變不斷發生，怪異接連出現，大批的螟蛉蛾吃光莊稼，旱澇成災，這都是外戚宦官造成的，反而下達策書責怪三公，直至處死免職，這是足以使他們呼叫蒼天、號啕大哭直至淚中帶血的事情啊。再者中期那個階段選任三公，一定要挑清廉誠實、謹小慎微、遵循常規舊習的人。這純屬婦女的立身標準，鄉下的普通人罷了，怎能足以勝任這等高位呢？權力運用既然像以上那種情況，選任又像這種情況，卻要責成三公給國家建立功勳，對百姓拿出政績，不也是太荒唐了嗎？

3　「從前孝文帝對鄧通，稱得上極其寵愛，但仍然讓丞相申徒嘉實現懲治鄧通無禮的願望。像這樣得到信任，對闈在皇帝身邊的那群宦官還有什麼值得擔心的呢？至於像最近時期，只要對外戚宦官不暗中請託，不賄賂得心滿意足，立刻就能叫人陷入意想不到的災禍當中，又怎能得到彈劾糾正呢！過去對三公重用而責罰輕微，現今卻幾乎無權而責罰很重。昔日賈誼對絳侯周勃遭受困辱深有感觸，隨後奏明朝廷大臣維護廉恥的固有作法，開啟了引罪自殺的端緒。自此以後，便形成了慣例。新繼位的君主，來到世間就看到這種情況，習以為常，沒有誰對此有所警悟。哎呀呀！太讓人感到可悲了。叫人用左手握定全天下的地圖，說是歸他掌管，又叫他用右手割斷自己的喉嚨，愚昧的人也懂得不該這樣做，何況明智的君子呢！光武帝剝奪三公的權力，至今表現得越發厲害，不許把權力交給屬於太后圈子內的那幫人，好幾代都沒落實過，這恐怕是出於三公與天子血緣關係疏遠而太后家族恰與天子血緣關係密切吧。母后的家族成員及其親信，天子左右的近侍，擁有同天子最親近的這種優勢，因而世世代代貴盛掌權。可是通常無法避免的那種敗亡結局，卻沒有一代而不存在的，偏偏無人把這引以為鑑，也太令人感到痛心了。最好的辦法是設置丞相，由他一個人統領政務。如果重用三公，則應劃定各自的職權範圍，考核實際成效。讓掌理國政的人，天子不應當與他家發生婚姻關係；天子與他家發生婚姻關係的人，就不讓他掌理國政。像這樣做處置，在位者致使萬民困苦，保舉選用遺漏掉賢人，百姓不安定，官司不斷，天地頻繁降示災異，人和萬物出現許多奇異的反常現象，事後就可以分清到底是誰的罪過了。

4 「有人說：政務掌握在一個人手中，權力就顯得太重了。我回答說：實際是人才難得，哪有什麼權力太重的嫌疑呢？過去霍禹、竇憲、鄧騭、梁冀這幫傢伙，借助外戚的權勢，掌管國家的決策大權；可到他們被斬殺的時候，僅靠短短一句話的詔令，在一個早晨就處理完畢了，還怕什麼權力太重呢？如今國家把天子的意向洩漏給狎昵親近的小人，將決策大權交給外戚集團，算來十代竟有八九代是這樣。不去追究外戚集團的罪過卻疑慮三公，這是多麼違反常理啊！」

論曰：百家之言政者尚❶矣。大略歸乎寧固根柢，革易時敝也。夫遭運無恆，意見偏雜，故是非之論，紛然相乖。嘗試妄論之，以為世非胥、庭❷，人乖鷇飲❸，化迹萬肇❹，情故萌生。雖周物❺之智，不能研其推變；山川之奧，未足況其紆險❻。則應俗適事，難以常條❼。如使用審其道，則殊塗同會；才爽❽其分，則一豪以乖。何以言之？若夫玄聖❾御世，則天❿同極，施舍之道，宜無殊典。而損益異運，文朴⑪遞行。用明居晦⑫，回穴⑬於曩時；興戈陳俎⑭，參差於上世。及至戴黃屋⑮，服絺衣⑯，豐薄不齊，而致化則一；亦有宥公族⑰，黥國儲⑱，寬慘巨隔，而防非必同。此其分波而共源，百慮而一致⑲者也。若乃偏情矯用，則枉直必過。故葛屨履霜，敝由崇儉⑳；楚楚衣服，戒在窮賒㉑；疎禁厚下，以尾大㉒陵弱；斂威峻罰，以苛薄㉓分崩。斯曹、魏㉔之刺，所以明乎國風㉕；周、秦末軌，所以彰於微滅。故用舍之端，興敗資焉。是以繁簡唯時，寬猛相濟。刑書鐫鼎㉖，事有可詳；三章㉗在令，取貴能約。太叔致猛政之褒㉘，國子流遺愛之涕㉙，宣孟改冬日之和㉚，平陽循畫一之法㉛。斯實弛張之弘致㉜，可以徵其統乎！數子㉝之言當世失得皆究㉞矣，然多謬通方㉟之訓，好申一隅㊱之說。貴清靜者，以席上為腐議㊲；束名實者，以柱下為誕辭㊳。或推前王之風，可行於當年；有引救敝之規，宜流於長世。稽之篤論，將為敝矣。如以舟無推陸之分㊴，瑟非常調之音㊵，不限局以疑遠，不拘玄以妨素㊶，則化樞㊷各管其極，理略㊸可得而言與？

贊曰：管視㊹好偏，群言難一。救朴雖文，矯遲必疾。舉端自理，滯隅㊺則失。詳觀時蠹㊻，成昭政術。

【章 旨】以上評論縱觀歷史，一方面批評王充等三人以及諸子百家在治國方略上都存在著偏執之嫌，另方面申明「篤論」應該是也只能是：繁簡唯時，寬猛相濟，通方制變，應俗適事。贊語強調政術的形成與凸顯有賴於詳察時弊，抓住頭端，迅速付諸實施，不必被偏見和群言所左右。

【注 釋】❶尚 久遠。❷胥庭 赫胥氏與大庭氏，均係傳說中的遠古帝王的名號。❸鷇飲 形容極其質樸。鷇，為待母哺育的幼鳥。《莊子・天地》：「夫聖人鶉居而鷇食。」郭象注：鶉居謂「無意而期安也」，鷇食謂「仰物而足」。李賢注：「並淳樸時也。」❹萬肇 指萬事萬物的開端。肇，始。❺周物 遍及萬物。形容智慧之廣。《易傳・繫辭上》：「知周乎萬物而道濟天下，故不過。」❻紆險 曲折險惡。《莊子・列禦寇》：「凡人心險於山川，難於知天。」❼常條 常規；常理。❽爽 不合；違離。❾玄聖 指洞悉大道而身無官爵的人。《莊子・天道》：「夫虛靜恬淡，寂漠無為者，萬物之本也。明此以南鄉，堯之為君也；明此以北面，舜之為臣也。以此處上，帝王天子之德也；以此處下，玄聖素王之道也。」郭象注：「此皆無為之至也。有其道為天下所歸而無其爵者，所謂素王自貴也。」❿則天 效法皇天治理天下。《論語・泰伯》：「子曰：『大哉堯之為君也。巍巍乎唯天為大，唯堯則之。』」⓫文朴 文采和質樸。⓬用明居晦 指兩種治國策略。用明，則高度顯示君主的聖明。居晦，便充分發揮大臣的作用。⓭回泬 交錯不齊。⓮陳俎 指舉行盟會，停止戰爭。⓯黃屋 古代帝王專用的黃繒車蓋。這裡指車。⓰絺衣 細葛布製成的衣服。《史記・五帝本紀》：「堯乃賜舜絺衣，與琴，為築倉廩，予牛羊。」張守節《正義》：「絺，細葛布衣也。」⓱宥公族 公族指諸侯國君的同族。《禮記・文王世子》：「獄成，有司讞於公。其死罪則曰某之罪在大辟，其刑罪則曰某之罪在小辟。公曰宥之，有司又曰在辟，公又曰宥之，有司又曰在辟，及三宥不對，走出致刑於甸人。」鄭玄注：「宥，寬也。欲寬其罪，出於刑也。」⓲國儲 君位繼承人，即太子。《史記・商君列傳》：「於是太子犯法，衛鞅曰：『法之不行，自上犯之。』將法太子，太子嗣君也，不可施刑，刑其傅公子虔，黥其師公孫賈。明日，秦人皆趨令。」⓳百慮而一致 思想主張不同但最終目標完全一樣。《易傳・繫辭下》：「天下何思何慮，天下同歸而殊塗，一致而百慮。」⓴葛屨履霜二句 此處用以彰明《詩・葛屨》所表達的主題思想。原詩起首二句為「糾糾葛屨，可以履霜。」本詩葛屨，用葛草紮製的鞋子。履霜，踩踏寒霜。鄭箋：「葛屨賤，皮屨貴，魏俗至冬，猶謂葛屨可以履霜，利其賤也。」本詩小序：「葛屨，刺褊也。魏地陿隘，其民機巧趨利，其君儉嗇褊急，而無德以將之。」㉑楚楚衣服二句 此處用以彰明《詩・蜉蝣》所表達的主題思想。原詩以「蜉蝣之羽，衣裳楚楚」二句起興，其中蜉蝣又名渠略，乃是一種朝生夕死的黃黑色帶翅昆蟲，楚楚則形容鮮亮。鄭箋：「興者，喻昭公之朝，其群臣皆小人也。徒整飾其衣裳，不知國之將迫脅，君臣死亡無日，如渠略然。」本詩小序：「蜉蝣，刺奢也。昭公國小而迫，無法以自守，好奢而任小人，將無所依焉。」窮賒，極盡奢侈之義。賒，通「奢」。㉒尾大　喻指周王室因疏於防禁又廣加分封，而使諸侯漸趨強大直至威脅中央的局勢。《左傳・昭公十一年》載申無宇對答楚靈王說：「末大必折，尾大不掉，君所知也。」㉓苛薄　謂秦朝法律嚴酷少恩。㉔曹魏　《詩》中的〈曹風〉和〈魏風〉，即兩國的民歌。㉕國風　《詩》的首要組成部分，凡十五〈國風〉，一百六十首民歌。㉖刑書鐫鼎　意謂將法律公之於眾。刑書，刑律條文。鼎，則為其載體。《左傳・昭公六年》：「三月，鄭人鑄刑書。」杜預注：「鑄刑書於鼎，以為國之常法。」對這一舉措，晉國叔向寫信給鄭國執政子產，表示異議，即下文所說「事有可詳」。㉗三章　謂殺人者死，傷人及盜抵罪。《史記・高祖本紀》載，劉邦西入咸陽，除秦苛法，「與父老約，法三章耳」。㉘太叔致猛政之褒　太叔，春秋時期鄭國大夫游吉。《左傳・昭公二十年》：「大叔為政，不忍猛而寬。鄭國多盜，取人於萑苻之澤。大叔悔之，曰：『吾早從夫子，不及此。』興徒兵以攻萑苻之盜，盡殺之，盜少止。仲尼曰：『善哉！政寬則民慢，慢則糾之以猛。猛則民殘，殘則施之以寬。寬以濟猛，猛以濟寬，政是以和。』」這裡所說「致猛政之褒」，係指孔子這番評論而言。㉙國子流遺愛之涕　國子，春秋時期鄭國執政子產。其為鄭穆公子國之子，因以為姓。《左傳・昭公二十年》：「子產卒，仲尼聞之，出涕曰：『古之遺愛也。』」遺愛謂其仁愛，猶有古人遺風。㉚宣孟改冬日之和　宣孟，春秋時期晉國中軍主帥趙盾。其掌國政以嚴厲著稱。《左傳・文公七年》：「酆舒問於賈季曰：『趙衰、趙盾孰賢？』對曰：『趙衰，冬日之日也。趙盾，夏日之日也。』」杜預注：「冬日可愛，夏日可畏。」㉛平陽循畫一之法　平陽，指漢初接替蕭何擔任丞相的曹參。曹參爵封平陽侯，為相期間完全按照蕭何既定的法度行事，即這裡所說的「循畫一之法」。《史記・曹相國世家》：「百姓歌之曰：『蕭何為法，顜若畫一。曹參代之，守而勿失。載其清靜，民以寧一。』」司馬貞《索隱》：畫一「言法明直若畫一也。」又引小顏：「講，和也。畫一，言其法整齊也。」㉜弘致　深遠的主旨。㉝數子　指本傳傳主王充、王符、仲長統而言。㉞究　詳盡。㉟通方　普遍適用的道理。㊱一隅　謂一己偏見。㊲貴清靜者二句　清靜謂道家。席上，儒士。腐議，陳腐的主張。《禮記・儒行》：「儒有席上之珍以待聘。」孔穎達疏：「席猶鋪陳也，珍謂美善之道。言儒能鋪陳上古堯舜美善之道，以待君上聘召也。」㊳束名實者二句　名實，名家。源於名家講求名實關係的統一性。柱下，老子。相傳老子曾任周王室柱下史，故以為稱。誕辭，虛空的理論。誕，虛。㊴舟無推陸之分　借喻古法不可在今世強行施用。《莊子・天運》：「夫水行莫如用舟，而陸行莫如用車。以舟之可行於水也，而求推之於陸，則沒世不行。尋常古今，非水陸與？周魯，非舟車與？今蘄行周於魯，是猶推舟於陸也，勞而無功，身必有殃。」㊵瑟非常調之音　借喻今法應隨時勢做出相應的調整與改變。《漢書・禮樂志》載董仲舒對策之詞曰：「辟之琴瑟，不調甚者，必解而更張之，迺可鼓也。為政而不行甚者，必變而更化之，迺可理也。」㊶素　指代儒家的治國主張。孔子被尊奉為素王，故而這裡乃出此言。㊷化樞　教化的綱領。㊸理略　治國的大要。㊹管視　管見。即狹隘的見識。㊺滯隅　意為偏執一隅。㊻時蠹　當世的弊病。

【語　譯】史家評論說：各個學派講論政治已經很久遠了。大致歸結為鞏固根柢，革除當世的弊端。由於面臨的時運不確定，意見往往偏執繁雜，所以是非之論，擺在面前一大堆而相互對立。嘗試著妄作評論如下：總認為時世不是赫胥氏、大庭氏那種狀態，世人和遠古的淳樸程度差得遠，教化要沿著萬事萬物的開端進行，人們的欲望還會像從前一樣萌生。如果抱住這種認識不放，即使智慧深廣到遍及萬物的地步，也不能研核客觀存在的那種變遷軌跡；如同山川分布般的深奧莫測，事實上也不足以比擬客觀存在的那種曲折險惡的世人心態。這樣一來，真想適應社會情狀和政事需要，就很難仍用常規常理去對待了。如果做到官員使用上詳盡究明他所奉行的那套原則與方法，就會殊途同歸；反之才華與他既定的天賦角色不吻合，就會差之毫釐，失之千里。根據什麼這樣講呢？像那洞悉大道的聖人駕馭社會，效法皇天而目標一致，在振興國家的方法上應該沒有不同的典制，但減損和增益什麼卻隨時運而出現差異，崇尚文采和崇尚質樸輪流運行。顯示聖明和暗藏韜略，在昔日便交錯而不齊一；興兵爭戰與會盟講和，在上世便交替進行。等到天子頭上支撐起黃繒車蓋，帝王僅穿細葛布衣，雖然在豐實和簡陋上差別很大，可實現教化卻是一樣的；還有人寬恕公族死罪，對太子處以黥刑，在寬大和慘烈上差異極大，可防禁邪惡卻必定是相同的。這屬於水波分流而源泉相同、思想獨立而目標完全一樣的事情。至於想法偏激，硬行施用，就會矯枉過正。所以冬天仍穿草鞋踩踏霜雪，毛病出自過分儉嗇；衣服鮮豔奪目，訓戒在於極盡奢侈；疏於防禁又廣加分封，由於諸侯變得強大而使周王室衰落下去；聚合威勢又強化刑罰，因為嚴酷少恩而使秦王朝分崩離析。這正是〈曹風〉、〈魏風〉的諷刺對象在〈國風〉中得到彰明的理由，也是周朝、秦朝的末尾階段在衰微破滅情形中的凸顯。所以施用和捨棄什麼，是與盛與敗亡所依憑的東西。因而繁簡只能從時世出發，寬猛要相互補劑。把刑律鑄刻在銅鼎上，這種事情還有需要商量的地方；將三條懲治規定列示在法令上，看重的是簡單有效。鄭國的太叔贏得孔子施政嚴厲的褒獎，鄭國的子產致使孔子流著淚讚歎他仍有古代仁愛的遺風，晉國的趙盾改變趙衰像冬日般令人溫暖的作法，漢朝的曹參完全遵用蕭何制定的嚴明法度。這實際上屬於繃緊和放鬆的深遠主旨，可以證明他們統一嗎？王充這幾個人講論當代的得失都詳盡到家了，然而大多卻同普遍適用的道理相背離，喜好申說個人的偏見。推崇清靜的道家，把儒家的主張貶抑為迂腐的東西；恪守名實關係的名家，又把老子的學說看成是虛誕的言詞。有人推重前代帝王的風範，強調可以將它推行於當代；有人援引補救弊端的方法，認為應當將它傳揚到萬世。拿這兩種觀點來和正確的論斷做驗證，它們也會成為弊端了。如果認定古代法度不能在今世強行施用，就像木船在陸地上無法划動一樣，當今法度應隨時勢做出調整改變，就像琴瑟沒有總是一個音調那樣，不受固定模式的限制而疑慮將來如何是好，不拘守道家的作法而去妨害儒家的作法，那麼，教化的綱領就會各自發揮出最大的效應，治國的大要也能講述一番了吧！

史官評議說：狹隘的見識容易偏激，眾人的論說難以一致。補救質樸儉管要用文采，可矯正遲緩必須疾速。抓住頭緒就自行會得到治理，偏執一隅則難免失誤。詳細觀察當世的弊病，便可形成明晰的施政方法。

【研　析】清人李方泰在〈乾隆甲戌鎮原重刊潛夫論序〉中說道：「余自丱歲讀《昌黎文集》，即識後漢三賢名。迨讀范史，始得詳其里居世次及其著述文章。而潛夫先生者，又吾鄰邑臨涇人，其景慕尤甚焉。」這從一個側面表明，韓愈的〈後漢三賢贊〉，對一般讀書人聞知本篇合傳三位傳主之名，是起到了相當大的作用的。〈後漢三賢贊〉編列在《昌黎文集》卷十二〈雜文〉內，篇幅不長，茲逐錄如下：「王充者何？會稽上虞。本自元城，爰來徙居。師事班彪，家貧無書，閱書於肆，市肆是遊，一見誦憶，遂通眾流。閉門潛思，《論衡》以修。為州治中，自免歸歟！同郡友人，謝姓夷吾，上書薦之，待詔公車，以病不行。年七十餘，乃作《養性》，一十六篇。肅宗之時，終於永元。王符節信，安定臨涇。好學有志，鄉人所輕。憤世著論，《潛夫》是名。〈述赦〉之篇，以赦為賊良民之患，其旨甚明。皇甫度遼，聞至乃驚，衣不及帶，屣履出迎，豈若雁門，問雁呼卿。不仕終家，嗟吁先生！長統公理，山陽高平。自謂高幹，有雄志而無雄才，其後果敗，以此有聲。倜儻敢言，語默無常，人以為狂生。州郡會召，稱疾不就。著論見情。初舉高第尚書郎，後參丞相軍事，卒不至於榮。論說古今，發憤著書，《昌言》是名。友人繆襲，稱其文章，足繼西京。四十一終，何其短邪？嗚呼先生！」對這篇〈後漢三賢贊〉，韓集注者樊汝霖認為：「各不滿百言，而敘事略無遺者。」這是肯定本贊言簡事賅，固然令人頗生同感，但細加尋繹，本贊不啻原傳的節略與縮寫，卑之無甚高論，是缺乏思想深度的。僅就范史傳文而言，其重心未曾偏離「政術」，之所以如此，恰恰是從王充、王符、仲長統的生活年代、獨特經歷，尤其是他們各成一家之言的著述內涵中總結和提煉出來的。為了凸顯傳主的思想見解，遂不憚篇幅之繁，「簡撮」並「略載」《潛夫論》中「足以觀見當時風政」的五篇原文和《昌言》中「有益政者」的三篇政論，用以舉要概凡。至於《論衡》之文未予徵引，恐怕是鑑於本書重在辨析思想領域諸多問題的緣故，然而亦點明其出發點和落腳點是投注在「俗儒守文，多失其真」上的，凡所論說，又是「始若詭異，終有理實」的。這同「政術」實際上密不可分，息息相關。很顯然，范曄撰寫這篇合傳，體悟出傳主三人的神髓所在，也進行了集中或多側面的顯示，進而評判他們「言當世失得皆究矣」，但仍存在著「好申一隅之說」的缺陷，可謂獨具隻眼。然則反觀〈後漢三賢贊〉，並未把傳主三人最主要的歷史建樹、最本質的理論內核、最深層的思想底蘊、最精彩的具體論斷給要言不煩、精闢警策地揭示出來，相反僅在生平事跡的一般概括上縈繞盤旋，謂之為識其小而遺其大，未鉤其玄而流於浮泛，也不無道理。但值得稱道的是，韓愈畢竟是韓愈，他對「後漢三賢」之稱的首次擬定，卻出人意表之外，更在情實之中。至於對潛夫王符深受度遼將軍皇甫規禮遇之事的標舉，則凸顯並深化了「書生道義之為貴」的社會意識。自唐以下的文人學士，懾於韓愈的文名，閱讀《昌黎文集》免不了會對「後漢三賢」引起注意和興趣。隨而從之，本傳三位傳主的歷史地位及其代表作的思想價值，也就日益被後人所究尋、所認識了。（蘇文珠注譯）

卷五十

孝明八王列傳第四十

【題解】〈孝明八王列傳〉記述了漢明帝八位皇子及其後嗣的生平事跡。作為東漢第二位皇帝，明帝沿襲光武帝所確立的分封制，除繼承皇位的章帝外，餘均分封為王，各有封國。八王中，千乘哀王劉建、濟陰悼王劉長早逝無後，封國撤除；陳敬王劉羨、彭城靖王劉恭、下邳惠王劉衍、梁節王劉暢、淮陽頃王劉昞子孫相襲，封國延至漢末；樂成靖王劉黨三世絕嗣，先後以濟北惠王子劉萇、河間孝王子劉得繼嗣，並改國號為安平。在孝明八王及其後嗣中，雖也有因荒淫貪婪、暴虐不法等行為被削地、囚禁甚至處死者，但大多能恪守本分，沒有出現野心膨脹覬覦皇權的現象。

孝明皇帝❶九子：賈貴人❷生章帝❸；陰貴人生梁節王暢；餘七王本書❹不載母氏。

【章旨】以上介紹漢明帝皇子數量及其生母情況。

【注釋】❶孝明皇帝　即東漢明帝劉莊（西元二八—七五年），字子麗。東漢光武帝第四子。在位期間，遵奉光武制度，整頓吏治，嚴明法令，禁止外戚封侯預政，皇子之封亦減舊制。提倡儒術，省減租徭，修治汴河，民生比較安定。數發兵進擊北匈奴，遣班超經營西域，西域諸國皆遣子入侍。❷貴人　妃嬪的稱號，東漢光武帝時始置，僅次於皇后。❸章帝　即劉炟（西元五八－八八年），東漢明帝第五子。即位後一改明帝苛察，事從寬厚。少好儒術，建初四年（西元七九年），令諸儒於白虎觀討論《五經》異同，令班固等據以作《白虎通義》。頒布〈胎養令〉，以獎勵人口生育。在位期間，社會民生尚稱安定，生產有所發展。後世史家將其與明帝統治時期並稱為「明章之治」。然外戚竇憲驕擅，帝待以寬容，遂開外戚專政之始。廟號肅宗。❹本書　指《東觀漢記》。

【語　譯】孝明皇帝有九個兒子：賈貴人生章帝；陰貴人生梁節王劉暢；其餘七王《東觀漢記》沒有記載他們的生母。

千乘❶哀王建，永平❷三年封。明年薨❸。年少無子，國除。

【章　旨】以上記載千乘哀王劉建簡短的一生。

【注　釋】❶千乘　封國、郡名。西漢高帝六年（西元前二〇一年）置郡。治今山東高青東南高苑鎮北。東漢明帝永平三年（西元六〇年）時改千乘國，第二年千乘哀王死，國除。後改為安樂國。❷永平　東漢明帝劉莊年號，西元五八－七五年。❸薨　指諸侯王死亡。《禮記・曲禮》：「天子死曰崩，諸侯曰薨。」

【語　譯】千乘哀王劉建，永平三年封王。第二年死去。因年紀小沒有兒子，封國被撤除。

1 陳敬王羨，永平三年封廣平❶王。建初❷三年，有司❸奏遣羨與鉅鹿王恭❹、樂成王黨❺俱就國。肅宗性篤愛，不忍與諸王乖離，遂皆留京師。明年，案輿地圖，令諸國戶口皆等，租入歲各八千萬。羨博涉經書，有威嚴，與諸儒講論於白虎殿❻。七年，帝以廣平在北，多有邊費，乃徙羨為西平❼王，分汝南❽八縣為國。及帝崩❾，遺詔徙封為陳王，食淮陽郡❿，其年就國。立三十七年薨，子思王鈞嗣。

2 鈞立，多不法，遂行天子大射禮⓫。性隱賊，喜文法⓬，國相⓭二千石⓮不與相得者，輒陰中之。憎怨敬王夫人李儀等，永元⓯十一年，遂使客隗久殺儀家屬。吏捕得久，繫長平⓰獄。鈞欲斷絕辭語，復使結客篡殺久。事發覺，有司舉奏，鈞坐削西華⓱、項⓲、新陽⓳三縣。十二年，封鈞六弟為列侯。後鈞取掖庭出女⓴李嬈為小妻㉑，復坐削圉㉒、宜祿㉓、扶溝㉔三縣。永初㉕七年，封敬王孫安國為耕亭侯㉖。

3 鈞立二十一年薨，子懷王竦嗣。立二年薨，無子，國絕。

4 永寧㉗元年，立敬王子安壽亭侯崇為陳王，是為頃王。立五年薨，子孝王承嗣。

5 承薨，子愍王寵嗣。熹平㉘二年，國相師遷追奏前相魏愔與寵共祭天神，希幸非冀，罪至不道㉙。有司奏遣使者案驗。是時新誅勃海王悝㉚，靈帝㉛不忍復加法，詔檻車㉜傳送愔、遷詣北寺詔獄㉝，使中常侍㉞王酺與尚書令㉟、侍御史㊱雜考。愔辭與王共祭黃老君㊲，求長生福而已，無它冀幸。酺等奏愔職在匡正，而所為不端，遷誣告其王，罔以不道㊳，皆誅死。有詔赦寵不案。

6 寵善弩射，十發十中，中皆同處。中平㊴中，黃巾賊㊵起，郡縣皆棄城走，寵有彊弩數千張，出軍都亭㊶。國人素聞王善射，不敢反叛，故陳獨得完，百姓歸之者眾十餘萬人。及獻帝㊷初，義兵起㊸，寵率眾屯陽夏㊹，自稱輔漢大將軍。國相會稽㊺駱俊素有威恩，時天下飢荒，鄰郡人多歸就之，俊傾資賑贍，並得全活。後袁術㊻求糧於陳而俊拒絕之，術忿恚，遣客詐殺俊及寵，陳由是破敗。

7 是時諸國無復租祿，而數見虜奪，并日而食㊼，轉死溝壑者甚眾。夫人姬妾多為丹陵兵烏桓㊽所略云。

【章　旨】以上記載陳敬王劉羨及其後嗣陳思王劉鈞、陳湣王劉寵等人事跡。陳敬王劉羨不僅博覽經書，而且屈尊與諸儒論學。陳思王劉鈞卻惡行累累，陷害官員，買兇殺人，還違制私娶放出宮女。陳湣王劉寵則在黃巾之亂中被殺。

【注　釋】❶廣平　封國名。治今河北雞澤東南。❷建初　東漢章帝劉炟年號，西元七六—八四年。❸有司　官吏和官署的泛稱。古代設官分職，各有專司，故稱。❹鉅鹿王恭　即彭城靖王劉恭，事見本卷。鉅鹿，郡名。秦置。治今河北寧晉西南。❺樂成王黨　事見本卷本傳。❻白虎殿　漢宮殿名。即白虎觀。故址在今河南洛陽東白馬寺一帶。❼西平　縣名。治今河南西平西。❽汝南　郡名。治今河南上蔡西南。❾崩　指皇帝死去。❿淮陽郡　西漢初曾置淮陽國，惠帝以後，時為郡時為國，東漢初為淮陽國，章和二年（西元八八年）改為陳國。治今河南淮陽。⓫大射禮　周代射禮之一。此禮於舉行盛大祭典之前或擇士時行於射宮（辟雍中間的廳堂），目的是以射技高下選用人才。凡天子行大射禮，使用三種「侯」（侯是用作箭靶的射布，方十尺）：虎侯、熊侯、豹侯（分別用虎皮、熊皮、豹皮為飾）。侯的中央部分是「鵠」（靶心，方四尺）。天子射虎侯，諸侯射熊侯，卿大夫射豹侯。諸侯、卿大夫也可行大射禮，但諸侯大射只用熊侯、豹侯，卿大夫大射只用麋侯。⓬性隱賊二句　生性陰險狡詐，喜歡鑽研律法。隱賊，暗中賊害人。文法，法制；法令。⓭國相　封國中的行政長官，職位俸祿相當於郡守。⓮二千石　官秩等級，因所得俸祿以穀為準，故以「石」稱之。因郡守、王國傅相均秩二千石，所以二千石成為漢代對郡守、國相等一級官吏的通稱。⓯永元　東漢和帝劉肇年號，西元八九－一〇五年。⓰長平　縣名。治今河南西華東北。⓱西華　縣名。治今河南西華南。⓲項　縣名。治今河南沈丘（槐店）。⓳新陽　縣名。治今安徽界首北。⓴掖庭出女　皇宮裡遣還回家的宮女。掖庭，皇宮中官署名，漢武帝時改永巷為掖庭，屬少府，主宮內后妃事。又指皇宮中妃嬪居住的處所。《漢官儀》：「婕妤以下，皆居掖庭。」㉑小妻　即妾。㉒圉　縣名。治今河南杞縣西南圉鎮。㉓宜祿　縣名。治今河南鄲城南宜路店。㉔扶溝　縣名。治今河南扶溝東北。㉕永初　東漢安帝劉祜年號，西元一〇七－一一三年。㉖亭侯　爵名。漢制，列侯大者食縣，小者食鄉、亭。亭侯即指列侯食邑為亭者。封爵不世襲，位視中二千石。㉗永寧　安帝年號，西元一二〇－一二一年。㉘熹平　東漢靈帝劉宏年號，西元一七二－一七八年。㉙不道　漢代刑律中罪名之一，殺無辜一家三人為不道。㉚勃海王悝　即劉悝（？－西元一七二年），蠡吾侯劉翼之子，漢桓帝之弟。初襲父爵，後封渤海王。耽於淫樂，行多不法。以謀逆貶為癭陶王。曾請託中常侍王甫圖謀復國，許謝錢五千萬。後桓帝遺詔復為渤海王，遂拒付之。靈帝熹平元年（西元一七二年）被王甫誣為謀逆，旋自殺。㉛靈帝　即劉宏（西元一五六－一八九年），東漢皇帝，章帝玄孫。初襲父爵為解瀆亭侯。永康元年桓帝死，被竇太后及其父竇武迎立為帝，時年十二。在位期間，竇武與陳蕃謀誅宦官事敗，宦官繼續掌政。黨禁再起，捕殺李膺、杜密等百餘人。曾公開標價賣官鬻爵，並增天下田畝稅百錢，大修宮室。政治黑暗，民不聊生。中平元年爆發全國規模的黃巾暴動，東漢王朝趨於崩潰。㉜檻車　亦作轞車。古代裝載猛獸或囚禁罪犯的車子。㉝北寺詔獄　即北寺獄，東漢監獄名，屬黃門署。執掌監獄、審訊將相大臣，亦稱黃門北寺獄。漢代奉皇帝詔令拘禁犯人的監獄稱詔獄，奉皇帝命令審理的案件也叫詔獄。㉞中常侍　官名。秦始置，西漢沿置，出入宮廷，侍從皇帝，常為列侯至郎中的加官。東漢時則專用宦官為中常侍，以傳達詔令和掌理文書，權力極大。㉟尚書令　官名。始於秦，西漢沿置，本為少府的屬官，掌章奏文書。漢武帝以後職權漸重。東漢政務皆歸尚書，尚書令成為直接對君主負責總攬一切政令的首腦。㊱侍御史　官名。漢沿秦置，在御史大夫下，或給事殿中，或舉劾非法，或督察郡縣，或奉使出外執行指定任務。㊲黃老君　東漢前期開始流傳的一種宗教黃老道所祭拜的神位。黃老道假託道家黃老學派的清虛自守思想，並與方士神仙之說結合而成，是道家太平道的前身。東漢初年，黃老之學推崇者如楚王英等舉行「齋戒祭祀」，桓帝更在宮中立黃老祠。㊳罔以不道　誣陷其王犯不道之罪。罔，誣陷。㊴中平　東漢靈帝劉宏年號，西元一八四—一八九年。㊵黃巾賊　指東漢末年農民軍。西元一八四年，太平道首領張角經過十餘年的祕密組織宣傳以後，發動起事。起事軍以黃巾裹頭，因被稱為「黃巾軍」。他們焚燒官府，捕殺官吏，攻打豪強地主塢堡，聲勢浩大。由於農民軍缺乏作戰經驗，最後被鎮壓。黃巾起事動搖了東漢王朝的統治，東漢王朝很快就陷入分崩離析的局面。㊶軍都亭　將軍營安紮在都亭。都亭，建於城廂之亭。漢代都城、郡城、縣城均有都亭。㊷獻帝　即劉協（西元一八一—二三四年），東漢皇帝。即位時東漢政權已名存實亡，成為軍閥董卓的傀儡。西元一九六年，他被曹操迎都於許（今河南許昌），此後又成為曹操的傀儡。西元二二〇年，曹丕代漢稱帝，他被廢為山陽公。㊸義兵起　東漢末年，董卓專權，廢少帝劉辯，立漢獻帝劉協，激起朝野上下的憤恨，以袁紹、曹操為代表的官僚紛紛組織力量，討伐董卓。西元一九〇年，關東各地的州郡牧守共推袁紹為盟主，聯兵進攻洛陽，迫使董卓挾持漢獻帝遷都長安。但關東聯盟很快瓦解，州郡牧守各自搶占地盤，陷入軍閥混戰局面。㊹陽夏　縣名。秦置。治今河南太康。㊺會稽　郡名。秦置。治今江蘇蘇州，以境內會稽山為名。東漢順帝永建四年（西元一二九年）分浙江以西置吳郡，會稽郡移治山陰縣（今浙江紹興），轄境逐漸縮小。㊻袁術　東漢末人，字本初，出身於四世三公的大官僚家庭。初為虎賁中郎將，董卓專權時，他據有南陽。後遭曹操和袁紹攻擊，率餘眾割據揚州。西元一九七年，稱帝於壽春（今安徽壽縣），建號仲家。搜括民財，窮極奢侈，以致人民多飢死，江淮地區殘破不堪。後為曹操所破，病死。事見卷七十五。㊼并日而食　兩天吃一頓。㊽烏桓　我國古代北方少數民族，也作「烏丸」。東胡族的一支。秦末漢初東胡遭匈奴擊破後，部分遷烏桓山，因以為名。以游牧射獵為生。尚處原始公社末期，母權很重。漢初附匈奴，武帝以後附漢，遷至上谷、漁陽、右北平、遼西、遼東等五郡塞外。西漢時置護烏桓校尉，東漢沿置。受漢族影響，後漸營農業。每年在上谷、寧城等處與漢朝互市。

【語　譯】陳敬王劉羨，永平三年封廣平王。建初三年，有關官員上奏章請求讓劉羨與鉅鹿王劉恭、樂成王劉黨前往封國。章帝天性仁愛，不忍心與諸王分離，就都留在京城。第二年，根據地圖所示，使各國戶口都相同，每年租賦收入各八千萬石。劉羨博覽經書，有威信，曾與群儒在白虎殿談經論學。建初七年，章帝因廣平在北邊，邊防費用較多，於是遷徙劉羨做西平王，分汝南八個縣作屬地。到章帝死後，遺詔改封為陳王，以淮陽郡租稅為食祿，當年前往封國。被封為王三十七年死去，兒子思王劉鈞繼位。

2 劉鈞繼位以後，很不守法，行天子大射禮。生性陰險狡詐，喜歡鑽研律法，國相郡守等凡與他不和的，都遭他暗中算計。他憎恨陳敬王劉羨的夫人李儀等，永元十一年，指使家客隗久殺李儀的家屬。地方官吏抓到隗久，關在長平的獄中。劉鈞想殺人滅口，又糾結家客劫獄殺死隗久。事情敗露，地方官府向皇帝檢舉奏報，劉鈞按罪被削減西華、項、新陽三個縣的封地。永元十二年，封劉鈞六個弟弟作列侯。後來劉鈞娶掖庭放出女李嬈作小妻，再次犯法被削減圉、宜祿、扶溝三個縣的封地。永初七年，封陳敬王劉羨孫劉安國為耕亭侯。

3 劉鈞繼位二十一年死去，兒子懷王劉竦繼位。在位二年死，沒有兒子，封國撤除。

4 永寧元年，封陳敬王劉羨的兒子安壽亭侯劉崇為陳王，這就是陳頃王。在位五年死去，他的兒子陳孝王劉承繼位。

5 劉承死後，兒子陳愍王劉寵繼位。熹平二年，國相師遷追奏前相魏愔與劉寵一起祭祀天神，期盼非分之想，屬不道之罪。有關官員奏請派人查證。當時剛剛誅殺了渤海王劉悝，靈帝不忍心再將劉寵治罪，下詔用囚車把魏愔、師遷送到北寺詔獄，派中常侍王酺和尚書令、侍御史一起審問。魏愔供說自己與陳王劉寵一起祭祀黃老君，只是為了求長生不老，沒有其他非分之想。王酺等人上奏章說魏愔職責在於匡扶諸王，然而行為不端，師遷誣告其王犯上作亂，都應處死。靈帝下詔赦免劉寵不加追究。

6 劉寵善射弩箭，十發十中，每箭都射中同一個地方。中平年間，黃巾暴動，郡縣官員都棄城而逃，劉寵有強弩數千張，出城在都亭駐軍。封國的人向來聽說他擅長射箭，不敢反叛，所以只有陳國得以保全，歸附的百姓達十餘萬人。到漢獻帝初年，反董卓的義兵起事，劉寵率兵駐在陽夏，自稱輔漢大將軍。國相會稽人駱俊素來有威恩，當時天下鬧饑荒，鄰郡人都來投奔他，駱俊傾資救濟，使這些人得以全活。後來袁術向陳借糧，駱俊加以拒絕，袁術憤怒，派遣刺客用計殺死駱俊和劉寵，陳從此衰亡。

7 當時各封國已經沒有租賦和俸祿，而且多次被強盜掠奪，兩天吃一頓飯，很多人流離失所，死於路邊溝渠。劉寵的妻妾多被丹陵兵和烏桓人擄去。

1 彭城❶靖王恭，永平九年賜號靈壽王❷。十五年，封為鉅鹿王。建初三年，徙封江陵❸王，改南郡❹為國。元和❺二年，三公上言江陵在京師正南，不可以封，乃徙為六安❻王，以廬江郡❼為國。肅宗崩，遺詔徙封彭城王，食楚郡❽，其年就國。恭敦厚威重，舉動有節度，吏人敬愛之。永初六年，封恭子阿奴為竹邑❾侯。

2 元初❿三年，恭以事怒子酺，酺自殺。國相趙牧以狀上，因誣奏恭祠祀惡言，大逆不道。有司奏請誅之。恭上書自訟。朝廷以其素著行義，今考實，無徵，牧坐下獄，會赦免死。

3 恭立四十六年薨，子考王道嗣。元初五年，封道弟三人為鄉侯⓫，恭孫順為東安亭侯。

4 道立二十八年薨，子頃王定嗣。本初⓬元年，封定兄弟九人皆為亭侯。

5 定立四年薨，子孝王和嗣。和性至孝，太夫人薨，行喪陵次，毀齒過禮。傅⓭相以聞。桓帝⓮詔使奉牛酒迎王還宮。和敬賢樂施，國中愛之。初平⓯中，天下大亂，和為賊昌務所攻，避奔東阿⑯，後得還國。

6 立六十四年薨，孫祗嗣。立七年，魏受禪⑰，以為崇德侯。

【章旨】以上記載彭城靖王劉恭及其後嗣生平事跡。彭城靖王劉恭向來行為端正，雖遭國相趙牧誣陷，自陳後仍得到朝廷信任。劉和尊敬賢能，樂於施捨，封國的人都愛戴他。

【注釋】❶彭城　封國名。治今江蘇徐州。❷賜號靈壽王　王號不是因封地而得，僅僅是取其美名。《東觀漢記》：「賜號，未有國邑」也。下文的重熹王也是如此。❸江陵　縣名。治今湖北荊州。❹南郡　戰國時置。初治郢縣（今湖北荊州北紀南城），後移治江陵縣（今湖北荊州）。❺元和　東漢章帝劉炟年號，西元八四—八七年。❻六安　封國名。治今安徽六安東北。❼廬江郡　楚漢之際分九江郡置。轄有今安徽長江以南大部分地區，西漢景帝後移轄江北地。治今安徽廬江西南。東漢沿置。❽楚郡　西漢置。東漢初為楚國，章和二年（西元八八年）改為彭城國。治今江蘇徐州。❾竹邑　侯國、縣名。治今安徽宿縣北符離集。❿元初　東漢安帝劉祜年號，西元一一四—一二〇年。⓫鄉侯　爵位名。漢制，列侯大者食縣，小者食鄉、亭。鄉侯即指列侯食邑為鄉者。封爵不世襲。⓬本初　東漢質帝劉纘年號，西元一四六年。⓭傅　官名。西漢諸侯王國官署置太傅，東漢沿置，改稱傅或王傅。職責在於引導諸侯王向善，王須待之以師禮，所以地位特殊，不必行臣禮。⓮桓帝　即劉志（西元一三二—一六七年），東漢皇帝，西元一四六—一六七年在位。本初元年（西元一四六年）被梁太后與兄大將軍梁冀迎立為帝。在位期間，梁太后臨朝，梁冀專權，朝政昏亂，民不聊生，各族人民反抗鬥爭蜂起。延熹二年（西元一五九年），與宦官單超等合謀誅滅梁氏，封單超等為縣侯，自後權歸宦官，政治更趨黑暗。大臣陳蕃、李膺等聯合太學生，反對宦官干政，被宦官誣指共為部黨。下詔逮捕黨人，禁錮終身，史稱「黨錮」。⓯初平　東漢獻帝劉協年號，西元一九〇—一九三年。⓰東阿　縣名。秦置，治今山東陽穀東北阿城鎮。⓱魏受禪　西元二二〇年，魏王曹丕取代漢獻帝建國稱帝。受禪，即接受禪讓，以禪讓方式完成政權更代。禪讓本是上古時代部落聯盟推選領袖的制度，相傳堯為部落聯盟領袖時，四嶽推舉舜為繼承人，堯對舜進行三年考核後，使幫助辦事。堯死後，舜繼位。舜又以同樣的推舉方式，經過治水考驗，以禹為繼承人。曹丕以禪讓的名義取代漢獻帝，不過是為了使其篡權能夠披上一層名正言順的合法外衣。

【語譯】彭城靖王劉恭，永平九年賜號靈壽王。永平十五年，封為鉅鹿王。建初三年，徙封為江陵王，改以南郡為封國。元和二年，三公上書說江陵在京師正南，不能分封出去，於是遷為六安王，改以廬江郡為封國。章帝死後，遺詔徙封為彭城王，以楚郡為封地，當年前往封國。劉恭為人敦厚威嚴，舉止有禮節，官民都尊敬愛戴他。永初六年，封劉恭兒子劉阿奴為竹邑侯。

2 元初三年，劉恭因事對兒子劉酺發怒，劉酺自殺身亡。國相趙牧向朝廷彙報，趁機誣陷劉恭在祭祀時口出惡言，大逆不道。相關官員奏請處死劉恭。劉恭上書自辯。朝廷因為他一向行為端正聞名，命令核實情況，結果未發現趙牧所說罪狀，趙牧犯誣陷罪下獄，恰逢大赦免除死罪。

3 劉恭在位四十六年死，兒子考王劉道繼位。元初五年，封劉道的三個弟弟為鄉侯，劉恭的孫子劉順為東安亭侯。

4 劉道在位二十八年死去，其子頃王劉定繼位。本初元年，封劉定的九個兄弟都作亭侯。

5 劉定在位四年死去，兒子孝王劉和繼位。劉和天性非常孝順，太夫人死，在陵墓旁居喪，哀傷過度。王國傅相上報朝廷。桓帝下詔派使臣帶牛酒迎接劉和還宮。劉和尊敬賢能，樂於施捨，封國的人都愛戴他。初平年間，天下大亂，劉和被賊人昌務所攻擊，避禍跑到東阿，後來才得以回到封國。

6 劉和在位六十四年死，孫子劉祗繼位。劉祗在位七年，魏接受禪讓建立政權，被封為崇德侯。

1 樂成靖王黨，永平九年賜號重熹王，十五年封樂成王。黨聰惠，善史書，喜正文字。與肅宗同年，尤相親愛。建初四年，以清河❶之游❷、觀津❸，勃海❹之東光❺、成平❻，涿郡❼之中水❽、饒陽❾、安平❿、南深澤⓫八縣益樂成國。及帝崩，其年就國。黨急刻不遵法度。舊禁宮人⓬出嫁，不得適諸國。有故掖庭技人哀置⑬，嫁為男子章初妻，黨召哀置入宮與通，初欲上書告之，黨恐懼，乃密賂哀置姊焦使殺初。事發覺，黨乃縊殺內侍三人，以絕口語。又取故中山簡王⑭傅婢李羽生為小妻。永元七年，國相舉奏之。和帝詔削東光、鄡⑮二縣。

立二十五年薨，子哀王崇嗣。立二月薨，無子，國絕。

明年，和帝立崇兄脩侯巡為樂成王，是為釐王。立十五年薨，子隱王賓嗣。立八年薨，無子，國絕。

明年，復立濟北惠王⑯子萇為樂成王後。萇到國數月，驕淫不法，愆過累積，冀州⑰刺史⑱與國相舉奏萇罪至不道。安帝詔曰：「萇有靦其面，而放逸其心⑲。知陵廟至重，承繼有禮，不惟致敬之節，肅穆之慎，乃敢擅損犧牲，不備苾芬⑳。慢易大姬，不震厥教㉑。出入顛覆，風淫于家，娉取人妻，饋遺婢妾。毆擊吏人，專己凶暴。愆罪莫大，甚可恥也。朕覽八辟之議，不忍致之于理㉒。其貶萇爵為臨湖㉓侯。朕無『則哲㉔』之明，致簡統失序，罔以尉承大姬，增懷永歎。」

延光㉕元年，以河閒孝王㉖子得嗣靖王後。以樂成比廢絕，故改國曰安平，是為安平孝王。

立三十年薨，子續立。中平㉗元年，黃巾賊起，為所劫質，囚于廣宗㉘。賊平復國。其年秋，坐不道被誅。立三十四年，國除。

【章旨】以上記載樂成靖王劉黨及其後嗣事跡。靖王劉黨不遵法度與宮人私通，後又買兇殺人，並殺內侍滅口，但只被削二縣。繼嗣為樂成王的劉萇驕淫不法，被貶為侯。

【注釋】❶清河　郡、封國名。治今山東臨清東。❷游　縣名。《漢書》及本書〈郡國志〉所記清河郡均無此縣。❸觀津　治今河北武邑東南。❹勃海　郡名。西漢置。初治所在浮陽縣（今河北滄州東南）。東漢移治南皮縣（今河北南皮東北），屬冀州。❺東光　縣名。治今河北東光東。❻成平　縣名。治今河北滄州西南。❼涿郡　西漢置。治今河北涿州。❽中水　縣名。治今河北獻縣西北。❾饒陽　縣名。治今河北饒陽東北。❿安平　縣名。治今河北安平。⓫南深澤　縣名。治今河北深澤東南。⓬宮人　指宮女。⓭哀置　人名。姓哀名置。⓮中山簡王　即劉焉。漢光武帝劉秀子，建武十七年（西元四一年）被封為王，建武三十年（西元五四年）徙封中山王。在位五十二年，永元二年（西元九〇年）死去。事見卷四十二。⓯鄡　治今河北辛集東南。⓰濟北惠王　即劉壽，漢章帝子，永元二年（西元九〇年）被封為王，分太山郡為國，在位三十一年死去。事見卷五十五。⓱冀州　西漢武帝所置「十三刺史部」之一。東漢治高邑（今河北柏鄉北），末期移置鄴縣（今河北臨漳西南）。⓲刺史　官名。西漢武帝始置，分全國為十三部（州），各置刺史一人，秩六百石。無治所，奉詔巡行諸郡，以六條問事，省察治政，黜陟能否，斷理冤獄。東漢時沿置，有固定治所，實際上成為比郡守高一級的地方行政長官。靈帝時，改刺史為州牧，掌握一州的軍政大權。⓳萇有靦其面二句　劉萇不知羞恥，從內心放縱自己。靦，恬然無愧的樣子。⓴乃敢擅損犧牲二句　竟敢擅自減少祭品，不備祭禮。犧牲，祭祀用的家畜。苾芬，芳香。《詩・信南山》：「苾苾芬芬，祀事孔明。」㉑慢易大姬二句　怠慢繼母，不聽她的教誨。大姬，即劉萇繼母。震，懼的意思。㉒朕覽二句　我讀了《周禮》中的八辟之論，不忍心用律法來懲治他。八辟，《周禮》所定犯罪貴族免罪的八種條件。《周禮・司寇》：「以八辟麗邦法：一曰議親之辟，二曰議故之辟，三曰議賢之辟，四曰議能之辟，五曰議功之辟，六曰議貴之辟，七曰議勤之辟，八曰議賓之辟。」㉓臨湖　縣名。治今安徽無為西南。㉔則哲　語出《尚書・皐陶謨》：「知人則哲，能官人。」後以「則哲」為知人的代語。㉕延光　東漢安帝劉祜年號，西元一二二—一二五年。㉖河閒孝王　即劉開，漢章帝子，永元二年（西元九〇年）被封為王，分樂成、渤海、涿郡為國，在位四十二年死去。事見卷五十五。河閒，封國名。治今河北獻縣東南。㉗中平　東漢靈帝劉宏年號，西元一八四—一八九年。㉘廣宗　縣名。東漢章帝時置。治今河北威縣東。

【語　譯】樂成靖王劉黨，永平九年賜號重熹王，十五年封為樂成王。劉黨非常聰慧，熟讀史書，喜歡訂正書中文字。與章帝同年出生，相互特別親近友愛。建初四年，把清河郡的游、觀津，渤海的東光、成平，涿郡的中水、饒陽、安平、南深澤八個縣劃歸樂成國。章帝死後，當年就前往封國。劉黨急躁刻薄不遵守法度。原來禁止宮人出宮後嫁人，不能嫁到各諸侯國。有一個原在宮廷的藝人哀置，嫁給男子章初為妻，劉黨把她召到王宮私通，章初想上書控告劉黨，劉黨害怕，於是祕密收買哀置的姐姐哀焦，讓她殺死章初。事情敗露後，劉黨就勒死宮內三個侍臣，殺人滅口。又娶原中山簡王國傅的婢女李羽生作小妾。永元七年，國相檢舉奏報。和帝下令削減封地內的東光、鄡二縣。

2　劉黨在位二十五年死，兒子哀王劉崇繼位。劉崇在位二月死，沒有兒子，封國斷了繼承人。

3　第二年，和帝立劉崇兄脩侯劉巡為樂成王，這就是釐王。在位十五年死去，兒子隱王劉賓繼位。劉賓在位八年死去，沒有兒子，封國斷了繼承人。

4　第二年，又立濟北惠王兒子劉萇為樂成王繼承人。劉萇到封國數月，驕橫淫軼，不守法度，罪惡累累，冀州刺史與國相舉報劉萇犯不道罪。安帝下詔：「劉萇不知羞恥，從內心放縱自己。明知陵廟最為重要，承繼須有禮儀，不僅不遵守禮節，肅穆慎重，竟敢擅自減少祭品，不備祭禮。怠慢繼母，不聽教誨。出進不守禮法，在家裡淫亂，聘娶別人的妻子，饋贈婢女。毆打吏人，專橫兇暴。沒有比這更大的罪過，非常可恥。我讀了《周禮》中的八辟之論，不忍心用律法來懲治他。還是把劉萇貶為臨湖侯。我沒有知人之明，致使選擇繼承人時出現失誤，不能安排合適的王位繼承人來安慰大姬，讓人心中增生感歎。」

5　延光元年，用河間孝王的兒子劉得為樂成靖王的繼承人。因為樂成國連續斷缺繼承人，所以改國號為安平，這就是安平孝王。

6　劉得在位三十年後死去，兒子劉續繼位。中平元年，黃巾軍爆發，劉續被擄去作人質，囚禁在廣宗。黃巾被鎮壓後，恢復封國。當年秋天，犯不道罪被處死。在位三十四年，封國被撤除。

1 下邳❶惠王衍，永平十五年封。衍有容貌，肅宗即位，常在左右。建初初冠，詔賜衍師傅已下官屬金帛各有差。四年，以臨淮郡❷及九江❸之鍾離❹、當塗❺、東城❻、歷陽❼、全椒❽合十七縣益下邳國。帝崩，其年就國。衍後病荒忽❾，而太子卬有罪廢，諸姬❿爭欲立子為嗣，連上書相告言。和帝⓫憐之，使彭城靖王恭至下邳正其嫡庶，立子成為太子。

2 衍立五十四年薨，子貞王成嗣。永建⓬元年，封成兄二人及惠王孫二人皆為列侯。

3 成立二年薨，子愍王意嗣。陽嘉⓭元年，封意弟八人為鄉、亭侯。中平元年，意遭黃巾，棄國走。賊平復國，數月薨。立五十七年，年九十。

4 子哀王宜嗣，數月薨，無子，建安⓮十一年國除。

【章　旨】以上記載下邳惠王劉衍及其後嗣事跡。下邳惠王劉衍太子被廢，導致王嗣之爭，最終依靠朝廷的決斷，才正嫡庶，定太子。

【注　釋】❶下邳　封國名。改臨淮郡置。治今江蘇睢寧西北。❷臨淮郡　西漢武帝時析沛郡東部與廣陵郡東、西部置。治今江蘇泗洪南。東漢建武十五年（西元三九年），改為臨淮國，十七年國除，復為郡。建初四年（西元七九年），省入下邳國。

❸九江　郡名。秦置。初治所在壽春縣（今安徽壽縣），東漢移治陰陵縣（今安徽定遠西北）。❹鍾離　縣名。治今安徽鳳陽東北。❺當塗　縣名。治今安徽懷遠東南。❻東城　縣名。治今安徽定遠東南。❼歷陽　縣名。治今河南和縣。❽全椒　縣名。治今安徽全椒。❾荒忽　一種病症，精神恍惚之狀。❿諸姬　指下邳惠王劉衍的眾妻妾。⓫和帝　即劉肇（西元七九—一〇五年），東漢章帝第四子。即位時年十歲，竇太后臨朝，后兄竇憲等掌實權。永元四年與宦官鄭眾定計捕殺竇氏及其黨羽後親政。屢派兵征伐匈奴、羌及西域諸國，並發布減免災區租、賦之詔。在位期間，西域都護班超曾派人西使大秦（羅馬帝國），至西海（波斯灣）被阻而還，為漢使所達最西之地。⓬永建　東漢順帝劉保年號，西元一二六—一三二年。⓭陽嘉　東漢順帝年號，西元一三二—一三五年。⓮建安　東漢獻帝劉協年號，西元一九六—二二〇年。

【語譯】下邳惠王劉衍，永平十五年冊封。劉衍相貌堂堂，章帝即位，他常陪伴在身邊。建初初年年滿二十，章帝下詔賜給劉衍師傅以下官屬多少不等的錢物。建初四年，把臨淮郡和九江的鍾離、當塗、東城、歷陽、全椒等十七縣增撥給下邳國。章帝死後，當年就前往封國。劉衍後來因病精神恍惚，太子劉卬有罪被廢掉，眾夫人爭著想立自己的兒子為繼承人，連續上書相互告狀。和帝很同情劉衍，派彭城靖王劉恭去下邳明確嫡庶之分，立劉成為太子。

2　劉衍在位五十四年死去，他的兒子貞王劉成繼位。永建元年，封劉成的兩個哥哥和惠王的兩個孫子為列侯。

3　劉成在位二年死，其子愍王劉意繼位。陽嘉元年，封劉意八個弟弟為鄉侯、亭侯。中平元年，劉意被黃巾軍圍攻，拋棄封國逃走。黃巾暴動被鎮壓後恢復封國，幾個月後死去。在位五十七年，享年九十歲。

4　其子哀王宣繼位，幾個月後死去，沒有兒子，建安十一年封國被撤除。

1　梁節王暢，永平十五年封為汝南王。母陰貴人有寵，暢尤被愛幸，國土租入倍於諸國。肅宗立，緣先帝之意，賞賜恩寵甚篤。建初二年，封暢舅陰棠為西陵❶

侯。四年，徙為梁王，以陳留❷之鄢❸、寧陵❹，濟陰❺之薄❻、單父❼、己氏❽、成武❾，凡六縣，益梁國。帝崩，其年就國。

2 暢性聰惠，然少貴驕，頗不遵法度。歸國後，數有惡夢，從官❿卞忌自言能使六丁⓫，善占夢，暢數使卜筮⓬。又暢乳母王禮等，因此自言能見鬼神事，遂共占氣⓭，祠祭求福。忌等諂媚，云神言王當為天子。暢心喜，與相應荅。永元五年，豫州⓮刺史梁相舉奏暢不道，考訊，辭不服。有司請徵暢詣廷尉⓯詔獄，和帝不許。有司重奏除暢國，徙九真⓰，帝不忍，但削成武、單父二縣。暢慙懼，上疏辭謝曰：「臣天性狂愚，生在深宮，長養傅母之手，信惑左右之言。及至歸國，不知防禁。從官侍史⓱利臣財物，熒惑臣暢。臣暢無所昭見，與相然諾，不自知陷死罪，以至考案。肌慄心悸，自悔無所復及。自謂當即時伏顯誅，魂魄去身，分歸黃泉。不意陛下聖德，枉法曲平⓲，不聽有司，橫貸赦臣。戰慄連月，未敢自安。上念以負先帝而令陛下為臣收汙天下⓳，誠無氣以息，筋骨不相連。臣暢知大貸不可再得，自誓束身約妻子，不敢復出入失繩墨，不敢復有所橫費。租入有餘，乞裁食睢陽⓴、穀孰㉑、虞㉒、蒙㉓、寧陵五縣，還餘所食四縣。臣暢小妻三十七人，其無子者願還本家。自選擇謹勑奴婢二百人，其餘所受虎賁㉔、官騎及諸工技、鼓吹、倉頭㉕、奴婢、兵弩、廄馬皆上還本署。臣暢以骨肉近親，亂聖化，汙清流，既得生活，誠無心面目以凶惡復居大宮，食大國，張官屬，藏什物。願陛下加大恩，開臣自悔之門，假臣小善之路，令天下知臣蒙恩，得去死就生，頗能自悔。臣以公卿㉖所奏臣罪惡詔書常置於前，晝夜誦讀。臣小人，貪見明時，不能即時自引，惟陛下哀臣，今得喘息漏刻。若不聽許，臣實無顏以久生，下入黃泉，無以見先帝。此誠臣至心。臣欲多還所受，恐天恩不聽許，節量所留，於臣暢饒足。」詔報曰：「朕惟王至親之屬，淳淑之美，傅相不良，不能防邪，至今有司紛紛有言。今王深思悔過，端自克責，朕惻然傷之。志匪由王，咎在彼小子㉗。一日克己復禮，天下歸仁㉘。王其安心靜意，茂率休德。易不云乎：『一謙而四益㉙。小有言，終吉。』強食自愛。」暢固讓，章數上，卒不許。

立二十七年薨，子恭王堅嗣。永元十六年，封堅弟二人為鄉、亭侯。

堅立二十六年薨，子懷王匡嗣。永建二年，封匡兄弟七人為鄉、亭侯。

匡立十一年薨，無子，順帝㉚封匡弟孝陽亭侯成為梁王，是為夷王。

立二十九年薨，子敬王元嗣。

立十六年薨，子彌嗣。立四十年，魏受禪，以為崇德侯。

【章　旨】以上記載梁節王劉暢及其後嗣生平事跡。因母親陰貴人深受明帝寵愛，梁節王劉暢國土租賦倍於諸國，但就國後卻受身邊人迷惑，妄信鬼神，被削減封地。

【注　釋】❶西陵　縣、侯國名。治今湖北新洲西。❷陳留　郡名。西漢置。治今河南開封東南陳留城。❸鄢　縣名。治今河南鄢城南。❹寧陵　縣名。治今河南寧陵東南。❺濟陰　郡名。治今山東定陶西北。❻薄　縣名。治今山東曹縣南。❼單父　縣名。治今山東單縣。❽己氏　縣名。治今山東曹縣東南。❾成武　縣名。治今山東成武。❿從官　帝王侍從官之統稱。⓫六丁　稱作六甲中丁神。如果是在甲子旬中，那麼丁卯為神；如果是甲寅旬中，就丁巳為神，依此類推。役使的方法，是先齋戒，然後當值神就到了，可讓他搬運遠方物品，也可向他問知吉凶。⓬卜筮　古代用龜甲占卜叫卜，用蓍草占卜叫筮，合稱卜筮。《詩・氓》：「爾卜爾筮，體無咎言。」《韓非子・亡征》：「用時日，事鬼神，信卜筮而好祭祀者，可亡也。」這裡泛指占卜算命。⓭占氣　根據天象的變化來附會人事，預測吉凶。也指預測天氣變化。⓮豫州　西漢武帝置，為「十三刺史部」之一。東漢州治今安徽亳州。⓯廷尉　官名。秦始置。為九卿之一。廷尉的職掌是管刑獄，為最高法官。廷尉的主要職責是負責審理皇帝交辦的詔獄，同時審理地方上報的疑難案件。⓰九真　郡名。西漢呂后、文帝時，南越趙佗置，元鼎六年（西元前一一一年）平南越後入漢，治今越南清化西北。⓱侍史　官名。侍於王侯左右主記文書的史官。⓲曲平　即曲法申恩，平處其罪。意指為申恩不惜違背律法，減輕他應受的刑罰。⓳上念句　想到因為我有負先帝而使陛下被天下人誤會。天下人以和帝赦免劉暢為惡，所以說收惡天下。汙，惡。⓴睢陽　縣名。秦置。治今河南商丘南。㉑穀孰　縣名。東漢置。治今河南商丘東南。㉒虞　縣名。秦置。治今河南虞城北。㉓蒙　縣名。秦置。治今河南商丘東北。㉔虎賁　原名期門。武帝置，平帝元始元年（西元元年）更名虎賁郎，由虎賁中郎將率領，執掌宿衛，禁衛皇宮。東漢沿置。㉕倉頭　或作「蒼頭」。秦朝時倉頭指頭著青巾的士兵。及至漢代，倉頭則為奴婢的別稱。官府之服賤役者及達官貴戚之奴婢皆可稱倉頭。㉖公卿　三公九卿的合稱，後泛指中央政府高級行政官員。㉗志匪由王二句　不是你本意如此，錯在那些小人。彼小子，指卞忌、王禮等。㉘一日克己復禮二句　假如有一天能夠克制自己，使言行合乎禮，天下就會回歸仁義。語出《論語》。㉙一謙而四益　謙遜會得到天地神人的補益。《易・謙卦》彖傳上：「天道虧盈而益謙，地道變盈而流謙，鬼神害盈而福謙，人道惡盈而好謙。」為謙是一，而天地神人都予以補益，所以說是「一謙而四益」。㉚順帝　即劉保（西元一一五—一四四年），安帝子。永寧元年立為太子，延光三年廢為濟陰王。次年，安帝死，宦官江京等立北鄉侯劉懿為帝，旋卒。宦官孫程等殺江京迎立為帝。孫程等十九名宦官封侯。外戚梁商、梁冀相繼為大將軍，朝政操於外戚、宦官之手，政治日益腐敗。

【語　譯】梁節王劉暢，永平十五年被封為汝南王。其母陰貴人得寵，劉暢尤其被寵愛，封國土地和租賦比其他封國多一倍。章帝即位後，順承明帝之意，賞賜恩寵都特別突出。建初二年，封劉暢舅父陰棠為西陵侯。建初四年，劉暢徙為梁王，把陳留的鄢、寧陵，濟陰的薄、單父、己氏、成武等六縣，增撥給梁國。章帝去世，當年劉暢前往封國。

2 劉暢天性聰慧，但從小尊貴驕慣，非常不守法度。到封國後，多次做惡夢，隨從官卞忌自稱能指使六甲中丁神，擅長解夢，劉暢多次讓他占卜。另外劉暢乳母王禮等人，因劉暢迷信就自稱能看見鬼神，於是一起占氣，祭祀求福。卞忌等人獻媚討好，說神仙講劉暢將做天子。劉暢心裡高興，與他互相應答。永元五年，豫州刺史梁相舉報劉暢有不道之罪，派人去查證詢問，劉暢不承認。有關官員請求召劉暢到廷尉府審訊，和帝沒有允許。有關官員再次奏請撤除劉暢的封國，把他遷徙到九真，和帝不忍心，只削減了成武、單父兩個縣。劉暢感到羞愧害怕，上疏答謝說：「我天性狂妄愚昧，生在深宮，由乳母養育，王傅教導，一向聽信身邊人的話。等回到封國，不知防範。隨從侍奉官吏，貪圖我的財物，迷惑我。我沒有看明真相，答應他們的請求，自己不知道已犯了死罪，結果到了這一步。身子發抖心裡發慌，自己後悔也已經來不及了。自認為將要立即被處死，魂魄離身，奔赴黃泉。不想陛下聖德，曲法施恩，沒有聽從相關官員的意見，意外地赦免了我。幾個月來一直戰戰兢兢，不敢自以為安。想到因為我辜負了先帝而使陛下身負惡名，我的確沒有生存的道理，連筋骨也斷絕了。我知道這麼大的寬大不可能再有，所以發誓一定約束自己和妻室兒女，做事不敢再違背禮制法度，不敢再揮霍無度。封國租賦有富餘，請裁減睢陽、穀孰、虞、蒙、寧陵五個縣的租賦，剩下四縣租賦。我有小妾三十七人，沒有兒子的願意返回本家。我自己挑選留下朝廷所給奴婢二百人，把所接收的勇士、官騎以及技工、鼓吹、倉頭、奴婢、兵弩、廄馬等都歸還到原官署。我以骨肉近親的身分，亂聖人教化，玷汙清流，能夠活命，的確沒有臉面再居住大宮，享受大諸侯國的租賦，統領官吏，收存各種物品。

希望陛下施大恩，替我打開懺悔的大門，給我做點好事的機會，使天下人知道臣蒙受皇恩，得以活命，能夠悔改。我把公卿所上關於我罪惡的奏章經常放在面前，晝夜誦讀。我是小人，貪戀清明之時，不能及時自裁，只是陛下可憐我，讓我苟延殘喘。如果不聽從答應，我實在沒臉久活，死後沒法見先帝。這真的是我的肺腑之言。我想把朝廷賜我的多退還一些，擔心陛下不允許，按照需要所留下的，對我來說已經足夠了。」和帝下詔答覆說：「只有你是我最親近的人，原本品行賢淑，只因傅相不好，不能防邪，致使官員意見紛紛。現在你深思悔過，嚴於責己，我感到傷心。不是你本意如此，錯在那些小人。假如有一天能夠克制自己，使言行合乎禮，天下就會回歸仁義。請你安心靜神，一定會德行完美。《易經》不是說：『謙遜會得到天地神人的祐護。雖小有錯誤，而終有好的結果。』要多進食，愛惜自己。」劉暢堅決推讓，多次上奏章，和帝最終也沒有答應。

3 劉暢在位二十七年後死去，兒子恭王劉堅繼位。永元十六年，封劉堅兩個弟弟為鄉侯、亭侯。

4 恭王堅在位二十六年後死去，兒子懷王劉匡繼位。永建二年，封劉匡的七個兄弟為鄉侯、亭侯。

5 懷王劉匡在位十一年死，沒有兒子，順帝封劉匡弟孝陽亭侯劉成為梁王，這是夷王。

6 夷王在位二十九年死，兒子敬王劉元繼位。

7 敬王劉元在位十六年死，子劉彌繼位。在位四十年，曹魏代漢，封他為崇德侯。

1 淮陽頃王昞，永平十五年封常山王，建初四年，徙為淮陽王，以汝南之新安❶、西華益淮陽國。

2 立十六年薨，未及立嗣，永元二年，和帝立昞小子側復為常山王，奉昞後，是為殤王。

3 立十三年薨，父子皆未之國，並葬京師。側無子，其月立兄防子侯章為常山王。和帝憐章早孤，數加賞賜。延平元年就國。

4 立二十五年薨，是為靖王。子頃王儀嗣。永建二年，封儀兄二人為亭侯。

5 儀立十七年薨，子節王豹嗣。元嘉❷元年，封豹兄四人為亭侯。

6 豹立八年薨，子暠嗣。三十二年，遭黃巾賊，棄國走，建安十一年國除。

【章旨】以上記載淮陽頃王劉昞及其後嗣事跡。建安十一年封國被廢除，共歷六世。

【注釋】❶新安　縣名。東漢置。屬汝南郡。❷元嘉　東漢桓帝年號，西元一五一—一五三年。

【語譯】淮陽頃王劉昞，永平十五年被封為常山王，建初四年，徙為淮陽王，把汝南的新安、西華二縣劃到淮陽國。

2 昞在位十六年死，沒來得及確定繼承人，永元二年，和帝立昞小子劉側再為常山王，繼劉昞之後，這是殤王。

3 殤王在位十三年死，父子都沒有到封國，一起葬在京城。劉側沒有兒子，死的當月立其兄劉防的兒子劉章為常山王。和帝同情劉章早年喪父，多次賞賜。延平元年前往封國。

4 劉章在位二十五年死，這是靖王。其子頃王劉儀繼位。永建二年，封劉儀的兩個哥哥為亭侯。

5 劉儀在位十七年死，他的兒子節王劉豹繼位。元嘉元年，封劉豹的四個哥哥為亭侯。

6 劉豹在位八年死，他的兒子劉暠繼位。在位三十二年，遭遇黃巾之亂，棄國逃走，建安十一年封國被廢除。

1

濟陰悼王長，永平十五年封。建初四年，以東郡❶之離狐❷、陳留之長垣❸益濟陰國。立十三年，薨于京師，無子，國除。

【章　旨】以上記載濟陰悼王劉長事跡。因無子嗣，劉長死後封國被撤除。

【注　釋】❶東郡　戰國末期秦國置。治今河南濮陽西南。東漢時移治今山東莘縣西南。❷離狐　縣名。治今河南濮陽東南。❸長垣　縣名。治今河南長垣東北。

【語　譯】濟陰悼王劉長，永平十五年被冊封。建初四年，以東郡的離狐、陳留的長垣增撥給濟陰國。劉長在位十三年，死於京師，沒有兒子，封國被撤除。

論曰：晏子❶稱「夫人生厚而用利，於是乎正德以幅之，謂之幅利❷」。言人情須節以正其德，亦由布帛須幅以成其度焉。明帝封諸子，租歲不過二千萬，馬后❸為言而不得也。賢哉！豈徒儉約而已乎！知驕貴之無猒，嗜欲之難極也，故東京❹諸侯❺鮮有至於禍敗者也。

贊曰：孝明傳胤，維城八國❻。陳敬嚴重，彭城厚德。下邳嬰痾，梁節邪惑。三藩❼夙齡，黨惟荒忒。

【章　旨】以上從晏子以正德約束人情的議論和漢明帝對諸皇子租賦的限制，來說明東漢諸王少有禍敗的原因，並對八位皇子的情況進行了簡評。

【注　釋】❶晏子　即晏嬰（？—西元前五〇〇年），字平仲，春秋時夷濰（今山東高密）人。齊國大夫，歷事齊靈公、莊公、景公三朝。節儉力行，能諍諫，主張計能定祿，誅不避貴，賞不遺賤。重視發展農業生產，提倡蠶桑。多次出使楚、晉、魯等國，名顯諸侯。❷夫人生厚三句　人們聚斂財富，追逐利益，於是靠提高人們的品德來加以限制，稱作有限度的利益。❸馬后　即明德馬皇后（西元四〇—七九年），扶風茂陵（今陝西興平）人。東漢明帝皇后，馬援小女。明帝即位，為貴人。以己無子，奉詔撫養皇子劉炟（章帝），勞悴過於所生。永平三年（西元六〇年）立為皇后。自撰《明帝起居註》。每與帝言及政事，多有補益，曾言楚王獄多濫，明帝因有所寬宥。性謙恭節儉，不喜遊娛。章帝立，尊為皇太后。曾以西京敗亡之禍為戒勸阻章帝封爵諸舅。卒謚明德。事見本書卷十上。❹東京　即洛陽。西漢以長安為都，東漢以洛陽為都，所以以洛陽代指東漢。❺諸侯　指封國諸王。❻孝明傳胤二句　東漢明帝的皇子，封賜了八個王國。胤，後代。❼三藩　指千乘哀王劉建、淮陽頃王劉昞、濟陰悼王劉長。

【語　譯】史家評論說：晏子稱說「人們聚斂財富，追逐利益，於是靠提高人們的品德來加以限制，稱作有限度的利益」。說的正是人情必須以道德來約束，也如布帛必須以尺幅來約束一樣。明帝封諸位兒子，每年租賦不超過二千萬，馬皇后為他們講好話也沒有改變。賢明啊！難道僅僅是儉樸節約麼！正是因為懂得人的驕貴無法滿足，貪欲沒有極限，所以東漢諸侯很少有遭到禍敗的。

史官評議說：漢明帝的皇子，封賜了八個王國。陳敬王劉羨嚴謹持重，彭城敬王劉恭德行敦厚。下邳惠王劉衍從小多病，梁節王劉暢受邪說迷惑。三個王侯過早去世，只有樂城靖王劉黨荒淫過分。

【研　析】在中國歷史上，分封制向來為人所詬病：既不利於中央集權，曾多次導致戰亂和分裂，又侵削、分割國家財賦收入，對國家的政治經濟秩序只有消極影響而無多少積極意義。然而，分封制卻在許多朝代盛行，其根源在於家天下的政治體制：許多帝王都希望通過分封進一步鞏固家族統治，希望藩王成為朝廷的屏障；同時分封又是緩解皇子之間權力紛爭的一個有效手段。分封確保了太子之外諸皇子的利益，許多帝王都希望以此來減少或消弭皇子們的權力之爭。

與西漢相比，東漢分封制沒有帶來太大的禍患，沒有出現「七國之亂」那樣的動盪。這與東漢吸取西漢教訓，對諸侯王勢力加以限制有著直接的關係。東漢諸侯王不僅封地大大縮小，權力也十分有限。封國主要官吏由中央政府直接任命，王國軍隊數量極少。這就使諸侯王失去了野心膨脹的土壤。

諸王一方面擁有特權，他們不僅享有常人所沒有的榮華富貴，而且能夠世代相襲；另一方面他們又是朝廷擔憂和防範的對象，任何逾越朝廷規制的行為都可能引起過分的猜忌和嚴厲的處罰。然而，特殊的身份和地位決定了諸侯王大多難以安分守己，奢靡淫逸，醉生夢死是最平常的現象，甚者則貪婪殘暴，盤剝百姓，危害地方。

從本傳所記述漢明帝八位皇子及其後嗣的生平來看，諸王因性格、成長經歷不同，其就國後的所作所為也迥然有異。其中，有遵守法度，勤奮好學者，如博覽經書又屈尊與諸儒論學的陳敬王劉羨；有驕奢婬逸、暴虐不法者，如曾陷害官員，買凶殺人，還違制私娶放出宮女的陳思王劉鈞；與宮人私通，買凶殺人以及殺內侍滅口的成靖王劉黨；驕淫不法，被貶為侯的樂成王劉萇；有行為不端、違背典制者，如受身邊人迷惑，妄信鬼神的梁節王劉暢；因與國相一起祭祀天神而險些獲罪的陳愍王劉寵等。也正因此，我們見到了身為皇室貴胄的諸王不同的人生際遇。樂成王劉萇被貶為侯，陳思王劉鈞、成靖王劉黨被削封地；陳愍王劉寵僅因為與國相一起祭祀天神就被懷疑有非分之想，險些被治罪。

儘管東漢分封制已不同於西漢，但無論對朝廷，還是對諸王來說，仍然是弊多利少。在對封國的管理上，朝廷不可能像對郡縣一樣，只以官員政績為標準，即使制定了相應的制度，而藩王以皇室貴胄以及與皇帝、太后的特殊關係，也給中央政府的管理增加了難度。（韋占彬注譯）

卷五十一

李陳龐陳橋列傳第四十一

【題解】〈李陳龐陳橋列傳〉記述了李恂、陳禪、龐參、陳龜、橋玄五人的生平事跡。五人能夠共列一卷，是因他們有許多相似之處。一是五人均有在邊疆與邊族交鋒的經歷，而且也都有不俗的功績：李恂經營西域，使東漢與西域之間道路暢通；陳禪為遼東太守，退北匈奴之兵；龐參在解決羌人問題上多有建樹；陳龜為度遼將軍，鮮卑不敢近塞；橋玄擊敗鮮卑、南匈奴與高句驪嗣子伯固的叛亂。二是五人均剛正清廉，品德高尚：李恂晚年甘於清貧，不受饋贈；陳禪犯顏直諫，被貶官遼東；龐參不與奸佞同流合汙；陳龜冒死上疏言大將軍梁冀之罪；橋玄不顧權臣庇護，處治貪官。這些使他們成為東漢一時之名臣。

1

李恂，字叔英，安定❶臨涇❷人也。少習韓詩❸，教授諸生❹常數百人。太守❺潁川❻李鴻請署功曹❼，未及到，而州❽辟為從事❾。會鴻卒，恂不應州命，而送鴻喪還鄉里。既葬，留起冢墳，持喪三年❿。

2

辟司徒⓫桓虞⓬府。後拜侍御史⓭，持節⓮使幽州⓯，宣布恩澤，慰撫北狄⓰，所過皆圖寫山川、屯田、聚落百餘卷，悉封奏上，肅宗⑰嘉之。拜兗州⑱刺史⑲。以清約率下，常席羊皮，服布被。遷張掖⑳太守，有威重名。時大將軍㉑竇憲㉒將兵屯武威㉓，天下州郡遠近莫不修禮遺，恂奉公不阿，為憲所奏免。

3 後復徵拜謁者㉔，使持節領西域副校尉㉕。西域殷富，多珍寶，諸國侍子㉖及督使賈胡㉗數遺恂奴婢、宛馬㉘、金銀、香罽之屬，一無所受。北匈奴㉙數斷西域車師㉚、伊吾㉛，隴沙㉜以西使命不得通，恂設購賞，遂斬虜帥，縣首軍門。自是道路夷清，威恩並行。

4 遷武威太守。後坐事免，步歸鄉里，潛居山澤，結草為廬，獨與諸生織席自給。會西羌㉝反畔，恂到田舍，為所執獲。羌素聞其名，放遣之。恂因詣洛陽㉞謝。時歲荒，司空㉟張敏㊱、司徒魯恭㊲等各遣子饋糧，悉無所受。徙居新安關㊳下，拾橡實以自資。年九十六卒。

【章旨】以上為〈李恂傳〉。李恂不僅為官剛正清廉，不貪戀錢財，不阿諛奉承上司，而且幹練多才，政績顯著。

【注釋】❶安定　郡名。西漢置。治今寧夏固原。東漢移治今甘肅鎮原東南。❷臨涇　縣名。治今甘肅鎮原東南。❸韓詩　韓嬰所傳《詩》。❹諸生　指儒生，也指在學讀書的學生。❺太守　官名。西漢景帝時改郡守置，為郡的最高行政長官，掌民政、司法、軍事、財賦等，可以自辟僚屬，秩二千石。東漢沿置。❻潁川　郡名。秦置。治今河南禹州。❼功曹　即功曹史，官名。漢代郡守的屬官，相當於郡守的總務長，除掌人事外，並得與聞一郡的政務。❽州　地方行政監察區劃。西漢武帝時設「十三刺史部」，行使監察職責，其長官刺史秩雖僅六百石，無治所，但奉詔巡行諸郡，省察治政，黜陟能否，斷理冤獄。東漢時州已有治所，刺史成為比郡守高一級的地方行政長官，州也成為郡之上的一級行政區劃。❾從事　官名。西漢元帝時置，為各州屬官，秩百石。東漢沿置，稱從事史，由各州長官辟署。❿持喪三年　按照傳統禮制，居喪時間長短要根據與死者親戚關係的遠近而有區別，其中子女為父、妻為夫、嗣子為嗣父居喪時間最長，為三年。李恂與李鴻之間雖僅為上司與下屬的關係，但李鴻對他有知遇之恩，所以他以居喪三年來回報。⓫司徒　官名。三公之一，西漢末改丞相為大司徒，為官僚組織中的最高官職，輔佐皇帝，綜理政務，但東漢時隨著尚書令地位的提高，司徒逐漸有名無實。⓬桓虞　字仲春，左馮翊萬年（今陝西西安）人。東漢章帝時先後為南陽太守、司徒等。⓭侍御史　官名。漢沿秦置，在御史大夫下，或給事殿中，或舉劾非法，或督察郡縣，或奉使出外執行指定任務。⓮持節　古使臣出行，持符節以為憑證。⓯幽州　西漢武帝所置「十三刺史部」之一。東漢時治今北京市西南。⓰北狄　對北方少數民族的一種統稱，這裡指烏桓、鮮卑等族。⓱肅宗　即東漢章帝劉炟（西元五六—八八年），漢明帝第五子，西元七五—八八年在位。即位後一改明帝苛察，事從寬厚。少好儒術，建初四年（西元七九年），令諸儒於白虎觀討論《五經》異同，令班固等據以作《白虎通義》。頒布〈胎養令〉，以獎勵人口生育。在位期間，社會民生尚稱安定，生產有所發展。後世史家將其與明帝統治時期並稱為「明章之治」。然外戚竇憲驕擅，帝待以寬容，遂開外戚專政之始。廟號肅宗。⓲兗州　西漢武帝所置「十三刺史部」之一。東漢治今山東金鄉西北。⓳刺史　官名。西漢武帝始置，分全國為十三部（州），各置刺史一人，秩六百石，奉詔巡行諸郡，以六條問事，省察治政，黜陟能否，斷理冤獄。所察主要是二千石長吏，其次是強宗豪右，諸侯王亦在督察之列。東漢時刺史已有固定治所，除監察權外，又有選舉、劾奏之權，實際上成為比郡守高一級的地方行政長官。東漢靈帝時，改刺史為州牧，職權更重，掌握一州的軍政大權。⓴張掖　郡名。西漢置。治今甘肅張掖西北。㉑大將軍　官名。始於戰國，漢代沿置，為將軍的最高稱號，執掌統兵征戰。事實上多由貴戚擔任，掌握政權，職位甚高。㉒竇憲　字伯度，東漢扶風平陵（今陝西咸陽）人。生年不詳。妹為章帝皇后。章帝死，和帝即位，太后臨朝，他為侍中，操縱朝政。不久任車騎將軍。永元元年（西元八九年）率兵擊敗北匈奴，直追至燕然山。後任大將軍，刺史守令等地方官吏多出其門，弟兄橫暴京師。永元四年（西元九二年），和帝與宦官鄭眾定議誅滅竇氏，他因而自殺。㉓武威　郡名。西漢置。治今甘肅武威。㉔謁者　官名。始置於春秋、戰國時，為國君掌管傳達。秦漢沿置。

漢制，郎中令屬官有謁者，少府屬官有中書謁者令（後改稱中謁者令）。謁者掌賓贊受事，員額至七十人，其長官稱謁者僕射。㉕西域副校尉　西域都護下屬官吏，協助西域都護處理西域事務，並直接統帥漢朝在西域的駐軍。西域，漢朝時指現在玉門關以西的新疆和中亞細亞等地區。㉖侍子　古代諸侯或屬國之王遣子入侍天子之稱。㉗督使賈胡　督使，西域各國負責接待使節的官員。賈胡，各少數民族商賈。㉘宛馬　大宛出產的汗血馬。宛，即大宛，古西域國名，漢時王治貴山城（今烏茲別克斯坦塔什干東南卡散賽），屬邑大小七十餘城，在今中亞費爾干納盆地一帶。居民從事農牧業，種稻麥，盛產葡萄、苜蓿，以汗血馬著名。商業也較發達。西漢張騫通西域後，大宛與漢朝保持了長期的密切關係。㉙北匈奴　東漢時匈奴之一部，因留居漠北，故稱為北匈奴。北匈奴在漢和帝時被東漢和南匈奴所擊敗，部分西遷。㉚車師　亦作姑師。古代西域族名。㉛伊吾　古代西域地名。始稱伊吾盧，為內地通往西域的門戶。東漢永平十六年（西元七三年）置宜禾都尉，屯田伊吾。漢代舊城約在今新疆哈密西四堡。㉜隴沙　指今甘肅河西走廊一帶。㉝西羌　東漢時稱徙居金城、隴西、漢陽等郡的羌族為西羌，稱東遷安定、北地、西河、上郡、三輔一帶者為東羌。羌，古族名，最早見於甲骨卜辭，殷周時又稱羌方，分布於黃河中上游地區，秦逐諸戎，被迫西遷。西漢武帝置護羌校尉，統轄羌族各部。東漢時內徙諸部於隴西、漢陽（今甘肅甘谷）、安定（今甘肅鎮原）、三輔（今陝西渭水流域）等地，與漢族雜居。東漢多次平定羌人起事，使其內徙。㉞洛陽　東漢都城。在今河南洛陽東北白馬寺東。㉟司空　官名。三公之一，西漢成帝時改御史大夫為大司空，東漢時稱司空，主要職務為監察、執法，兼掌重要文書圖籍。㊱張敏　（？—西元一一二年），字伯達，東漢河閒（今河北任丘）人。漢章帝建初二年（西元七七年）舉孝廉，四遷為尚書。上疏駁議《輕侮法》，以為此法開相殺之路，有違「殺人者死」之三代通制。被和帝採納。後歷任司隸校尉、汝南太守、議郎、潁川太守等。安帝永初元年（西元一〇七年），徵拜司空，為官清約不煩，用刑平正。㊲魯恭　東漢扶風平陵（今陝西咸陽）人，少習《魯詩》，章帝時參加白虎觀會議。徵公車，為中牟令，重教化，政績突出。後歷任侍御史、侍中、樂安相、光祿勳、司徒等。事見本書卷二十五。㊳新安關　在洛陽附近，西漢武帝在元鼎三年將函谷關遷徙到新安。

【語　譯】李恂，字叔英，安定郡臨涇縣人。年輕時學習韓嬰所傳《詩》，後教授學生常有數百人。太守潁川人李鴻請他擔任功曹，還沒到任，州裡又徵召他做從事。正巧李鴻死去，李恂沒有接受州的任命，而為李鴻送喪回到潁川。葬事辦完，留在墳地，守喪三年。

2　徵召到司徒桓虞府任職。後來被任命為侍御史，奉命出使幽州，宣示皇帝恩惠，撫慰北狄，所經過之處，把山水、農田、村落都畫成圖達一百多卷，全部呈遞給皇上，肅宗對他加以讚揚。被任命為兗州刺史。以廉明儉約為下屬榜樣，他經常以羊皮為席，穿粗布衣服。升任張掖太守，有威嚴之名。當時大將軍竇憲率兵駐武威，天下州郡沒有不送禮物的，李恂秉公辦事剛正不阿，被竇憲上奏免職。

3 後來又被徵召為謁者，讓他持節任西域副校尉。西域繁盛富足，珍寶很多，各國侍子以及督使、商人等多次送奴婢、宛馬、金銀、香料、毛布料之類給李恂，李恂一概不收。北匈奴多次截斷前往西域車師、伊吾的通道，漢朝與隴沙以西各國的關係不能保持。李恂懸賞，於是斬殺匈奴主帥，懸首軍門示眾。從此道路暢通，恩威並用。

4 升任武威郡太守，後犯事免職，回到鄉里，隱居山林，搭起茅屋，與眾多學生織席養活自己。正趕上西羌反叛，李恂到田間農舍，被叛賊拘捕。羌人常聽說他的大名，就放他回來。李恂因此到洛陽謝罪。當時鬧饑荒，司空張敏、司徒魯恭等各派其子送糧食給李恂，李恂都沒有接受。遷居新安關下，揀橡樹果實充飢。九十六歲時去世。

1 陳禪，字紀山，巴郡❶安漢❷人也。仕郡功曹，舉善黜惡，為邦內所畏。察孝廉❸，州辟治中從事❹。時刺史為人所上受納臧賂，禪當傳考，無它所齎，但持喪斂之具而已。及至，笞掠無筭，五毒畢加，禪神意自若，辭對無變，事遂散釋。車騎將軍❺鄧騭❻聞其名而辟焉，舉茂才❼。時漢中❽蠻夷❾反畔，以禪為漢中太守。夷賊素聞其聲，即時降服。遷左馮翊❿，入拜諫議大夫⓫。

2 永寧⓬元年，西南夷⓭撣⓮國王獻樂及幻人，能吐火，自支解，易牛馬頭。明年元會，作之於庭，安帝[15]與群臣共觀，大奇之。禪獨離席舉手大言曰：「昔齊[16]魯[17]為夾谷之會[18]，齊作侏儒之樂，仲尼[19]誅之。又曰：『放鄭聲，遠佞人[20]。』帝王之庭，不宜設夷狄[21]之技。」尚書[22]陳忠[23]劾奏禪曰：「古者合歡之樂舞於堂，四夷之樂陳於門，故詩云『以雅以南，韎任朱離[24]』。今撣國越流沙[25]，踰縣度[26]，萬里貢獻，非鄭衛[27]之聲，佞人之比，而禪廷訕朝政，請劾禪下獄。」有詔勿收，左轉為玄菟[28]候城障尉[29]，詔「敢不之官，上妻子從者名」。禪既行，朝廷多訟之。會北匈奴入遼東，追拜禪遼東[30]太守。胡憚其威彊，退還數百里。禪不加兵，但使吏卒往曉慰之，單于隨使還郡。禪於學行禮，為說道義以感化之。單于懷服，遺以胡中珍貨而去。

3 及鄧騭誅廢，禪以故吏免。復為車騎將軍閻顯[31]長史[32]。順帝[33]即位，遷司隸校尉[34]。明年，卒於官。

4 子澄，有清名，官至漢中太守。

5 禪曾孫寶，亦剛壯有禪風，為州別駕從事[35]，顯名州里。

【章　旨】以上為〈陳禪傳〉。陳禪的剛正無畏既使他在官場樹敵太多，屢遭陷害，以至被貶官邊陲，但同時也使他聲名遠播，連橫行無忌的匈奴也憚其威名，退兵臣服。

【注釋】❶巴郡　郡名。戰國時秦國置。治今重慶北嘉陵江北岸。❷安漢　縣名。秦置。治今四川南充北。❸孝廉　漢代選拔官吏的科目，孝，指孝子。廉，指廉潔之士。原為二科，漢武帝採納董仲舒建議，於元光元年（西元前一三四年）初令郡國舉孝、廉各一人。其後多混同連稱，而為一科，所舉也不限於孝者和廉吏。察舉孝廉為歲舉，郡國每年向中央推舉一至二人。被舉者大都先除授郎中。❹治中從事　官名。即治中從事史，或省稱為治中。為漢代州之佐吏，秩百石，主選署及文書案卷，有書佐。❺車騎將軍　官名。西漢初設將車騎士，故名。後遂為高級武官稱號，位次大將軍，且文官輔政者亦加此銜。東漢權勢尤重，但地位仍低於大將軍、驃騎將軍，高於衛將軍。❻鄧騭　字昭伯，東漢南陽新野（今河南新野）人。生年不詳。妹為漢和帝皇后。和帝死，安帝即位，太后臨朝，他任大將軍。輔政期間，曾進賢士，罷力役，有所建樹。太后死，安帝與宦官李閏合謀誅滅鄧氏，他因而自殺。❼茂才　漢代察舉重要科目之一。西漢稱秀才，東漢避光武帝劉秀名諱，改為茂才，或作茂材。東漢建武十二年（西元三六年），詔三公舉茂才四行各一人，司隸州牧歲舉茂才一人，於是成為歲舉的常科。❽漢中　郡名。戰國後期秦國置。東漢時治今陝西漢中。❾蠻夷　對四方少數民族的泛稱。❿左馮翊　官名、政區名。西漢時改左內史置。職掌相當於郡太守，轄區相當於一郡，因地屬畿輔，故不稱郡，為三輔之一。東漢時治今高陵西南。⓫諫議大夫　官名。西漢置諫大夫，東漢改稱諫議大夫，屬光祿勳，無定員，掌議論。⓬永寧　東漢安帝劉祜年號，西元一二〇—一二一年。⓭西南夷　漢朝時對居住在今雲南、貴州、四川西部和陝、甘、川連接地帶的少數民族的總稱。包括眾多部落和不同的民族，社會經濟、文化發展不平衡。其中由主體民族和附屬種落形成的較大集團有：夜郎、靡莫、滇、邛都、昆明、徙、筰都、白馬等。⓮撣　古國名。該國西南通大秦，一般認為在今緬甸東北境。永元元年（西元八九年），其國王雍由調遣使貢獻，和帝賜金印紫綬。永寧元年（西元一二〇年），又遣使朝賀，獻樂及大秦幻人。幻人能變化吐火，自肢解，易牛馬頭，又善跳丸。次年元會，安帝封雍由調為漢大都尉，賜印綬、金銀、彩繒等。⓯安帝　即劉祜（西元九四—一二五年），東漢章帝孫，清河孝王劉慶子，西元一〇六—一二五年在位。即位時年十三，鄧太后臨朝，后兄鄧騭執政。在位期間，政治黑暗，社會矛盾尖銳。張伯路等起兵海上，攻擊沿海諸郡，襲殺守令；杜季貢等聯合羌人連年起兵，屢敗漢兵。建光元年（西元一二一年）鄧太后死後親政，與宦官李閏等合謀誅滅鄧騭宗族，自此寵信宦官。廟號恭宗。⓰齊　即齊國。西元前十一世紀周分封的諸侯國。姜姓。在今山東北部，開國君主姜尚，建都營丘（後稱臨淄，今山東淄博東舊臨淄北）。春秋初期齊桓公任用管仲改革內政，國力強盛，成為霸主。西元前五六七年，齊靈公滅萊，領土擴展到山東東部。後田氏代齊，成為戰國七雄之一。西元前二二一年為秦所滅。⓱魯　即魯國，姬姓。西周初，周武王封周公旦於此，都曲阜（今山東曲阜）。春秋時國勢漸弱，戰國時成為小國。西元前二五六年為楚所滅。⑱夾谷之會　魯定公十年（西元前五○○年），魯定公與齊景公在夾谷（今山東萊蕪南）相會，孔子相魯定公赴會。齊景公命萊夷人劫魯定公，孔子斥齊無禮，迫使萊夷人退去，兩國盟誓和好。⑲仲尼　即孔子。⑳放鄭聲二句　摒棄鄭國音樂，遠離小人。語出《論語》，是孔子之言。鄭國的音樂被認為是淫聲。鄭，古國名，姬姓。開國君主是周宣王弟鄭桓公（名友）。西元前八○六年分封於鄭（今陝西華縣東）。周幽王時，桓公見西周將亡，把財產、部族、家屬連同商人遷移到東虢和鄶之間。鄭武公即位，先後攻滅鄶和東虢，建立鄭國，都新鄭（今屬河南）。鄭武公、莊公相繼為周平王卿士，在春秋初年為強國。後漸衰弱，西元前三七五年為韓所滅。㉑夷狄　指周邊少數民族。中國古代中原王朝一向以天朝大國自居，對周邊民族採取輕視、防範政策，以帶有貶義的文字來稱呼他們，如東夷、西戎、北狄、南蠻等，後蠻夷、夷狄等成為對周邊民族的一種泛稱。㉒尚書　官名。戰國時秦、齊等國始置，最初僅為管理文書的小吏。西漢武帝時以尚書掌管機要，職權漸重，為中朝重要宮官。東漢時尚書臺分六曹，各置尚書，秩六百石，位在令、僕射下，丞、郎之上。㉓陳忠　（？—西元一二五年），字伯始，東漢沛國洨（今安徽固鎮）人。安帝永初中辟司徒府，三遷廷尉正。以明習法律，擢拜尚書，使居三公曹，其典法務在寬詳，於漢法頗多建樹。又先後出任尚書令、司隸校尉等。㉔以雅以南二句　南夷之樂可以與雅樂相和，四夷之樂可以為我所用。以雅以南，為《詩・鼓鍾》句。雅，古樂器名，泛指中原之樂。南，古樂器名，泛指南夷之樂。韎任朱離，四夷之樂，「東方曰韎，南方曰任，西方曰朱離，北方曰禁」。㉕流沙　地區名。泛指古漠北或漠北巴丹吉林沙漠北部地區。㉖踰縣度　據《前書・西域傳》記載，縣度，山名。因溪谷不能相通，人們在山與山之間以繩索相連，靠空中索道飛渡。㉗衛　古國名。姬姓。始封之君為周武王弟康叔。西元前十一世紀，周公平定武庚的反叛後，把原來商都周圍地區和殷民七族分封給他，建都朝歌（今河南淇縣），成為當時大國。西元前六六○年被翟擊敗，靠齊的幫助，遷到楚丘（今河南滑縣），從此成為小國。西元前六二九年又遷都帝丘（今河南濮陽）。戰國時，國勢更弱。西元前二五四年為魏國所滅，成為魏的附庸，後來秦把它遷到野王（今河南沁陽），作為秦的附庸。西元前二○九年為秦所滅。㉘玄菟　郡名。西漢元封三年（西元前一○八年）置。治沃沮（也作夫租，今朝鮮咸鏡南道咸興），轄境相當今遼寧東部東至朝鮮咸鏡道一帶。昭帝時移治今遼寧新賓西南。東漢時復內徙，移治今瀋陽東。㉙候城障尉　守衛候城要塞的縣尉。候城，縣名。西漢置。治今遼寧瀋陽東南。尉，縣尉，官名。始於戰國，為縣的佐官，掌一縣的軍事。㉚遼東　郡名。戰國時燕將秦開破東胡後所置。秦漢時治今遼寧遼陽老城區，轄境相當於今遼寧大凌河以東地區。因地處遼水以東，故名。㉛閻顯　（？—西元一二五年），河南郡滎陽縣（今屬河南）人。以其妹為安帝皇后，封長社侯，掌管禁兵。安帝死，他與其妹定策立年幼的北鄉侯為帝，即少帝。太后臨朝，他任車騎將軍輔政。不久，少帝死，宦官孫程等十九人擁立濟陰王為帝（順帝），他被殺。㉜長史　官名。戰國時秦國始置，掌顧問參謀。秦漢沿置。西漢時丞相、太尉、御史大夫府及大將軍、車騎將軍等主要將軍幕府皆置，為所在府署諸掾屬之長，秩皆千石。掌府中諸務，並佐府主參預國政，其中丞相長史職權尤重。東漢三公府、諸主要將軍府皆沿置，秩千石。㉝順帝　即劉保（西元一一五—一四四年）。東漢皇帝，西元一二五—一四四年在位。漢安帝之子。安帝死，宦官江京等立北鄉侯劉懿為帝（即少帝），旋卒。宦官孫程等殺江京迎立其為帝。孫程等十九名宦官封侯。外戚梁商、梁冀相繼為大將軍，朝政操於宦官、外戚之手，政治日益腐敗。㉞司隸校尉　官名。西漢武帝時始置，秩二千石。初掌管理役使在中央諸官府服役的徒隸，領一千二百人，持節，亦捕治罪犯。後罷其兵，掌糾察京都百官及京師附近的三輔（京兆、左馮翊、右扶風）、三河（河東、河內、河南）、弘農七郡的犯法者，職權漸重。東漢司隸校尉威權更重，凡宮廷內外，皇親貴戚，京都百官，無所不糾，兼領兵，有檢敕、捕殺罪犯之權。並為司隸州行政長官，轄前述七郡。治所在河南洛陽。㉟州別駕從事　即州別駕從事史。官名。西漢時置，為刺史的佐吏，刺史巡視轄境時，別駕乘驛車隨行，故名。

【語　譯】陳禪，字紀山，巴郡安漢縣人。出仕任郡功曹，舉善除惡，被郡內人所敬畏。被舉為孝廉，州徵為治中從事。當時刺史被人舉報收受賄賂，陳禪作為治中從事應當被傳訊審問，陳禪什麼都沒帶，只是拿著喪殮用的東西。到達後，被拷打無數次，各種酷刑都用上，陳禪神情自若，供詞不變，於是事情平息陳禪被釋放。車騎將軍鄧騭聞其名而徵召他，舉為秀才。當時漢中蠻夷反叛，任命陳禪為漢中太守。蠻夷常聽聞他的名聲，當時就投降歸順。陳禪遷升左馮翊，入朝後被任命為諫議大夫。

2　永寧元年，西南夷撣國國王獻舞樂和能作幻術的人，能吐火，自己肢解，換成牛馬頭。第二年元宵節，在宮廷內表演，安帝與群臣們一起觀看，大為驚奇。只有陳禪離開座位舉手大聲說：「當年魯定公與齊侯夾谷相會，齊國演奏中宮之樂，讓侏儒在前面戲耍，暫代相職的孔子認為這是對諸侯的侮辱，於是處死侏儒。又說：『拋棄鄭國音樂，遠離小人。』帝王的宮廷，不應該演出夷狄的節目。」尚書陳忠劾奏陳禪說：「古人合歡之樂舞於堂，四夷之樂放在門外，所以《詩》上說『南夷之樂可以與雅樂相和，四夷之樂可以為我所用』。今撣國穿越流沙，翻過縣度山，跋涉萬里前來進貢，不能用鄭衛之聲和小人來比喻，而陳禪在朝廷上譭謗朝政，請判陳禪下獄。」皇上下詔，不逮捕，但貶任玄菟郡候城障尉，詔書上說「膽敢不到任，把他妻子、兒子和僕人的名字報上來」。陳禪走後，朝廷許多官員都為他辯白。正趕上北匈奴入侵遼東，追加任命陳禪為遼東太守。匈奴人害怕他的威嚴強力，退後數百里。陳禪沒有派兵追擊，只是派官吏去曉諭事理，加以慰撫，匈奴單于隨同使者來郡。陳禪在郡學舉行儀式，為單于講述道德禮義加以感化，單于心悅誠服，把匈奴的珍貴物品送給他然後離去。

3 等到鄧騭被殺，陳禪因曾是鄧騭的屬官而被免職。後陳禪又出任車騎將軍閻顯的長史。順帝即位，改任司隸校尉。第二年，死在任上。

4 兒子陳澄，有清廉之名，官至漢中太守。

5 陳禪曾孫陳寶，也像陳禪一樣剛毅耿直，任州別駕從事，在州內很有名望。

1 龐參，字仲達，河南❶緱氏❷人也。初仕郡，未知名，河南尹❸龐奮見而奇之，舉為孝廉，拜左校令❹。坐法輸作若盧❺。

2 永初❻元年，涼州❼先零種羌❽反畔，遣車騎將軍鄧騭討之。參於徒中使其子俊上書曰：「方今西州❾流民擾動，而徵發不絕，水潦不休，地力不復❿。重之以大軍，疲之以遠戍，農功消於轉運，資財竭於徵發。田疇不得墾闢，禾稼不得收入，搏手困窮⓫，無望來秋。百姓力屈，不復堪命。臣愚以為萬里運糧，遠就羌戎，不若總兵養眾，以待其疲。車騎將軍騭宜且振旅，留征西校尉⓬任尚⓭使督涼州士民，轉居三輔⑭。休徭役以助其時，止煩賦以益其財，令男得耕種，女得織紝，然後畜精銳，乘懈沮，出其不意，攻其不備，則邊人之仇報，奔北之恥雪矣。」書奏，會御史中丞⑮樊準⑯上疏薦參曰：「臣聞鷙鳥累百，不如一鶚⑰。昔孝文皇帝⑱悟馮唐⑲之言，而赦魏尚⑳之罪，使為邊守，匈奴不敢南向。夫以一臣之身，折方面之難者，選用得也。臣伏見故左校令河南龐參，勇謀不測，卓爾奇偉，高才武略，有魏尚之風。前坐微法，輸作經時。今羌戎為患，大軍西屯，臣以為如參之人，宜在行伍。惟明詔採前世之舉，觀魏尚之功，免赦參刑，以為軍鋒，必有成效，宣助國威。」鄧太后㉑納其言，即擢參於徒中，召拜謁者，使西督三輔諸軍屯，而徵鄧騭還。

3 四年，羌寇轉盛，兵費日廣，且連年不登，穀石萬餘。參奏記於鄧騭曰：「比年羌寇特困隴右㉒，供徭賦役為損日滋，官負人責數十億萬。今復募發百姓，調取穀帛，衒賣什物，以應吏求。外傷羌虜，內困徵賦。遂乃千里轉糧，遠給武都㉓西郡。塗路傾阻，難勞百端，疾行則鈔暴為害，遲進則穀食稍損，運糧散於曠野，牛馬死於山澤。縣官㉔不足，輒貸於民。民已窮矣，將從誰求？名救金城㉕，而實困三輔。三輔既困，還復為金城之禍矣。參前數言宜棄西域，乃為西州士大夫所笑。今苟貪不毛之地，營恤不使之民，暴軍伊吾之野，以慮三族㉖之外，果破涼州，禍亂至今。夫拓境不寧，無益於彊；多田不耕，何救飢敝！故善為國者，務懷其內，不求外利；務富其民，不貪廣土。三輔山原曠遠，民庶稀疏，故縣丘城，可居者多。今宜徙邊郡不能自存者，入居諸陵，田戍故縣。孤城絕郡，以權徙之；轉運遠費，聚而近之；傜役煩數，休而息之。此善之善者也。」騭及公卿㉗以國用不足，欲從參議，眾多不同，乃止。

4 拜參為漢陽㉘太守。郡人任棠者，有奇節，隱居教授。參到，先候之。棠不與言，但以薤一大本，水一盂，置戶屏前，自抱孫兒伏於戶下。主簿㉙白以為倨。參思其微意，良久曰：「棠是欲曉太守也。水者，欲吾清也。拔大本薤者，欲吾擊強宗也。抱兒當戶，欲吾開門恤孤也。」於是歎息而還。參在職，果能抑強助弱，以惠政得民。

5 元初㉚元年，遷護羌校尉㉛，畔羌懷其恩信。明年，燒當羌種號多等皆降，始復得還都令居，通河西路㉜。時先零羌豪僭號北地㉝，詔參將降羌及湟中義從胡㉞七千人，與行征西將軍㉟司馬鈞期會北地擊之。參於道為羌所敗。既已失期，乃稱病引兵還，坐以詐疾徵下獄。校書郎中㊱馬融㊲上書請之曰：「伏見西戎反畔，寇鈔五州[38]，陛下愍百姓之傷痍，哀黎元之失業，單竭府庫以奉軍師。昔周宣獫狁侵鎬及方[39]，孝文匈奴亦略上郡[40]，而宣王立中興之功，文帝建太宗之號。非惟兩主有明叡之姿，抑亦扞城有虓虎之助[41]，是以南仲赫赫，列在周詩[42]，亞夫赳赳，載於漢策[43]。竊見前護羌校尉龐參，文武昭備，智略弘遠，既有義勇果毅之節，兼以博雅深謀之姿。又度遼將軍[44]梁慬[45]，前統西域，勤苦數年，還留三輔，功效克立，間在北邊，單于降服。今皆幽囚，陷於法網。昔荀林父敗績於邲，晉侯使復其位[46]；孟明視喪師於崤，秦伯不替其官[47]。故晉景并赤狄之土，秦穆遂霸西戎[48]。宜遠覽二君，使參、慬得在寬宥之科，誠有益於折衝，毗佐於聖化。」書奏，赦參等。

6　後以參為遼東太守。永建[49]元年，遷度遼將軍。四年，入為大鴻臚[50]。尚書僕射[51]虞詡[52]薦參有宰相[53]器能，以為太尉[54]，錄尚書事[55]。是時三公[56]之中，參名忠直，數為左右所陷毀，以所舉用忤帝旨，司隸承風案之。時當會茂才孝廉，參以被奏，稱疾不得會。上計掾[57]廣漢[58]段恭因會上疏曰：「伏見道路行人，農夫織婦，皆曰『太尉龐參，竭忠盡節，徒以直道不能曲心，孤立群邪之間，自處中傷之地』。臣猶冀在陛下之世，當蒙安全，而復以讒佞傷毀忠正，此天地之大禁，人主之至誠。昔白起[59]賜死，諸侯酌酒相賀；季子[60]來歸，魯人喜其紓難。夫國以賢化，君以忠安。今天下咸欣陛下有此忠賢，願卒寵任，以安社稷。」書奏，詔即遣小黃門[61]視參疾，太醫[62]致羊酒。

7 後參夫人疾前妻子，投於井而殺之。參素與洛陽令祝良[63]不平，良聞之，率吏卒入太尉府案實其事，乃上參罪，遂因災異策免。有司[64]以良不先聞奏，輒折辱宰相，坐繫詔獄。良能得百姓心，洛陽吏人守闕[65]請代其罪者，日有數千萬人，詔乃原刑。

8 陽嘉[66]四年，復以參為太尉。永和[67]元年，以久病罷，卒於家。

【章旨】以上為〈龐參傳〉。龐參為漢陽太守，抑強助弱，以惠政贏得民心；為護羌校尉時又使燒當羌號多等歸降。雖因忠直違逆皇帝旨意，又被奸佞小人詆毀，卻贏得了「道路行人」、「農夫織婦」的愛戴。

【注釋】❶河南　郡名。本秦三川郡，西漢高帝二年（西元前二〇五年）改名。治今洛陽東北。❷緱氏　縣名。本春秋周侯氏邑，秦置緱氏縣。治今河南偃師東南。兩漢沿置。❸河南尹　官名。東漢建武十五年（西元三九年）置。為京都雒陽所在河南郡長官，秩二千石。主掌京都事務。❹左校令　官名。漢置。隸將作大匠（將作少府），領本署工徒修造宮室、宗廟、陵園、道路等，秩六百石。官吏犯法，常輸左校為工徒。❺坐法輸作若盧　因犯法在若盧獄服苦役。輸作，刑法用語，因罪罰作苦役。漢代規定：凡判處鬼薪、白粲、罰作、復作等徒刑之罪犯，即被輸送至有關官府強迫從事苦役。通常為輸作若盧、輸作左校。若盧，漢代官署，屬少府管轄，設若盧令，主治庫兵，兼設詔獄。若盧獄為東漢洛陽城罪犯服苦役的兩所監獄之一。❻永初　東漢安帝劉祜年號，西元一〇七—一一三年。❼涼州　西漢武帝置，為「十三刺史部」之一。東漢治今甘肅張家川回族自治縣。❽先零種羌　又稱先零羌。漢朝時西羌的一支。西漢初分布於湟水及浩門水流域，後多次被漢軍擊敗，向西遷徙，東漢時徙於隴西（今甘肅臨洮）、天水（今陜西通渭西北）、右扶風（今陜西興平東南）等地。永初元年（西元一〇七年），東漢政府強徵金城、隴西、漢陽等郡羌人出征西域。羌人不願遠征，紛紛逃亡。各郡縣就發兵捕捉羌人，並乘機擄掠搶奪，焚燒羌人的廬舍，激起羌人反抗。其中在涼州爆發了先零羌的暴動。西元一〇八年，先零羌首領滇零大敗東漢將領任尚的軍隊，不久稱帝。起事規模不斷擴大，一直到西元一一四年起事才被平定下去。❾西州　古時多泛稱西方為西州，東、南、北方為東州、南州、北州。❿地力不復　指地力損耗嚴重，已不如原來。⓫搏手困窮　對於窮困處境無計可施。搏手，兩手相搏，意指無計，沒有辦法。⓬征西校尉　漢時軍職，地位低於將軍。漢代校尉多隨其職務冠以名號，征西校尉即以「征西」名之。⓭任尚　東漢將領，初為西域戊己校尉，安帝時代班超為都護，以嚴刻激起西域各族的反抗，被召還。繼任征西校尉，率軍平定羌人起事，在平襄（今甘肅通渭西北）大敗。後又任中郎將，平定漢羌聯合起事。他用騎兵抄襲與收買、分化兼施，先後刺殺首領杜季貢和零昌。西元一一八年，因和鄧太后弟鄧遵爭功，被鄧太后所殺。⓮三輔　西漢京畿地區三個地方長官，亦用以指其所管理的京畿地區。西漢景帝二年（西元前一五五年）分內史為左、右內史，與主爵中尉（中元六年改為主爵都尉）同治長安城中，所轄皆京畿之地，故合稱「三輔」。漢武帝太初元年（西元前一〇四年）改左、右內史與主爵都尉為左馮翊、京兆尹、右扶風，轄境相當今陜西中部地區。⓯御史中丞　官名。西漢時為御史大夫之佐，也稱中執法。在殿中蘭臺，掌圖籍祕書；外督部刺史，監察郡國行政；內領侍御史，考察四方文書計簿，劾按公卿章奏。西漢末期，御史大夫改名為大司空，御史中丞遂為御史臺長官。東漢時御史中丞的威權更重。⓰樊準　（？—西元一一八年），字幼陵，東漢南陽湖陽（今河南唐河縣）人。漢和帝時召拜郎中，特補尚書郎。奏請重用儒生，為鄧太后所納，遷御史中丞。安帝永初初年以連年水旱，請徙百姓尤困者置荊、揚熟郡，太后遂悉以公田賦與貧人。使冀州，開倉廩賑濟流民。後歷任鉅鹿、河內太守，尚書令、光祿勳等。⓱鷙鳥累百二句　鷙鳥百隻，不如鶚一隻。《漢書》鄒陽諫吳王語。鶚，大鵰。⓲孝文皇帝　西漢文帝劉恆（西元前二〇二—前一五七年），高祖劉邦之子，西元前一八〇—前一五七年在位。呂后死後，周勃等平定諸呂之亂，他以代王入為皇帝。執行「與民休息」的政策，減輕田租、賦役和刑獄，使農業生產有所恢復發展。又削弱諸侯王勢力，以鞏固中央集權。史家把他同景帝統治時期並舉，稱為「文景之治」。⓳馮唐　西漢安陵（今陜西咸陽）人。文帝時，為郎中署長，年已老。曾在文帝前為雲中守魏尚辯解，指出「賞輕罰重」之失。文帝於是又以魏尚為雲州守，並任他為車騎都尉。景帝時，馮唐任楚相。⓴魏尚　西漢內史槐里（今陜西興平）人，文帝時為雲中守，善治軍。出私俸錢，殺牛以饗賓客軍吏舍人，因此士卒都願效命，匈奴不敢近雲中塞。後因上報殺敵首級數與實際相差五個，被削爵罰作。因郎中署長馮唐向文帝進諫，才得恢復原職。㉑鄧太后　東漢和帝的皇后，和帝死後，她廢和帝長子，立生下僅百日的嬰兒為帝，即殤帝。殤帝死後，她又迎立年僅十三歲的安帝即位，她以太后的身分臨朝聽政，以其兄鄧騭為大將軍輔政，鄧氏一門權傾一時。重用宦官，宦官專權局面逐漸形成。她死後，安帝與宦官李閏合謀，誅滅了鄧氏。㉒隴右　泛指隴山以西地區。古代以西為右，故名。約當今甘肅隴山、六盤山以西，黃河以東一帶。㉓武都　郡名。西漢置。東漢治今甘肅成縣西。㉔縣官　朝廷；官府。㉕金城　郡名。西漢置。治今甘肅永靖北鹽鍋峽鎮附近。㉖三族　指父族、母族、妻族。㉗公卿　三公九卿的合稱，後泛指中央政府高級行政官員。㉘漢陽　郡名。東漢改天水郡置。治今甘肅甘谷東南。屬涼州。㉙主簿　官名。漢代中央及州郡官府均置，典領文書簿籍，經辦事務。㉚元初　東漢安帝劉祜年號，西元一一四—一二〇年。㉛護羌校尉　官名。掌羌族事務。西漢武帝時始置，東漢沿置。秩比二千石，除監護內附羌人各部落外，亦常將羌兵與度遼將軍、使匈奴中郎將、護烏桓校尉等協同作戰，戍衛邊塞。㉜燒當羌三句　燒當羌人號多等都歸降，才又能回返令居縣，使河西道路暢通。燒當羌，漢朝時羌族的一支，因部落首領燒當而得名。西漢武帝時，受先零羌排擠，居黃河北大允谷（今青海貴德北）。東漢初，首領滇良會集附落，擊敗先零羌，奪取大榆谷（今青海貴德一帶）沃地，發展農牧業，勢力強盛。明帝時，屢攻漢隴西塞，為漢將竇固等擊敗，徙其部於三輔、隴西、漢陽、安定等地。永初時西羌大規模反抗，燒當羌嫡系部落自安定郡徙居令居塞外。令居，縣名。西漢武帝置。屬金城郡，治今甘肅永登西北。河西，指今甘肅、青海黃河以西，即河西走廊和湟水流域。㉝時先零羌豪僭號北地　當時先零羌首領在北地稱帝。先零羌豪，指先零羌首領滇零，他在西元一〇八年在北地郡稱帝。北地，郡名。東漢移治今寧夏吳忠西南，東漢末地入羌胡。㉞湟中義從胡　東漢時湟水流域小月氏人和盧水胡人之一部。章和二年（西元八八年），鄧訓任護羌校尉，收養湟中月氏、盧水諸胡中少年健勇者以為義從，稱湟中義從胡。湟中，指今青海湟水兩岸地區。該地水土肥美，漢代為羌、漢、月氏胡等各族雜居之地。㉟征西將軍　官名。東漢永元間置。同雜、偏、裨等號將軍。㊱校書郎中　官名。東漢時在東觀置校書郎中，掌校勘書籍，訂正訛誤。㊲馬融　（西元七九—一六六年），字季長，東漢右扶風茂陵（今陝西興平）人。安帝永初四年（西元一一〇年）拜校書郎中，因上〈廣成頌〉忤鄧太后旨，十年不得升調，復遭禁錮。大將軍梁冀掌權時，又因觸犯梁冀被免官髡徙朔方。但晚年為梁冀歌功頌德，頗為正人所羞。著述極豐，世稱通儒。生徒受教者常有千餘人，當世名儒鄭玄、盧植等皆出其門下。㊳寇鈔五州　羌族起事波及涼州、并州、司隸、益州、豫州。㊴昔周宣獫狁侵鎬及方　從前周宣王時，獫狁入侵鎬和方。周宣，即周宣王（？—西元前七八二年），姬姓，名靖（一作靜）。西周厲王子，西元前八二八—前七八二年在位。在位期間，廢除籍田制度。曾不斷對淮夷、徐戎、玁狁用兵，互有勝負，損失很多人力物力。獫狁，又作「玁狁」。西周時民族，居住在周的西北，為周的勁敵，與葷育為同族。獫狁之稱見於周懿王至周宣王之間，以周厲王、周宣王時侵擾最甚。鎬、方，都是西周時北方地名。㊵孝文匈奴亦略上郡　西漢文帝時匈奴也侵犯上郡。上郡，戰國時魏國置。東漢屬并州。治今陝西榆林東南。㊶非惟兩主二句　不僅兩位君主天資聰明睿智，而且有捍衛國家的虎將相助。㊷是以南仲赫赫二句　因此南仲戰功赫赫，被記載到周朝的《詩》中。南仲，周宣王時大臣，任卿士，曾與大師皇父、大司馬程伯休父率領周六師征伐徐淮，《詩．常武》詠其事。又曾北伐獫狁，《詩．出車》詠其事。㊸亞夫赳赳二句　周亞夫威風凜凜，被記載到漢朝史書中。亞夫，即周亞夫（？—西元前一四三年），沛縣（今屬江蘇）人。西漢名將，西漢開國功臣絳侯周勃之子。文帝時，匈奴內侵，他以河內守為將軍，防守細柳（今陝西咸陽西南），軍令嚴整。景帝時，任太尉，平定吳楚七國之亂，遷為丞相。後以其子私買御物下獄，絕食死。㊹度遼將軍　漢代將軍名號，初設於西漢昭帝元鳳三年（西元前七八年），因遼東烏桓反，以中郎將范明友為度遼將軍，率騎兵擊之。因須渡過遼水，所以以「度遼」為號。東漢明帝時復置，與使匈奴中郎將、護羌校尉、護烏桓校尉同掌西北邊防及匈奴、鮮卑、烏桓、西羌諸部事。㊺梁慬　（？—西元一一二年），字伯威，東漢北地弋居（今甘肅寧縣）人。初除郎中，為車騎將軍鄧鴻司馬。殤帝延平元年（西元一〇六年），拜西域副校尉，平定龜茲。安帝時，節度諸軍平定眾羌，復擊破南匈奴與烏桓，拜度遼將軍。後坐專擅下獄，旋獲釋。徵拜謁者，率兵平定羌人及關中農民起事，途中病死。㊻昔荀林父二句　從前荀林父在邲打了敗仗，晉侯仍讓他擔任原來的官職。荀林父，即中行恆子，春秋時晉國正卿。晉文公建立「三行（步兵）」抵禦狄人，被任為中行之將，故又以中行為氏。晉景公三年（西元前五九七年），任中軍元帥，因諸將不睦，被楚打敗。荀林父向晉景公請死，晉景公聽從士貞子的勸諫，沒有處罰他，並讓他繼續擔任原來的官職。後三年，率軍攻滅赤狄的潞氏（今山西潞城東北），晉景公賞給他「狄臣千室」。晉侯，指晉景公（？—西元前五八一年），名據。春秋時晉國國君，西元前五九九—前五八一年在位。晉成公之子。西元前五九七年，晉軍在荀林父統率下，與楚戰於邲，大敗。西元前五八九年，晉攻齊至鞍（今山東濟南西北），大破齊軍，齊頃公僅以身免。西元前五八七年，與諸侯盟於蟲牢（今河南封丘北）。西元前五八五年，又與諸侯盟於馬陵（今河北大名東南）。因晉國為侯國，所以史書稱其為晉侯。邲，古地名。在今河南滎陽北。㊼孟明視二句　孟明視在崤全軍覆沒，秦伯也沒有撤他的官職。孟明視，春秋時秦國將領，名視，字孟明，秦大夫百里奚之子，亦稱百里孟明視。秦穆公三十三年（西元前六二七年），奉命與西乞術、白乙丙率師襲鄭，回師經崤，被晉國軍隊所襲，兵敗被俘。不久被釋回，仍為秦穆公所重用。再度率師伐晉，又敗。後來整頓內政，終於戰勝晉軍。又幫助秦穆公稱霸西戎。秦伯，即秦穆公（？—西元前六二一年），名任好。春秋時秦國國君，春秋五霸之一，西元前六五九—前六二一年在位。任用百里奚、蹇叔、由余為謀臣，擊敗晉國，俘晉惠公，滅梁、芮兩國。後在崤被晉軍襲擊，大敗。轉而向西發展，攻滅十二國，稱霸西戎。因秦的爵位為伯，所以稱秦伯。崤，地名。在今河南三門峽市東南。㊽故晉景二句　所以晉景公能兼併赤狄的土地，秦穆公能稱霸西戎。晉景，即晉景公。赤狄，一作「赤翟」。我國古代民族，春秋時狄人的一部分。大體分布在今山西長治北，與晉人雜居。據說因穿赤色衣服而得名。西元前六世紀末，部分併於晉國。秦穆，即秦穆公。西戎，泛指西北各族。㊾永建　東漢順帝劉保年號，西元一二六—一三二年。㊿大鴻臚　官名。西漢武帝時改典客為大鴻臚，東漢沿置。原掌接待少數民族等事，為九卿之一。後漸變為贊襄禮儀之官。51尚書僕射　官名。尚書令的副手，因東漢權歸尚書臺，尚書僕射的職權也漸重。52虞詡　字升卿。東漢陳國武平（今河南柘城）人，初辟太尉李脩府，拜郎中。後任朝歌長，設謀平定甯季領導的農民起事。遷武都太守，平息羌變，招還流亡，開通水運，使郡內糧米豐賤，二三年間戶口由萬餘增至四萬餘。順帝永建元年（西元一二六年），為司隸校尉，劾奏中常侍張防弄權，坐論輸左校，旋得赦，任尚書僕射。以數忤權戚，曾九見譴考，三遭刑罰，然剛正之性終老不改。53宰相　我國古代以對君主負責總攬政務的人為宰相。宰是主持，相是輔佐之意。但歷代所用官名與職權廣狹程度，各有不同。秦和西漢以相國或丞相為宰相，而御史大夫為丞相之副。東漢則司徒等於丞相，與司空、太尉共掌政務。然按之實際，則實權悉歸尚書，尚書令主贊奏事，總領紀綱，無所不統。54太尉　官名。秦、西漢時為全國軍政長官，與丞相、御史大夫並列，合稱三公。東漢時太尉與司徒、司空並稱三公，秩萬石，但因權歸尚書臺，太尉已無實權。55錄尚書事　初為職銜名，始於東漢。當時政令、政務總於尚書臺，太傅、太尉、大將軍等加此名義始得總知國事，綜理政務，成為真宰相。56三公　東漢時以太尉、司徒、司空合稱三公，名義上為共同負責軍政的最高長官，但實權已歸尚書臺。57上計掾　官名。亦稱上計史，為縣、郡國派赴上級機關或京師呈遞計簿的屬吏。58廣漢　郡名。西漢置。治雒縣乘鄉（今四川金堂東）。東漢元初二年（西元一一五年）移治今四川廣漢北。59白起　（？—西元前二五七年），一稱「公孫起」，戰國後期秦國名將。秦昭王時從左庶長官至大良造，屢戰獲勝，奪得韓、魏、趙、楚的很多土地。西元前二七八年攻克楚都郢（今湖北江陵西北），因功封武安君。長平之戰大勝趙軍，坑殺俘虜四十多萬人。後為相國范雎所妒忌，意見不合，被逼自殺。60季子　即季友，魯桓公少子。魯閔公時，魯國多難，因季友忠賢，所以魯人請齊侯把他遣還。《公羊傳》：「季子來歸。其言季子何？賢也。言其來歸何？喜之也。」61小黃門　官名。東漢始置。由宦官充任。名義上隸屬少府，秩六百石。位次中常侍，高於中黃門。侍從皇帝左右，收受尚書奏事，傳宣帝命，掌宮廷內外、皇帝與後宮之間的聯絡。明帝、章帝之世，員額十人，和帝後增至二十人。以後權勢漸重，用事於內廷，甚至總典禁軍。諸中常侍多由此遷任。62太醫　即太醫令，官名。秦置。漢代太常、少府均設。屬於太常的為百官治病，屬於少府的為宮廷治病。有經驗良方，頒行於各郡國。63祝良　字邵平，長沙人。聰明博學有才幹，以廉潔公正著稱。64有司　古代設官分職，各有專司，因稱職官為有司。65守闕　守在宮門前。闕，古代皇宮大門前兩邊供瞭望的樓，泛指帝王的住所。66陽嘉　東漢順帝年號，西元一三二—一三五年。67永和　東漢順帝年號，西元一三六—一四一年。

【語譯】龐參，字仲達，河南郡緱氏縣人。開始在郡縣當官，不出名，河南尹龐奮見到他甚為驚異，推舉他為孝廉，任左校令。因犯法被罰在若盧獄服勞役。

2 永初元年，涼州先零羌反叛，派車騎將軍鄧騭征討。龐參在服勞役時讓他的兒子龐俊上書說：「現在西州流民騷亂動盪，但官府勞役徵發不斷，水災不停，地力大不如前。大軍徵調加重百姓負擔，遠戍使百姓更加疲困，農業生產因轉運受到影響，資財因徵發被耗盡。田地不能開墾，莊稼不能收割，對於窮困處境無計可施，對未來沒有期望。百姓力盡，無法再承受朝廷的命令。我認為萬里運糧，遠至羌戎，不如集結軍隊休養士氣，等待敵人的疲困。車騎將軍鄧騭應該暫且整頓軍隊，留征西校尉任尚讓他督促涼州百姓，遷居到三輔。停止徭役以幫助百姓抓住農時，廢除苛捐雜稅來增加百姓的財力，讓男人能夠耕種，女人能夠紡織，然後積聚精銳部隊，乘其懈怠沮喪，出其不意，攻其不備，那麼邊人的仇得報，失敗的恥辱得雪。」奏疏呈上，正趕上御史中丞樊準上書推薦龐參說：「我聽說鷙鳥上百，不如大鵰一隻。當年孝文皇帝領會馮唐的話，赦免魏尚的罪，派他做邊郡太守，匈奴不敢南侵。憑一臣的才能，消除一方的災難，這是用人得當啊。我發現左校令河南龐參，勇謀不可估計，非同尋常，文才武略，有魏尚的風采。先前犯小錯，罰作苦工已很久。現羌戎作亂，大軍駐守西邊，我認為像龐參這樣的人，應放在軍隊裡。希望明確頒詔採用前朝舉措，希望他能建魏尚之功，赦免龐參的徒刑，用作先鋒，必有成效，振興國威。」鄧太后採納了他的意見，立刻從囚徒中提拔龐參，任為謁者，讓他西督三輔諸軍屯紮，而召鄧騭回朝。

3 永初四年，羌寇變得強盛，兵費日益增多，而且連年欠收，每石穀價至一萬多錢。龐參向鄧騭報告說：

「連年來羌寇困擾隴右，賦稅徭役日益減少，官府欠債數十億萬。今又向百姓招募徵發，調取糧食布帛，百姓變賣物品，以供官吏的需求。外為羌所傷，內被賦稅所困。於是千里運糧，供給遙遠的武都以西諸郡。道路阻塞，困難重重，快行則劫掠騷擾為害，慢走則糧食受損，運糧散在曠野，牛馬死在山林水邊。朝廷經費不足，就向民眾借貸。民眾已經窮困，向誰求助？名為救金城，實際三輔受困。三輔既然受困，最終還是成為金城的禍患。我以前多次說應該放棄西域，被西州士大夫所譏笑。現在貪求不毛之地，體恤那些戎狄之族，使軍隊暴露在伊吾的曠野，勞師救遠，成為親戚之憂，結果使涼州破敗，禍亂一直延續到現在。開拓邊境不得安寧，無益於內地富強；許多土地不耕種，何以解救飢困！所以善於治國的，一定關懷內地，不求邊外之利；一定使其百姓富足，不貪圖擴張領土。三輔土地遼闊，百姓稀少，所以縣城空虛，可以居住很多人。現在應該遷邊郡不能生存之人，入居諸陵，在各縣耕田駐屯。孤城絕郡，視實際情況加以遷徙；遠途轉運的費用，因居民聚居近地而節省；繁重的徭役，也因此而停止。這才是上上之策。」鄧騭及公卿因國庫不足，想採納龐參的建議，朝中官員多不贊同，於是沒有採納。

4 任命龐參為漢陽太守。郡人任棠，有不尋常的節操，隱居教授學生。龐參到任，先拜訪他。任棠不和他說話，只把一大根薤、一盆水，放到門口屏風前，自己抱著孫兒藏在門後。主簿告訴龐參認為任棠太傲慢。龐參猜想任棠的隱意，很久才說：「任棠是想讓太守明白。水，就是想讓我清廉。拔大根薤，是想讓我打擊豪族。在門後抱小孩，是想讓我開門撫恤孤兒。」於是歎息著回去。龐參在任時，果然能抑強助弱，以惠政贏得民心。

5 元初元年，改任護羌校尉，叛羌因其恩信而懷服。第二年，燒當羌人號多等都歸降，才又能回返令居縣，使河西道路暢通。當時先零羌首領在北地稱帝，皇上下詔令龐參率領歸降的羌人和湟中義從胡七千人，與行征西將軍司馬鈞相約在北地會合攻擊叛軍。龐參在途中被羌人打敗。在已經誤期的情況下，就稱病帶兵回去，以謊稱有病的罪名被逮捕入獄。校書郎中馬融上書為他請求說：「西戎反叛，侵犯抄略五州，陛下哀憐百姓的創傷，可憐民眾失去本業，用盡府庫積蓄來供給軍隊。從前周宣王時獫狁侵犯鎬和方，孝文帝時匈奴也侵略上郡，而宣王立下中興的功勞，文帝建太宗之業績。不僅僅是因為兩位君主有聰明睿智的天資，也是因為有捍衛國家的虎將相助，因此南仲戰功赫赫，被記載到周朝的《詩》中，周亞夫威風凜凜，被記載到漢朝史書中。我見前護羌校尉龐參，文武齊備，智謀深遠，既有義勇果斷的氣概，又有博雅深謀的風采。另外度遼將軍梁慬，從前統兵西域，辛勤多年，回來後留在三輔，仍能建立功績，偶爾前往北邊，就使單于降服。現在兩人都被關在獄中，陷於法網。從前荀林父在邲打了敗仗，晉侯仍讓他擔任原來的官職；孟明視在崤全軍覆沒，秦伯也沒有撤他的官職。所以晉景公能兼併赤狄的土地，秦穆公能稱霸西戎。應該向晉景公和秦穆公學習，讓龐參、梁慬能夠有被寬恕的機會，這樣才有益於擊退敵人，輔助陛下安定天下。」奏疏遞上後，皇上赦免了龐參等人。

6　後來以龐參為遼東太守。永建元年，改任度遼將軍。四年，入朝為大鴻臚。尚書僕射虞詡推薦龐參有宰相器量和才能，任太尉，錄尚書事。當時三公中龐參以忠誠正直而出名，多次被身邊的人誣陷，因推薦任用人違逆皇帝旨意，司隸校尉迎合皇上意圖查究。當時應召集秀才孝廉至京城，龐參因被彈劾，稱病不能參加。上計掾廣漢人段恭因此上書說：「我看見道路行人，農夫織婦，都說『太尉龐參，盡忠盡力，只走正道不違背良心，在眾多奸佞小人之間形單影隻，處在被人中傷的境地』。我還是希望在陛下之世，受到您的庇護，但又以讒言妄毀忠正，這是天地間的大忌，人主最應警戒的。從前白起被賜死，諸侯飲酒相賀；季子歸來，魯人喜其解除禍患。國家百姓因有賢良而得到教化，君主因有忠臣而得以安心。今天下都慶幸陛下有此忠賢，希望皇上能讓他終任，來安定國家。」奏疏呈上，皇上下詔立刻派小黃門探視龐參的病情，太醫送去羊酒。

7　後龐參的夫人厭惡龐參前妻的兒子，把他投入井裡殺死。龐參素來與洛陽令祝良不和，祝良聽說這件事，率領官吏士卒到太尉府核實這件事，上奏龐參有罪，於是因出現災異現象解除龐參的官職。官員以祝良不先奏報，就羞辱宰相，獲罪被捕入詔獄。祝良能得百姓心，洛陽官吏百姓守在宮闕外請求代其受罪的，每天有成千上萬人，於是下詔赦免其刑罰。

8　陽嘉四年，再任命龐參為太尉，永和元年，因久病罷免，死在家中。

1 陳龜，字叔珍，上黨❶泫氏❷人也。家世邊將，便習弓馬，雄於北州。

2 龜少有志氣。永建中，舉孝廉，五遷五原❸太守。永和五年，拜使匈奴中郎將❹。時南匈奴左部反亂，龜以單于不能制下，外順內畔，促令自殺，坐徵下獄免。後再遷，拜京兆尹❺。時三輔強豪之族，多侵枉小民。龜到，厲威嚴，悉平理其怨屈者，郡內大悅。

3 會羌胡寇邊，殺長吏❻，驅略百姓。桓帝❼以龜世諳邊俗，拜為度遼將軍。龜臨行，上疏曰：「臣龜蒙恩累世，馳騁邊垂，雖展鷹犬之用，頓斃胡虜之庭，魂骸不返，薦享狐狸，猶無以塞厚責，荅萬分也。臣至頑駑，器無鉛刀一割之用，過受國恩，榮秩兼優，生年死日，永懼不報。臣聞三辰❽不軌，擢士為相；蠻夷不恭，拔卒為將。臣無文武之才，而忝鷹揚之任，上慙聖明，下懼素餐，雖歿軀體，無所云補。今西州邊鄙，土地塉埆，鞍馬為居，射獵為業，男寡耕稼之利，女乏機杼之饒，守塞候望，懸命鋒鏑，聞急長驅，去不圖反。自頃年以來，匈奴數攻營郡❾，殘殺長吏，侮略良細❿。戰夫身膏沙漠，居人首係馬鞍。或舉國掩戶，盡種灰滅，孤兒寡婦，號哭空城，野無青草，室如懸磬。雖含生氣，實同枯朽。往歲并州⓫水雨，災螟互生，稼穡荒耗，租更空闕。老者慮不終年，少壯懼於困厄。陛下以百姓為子，品庶以陛下為父，焉可不日昃勞神⑫，垂撫循之恩哉！唐堯親捨其子以禪虞舜者，是欲民遭聖君，不令遇惡主也⑬。故古公杖策，其民五倍⑭；文王西伯，天下歸之⑮。豈復輿金輦寶，以為民惠乎？近孝文皇帝感一女子之言，除肉刑之法⑯，體德行仁，為漢賢主。陛下繼中興之統，承光武之業，臨朝聽政，而未留聖意。且牧守不良，或出中官，懼逆上旨，取過目前。呼嗟之聲，招致災害，胡虜凶悍，因衰緣隙。而令倉庫單⑰於豺狼之口，功業無銖兩之效，皆由將帥不忠，聚姦所致。前涼州刺史祝良，初除到州，多所糾罰，太守令長，貶黜將半，政未踰時，功效卓然。實應賞異，以勸功能，改任牧守，去斥姦殘。又宜更選匈奴烏桓護羌中郎將校尉⑱，簡練文武，授之法令，除并涼二州今年租更，寬赦罪隸，埽除更始。則善吏知奉公之祐，惡者覺營私之禍，胡馬可不窺長城，塞下無候望之患矣。」帝覺悟，乃更選幽、并刺史，自營郡太守都尉⑲以下，多所革易，下詔「為陳將軍除并、涼一年租賦，以賜吏民」。龜既到職，州郡重足震慄，鮮卑⑳不敢近塞，省息經用，歲以億計。

4 大將軍梁冀㉑與龜素有隙，譖其沮毀國威，挑取功譽，不為胡虜所畏。坐徵還，遂乞骸骨㉒歸田里。復徵為尚書。冀暴虐日甚，龜上疏言其罪狀，請誅之。

帝不省。自知必為冀所害，不食七日而死。西域胡夷，并、涼民庶，咸為舉哀，弔祭其墓。

【章　旨】以上為〈陳龜傳〉。陳龜幹練多才，為官政績卓著，上疏既痛陳時弊，又提出許多務實建議，桓帝多有採納。

【注　釋】❶上黨　郡名。東漢末移治今山西長治北。❷泫氏　縣名。西漢置。因在泫水之上，故以為名。治今山西高平。❸五原　郡名。西漢置。治今內蒙古包頭西北。東漢初，匈奴南單于分部眾屯於此，末年廢。❹使匈奴中郎將　官名。西漢時常遣中郎將使匈奴，稱匈奴中郎將。東漢建武二十六年（西元五〇年）遣中郎將段郴等使南匈奴，授南單于璽綬，令入居雲中，始置使匈奴中郎將以監護之。❺京兆尹　官名。西漢太初元年（西元前一〇四年）改右內史置，分原右內史東半部為其轄區，職掌相當於郡太守。因地屬畿輔，故不稱郡。為三輔之一，治今陝西西安西北。❻長吏　泛指郡縣長官。❼桓帝　即劉志（西元一三二—一六七年），東漢皇帝，西元一四六—一六七年在位。章帝曾孫。本初元年（西元一四六年）被梁太后與兄大將軍梁冀迎立為帝。在位期間，梁太后臨朝，梁冀專權，朝政昏亂，民不聊生。各族人民反抗鬥爭蜂起。延熹二年（西元一五九年）與宦官單超等合謀誅滅梁氏，封單超等為縣侯，自後權歸宦官，政治更趨黑暗。大臣陳蕃、李膺等聯合太學生，反對宦官干政，被宦官誣指共為朋黨。下詔逮捕黨人，禁錮終身，史稱「黨錮」。❽三辰　指日、月、星。❾營郡　指有屯兵的郡，如護羌校尉所屯金城郡，烏桓校尉所屯上谷郡等。❿良細　指平民百姓。⓫并州　西漢武帝所置「十三刺史部」之一。領太原、上黨、雲中、定襄、雁門、代等六郡。東漢治今山西太原西南古城營。⓬日昊勞神　指整日勞費心思。《國語・楚語上》：「《周書》曰：『文王至于日中昊，不皇暇食。惠于小民，唯政之恭。』」日昊，日昃。昊，「昃」的異體字。日過午，太陽偏西。⓭唐堯三句　唐堯之所以捨棄自己兒子讓位給虞舜，是想讓百姓能遇上聖明的君主，不讓百姓遇上昏君。唐堯，號陶唐氏，名放勳。傳說中父系氏族社會後期部落聯盟領袖。傳曾命羲和掌管時令，制定曆法。諮詢四岳，選舜為其繼任人。對舜進行三年考核後，命舜攝位行政。他死後，即由舜繼位，史稱禪讓。虞舜，姚姓，一作媯姓，號有虞氏，名重華，史稱虞舜。傳說中父系氏族社會後期部落聯盟領袖。相傳因四岳推舉，堯命他攝政。他巡行四方，除去共工、驩兜、三苗、鯀等四人。堯去世後繼位，又諮詢四岳，挑選賢人，治理民事，並選拔治水有功的禹為繼承人。⓮故古公杖策二句　所以古公亶父率眾遷移，百姓數量增加到原來的五倍。古公，即古公亶父，周文王的祖父，早年居於豳（今陝西旬邑西），後為避狄人侵擾，南遷周原（今陝西岐山縣、扶風間），發展農耕，建設宮室都邑，人民皆樂從遷居。周武王伐紂滅商後追稱太王。⓯文王西伯二句　周文王被封為西伯，天下人都前往投奔他。文王，即周文王，姬姓，名昌，商末周族領袖，商紂王時為西伯，亦稱伯昌。曾被商紂王囚禁於羑里（今河南湯陰北）。統治期間，國勢強盛。他解決虞、芮兩國爭端，使兩國歸附；還攻滅黎（今山西長治西南）、邘（今河南沁陽西北）、崇（今河南嵩縣北）等國。並建立豐邑（今陝西長安蚌河以西），作為國都。在位五十年。⓰近孝文二句　近世的孝文皇帝被一女子之言所感動，廢除了肉刑。一女子，指淳于緹縈，西漢齊國臨淄（今山東淄博）人。太倉令淳于意之女。文帝四年（西元前一七六年）其父獲罪當刑，押送長安。緹縈上書申訴，願以身入為官婢，來贖父親刑罪。漢文帝為之感動，赦免了她的父親。後又下詔廢止肉刑。⓱單　竭盡。⓲又宜更選句　另外應該更換選拔使匈奴中郎將、護烏桓校尉、護羌校尉。使匈奴中郎將、護烏桓校尉、護羌校尉以及度遼將軍等同掌西北邊防及匈奴、鮮卑、烏桓、西羌諸部事。烏桓，古族名。也作「烏丸」。東胡族的一支。秦末漢初東胡遭匈奴擊破後，部分遷烏桓山，因以為名。以游牧射獵為生。尚處原始公社末期，母權很重。漢初附匈奴，武帝以後附漢，遷至上谷、漁陽、右北平、遼西、遼東等五郡塞外。西漢時置護烏桓校尉，東漢沿置。受漢族影響，後漸營農業。每年在上谷、寧城等處與漢朝互市。⓳都尉　官名。高級武官，地位稍低於校尉，或冠以驍騎、車騎、軍門、強弩、復土等名號，皆有事時臨時設置，事訖即罷。⓴鮮卑　我國古代少數民族，東胡族的一支。漢初各部均受匈奴統治。西漢武帝派兵破匈奴東部地區，部分鮮卑南下至西拉木倫河流域烏桓故地。東漢永元元年（西元八九年），北匈奴西遷，鮮卑各部漸入據匈奴故地，吸收北匈奴餘眾十餘萬戶。桓帝時，首領檀石槐在大漠南北建立部落大聯盟，分為東中西三部。以游牧狩獵為業，居無常處。㉑梁冀　字伯卓，東漢安定烏氏（今甘肅平涼）人。兩妹為順帝、桓帝皇后。其父梁商死後，繼為大將軍。順帝死，他與妹梁太后先後立沖、質、桓三帝，專斷朝政近二十年。執政期間，驕奢橫暴，多建苑囿，並強迫人民數千為奴婢，稱「自賣人」。梁太后、皇后先後死，桓帝與宦官單超等五人定議，誅滅梁氏，他被迫自殺。東漢政府沒其財產，賣錢三十萬萬之巨。㉒乞骸骨　古代官員申請退休的習慣用語。意為向皇帝乞回骸骨，歸葬故鄉。有時也為大臣引咎辭職的一種方式。或稱「乞身」、「乞骸」、「賜乞骸」。

【語　譯】陳龜，字叔珍，上黨泫氏人。家族世代為邊將，熟習射箭騎馬，稱雄於北州。

2 陳龜年輕時就有志氣。永建年間，被舉為孝廉，五次升遷至五原太守。永和五年，被任命為使匈奴中郎將。當時南匈奴左部反叛，陳龜以單于不能控制下屬，對外順從內部反叛，逼其自殺，因此犯法下獄被免罪。後又升遷，任京兆尹。當時三輔強豪大族，多欺凌百姓。陳龜到任後，顯威嚴，全部秉公處理冤屈案件，郡內百姓都歡欣鼓舞。

3 正趕上羌人侵犯邊境，殺死地方官，驅趕擄掠百姓。桓帝認為陳龜熟悉邊疆民情，任命他為度遼將軍。陳龜臨行前，上疏說：「我陳龜幾代人蒙受皇恩，馳騁邊陲，雖發揮鷹犬的作用，困頓戰死在胡虜之地，屍骨不還，被野獸吞食，仍沒有辦法完成重責，來報答皇上萬分之一的恩寵。我資質愚鈍，連鉛刀一割的功用都沒有，卻蒙受過多的國恩，榮譽和俸祿都非比尋常，無論生死，永遠擔心不能報答皇恩。我聽說日、月、星不在正軌，則提拔賢士為相；蠻夷不恭順，則提士卒為將。我沒有文才武略，卻愧擔軍事重任，上愧對君主，下懼無功受祿，即使戰死疆場，也沒有什麼補益。現在西州地處邊境，土地貧瘠，過著游牧生活，打獵為業，男人很少有耕種的收穫，女人很少有紡織的收益，守塞瞭望，命懸於刀箭，聽到情況緊急就長途奔馳，離開不打算歸還。近年以來，匈奴多次進攻有軍隊駐紮的郡縣，殘殺地方官吏，欺凌擄掠百姓。戰士在沙漠捐軀，居民頭繫馬鞍。甚至全區關門閉戶，種族被滅絕，孤兒寡母，在空城號哭，野無青草，居室空空，一無所有。即使含有生氣，實際卻如同枯朽。往年并州雨水多，水災、蝗災互生，莊稼荒蕪，租賦和卒更錢嚴重虧欠。老人擔心不能頤養天年，青壯年害怕貧窮苦難。陛下以百姓為子，官民以陛下為父，怎能不日夜勞神，實施撫恤的恩惠！唐堯捨棄自己兒子讓位給虞舜，這是想讓百姓遇上聖明之君，不讓百姓遇到昏君。所以古公亶父率眾遷移，百姓數量增加到原來的五倍；周文王被封為西伯，天下人都前往投奔他。豈是送金送寶，才算給百姓恩惠呢？近世的孝文皇帝被一女子之言所感動，廢除肉刑法律條文，體德行仁，是漢代的賢明君主。陛下繼承中興大統，承繼光武帝大業，上朝主政，卻沒有繼承聖意。況且州牧郡守非善良之輩，有的是宦官所派遣，害怕違背皇上旨意，獲罪於目前。感歎之聲，招來災害，胡虜兇猛，常乘機進犯。而使倉庫被擄掠一空，功業沒一點成效，都是因為將帥不忠，積弊日深所造成。前涼州刺史祝良，開始到州，多所矯正懲處，太守縣令，降官免職的將近一半，新政實施沒多久，功效卓著。實在應該獎賞其優異政績，來激勵有功和賢能之人，改任牧守，斥逐邪惡兇暴之徒。另外應該更換選拔匈奴、烏桓、護羌中郎將、校尉，選擇文臣武將，授予他們相關政令，免除并、涼二州今年租賦和卒更錢，寬恕赦免服役囚犯，清除舊制重新開始。那麼好官懂得奉公的福佑，惡人發現營私的禍害，胡馬才能不敢入犯長城，塞下也就沒有瞭望布防的憂患了。」皇上醒悟過來，於是改選幽州、并州刺史，從有駐軍之郡的太守都尉以下，很多被革職撤換，下詔「為陳將軍免除并、涼二州一年租賦，來賞賜官吏、百姓」。陳龜到任後，州郡官吏都感到震驚害怕，鮮卑不敢靠近邊塞，節省費用，每年以億計。

4 大將軍梁冀與陳龜素來有矛盾，誣陷他敗壞國威，獨取功譽，不能讓胡虜畏懼。被徵召還朝，於是乞求告老還鄉。後又徵召做尚書。梁冀日益兇暴殘酷，陳龜上疏歷數他的罪狀，請求誅殺他。皇帝沒有理睬。陳龜自知一定會被梁冀加害，絕食七天而死。西域各族，并州、涼州的百姓，都為他舉哀，到他墓前弔祭。

1 橋玄，字公祖，梁國❶睢陽❷人也。七世祖仁，從同郡戴德學，著禮記章句四十九篇，號曰「橋君學」。成帝❸時為大鴻臚。祖父基，廣陵❹太守。父肅，東萊❺太守。

2 玄少為縣功曹。時豫州❻刺史周景行部到梁國，玄謁景，因伏地言陳相❼羊昌罪惡，乞為部陳從事❽，窮案其姦。景壯玄意，署而遣之。玄到，悉收昌賓客❾，具考臧罪。昌素為大將軍梁冀所厚，冀為馳檄救之。景承旨召玄，玄還檄不發，案之益急。昌坐檻車❿徵，玄由是著名。

3 舉孝廉，補洛陽左尉[11]。時梁不疑[12]為河南尹[13]，玄以公事當詣府受對，恥為所辱，弃官還鄉里。後四遷為齊相，坐事為城旦[14]。刑竟，徵，再遷上谷[15]太守，又為漢陽太守。時上邽[16]令皇甫禎有臧罪，玄收考髡笞，死于冀市[17]，一境皆震。郡人上邽姜岐，守道隱居，名聞西州。玄召以為吏，稱疾不就。玄怒，勑督郵[18]尹益逼致之，曰：「岐若不至，趣嫁其母。」益固爭不能得，遽曉譬岐。岐堅臥不起。郡內士大夫亦競往諫，玄乃止。時頗以為譏。後謝病免，復公車[19]徵為司徒長史，拜將作大匠[20]。

4 桓帝末，鮮卑、南匈奴及高句驪[21]嗣子[22]伯固並畔，為寇鈔，四府[23]舉玄為度遼將軍，假黃鉞[24]。玄至鎮，休兵養士，然後督諸將守討擊胡虜及伯固等，皆破散退走。在職三年，邊境安靜。

5 靈帝[25]初，徵入為河南尹，轉少府[26]、大鴻臚。建寧[27]三年，遷司空，轉司徒。素與南陽[28]太守陳球[29]有隙，及在公位，而薦球為廷尉[30]。玄以國家方弱，自度力無所用，乃稱疾上疏，引眾災以自劾。遂策罷。歲餘，拜尚書令[31]。時太中大夫[32]蓋升與帝有舊恩，前為南陽太守，臧數億以上。玄奏免升禁錮，沒入財賄。帝不從，而遷升侍中[33]。玄託病免，拜光祿大夫[34]。光和[35]元年，遷太尉。數月，復以疾罷，拜太中大夫，就醫里舍。

6 玄少子十歲，獨游門次，卒有三人持杖劫執之，入舍登樓，就玄求貨，玄不與。有頃，司隸校尉陽球㊱率河南尹、洛陽令圍守玄家。球等恐并殺其子，未欲迫之。玄瞋目呼曰：「姦人無狀，玄豈以一子之命而縱國賊乎！」促令兵進。於是攻之，玄子亦死。玄乃詣闕謝罪，乞下天下：「凡有劫質，皆并殺之，不得贖以財寶，開張姦路。」詔書下其章。初自安帝以後，法禁稍弛，京師劫質，不避豪貴，自是遂絕。

7 玄以光和六年卒，時年七十五。玄性剛急無大體，然謙儉下士，子弟親宗無在大官者。及卒，家無居業，喪無所殯，當時稱之。

8 初，曹操㊲微時，人莫知者。嘗往候玄，玄見而異焉，謂曰：「今天下將亂，安生民者其在君乎！」操常感其知己。及後經過玄墓，輒悽愴致祭。自為其文曰：「故太尉橋公，懿德高軌，汎愛博容。國念明訓，士思令謨。幽靈潛翳，邈哉緬矣！操以幼年，逮升堂室，特以頑質，見納君子。增榮益觀，皆由獎助，猶仲尼稱不如顏淵㊳，李生厚歎賈復㊴。士死知己，懷此無忘。又承從容約誓之言：『徂沒之後，路有經由，不以斗酒隻雞過相沃酹，車過三步，腹痛勿怨。』雖臨時戲笑之言，非至親之篤好，胡肯為此辭哉？懷舊惟顧，念之悽愴㊵。奉命東征㊶，屯次鄉里，北望貴土，乃心陵墓。裁致薄奠，公其享之！」

9 玄子羽，官至任城㊷相。

【章　旨】以上為〈橋玄傳〉。橋玄嚴厲懲治貪官，威震一方；守邊退敵，展示其軍事才能；拋棄個人恩怨，秉公薦舉官員，顯示其大公無私的品格；捨子殺劫賊，並建議立制，杜絕劫持人質事件，反映出他善於著眼大局的政治見識。

【注　釋】❶梁國　封國名。東漢章帝建初四年（西元七九年），改梁郡為梁國，徙淮南王劉暢為梁王，又增鄢、寧陵等六縣，都睢陽。❷睢陽　縣名。秦置。因在睢水之陽而得名，在今河南商丘南。❸成帝　即劉驁（西元前五一—前七年），字太孫，西漢皇帝，西元前三三—前七年在位。元帝子。即位後以母舅王鳳為大司馬大將軍領尚書事，總攬朝政。王氏諸舅皆為列侯。耽於酒色，趙飛燕、趙合德姐妹專寵後宮。營建昌陵，費以巨億，以至天下匱竭，百姓流離，餓死於道路者數以百萬計。各地人民反抗鬥爭此起彼伏，西漢王朝迅速衰落。❹廣陵　郡名。西漢置。治今江蘇揚州西北。❺東萊　郡名。西漢置。治今山東萊州，東漢移治今龍口市東。❻豫州　西漢武帝所設「十三刺史部」之一。察郡國四，約有今淮河以北，南、北汝河流域以東豫東、皖北和江蘇豐、沛二縣地。東漢州治在今安徽亳州。❼相　即國相。封國中的行政長官，職位俸祿相當於郡守。❽部陳從事　指擔任刺史屬下的從事巡按陳國。❾賓客　貴族官僚所養食客的稱謂。他們要為主人充當勇士、謀士、侍衛，管理家私雜事，或委派為使者、說客、間諜。與主人無穩定隸屬關係，可自由來去。❿檻車　亦作「轞車」。古代裝載猛獸或囚禁罪犯的車子。⓫左尉　官名。即左部尉，大縣所設兩名縣尉之一，為縣的佐官，執掌軍事治安事宜。⓬梁不疑　東漢安定烏氏（今寧夏固原）人，梁冀之弟。初為侍中，順帝永和六年（西元一四一年），為河南尹。桓帝建和元年（西元一四七年）封潁陽侯。好經書，喜結交士人。為冀所嫉，轉為光祿勳。後辭官居家自守。梁冀暗中派人監視，禁止他與賓客來往。先冀而死。⓭河南尹　官名。東漢建武十五年（西元三九年）置，為京都洛陽所在河南郡長官，秩二千石。主掌京都事務。⓮城旦　刑名。徒刑的一種，在手工業和農業中從事多種勞役。⓯上谷　郡名。戰國時燕國置。秦治今河北懷來東南大古城。東漢屬幽州。⑯上邽　縣名。春秋時置。治今甘肅天水市。東漢屬漢陽郡。⑰玄收考髡笞二句　橋玄逮捕審問後處以髡笞之刑，皇甫禎死於冀縣街市上。髡，刑名。將罪犯剃光頭並強制其服勞役的刑罰。⑱督郵　官名。漢代置。郡府屬吏，本名督郵書掾（或督郵曹掾），省稱督郵掾、督郵。主要職掌除督送郵書外，又代表郡守督察諸縣，宣達教令，兼及案繫盜賊，審錄囚徒，催繳租賦等。郡守、國相自辟，秩六百石。⑲公車　本意為官車。漢以公家馬車遞送應舉之人。後因以「公車」為舉人應試之代稱，又藉以指應試之舉子。⑳將作大匠　官名。西漢時由將作少府改名，亦簡稱「將作」、「大匠」。掌領徒隸修建宮室、宗廟、陵寢及其他土木工程，植樹於道旁。東漢初不設置專官，常以謁者兼領其事，至章帝始真受。㉑高句驪　也叫「高句麗」、「高麗」。古國名。相傳朱蒙所建，都平壤，故地在今朝鮮半島北部。㉒嗣子　無子者以近支兄弟或他人之子為嗣，稱「嗣子」。㉓四府　東漢以太傅、太尉、司徒、司空府為四府。㉔假黃鉞　東漢時帝王特賜權位極重大臣的一種待遇。受此號者擁有代行帝王旨意、掌握生殺的特權。黃鉞，即飾以黃金的鉞，本用於皇帝儀仗，賜出征重臣，以示威重，令其專主征伐，故稱假黃鉞。㉕靈帝　即劉宏（西元一五六—一八九年），東漢皇帝，西元一六八—一八九年在位。永康元年（西元一六七年），桓帝死，被竇太后及其父竇武迎立為帝。在位期間，竇武與陳蕃謀誅宦官事敗，宦官繼續專政。黨禁再起，捕殺李膺、杜密等百餘人。曾公開標價賣官鬻爵，並增天下田畝稅百錢，大修宮室。政治黑暗，民不聊生。中平元年（西元一八四年）爆發了全國規模的黃巾暴動，東漢王朝趨於崩潰。㉖少府　官名。九卿之一，始於戰國，秦漢相沿，掌山海池澤收入和皇室手工業製造，東漢時掌宮中御衣、寶貨、珍膳等。㉗建寧　東漢靈帝劉宏年號，西元一六八—一七二年。㉘南陽　郡名。戰國時置。治今河南南陽。㉙陳球　字伯真，東漢下邳淮浦（今江蘇漣水縣）人。順帝陽嘉中，舉孝廉，歷任繁陽令、侍御史。太尉楊秉薦為零陵太守，鎮壓桂陽李研和州兵朱蓋等人起事。靈帝時任太尉、永樂少府，與司徒劉郃等密謀翦除宦官曹節等。事洩，被誣以圖謀不軌，下獄死。事見本書卷五十六。㉚廷尉　官名。秦始置。掌刑獄，為九卿之一。㉛尚書令　官名。始於秦，西漢沿置，本為少府的屬官，掌章奏文書。漢武帝以後職權漸重。東漢政務皆歸尚書，尚書令成為直接對君主負責總攬一切政令的首腦。㉜太中大夫　亦作「大中大夫」。官名。秦朝置，西漢沿置，位居諸大夫之首。侍從皇帝左右，掌顧問應對，參謀議政，奉詔出使等，多以寵臣貴戚充任。東漢後期權任漸輕。㉝侍中　官名。秦始置。兩漢沿置，為自列侯以下至郎中的加官，無定員。侍從皇帝左右，出入宮廷。初伺應雜事，由於接近皇帝，地位漸形貴重。㉞光祿大夫　官名。戰國時置中大夫，漢武帝時始改稱光祿大夫，掌顧問應對，屬光祿勳。㉟光和　東漢靈帝年號，西元一七八—一八四年。㊱陽球　字方正，東漢漁陽泉州（今天津武清）人。靈帝時任九江太守，平定山民反抗。光和二年（西元一七九年）遷司隸校尉，奏請收捕干亂朝政的中常侍王甫和阿附宦官的太尉段熲，王甫死杖下，段熲自殺，權貴震懾。後與司徒劉郃謀誅宦官曹節、張讓等，事洩，為宦官陷害下獄，被殺。㊲曹操　即魏武帝（西元一五五—二二〇年），字孟德，沛國譙縣（今安徽亳州）人。初任洛陽北部尉，遷頓丘令。後在平定黃巾暴動和討伐董卓的戰爭中逐步擴充軍事力量。建安元年（西元一九六年）迎東漢獻帝都許（今河南許昌東），從此用其名義發號施令，先後削平呂布等割據勢力。官渡之戰大敗袁紹，逐漸統一了北方。建安十三年（西元二〇八年）在赤壁之戰中敗於孫權和劉備聯軍。封魏王，子曹丕稱帝後追尊為武帝。他在北方屯田，興修水利，對農業生產的恢復有一定積極作用。用人唯才，抑止豪強。精兵法，善詩歌。㊳猶仲尼稱不如顏淵　就像孔子說自己不如顏淵。顏淵，名回，字子淵，春秋末魯國人。孔子學生。家境貧寒，簞食瓢飲，居住陋巷，而不改其樂。為人好學，以德行著稱。孔子曾對子貢說，自己和子貢都不如顏淵。㊴李生厚歎賈復　李生讚歎賈復。賈復，字君文，東漢初南陽冠軍（今河南鄧州）人。曾為縣掾。綠林起義爆發後聚眾起兵，自號將軍。後相繼歸附更始和劉秀。劉秀稱帝，拜執金吾，封冠軍侯。破降更始大將軍朱鮪及赤眉農民軍，遷左將軍。建武十三年（西元三七年）定封膠東侯。知光武帝不欲功臣擁眾京師，乃削除兵甲，敦崇儒學，以此深受賞識。漢明帝時圖畫功臣，列為雲臺二十八將之一。㊵懷舊惟顧二句　懷舊思故，越想越傷心。惟，思。㊶奉命東征　指建安七年（西元二〇二年），曹操進軍官渡，迎戰袁紹。㊷任城　封國名。治今山東濟寧東南。

【語譯】橋玄，字公祖，梁國睢陽縣人。七世祖橋仁，跟隨同郡人戴德學習，著《禮記章句》四十九篇，號稱「橋君學」。成帝時為大鴻臚。祖父橋基，曾為廣陵太守。父橋肅，官東萊太守。

2 橋玄年輕時曾為縣功曹。當時豫州刺史周景到梁國巡察，橋玄拜見周景，於是伏地列舉陳相羊昌的罪惡，乞求擔任陳國的從事，徹底清查他的罪狀。周景讚賞橋玄的想法，於是簽署委任狀並派他前往。橋玄到任後，把羊昌的賓客全部收捕，詳細審問其貪贓罪行。羊昌向來被大將軍梁冀所厚待，梁冀因此急送文書救他。周景秉承梁冀旨意召見橋玄，橋玄把文書壓下不發，追查得更急。羊昌被檻車押往京城，橋玄因此聞名。

3 被舉為孝廉，補官洛陽左部尉。當時梁不疑為河南尹，橋玄因公事當到其府上接受問話，橋玄因擔心被其羞侮而感到恥辱，於是棄官回歸鄉里。後來四次升遷至齊相，因事犯罪被罰作城旦。刑滿後，被徵召，改任上谷太守，又為漢陽太守。當時上邽令皇甫禎犯有貪贓罪，橋玄逮捕審問後處以髡笞之刑，皇甫禎死於冀縣街市上，全境震驚。郡人上邽姜岐，遵守道義，隱居山林，在西州聞名。橋玄召他做屬吏，姜岐稱病不到。橋玄惱怒，命督郵尹益逼迫他到任，說：「姜岐如果不來，就趕快讓其母改嫁。」尹益堅持與他爭辯也不能讓橋玄改變主意，橋玄親自開導姜岐。姜岐堅決臥床不起。郡內士大夫也競相前去規勸，橋玄才罷休。當時很受人譏笑。後來以病辭官，又被公車徵召為司徒長史，任命為將作大匠。

4 桓帝末年，鮮卑、南匈奴以及高句驪嗣子伯固一起反叛，侵犯擄掠，四府推舉橋玄做度遼將軍，假黃鉞。橋玄到鎮，休養兵士，然後督率諸將、太守討伐胡虜和伯固等，都被擊散逃跑。橋玄在任三年，邊境安寧。

5 靈帝初年，橋玄被召回為河南尹，轉任少府、大鴻臚。建寧三年，升任司空，轉任司徒。橋玄一向與南陽太守陳球有矛盾，等處在三公之位，卻推薦陳球做廷尉。橋玄以國家正弱，估計自己無用武之地，於是稱病上疏，拿諸項災害來彈劾自己。於是被罷官。過了一年多，被任為尚書令。當時太中大夫蓋升對靈帝有舊恩，之前為南陽太守，貪贓數億以上。橋玄奏請免除蓋升的職務限制不准做官，沒收財產。靈帝不允許，卻任蓋升為侍中。橋玄託病去職，不久被任光祿大夫。光和元年，改任太尉。幾個月後，又因病罷官，後又任太中大夫，在家治病。

6 橋玄的小兒子十歲，單獨到門外玩，突然有三個人持杖劫持他，進屋登樓，向橋玄勒索錢財，橋玄不給。過了一會兒，司隸校尉陽球率領河南尹、洛陽令圍住橋玄家。陽球等擔心會傷害到橋玄的小兒子，沒想逼迫劫賊。橋玄瞪眼喊道：「奸人無法無天，我怎能因一子之命而放過國賊呢！」催促陽球等進攻。於是攻打劫賊，橋玄的小兒子也死去。橋玄於是到宮中謝罪，乞求向天下頒布：「凡有劫持人質的，都一併殺死，不許用錢財贖回，為奸人留出活路。」下詔把奏章交廷臣討論。當初自安帝以後，法禁鬆弛，京城劫持人質，不避豪門貴族，於是從此絕跡。

7 橋玄在光和六年去世，享年七十五歲。橋玄性格剛強急躁不顧大體，但對士子謙遜有禮，家族子弟沒有在朝任職的。到他死後，家無財產，死無葬地，被當時人所稱讚。

8 當初，曹操未顯貴時，沒有人了解他。曾經去拜訪橋玄，橋玄見到曹操感到驚奇，對他說：「現今天下將亂，能安定百姓的人就是你吧！」曹操常感謝他了解自己。到後來經過橋玄的墓，總傷心地祭祀。自己撰寫文章道：「前太尉橋公，美德高尚，博愛為懷，國家懷念您的明訓，士大夫想念您的良謀。靈魂安息，讓我們衷心緬懷！我在年輕時，有幸登門，尤其以頑鈍之資，被您誇獎。增加榮耀被人關注，都是從您的讚揚開始，就像孔子自稱不如顏淵，李生大力誇讚賈復。士為知己者死，我將永記不忘。還記得您當初約定的誓言：『我去世之後，你路過這裡，不用一斗酒一隻雞祭奠，那麼車過三步，你肚子疼痛不要怨我。』雖然是臨時戲笑的話，但不是至親好友，誰肯講這些話呢？懷舊思故，越想越傷心。奉命東征，屯住鄉里，北望貴土，就心想陵墓。略致薄祭，請公享用！」

9 橋玄兒子名羽，官至任城相。

論曰：任棠、姜岐，世著其清。結甕牖而辭三命❶，殆漢陽之幽人乎❷？龐參躬求賢之禮，故民悅其政；橋玄厲邦君之威，而眾失其情。夫豈力不足歟？將有道在焉。如令其道可忘，則彊梁❸勝矣。《語》曰：「三軍可奪帥，匹夫不可奪志❹。」子貢❺曰：「寧喪千金，不失士心。」昔段干木❻踰牆而避文侯❼之命，泄柳❽閉門不納穆公❾之請。貴必有所屈，賤亦有所申矣。

贊曰：李叟勤身，甘飢辭饋。禪為君隱，之死靡貳。龜習邊功，參起徒中。橋公識運，先覺時雄。

【章旨】以上是作者對李恂、陳禪、龐參、陳龜橋玄進行點評。

【注　釋】❶結甕牖而辭三命　構築簡陋茅屋卻辭去官府任命。甕牖，簡陋的窗戶。三命，《周禮》：「一命受職，再命受服，三命受位。」這裡指太守的聘用。❷殆漢陽之幽人乎　難道是漢陽的隱士嗎？幽人，隱居之人。指隱士。❸彊梁　強橫兇暴。這裡指強權。❹三軍可奪帥二句　軍隊可以失去元帥，人卻不能失去志氣。語出《論語・子罕》。❺子貢　姓端木，名賜，字子貢，春秋時衛國人。列於孔門言語之科，善辭令，經商於曹、魯間，富累千金。歷仕魯、衛，出使各國時與諸侯分庭抗禮。曾為魯遊說齊、吳、越、晉等國，促使吳伐齊救魯。孔子稱其通達，有從政之才。❻段干木　戰國初人。出身貧賤，為晉國儈人，拜子夏為師，修業行道，辭官不受，名聲甚高，魏文侯想見他，到他家裡，他跳牆避去。❼文侯　戰國時魏國國君，西元前四四五—前三九六年在位。招賢納士，先後重用翟璜、吳起、西門豹、樂羊等人，用李悝為相，致力於社會改革。打敗秦國，攻取中山，使魏國成為戰國首強。❽泄柳　戰國時魯國人，魯穆公時公儀休為相，延攬賢者，與孔伋（子思）同受禮遇，參預國政，被尊為「子柳」。據《孟子》記載，魯穆公曾上門求見，泄柳閉門不納。❾穆公　即魯穆公（？—西元前三七七年），名午。魯成公之子。戰國時魯國國君。即位時年三歲，由季孫行父、仲孫蔑、叔孫豹、季孫夙相繼執政。在位時三桓勢大，公室日衰。

【語　譯】史家評論說：任棠、姜岐，以清廉著稱於世。構築簡陋茅屋而辭去官府任命，大概是漢陽的隱士吧？龐參親行求賢之禮，所以百姓喜歡他的政令；橋玄樹立地方官的威嚴，而失去眾人對他的情感。難道是力量不夠嗎？還是因為為官之道的原因。如果那些為官之道可以忘記，那麼那些強勢人物就得勝了。《論語》說：「三軍可奪帥，匹夫不可奪志。」子貢說：「寧可喪失千金，不可失掉士人之心。」從前段干木越牆而逃避魏文侯的任命，泄柳閉門不接受魯穆公的請求。尊貴的人必須有所枉屈，低賤的人也有機會申展。

史官評議說：老年李恂勤勞自給，甘於清貧而不受人饋贈。陳禪為長官隱瞞，寧死不變。陳龜熟悉邊務，龐參由囚徒而做官。橋公懂得運數，能夠預知曹操是一代英雄。

【研　析】在中國古代，修身、齊家、治國、平天下一直是士大夫所追求的人生目標，而其中的最高理想當然是輔佐君王，治國安邦，成就一番事業。但這一理想是要在一定的行為準則和道德追求的前提下來實現的。所謂的行為準則和道德追求，不外乎中國古代士大夫所倡導和遵循的忠孝仁義。當理想的實現與行為準則、道德追求相衝突時，不同的人就會有不同的選擇：有人拋棄行為準則和道德追求，成為權勢地位的俘虜；有人則將行為準則與道德追求放在首位，即使為此影響自己的仕途和身家性命也全然不顧。李恂、陳禪、龐參、陳龜、橋玄等就屬於後者。

李恂、陳禪、龐參、陳龜、橋玄五人在朝廷中的地位各不相同，有一生僅至太守、刺史等中級官職者，如李恂歷官刺史、西域副校尉，陳禪官至司隸校尉，陳龜官至度遼將軍；也有位列三公，進入政治中樞，成為宰輔者，如龐參官至太尉，錄尚書事，橋玄先後擔任司空、司徒、太尉。在政績方面，各人建樹也各不相同，雖都曾經營邊疆，但有的戰功赫赫，有的則差強人意。然而，李恂、陳禪、龐參、陳龜、橋玄五人卻是東漢王朝裡非常有光彩的人物。之所以如此評價他們，首先是因為他們都是對時局有益、令時人稱頌的賢臣能士。李恂、陳禪、龐參、陳龜、橋玄五人都有出眾才華，做事幹練，有膽有識，面對紛亂的政局和各種危難形勢，都能夠以清醒的頭腦，冷靜應對，或者向朝廷提出自己獨特的見解。其次，李恂、陳禪、龐參、陳龜、橋玄五人都是正直剛正之臣，在東漢這樣一個政治黑暗的時代，仍然能夠堅守自己的信念，不做阿諛奉承之人，不向惡勢力屈服，成為一時的道德楷模。儘管為了堅守自己的信念付出了慘重代價，但他們毫不妥協。李恂奉公不阿，因得罪大將軍竇憲而丟官；陳禪犯顏直諫，被貶遼東；龐參忠直，因不與他人同流合汙而屢遭詆毀；陳龜冒死上疏，直陳大將軍梁冀罪狀；橋玄不顧權貴壓力，懲治貪官。正是因為他們的剛正不阿，其人格力量才感染下屬和百姓，甚至讓桀驁不馴的邊族也敬服。如陳禪出任漢中太守，反叛的蠻夷素聞其聲譽，立時降服；任遼東太守，北匈奴害怕其威名，退還數百里。龐參任護羌校尉，叛羌因其恩信而降服。陳龜為度遼將軍，鮮卑不敢近塞。從他們五人的事跡可以看出，即使是在東漢這樣政治黑暗的朝代，仍然不乏一些忠直幹練之臣，堅守著理想和信念，在盡心竭力地做事。因此，對李恂、陳禪、龐參、陳龜、橋玄等人來說，不俗的政績固然是他們生平中的亮點，但高尚的品德才是他們為時人所稱頌，為史家所讚美的根本原因。（韋占彬注譯）

卷五十二

崔駰列傳第四十二　子瑗　孫寔

【題解】本卷名為〈崔駰列傳〉，實是崔氏幾代人的傳記：上自崔駰高祖崔朝、曾祖崔舒、祖父崔篆、父親崔毅，下至崔駰子崔瑗、孫崔寔、崔烈等，或詳或略，載述其生平。其中，尤詳於崔篆、崔駰、崔瑗、崔寔等人。崔氏一門上起西漢昭帝，下至東漢末獻帝，基本上一直在朝為官，雖不曾顯赫，但對兩漢政治也有一定貢獻。

1　崔駰，字亭伯，涿郡❶安平❷人也。高祖父朝，昭帝❸時為幽州❹從事❺，諫刺史❻無與燕刺王❼通。及刺王敗，擢為侍御史❽。生子舒，歷四郡太守❾，所在有能名。

2　舒小子篆，王莽時為郡文學❿，以明經⓫徵詣公車⓬。太保⓭甄豐⓮舉為步兵校尉⓯，篆辭曰：「吾聞伐國不問仁人⓰，戰陳不訪儒士⓱。此舉奚為至哉？」遂投劾⑱歸。

3 莽嫌諸不附己者，多以法中傷之。時篆兄發以佞巧幸於莽，位至大司空⑲。母師氏能通經學⑳、百家之言㉑，莽寵以殊禮，賜號義成夫人，金印紫綬，文軒丹轂，顯於新㉒世。

4 後以篆為建新㉓大尹㉔，篆不得已，乃歎曰：「吾生無妄之世，值澆㉕、羿㉖之君，上有老母，下有兄弟，安得獨潔己而危所生哉？」乃遂單車到官，稱疾不視事，三年不行縣㉗。門下掾㉘倪敞諫，篆乃強起班春㉙。所至之縣，獄犴㉚填滿。篆垂涕曰：「嗟乎！刑罰不中，乃陷人於穽。此皆何罪，而至于是！」遂平理，所出二千餘人。掾吏叩頭諫曰：「朝廷初政，州牧㉛峻刻。宥過申枉，誠仁者之心；然獨為君子，將有悔乎！」篆曰：「邾文公不以一人易其身，君子謂之知命㉜。如殺一大尹贖二千人，蓋所願也。」遂稱疾去。

5 建武㉝初，朝廷多薦言之者，幽州刺史又舉篆賢良㉞。篆自以宗門受莽偽寵，慚愧漢朝，遂辭歸不仕。客居滎陽㉟，閉門潛思，著周易林六十四篇，用決吉凶，多所占驗。臨終作賦以自悼，名曰慰志。其辭曰：

6 「嘉昔人之遘辰兮，美伊、傅之遻時㊱。應規矩之淑質兮，過班、倕而裁之㊲。

協準矱之貞度兮，同斷金之玄策[38]。何天衢於盛世兮，超千載而垂績[39]。豈脩德之極致兮，將天祚之攸適[40]？

7 「愍余生之不造兮，丁漢氏之中微[41]。氛霓鬱以橫厲兮，羲和忽以潛暉[42]。六柄制于家門兮，王綱漼以陵遲[43]。黎、共奮以跋扈兮，羿、浞狂以恣睢[44]。睹嫚臧而乘釁兮，竊神器之萬機[45]。思輔弼以婾存兮，亦號咷以詶咨[46]。嗟三事之我負兮，乃迫余以天威[47]。豈無熊僚之微介兮？悼我生之殲夷[48]。庶明哲之末風兮，懼大雅之所譏[49]。遂翕翼以委命兮，受符守乎艮維[50]。恨遭閉而不隱兮，違石門之高蹤[51]。揚蛾眉於復關兮，犯孔戒之冶容[52]。懿氓蚩之悟悔兮，慕白駒之所從[53]。乃稱疾而屢復兮，歷三祀而見許[54]。悠輕舉以遠遁兮，託峻峗以幽處[55]。竫潛思於至賾兮，騁六經之奧府[56]。皇再命而紹卹兮，乃云眷乎建武[57]。運攙槍以電埽兮，清六合之土宇[58]。聖德滂以橫被兮，黎庶愷以鼓舞[59]。闢四門以博延兮，彼幽牧之我舉[60]。分畫定而計決兮，豈云賁乎鄙耉[61]？遂懸車以縶馬兮，絕時俗之進取[62]。歎暮春之成服兮，闔衡門以埽軌[63]。聊優游以永日兮，守性命以盡齒[64]。貴啟體之歸全兮，庶不忝乎先子[65]。」

【章旨】以上記載崔駰高祖父崔朝、曾祖父崔舒、祖父崔篆生平事跡。崔朝、崔舒為官皆有賢名。崔篆迫於現實壓力，出仕新莽，但他不願與酷吏貪官同流合汙，最終還是辭官離去。

【注釋】❶涿郡　西漢置。治今河北涿州。❷安平　縣名。治今河北安平。❸昭帝　即劉弗陵（西元前九四—前七四年），西元前八七—前七四年在位，武帝少子。即位時年僅八歲，霍光、上官桀、金日磾、桑弘羊受武帝遺詔輔政。即位後委政霍光。因海內虛耗，民生凋敝，故採取輕徭薄賦、與民休息的政策，屢次減免租賦，招撫流民。始元六年（西元前八一年）召集郡國賢良文學會議鹽鐵，旋罷榷酤。又與匈奴恢復和親。政治較為安定，社會經濟有所恢復。❹幽州　西漢武帝所置「十三刺史部」之一。東漢時治今北京市西南。❺從事　官名。西漢元帝時置。為各州屬官，秩百石。東漢沿置，稱從事史，由各州長官辟署。❻刺史　官名。西漢武帝始置，分全國為十三部（州），各置刺史一人，秩六百石。無治所，奉詔巡行諸郡，以六條問事，省察治政，黜陟能否，斷理冤獄。東漢時沿置，有固定治所，實際上成為比郡守高一級的地方行政長官。靈帝時，改刺史為州牧，掌握一州的軍政大權。❼燕剌王　即劉旦（？—西元前八〇年），漢武帝子。元狩六年（西元前一一七年），封燕王。博學經書雜說，招納遊士。後坐藏匿亡命，被削國三縣。昭帝立，與齊孝王孫劉澤等圖謀起兵廢之，自立為帝。事發，昭帝不予追究。後其姐鄂邑蓋長公主、左將軍上官桀父子與霍光爭權有隙，乃私與交通，謀誅光，廢帝自立。元鳳元年（西元前八〇年），為蓋主舍人燕倉告發，上官桀等皆伏誅，遂自絞死。國除，賜諡剌王。❽侍御史　官名。漢沿秦置，在御史大夫下，或給事殿中，或舉劾非法，或督察郡縣，或奉使出外執行指定任務。❾太守　官名。西漢景帝時改郡守置，為郡的最高行政長官，掌民政、司法、軍事、財賦等，可以自辟僚屬，秩二千石。東漢沿置。❿郡文學　學官名。漢代於州郡及王國置文學，掌學校教育。⓫明經　選舉名目之一，即將通曉經學之人推薦於朝廷。始見於漢，自武帝尊崇儒術後，頗盛。無常制。東漢章帝元和二年（西元八五年）始令郡國舉通曉經學者，凡十五萬人以上舉五人，十萬人以下舉三人。此選多補博士、議郎。東漢後漸不為所重。⓬公車　本意為官車。漢以公家馬車遞送應舉之人。後因以「公車」為舉人應試之代稱，又藉以指應試之舉子。⓭太保　官名。西周置，為輔弼君王的大臣。春秋沿置，輔佐君王，執掌軍政。戰國後廢。西漢元始元年（西元元年）復置，與太師、太傅、少傅並稱四輔，位上公，但無實際職掌，旋罷。⓮甄豐　西漢末年人，哀帝末為左將軍光祿勳。平帝立，以定策安宗廟封廣陽侯，為少傅。助王莽定制度，議立「安漢」、「宰衡」名號等。莽居攝，為太阿右拂大司空。因畏漢宗室反對，不欲莽稱帝，被貶為更始將軍、廣新公。始建國二年（西元一〇年）其子尋作符命遭莽追捕，乃自殺。⑮步兵校尉　官名。西漢武帝始置，為北軍八校尉之一，領上林苑門屯兵，防戍京師，兼任征伐。東漢時為北軍五校尉之一，秩比二千石，隸北軍中候，有司馬一員。當時五校尉所掌北軍為京師主要的常備禁軍，故地位重要，官顯職閒。多以京師外戚近臣率任。⑯吾聞伐國不問仁人　我聽說討伐他國的事情不向仁人請教。據《漢書》：魯國國君想討伐齊國，徵詢柳下惠意見，柳下惠認為不可。魯國國君故有「伐國不問仁人」的感歎。⑰戰陳不訪儒士　軍旅打仗的事不請教儒士。語出《論語》：衛靈公向孔子請教戰陣之事，孔子回答：「俎豆之事則嘗聞之，軍旅之事未之學也。」⑱投劾　投辭自劾有過，不合應舉。⑲大司空　官名。西漢綏和元年（西元前八年）由御史大夫改為此名，秩萬石，祿比丞相，與丞相（大司徒）、大司馬並為三公，共同管理政務。位雖尊崇，但權移尚書。⑳經學　訓解、闡述儒家經典之學。起源常被追溯到孔子弟子子夏。自西漢武帝獨尊儒術，立《五經》博士，經學成為中國封建文化的正統。兩漢時經學極盛，分為今文經學和古文經學兩派。㉑百家之言　指春秋戰國時期諸子學說。㉒新　朝代名，王莽所建。西漢平帝年幼即位，太皇太后姪王莽以大司馬大將軍執掌朝政。平帝死後，王莽立兩歲的劉嬰，號曰孺子，自稱「攝皇帝」。西元八年，稱帝，改國號為「新」，建元「始建國」。僅一世而亡，史稱「新莽」。稱帝後進行改制，更名天下田曰「王田」，奴婢曰「私屬」，都不許買賣；推行五均六筦；改革幣制；又任意改變中央和地方的官制和官名，製造與匈奴等周邊少數民族的紛爭。這些措施加劇了西漢末年的社會危機，爆發了全國性的赤眉、綠林暴動。西元二三年，綠林軍攻入長安，新莽政權滅亡。㉓建新　郡名。王莽改千乘郡為建新。㉔大尹　官名。新莽始建國元年（西元九年）改太守為大尹，東漢復舊稱。㉕澆　相傳為寒浞之子。有窮后羿取代夏朝，寒浞又殺死了后羿，占其妻室，生澆。封澆於過（今山東萊州北）。夏后相遷於帝丘，斟鄩與斟灌助相，他率師滅二斟，殺相。後為相子少康使女艾所殺。㉖羿　即后羿，或稱有窮后羿。相傳為夏代有窮氏（今山東平原北）之君，以善射著稱。從鉏（今河南濮陽西南）遷於窮石（今河南孟州與鞏義間），奪取夏太康王位。棄武羅、伯因、熊髡等賢臣不用，重用奸詐的寒浞，好田獵，不理民事，後被寒浞所殺。㉗行縣　漢制，郡國長官常在春天到屬縣，勸人農桑，賑濟災困百姓。㉘門下掾　漢代多泛指州郡府屬吏員中較親近者，如功曹、賊曹、主簿等。亦作專稱，為郡縣長官侍從，掌文書。㉙班春　頒布春令。㉚獄犴　監獄。犴，鄉亭之獄。㉛州牧　官名。省稱「牧」，西漢成帝改州刺史置，秩二千石，位次九卿，監察州郡。後廢置不常。東漢靈帝時復置，掌一州軍政大權，位高於郡守。㉜邾文公二句　邾文公不因一人改變他的主張，君子說他知天命。邾文公，春秋時邾國國君，西元前六一四年遷都於繹（今山東鄒城東南紀王城）。遷都前曾讓史官占卜，史官占卜後說：「遷都對百姓有利，對君主不利。」邾子說：「如果對百姓有利，那就是對我有利。既然對百姓有好處，我一定去做。」遷都不久，邾子就死去。

㉝建武　東漢光武帝劉秀年號，西元二五—五六年。㉞賢良　即賢良方正，選舉科目，始於西漢文帝前二年（西元前一七八年），全稱舉賢良方正能直言極諫科，常賢良文學並稱。非歲舉。漢代舉賢良方正，對策者百人，有高下之分，卻未有黜落，對者皆預選。㉟滎陽　縣名。秦置。治今河南滎陽東北。㊱嘉昔人二句　感歎古人生逢其時，讚美伊尹、傅說與明君相遇。嘉，美，善。此處用作動詞，以……為美善。昔人，即古人。遘，遇；遭遇；遭逢。辰，時；時運。美，用作動詞，意動用法，以……為美。伊，即伊尹，名摯，商初大臣。相傳曾為有莘氏媵臣，入商輔佐成湯，伐桀滅夏，建立商朝。湯死後，其子太丁未立而卒，他先後輔立太丁弟外丙、仲壬。仲壬死後，復輔立太丁子太甲。太甲即位，不遵湯法，乃放之於桐，攝政。太甲居桐三年，悔過，遂迎歸，還以國政，復為相輔，至沃丁時卒。傅，即傅說，商武丁時賢臣，相傳曾為刑徒，服勞役於傅巖從事版築。武丁即位後，欲振興商朝，未得其佐，三年不言，後託言夜夢聖人名說，使群臣於百工中尋求，得之於傅巖中，遂以傅為姓，舉以為相，王朝得以振興。遻，同「迕」、「遌」。遇，遭逢。㊲應規矩二句　他們有符合要求的美質，不適之處則有像公輸班、倕一樣的巧匠加以剪裁。應，符合。規矩，畫圓和方形的工具，規以畫圓，矩以畫方，這裡引申為法度。淑質，美善的姿質。班，即公輸班，戰國時魯國人，故又稱魯班。為善於製造新器械的能工巧匠。傳曾發明撞車、車弩、木匠工具等，後人奉為建築匠與木匠的祖師。倕，相傳為黃帝時的巧工，是耒耜、規矩、準繩等的創制者。或說為神農之臣（《世本・作篇》宋衷注）。或說堯時巧工（《呂氏春秋・離謂》高誘注）。這裡以魯班、倕二人比喻湯和高宗這樣賢明的君主。裁，仲裁；裁斷。之，指伊尹、傅說之類的古賢人。㊳協準矱二句　協助君主制定良好的法度，一起同心協力制定良策。協，也是符合之意。準矱，猶榘矱，借指法度。準，繩。矱，尺。貞度，正平的法度。同，相同。斷金，語出《易・繫辭上》：「二人同心，其利斷金。」孔穎達疏：「金是堅固之物，能斷而截之，盛言利之甚也。」後謂同心協力，堅固不移。玄策，即妙策。㊴何天衢二句　謂身處盛世，擔負安邦定國之重任，就必定能建立超越千載的功勳，留傳下不朽的業績。何天衢，典出《易・大畜卦》：「上九，何天之衢，亨。」謂身處四通八達的天路，無所阻礙，可使道大行，施展抱負。何，孔穎達曰：「謂語辭，猶云何畜也，處畜之極時，更何所畜，乃天之衢，亨，無所不通也。」天衢，天路。超，超越。垂績，留傳下業績。垂，留下；留傳於後世。㊵豈脩德二句　謂那些時運亨通，建立不朽功業的人，大概是德行脩養達到極點，才獲得上天賜與福運吧。脩德，脩養德行。極致，最高的造詣。天祚，上天降賜之福。祚，福。攸適，所歸。攸，助詞，用於動詞前，相當於「所」，如「責有攸歸」、「性命攸關」。適，到；歸。㊶愍余生二句　作者感歎自己生不逢時，遇上漢朝衰落。愍，哀憫。不造，不幸。生之不造，意即生不逢時。《詩・閔予小子》：「閔予小子，遭家不造。」丁，當；遭逢。漢氏之中微，指

西漢衰亡，王莽代漢。㊷氛霓鬱二句　烏雲遮住了天空，日光暗淡。喻指王莽篡漢。氛霓，災戾之氣，凶氣，妖氣。氛，古時迷信說法指預示吉凶的雲氣。霓，日傍之氣，指凶氣。鬱，鬱結。橫厲，意思是說氣盛而凌於天，比喻王莽篡權。羲和，即太陽。潛輝，隱藏了光輝。㊸六柄二句　大權被豪族把持，朝廷綱常法紀日漸衰頹。指劉姓大權旁落，王莽當政。六柄，帝王治國的六種權柄。《國語》管仲對齊桓公說：「昔者聖人之理天下也，而慎用其六柄焉。」韋昭注：「六柄，生、殺、貧、賤、富、貴也。」家門，卿大夫之家，指西漢末王氏家族把持朝政，直至王莽篡漢。王綱，指朝廷綱紀。漼，摧毀。陵遲，衰落。㊹黎共奮二句　九黎、共工氏專橫暴戾，后羿、寒浞放縱兇殘，比喻王莽篡位，為政專橫肆虐。黎，又稱九黎。中國南方傳說時代的古族名。上古時分布在今湖北、湖南和江西一帶。共有九個部落，每個部落有九個氏族。蚩尤是其首領。信奉巫教，雜拜鬼神。能冶銅製造兵器，有刑法。為南蠻中最早進入中原地區的一支。炎帝與黃帝曾組成部落聯盟，與蚩尤在涿鹿大戰。九黎敗，一部分人留在北方，建黎國；一部分逐漸融合於華夏族；另一部分退回南方江河流域，建三苗部落聯盟。共，即共工氏，傳說中古代部族首領。相傳曾「壅防百川」，「振滔洪水」，因而為帝嚳所誅殺。又傳曾與顓頊爭奪帝位（一說與祝融作戰），怒觸西北不周山，致使「天柱折，地維絕」，「天傾西北」，「地不滿東南」。（見《淮南子·天文》）奮，奮作；奮起。跋扈，蠻橫霸道。羿，即后羿，上古夷族首領，善射。相傳夏太康沉湎於遊樂，羿奮而摧之，自立為君，號有窮氏。後來為其臣寒浞所殺。參見《書·五子之歌》、《左傳·襄公四年》、〈離騷〉、《史記·吳太伯世家》。浞，即寒浞。傳說為夏代有窮國君后羿的寵臣，初輔寒國君伯明氏。后羿篡帝位，任之為相。浞又殺羿自立。後來，夏遺臣靡扶帝相之子少康滅浞復國。見《左傳·襄公四年》。恣睢，恣肆無忌。㊺睹嫚臧二句　見沒保管好就鑽空子，竊取帝王的權力。睹，看；見。嫚臧，通「慢藏」。《易》有「嫚臧誨盜」之語，指財物保管不慎，引起他人盜竊之心。後來用作名詞，泛指財物。乘，趁機。釁，間隙；破綻。神器，指帝王之位。萬機，亦作「萬幾」。指帝王日常的紛繁政務。㊻思輔弼二句　作為輔政大臣而委曲求全，在篡權後又痛哭流涕。思，想。輔弼，對宰相之稱，這裡指王莽輔政。婾存，苟且生存。婾，通「偷」，苟且。號咷，大聲哭。《漢書·王莽傳》載王莽篡位後，策孺子嬰為定安公，「莽親執孺子手，流涕歔欷。」號咷，即指此。詶咨，即酬咨，回答咨詢。㊼嗟三事二句　可歎身為三公的甄豐舉薦我，用天威來脅迫我。嗟，歎息。三事，這裡指三公，輔助國君掌握軍政大權的最高官員。西漢以大司馬、大司徒、大司空為三公。我負，即負我，賓語前置。此指太保甄豐舉薦崔篆之事。迫，威脅；威迫。余，我。天威，帝王的嚴威。㊽豈無二句　難道就沒有一點像熊僚一樣的耿直嗎？只是擔心母親大禍臨頭啊。豈無，難道沒有。熊僚，即熊宜僚，春秋末年楚國勇士。相傳善於弄丸為戲，可以敵五百人。楚惠王十年（西元前四七九年），白公勝請他殺死令尹子西及司馬子期，他堅辭，脅以劍，亦不少動。微介，貧賤而耿介。我生，母親。謂其母師氏。殲夷，及禍；連累。殲，滅也。夷，傷也。㊾庶明哲二句　想明哲保身，又害怕為〈大雅．烝民〉作者吉甫這樣的明哲所譏笑。庶，表示願望。明哲，猶言明智，謂洞明事理。末風，流風；遺緒。〈大雅〉，指《詩．烝民》中吉甫讚揚仲山甫輔佐周宣王的忠直和明哲：「肅肅王命，仲山甫將之。邦國若否，仲山甫明之。既明且哲，以保其身。夙夜匪解，以事一人。」此句謂作者不識時務，出來侍莽，恐怕受到〈大雅．烝民〉作者的譏笑。〈大雅〉，《詩》組成部分之一，三十一篇，多是西周王室貴族的作品，主要歌頌從后稷至武王、宣王等的功績，保存著較多的周初及「宣王中興」的史料，有些詩篇對周厲王、幽王時期的政治混亂和統治危機也有所反映。㊿遂翕翼二句　此謂作者收起自己的志向，聽從命運安排，接受了千乘郡太守的任命。翕翼，斂翅。翕，收縮；斂息。委命，委之於天命。受符，接受郡太守官職的任命。漢代任命郡太守時，都授予虎符，表示統帥本郡兵馬之權。守，郡守。此用作動詞，做郡守。艮維，東北方向，此指崔篆為千乘太守（建新大尹）。艮，八卦方位中屬東北。維，隅。51恨遭閉二句　恨生逢亂世卻不能隱居，背離了前人所說的高尚操行。恨，悔恨。遭閉，遭遇天地閉塞，此指王莽篡位當政。《易傳．文言》釋〈坤卦〉六四云：「天地閉而賢人隱。」作者未隱，故言其恨。石門之高蹤，據《論語．憲問》記載，孔子弟子子路在石門住宿，看門人問：「從哪裡來？」子路回答：「從孔子那裡。」看門人問：「就是那個明知不可為而為的人嗎？」石門，春秋齊地，在今山東平陰北。高踪，高尚的操行。52揚蛾眉二句　蛾眉，本為蠶蛾的觸鬚，彎曲而細長，如人之眉毛，比喻女子長而美的眉毛。《詩．碩人》：「螓首蛾眉，巧笑倩兮，美目盼兮。」也比喻姿色美好。《楚辭．離騷》：「眾女皆妒余之蛾眉，謠諑謂余以善淫。」復關，出自《詩．氓》：「乘彼垝垣，以望復關。不見復關，泣涕漣漣。既見復關，載笑載言。」毛萇注云：「復關，君子所近之處也。」孔戒，指孔門冶容淫亂的訓誡。《易．繫辭》：「冶容誨淫。」鄭玄注：「謂飾其容而見於外曰冶。」《毛詩．序》：「〈氓〉，刺時也。淫風大行，男女無別，遂相奔誘。華落色衰，復相棄背。或乃困而自悔，喪其妃耦，故序其事以風焉。」冶容，豔麗的姿容。這兩句說自己的行為像美女揚蛾眉而望復關一樣，有違孔門「冶容誨淫」的訓誡。53懿氓蚩二句　懿，美好，此處用作動詞，意動用法，以之為美。〈氓〉蚩，指《詩．氓》中抱布貿絲的小伙子。〈氓〉「氓之蚩蚩，抱布貿絲。匪來貿絲，來即我謀」。蚩蚩，憨笑的樣子。又曰：「女也不爽，士貳其行。士也罔極，二三其德。」「及爾偕老，老使我怨。」注云：「我欲與汝俱至老，汝反薄我使怨也。」女子後來發現男子變心，感到悔恨，下決心與男子一刀兩斷。悟，覺悟；明白。悔，悔恨。作者對此女的決斷表示讚賞。慕，羨慕；仰慕。白駒，語出《詩．白駒》：「皎皎白駒，食我場苗。」《毛傳》：「宣王之末，不能用賢，賢者有乘白駒而去者。」作者在此羨慕乘白駒退隱的賢者。(54)乃稱疾二句　稱疾，稱病。屢復，多次告白。復，告白；奏明。歷，經過。三祀，三年。商代稱年為祀。見，被；獲得。許，同意；批准。此二句言作者稱病辭職，獲得准許。(55)悠輕舉二句　悠，隨風飛起的樣子。輕舉，輕身飛起。悠輕舉，形容作者獲准辭職的快意。遠遁，到遠處隱居。遁，隱去。託，託體；託身。峻嶮，高山。幽處，隱居。此二句言作者辭職之後隱居。(56)竫潛思二句　竫，安靜。潛思，沉默思考；潛心思考。至賾，極深的哲理。賾，深。騁，馳騁。六經，指儒家的六部經典，即《詩》、《書》、《禮》、《樂》、《易》、《春秋》，其中《樂》今亡佚。奧府，高深的府庫，比喻含蘊奧妙。此二句言作者隱居之後潛心研讀《六經》的深奧玄妙。(57)皇再命二句　皇，天。再命，第二次降天命。再，兩次；第二次。紹，繼續；接續。卹，體恤；憂憐。眷，眷顧。建武，光武帝劉秀始建元之年號，西元二五—五六年。此二句言皇天憂卹眷顧漢家，再命光武帝劉秀繼承大統。(58)運欃槍二句　運，使用。欃槍，彗星的別名。《爾雅·釋天》：「彗星為欃槍。」稱彗星為欃槍，本取除舊布新之義。電埽，彗星俗稱掃帚星，以尾長如篲，故名。電，言其光如電之明亮、疾速。清，清除。六合，本指天地和東、西、南、北四方，在此泛指天下。土宇，疆土；國土。此二句言光武帝除舊布新，使天下重歸一統。(59)聖德滂二句　聖德，聖上的恩德。聖，古代臣對君的尊稱，此指光武帝劉秀。滂，大水湧流的樣子。橫被，即光被。《漢書·王褒傳》：「橫被無窮。」王先謙《補注》：「此用《尚書》『光被四表』語。」橫，充溢。黎庶，黎民百姓。愷，歡樂；和樂。鼓舞，本義為擊鼓跳舞，此指歡欣快樂。此言光武帝重新統一天下之後，恩德廣覆，百姓歡欣鼓舞。(60)闢四門二句　闢，即辟，打開。四門，四方之門。博延，廣泛地延攬（賢才）。彼，那。幽牧，幽州刺史。我舉，即舉我。謂為幽州刺史所舉薦。此二句言光武帝敞開四方之門，廣攬賢才，幽州刺史在此時舉薦了作者。(61)分畫定二句　分畫，考慮計劃。分，料想；考慮。畫，計謀；計劃。計決，計劃決定。賁，彩飾；裝飾。《易》：「束帛戔戔，賁於丘園。」束帛，王者用來敦聘賢士的禮物。乎，相當於介詞「於」。鄙者，庸俗的老者。鄙，庸俗；淺陋。耇，老壽。此二句謂朝廷同意幽州刺史的舉薦，但怎能讓聖主聘用我這樣庸俗的老人呢？(62)遂懸車二句　遂，於是。懸車，古人一般至七十歲辭官家居，廢車不用，故稱懸車。這裡指隱居不仕。縶馬，拴住馬。縶，用繩索拴住馬足。絕，斷絕。時俗，即世俗。此二句言作者絕意仕進，不追逐名利，不再接受任何舉薦。(63)歎暮春二句　歎，讚歎。暮春，暮春之成服，典出《論語·先進》曾皙言其志曰：「暮春者，春服既成，冠者五六人，童子六七人，浴乎沂，風乎舞雩，詠而歸。」孔子聽後，喟然歎曰：「吾與點也。」闔，關閉。衡門，橫木以為門，比喻簡陋的房屋。衡，通「橫」。埽軌，掃除車跡，以示不與人交通。軌，車轍軌跡。(64)聊優游二句　聊，姑且。優游，悠閒自得。永日，終日；整日。守，保全。盡齒，意謂盡其年壽。《國語·晉語》：「非義不盡齒。」韋昭曰：「齒，年壽也。」此二句言作者希望自己今後悠閒地生活，安寧地度過晚年。65貴啟體二句　貴，意動用法，以之為貴。啟體之歸全，即全歸無損傷而死。啟體，啟視遺體。《論語・泰伯》：「曾子有疾，召門弟子曰：『啟余足。』」注云：「父母全己生之，亦當全而歸之。」曾子認為身體受之於父母，不敢毀傷，故令子弟開衾檢視，以明無損傷。後以「啟手足」作為善終的代稱。庶，表示願望或可能。忝，辱。先子，亡父。《孟子・公孫丑上》：「曾西蹵然曰：『吾先子之所畏也。』」焦循正義：「稱『先子』者，謂父，非謂祖父也。」或泛指祖先。《左傳・昭公四年》：「宣伯曰：『魯以先子之故，將存吾宗，必召女。』」杜預注：「先子，宣伯先人。」此二句言作者希望自己善終，不辱沒先人。

【語　譯】崔駰，字亭伯，涿郡安平縣人。高祖父崔朝，西漢昭帝時為幽州從事，規勸刺史不要與燕刺王交往。燕刺王敗亡後，被提升為侍御史。崔朝生兒子名叫崔舒，歷任四個郡的太守，在各任上都獲得賢能的名聲。

2　崔舒的小兒子崔篆，王莽時任郡文學，被徵召應試明經科，太保甄豐推舉他任步兵校尉。篆推辭說：「我聽說伐國不問仁人，戰陣不問儒生。這樣的事為什麼任用我？」於是自劾有過，棄舉回家。

3　王莽嫌恨那些不歸附自己的人，多設法算計陷害。當時崔篆的哥哥崔發以諂媚奸巧受王莽寵幸，官至大司空。母親師氏能通經學、百家之言，王莽以特殊的禮節優待，賜號義成夫人，給她金印章紫色綬帶，華美的車子，在新朝顯赫一時。

4　後來任命崔篆為建新郡大尹，崔篆沒有辦法推辭，於是歎息說：「我生在不能預期之世，遇上像澆、羿一樣的君王，上有老母，下有兄弟，哪能只顧潔身自好而危害到親屬呢？」於是一個人走馬上任，稱病不理事，三年不到所屬各縣巡視。門下掾倪敞規勸，崔篆才勉強頒布春令。所到之縣，獄中人滿為患。崔篆流淚說：「唉！刑罰不當，才使人身陷囹圄。這些人都犯了什麼罪，竟到了如此地步！」於是秉公處理，釋放了兩千多人。掾吏叩頭規勸說：「朝廷新政，州牧嚴峻刻薄。赦罪申冤，確實是仁者之心；但是你這個敢作敢為的君子，恐怕將來會後悔的！」崔篆說：「邾文公不因個人的利害得失而改變主張，君子說他知天命。如殺一個大尹能救回二千人，就是我所希望的。」於是稱病離去。

5　建武初年，朝廷有很多人推薦他，幽州刺史又推舉崔篆為賢良。崔篆自認為宗族受到王莽的寵信，有愧於漢朝，就推辭回家不再出仕。客居滎陽，閉門深思，著《周易林》六十四篇，用來占卜吉凶，多有靈驗。臨死前作賦悼念自己，名為〈慰志〉。賦文說：

6 「感歎古人生逢其時，讚美伊尹、傅說與明君相遇。他們具有適合要求的美質，不適之處則有像公輸班、倕一樣的巧匠加以剪裁。協助君主制定良好的法度，一起同心協力制定良策。在盛世承擔安邦定國的重任，必名垂青史，萬古流芳。難道是修德到極點，上天才賜福給他？

7 「可憐我生不逢時，正趕上漢朝中途衰落。烏雲遮住了天空，日光暗淡。大權被豪族把持，朝廷綱常法紀日漸衰頹。九黎、共工氏專橫暴戾，后羿、寒浞放縱兇殘。看見朝政腐敗就鑽空子，竊取帝王的權力。為做輔政而委曲求全，在篡權後又假意痛哭流涕。可歎身為三公的甄豐舉薦我，用天威來脅迫我。難道就沒有一點像熊僚一樣的耿直嗎？只是擔心母親大禍臨頭。想明哲保身，又害怕成為〈大雅〉所譏笑的那種人。於是收起自己的志向順從了命運，接受了千乘太守的官職。恨生逢亂世卻不能隱居，背離了前人所說的高尚操行。在君子身邊顯示美貌，違反了孔子冶容誨淫的告誡。讚美女子面對負心男子而悔悟，羨慕賢人乘白駒而退隱。於是謊稱有病多次請辭，歷經三年才被允許。攸然自得地遠走，依託高山來隱居。潛心思考深奧的哲理，在高深莫測的《六經》裡鑽研。上天眷顧漢室，所以再命光武繼承大統。光武帝迅速掃平群雄，統一了天下。聖恩浩蕩造福天下，百姓生活安樂深受鼓舞。廣開賢路招納良才，當時的幽州刺史舉薦了我。朝廷考慮成熟後決定任用我，但怎能讓聖主聘請我這樣庸俗淺陋的老人呢？於是放棄了出仕的打算，絕了世人追逐官位的念頭。歎羨暮春成服的雅興，關門掃跡，不與人交通。暫且優遊度日，保住生命以盡享天年。重要的是讓自己能夠善終，這樣才不辱沒先人。」

1 篆生毅，以疾隱身不仕。

2 毅生駰，年十三能通詩❶、易❷、春秋❸，博學有偉才，盡通古今訓詁百家之言，善屬文。少游太學④，與班固⑤、傅毅⑥同時齊名。常以典籍為業，未遑仕進之事。時人或譏其太玄靜，將以後名失實⑦。駰擬揚雄⑧解嘲，作達旨以荅焉。其辭曰：

3 「或說己⑨曰：『易稱「備物致用」，「可觀而有所合」⑩，故能扶陽以出，順陰而入⑪。春發其華，秋收其實，有始有極，爰登其質⑫。今子韞櫝六經，服膺道術⑬，歷世而游，高談有日⑭，俯鉤深於重淵，仰探遠乎九乾⑮，窮至賾於幽微，測潛隱之無源⑯。然下不步卿相之廷，上不登王公之門⑰，進不黨以讚己，退不黷於庸人⑱。獨師友道德，合符曩真⑲，抱景特立，與士不群⑳。蓋高樹靡陰，獨木不林㉑，隨時之宜，道貴從凡㉒。于時太上運天德以君世，憲王僚而布官㉓；臨雍泮以恢儒，疏軒冕以崇賢㉔；率惇德以厲忠孝，揚茂化以砥仁義㉕；選利器於良材，求鏌鋣於明智㉖。不以此時攀台階，闚紫闥，據高軒，望朱闕㉗，夫欲千里而咫尺未發㉘，蒙竊惑焉㉙。故英人乘斯時也，猶逸禽之赴深林，蝱蚋之趣大沛㉚。胡為嘿嘿而久沈滯也㉛？』

4 「荅曰：有是言乎？子苟欲勉我以世路，不知其跌而失吾之度也㉜。古者陰陽始分，天地初制，皇綱云緒，帝紀乃設㉝，傳序曆數，三代興滅㉞。昔大庭尚矣，赫胥罔識[35]。淳樸散離，人物錯乖[36]。高辛攸降，厥趣各違[37]。道無常稽，與時張弛[38]。失仁為非，得義為是[39]。君子通變，各審所履[40]。故士或掩目而淵潛[41]，或盥耳而山棲[42]；或草耕而僅飽[43]，或木茹而長飢[44]；或重聘而不來[45]，或屢黜而不去[46]；或冒詢以干進[47]，或望色而斯舉[48]；或以役夫發夢於王公[49]，或以漁父見兆於元龜[50]。若夫紛纓塞路，凶虐播流，人有昏墊之戹，主有疇咨之憂[51]，條垂藟蔓，上下相求[52]。於是乎賢人授手，援世之災，跋涉赴俗，急斯時也[53]。昔堯含戚而皋陶謨[54]，高祖歎而子房慮[55]；禍不散而曹、絳奮[56]，結不解而陳平權[57]。及其策合道從，克亂弭衝[58]，乃將鏤玄珪，冊顯功[59]，銘昆吾之冶[60]，勒景、襄之鍾[61]。與其有事[62]，則褰裳濡足，冠挂不顧[63]。人溺不拯，則非仁也。當其無事[64]，則躐纓整襟，規矩其步[65]。德讓不修，則非忠也。是以險則救俗，平則守禮[66]，舉以公心，不私其體[67]。

「今聖上之育斯人也，樸以皇質，雕以唐文[68]。六合怡怡，比屋為仁[69]。壹天下之眾異，齊品類之萬殊。參差同量，坏冶一陶[70]。群生得理，庶績其凝[71]。家家有以樂和，人人有以自優[72]。威械臧而俎豆布[73]，六典陳而九刑厝[74]。濟茲兆庶，出於平易之路[75]。雖有力牧之略，尚父之厲[76]，伊、皐不論，奚事范、蔡[77]？

夫廣廈成而茂木暢，遠求存而良馬縶[78]，陰事終而水宿臧[79]，埸功畢而大火入[80]。方斯之際，處士山積，學者川流，衣裳被宇，冠蓋雲浮[81]。譬猶衡陽之林，岱陰之麓，伐尋抱不為之稀，蓺拱把不為之數[82]。悠悠罔極，亦各有得[83]。彼採其華，我收其實。舍之則臧，己所學也[84]。故進動以道，則不辭執珪而秉柱國[85]；復靜以理，則甘糟糠而安藜藿[86]。

6 「夫君子非不欲仕也，恥夸毗以求舉[87]；非不欲室也，惡登牆而摟處[88]。叫呼衒鬻，縣旌自表，非隨和之寶也[89]。暴智燿世，因以干祿，非仲尼之道也[90]。游不倫黨，苟以徇己[91]，汗血競時，利合而友[92]，子笑我之沈滯，吾亦病子屑屑而不已也[93]。先人有則而我弗虧，行有枉徑而我弗隨[94]。臧否在予，唯世所議[95]。固將因天質之自然，誦上哲之高訓；詠太平之清風，行天下之至順[96]。懼吾躬之穢德，勤百畝之不耘[97]。縶余馬以安行，俟性命之所存[98]。昔孔子起威於夾谷[99]，晏嬰發勇於崔杼[100]；曹劌舉節於柯盟[101]，卞嚴克捷於彊禦[102]；范蠡錯埶於會稽[103]，五員樹功於柏舉[104]；魯連辯言以退燕[105]，包胥單辭而存楚[106]；唐且華顛以悟秦[107]，甘羅童牙而報趙[108]；原衰見廉於壺飧[109]，宣孟收德於束脯[110]；吳札結信於丘木[111]，展季效貞於門女[112]；顏回明仁於度轂[113]，程嬰顯義於趙武[114]。僕誠不能編德於數者(115)，竊慕古人之所序。」

7 元和(116)中，肅宗(117)始修古禮，巡狩方岳。駰上四巡頌以稱漢德，辭甚典美，文多故不載。帝雅好文章，自見駰頌後，常嗟歎之，謂侍中(118)竇憲(119)曰：「卿寧知崔駰乎？」對曰：「班固數為臣說之，然未見也。」帝曰：「公愛班固而忽崔駰，此葉公之好龍也(120)。試請見之。」駰由此候(121)憲。憲屣履(122)迎門，笑謂駰曰：「亭伯，吾受詔交公，公何得薄(123)哉？」遂揖入為上客。居(124)無幾何，帝幸憲第，時駰適在憲所，帝聞而欲召見之。憲諫，以為不宜與白衣(125)會。帝悟曰：「吾能令駰朝夕在傍，何必於此！」適欲官之，會帝崩。

8 竇太后(126)臨朝(127)，憲以重戚(128)出內詔命。駰獻書誡之曰：

9 「駰聞交淺而言深者，愚也；在賤而望貴者，惑也；未信而納忠者，謗也。三者皆所不宜，而或蹈(129)之者，思效其區區(130)，憤盈而不能已(131)也。竊見足下體淳淑之姿，躬高明之量，意美志厲(132)，有上賢(133)之風。駰幸得充下館，序後陳(134)，是以竭其拳拳(135)，敢(136)進一言。

10 「傳曰：『生而富者驕，生而貴者傲。』生富貴而能不驕傲者，未之有也。今寵祿初隆(137)，百僚觀行，當堯舜之盛世，處光華之顯時(138)，豈可不庶幾夙夜，以永眾譽[139]，弘申伯之美，致周邵之事乎[140]？語曰：『不患無位，患所以立。』[141]昔馮野王[142]以外戚居位，稱為賢臣；近陰衛尉克己復禮[143]，終受多福。郯氏[144]之宗，非不尊也；陽平之族[145]，非不盛也。重侯累將，建天樞，執斗柄[146]。其所以獲譏於時，垂愆[147]於後者，何也？蓋在滿而不挹[148]，位有餘而仁不足也。漢興以後，迄于哀[149]、平[150]，外家二十，保族全身，四人而已[151]。書曰：『鑒于有殷[152]。』可不慎哉！

11

「竇氏之興，肇自孝文[153]。二君[154]以淳淑守道，成名先日；安豐以佐命著德，顯自中興[155]。內以忠誠自固，外以法度自守，卒享祚國，垂祉於今[156]。夫謙德之光，周易所美[157]；滿溢之位，道家所戒[158]。故君子福大而愈懼，爵隆而益恭。遠察近覽，俯仰有則[159]，銘諸几杖，刻諸盤杅[160]。矜矜業業[161]，無殆無荒[162]。如此，則百福是荷[163]，慶流[164]無窮矣。」

12

及憲為車騎將軍[165]，辟駰為掾[166]。憲府貴重，掾屬三十人，皆故刺史、二千石[167]，唯駰以處士年少，擢在其間。憲擅權驕恣，駰數諫之。及出擊匈奴[168]，道路愈多不法，駰為主簿[169]，前後奏記數十，指切長短。憲不能容，稍疏之，因察駰高第，出為長岑[170]長。駰自以遠去，不得意，遂不之官而歸。永元[171]四年，卒于家。所著詩、賦、銘、頌、書、記、表、七依、婚禮結言、達旨、酒警合二十一篇。中子瑗。

【章　旨】以上記載崔駰少年時就才華出眾，博學多才，但不注重名利仕途。後為車騎將軍竇憲屬官，對竇憲不法之舉時加勸諫，且記錄其不法，直評其長短，顯示出其剛直不阿的人品。

【注　釋】❶詩　中國最早的詩歌總集。本只稱《詩》，後被儒家奉為經典，故又名《詩經》。流傳至今的有三百零五篇，分〈風〉、〈雅〉、〈頌〉三部分。所收作品上起周初，下至春秋中葉，大部分是今陝西、甘肅、山東、山西、河南等地民歌，少部分是貴族作品。《史記》、《漢書》等書認為曾經孔子刪定。❷易　書名。亦稱《周易》、《易經》。周代的占卜書，後成為儒家經典之一。「易」的原義是簡易，因周人以蓍草占卜較以前以甲骨占卜容易，故名。內容包括《經》和《傳》兩部分。《經》亦名《易經》，主要是六十四卦和三百八十四爻，卦有卦名與卦辭，爻有爻題和爻辭。《傳》亦名《易傳》，是對《經》的解釋，共七種十篇。❸春秋　書名。春秋末期，孔子根據魯國史官編寫的《魯春秋》，並參考周王室及各諸侯國史官的記載修成，是現存最早的編年史。記述自魯隱公元年（西元前七二二年）至魯哀公十四年（西元前四八一年）共二百四十二年的歷史，內容為周王室及各諸侯國的政治、軍事活動。記事極簡短。本為史書，自西漢以後，被儒家奉為經典，列為《五經》之一，故又有《春秋經》之稱。後人以此書記事所包括的時代，成為春秋時期。❹太學　學校名，漢朝時為全國最高學府。漢武帝用董仲舒建議，傳授儒家經典，以造就官僚人才。用博士為師。東漢質帝時在學太學生達三萬。❺班固　字孟堅，東漢扶風安陵（今陝西咸陽）人。班彪子。明帝時任蘭臺令史，撰《漢書》。建初四年（西元七九年），章帝召集諸儒在白虎觀講論《五經》同異，命其記述其事，撰成《白虎通德論》（一名《白虎通義》）。和帝永元元年（西元八九年），隨竇憲出擊匈奴，為中護軍，參與謀議。永元四年（西元九二年），竇憲失勢自殺，他受牽連免官、被捕，死於獄中。所撰《漢書》，資料豐富，組織精密，敘事得當，並開創斷代修史之法，後世奉為規範。事見本書卷四十。❻傅毅　字武仲，東漢扶風茂陵人。少博學，有文名。肅宗時為蘭臺令史，拜郎中，與班固、賈逵共典校書。後為大將軍竇憲司馬。詩文為時人所稱譽，與班固等齊名。事見本書卷八十上。❼名失實　謂名聲不顯揚，與實際不符。❽揚雄　（西元前五三—西元一八年），字子雲，西漢蜀郡成都

〈今屬四川〉人。成帝時為侍郎，給事黃門。新莽時轉為大夫，校書天祿閣。初好辭賦，曾仿司馬相如賦體作〈甘泉〉、〈河東〉、〈校獵〉、〈長楊〉四賦。後以賦無益於諷諫，輟而不為。又仿《論語》作《法言》，仿《易經》作《太玄》。駁斥神仙方術迷信，重視儒家倫理學說。❾說己　言有人勸說作者。說，勸說。己，指崔駰。❿易稱二句　備物致用，語出《易・繫辭上》，謂準備眾多物品為百姓所用。可觀而有所合，語出《易・序卦》，謂功業可觀就能使上下德性有所融合。⓫扶陽以出二句　此謂順應陰陽規律而舉止。《易乾鑿度》曰：「陽起於子，陰起於午，天數大分。以陽出離，以陰入坎，坎為中男，離為中女。太一之行，出從中男，入從中女。因陰陽男女之偶為終始也。」⓬爰登其質　登，成熟。質，根本。⓭韞櫝二句　此謂作者滿腹經綸，尊奉儒家經術。韞櫝《六經》，把《六經》藏在匣匱之中，比喻滿腹經綸。韞，匣。櫝，匱。《論語》：「有美玉，韞櫝而臧諸。」服膺，銘記在心；衷心信奉。《禮記・中庸》：「得一善，則拳拳服膺而弗失之矣。」朱熹《集注》：「服，猶著也；膺，胸也。奉持而著之心胸之間，言能守也。」道術，指儒家經術，儒家道理。⓮歷世而游二句　遊歷各地，暢談高論。此謂作者學問豐富。⓯俯鉤深二句　由《易》「探賾索隱，鉤深致遠」化用而來，猶言鉤深致遠，上知天文，下曉地理之意，謂作者學問高深。俯，俯身。鉤，鉤取；獲取。重淵，極深的水，此處比喻深奧的學問。仰，仰首。探，探取；探求。九乾，謂天有九重。〈離騷・天問〉曰：「圜則九重，孰營度之？」⓰窮至賾二句　謂深究至極其幽深奧妙之處。窮，窮盡。至賾，極其深奧微妙，亦指極深奧微妙的道理。《易・繫辭上》：「言天下之至賾而不可惡也。」賾，深奧。幽微，隱微。測，探測，探索。潛隱，潛藏；隱藏。之，至；到。無源，沒有源頭。之無源，即一直到源頭消失的地方。⓱下不步卿相之廷二句　謂崔駰不被公卿大臣徵辟任用。漢代，仕進之途除了察舉方正孝廉之外，主要是通過作小吏，逐步獲取升遷。官府屬吏都由官員自己徵召任命。卿相、王公，在這裡泛指三公九卿等大臣。廷、門，此處指公卿的府署門廷。⓲進不黨二句　進，仕進。黨，結黨。讚，稱讚。退，退隱。黷，侮辱；玷汙。庸人，普通人。⓳師友道德二句　謂以道德為師友，以古代的真人為楷模。師友，意動用法，以……為師友。合符，與……相符合。曩，過去；古代。真，真人。指品行端正、操守高尚的人。⓴抱景特立二句　謂作者行為與眾不同，特立獨行。抱景，懷抱影子，比喻孤獨。景，同「影」。身影。特立，指行為超絕挺立，與眾不同。不群，不合群，即上文所說的不結黨。㉑高樹靡陰二句　謂追求品行高尚、特立獨行的人，往往孤獨、孤立。靡，無；沒有。林，用作動詞，成為樹林。又「高樹靡陰」，華嶠《漢後書》作「高樹不庇」。㉒隨時之宜二句　謂應與時俗相隨和，即《易・隨・彖》：「隨時之義大矣哉！」以及《老子》所說：「和其光而同其塵。」宜，《說文》：「所安也」，即所適宜，所適合。道貴從凡，即做人之道，以隨合世俗為貴。貴，以……為貴。凡，世俗；平常。㉓太上二句東漢明帝以化育萬物之德來治理天下，效法三王制度來設置官職。太上，指東漢明帝。天德，上天化育萬物之德。君世，以君王身分臨世，即統治、治理天下。憲王僚而布官，效法夏商周設置百官的辦法來制定官職。《尚書》：「唐虞稽古，建官惟百，夏商官倍，亦克用乂。」憲，效法；取法。僚，官。布，安排；設置。㉔臨雍泮二句　此言東漢明帝弘揚儒學，尊崇賢人。臨，到。雍，辟雍。周王朝開始為貴族子弟所設的大學，取四周有水，形如璧環為名。班固《白虎通義》：「辟者，璧也，象圓以法天。雍者，壅之以水，象教化流行也。」泮，古代諸侯子弟的學宮。李賢注：「天子辟雍，諸侯頖宮。璧雍者，環之以水，圓而如璧也。頖，半也。諸侯半天子之宮。」恢，弘揚；恢弘。據〈顯宗孝明帝紀〉東漢明帝多次臨幸辟雍，行大射禮、養老禮等。疏軒冕以崇賢，指明帝尊敬老師桓榮的故事。明帝為太子時，跟隨桓榮學習《尚書》，即位後，仍尊榮以師禮。榮病重時，「帝幸其家問起居，入街，下車，擁經而前，撫榮垂涕，賜以床茵、帷帳、刀劍、衣被，良久乃去。自是諸侯、將軍、大夫問疾者，不敢復乘車到門，皆拜床下。」疏，離開。軒冕，古時大夫以上官員的車乘和冕服，這裡單指軒車。崇，尊崇。㉕率惇德二句　遵循淳厚的德教，弘揚廣大的教化，來砥礪忠孝仁義。率，同「循」。惇，淳厚。厲，激勵。揚，發揚；弘揚。茂化，廣大的教化，好風氣。砥，砥礪。㉖選利器二句　謂選拔優秀人才。利器，最好的器具。鏌鋣，寶劍名。《吳越春秋》：「干將，吳人也，造二劍，一曰干將，二曰莫邪。莫邪者，干將之妻名也。干將作劍，采五山之精，合六金之英，百神臨觀，遂以成劍。」《說苑》：「所以尚干將、莫邪者，貴其立斷。所以尚騏驎者，貴其立至。必且歷日曠久，絲氂猶能挈石，駑馬亦能致遠。是以聰明敏捷，人之美材也。」這裡以利器、鏌鋣比喻優秀人才。㉗不以此時攀台階四句　謂應及時攀附權要，求取仕途通達。台階，三台星亦名泰階、台階，古人以為有三公之象，因以指三公之位或宰輔重臣。本書卷三十下：「三公上應台階，下同元首。」紫闥，指宮廷。闥，宮中小門。《文選・陸機・辨亡論上》：「旋皇輿於夷庚，反帝座乎紫闥。」呂延濟注：「紫闥，帝宮也。」高軒，高車。貴顯者所乘。亦借指貴顯者。朱闕，皇宮門前兩邊供瞭望的紅色樓，借指皇宮、朝廷。㉘咫尺未發　咫與尺本為古代的兩種長度單位，周制八寸為咫，十寸為尺。咫尺作為一詞，往往形容很短或很小。發，出發。㉙蒙竊惑焉　我私下感到困惑。蒙，蒙昧無知；不明事理。這裡用作名詞，是勸說崔駰者的自我謙稱。竊，私自；私下。惑，困惑；迷惑。㉚英人三句　謂俊傑之士會抓住這一難得的機遇，奮力求取仕進。英人，人中俊傑。《文子》：「智過萬人謂之英，千人謂之俊。」乘，利用。逸，逃脫。蝱蚋，皆屬吸食人畜血液的小昆蟲。蚋，小蟲，蚊之類。《說文》：「秦謂之蚋，楚謂之蚊。」沛，這裡指雜草叢生的水澤。劉熙《釋名》：「沛，水草相半。」㉛胡為嘿嘿而久沈滯也　謂此時不應仍保持安靜沉默而不求任用。嘿嘿，同「默默」。沉默。沈滯，指不被重用，未獲官職。㉜子苟欲二句調你如果用常人的處世之道來勉勵我，不知道這樣做與我的標準相差錯、不符合。世路，處世的經歷；處世之道。跌，差錯；乖違。失，失去；離開。度，此指做人的標準。㉝古者四句　謂天地形成之時，綱紀倫常就產生了。制，造；形成。皇綱帝紀，指儒家的綱常倫理道德。緒，頭緒；開端。這裡用作動詞，產生、形成的意思。設，設立；制定。㉞傳序曆數二句　謂典籍記載了三代興亡的情況。傳，這裡指隸釋典籍。序，記載。曆數，古代人認為由天命預定的帝王統治的時間。《史記・漢興以來諸侯王年表》：「周過其曆數，秦不及期。」三代，夏、商、周。㉟大庭尚矣二句　此言大庭、赫胥年代久遠，無以徵信。大庭、赫胥，皆為古帝王號。尚，遙遠。罔，無。識，記。㊱淳樸散離二句　謂遠古時的淳樸風尚後來都散失了，人和物都與原來不同。錯，不合。乖，違背；不協調。㊲高辛攸降二句　謂高辛氏之後，人們的志趣、志向各不相同。高辛，即帝嚳，相傳為上古帝王，姬姓，號高辛氏。相傳是黃帝後裔，十五歲佐顓頊，三十歲登帝位，都於亳（今河南偃師）。商人稱之為先祖。攸降，以後；之後。攸，文言語助詞。厥，其；他們。趣，志趣；好尚。㊳道無常稽二句　道沒有固定不變的標準，應該根據具體情況而變化。常稽，指固定不變的標準或狀態。稽，停留。㊴失仁為非二句　《老子》：「失道後德，失德後仁，失仁後義，失義後禮。」㊵君子通變二句　謂君子知道變通，各自明白自己應該怎麼做。審，明白；知曉。所履，所遵循的原則。履，踐行；實行。㊶故士或掩目而淵潛　所以讀書人有的掩目潛入水中。語出《莊子》：「北人無澤與舜為友，舜以天下讓之，無澤乃自投清冷之淵，終身不返。」㊷或盥耳而山棲　有的洗耳深居山林。相傳堯想把君位讓給許由，許由聽說後認為汙了自己的耳朵，特意到池邊洗耳。許由的朋友巢父正帶小牛飲水，聽說堯要讓位給許由，就說：「為什麼汙我小牛的嘴！」把小牛牽到上游飲水。㊸或草耕而僅飽　有的耕種只求溫飽。據《呂氏春秋》記載，伯成子高在堯舜時期為諸侯，到禹時他離開去種田。禹前往見他時，伯成子高正在田野耕種。㊹或木茹而長飢　有的吃樹的果子甚至長時間挨餓。據《說苑》、《韓詩外傳》記載，鮑焦穿樹皮，吃樹的果子，最後站著枯槁死在洛水邊。㊺或重聘而不來　有的重金聘請卻不來。據《莊子》記載，楚國有個叫接輿的，耕種為活。楚王聽說他賢能，派使者帶著金百鎰、車二駟去聘請：「希望煩勞先生管理長江以南。」接輿笑而不答。等到使者走後，接輿就遠遠地遷走了，沒有人知道他去了哪裡。㊻或屢黜而不去　有的多次被罷黜卻不離開。據《論語》記載，柳下惠為士師，先後被三次罷免。有人對他說：「可以離開了。」柳下惠卻說：「盡職盡責地侍奉人君，到哪裡能不被多次罷免？」㊼或冒詢以干進　指伊尹以庖廚侍奉商湯之事。事見《史記・殷本紀》。《新序》曰：「伊尹蒙恥辱，負鼎俎以干湯。」詢，屈辱。干，追求；求取。舊指追求職位俸祿。㊽或望色而斯舉　謂有的人看別人的臉色行事。語出《論語》：「色斯舉矣，翔而後集。」色，臉色。舉，動。㊾或以役夫發夢於王公　指商王武丁夢得傳說事。傳說，原以罪人身分在傅巖築道，後商王武丁夢得說，使人畫出夢中人的圖像，令百官到處尋找，發夢於王公，在傅巖找到說，讓他為殷相，總領百官。事見《尚書》。孔安國曰：「傅氏之巖，在虞、虢之界，通道所經，有澗水壞道，常使胥靡刑人築護此道。說賢而隱，代胥靡築之以供食。」王公，對君王的泛稱。《爾雅》：「皇、王、后、辟、公、侯，君也。」

[50]或以漁父見兆於元龜　指呂尚身為漁父而遇文王事。《史記》曰：「太公以釣干周西伯。西伯將出獵，卜之，曰：『所獲非龍非螭，非熊非羆，所獲霸王之輔。』於是西伯獵，果遇太公渭水之陽，與語大說。」兆，古代占驗吉凶時灼龜甲所成的裂紋，占卜者根據裂紋來判斷吉凶。元，大。龜，這裡指占卜用的龜甲。以上引用多個歷史典故，申明「君子通變，各審所履」的道理。

[51]若夫四句　言遭逢亂世，奸人當道，暴虐橫行，百姓遭受災難，君主此時唯恐徵求不到賢才。紛纕塞路，指奸邪之人充斥朝廷。紛纕，多而亂，不善。纕，通「纕」，也作「纕」、「䊴」。塞路，充滿道路；堵塞道路。凶虐播流，應指戰亂紛紛，暴虐橫行。凶虐，凶惡暴虐。指凶惡暴虐的人。播流，傳布流行。昏墊，迷惘沉溺，指困於水災。語出《書・益稷》：「禹曰：洪水滔天，浩浩懷山襄陵，下民昏墊。」鄭玄注：「昏，沒也；墊，陷也。禹言洪水之時，人有沒陷之害。」孔穎達正義：「言天下之人遭此大水，精神昏瞀迷惑，無有所知，又苦沉溺，皆困此水災也。」亦泛指人民陷於苦難之中。㕑，苦難。主，君主；君王。疇咨，亦作「疇諮」。語出《書・堯典》：「帝曰：『疇咨若時登庸。』」偽《孔傳》：「疇，誰；庸，用也。誰能咸熙庶績，順是事者，將登用之。」後以「疇咨」為訪問、訪求之意。憂，憂慮，

[52]條垂藟蔓二句　謂君主渴求賢才，賢才尋找明君。條，樹木的細長枝。垂，下垂。藟，藤，葛類。蔓，攀引；纏繞。《詩・樛木》曰：「南有樛木，葛藟纍之。」這裡用枝條下垂比喻君主訪求賢才，用藤蔓纏繞樹木向上攀引，比喻賢才渴望得到明君任用，故曰「上下相求」。

[53]於是乎四句　言此時賢人就出來輔助君主拯救災難，忙碌辛苦，認為這是當時最為急切之事。授手，伸出手，指賢才出來輔佐君主。援，援救。《孟子》曰「天下溺則援之以道」。跋涉，登山涉水，謂旅途艱苦。《詩・載馳》：「大夫跋涉，我心則憂。」《毛傳》：「草行曰跋，水行曰涉。」赴俗，指賢德之人為拯救災難和亂世，此時也像世俗之人一樣追求仕進。

[54]昔堯含慼而臯陶謨　從前堯為洪水憂愁而臯陶陳其謀。堯，號陶唐氏，名放勳，傳說中父系氏族社會後期部落聯盟領袖。傳曾命羲和掌管時令，制定曆法。諮詢四嶽，選舜為其繼任人。對舜進行三年考核後，命舜攝位行政。他死後，即由舜繼位，史稱「禪讓」。臯陶，即「臯陶」。相傳為堯舜時人，生於曲阜（今屬山東）。舜命為管理刑政的士。佐禹平水土有功，後禹封其後裔於英（今安徽六安西）、六（今安徽六安）。

[55]高祖歎而子房慮　漢高祖歎息而張良考慮對策。漢二年，漢高祖在彭城被楚軍大敗，問張良：「吾欲捐關以東，誰可與共功者？」張良曰：「九江王英布、彭越、韓信。即欲捐此三人，楚可破也。」

事見《史記・留侯世家》。子房，即張良（？—西元前一八六年），字子房。漢初大臣。秦末戰爭中，聚眾歸劉邦，為其重要謀士。楚漢戰爭期間，提出不立六國後代，聯結英布、彭越，重用韓信等策略，又主張追擊項羽，殲滅楚軍，都為劉邦所採納。漢朝建立，封留侯。56禍不散而曹絳奮　隱患未除而曹參、周勃奮起。曹，即曹參（？—西元前一九〇年），字敬伯，沛縣（今屬江蘇）人。漢初大臣。秦末從劉邦起義，屢立戰功。漢朝建立，封平陽侯，曾任齊相九年。協助高祖平定陳豨、英布等異姓諸侯王。在齊時採用蓋公的黃老之術。後繼蕭何為漢惠帝丞相，「舉事無所變更，一遵蕭何約束」，有「蕭規曹隨」之稱。絳，即絳侯周勃（？—西元前一六九年），沛縣人。漢初大臣。秦末從劉邦起義，以軍功為將軍，封絳侯。漢初又從劉邦平定韓王信、陳豨和盧綰的叛亂。劉邦認為他「厚重少文，然安劉氏者必勃也」。呂后時，任太尉，但軍權仍為呂后親屬所控制。呂后死，他與陳平定計，入北軍號召將士擁護劉氏，誅殺企圖奪取政權的呂產、呂祿等人，迎立文帝，任右丞相。57結不解而陳平權　指漢高祖劉邦被匈奴圍困於平城，陳平設計脫身之事。見《漢書・高帝紀》。陳平，漢初陽武（今河南原陽）人，少時家貧，好黃老之術。陳勝起義，他投魏王咎，為太僕。後從項羽入關，任都尉。旋歸劉邦，任護軍中尉，建議用反間計使項羽去謀士范增，並以爵位籠絡大將韓信，為劉邦所採納。漢朝建立，封曲逆侯。傳說曾為劉邦六出奇計。惠帝、呂后時任丞相，以呂氏專權，不治事。呂后死，他與周勃定計，誅殺呂產、呂祿等，迎立文帝，任丞相。58策合道從二句　謂君臣融洽，謀略得當，平定、消除戰亂、衝突。克，戰勝；制伏。弭，消除。衝，衝擊；衝突。59鏤玄珪二句　謂將功勞雕刻在玉珪上，記錄入史冊中。鏤，雕刻。玄珪，一種黑色的玉器，上尖下方，古代用以賞賜建立特殊功績的人。《書・禹貢》：「禹錫玄圭，告厥成功。」《孔傳》：「玄，天色，禹功盡加於四海，故堯賜玄圭以彰顯之，言天功成。」蔡沈《集傳》：「水色黑，故圭以玄云。」《詩含神霧》曰：「刻之玉版，臧之金匱。」冊，書冊。這裡作動詞，指記載入史冊。60銘昆吾之冶　銘刻在用昆吾山的銅所鑄的鼎上。《墨子》：「昔夏后開（治）使飛廉析金於山，以鑄鼎於昆吾。」蔡邕〈銘論〉：「呂尚作周太師，其功銘於昆吾之鼎。」昆吾，山名。《山海經・中山經》：「又西二百里曰昆吾之山，其上多赤銅。」冶，鑄。這裡指鑄出的銅鼎。61勒景襄之鍾　據《國語》記載，晉魏顆以其身退秦師於輔氏，其功勳被銘刻在景鍾。景鍾，春秋時鄭襄公廟之鐘。鍾，同「鐘」。襄鐘是連類而及。以上兩句是說，建立像呂尚、魏顆那樣不朽的功勳，並將功勳銘刻在鐘鼎之上。62與其有事　指幫助那些有難的人。與，幫助。事，指戰亂、災難之類。63褰裳濡足二句　謂救人於災難時，不顧自身。褰裳濡足，用手提衣涉水，浸濕雙足。《新序》：「今為濡足之故，不救人溺，可乎？」褰，撩起；提起。裳，古人穿的下衣。古代男女都穿「裳」，不是褲子，是裙的一種，但不同於現在的裙子。濡，浸濕；浸漬。冠挂不顧，《淮南子》曰：「禹之趨時，冠挂而不顧，履遺而不取。」冠挂，指頭上戴的冠被樹枝掛掉。64當其無事　謂天下太平，安居樂業。65躧纓整襟二句　將帽帶和衣襟整理齊順，邁著規整的步伐，謂注意儀容與舉止。躧，通「攦」。持；拿。纓，繫在脖子上的帽帶。《史記》：「攝纓整襟。」華嶠《漢後書》「躧」作「攝」也。規矩，使規整。66是以二句　謂危急時期與安寧時期的舉止應該有所不同。險，指戰亂或災難。67舉以公心二句　謂無論「救俗」還是「守禮」，都是出於公忠之心，不是私愛自身。68樸以皇質二句　謂當今皇帝用遠古時期的樸實，用唐堯的治國準則，來治理人民。樸，砍伐整理。此指治理國家，教化百姓。皇質，遠古人民樸實無偽的本質。雕以唐文，謂以唐堯時的準則治國。唐，唐堯。孔子曰：「大哉堯之為君也，煥乎其有文章。」故曰「唐文」。69六合怡怡二句　天下和悅，家家仁愛。六合，猶言宇內，指天地和東西南北。怡怡，和悅的樣子。《論語・子路》：「兄弟怡怡。」比屋，猶言家家。比，緊靠；密列。70壹天下四句　謂使各種各樣的人和事都統一起來，得到規範。壹，使……統一。齊，使……等同。參差，長短不齊的樣子。同量，使之整齊的意思。坏，陶坯；未燒製的陶器。郭璞注《爾雅》：「坏胎，物之始也。」治，熔煉金屬。此指未鑄造出器形的金屬。一，一致；統一。陶，燒製陶器。71群生得理二句　百姓都治理得很好，各種事業都很成功。群生，指百姓。《國語・周語下》：「儀之於民，而度之於群生。」庶，眾多。績，成績；功績。凝，成。72家家二句　謂家家和美歡樂，人人安閒自得。優，悠閒；安逸。73威械臧而俎豆布　兵器入庫，不再使用，把禮器擺放出來。謂戰爭結束，開始講求禮制。械，泛指各種兵器盔甲。臧，同「藏」，入庫收藏，表示戰爭結束。俎豆，泛指各種禮器。俎，祭祀時盛牛羊等祭品的禮器。豆，古代一種盛食物的器皿，形似高腳盤。布，擺放。74六典陳而九刑厝　六典制定而九刑擱置不用。六典，周代六種治國法典的合稱，即治典、教典、禮典、政典、刑典、事典，由冢宰、司徒、宗伯、司馬、司寇、司空六官分掌。九刑，古代以墨、劓、刖、宮、大辟為五刑，加上流、贖、鞭、扑四刑，共九刑。《左傳・昭公六年》：「周有亂政而作九刑。」杜預注云：「周之衰，為刑書，謂之九刑。」此泛指各種刑罰。厝，通「措」。擱置不用。75濟茲兆庶二句　幫助百姓，使之走上平坦寬廣的大路。濟，幫助。兆庶，猶言兆民，指廣大百姓。平易，平坦寬廣。76雖有二句　謂在這樣的盛世，即使有力牧的謀略，呂尚的威容，也派不上用場。力牧，又作「力墨」或「力黑」。相傳為黃帝之臣，黃帝得於大澤，進以為將。漢帛書《十六經・觀》載其受黃帝命，周遊天下，觀察事物，從而「布制立極」，建立法規制度。尚父，即師尚父，又稱太公望、呂望、呂尚，俗稱姜太公、姜子牙。姜姓，呂氏，名尚，字牙。周文王遇之於渭水之陽，云：「吾太公望子久矣。」故號「太公望」。佐武王伐紂，滅商後受封於營丘（後稱臨淄，今山東淄博東北），為齊國開國之君。厲，威容嚴厲。77伊皐不論二句　更不用說伊尹、皋陶了，還提范睢、蔡澤幹什麼。范，指范睢（？—西元前二五五年），字叔，戰國時魏國人。秦昭王時相秦，封於應（今河南寶豐西南），號應侯。任相期間，推行遠交近攻戰略，屢敗列國。長平之戰後，白起主張乘勝破趙，他忌白起功高，允趙割地講和。繼又讒殺白起，舉鄭安平為將，王稽為河東守。後鄭安平圍攻趙都邯鄲（今河北邯鄲）失敗降趙，王稽因與諸侯私相交通而坐法誅，他憂懼謝病歸相印，不久病死。蔡，指蔡澤，戰國時燕國人。曾遊趙、韓、魏諸國而不遇。秦昭王五十二年（西元前二五五年），聞秦相范雎在秦失意，遂入秦勸雎告退，自代為相。執政時，東收周室。數月，遭人詆毀，懼而辭相位。居秦十餘年，號剛成君。秦王政時，為秦使燕，使燕太子丹入質於秦。❼❽廣廈成而茂木暢二句　以上二句以樹木與良馬比喻賢才，認為不是太平年代朝廷所急需。廣廈成而茂木暢，謂大廈修建起來了，不再需要砍伐樹木，樹木在山中茂盛地生長起來。茂、暢，皆茂盛之意。遠求存而良馬縶，謂不求取遠方珍稀奇異的物產，駿馬被拴起來不再使用。遠求，指求取遠方珍稀奇異的物產。存，停止。縶，拴；捆綁。❼❾陰事終而水宿臧　初春之際陰氣盡而水宿隱匿。立冬之後，盛德在水，陰氣用事，所以稱陰事。水宿，星座名。古代天文學家對北方列星七宿的總稱。《國語・周語下》：「及析木者有建星及牽牛焉。」韋昭注：「析木之分歷建星及牽牛皆水宿，言得水類。」❽⓿場功畢而大火入　此謂深秋季節，農事結束時，大火星在西方降下了。場功，指修築場地和翻曬、脫粒等收穫農作物的勞動。功，工作。《國語・周語中》：「野有庾積，場功未畢。」韋昭注：「治場未畢。《詩》曰：『九月築場圃。』」大火，星名。心宿中央的紅色大星，即熒惑星，司南方，主夏季。《爾雅・釋天》：「大火謂之大辰。」郭璞注：「大火，心也，在中最明，故時候主焉。」《詩・七月》：「七月流火，九月授衣。」孔穎達疏：「於七月之中，有西流者，是火之星也，知是將寒之漸。」火指大火星（即心宿）。夏曆五月的黃昏，大火在中天，七月的黃昏，大火的位置由中天逐漸西降。後多借指農曆七月暑漸退而秋將至之時。入，進入。此指大火星降到地平線之下。❽❶方斯之際五句　此言當時天下為太平盛世，人才濟濟。方，正當。處士，古時稱有德才而隱居不仕的人。山積，堆積如山，極言其多。川流，比喻層見迭出，盛行不衰。衣裳，借指達官貴人或儒雅之士。被，遮蓋。冠蓋，泛指官員的冠服和車乘，借指仕宦、貴官。班固〈西都賦〉：「冠蓋如雲，七相五公。」冠，禮帽。蓋，車蓋。雲浮，比喻盛多。❽❷伐尋抱二句　砍伐八尺粗的大樹不會使樹林稀疏，栽種兩手合圍粗的小樹不會使樹林稠密。尋，古代長度單位，八尺為一尋。拱，兩手合圍，常用來表示樹木的粗細。數，細密。❽❸悠悠罔極二句　謂人才多得不勝其數，每個人都自以為有所得。悠悠，眾多。罔極，無窮。各有得，謂眾人皆仍熱衷於仕進，自以為有得。❽❹彼採其華四句　謂眾人皆求取仕進，我獨守而不出，朝廷不用我，我就隱居，這是我學的道理。彼，眾人。舍之則臧，語出《論語》：「用之則行，舍之則臧。」意思是君王用我，我就去施展自己的才幹；不用我，我就隱居起來。❽❺進動以道二

句　謂根據需要而仕進，即使被賜予高官顯爵也不推辭。進，指仕進。執珪，先秦時楚國爵位名稱，此泛指封爵。柱國，戰國時楚國官職，原為保衛國都之官，後為楚的最高武官，猶如秦的相國。此指肩負國家重任的大臣。[86]復靜以理二句　根據需要而應退隱，即使吃粗劣的飯菜也甘心。復，返回，即退隱。甘，以……為甘。糟糠，窮人用來充饑的酒渣、米糠等粗劣食物。安，以……為安。藜藿，藜和藿，貧者所食的野菜，泛指粗劣的飯菜。[87]夫君子二句　謂君子雖想被提拔做官，但以諂媚別人求得舉薦為恥。恥，以……為恥。夸毗，諂媚，卑屈。舉，舉薦；推舉。[88]非不欲室也二句　雖想成家，但以跳過牆去摟抱處女的方式得到妻室為醜陋。室，成家。惡，以……為醜陋。登牆而摟處，語出《孟子》：「踰東家牆摟其處子則得妻，不摟則不得，將摟之乎？」處子，處女。[89]叫呼衒鬻三句　謂誇耀賣弄，自我表彰的東西，不是隨侯珠、和氏璧這樣的珍寶。叫呼，叫喚；呼喊。衒鬻，誇耀賣弄。縣旌，通過懸掛旌旗來表彰或標榜。旌，古代用羽毛裝飾的旗子，又指普通的旗子。表，表彰；顯揚；表揚。隨和之寶，指隨侯珠和和氏璧，都是著名的珍寶，前為隨侯之物，後是楚出之寶。[90]暴智燿世三句　顯露才智，向世人炫耀，以此來謀求官位，這不是孔子所宣講的道。暴，暴露；顯露。燿世，向世人炫耀。因，憑藉。李賢注引華嶠《漢後書》「因」字作「回」。回，邪；邪僻。干，謀求。祿，俸祿，借指官位、官職。仲尼，孔子，字仲尼。[91]游不倫黨二句　謂所結交來往的都不是仁善之人，苟且為自己謀求私利而已。游，交遊。倫，等倫；同類。黨，朋黨。徇，營求。[92]汗血競時二句　謂費盡心力地迎合時尚，以利益相合的為友，而不堅持道義。汗血，所出的汗皆為血。比喻勞累至極。競時，趨時。利合而友，不以道義，而以利結友。[93]子笑我二句　你嘲笑我久未得到重用，我也指責你為區區小利而奔忙不止。沈滯，積滯；淤積。此指隱退。病，以……為病。屑屑，區區；瑣屑。一說指勞瘁匆迫的樣子。[94]先人有則二句　前賢有準則在那裡，我不能違背和缺失，走的路雖有捷徑，我也不追隨。先人，前人；前賢。則，準則；標準。此指做人的原則。屈原〈離騷〉：「願依彭咸之遺則。」虧，缺失。此指達不到標準，不符合原則。行，路。《詩・七月》：「遵彼微行。」枉徑，彎曲的小路，不正的路。枉，彎曲；不直。徑，小路。隨，跟隨。《論語・雍也》：「有澹臺滅明者，行不由徑。」言其人之為人正直無私，走路總是沿大道，不走小路。作者引此典故表示自己為人正直，不走歪門邪道，謀求利祿。[95]臧否在予二句　謂我做的是好還是壞，自己心中自有評判標準，不在意世人的評議。臧否，褒貶。臧，褒揚。否，貶抑。唯，句首語氣詞。[96]固將四句　謂將憑藉自己的天資，誦讀賢哲的偉大教誨，歌頌太平盛世的清明，推行天下最大的道理。天質，天資；天賦。自然，不經人力干預而自由發展。誦，誦讀。上哲，具有超凡的道德、才智的人。訓，教誨；教導。又指典式，法則。詠，歌頌。清風，清惠的風化。《文選・張衡・東京賦》：「清風協於玄德，淳化通於自然。」薛綜注：「清惠之風，同於天德。」順，道理。《漢書．文帝紀》：「孝悌，天下之大順也。」[97]懼吾躬二句　害怕我自己身上有汙穢的德行，努力修行，講求禮義。吾躬，我自己。穢德，穢惡的德行。勤百畝之不耘，反省自己內心的諸多雜念。語出《禮記》：「夫人情者，聖王之田也。修禮以耕之，陳義以種之，講學以耨之。」勤，努力；盡力。百畝，古代一名成年男子耕種一百畝田地，此處借指個人內心的德行修養。耘，除草。[98]縶余馬二句　謂隱居而頤養天年。縶，捆綁。此指控制馬匹慢行。安行，緩慢行走，不奔馳。俟，等待。性命，生命。[99]昔孔子起威於夾谷　從前孔子在夾谷之會時獲得了威望。魯定公十年（西元前五〇〇年），魯定公與齊景公在夾谷（今山東萊蕪南）相會，孔子相魯定公赴會。齊景公命萊夷人劫魯定公，孔子斥齊無禮，迫使萊夷人退去，兩國盟誓和好。[100]晏嬰發勇於崔杼　事見《晏子春秋》：「齊大夫崔杼弒齊莊公，乃劫諸大夫盟。有敢不盟者，戟鉤其頸，劍承其心，曰：『不與崔氏而與公室者，盟神視之，言不疾，指不至血者死。』所殺者七人，而後及晏子。晏子奉血仰天曰：『崔氏無道而殺其君，若有能復崔氏而嬰不與，盟〔神〕視之。』遂仰而飲血。崔氏曰：『晏子與我，則齊國吾與共之；不與我，則戟在脰，劍在心，子圖之。』晏子曰：『劫吾以刃而失其意，非勇也。留吾以利而背其君，非義也。《詩》云：「愷悌君子，求福不回。」嬰可回而求福乎？劍刃鉤之，直兵推之，嬰不革矣。』崔子遂釋之。」晏嬰，即晏子（？—西元前五〇〇年），字平仲，春秋時夷濰（今山東高密）人。齊國大夫，歷事齊靈公、莊公、景公三朝。節儉力行，能諍諫，主張計能定祿，誅不避貴，賞不遺賤。重視發展農業生產，提倡蠶桑。多次出使楚、晉、魯等國，名顯諸侯。崔杼，春秋時齊國人，齊國大夫丁公後裔，食邑於崔（今山東章丘西北），得寵於齊惠公。齊靈公時參與諸侯會盟，從晉伐鄭、伐秦。靈公病危，迎立前所廢太子光即位，為莊公，殺政敵高厚。執政期間，率師伐莒、侵魯。齊莊公六年（西元前五四八年）殺莊公，立景公，自為右相。後兩年，子輩內訌，左相慶封乘機滅其族，他自縊而死。[101]曹劌舉節於柯盟　曹劌在柯迫使齊桓公歸還魯地。曹劌，即曹沫，春秋時魯國人。魯莊公十年（西元前六八四年），齊攻魯，他隨莊公迎戰齊軍於長勺（今山東萊蕪東北），建議莊公待齊軍三鼓氣竭，即擊鼓反攻。莊公依計，遂獲大勝。又傳莊公十三年，齊桓公與魯莊公在柯（今山東東阿）相會，他持劍相從，脅迫桓公訂立盟約，收回魯之失地。[102]卞嚴克捷於彊禦　卞嚴在激戰中連殺強敵。卞嚴，即汴莊子。此處因避東漢明帝劉莊名諱而稱嚴。春秋時魯國汴邑（今山東泗水縣）人。大夫，好勇，善事母。母在時三戰三北。母死後三年，魯起兵出征，他連獲三甲首奔敵殺十人而死。[103]范蠡錯埶於會稽　范蠡在會稽為越王出謀劃策。范蠡，字少伯，春秋末楚國宛（今河南南陽）人。越王句踐的謀臣。越王句踐三年（西元前四九四年），越被吳敗於夫椒（今浙江紹興北），吳越媾和後，隨句踐入吳為人質三年。返越後，君臣奮發圖強最終滅吳。隨後，他離越浮海到齊，稱鴟夷子皮。到陶（今山東定陶西北），改名陶朱公，以經商致富。會稽，郡名。秦置。治今江蘇蘇州。東漢永建四年（西元一二九年）移郡治今浙江紹興。

(104) 五員樹功於柏舉　五員在柏舉建立功勳。五員，即伍員，名員，字子胥，春秋時楚國人。楚國大夫伍奢的次子。因楚平王聽信讒言殺其父兄，伍員逃到吳國，助公子僚奪得王位，僚即吳王闔閭。伍員被闔閭重用，整軍經武，採取疲勞戰術，分兵連續攻楚，陷楚都。因功封於申，又稱申胥。吳王夫差時，勸王拒絕越國求和並停止伐齊，漸被疏遠。後吳王賜劍命他自殺。柏舉，地名。在今湖北麻城東北。楚昭王十年（西元前五〇六年），吳楚軍隊在此大戰，吳軍獲勝。隨後吳軍乘勝追擊，連戰皆捷，攻占楚都郢（今湖北江陵），旋以秦軍救楚，吳軍乃退。

(105) 魯連辯言以退燕　魯仲連以善辯之言使燕將退卻。魯連，即魯仲連，戰國時齊人，稷下學士。善謀策，常周遊各國，排難解紛。秦軍圍趙都邯鄲，曾以利害進說趙平原君，勸阻尊秦昭王為帝。後十餘年，齊國欲收復被燕占據的聊城（今山東聊城西北），屢攻不下，他寫信勸說燕將撤守。

(106) 包胥單辭而存楚　包胥以一人言詞使秦出兵保存了楚國。包胥，即申包胥。春秋時楚國人，封於申，與伍子胥為友。子胥逃吳時對他說必亡楚，他對以「子能復（覆）之，我必能興之」。楚昭王十年，吳王闔閭及伍子胥等率吳軍攻占楚郢都。他至秦求救，依於庭牆哭泣七日七夜，秦哀公被感動，派兵救楚，次年敗吳軍。楚昭王將賞其功，不受而去。

(107) 唐且華顛以悟秦　唐且以九十餘歲的高齡遊說秦王成功。唐且，即唐雎，戰國時人。時齊、楚攻魏，魏向秦求救，秦不應。唐雎以九十餘歲的高齡出使，向秦王陳述魏敗利害關係，秦王悟，發兵救魏。華顛，白首，意鬢髮皆白。

(108) 甘羅童牙而報趙　甘羅以幼小年紀出使趙國。甘羅，戰國時楚國下蔡（今安徽鳳臺）人，秦相甘茂孫。年十二事秦相呂不韋為庶子。呂不韋謀攻趙，以擴大河間（今河北獻縣東南）封地，請張唐入燕為相，張唐不肯行。甘羅說服張唐相燕，自己又入趙說趙王割五城予秦以擴大河間封地，並讓趙攻燕，取上谷三十六城，秦得十一。以功拜為上卿。

(109) 原衰見廉於壺飧　原衰飢餓而不吃壺中飯食體現出廉潔之風。原衰，即趙衰，又稱趙成子，字子餘。春秋時晉國大夫，晉獻公時事公子重耳，從重耳在外流亡十九年，並助其返國即位。晉文公（重耳）即位後，命為原（今河南濟源西北）大夫，故又稱原季、原衰。後任新上軍之將和中軍之佐。曾推薦先軫、欒枝等人，幫助晉文公創建霸業。

(110) 宣孟收德於束脯　趙宣孟送人束脯鼓勵美德。據《呂覽》記載，趙宣孟出行路遇飢餓之人，下車問原因。對方回答說：「我在絳做官，回去時用完了乾糧，羞於行乞，才到了這個地步。」趙宣孟給他肉脯，他拜謝卻不吃。問原因，他回答說：「我有老母親，留給她吃。」趙宣孟說：「吃吧，我再給你。」就又給了他一些。宣孟，即趙盾，亦稱趙宣子、趙宣孟。春秋時晉國人，趙衰之子。晉襄公七年（西元前六二一年），為中軍之將，掌握國政。晉靈公即位後荒淫暴虐，他多次勸諫。後以避靈公殺害出走，未出境，族人趙穿殺死靈公。他回來擁立晉成公，繼續執政。

(111) 吳札結信於丘木　吳札為兌

現心中承諾將寶劍繫於徐君墳前的樹上。吳札，即季札，春秋時吳國人，又稱公子札，吳王壽夢少子。先封於延陵（今江蘇常州），稱延陵季子，後封於州來（今安徽鳳臺），稱延州來季子。以其賢，其兄諸樊、餘祭、夷昧數次推讓君位於他，俱不受。先後出使魯、齊、鄭、衛、晉等國，對晏嬰、蘧伯玉、子產、叔向等人都有勸勉。據《史記》記載，季札出使路過徐，徐君非常喜歡季札的劍，但沒敢說出口。季札看出來，但因出使大國，需要佩帶寶劍，就沒有給徐君。等到回來路過徐時，徐君已經死了，於是季札把寶劍解下來，掛到徐君墳前的樹上，然後離去。112展季效貞於門女　語出《詩・巷伯》。《毛亨傳》云：魯國有一個獨處一室的男子，鄰居是一位獨處一室的寡婦。一天夜裡暴風雨大作，寡婦的房子被摧毀，婦人來到男子這裡請求庇護。男子不讓婦人進門。婦人從窗戶裡對他說：「你為何不讓我進來呢？」男子說：「我聽說男女不到六十歲不能同居。現在我還年輕，你也一樣，所以不能讓你進來。」婦人說：「你為何不像柳下惠那樣，能夠用身體溫暖來不及入門避寒的女子，而別人也不認為他有非禮行為。」男子說：「柳下惠可以開門，我不能開門。所以我要以我的『不開門』，來向柳下惠的『開門』學習。」展季，即柳下惠，展氏，名獲，字禽，春秋時魯國人。食邑柳下，私諡為惠，故稱柳下惠。於臧文仲執政時任士師。以講究禮節著稱。臧文仲祭祀海鳥，他認為不合祀典。魯僖公二十六年（西元前六三四年），齊攻魯，他使人至齊，以尊先王「世世子孫無相害也」之命為辭，勸齊退兵。113顏回明仁於度轂　顏回從度轂那弄清了什麼是仁。顏回，即顏淵，名回，字子淵，春秋末魯國人。孔子學生。家境貧寒，簞食瓢飲，居住陋巷，而不改其樂。為人好學，以德行著稱。

114程嬰顯義於趙武　程嬰對趙武的撫養顯示對道義的執著。程嬰，相傳為春秋晉國人，趙朔之友。晉景公時，屠岸賈為司寇，藉口趙氏有罪，乃攻殺趙朔等，並滅其族。趙朔妻有遺腹子，公孫杵臼以另一子替下趙妻遺腹子。屠岸賈殺公孫杵臼及替子，而程嬰則撫養趙氏孤兒趙武。十五年後，晉景公欲立趙氏後，他才交出趙武。晉景公復與田邑如初，屠岸賈也被殺，他自殺以報公孫杵臼。趙武，春秋時晉國大夫。趙朔子，或稱趙文子。晉平公十年（西元前五四八年），任中軍元帥，執政。令減少諸侯納「幣」之數，而以重禮待諸侯。二十七年，與楚屈建（即子木）主持第二次弭兵之會。115編德於數者　謂具備與以上各位先賢同樣的美德。編，列。116元和　東漢章帝劉炟年號，西元八四—八七年。117肅宗　即東漢章帝劉炟（西元五六—八八年），明帝第五子，西元七五—八八年在位。即位後一改明帝苛察，事從寬厚。少好儒術，建初四年（西元七九年），令諸儒於白虎觀討論《五經》異同，令班固等據以作《白虎通義》。頒布〈胎養令〉，以獎勵人口生育。在位期間，社會民生尚稱安定，生產有所發展。後世史家將其與明帝統治時期並稱為「明章之治」。然外戚竇憲驕擅，帝待以寬容，遂開外戚專政之始。

118侍中　官名。秦始置，兩漢沿置，為自列侯以下至郎中的加官，無定員。侍從皇帝左右，出入宮廷。初伺應雜事，由於接近皇帝，地位漸形貴重。[119]竇憲　字伯度，東漢扶風平陵（今陝西咸陽）人。生年不詳。妹為章帝皇后。章帝死，和帝即位，太后臨朝，他為侍中，操縱朝政。不久任車騎將軍。永元元年（西元八九年）率兵擊敗北匈奴，直追至燕然山。後任大將軍，刺史守令等地方官吏多出其門，弟兄橫暴京師。永元四年，和帝與宦官鄭眾定議誅滅竇氏，他因而自殺。[120]此葉公之好龍也　這是和葉公一樣號稱好龍啊。據劉向《新序・雜事》記載，葉公子高喜歡龍，居室內到處畫滿龍，天龍聽說後飛下來，窺頭於牖，施尾於堂，葉公見後，大驚失色，回頭就跑。後人以葉公好龍喻指表面愛好某種事物，但並非真心愛好。葉公，即諸梁，字子高，春秋末楚國人。瀋尹戌之子，封於葉（今河南葉縣），又稱葉公子高、葉公諸梁。令尹子西欲自吳召白公勝回楚，他以勝狡詐好亂勸阻，子西不聽，於是託疾出居於蔡。楚惠王十年（西元前四七九年），白公勝果於郢作亂，殺子西和司馬子期，劫持惠王。他自蔡率兵至郢平亂，自兼令尹、司馬二職。後局勢安定，以子西之子寧為令尹，子期之子寬為司馬，他仍返葉。[121]候　拜見；拜訪。[122]屣履　拖著鞋子走路，多用來形容急忙的樣子。屣，拖著鞋走。履，鞋。[123]薄　輕視；看不起。[124]居　用於「有頃」、「久之」、「頃之」等前面，表示相隔一段時間，意義較虛。[125]白衣　指無官職的士人。[126]竇太后　即章德竇皇后（？—西元九七年），東漢扶風平陵（今陝西咸陽）人。章帝皇后，竇融曾孫女。建初二年（西元七七年），選入長樂宮，次年立為皇后。和帝即位，尊為太后，臨朝聽政。兄憲，弟篤、景，並擅威權，橫行不法。永元四年（西元九二年），和帝與宦官鄭眾合謀誅除竇氏，被迫歸政。後憂懼而死。[127]臨朝　皇帝年幼，由皇太后聽政，稱臨朝。[128]重戚　貴重的外戚。[129]蹈　遵循；按照……來做。[130]思效其區區　想竭盡自己的微薄力量。效，盡力。區區，微小；微薄。[131]憤盈而不能已　謂想盡力的心情非常旺盛，不能自我控制。憤，充盈；旺盛。[132]體淳淑三句　謂竇憲繼承仁善的資質，本身具有聰明智慧的器量，心懷俊美，志節激揚。體，繼承；相承。淳淑，仁厚善良。姿，資質；稟賦。躬，本身具有。高明，崇高明睿；聰明智慧。量，器量；度量。又指抱負。意，胸懷；內心。志，志節。厲，振奮；激勵。[133]上賢　德才超著的人。[134]充下館二句　崔駰自謂才能低下，有幸在竇憲府中任職。充，湊數；補充。下館，下等的客舍。序，序次；排列。陳，行列。[135]拳拳　誠懇、深切的樣子。[136]敢　謙辭，「不敢」的簡稱，冒昧的意思。[137]寵祿初隆　謂竇憲得到的恩寵和祿位開始深厚和尊崇起來。隆，尊崇；深厚；盛大。[138]當堯舜二句　謂身處盛世，恩澤優渥。語出《尚書大傳》：「舜時百工相和為卿雲之歌曰：『卿雲爛兮，糺漫漫兮，日月光華，旦復旦兮。』」光華，光輝照耀，閃耀。[139]豈可二句　謂應該努力做到日夜關心處理國家大事，以使大家永久稱譽。庶幾，差不多；近似。《易・繫辭下》：「顏氏之子，其殆庶幾乎？」高亨注：「庶幾，近也，古成語，猶今語所謂『差不多』，讚揚之辭。」夙夜，謂日夜從事於國家政務。《詩・雨無正》：「三事大夫，莫肯夙夜。」孔穎達疏：

「三事大夫無肯早起夜臥以勤國事者。」永，使……永久。140弘申伯二句　謂弘揚並建立申伯、周公、邵公輔佐周室的功業。申伯，周宣王舅父，姜姓，立周宣王，遷都雒邑，致「宣王中興」。受褒賞，改封於謝（今河南南陽南）。中國對鞏固周朝南土起了重要作用。周，指周公，姬姓，名旦，西周初人。周武王弟，與呂尚同為西周開國元勳。以魯公封於曲阜，留朝執政，長子伯禽就封。武王卒，成王幼，攝政。管叔、蔡叔、霍叔等不服，聯合殷貴族武庚和東夷反叛。他率師東征，平定叛亂，滅奄（今山東曲阜東）後大舉分封諸侯，營建成周雒邑（今河南洛陽）。又制禮作樂，為西周典章制度的主要創制者，奠定了「成康之治」的基礎。邵，指召公。召或作邵。姬姓，名奭，西周初人。周文王庶子。因采邑在召（今陝西岐山縣西南），故稱召公或召伯。佐武王滅商後封於燕，後由其子就封，自己留於王都。成王時任太保，為三公之一。曾掌理東都的修建，又與周公分陝（今河南陝縣）而治。成王卒，受遺命輔佐康王，享高壽。141語曰三句　《論語・里仁》孔子之言。不怕沒有官位，就怕自己沒有學到賴以站得住腳的東西。位，官職；官位。立，立足。指立足的本領或才能。142馮野王　字君卿，西漢上黨潞（今山西黎城）人，後徙杜陵（今陝西西安東南）。元帝時為隴西太守，入左馮翊，有治績。成帝時，京兆尹王章以大司馬大將軍王鳳專權，薦其代之。及章罪死獄中，懼不自安，遂以病賜告歸杜陵。143陰衛尉克己復禮　陰衛尉，即陰興（？—西元四七年），字君陵，東漢初南陽新野（今河南新野）人。光烈陰皇后之弟。建武初，為黃門侍郎，守期門僕射。典將武騎，從征伐，平定郡國，為帝所親信。好結交賓客，凡有用之才，多加薦舉。歷位侍中、衛尉，賜爵關內侯。常以外戚家苦不知謙退為誡，屢辭高爵顯位。克己復禮，儒家所說的約束自己，使所做的每件事都合乎禮的標準。克，克制。144郯氏　即史丹（？—西元前一四年），字君仲，西漢魯國人，後徙杜陵（今陝西西安東南）。宣帝時任太子中庶子。元帝即位，為駙馬都尉侍中。元帝欲廢太子而立定陶王，因數切諫，太子得以固位。成帝即位，擢遷長樂衛尉，再遷右將軍，賜爵武陽侯，封邑在東海郡郯縣之武彊聚，故云郯氏。史丹以舊恩受褒賞，賜累千金。145陽平之族　指西漢後期王氏宗族。元后父王禁封陽平侯，子八人及元后從弟王音皆封侯。146重侯累將三句　累世為侯為將，位居顯要，掌握重權。指西漢後期王氏一門先後有九人封侯，五人為大司馬。天樞，北斗七星第一顆名為天樞。斗柄，北斗七星第五至第七顆為杓，杓即柄。147垂愆　罪過留傳後世。垂，流傳。愆，罪過；過失。148挹　舀，盛出來。又同「抑」，抑制；謙退。149哀　指西漢哀帝劉欣（西元前二五—前一年），西元前七—前一年在位。元帝庶孫，定陶共王子。即位後為削弱外戚王氏權勢，遣王莽及曲陽侯王根就國。又欲限制宗室、諸王侯、吏民名田和奴婢，然外戚丁、傅用事阻撓，均田之議遂罷。因社會危機嚴重，採納方士夏賀良之議，以為漢家王朝歷運中衰，當再受命，以建平二年為太初元將元年，自號陳聖劉太平皇帝，旋即廢除。身患痿痹之症，末年加劇，朝政日亂。(150)平　指西漢平帝劉衎（西元前九—西元五年），西元前一—西元五年在位，元帝庶孫。元壽二年（西元前一年）九歲被迎立為帝，由太皇太后王政君臨朝，大司馬王莽秉政。莽以大司馬領尚書事，進位安漢公、宰衡，政由己出，西漢王朝名存實亡。元始五年（西元五年）病死，或謂為王莽鴆死。(151)外家三句　皇后家族二十家，保住家族和個人性命的，只有四人。外家，即皇后家族。二十家，指高祖呂后家族呂產、呂祿謀反誅，惠帝張皇后廢，文帝母薄太后弟昭被殺，文帝竇皇后姪子竇嬰被殺，景帝薄皇后、武帝陳皇后均被廢，衛皇后自殺，昭帝上官皇后家族被誅，宣帝祖母史良娣為巫蠱死，宣帝母王夫人弟子商下獄死，霍皇后家破，元帝王皇后姪子王莽篡位，成帝許皇后賜死，趙皇后廢自殺，哀帝祖母傅太后家屬徙合浦，平帝母衛姬家屬誅，昭帝趙太后憂死。四人，指哀帝母丁姬，景帝王皇后，宣帝許皇后、王皇后，她們的家族都得到了保全。(152)鑒于有殷　以殷為鑑。殷，朝代名。商王盤庚自奄（今山東曲阜）遷都於殷（今河南安陽小屯村一帶），後世遂將商代又稱為殷。(153)竇氏之興二句　竇氏的興起，開始於西漢孝文帝時。竇氏，漢代大族，始盛於文帝時的竇嬰。孝文，即文帝劉恆（西元前二〇二—前一五七年），漢高祖劉邦之子，西元前一八〇—前一五七年在位。呂后死後，周勃等平定諸呂之亂，他以代王入為皇帝。執行「與民休息」的政策，減輕田租、賦役和刑獄，使農業生產有所恢復發展。又削弱諸侯王勢力，以鞏固中央集權。史家把他同景帝統治時期並舉，稱為「文景之治」。(154)二君　指竇太后之弟長君、少君。(155)安豐二句　安豐侯竇融因輔佐皇上擁有美名，在中興之世顯赫。安豐，即安豐侯竇融（西元前一六—西元六二年），字周公，東漢初扶風平陵（今陝西咸陽）人。累世為河西官吏。新莽末，為波水將軍，繼降劉玄，任張掖屬國都尉。劉玄敗，他聯合酒泉、敦煌等五郡，割據河西，稱行河西五郡大將軍事。後歸劉秀，協助攻滅隗囂，封安豐侯，任大司空。(156)卒享祚國二句　祚、垂，皆為福的意思。(157)謙德之光二句　語出《易・謙卦》：「謙，尊而光，卑而不可踰。」(158)滿溢之位二句　語出《老子》：「富貴而驕，自遺其咎。功成名遂而身退，天之道也。」(159)俯仰有則　謂舉止有法則。俯仰，低頭和抬頭，此指舉動、舉止。(160)銘諸几杖二句　銘寫在小桌和拐杖上，雕刻在盤盂上。《太公金匱》記載，周武王在几上書寫：「安無忘危，存無忘亡，孰惟二者，必後無凶。」在杖上刻：「輔人無苟，扶人無（容）〔咎〕。」《墨子》：「堯、舜、禹、湯書其事於竹帛，瑑之盤盂。」(161)矜矜業業　謹慎戒懼的樣子。(162)無殆無荒　殆，假借為「怠」，懶惰。荒，荒廢；荒疏。(163)荷　承受；蒙受。(164)慶流　福澤延綿。慶，福澤。流，流傳；延綿。(165)車騎將軍　官名。西漢初設將車騎士，故名。後遂為高級武官稱號，位次大將軍，且文官輔政者亦加此銜。東漢權勢尤重，但地位仍低於大將軍、驃騎將軍，高於衛將軍。(166)掾　屬官統稱。漢代三公府及其他重要官府皆置掾、史、屬，分曹治事。掾為曹長，史、屬為副貳。故掾史多冠以曹名，如戶曹掾、戶曹史等。(167)二千石　官秩等級，因所得俸祿以穀為準，故以「石」稱之。因郡守、王國傅相均秩二千石，所以二千石成為漢代對郡守、國相等一級官吏的通稱。[168]匈奴　我國古代北方少數民族，亦稱胡。戰國時活動於燕、趙、秦以北地區。秦漢之際，冒頓單于統一各部，勢盛，統轄大漠南北廣大地區。漢初，不斷南下攻擾，漢朝基本上採取防禦政策。武帝對其轉取攻勢，多次進軍漠北，使其受到很大打擊，勢漸衰。宣帝甘露二年（西元前五二年）呼韓邪單于附漢，翌年來朝。其後六七十年間，漢與匈奴之間經濟文化交流頻繁。東漢光武帝建武二十四年（西元四八年）分裂為二部，南下附漢的稱為南匈奴，留居漠北的稱為北匈奴。南匈奴屯居朔方、五原、雲中（今內蒙古自治區境內）等郡，東漢末分為五部。北匈奴在東漢和帝時被東漢和南匈奴所擊敗，部分西遷。[169]主簿　官名。漢代中央及郡縣官署均置，典領文書簿籍，經辦事務。[170]長岑　縣名。屬樂浪郡。故治在今朝鮮黃海南道長淵。[171]永元　東漢和帝劉肇年號，西元八九—一〇五年。

【語　譯】崔篆生崔毅，崔毅稱病隱居不出仕。

2　崔毅生崔駰，十三歲就能通曉《詩》、《易》、《春秋》，博學多才，盡通古今典籍和百家著述，善寫文章。年輕時在太學讀書，與班固、傅毅同時齊名。常以研究典籍為業，沒考慮進身為官的事。當時有人譏笑他太虛無，到頭來名不符實。崔駰借用揚雄〈解嘲〉的筆法，作〈達旨〉來答覆他們。賦辭說：

3　「有人勸我說：『《易經》稱「準備好東西為了使用」，「可看又能用」，所以能順應陰陽規律而行動。春天開花，秋天收穫，有始有終，才得到根本。今你滿腹《六經》，信服道術，遊歷各地，終日高談闊論，彷彿俯察可至深淵，仰觀可越九天，窮究幽微中的至理，探測潛隱中的無源。然而下不入卿相之府，上不登王公之門，在朝時不結黨營私，退隱後不輕慢普通人。只以道德為師友，以古代的真人為楷模，特立獨行，與士大夫合不來。高樹沒有樹蔭，獨木不能成林，應該緊隨時代的變化，為人之道貴在順從世俗。當時皇上以天德君臨天下，效法先王設置百官；臨幸學宮來弘揚儒學，下車步行以表示崇敬賢人；表彰美德以鼓勵忠孝，宏揚好的風氣以鼓勵仁義；從良材中挑選更為出色的，從聰明睿智者中尋找出類拔萃的。不在此時求官晉職，封侯拜相，那就是想遠走千里而一步未動，讓人感到迷惑。所以才智之士利用這一機會，就像逃脫的禽獸跑向山林，蚊蟲集聚於水草豐美之處。怎麼能默默地長久不任官職呢？』

4　「我回答說：有這話嗎？你如果想勉勵我走世人之路，不知道這樣做與我的做人標準不符合。古時陰陽初分，天地剛剛有了法度，皇綱帝紀於是設立，典籍記載了夏商周三代的興亡。大庭太遙遠了，赫胥也沒有記載。當時的淳樸風氣後來都離散，人和物都與原來不同。高辛以後，趨向發生變化。道不常留，會隨時張弛。失去仁義是不應該的，得到道義才是正確的。君子懂得變通，明白自己所要做的。所以讀書人有的掩目藏身，有的洗耳深居山林；有的耕種只求溫飽，有的吃樹的果子甚至長時間挨餓；有的重金聘請卻不來，有的多次被罷黜卻不離開；有的冒辱求取升遷，有的看人臉色行事；有的身為役夫而被王公夢見，有的身為漁夫而被顯示在龜甲卜辭上。至於奸人當道，暴虐橫行，百姓遭受災難，君主此時憂慮沒有能協助治理天下的賢才，條垂藤蔓，上下相連。於是賢人伸手，解救世人的災難，忙碌於世事之中，這是當時所急需的啊。從前堯為水患憂愁而皋陶陳其謀，漢高祖歎息而張良考慮對策；隱患未除而曹參、周勃奮起，高祖被匈奴圍困而陳平獻計。等到計策穩妥，制止混亂消除衝突，就將它刻在玉珪上，載入史冊，銘刻於昆吾之鼎，銘刻於景鍾。幫助有難者的時候，可以涉水溼足，帽子被掛掉也不顧。有人落水不救，就是不仁啊。當沒有事時，就持纓整襟，修其容止，行事符合法度。品德禮讓不修，這是不忠。因此，時事凶險就要濟世救危，太平之世就要遵守禮法，以公心處世，不只顧自己。

5　「現皇上培養百姓，樹其質樸品質，以禮樂制度加以熏陶。天下和順，人人向善。統一天下不同意見，整齊萬事萬物。參差不齊的一致起來，眾人的行為得到規範。百姓生活有保障，政績就有了。家家歡樂和睦，人人安閒自得。武器收藏而禮器擺放出來，六典制定而九刑擱置不用。渡濟天下百姓，使之走平坦寬廣的大路。即使有力牧的方略、姜尚嚴厲的威容也派不上用場，更不用說伊尹、皋陶了，還提范雎、蔡澤幹什麼？大廈建成而林木茂盛，對遠方珍異之物的徵求停止而不再需良馬之力，初春之際陰氣盡而水宿隱匿，深秋，農事完畢後，大火星就降下了。在這個時候，隱士眾多，學者層出不窮，衣可蓋宇宙，冠可遮浮雲。就好像衡山南面的樹林，岱山北面的山麓，砍伐八尺粗的大樹不會使樹林稀疏，栽種兩手合圍粗的小樹不會使樹林稠密。很多很多沒有窮盡，都自以為有得。你們眾人摘花，我就收穫果實。不被任用就隱居，這就是我所學的道理。所以從正常途徑進入仕途，就不推辭掌權做大官；為自己的信念而隱居，就甘心清貧安於微賤。

6「君子不是不想做官，只是恥於巧言令色來求官；君子不是不想成家，只是厭惡以跳牆摟抱處女的方式得到妻室。呼喊叫賣，掛旗自我標榜，不會是隨侯珠和和氏璧。向世人炫耀自己的智慧，用來謀取官位，不會是孔子之道。結交狐朋狗友，為自己苟且營私，勞心費力地趨時，為利交友，你嘲笑我的隱退，我也譏諷你為區區小利的忙碌不停。前人有準則在那裡，我不能缺失，走路時有歪曲的捷徑而我不相隨。好壞在我，任憑世人去評議。所以要利用已有的天資，牢記賢哲的告誡；讚美太平盛世的清明，做天下最合理的事。擔心我自身德行汙穢，反省內心的諸多雜念。拉住馬轡緩緩而行，以便體恤天命頤養天年。從前孔子在夾谷之會時獲得了威望，晏嬰在對付崔杼時表現神勇；曹劌在柯迫使齊桓公歸還魯地，卞嚴在激戰中連殺強敵；范蠡在會稽為越王出謀劃策，五員在柏舉建立功勳；魯仲連以善辯之言使燕將退卻，申包胥以一人言詞使秦出兵保存了楚國；唐且以九十餘歲的高齡遊說秦王成功，甘羅以幼小年紀出使趙國；原衰飢餓而不吃壺中飯食體現出廉潔之風，趙宣孟送人束脯鼓勵美德；吳札為兌現心中承諾將寶劍繫於徐君墳前的樹上，柳下惠用身體溫暖來不及入門避寒的女子而無越禮之事；顏回從度轂那弄清了什麼是仁，程嬰對趙武的撫養顯示對道義的執著。我誠然不具備上述各位的美德，只是仰慕古人所敘述的內容。」

7 元和年間，肅宗開始修古禮，巡狩四岳。崔駰上〈四巡頌〉稱讚漢朝美德，文辭非常典雅優美，因文字太多，所以此處不載。肅宗喜好文章，從看到崔駰的頌賦後，常常慨歎，對侍中竇憲說：「你知道崔駰嗎？」竇憲回答說：「班固多次對臣說到他，但沒見過。」帝說：「你愛班固而忽略崔駰，這是葉公好龍啊。你還是見見他。」崔駰因此拜訪竇憲。竇憲拖著鞋去門口迎接，笑著對崔駰說：「亭伯，我受皇帝的囑咐結交你，你怎麼可以看不起我呢？」就作揖請進去為上賓。沒過多久，皇帝來到竇憲的府上，當時崔駰正好在竇憲家，帝聽說後想召見他。竇憲規勸，認為不應該與一個平民見面。帝恍然大悟說：「我能讓崔駰朝夕在我身旁，何必在這裡見面呢！」正想給他官職時，章帝卻死去。

8 竇太后臨朝聽政，竇憲以重戚身分發布太后各項詔令。崔駰獻書告誡說：

9　「我聽說交淺而言深，愚蠢；身分低微而希望富貴，不明智；沒有取得信任而進獻忠言，就是譭謗。這三種都不應該，而有人這樣做，是想盡其區區之力，義憤填膺而不能自我控制啊。我看您淳樸善良，高風亮節，心懷俊美，志節激揚，有古代聖賢的風範。崔駰有幸做您的下屬，為您效力，因此竭盡拳拳之心，冒昧進獻一言。

10　「古書記載說：『生來富者驕，生來貴者傲。』出身富貴而能不驕傲的，沒有啊。現在您剛剛地位顯赫，百官看您所作所為，正當明君的盛世，處在光明顯赫之時，怎能不早晚盡力，永受眾人讚譽，宏揚申伯之美，做周公、邵公所做的事呢？《論語》說：『不擔心沒有地位，擔心的是靠什麼立世。』從前馮野王以外戚身分為官，被稱為賢臣；近年的陰衛尉克己復禮，終身受福。史丹的先人，不是不尊貴；陽平之族，不是不興旺。王氏累世為侯為將，位居顯要，掌握重權。他們所以在當時被人譏笑，為後人所病垢，為什麼？大都是驕傲自滿而不謙虛，地位高而不講仁義。漢興以後，至哀帝、平帝，皇后家族有二十個，保住家族和個人性命的，不過四人。《尚書》說：『以殷為鑑。』能不謹慎嗎！

11　「竇氏的興起，開始於漢文帝。竇太后的兩個弟弟因淳樸善良，恪守本分，當時就享有盛名；安豐侯竇融因輔佐光武帝而成就美名，在中興之世顯赫。對己以忠誠之心自我約束，對外嚴格遵守法度，最終享有天年，造福後世。謙遜的美德，為《周易》所讚美；驕奢的行為，為道家所勸戒。所以君子越是富貴越是憂懼，爵位越高越謙恭。遠看近察，進退都有規矩，銘寫在小桌和拐杖上，雕刻在盤盂上。兢兢業業，永不荒怠。這樣，就擁有眾多的福祉，福澤無窮。」

12　等竇憲為車騎將軍，任用崔駰為掾。竇憲府地位尊貴特殊，掾等僚屬就有三十人，都是原來的刺史、二千石，只有崔駰是以年輕處士的身分，被提拔位列其間。竇憲專權驕橫，崔駰多次規勸。等到出擊匈奴時，在行軍途中有更多不法之舉，崔駰任主簿，前前後後記錄數十條，評議其長短。竇憲不能容忍，慢慢疏遠他，於是考察後舉薦崔駰考績優等，讓崔駰出任長岑縣長。崔駰自認為到邊遠任職，不如意，就沒有去上任而回鄉。永元四年，死於家中。所著詩、賦、銘、頌、書、記、表、〈七依〉、〈婚禮結言〉、〈達旨〉、〈酒警〉共二十一篇。中子崔瑗。

1 瑗字子玉，早孤，銳志好學，盡能傳其父業。年十八，至京師，從侍中賈逵❶質正大義，逵善待之，瑗因留游學，遂明天官❷、歷數❸、京房易傳❹、六日七分❺。諸儒宗之。與扶風❻馬融❼、南陽❽張衡❾特相友好。初，瑗兄章為州人所殺，瑗手刃報仇，因亡命。會赦，歸家。家貧，兄弟同居數十年，鄉邑化之。

2 年四十餘，始為郡吏。以事繫東郡❿發干⓫獄。獄掾善為禮，瑗間考訊時，輒問以禮說。其專心好學，雖顛沛必於是。後事釋歸家，為度遼將軍⓬鄧遵所辟。居無何，遵被誅，瑗免歸。

3 後復辟車騎將軍閻顯⓭府。時閻太后⓮稱制，顯入參政事。先是安帝⓯廢太子為濟陰王⓰，而以北鄉侯⓱為嗣。瑗以侯立不以正，知顯將敗，欲說令廢立，而顯日沉醉，不能得見。乃謂長史⓲陳禪⓳曰：「中常侍⓴江京㉑、陳達等，得以嬖寵惑蠱先帝，遂使廢黜正統，扶立疎孽。少帝即位，發病廟中，周勃㉒之徵，於斯復見。今欲與長史君共求見，說將軍白太后，收京等，廢少帝，引立濟陰王，必上當天心，下合人望。伊、霍㉓之功，不下席而立，則將軍兄弟傳祚於無窮。

若拒違天意，久曠神器，則將以無罪并辜元惡。此所謂禍福之會，分功之時。」禪猶豫未敢從。會北鄉侯薨，孫程㉔立濟陰王，是為順帝。閻顯兄弟悉伏誅，瑗坐被斥。門生蘇祇具知瑗謀，欲上書言狀，瑗聞而遽止之。時陳禪為司隸校尉㉕，召瑗謂曰：「第聽祇上書，禪請為之證。」瑗曰：「此譬猶兒妾屏語耳，願使君勿復出口。」遂辭歸，不復應州郡命。

4 久之，大將軍㉖梁商㉗初開莫府㉘，復首辟瑗。自以再為貴戚吏，不遇被斥，遂以疾固辭。歲中舉茂才㉙，遷汲㉚令。在事數言便宜，為人開稻田數百頃。視事七年，百姓歌之。

5 漢安㉛初，大司農㉜胡廣㉝、少府㉞竇章㉟共薦瑗宿德大儒，從政有迹，不宜久在下位，由此遷濟北相㊱。時李固㊲為太山㊳太守，美瑗文雅，奉書禮致殷勤。歲餘，光祿大夫㊴杜喬㊵為八使㊶，徇行郡國，以臧罪奏瑗，徵詣廷尉㊷。瑗上書自訟，得理出。會病卒，年六十六。臨終，顧命子寔曰：「夫人稟天地之氣以生，及其終也，歸精於天，還骨於地。何地不可臧形骸，勿歸鄉里。其賵贈之物，羊豕之奠，一不得受。」寔奉遺令，遂留葬洛陽。

6 瑗高於文辭，尤善為書、記、箴、銘，所著賦、碑、銘、箴、頌、七蘇、南陽文學官志、歎辭、移社文、悔祈、草書埶、七言，凡五十七篇。其南陽文學官志稱於後世，諸能為文者皆自以弗及。瑗愛士，好賓客，盛脩肴膳，單極滋味，不問餘產。居常蔬食菜羹而已。家無擔石儲，當世清之。

7 寔字子真，一名台，字元始。少沈靜，好典籍。父卒，隱居墓側。服竟，三公並辟，皆不就。

8 桓帝[43]初，詔公卿郡國舉至孝獨行之士。寔以郡舉，徵詣公車，病不對策，除為郎[44]。明於政體，吏才有餘，論當世便事數十條，名曰政論。指切時要，言辯而确，當世稱之。仲長統[45]曰：「凡為人主，宜寫一通，置之坐側。」其辭曰：

9 「自堯舜之帝，湯[46]武[47]之王，皆賴明哲之佐，博物之臣[48]。故皐陶陳謨而唐虞以興，伊、箕作訓而殷周用隆[49]。及繼體之君，欲立中興之功者，曷嘗不賴賢哲之謀乎[50]！凡天下所以不理者，常由人主承平日久，俗漸敝而不悟，政寖衰而不改，習亂安危，怢不自覩[51]。或荒耽嗜欲，不恤萬機；或耳蔽箴誨，厭偽忽真；或猶豫歧路，莫適所從；或見信之佐，括囊守祿；或疎遠之臣，言以賤廢[52]。是以王綱縱弛於上，智士鬱伊於下[53]。悲夫！

10 「自漢興以來，三百五十餘歲矣。政令垢翫[54]，上下怠懈，風俗彫敝[55]，人庶巧偽[56]，百姓囂然，咸復思中興之救矣[57]。且濟時拯世之術，豈必體堯蹈舜然後乃理哉[58]？期於補綻決壞，枝柱邪傾，隨形裁割，要措斯世於安寧之域而已[59]。故聖人執權，遭時定制，步驟之差，各有云設[60]。不彊人以不能，背急切而慕所聞也[61]。蓋孔子對葉公以來遠，哀公以臨人，景公以節禮，非其不同，所急異務也[62]。是以受命[63]之君，每輒創制；中興之主，亦匡[64]時失。昔盤庚[65]愍殷，遷都易民；周穆[66]有闕，甫侯[67]正刑。俗人拘文牽古，不達權制，奇偉所聞，簡忽所見，烏可與論國家之大事哉[68]！故言事者，雖合聖德，輒見掎奪[69]。何者？其頑士闇於時權，安習所見，不知樂成，況可慮始，苟云率由舊章而已[70]。其達者或矜名妒能，恥策非己，舞筆奮辭，以破其義，寡不勝眾，遂見擯棄[71]。雖稷[72]、契[73]復存，猶將困焉。斯賈生之所以排於絳、灌，屈子之所以攄其幽憤者也[74]。夫以文帝之明，賈生之賢，絳、灌之忠，而有此患，況其餘哉！

11

「量力度德，春秋之義[75]。今既不能純法八代[76]，故宜參以霸政[77]，則宜重賞深罰以御之，明著法術以檢之。自非上德，嚴之則理，寬之則亂。何以明其然也？近孝宣皇帝[78]明於君人之道，審於為政之理，故嚴刑峻法，破姦軌之膽，海內清肅，天下密如[79]。薦勳祖廟，享號中宗。筭計見效[80]，優於孝文。及元帝[81]即位，多行寬政，卒以墮損[82]，威權始奪，遂為漢室基禍[83]之主。政道得失，於斯可監[84]。昔孔子作春秋，褒齊桓[85]，懿晉文[86]，歎管仲[87]之功。夫豈不美文、武[88]之道哉？誠達權救敝之理也[89]。故聖人能與世推移[90]，而俗士苦不知變，以為結繩之約[91]，可復理亂秦之緒，干戚之舞，足以解平城之圍[92]。

12 「夫熊經鳥伸，雖延歷之術，非傷寒之理；呼吸吐納，雖度紀之道，非續骨之膏[93]。蓋為國之法，有似理身，平則致養，疾則攻焉[94]。夫刑罰者，治亂之藥石也；德教者，興平之粱肉也[95]。夫以德教除殘[96]，是以粱肉理疾也；以刑罰理平，是以藥石供養也。方今承百王之敝，值厄運[97]之會。自數世以來，政多恩貸，馭委其轡，馬駘其銜，四牡橫奔，皇路險傾[98]。方將柑勒鞬輈以救之，豈暇鳴和鑾，清節奏哉[99]？昔高祖令蕭何[100]作九章之律[101]，有夷三族[102]之令，黥、劓、斬趾、斷舌、梟首[103]，故謂之具五刑。文帝雖除肉刑，當劓者笞三百，當斬左趾者笞五百，當斬右趾者棄市。右趾者既殞其命，笞[104]撻者往往至死，雖有輕刑之名，其實殺也。當此之時，民皆思復肉刑。至景帝元年，乃下詔曰：『加笞與重罪無異，幸而不死，不可為人。』乃定律，減笞輕捶[105]。自是之後，笞者得全。以此言之，文帝乃重刑，非輕之也；以嚴致平，非以寬致平也。必欲行若[106]言，當大定其本，使人主師五帝而式三王[107]。盪[108]亡秦之俗，遵先聖之風，棄苟全之政，蹈稽古[109]之蹤，復五等之爵[110]，立井田之制[111]。然後選稷契為佐，伊呂為輔，樂作而鳳皇儀[112]，擊石而百獸舞[113]。若不然，則多為累[114]而已。」

13 其後辟太尉[115]袁湯、大將軍梁冀[116]府，並不應。大司農羊傅、少府何豹上書薦寔才美能高，宜在朝廷。召拜議郎[117]，遷大將軍冀司馬[118]，與邊韶、延篤等著作東觀[119]。

14 出為五原[120]太守。五原土宜麻枲，而俗不知織績，民冬月無衣，積細草而臥其中，見吏則衣草而出。寔至官，斥賣儲峙，為作紡績、織紝、練縕之具以教之，民得以免寒苦。是時胡虜連入雲中[121]、朔方[122]，殺略吏民，一歲至九奔命。寔整厲士馬，嚴烽候，虜不敢犯，常為邊最。

15 以病徵，拜議郎，復與諸儒博士共雜定五經。會梁冀誅，寔以故吏免官，禁錮數年。

16 時鮮卑[123]數犯邊，詔三公[124]舉威武謀略之士，司空[125]黃瓊[126]薦寔，拜遼東[127]太守。行道，母劉氏病卒，上疏求歸葬行喪。母有母儀淑德，博覽書傳。初，寔在五原，常訓以臨民之政，寔之善績，母有其助焉。服竟，召拜尚書。寔以世方阻亂，稱疾不視事，數月免歸。

17 初，寔父卒，剽賣田宅，起冢塋，立碑頌。葬訖，資產竭盡，因窮困，以酤釀販鬻為業。時人多以此譏之，寔終不改。亦取足而已，不致盈餘。及仕官，歷位邊郡，而愈貧薄。建寧128中病卒。家徒四壁立，無以殯斂，光祿勳129楊賜130、太僕131袁逢、少府段熲132為備棺槨葬具，大鴻臚133袁隗134樹碑頌德。所著碑、論、箴、銘、荅、七言、祠、文、表、記、書凡十五篇。

18 寔從兄烈，有重名於北州135，歷位郡守、九卿136。靈帝時，開鴻都門榜賣官爵，公卿州郡下至黃綬137各有差。其富者則先入錢，貧者到官而後倍輸，或因常侍、阿保138別自通達。是時段熲、樊陵、張溫139等雖有功勤名譽，然皆先輸貨財而後登公位。烈時因傅母入錢五百萬，得為司徒。及拜日，天子臨軒，百僚畢會。帝顧謂親倖者曰：「悔不小靳，可至千萬。」程夫人於傍應曰：「崔公冀州140名士，豈肯買官？賴我得是，反不知姝邪！」烈於是聲譽衰減。久之不自安，從容問其子鈞曰：「吾居三公，於議者何如？」鈞曰：「大人少有英稱，歷位卿守，論者不謂不當為三公；而今登其位，天下失望。」烈曰：「何為然也？」鈞曰：「論者嫌其銅臭。」烈怒，舉杖擊之。鈞時為虎賁中郎將141，服武弁，戴鶡尾，狼狽而走。烈罵曰：「死卒，父檛而走，孝乎？」鈞曰：「舜之事父，小杖則受，大杖則走，非不孝也。」烈慚而止。烈後拜太尉。

19 鈞少交結英豪，有名稱，為西河[142]太守。獻帝[143]初，鈞與袁紹[144]俱起兵山東，董卓[145]以是收烈付郿[146]獄，錮之，鋃鐺鐵鎖。卓既誅，拜烈城門校尉[147]。及李傕[148]入長安，為亂兵所殺。

20 烈有文才，所著詩、書、教、頌等凡四篇。

【章旨】以上記載崔駰子孫崔瑗、崔寔、崔烈、崔鈞等生平事跡。崔瑗少從名師，但命運坎坷，仕途不順。崔寔出任地方，關心百姓疾苦，教民紡織，並整飭邊備，確保邊境的安寧與穩定。而崔烈以錢買官，使自己聲譽受損。

【注釋】❶賈逵　字景伯，東漢扶風平陵（今陝西咸陽）人。少承家學，習古文經，兼通《穀梁》之說。章帝建初元年（西元七六年），奉詔講學於白虎觀及雲臺，章帝命其以古文經教授諸生高才。通天文、曆學。和帝時，遷左中郎將，復為侍中，領騎都尉，兼掌祕書近署，甚見信用。所著經傳義詁及論難共百餘萬言。❷天官　天文學。❸歷數　曆法數術。❹京房易傳　京房所作《易傳》。京房，字君明，西漢東郡頓丘（今河南清豐）人。元帝初元四年（西元前四五年）以孝廉為郎。數以災異推論時政。以災異說元帝，奏劾中書令石顯和尚書令五鹿充宗，出為魏郡太守。後石顯告其誹謗政治，下獄死。治《易》以明災異為特徵，自成一家，元帝時立為博士，由其弟子傳之。❺六日七分　一種占卜術。❻扶風　右扶風，政區名。西漢太初元年（西元前一〇四年）改主爵都尉置，分右內史西半部為其轄區，職掌相當於郡太守。因地屬畿輔，故不稱郡，為三輔之一。治今西安西北郊。東漢移治今陝西興平東南，屬司隸校尉部。❼馬融　（西元七九－一六六年），字季長，東漢扶風茂陵（今陝西興平）人。安帝永初四年（西元一一〇年）拜校書郎中，因上〈廣成頌〉忤鄧太后旨，十年不得升調，復遭禁錮。

大將軍梁冀掌權時，又因觸犯梁冀被免官髡徙朔方。但晚年為梁冀歌功頌德，頗為正人所羞。著述極豐，世稱通儒。生徒受教者常有千餘人，當世名儒鄭玄、盧植等皆出其門下。❽南陽　郡名。戰國時置。治今河南南陽。❾張衡　字平子，東漢南陽西鄂（今河南南陽）人。曾兩度任太史令，執管天文、曆法。晚年任河間相、尚書。一生潛心發明著述。創制了世界上最早利用水力轉動測定天體星象的渾天儀、測定風候的候風儀和測定地震的地動儀，還發明和複製出指南車和記里鼓車等多種機械，並第一次正確解釋了月蝕之成因。其天文著作《靈憲》總結了當時的天文知識，明確提出「宇之表無極，宙之端無窮」的宇宙無限性看法。❿東郡　戰國末期秦國置。治今河南濮陽西南。⓫發干　縣名。屬東郡。⓬度遼將軍　漢代將軍名號，初設於漢昭帝元鳳三年（西元前七八年），因遼東烏桓反，以中郎將范明友為度遼將軍，率騎兵擊之。因須渡過遼水，所以以「度遼」為號。東漢明帝時復置，與使匈奴中郎將、護羌校尉、護烏桓校尉同掌西北邊防及匈奴、鮮卑、烏桓、西羌諸部事。⓭閻顯　（？—西元一二五年），河南滎陽人。以其妹為安帝皇后，封長社侯，掌管禁兵。安帝死，他與其妹定策立年幼的北鄉侯為帝，即少帝。太后臨朝，他任車騎將軍輔政。不久，少帝死，宦官孫程等十九人擁立濟陰王為帝（順帝），他被殺。⓮閻太后　名姬，河南滎陽人。元初元年（西元一一四年）入選掖庭為貴人。次年，立為皇后。其兄閻顯等把持朝政，與宦官江京、樊豐譖廢皇太子劉保為濟陰王。延光四年（西元一二五年）安帝死，欲久柄國政，貪立幼主，與顯定策禁中，迎立北鄉侯劉懿為少帝，以皇太后臨朝，誅除大將軍耿寶及其黨羽。閻氏皆居權要。少帝旋死，中黃門孫程等擁立濟陰王為順帝，閻顯等皆伏誅。遂被遷於離宮。次年卒。事見卷十下。⓯安帝　即劉祜（西元九四—一二五年），東漢章帝孫，清河孝王劉慶子，西元一〇六—一二五年在位。即位時年十三，鄧太后臨朝，後兄鄧騭執政。在位期間，政治黑暗，社會矛盾尖銳。張伯路等起兵海上，攻擊沿海諸郡，襲殺守令；杜季貢等聯合羌人連年起事，屢敗漢兵。建光元年（西元一二一年）鄧太后死後親政，與宦官李閏等合謀誅滅鄧騭宗族，自此寵信宦官。廟號恭宗。⓰濟陰王　即東漢順帝劉保（西元一一五—一四四年），西元一二五—一四四年在位。安帝之子。安帝死，宦官江京等立北鄉侯劉懿為帝（即少帝），旋卒。宦官孫程等殺江京迎立其為帝。孫程等十九名宦官封侯。外戚梁商、梁冀相繼為大將軍，朝政操於宦官、外戚之手，政治日益腐敗。⓱北鄉侯　即劉懿，章帝孫濟北惠王劉壽子，延光四年（西元一二五年）安帝死，被閻太后與閻顯迎立為帝。不久病死。⓲長史　官名。戰國時秦國始置。掌顧問參謀。秦漢沿置。西漢時丞相、太尉、御史大夫府及大將軍、車騎將軍等主要將軍幕府皆置，為所在府署諸掾屬之長，秩皆千石。掌府中諸務，並佐府主參預國政，其中丞相長史職權尤重。東漢三公府、諸主要將軍府皆沿置，秩千石。⓳陳禪　字紀山，巴郡安漢（今四川南充）人。漢安帝時先後為漢中太守、諫議大夫。因進諫被貶遼東。會北匈奴入犯，命為遼東太守，以懷柔手段安撫單于。曾為車騎將軍閻顯長史。順帝即位後任司隸校尉，卒於官。事見卷五十一。⑳中常侍　官名。秦始置。西漢沿置，出入宮廷，侍從皇帝，常為列侯至郎中的加官。東漢時則專用宦官為中常侍，以傳達詔令和掌理文書，權力極大。㉑江京　東漢宦官，初為小黃門，善讒諂，以迎立安帝封都鄉侯，遷中常侍，兼大長秋。後任長樂太僕。與安帝乳母王聖、外戚耿寶、閻顯等結為私黨，干亂朝政，合謀廢皇太子劉保為濟陰王，枉殺太尉楊震。安帝死，又與閻顯等定策立北鄉侯劉懿為帝（即少帝）。少帝病死，宦官孫程等十九人擁立劉保為順帝，遂被殺。㉒周勃　（？—西元前一六九年），沛縣人。西漢初大臣，秦末從劉邦起義，以軍功為將軍，封絳侯。漢初又從劉邦平定韓王信、陳豨和盧綰的叛亂。劉邦認為他「厚重少文，然安劉氏者必勃也」。呂后時，任太尉，但軍權仍為呂后親屬所控制。呂后死，他與陳平定計，入北軍號召將士擁護劉氏，誅殺企圖奪取政權的呂產、呂祿等人，迎立文帝，任右丞相。㉓霍　即霍光（？—西元前六八年），字子孟，西漢河東平陽（今山西臨汾）人。霍去病異母弟。武帝臨終，任為大司馬大將軍，與金日磾、上官桀、桑弘羊同受遺詔，輔佐少主。昭帝即位後，以交結燕王旦謀反罪名殺上官桀等，遂專朝政。及昭帝死，迎立昌邑王劉賀為帝，旋廢之，另立宣帝。前後秉政二十年，遵循武帝法度。注意輕徭薄賦，與民休息，百姓生活較為安定。宣帝即位後歸政，仍掌大權。地節二年（西元六八年）病卒。後其妻顯毒殺許皇后事發，子霍禹等謀反，族誅。㉔孫程　（？—西元一三二年），字稚卿，東漢涿郡新城（今河北徐水縣）人。安帝時為中黃門。後與中黃門王康等十八人擁立順帝，誅外戚閻氏、宦官江京等。以此封浮陽侯，任騎都尉，康等亦同日封侯，時稱「十九侯」。後以過免官，徙封宜城侯。後養子壽襲封，開宦官以養子襲爵之始。事見本書卷七十八。㉕司隸校尉　官名。西漢武帝時始置，秩二千石。初掌管理役使在中央諸官府服役的徒隸，領一千二百人，持節，亦捕治罪犯。後罷其兵，掌糾察京都百官及京師附近的三輔、三河、弘農七郡的犯法者，職權漸重。東漢司隸校尉威權更重，凡宮廷內外，皇親貴戚，京都百官，無所不糾，兼領兵，有檢敕、捕殺罪犯之權。並為司隸州行政長官，轄前述七郡。治所在河南洛陽。㉖大將軍　官名。始於戰國，漢代沿置，為將軍的最高稱號，執掌統兵征戰。事實上多由貴戚擔任，掌握政權，職位甚高。㉗梁商　（？—西元一四一年），字伯夏，東漢安定烏氏（今寧夏固原）人。少以外戚拜郎中，遷黃門侍郎。順帝永建元年（西元一二六年）嗣爵為乘氏侯。陽嘉元年（西元一三二年），其兩女被立為皇后、貴人，遂加位特進，任執金吾。四年，拜大將軍，倍受寵信。遣子梁冀等與掌權宦官曹節等結交。後幾為宦官所害。病卒。㉘莫府　古代將軍出征時臨時所設的府署。始置於戰國。㉙茂才　漢代察舉重要科目之一。西漢稱秀才，東漢避光武帝劉秀名諱，改為茂才，或作「茂材」。東漢建武十二年（西元三六年），詔三公舉茂才四行各一人，司隸州牧歲舉茂才一人，於是成為歲舉的常科。㉚汲　縣名。今河南汲縣。㉛漢安　東漢順帝劉保年號，西元一四二—一四四年。㉜大司農　官名。西漢武帝改大農令設，秩中二千石，列位九卿。掌管全國租賦收入和國家財政開支，凡百官俸祿、軍費、各級政府機構經費等皆由其支付，兼理各地倉儲、水利、官府農業、手工業、商業的經營，調運貨物，管制物價等。㉝胡廣　字伯始，東漢南郡華容（今湖北潛江市）人。安帝時舉孝廉，奏章為天下第一。曾任尚書僕射，典樞機十年。後歷順、沖、質、桓、靈帝六朝，先後任郡守、九卿以至三公。雖主政者更迭，宦官、外戚交互專權，而為官如故，無忠直之風，時諺譏為：「萬事不理問伯始，天下中庸有胡公。」質帝死，懾於大將軍梁冀權勢，反對太尉李固立清河王劉蒜為帝之議，又與中常侍丁肅聯姻，以此為時人譏毀。㉞少府　官名。九卿之一，始於戰國，秦漢相沿，掌山海池澤收入和皇室手工業製造，東漢時掌宮中御衣、寶貨、珍膳等。㉟竇章　（？—西元一四四年），字伯問，東漢扶風平陵（今陝西咸陽）人。善文章。初薦入東觀為校書郎。順帝初，以女為貴人，擢羽林郎將、屯騎校尉。後歷任少府、大鴻臚。㊱濟北相　濟北國相。濟北，封國名。東漢和帝永元二年分泰山郡西部地置，封皇弟劉壽為濟北王，都盧（今山東長清南）。相，封國中的行政長官，職位俸祿相當於郡守。㊲李固　（西元九四—一四七年），字子堅，東漢漢中南鄭（今陝西漢中）人。順帝永和年間，任荊州刺史、泰山太守，招撫境內起事農民。沖帝即位，任太尉，與大將軍梁冀共參錄尚書事。沖帝死，他議立清河王，冀不從，另立質帝。不久，冀鴆殺質帝，欲立蠡吾侯。他再次固請立清河王，為冀所忌，因被免職。後為冀所誣，被殺。事見本書卷六十三。㊳太山　即泰山。郡名。西漢高帝置，因境內泰山得名。治博縣（今泰安東南），元封以後移治奉高縣（今泰安東）。㊴光祿大夫　官名。戰國時置中大夫，漢武帝時始改稱光祿大夫，掌顧問應對，屬光祿勳。㊵杜喬　（？—西元一四七年），字叔榮，東漢河內林慮（今河南林州）人。順帝漢安元年（西元一四二年）為光祿大夫，奉使按察兗州，表奏泰山太守李固為政第一，舉劾大將軍梁冀季父及黨羽為官者贓罪千萬以上。後歷任太子太傅、大司農、大鴻臚等職。質帝為梁冀鴆殺後，與李固力主立年長的清河王劉蒜為帝，以此忤於冀。桓帝建和元年（西元一四七年），代胡廣為太尉。旋以清河劉文等人謀立劉蒜為天子事，為梁冀誣陷，下獄死。事見本書卷六十三。㊶八使　東漢順帝漢安初派出巡行天下的八位官員，侍中杜喬、周舉、守光祿大夫周栩、前青州刺史馮羨、尚書欒巴、侍御史張綱、兗州刺史郭遵、太尉長史劉班。㊷廷尉　官名。秦始置，為九卿之一。廷尉的職掌是管刑獄，為最高法官。廷尉的主要職責是負責審理皇帝交辦的詔獄，同時審理地方上報的疑難案件。㊸桓帝　即劉志（西元一三二—一六七年），東漢章帝曾孫，西元一四六—一六七年在位。本初元年（西元一四六年）被梁太后與兄大將軍梁冀迎立為帝。在位期間，梁太后臨朝，梁冀專權，朝政昏亂，民不聊生。各族人民反抗暴動蜂起。延熹二年（西元一五九年）與宦官單超等合謀誅滅梁氏，封單超等為縣侯，自後權歸宦官，政治更趨黑暗。大臣陳蕃、李膺等聯合太學生，反對宦官干政，被宦官誣指共為朋黨。下詔逮捕黨人，禁錮終身，史稱「黨錮」。㊹郎　郎官泛稱。戰國至秦有郎中，為君王侍從近官，宿衛宮廷，參與謀議，備顧問差遣。西漢依職責不同，有郎中、中郎、侍郎、議郎等，無定員，多至千餘人。執掌守衛皇宮殿廊門戶，出充車騎扈從，備顧問應對，守衛陵園寢廟等。東漢於光祿勳下設五官、左右中郎將署，主管諸中郎、侍郎、郎中，實為儲備官吏人才的機構，其郎官多達二千餘人。㊺仲長統　（西元一八〇—二二〇年），字公理，東漢山陽高平（今山東微山縣）人。尚書令荀彧舉為尚書郎。後參丞相曹操軍事。著有《昌言》十餘萬言，對戰國以來社會治亂及當時豪強地主之驕奢淫逸多有論述，並流露出反「天命」的思想。㊻湯　又稱「成湯」、「武湯」。商朝第一位王。商自始祖契至湯八次遷徙，湯始居亳（今地有河南商丘、山東曹縣、河南偃師三說）。用伊尹、仲虺為輔佐，自葛（今河南寧陵北）開始，接連攻滅韋（今河南滑縣東）、顧（今山東鄄城東北）、昆吾（今河南濮陽，一說在新鄭境內）等夏之屬國，進而伐夏桀，放桀於南巢（今安徽巢湖市西南），遂滅夏，建立商朝。㊼武　周武王，姬姓，名發。周朝建立者，周文王之子，用太公望、周公旦等人輔政，伐紂。與商軍會戰於牧野（今河南淇縣西南）。商軍倒戈，紂登鹿臺自焚而死，遂滅商。周朝建立，都鎬京（今陝西長安灃河東）。二年後病卒。㊽明哲之佐二句　謂聖明的君主都需要有睿智博學的大臣輔佐。明哲，指明智睿哲的人。博物，指通曉各種事物的人。㊾故皐陶二句　所以臯陶陳述計謀而唐虞因此興起，伊尹、箕子作訓而殷周因此興隆。箕，即箕子。商代貴族，紂王的叔父，官太師。封於箕（今山西太谷東北）。曾勸諫紂王，紂王不聽，把他囚禁。周武王滅商後他被釋放。㊿繼體三句　謂繼承帝位的君主如果想建立中興的功業，也需要倚靠賢明睿智的大臣出謀劃策。繼體，泛指繼承帝位。51凡天下六句　謂天下不能大治的原因，通常是因為君主長久身處太平，社會逐漸衰敗而不醒悟，政治逐漸衰朽而不變革，習慣於混亂危險而不在意。理，即治。指國家太平安寧。人主，古時專指一國君主，即帝王。承平，治平相承，持久太平。俗，社會上長期形成的風尚、禮節、習慣等。敝，敗壞；衰敗。寖，逐漸。習，因長久熟悉而以為正常。安危，把危險當作安寧。安，以……為安。怢，忽視；不在意。52或荒耽十句　此謂君主昏庸的幾種情形，皆足導致天下危亂。荒耽嗜欲，沉迷於自己的欲望和嗜好。荒耽，亦作「荒躭」。沉溺。恤，顧念；憂慮。萬機，指當政者處理的各種重要事務。耳蔽箴誨，指聽不到規勸教導。蔽，遮蔽。箴誨，規勸教導。厭偽忽真，聽信姦偽的言論，忽視真誠的規勸。厭，滿足；聽信。猶豫歧路，謂在是非面前猶豫不定，不能痛改錯誤。歧路，此指錯誤的道路。莫，不。適，往；歸向。見信之佐，指受到信任的輔佐大臣。括囊守祿，指大臣只知道保住自己的祿位，不能積極向君主進諫。括囊，結紮袋口，比喻緘口不進諫言。括，結紮；繫住。守祿，保持祿位。疎遠之臣，指遠離君主周邊的職位低微的臣子。言以賤廢，進言者因為身分低微，其言論得不到採納。廢，沒有採用。53王綱二句　謂皇權被奸邪之人操縱，而有識之士得不到信任，憂憤鬱結。王綱，天子的綱紀。指皇權。縱弛，鬆懈；放鬆。鬱伊，憂憤鬱結，不得舒展。語出《楚辭・遠游》：「獨鬱伊而誰語。」（見李賢注引，今本作「獨鬱結其誰語」。）54垢黷　謂汙濁混亂，玩忽荒怠。垢，汙穢；醜惡。黷，輕視；忽視。55風俗彫敝　風俗奢靡敗壞。56人庶巧偽　眾人皆虛偽不實。人庶，即庶人，指百姓，平民。巧偽，虛偽不實。57百姓二句　謂百姓憂慮這種狀況，都盼望能夠扭轉局面，實現中興。囂然，憂愁的樣子。中興之救，指通過實現中興，達到挽救政局的目的。58濟時二句　拯救當時人世的辦法，不是要求君主實行堯舜一樣的政治，才能夠實現天下安寧。濟，拯救；救助。體堯蹈舜，實行堯舜的政治。體、蹈，均有體驗、實行之意。59期於四句　希望能夠修補缺壞，扶正傾斜，根據情況正確處斷，關鍵是使社會太平安寧罷了。補綻決壞，語出《禮記・內則》：「衣裳綻裂，紉箴請補綴。」枝柱，猶支撐。邪傾，歪斜。措，安置。60聖人四句　謂聖人執政，根據時代的變化和事情的進程，各有相關的法制。執權，掌握權柄。遭時定制，根據時代的變化而定法制，不固守舊制。步驟，本意為緩行和疾行。此指事情進行的程式、次第。差，不同。云設，即「設」。「云」在此處為虛詞。61背急切而慕所聞也　背離當時的急切之事，而追慕所聞之事，此非拯救時局的要領。62蓋孔子五句　典出《韓非子・難三》：「葉公子高問政於仲尼，仲尼曰：『政在悅近而來遠。』哀公問政於仲尼，仲尼曰：「政在選賢。」齊景公問政於仲尼，仲尼曰：『政在節財。』三公出，子貢問曰：『三公問夫子政一也，夫子對之不同，何也？』仲尼曰：『葉都大而國小，民有背心，故曰政在悅近而來遠。魯哀公有大臣三人，外障距諸侯四鄰之士，內比周而以愚其君，使宗廟不掃除，社稷不血食者，必是三臣也，故曰政在選賢。齊景公築雍門，為路寢，一朝而以三百乘之家賜者三，故曰政在節財。』」此云「臨人」「節禮」，文字不同。哀公，即魯哀公（？—西元前四六八年），名將，一作「蔣」。春秋時魯國國君，西元前四九四—前四六八年在位。魯定公之子。景公，即齊景公（？—西元前四九〇年），名杵臼。春秋時齊國國君，西元前五四七—前四九〇年在位。齊靈公之子。崔杼殺莊公後立為君。初以崔杼為右相、慶封為左相，後以晏嬰為正卿。63受命　受天之命。古代帝王自稱受命於天，以鞏固其統治。64匡　糾正。65盤庚　商王，名旬，祖丁之子，陽甲之弟。盤庚是廟號。繼陽甲即位，將王都自奄（今山東曲阜）遷至殷（今河南安陽小屯村一帶）。遷都前後，曾對臣民訓誡，即《尚書・盤庚》三篇。遷殷後，「行湯之政，然後百姓由寧。殷道復興」。66周穆　即周穆王，姬姓，名滿。昭王之子。西周王。在位五十五年，曾西征犬戎，南伐徐至九江。好周遊，欲使其足跡遍於天下。西晉時汲冢出土的《穆天子傳》，載有其西遊的傳說。67甫侯　即呂侯，西周時人。傳為炎帝後裔，姜姓，為周穆王相。時諸侯不睦，言於王，作〈呂刑〉，見《尚書》。68俗人五

句　謂庸俗之人拘泥成法，不知權變，誇大聽到的，忽視見到的，不可與這樣的人討論國家大事。拘文，拘泥於成法。牽古，受古制的束縛、牽制。達，通曉。權制，權宜之制；臨時制訂的措施。奇偉，以……為奇偉，即誇大。簡忽，輕視；疏忽。烏，文言疑問詞。指原因或理由，相當於「哪」、「何」、「怎麼」。(69)言事者三句　謂進言的人所說的意見雖然符合君王的旨意，卻動輒被擯棄。聖德，猶言至高無上的道德，一般用於古之稱聖人者，也用以稱帝德，此處為後者。掎奪，指摘擯棄。賈逵注《國語》：「從後牽曰掎。」(70)其頑士五句　謂冥頑不靈的人不知道權變，苟且聲稱一切按照老規矩辦事。頑士，冥頑不靈的人士。闇，愚昧；糊塗。時權，解同「權制」，見上文。不知樂成況可慮始，語出《漢書・劉歆傳》：「夫可與樂成，難與慮始，此乃眾庶所為耳。」成，成就；成果。率由舊章，一切按照老規矩辦事。率，遵循。舊章，老法規。(71)其達者六句　謂有些明白的人則嫉妒賢能，對他人提出的好主意極力否定、摒棄。達者，明白者。矜名妒能，誇耀自己的名聲而嫉妒賢能。矜，誇耀。妒，嫉妒。恥策非己，因為好的主意不是自己所出而感到恥辱。策，謀劃；主意；意見。舞筆，舞弄文筆；揮筆。奮辭，慷慨陳詞。破，毀壞；詆毀。擯棄，拋棄。(72)稷　即后稷，姬姓，相傳為周始祖。母姜嫄於其生後曾棄之於野，故名棄。長而好農耕，堯舉為農官。舜封之於邰（今陝西武功西），號后稷。曾助夏禹治水，播種百穀，勤勞農事而死於山野。後世因以為官號。(73)契　商族始祖，子姓。相傳其母為有娀氏之女簡狄，食玄鳥蛋受孕而生。長大佐夏禹治水有功，被舜任命為掌管教化的司徒，封於商（今河南商丘）。一說居於蕃（今山東滕州）。(74)賈生二句　孝文帝時，賈誼請更定律，令列侯就國，周勃、灌嬰等毀之。屈原為楚三閭大夫，上官靳尚妒害其能，憂愁憤懣，遂作〈離騷〉。賈生，即賈誼（西元前二〇〇—前一六八年），西漢初年著名的政論家、文學家。因遭群臣忌恨，被貶為長沙王的太傅。後為梁懷王太傅，梁懷王墜馬而死，賈誼深自歉疚，亦憂傷而死。絳灌，漢絳侯周勃與潁陰侯灌嬰的並稱。均佐漢高祖定天下，建功封侯。二人起自布衣，鄙朴無文，曾讒嫉陳平、賈誼等。屈子，即屈原（約西元前三四〇—前二七八年）。攄，抒發；表達。幽憤，鬱結的怨憤。(75)量力度德二句　語出《左傳》：「息侯伐鄭，鄭伯與戰于竟，息師大敗而還。君子是以知息之將亡也——不度德，不量力，不親親，不徵辭，不察有罪。犯五不韙，而以伐人，其喪師也，不亦宜乎？」(76)八代　指三皇五帝。(77)霸政　指春秋時期的諸侯爭霸。(78)孝宣皇帝　即西漢宣帝劉詢（西元前九一—前四九年），西元前七四—前四九年在位，戾太子孫。幼遭巫蠱之禍，生長民間。元平元年（西元前七四年），霍光與大臣廢昌邑王賀後，被迎立為帝。初委政霍光。光死親政，致力整頓吏治，強化皇權。招撫流亡，假民公田，設置常平倉，蠲免和減輕租賦，以此安定民生，恢復生產。匈奴呼韓邪單于降漢，消除匈奴對漢的威脅。又設置西域都護，政令從此頒於西域。統治期間號稱「中興」，然重用宦官和外戚許、史與王氏。廟號中宗。(79)海

內清肅二句　言天下太平安寧。清肅，清平寧靜。密如，安定的樣子。(80)筭計見效　合計收到實際效果。筭計，考慮；合計；估計。(81)元帝　即劉奭（西元前七六—前三三年），西漢宣帝子。西元前四九—前三三年在位。愛好儒術，先後任貢禹、薛廣德、韋玄成、匡衡等為丞相。宦官弘恭、石顯專權，任石顯為中書令，賞賜達錢一萬萬貫。統治期間，賦役繁重，西漢開始由盛而衰。(82)墮損　敗壞損害。墮，同「隳」。(83)基禍　猶肇禍。招致禍端。(84)監　同「鑒」。借鑒；參考。(85)齊桓　即齊桓公（？—西元前六四三年），姜姓，名小白。春秋時齊國國君。西元前六八五—前六四三年在位。在位期間，任用管仲為相進行改革，國力富強。以「尊王攘夷」相號召，幫助燕國打敗北戎；營救邢衛兩國，制止戎狄對中原的進攻；聯合中原諸侯進攻蔡楚，和楚國會盟於召陵（今河南郾城東北）；還安定東周王室的內亂，多次大會諸侯，訂立盟約，成為春秋第一個霸主。(86)晉文　即晉文公（西元前六九七—前六二八年），名重耳。獻公子，春秋時晉國國君。西元前六三六—前六二八年在位。因獻公立幼子奚齊為太子，他出奔在外十九年，由秦送回。即位後整頓內政，增強軍隊，使國力強盛。又平定周的內亂，迎接周襄王復位，以「尊王」相號召。城濮（今山東鄄城西南）之戰，大勝楚軍；並在踐土（今河南原陽西南）大會諸侯，成為霸主。(87)管仲　即管敬仲，名夷吾，字仲，潁上人。春秋初期政治家。由鮑叔牙推薦，被齊桓公任命為卿，尊稱「仲父」。他在齊進行改革，確立選拔人才制度，按土地好壞分等徵稅，適當徵發力役，用官府力量發展鹽鐵業，鑄造和管理貨幣，調劑物價。從此國力大振。幫助齊桓公以「尊王攘夷」相號召，使之成為春秋時第一個霸主。(88)文武　文，指周文王，姬姓，名昌。商末周族領袖，商紂王時為西伯，亦稱伯昌。武，指周武王姬發，文王之子，率諸侯伐紂，戰於牧野，滅商，都鎬（今陝西西安西）。(89)達權救敝之理也　謂齊桓公伐楚，責以包茅不貢，王祭不供；晉文公召王盟諸侯於踐土；管仲相公子糾而射桓公：此並權變之道。達，通曉；明白。權，權變。救敝，同「救弊」。糾正弊端。(90)故聖人能與世推移　語出《楚辭．漁父》：「聖人不凝滯於物，而與時推移。」(91)結繩之約　語出《易》：「上古結繩而化，後世聖人易之以書契。」遠古時期人類無文字，結繩記事，故云。(92)干戚之舞二句　言干戚之舞不能解救平城之圍。干戚之舞，一種軍事性質的舞蹈，事見《尚書》：苗人逆命，禹乃舞干羽於兩階，七旬有苗格。干，盾。戚，鉞。平城之圍，指漢高祖被匈奴圍於平城白登山（今山西大同東北），用陳平計得解。(93)夫熊經鳥伸六句　謂熊經鳥伸與呼吸吐納都只是導引養生之法，雖然能延長壽命，但不能用來治療傷寒，也不能當作接續斷骨的藥膏。熊經鳥伸，古代一種導引養生之法。狀如熊之攀枝，鳥之伸腳。延歷，延壽。傷寒，中醫學上泛指一切熱性病。又指風寒侵入人體而引起的疾病。症狀為頭痛，項強，畏寒，發熱，骨節痠痛，無汗脈緊等。呼吸吐納，吐故納新，道家養生之術。《莊子》：「吹呴呼吸，吐故納新，熊經鳥伸，此導引之士，養形之人也。」度紀，延長壽命。

續骨，接續斷骨。(94)蓋為國之法四句　為治國如同養生；無病時用養育的辦法，有疾病就用藥物治療。理身，養生；修身。平，平和，無疾病。致養，得到養育。攻，指以藥物治療疾病。(95)夫刑罰者四句　謂國家混亂時要用嚴刑峻法，太平盛世就通過道德宣傳教化。治亂，謂治理混亂的局面，使國家安定、太平。藥石，藥劑和砭石。泛指藥物。興平，昌盛太平。粱肉，泛指美食佳餚。(96)殘　兇惡。(97)戹運　不幸的遭遇；苦難的時運。(98)政多恩貸五句　謂施政過於寬鬆，如同駕馭車馬者放下轡策，馭委其轡，馬銜脫落，馬匹狂奔，國家有覆亡的危險。典出《孔子家語》：「古者天子以德法為銜勒，以百官為轡策。善御馬者，正銜勒，齊轡策，鈞馬力，和馬心，故口無聲而極千里。善御人者，一其德法，正其百官，均齊人物，和安人心，故刑不用而天下化。」恩貸，多指帝王施恩寬宥。駘，馬銜脫落。皇路，天路。指君道，國運。險傾，危險傾側。(99)方將三句　正要緊勒馬匹，控制車輛，使之停住，此時無閒讓和鑾鳴響，作為節奏。柑勒，柑與勒皆制馬之具。喻指控制、約束的手段。柑，通「拑」。用木銜馬口，使之不能食粟。勒，馬轡。帶有嚼口的馬籠頭，用來牽引馬匹。韃，此指控制住車。輈，車轅，泛指車。和，裝在車軾上的鈴。鑾，裝在軛首或車衡上的銅鈴。《說苑》：「鑾設於鑣，和設於軾，馬動則鑾鳴，鑾鳴則和應，行之節也。」(100)蕭何　（？－西元前一九三年），沛縣（今江蘇沛縣）人。西漢初大臣，秦末佐劉邦起義。起義軍入咸陽，他收取秦政府的律令圖書，掌握了全國的山川險要、郡縣戶口和當時的社會情況。楚漢戰爭中，薦韓信為大將，以丞相身分留守關中，輸送士卒糧餉，支援作戰。對劉邦戰勝項羽、建立漢朝起了重要作用。後封酇侯。定律令制度，協助高祖消滅韓王信、陳豨、英布等異姓諸侯王。(101)九章之律　漢代法規，又稱《漢律九章》，漢高祖命相國蕭何作。計有「盜律」、「賊律」、「囚律」、「捕律」、「雜律」、「具律」、「戶律」、「興律」、「廄律」等九章，故名。前六章主要是刑罰方面的規定，大體採摭秦法，源自戰國時魏相李悝所著《法經》。後三章稱為「事例」，是關於戶籍、賦役、畜產、倉庫、興造等方面的規定，係蕭何創立，為漢律六十一篇的一部分，原文均佚。(102)夷三族　指一人犯罪而誅其三族。三族，有幾種說法：一謂父、子、孫，一謂父族、母族、妻族，一謂父母、兄弟、妻子。(103)黥劓斬趾斷舌梟首　均為肉刑。黥，古代在人臉上刺字並塗墨之刑，後亦施於士兵以防逃跑。劓，古代割掉鼻子的一種酷刑。斬趾，即剁掉腳。趾，腳。(104)笞　古代用竹板或荊條打人脊背或臀腿的刑罰。(105)捶　古代的杖刑。(106)若　這樣；如此。(107)師五帝而式三王　以五帝三王為師。五帝，傳說中的上古帝王。時在三皇之後，夏代以前。有五種說法：㈠黃帝、顓頊、帝嚳、唐堯、虞舜；㈡太皞、炎帝、黃帝、少皞、顓頊；㈢少昊（皞）、顓頊、高辛（帝嚳）、唐堯、虞舜；㈣黃帝、少皞、帝嚳、帝摯、帝堯；㈤伏羲、神農、黃帝、堯、舜。他們都是傳說中的原始社會末期部落或部落聯盟的領袖。三王，指夏商周三代的開國之君夏禹、商湯、周武王。式，效法。(108)盪　清除。(109)稽古考察古事。(110)五等之爵　爵制名。一說夏、商時為公、侯、伯、子、男五等爵，周代為天子、公、侯、伯、子、男六等。一說認為與三等爵同為西周實有制度，並相互為用。即五等爵以定封地大小，三等爵以定其所食：公食其半，侯伯食三分之一，子男食四分之一。(111)井田之制　商周田制。因其土地區劃形同井字，故名。《孟子・滕文公上》：「方里而井，井九百畝，其中為公田。八家皆私百畝，同養公田。公事畢，然後敢治私事。」(112)樂作而鳳皇儀　語出《尚書・益稷》：「簫韶九成，鳳皇來儀。」鳳皇儀，即鳳皇來儀，鳳凰來舞，儀表非凡，古代指吉祥的徵兆。儀，容儀。(113)擊石而百獸舞　語出《尚書・舜典》：「於！予擊石拊石，百獸率舞。」石，石磬，古樂器名，八音（金、石、土、革、絲、木、匏、竹）之一。百獸舞，即各種野獸相率起舞。舊指帝王修德，時代清平。(114)累　牽連；妨礙。(115)太尉　官名。秦、西漢時為全國軍政長官，與丞相、御史大夫並列，合稱三公。東漢時太尉與司徒、司空並稱三公，秩萬石，但因權歸尚書臺，太尉已無實權。(116)梁冀　（？—西元一五九年），字伯卓，東漢安定烏氏（今甘肅平涼）人。兩妹為順帝、桓帝皇后。其父梁商死後，繼為大將軍。順帝死，他與妹梁太后先後立沖、質、桓三帝，專斷朝政近二十年。執政期間，驕奢橫暴，多建苑囿，並強迫人民數千為奴婢，稱「自賣人」。梁太后、皇后先後死，桓帝與宦官單超等五人定議，誅滅梁氏，他被迫自殺。東漢政府沒其財產，賣錢三十萬萬之巨。(117)議郎　官名。西漢置，隸光祿勳。為高級郎官，不入值宿衛，執掌顧問應對，參與議政，指陳得失，為皇帝近臣。東漢更為顯要，常選任耆儒名士、高級官吏，除議政外，亦或給事宮中近署。(118)司馬　高級幕僚，兩漢將軍府置，位僅次於長史，掌參贊軍務，管理本府武職。(119)東觀　宮觀名。為漢代皇家藏書之所。(120)五原　郡名。西漢置。治九原縣（今內蒙古包頭西北）。(121)雲中　郡名。戰國趙武靈王置，秦代治今內蒙古托克托東北。東漢末廢。(122)朔方　郡名。西漢置。治今內蒙古杭錦旗北。東漢末年廢。東漢時匈奴南單于分部眾屯此，助漢守邊。(123)鮮卑　我國古代少數民族，東胡族的一支。漢初各部均受匈奴統治。漢武帝派兵破匈奴東部地區，部分鮮卑南下至西拉木倫河流域烏桓故地。東漢永元元年（西元八九年），北匈奴西遷，鮮卑各部漸入據匈奴故地，吸收北匈奴餘眾十餘萬落。桓帝時，首領檀石槐在漠南北建立部落大聯盟，分為東中西三部。以游牧狩獵為業，居無常處。(124)三公　官名合稱，周代已有此稱，為最高輔政大臣，一說為司馬、司徒、司空，一說為太師、太傅、太保。西漢時以丞相、太尉、御史大夫合稱三公。東漢時以太尉、司徒、司空合稱三公。為共同負責軍政的最高長官。(125)司空　官名。三公之一，西漢成帝時改御史大夫為大司空，東漢時稱司空，主要職務為監察、執法，兼掌重要文書圖籍。(126)黃瓊　（西元八六—一六四年），字世英，東漢江夏安陸（今湖北安陸）人。歷任尚書令、太常、司徒等職。桓帝詔議褒崇大將軍梁冀之禮，特進胡廣等多阿旨稱頌，以為宜比周公，瓊獨堅持異議，以此忤冀。冀伏誅後，封邟鄉侯。舉奏州郡貪官至死徙者十餘人。後以宦官專權，遂稱病不起。卒贈車騎將軍。事見本書卷六十一。127 遼東　郡名。戰國時燕將秦開破東胡後所置。秦漢時治今遼寧遼陽老城區。因地處遼水以東，故名。128 建寧　東漢靈帝年號，西元一六八—一七二年。129 光祿勳　官名。秦稱郎中令，漢武帝時改稱光祿勳。東漢末年復稱郎中令。掌領宿衛侍從之官。130 楊賜　（？—西元一八五年），字伯獻，東漢弘農華陰（今陝西華陰）人。楊震之孫。少傳家學，博聞廣識，隱居教授生涯。後以通《尚書》為靈帝師。歷任司空、司徒、太尉等顯職，封臨晉侯。屢上書薦舉名士，請用賢去佞、罷修苑囿。遂為擅權宦官所嫉，以帝師得免禍。事見本書卷五十四。131 太僕　官名。西周始置，秦、漢為九卿之一，掌御用車馬和畜牧業，秩中二千石。新莽改稱太御。東漢復原名，除御用車馬外，兼掌兵器製作。132 段熲　（？—西元一七九年），字紀明，東漢武威姑臧（今甘肅武威）人。桓帝永壽二年（西元一五六年）任中郎將，鎮壓泰山、瑯邪東郭竇、公孫舉農民軍，屠殺萬餘人，以此封列侯。延熹年間，歷任護羌校尉、并州刺史、破羌將軍，鎮壓羌人反抗，大小數百戰，殺人數萬。更封新豐縣侯。因曲意阿附當權宦官王甫等人，故得保全富貴。後因司隸校尉陽球奏誅王甫，受牽連下獄，飲鴆自殺。事見本書卷六十五。133 大鴻臚　官名。西漢武帝時改典客為大鴻臚，東漢沿置。原掌接待少數民族等事，為九卿之一。後漸變為贊襄禮儀之官。134 袁隗　（？—西元一九〇年），字次陽，東漢汝南汝陽（今河南商水縣）人。袁紹叔父，出身世家大族。靈帝時，任大鴻臚、司徒等職。少帝即位，為太傅，與袁紹共同輔佐大將軍何進執政。後進為宦官所殺，董卓挾持獻帝西遷。袁紹起兵討卓，他與袁氏宗族在京師者男女五十餘人，盡為董卓所殺。135 北州　古時多泛稱北方為北州，東、南、西方為東州、南州、西州。136 九卿　官名合稱。始見於《尚書大傳》。漢代習慣將奉常（太常）、郎中令（光祿勳）、太僕、廷尉（大理）、典客（大鴻臚）、宗正、治粟內史（大司農）、少府、衛尉、中尉（執金吾）、三輔長官等中二千石一級的中央各高級行政機構長官並列為九卿，並非專指九種官職，故亦稱列卿。西漢九卿名義上僅次於丞相、御史大夫，分掌全國行政，職權甚重。東漢以後，其任漸輕。137 黃綬　指漢代官印的黃色綬帶，亦用作低級官吏代稱。綬，繫印的絲組。西漢秩比二百石以上至五百石官吏皆授銅印黃綬。東漢四百石、三百石、二百石用黃綬。138 阿保　古代教育撫養貴族子女的婦女，又稱傅母。139 張溫　字伯慎，東漢末南陽穰（今河南鄧州）人。少有名譽。靈帝中平元年（西元一八四年），以大司農轉司空。次年，拜車騎將軍。率破虜將軍董卓平定湟中北宮伯玉等羌漢人民起事。及董卓專權，與司徒王允共謀誅卓。事未及發，卓使人誣其交通袁術，笞殺於市。140 冀州　西漢武帝所置「十三刺史部」之一。東漢治今河北柏鄉北，末期移置今河北臨漳西南。141 虎賁中郎將　官名，主宿衛。西漢末更名期門為虎賁郎，置虎賁中郎將統領，秩比二千石。隸屬光祿勳。東漢因之，主虎賁禁兵。光武帝、明帝時常以侍中兼領之，其後多以貴戚充任，或領兵出征。

142西河　郡名。西漢元朔四年（西元前一二五年）置。治今內蒙古準噶爾旗西南、陝西府谷西北。東漢永和五年（西元一四○年）移治今山西汾陽。143獻帝　即劉協（西元一八一—二三四年），東漢皇帝，西元一八九—二二○年在位。即位時東漢政權已名存實亡，成為軍閥董卓的傀儡。西元一九六年，他被曹操迎都於許（今河南許昌），此後又成為曹操的傀儡。西元二二○年，曹丕代漢稱帝，他被廢為山陽公。144袁紹　（？—西元二○二年），字本初，東漢汝南汝陽（今河南商水縣）人。出身於四世三公的世家大族。初為司隸校尉。何進召董卓誅宦官，卓未至而事洩，進被殺，他盡殺宦官。卓至京師專朝政，他投奔冀州（今河北中南部），號召起兵討卓，並據有其地，自稱冀州牧。後破公孫瓚，逐漸占有冀、青、幽、并四州，成為當時地廣兵多的割據勢力。建安五年（西元二○○年）在官渡（今河南中牟東北）為曹操大敗，不久病死。其子袁譚、袁尚互相攻擊，先後為曹操所滅。事見本書卷七十四。145董卓　（？—西元一九二年），字仲穎，東漢隴西臨洮（今甘肅岷縣）人，本為涼州豪強。靈帝中平六年（西元一八九年），任并州牧。少帝即位，大將軍何進謀誅宦官，召他率兵入洛陽。旋廢少帝，立獻帝，專斷朝政。曹操與袁紹等起兵反抗，他挾獻帝西遷長安，自為太師。殘暴專橫，縱火焚洛陽周圍數百里，使生產受到嚴重破壞。後為王允、呂布所殺。事見本書卷七十二。146郿　縣名。戰國秦置。治今陝西眉縣東渭河北岸。西漢屬右扶風，為右輔都尉治。東漢末屬扶風郡。147城門校尉　官名。西漢武帝征和二年（西元前九一年）始置。秩二千石，掌京城長安諸城門警衛，領城門屯兵。王莽居攝時，更名為城門將軍。東漢復舊名，秩比二千石。148李傕　字稚然，東漢北地（今寧夏吳忠）人。為董卓所部校尉。初平三年（西元一九二年）卓被殺後，與郭汜等率部叛亂，攻陷長安，縱兵殺掠，死者萬餘人，殺司隸校尉黃琬、司徒王允，與汜共專朝政。後與汜相攻，縱火焚燒宮室、官府、民舍，致使長安城空。建安三年（西元一九八年），被段煨等討殺，夷三族。

【語　譯】崔瑗字子玉，早年喪父，銳意好學，能完全繼承父業。十八歲到京城，跟從侍中賈逵質正經書大義，賈逵對他很好，崔瑗於是留下就學，很快明悉天文、曆法、《京房易傳》、六日七分。儒生們都很崇敬他。與扶風馬融、南陽張衡關係特別好。當初，崔瑗兄崔章被州人殺害，崔瑗親自持刀報仇，於是逃亡在外。趕上大赦，回到家裡。家裡很窮，與兄弟同住數十年，鄉鄰都受到教化。

2　崔瑗到四十多歲才做郡吏。因事囚禁於東郡發干縣獄。獄掾精通《禮》，崔瑗在被審問之餘，常向他請教有關《禮》的問題。他專心好學，即使狼狽困頓也一定如此。後來事情平息回到家裡，被度遼將軍鄧遵聘用。

沒過多久，鄧遵被殺，崔瑗被免職回到家裡。

3 後來又被徵召到車騎將軍閻顯府中。當時閻太后臨朝聽政，閻顯入朝參預政事。此前安帝廢太子為濟陰王，而以北鄉侯為皇嗣。崔瑗認為立北鄉侯名不正，知道閻顯將敗，想勸他重新廢立，而閻顯每天都沉醉不醒，不能見到。於是對長史陳禪說：「中常侍江京、陳達等，受先帝寵愛，蠱惑先帝，以致廢掉正統，扶立庶子。少帝即位，發病宮中，周勃廢少帝之事，現在又見到。現在我想與長史君一同求見，說服將軍稟報太后，收捕江京等，廢少帝，迎立濟陰王，必上符天意，下合人望。伊、霍的功勞，不下席而立，那麼將軍兄弟的福祚代代相傳到無窮。若違背天意，讓皇位久空，就將以無罪與大惡同罪。這就是所謂禍福的關鍵，建立功業的時候。」陳禪猶豫沒敢聽從崔瑗的建議。正好北鄉侯死，孫程立濟陰王，這就是順帝。閻顯兄弟全被處死，崔瑗受株連被貶斥。門生蘇祇知道崔瑗當初全部的謀劃，想上書說明實情，崔瑗聽說後立刻制止他。當時陳禪為司隸校尉，召來崔瑗說：「你只管聽任蘇祇上書，我為你作證。」崔瑗說：「這好比小孩婦人竊竊私語，希望你不要再說了。」於是離開京師回到家鄉，不再接受州郡的任命。

4 過了很長一段時間，大將軍梁商初開幕府，又首先徵召崔瑗。崔瑗自認為兩次為貴戚屬吏，不遇被斥，就以有病堅決推辭。年中被舉薦為秀才，任汲縣令。在職多次提出建議，為民開稻田數百頃。在職七年，受到百姓稱讚。

5 漢安初年，大司農胡廣、少府竇章一起推薦崔瑗為宿德大儒，為官有政績，不應該久在下位，因此改任濟北相。當時李固為太山太守，讚賞崔瑗文雅，書信往來慇勤倍至。一年後，光祿大夫杜喬為八使，巡察各郡國，以貪汙受賄罪奏參崔瑗，被徵召到廷尉府。崔瑗上書為自己申訴，審理後得以無罪出獄。不久病死，年六十六歲。臨終時，對兒子崔寔說：「人稟承天地之氣而生，到死時，魂歸於天，骨還於地。哪裡不可埋屍骨，不要歸葬故里。他人贈送的喪葬物品，羊豬等祭奠之物，一律不許接受。」崔寔遵照遺命，就把他留葬在洛陽。

6 崔瑗長於文辭，尤善書、記、箴、銘，所著賦、碑、銘、箴、頌、〈七蘇〉、〈南陽文學官志〉、〈歎辭〉、

〈移社文〉、〈悔祈〉、〈草書埶〉、七言，共五十七篇。他的〈南陽文學官志〉被後人稱讚，很多能寫文章的人都自認不如。崔瑗愛儒生，好賓客，盛宴佳餚，極盡滋味，不置餘產。平時吃蔬菜淡飯，家裡沒有糧食儲備，當代人都服其清正。

7 崔寔字子真，又名台，字元始。少年時就沉穩，愛好典籍。父親死後，隱居墓旁。服喪期滿，三公同時徵召，都沒接受。

8 桓帝初年，詔令公卿及各郡國舉薦至孝和獨行之士。崔寔在本郡被推舉，被徵召至京，有病沒有回答策問，任為郎。熟悉政體，為吏才幹有餘，評議當世應舉措之事數十條，名為〈政論〉。切中時弊，言詞精闢肯切，當時人都很讚賞。仲長統說：「凡是帝王，都應該寫一幅，放到座位旁。」〈政論〉中說：

9 「從堯、舜，到商湯、周武王，都靠才智之士和學識淵博大臣的輔佐。所以皋陶陳述計謀而唐堯、虞舜因此興起，伊尹、箕子立法則而殷、周因此興隆。至於繼位之君，想立中興之功的，何嘗不靠賢哲的大臣謀略呢！凡天下沒有治理好的，常因皇帝處於太平之世時間久了，世風日下而不醒悟，朝政衰敗而不變革，習慣於混亂危險不能自察。有的荒淫縱欲，不理政事；有的不納諫言，是非不分；有的誤入歧途，不知適從；有的受重用之臣，只知道保全自己的祿位，不能向君王進諫言；有的疏遠之臣，諫言因身分低微而被忽視。因此法紀從上面鬆弛，有識之士在下邊憂慮憤懣。可悲呵！

10 「自漢代興起以來，三百五十多年了。政令鬆弛，上下懈怠，風俗凋敝，人人奸詐虛偽，百姓憂慮，都在想中興救世。而濟時救世之法，難道一定要按照堯舜那樣然後才能治理嗎？希望能修補缺口，扶正邪柱，根據情況作出決斷，關鍵是要把國家帶到一個穩定安寧的局面中。所以聖人執政，根據當時情況制定法規，步驟不同，各有設置。不強求別人不能的，違背當時的急切之事而追慕所傳聞之事，則非拯救時局的要領。孔子在回答葉公時強調招徠遠人，回答魯哀公時強調用人，回答齊景公時強調以禮節制行為，不是治國方法不同，而是當時所急切之事不同。因此開國之君，往往創立各項制度；中興君主，也匡正時弊。從前盤庚哀憐殷人，遷都改變民風；周穆王有過失，甫侯為其制定刑法。沒有見識的人拘泥於古制，不懂得因時變通，對聽說的事過於渲染，對所見卻多有忽視，怎能和他們談論國家大事呢！所以言事的人，即使符合聖德，也總被篡改。為什麼呢？那些冥頑不化的人不懂得時事的變化，只安於現狀，這些人不知樂成之義，又怎麼能有倡始的良策，只是說都遵循舊章辦事而已。那些官運亨通的人，有的自顧名聲而妒忌賢能，以策非己出為恥，舞文弄墨，來篡改他人的主張，致使賢能之士寡不敵眾，終被捨棄。即使稷、契還在世，也會處於困境。這就是賈生之所以被周勃、灌嬰排擠，屈原之所以憂愁憤懣的原因。以文帝的英明，賈誼的賢能，周勃、灌嬰的忠誠，還有這樣的弊病，何況其他人呢！

11　「所以應量力度德，這是《春秋》的主張。現在既然不能完全效法三皇五帝的仁政，所以應該參考霸政，那麼應該重賞重罰來統御，明確法制來督促。百姓都不是道德高尚的聖人，嚴厲就會安定，寬容就會混亂。怎麼來證明是這樣呢？近世的孝宣皇帝明白為君之道，懂得為政的原則，所以嚴刑峻法，使奸詐之人聞風喪膽，才使海內清明，天下安定。獻功於祖廟，謚號中宗。謀劃的效果，比文帝還強。到元帝即位，多推行寬政，最終卻因此受損，權威開始被侵奪，最後成為漢王朝禍亂的根源。政道得失，從這裡可以得到證明。從前孔子作《春秋》，表揚齊桓公，讚美晉文公，讚歎管仲的功勞，難道不是讚美周文王、周武王的治國之道嗎？的確是通達權變、匡救時弊之道啊。所以聖人能隨著時間的變化而變化，而那些俗士苦於不知變通，認為古代的法制，能解決混亂秦朝的問題，憑《干戚》之舞，就足以解除平城之圍。

12　「熊經鳥伸，雖是延年之術，並非治傷寒的好方法；呼故納新，雖養身之道，並非接骨之良藥。治國之法，就像養身，平時保養，病時就醫治。刑罰，就是治亂的良藥；道德教化，是朝政興盛平穩的精美膳食。以道德教化消除兇暴，就好比用精美膳食治療疾病；用刑罰來治理太平之世，就好比用藥物養身。現在承襲著數朝的弊病，正趕上厄運會集。數朝以來，施政多恩惠寬容，駕馭馬車的人失去轡繩，馬銜已經脫落，四馬橫奔，大車幾乎傾翻。剛用木銜其口，束好馬轡車轅來救助，哪有時間鳴和鑾，清節奏呢？從前漢高祖讓蕭何作《九章律》，有誅滅三族的法令，黥、劓、斬趾、斷舌、梟首，所以稱作具五刑。文帝雖然廢除肉刑，當劓者笞打三百，當斬左趾者笞打五百，當斬右趾者處死。當斬右趾的人既已被處死，處笞刑的人也往往被打死，即使有輕刑之名，實際上是把人殺死。在這時候，百姓都想恢復肉刑。到景帝元年，於是下詔說：『笞刑與重罪沒有什麼不同，僥倖不死，也成了殘廢人。』於是定律，減笞刑為輕捶。從此以後，被處笞刑的人才得以保全性命。據此來說，文帝是加重刑罰，不是減輕刑罰；是以嚴厲來達到平衡，不是以寬大來實現平衡。一定要言出必信，應當先定根本，使君主以五帝為師，效法三王。掃除亡秦的陋俗，遵循先聖的風範，拋棄因循苟且之政，遵循古人之制，恢復五等爵位，實行井田制。然後選稷、契、伊尹、呂尚一樣的人為輔佐之臣，音樂奏響而鳳凰來，敲擊石磬而百獸起舞。如果不是這樣，則會成為禍害了。」

13 之後被太尉袁湯、大將軍梁冀府徵聘，都沒有應徵。大司農羊傅、少府何豹上書推薦崔寔才能出眾，適合在朝中任職。召見任命為議郎，又改任大將軍梁冀的司馬，與邊韶、延篤等在東觀著書。

14 出任五原太守。五原適宜種麻，而當地人不懂得紡織，百姓冬天無衣，堆積細草而睡臥其中，見到官吏就穿著草衣出來。崔寔到任後，賣掉積儲之糧，替百姓製紡線、織布的工具並教他們紡織，百姓才得以免去寒冷之苦。這時匈奴接連入侵雲中、朔方，殺掠官吏和百姓，一年中竟九次逃命。崔寔整頓軍馬，嚴密防範，敵人不敢侵犯，經常是邊境最安寧的地方。

15 因病被召回，任議郎，又與群儒、博士一起討論訂正《五經》。正趕上梁冀被殺，崔寔因是其舊部下被免職，禁錮數年。

16 時逢鮮卑多次侵犯邊境，下詔讓三公推舉勇敢又有謀略的人，司空黃瓊推薦崔寔，任命為遼東太守。在赴任途中，母親劉氏病故，上書請求回鄉安葬守喪。崔寔母親賢淑有美德為母者典範，博覽群書。當初崔寔在五原做官，常教誨他治理百姓之政，崔寔的政績，與其母的幫助分不開。守喪完後，召拜尚書。崔寔因世道正亂，稱病不理政事，幾個月後被免職回家。

17 當初，崔寔父死，變賣田宅，建墳墓，立墓碑。葬事辦完，資財用盡，因此窮困，靠釀酒販賣為業。當時的人多以此譏笑他，崔寔終究不改。收入也只夠日用罷了，沒有盈餘。等到做官，都是在邊遠地方任職，因而更貧困。建寧年間病死。家裡空空如也，沒法喪葬，光祿勳楊賜、太僕袁逢、少府段熲替他準備棺木葬品，大鴻臚袁隗給他立碑頌德。所著碑、論、箴、銘、荅、七言、祠、文、表、記、書共十五篇。

18 崔寔的堂兄崔烈，在北方很出名，歷任郡守、九卿。靈帝時，在鴻都門張榜賣官爵，從公卿、州郡長官到低級官吏價格各有不同。富人就先交錢，窮困的上任後加倍交錢，有的利用常侍、阿保分別達到目的。當時段熲、樊陵、張溫等雖有政績聲譽，但都先交錢而後登三公之位。崔烈當時從傅母的途徑交錢五百萬，才當上司徒。到拜官之日，天子駕臨，百官都到場。靈帝回頭對親信之臣說：「後悔當初不吝惜一些，那樣可得到千萬。」程夫人在旁回答說：「崔公是冀州有名之士，怎肯買官？靠我才得到這些錢，反不知足！」崔烈於是聲譽降低。時間長了感到不安心，故作隨意地問他兒子崔鈞：「我位居三公，別人對此有何議論？」崔鈞說：「大人年輕時有美名，歷任九卿、郡守，論者沒有說不應當做三公的；而現在登上三公之位，天下人失望。」崔烈說：「為什麼會這樣？」崔鈞說：「論者嫌有銅臭味。」崔烈發怒，舉杖打他。崔鈞當時是虎賁中郎將，穿著武弁衣，戴鶡尾帽，狼狽而逃。崔烈罵道：「死小子，父親打你時逃走，孝嗎？」崔鈞說：「舜侍奉父親，小打就忍受，大打就跑，不是不孝啊。」崔烈羞慚而止。崔烈後來任太尉。

19 崔鈞年輕時結交英豪，有名望，任西河太守。獻帝初年，崔鈞與袁紹都從山東起兵，董卓因此把崔烈投入郿獄，關押起來，加鐵鎖。董卓被殺後，崔烈被任命為城門校尉。等到李傕攻入長安，崔烈被亂兵殺死。

20 崔烈有文才，所著詩、書、教、頌等共四篇。

論曰：崔氏世有美才，兼以沈淪典籍，遂為儒家文林。駰、瑗雖先盡心於貴戚，而能終之以居正，則其歸旨異夫進趣者乎！李固，高絜之士也，與瑗鄰郡，奉贄以結好。由此知杜喬之劾，殆其過矣。寔之政論，言當世理亂，雖鼂錯❶之徒不能過也。

贊曰：崔為文宗，世禪雕龍。建新恥潔，摧志求容。永矣長岑，于遼之陰。不有直道，曷取泥沈？瑗不言祿，亦離冤辱。子真持論，感起昏俗。

【章　旨】以上是作者對崔氏家族世代相襲的門風表示讚賞。

【注　釋】❶鼂錯（西元前二〇〇—前一五四年），潁川（今河南禹州）人。西漢政論家，文帝時任太常掌故，後為太子家令，得太子（景帝）信任，號「智囊」。景帝即位，任為御史大夫。他堅持「重本抑末」政策，建議逐步削奪諸侯王國的封地，以鞏固中央集權制度，得到景帝採納。不久，吳楚等七國以誅鼂錯為名，發動暴亂，他為袁盎等所譖，被殺。

【語　譯】史家評論說：崔氏世代有良才，加上研讀典籍，於是多人成為儒學名家。崔駰、崔瑗雖先效力於貴戚，但最終能夠回歸正途，大概是志趣與鑽營求官者不同所致吧！李固，高潔之人，與崔瑗是鄰縣的人，以禮相交。由此知杜喬的劾奏，是太過了。崔寔的〈政論〉，評說當時的治亂，即使是鼂錯等人也不能超過。

史官評議說：崔家是書香門第，世代有文才。新莽時崔篆出任建新大尹，改變志向是為了生存。長岑永別，葬於遼之北。沒有直路，怎能不走泥濘？瑗不講官祿，亦遠離冤枉和恥辱。子真所持觀點，感化劣俗。

【研　析】作為非皇親貴戚的家族，能夠世代為官不易，能夠世代人才輩出更難，能夠世代走正道保持節操則是難上加難。尤其是生逢亂世，生命都無法保障，不同流合汙往往就意味著要付出慘重的代價。東漢時期的崔家就是一個世代人才輩出、又能夠長久保持士大夫節操的官宦家族，從高祖崔朝、曾祖崔舒、祖父崔篆、父親崔毅，到崔駰及其子崔瑗、孫崔寔、崔烈等，世代為官，或為牧守，或為掾史，或為公卿，但不論官位高低，大都能保持正直清廉的美德，不為環境所影響，即使是不得已效力權貴、出仕新莽，也能夠潔身自好，並最終回歸正途，正因此崔家才世代享有美名。

是什麼造就了這樣一個特殊的家族？在這樣一個政治黑暗、社會動蕩的時代，哪些因素促成了這個家族的綿延不衰？

首先，以文立世是崔氏長盛的一個關鍵因素。崔氏一門多有文才，崔篆以明經被徵召；崔駰博學多才，善寫文章，在太學與班固、傅毅齊名，其所上〈四巡頌〉深得東漢章帝賞識；崔瑗從小銳志好學，師從賈逵，學識過人，長於文辭，為一時之大儒；崔寔少好典籍，其所撰〈政論〉受到當世人的稱許；崔烈也有文才，著詩、書、教、頌等。博學善文不僅成為崔氏一門代代相互傳承的傳統，而且逐漸成為其家庭的標誌，為世人所認可。而東漢時期，許多精通經學典籍、善於為文作賦的士人，正是以學識被朝廷徵召、任用。崔氏世代為官，其中不乏以文徵召者。

其次，崔氏一門多幹練之才，在任職時大都務實而有作為。如崔舒歷四郡太守，均留下賢能的名聲。崔寔為五原太守，教當地人紡線織布，整飭兵馬，嚴肅邊備，異族不敢入犯。崔瑗任汲縣令時，為當地人開稻田數百頃。

再次，適度靈活的處世哲學，為其贏得生存空間。面對官場的紛亂，崔氏一門大多能屈能申，無論是出仕還是歸隱，大都能審時度勢，毅然決斷。王莽時，崔篆不願同流合汙，拒辭步兵校尉一職，但之後王莽對不臣服者大加陷害，崔篆不願禍及家人，於是接受建新大尹官職，卻三年不視事，最後又稱病離職，既躲過了王莽的加害，又保全了家人的性命。崔寔先是拒絕了太尉袁湯、大將軍梁冀的徵聘，但在其他大臣紛紛舉薦後，又從容出仕，這樣既避免了依附權臣，又以適宜的方式進入政壇。後來，梁冀被誅，政局更為混亂，崔寔乾脆稱病不理事，最後被免職還鄉。

當然，崔氏一門也有例外。崔篆兄崔發就以佞巧受寵於王莽，崔烈以錢買官位至司徒，但瑕不掩瑜，崔氏一門仍受到世人的稱譽。（韋占彬注譯）

卷五十三

周黃徐姜申屠列傳第四十三

【題解】本卷為周燮、黃憲、徐稺、姜肱、申屠蟠等五人的合傳。五人均為東漢不同時期各地的名士，才能出眾，在士林有較高的名望和聲譽，受到東漢王朝的關注，多次徵召。但他們或淡泊名利，或對現實政治的黑暗不滿，或認為出仕非其時，因此都拒絕徵召，遠離仕途，過著隱居的生活。

1　易❶曰：「君子之道，或出或處，或默或語❷。」孔子稱「蘧伯玉❸邦有道則仕，邦無道則可卷而懷也」。然用舍之端，君子之所以存其誠也。故其行也，則濡足蒙垢，出身以效時；及其止也，則窮棲茹菽，臧寶以迷國❹。

2　太原❺閔仲叔者，世稱節士，雖周黨❻之潔清，自以弗及也。黨見其含菽飲水，遺以生蒜，受而不食。建武❼中，應司徒❽侯霸❾之辟。既至，霸不及政事，徒勞苦而已。仲叔恨曰：「始蒙嘉命，且喜且懼；今見明公，喜懼皆去。以仲叔為不足問邪，不當辟也；辟而不問，是失人也。」遂辭出，投劾而去。復以博士⑩徵，不至。客居安邑⑪。老病家貧，不能得肉，日買豬肝一片，屠者或不肯與，安邑令聞，敕吏常給焉。仲叔怪而問之，知，乃歎曰：「閔仲叔豈以口腹累安邑邪？」遂去，客沛⑫。以壽終。

3 仲叔同郡荀恁，字君大，少亦修清節。資財千萬，父越卒，悉散與九族⑬。隱居山澤，以求厥志。王莽末，匈奴寇其本縣廣武⑭，聞恁名節，相約不入荀氏閭。光武⑮徵，以病不至。永平⑯初，東平王蒼⑰為驃騎將軍⑱，開東閣延賢俊，辟而應焉。及後朝會，顯宗⑲戲之曰：「先帝徵君不至，驃騎辟君而來，何也？」對曰：「先帝⑳秉德以惠下，故臣可得不來。驃騎執法以檢下，故臣不敢不至。」後月餘，罷歸，卒於家。

4 桓帝㉑時，安陽㉒人魏桓，字仲英，亦數被徵。其鄉人勸之行。桓曰：「夫干祿求進，所以行其志也。今後宮千數，其可損乎？廄馬萬匹，其可減乎？左右悉權豪，其可去乎？」皆對曰：「不可。」桓乃慨然歎曰：「使桓生行死歸，於諸子何有哉！」遂隱身不出。

5 若二三子，可謂識去就之槩，候時而處。夫然，豈其枯槁苟而已哉？蓋詭時審己，以成其道焉。余故列其風流，區而載之。

【章旨】以上是本卷的小引，作者引用《易》和孔子之言來說明仕與隱的原則，並列舉了幾位隱士事跡加以佐證。

【注釋】❶易　書名。亦稱《周易》、《易經》。周代的占卜書，後成為儒家經典之一。「易」的原義是簡易，因周人以蓍草占卜較以前以甲骨占卜容易，故名。內容包括《經》和《傳》兩部分。《經》亦名《易經》，主要是六十四卦和三百八十四爻，卦有卦名與卦辭，爻有爻題和爻辭。《傳》亦名《易傳》，是對《經》的解釋，共七種十篇。❷君子之道三句　君子處世之道，有的做官，有的隱居，有的寡言，有的健談。此句出於《易・繫辭上》，是說賢哲為人處事，各有不同。❸蘧伯玉　名瑗，春秋時衛國大夫，洞達世事，是一個在自己的抱負不能實現時能「不預時政，不忤於人」的人。❹及其止也三句　等到他們隱居，就安於貧困，隱藏才能。窮棲茹菽，住茅屋吃粗食。❺太原　郡名。戰國後期秦國置。治今山西太原西南古城營。❻周黨　字伯況，東漢初太原廣武（今山西代縣）人。曾散盡千金家產，免遣奴婢，至長安遊學。東漢建武中，徵為議郎。以病去職，隱居著書而終。❼建武　東漢光武帝劉秀年號，西元二五－五六年。❽司徒　官名。三公之一，西漢哀帝時罷丞相，置大司徒，東漢時稱司徒，名義上與司空、太尉共掌政務，實際上權力已在尚書臺。❾侯霸　字君房，漢代河南郡密縣（今河南新密）人。西漢成帝時為太子舍人。王莽時先後任隨宰、淮平大尹。東漢建武四年拜尚書令。後為大司徒，封關內侯。❿博士　官名。春秋戰國時已有此稱，初泛指學者，戰國末年齊、魏、秦等國置為職官。秦、西漢初充當皇帝顧問，參與議政、制禮，典守書籍。武帝時改置《五經》博士，兼具學官職能，掌教授經學、考核人才、奉命出使等事。東漢以後，議政職能逐漸削弱。⓫安邑　縣名。秦置。治今山西夏縣西北。⓬沛　縣名。治今江蘇沛縣。⓭九族　指本身以上的父、祖、曾祖、高祖和以下的子、孫、曾孫、玄孫。古代立宗法、定喪服，皆以此為準。也有包括異姓親屬而言的，以父族四、母族三、妻族二為「九族」。⓮廣武　縣名。西漢置。治今山西代縣西南。⓯光武　即東漢光武帝劉秀。⓰永平　東漢明帝劉莊年號，西元五八－七五年。⓱東平王蒼　即劉蒼（？－西元八三年），東漢光武帝劉秀之子，母陰后。建武十五年（西元三九年），封東平公。十七年，進爵為王。明帝即位，拜驃騎將軍，位在三公之上。曾與公卿共議定南北郊冠冕車服制度。後自以至親輔政，聲望日重，恐遭猜忌，數上書乞退就國。永平五年（西元六二年），奉詔退就藩國。章帝時，恩禮逾於前世，朝廷每有疑政，輒遣使者諮問。卒諡憲王。事見本書卷四十二。⑱驃騎將軍　官名。西漢武帝置為重號將軍，僅次於大將軍，秩萬石。東漢位比三公，地位尊崇。⑲顯宗　東漢明帝劉莊（西元二八—七五年），字子麗。光武帝劉秀第四子，西元五七—七五年在位。在位期間，遵奉光武制度，整頓吏治，嚴明法令，禁止外戚封侯預政。提倡儒術，省減租徭，修治汴河，民生比較安定。數發兵進擊北匈奴，遣班超經營西域，西域諸國皆遣子入侍。後世史家將其與章帝統治時期並稱為「明章之治」。廟號顯宗。⑳先帝　指東漢光武帝劉秀。㉑桓帝　劉志（西元一三二—一六七年），東漢章帝曾孫。本初元年（西元一四六年）被梁太后與兄大將軍梁冀迎立為帝。在位期間，梁太后臨朝，梁冀專權，朝政昏亂，民不聊生。各族人民反抗暴動蜂起。延熹二年（西元一五九年）與宦官單超等合謀誅滅梁氏，封單超等為縣侯，自後權歸宦官，政治更趨黑暗。大臣陳蕃、李膺等聯合太學生，反對宦官干政，被宦官誣指其為朋黨，下詔逮捕黨人，禁錮終身，史稱「黨錮」。㉒安陽　縣名。西漢置。治今河南正陽西南。

【語　譯】《易》說：「君子處世之道，有的做官，有的隱居，有的寡言，有的健談。」孔子稱讚「蘧伯玉在國家有道時就出來做官，國家無道時就懷揣抱負和才能隱居世外」。但出仕與否，在於君子是否出於本心。所以他們出仕，就辛苦勞累，獻身報效；等到他們隱居，就安於貧困，隱藏才能。

2　太原人閔仲叔，被世人稱為氣節之士，即使是周黨這樣廉潔清正的人，也自認為不及他。周黨看見他吃著豆喝水，送給他生蒜，他接受但不吃。建武年間，接受司徒侯霸的徵聘。到達後侯霸不談論政事，只是慰問他的辛苦。仲叔惱火地說：「剛受您徵聘，又高興又害怕；現在見了您，高興和害怕都沒了。如果您認為我不值得諮詢政事的話，就不應當徵聘我；徵聘而不諮詢，就是不會用人。」於是告辭出來，自投劾狀離去。又以博士名義徵召，不到。客居安邑。年老有病家裡又貧窮，買不起肉，每天買豬肝一片，屠夫有的不肯賣給他，安邑令聽說後命令縣吏常供給他。閔仲叔感到奇怪就詢問，知道了實情，於是歎息著說：「我閔仲叔怎能因口腹之慾拖累安邑呢？」於是離去，到沛縣客居。壽終正寢。

3　仲叔同縣人荀恁，字君大，年輕時也講求清風亮節。家有資財千萬，父親荀越死後，全部散給九族。自己隱居山林，以求其志。王莽末年，匈奴族入侵荀恁本縣廣武，聽說荀恁的名聲和節操，相互約定不入荀氏鄉里。漢光武帝徵召，稱病未至。永平初，東平王劉蒼為驃騎將軍，開東閣延攬賢俊，徵召荀恁，荀恁接受。

到後來朝會時，顯宗開玩笑說：「先帝徵召你不到，驃騎將軍聘召你就來，為什麼？」荀恁回答說：「先帝用仁德對待臣下，所以我可以不來。驃騎將軍用法來考察下屬，所以我不敢不到。」一個多月後，被免官回家，死在家裡。

4 桓帝時，安陽人魏桓，字仲英，也多次被徵召。他同鄉的人都勸他去。魏桓說：「求官職祿位，是為了實現自己的志向。現在後宮千人，能裁減嗎？廄馬萬匹，能減少嗎？身邊都是權勢富豪，能把他們摒除嗎？」都回答說：「不能。」魏桓於是慨歎說：「讓我活著去死後回，對你們有什麼好處呢！」於是隱居不出。

5 像這幾個人，可以稱得上是懂得仕隱的節概，待時而處。既然這樣，又怎麼會是困頓苟活呢？表面上看像有違時俗，實際上是根據自己的志向，來成就其操守。所以我記述他們各不相同的清正廉潔之風，分別加以記載。

1 周燮，字彥祖，汝南❶安城❷人，決曹掾❸燕❹之後也。燮生而欽頤折頞❺，醜狀駭人。其母欲棄之，其父不聽，曰：「吾聞賢聖多有異貌❻。興我宗者，乃此兒也。」於是養之。

2 始在髫鬌❼，而知廉讓；十歲就學，能通詩❽、論❾；及長，專精禮❿、易。不讀非聖之書，不脩賀問之好。有先人草廬結于岡畔，下有陂田⓫，常肆勤以自給。非身所耕漁，則不食也。鄉黨⓬宗族希得見者。

3 舉孝廉⓭、賢良方正⓮，特徵，皆以疾辭。延光⓯二年，安帝⓰以玄纁羔幣⓱

聘燮，及南陽⑱馮良，二郡各遣丞⑲掾致禮。宗族更勸之曰：「夫修德立行，所以為國。自先世以來，勳寵相承，君獨何為守東岡之陂乎？」燮曰：「吾既不能隱處巢穴，追綺季⑳之跡，而猶顯然不遠父母之國，斯固以滑泥揚波，同其流矣。夫修道者，度其時而動。動而不時，焉得亨乎！」因自載到潁川㉑陽城㉒，遣門生㉓送敬，遂辭疾而歸。良亦載病到近縣，送禮而還。詔書告二郡，歲以羊酒養病。

4 良字君郎。出於孤微，少作縣吏。年三十，為尉從佐㉔。奉檄迎督郵㉕，即路慨然，恥在廝役，因壞車殺馬，毀裂衣冠，乃遁至犍為㉖，從杜撫㉗學。妻子求索，蹤迹斷絕。後乃見草中有敗車死馬，衣裳腐朽，謂為虎狼盜賊所害，發喪制服。積十許年，乃還鄉里。志行高整，非禮不動，遇妻子如君臣，鄉黨以為儀表。燮、良年皆七十餘終。

【章旨】以上為〈周燮傳〉，並附載馮良事跡。周燮多次拒絕朝廷徵召，不肯出仕，原因在於他認為當時政治環境惡劣，不是出仕的合適時機。馮良恥作小吏，毀車殺馬，遠遁他鄉求學，終成鄉里楷模。

【注釋】❶汝南　郡名。西漢置。治今河南上蔡西南。❷安城　侯國名。屬汝南郡。故治在今河南汝南。❸掾　屬官統稱。漢代三公府及其他重要官府皆置掾、史、屬，分曹治事。掾為曹長，史、屬副貳。故掾史多冠以曹名，如戶曹掾、戶曹史等。

❹燕　即周燕。汝南安城人，宣帝時為郡決曹掾。太守枉殺人，燕替罪下獄，不食而死。事見本書卷八十一。❺欽頤折頞　彎曲的下顎，彎鉤鼻深。❻賢聖多有異貌　據說上古許多聖賢具有怪異的體貌特徵，如伏羲牛首，女媧蛇身，皋陶鳥喙，孔子牛唇等。❼髫髻　指童年。❽詩　中國最早的詩歌總集。本只稱《詩》，後被儒家奉為經典，故又名《詩經》。流傳至今的有三百零五篇，分〈風〉、〈雅〉、〈頌〉三部分。所收作品上起周初，下至春秋中葉，大部分是今陝西、甘肅、山東、山西、河南等地民歌，小部分是貴族作品。《史記》、《漢書》等書認為曾經孔子刪定。❾論　即《論語》，書名，儒家經典之一。孔子弟子、再傳弟子所記孔子及其弟子言行。由其再傳弟子編輯成書。共二十篇。內容綜合孔子道德和教育的多方面論述，反映其哲學、政治觀點，是研究孔子思想的主要資料。東漢列入七經，南宋列入四書。❿禮　即《周禮》，書名，儒家經典之一。亦名《周官》、《周官經》。古文經學家認為周公所作，今文經學家認為出於戰國或指為西漢末年劉歆所偽造。近人從周秦銅器銘文所載官制，參證該書的政治經濟制度和學術思想，認為是戰國時代儒者根據當時各國官制，添附儒家政治思想，增減編排而成。其中經濟思想雜有法家的一些觀點。⓫陂田　帶有水塘可以灌溉的良田。陂，池塘。⓬鄉黨　本為周代邦國及近鄉的行政組織，後用作對同鄉的泛稱。⓭孝廉　漢代選拔官吏的科目。孝指孝子，廉指廉潔之士，原為二科，漢武帝採納董仲舒建議，於元光元年初令郡國舉孝、廉各一人。其後多混同連稱，而為一科，所舉也不限於孝者和廉吏。察舉孝廉為歲舉，郡國每年向中央推舉一至二人。被舉者大都先除授郎中。⓮賢良方正　選舉科目，始於漢文帝前二年（西元前一七八年），全稱舉賢良方正能直言極諫科，常賢良文學並稱。非歲舉。漢代舉賢良方正，對策者百人，有高下之分，卻未有黜落，對者皆預選。⓯延光　東漢安帝年號，西元一二二—一二五年。⓰安帝　即劉祜（西元九四—一二五年），東漢章帝孫，清河孝王劉慶子，西元一〇六—一二五年在位。即位時年十三，鄧太后臨朝，后兄鄧騭執政。在位期間，政治黑暗，社會矛盾尖銳。張伯路等起兵海上，攻擊沿海諸郡，襲殺守令；杜季貢等聯合羌人連年起義，屢敗漢兵。建光元年鄧太后死後親政，與宦官李閏等合謀誅滅鄧騭宗族，自此寵信宦官。廟號恭宗。⓱玄纁羔幣　古代行聘問時用的禮品。玄纁，兩種染料，古代用以染製祭服。引申為用作儀物的幣帛的代詞。羔，小羊。幣，帛。⓲南陽　郡名。戰國時置。治今河南南陽。⓳丞　即郡丞。官名。郡守（太守）副貳，佐郡守掌眾事，秩六百石，由朝廷任命。⓴綺季　秦末漢初隱士，與東園公、夏黃公、甪里先生合稱商山四皓。秦時入商山避亂，漢初因劉邦慢侮士人，數召不就。後劉邦欲以戚姬子如意代劉盈為太子，相傳呂后用張良計，使皇太子卑辭厚禮，安車迎致。四人從太子見高祖，盛稱太子仁慈，恭敬愛士，表示願為輔翼。高祖以客禮待之。太子以此得安。㉑潁川　郡名。秦置。治今河南禹州。㉒陽城　縣名。秦置。因陽城山得名。治今河南登封東南。㉓門生　東漢時原指

轉相傳授學業者。後來不受業而登上門生名錄者，也稱門生。東漢末年黨錮事發，凡被列入黨人者，其門生皆被免官禁錮。㉔尉從佐　官名。尉的隨從，地位較低。尉，即縣尉。官名，始於戰國，為縣的佐官，掌一縣的軍事。㉕督郵　官名。漢代置，郡府屬吏，本名督郵書掾或督郵曹掾，省稱督郵掾、督郵。主要職掌除督送郵書外，又代表郡守督察諸縣、宣達教令，兼及案繫盜賊，點錄囚徒，催繳租賦等。又郡守、國相自辟，秩六百石。㉖犍為　郡名。西漢建元六年（西元前一三五年）分廣漢郡南部合夜郎國地置。東漢永初元年（西元一〇七年）又分西南境置犍為屬國，並移治今四川彭山縣東。㉗杜撫　東漢犍為武陽（今四川彭山縣）人。明帝時為校書郎，與班固、馬嚴等同定《建武注記》。

【語　譯】周燮，字彥祖，汝南安城人，是法曹掾周燕的後裔。周燮生下來就彎曲下顎，彎鉤鼻深，醜陋的樣子很嚇人。他母親想拋棄他，他父親不肯，說：「我聽說聖賢多是相貌怪異，振興我家族的，就是這個兒子了。」於是撫養他。

2　還在童年時，周燮就知道廉潔謙讓。十歲上學，能通曉《詩》、《論語》；長大以後，專攻《禮記》、《易》。不讀聖賢之外的書，不學慶賀問候之類的俗禮。在山岡邊有先人蓋的草房，下面有水塘良田，他經常勤勞耕作來養活自己，不是自己耕種的糧食、捕撈的魚，就不吃。鄉鄰家族都很少看到他。

3　被舉薦為孝廉、賢良方正，被特別徵召，周燮都以有病推辭。延光二年，安帝用玄纁羔幣之禮聘請周燮，以及南陽馮良，二郡各派丞掾前往行聘請之禮。同宗族的人紛紛勸他說：「修德立行，是為國家。我們家族從先世以來，功勳和皇恩代代相承，您為什麼獨守東岡的水塘呢？」周燮說：「我不能到深山隱居，像綺季那樣，還在離父母家鄉不遠的地方赫然而居，這就像滑泥揚波，已經墜入世俗。修道的人審時而動，動不適時，哪能行得通呢！」於是自己駕車到潁川郡陽城縣，派門生表示感謝，然後稱病而回。馮良也帶病到近縣，退還禮品而回。皇帝下詔書通告二郡，每年贈以羊酒供他們養病。

4　馮良字君郎。出身卑賤低微，年輕時做縣吏。三十歲時，為尉從佐。奉檄書迎接督郵，一路感慨，以身處賤役為恥，於是毀車殺馬，撕毀衣帽，逃到犍為郡，跟隨杜撫求學。妻子和兒子到處尋找，音信全無。後來發現草叢中有破車死馬，衣服腐爛，以為是被虎狼盜賊所害，為他發喪守孝。過了十餘年，才返回鄉里。

志行高潔，非禮不動，對妻子和兒子就如同君臣，鄉里人以他作為表率。周燮、馮良均七十多歲才死去。

1 黃憲，字叔度，汝南慎陽❶人也。世貧賤，父為牛醫。

2 潁川荀淑❷至慎陽，遇憲於逆旅❸，時年十四，淑竦然異之，揖與語，移日不能去。謂憲曰：「子，吾之師表也。」既而前至袁閬所，未及勞問，逆曰：「子國有顏子❹，寧識之乎？」閬曰：「見吾叔度邪？」是時，同郡戴良才高倨傲，而見憲未嘗不正容，及歸，罔然若有失也。其母問曰：「汝復從牛醫兒來邪？」對曰：「良不見叔度，不自以為不及；既覩其人，則瞻之在前，忽焉在後❺，固難得而測矣。」同郡陳蕃❻、周舉❼常相謂曰：「時月之間不見黃生，則鄙吝之萌復存乎心。」及蕃為三公❽，臨朝歎曰：「叔度若在，吾不敢先佩印綬矣。」太守❾王龔在郡，禮進賢達，多所降致，卒不能屈憲。郭林宗❿少游汝南，先過袁閬，不宿而退；進往從憲，累日方還。或以問林宗。林宗曰：「奉高之器，譬諸氿濫⓫，雖清而易挹。叔度汪汪若千頃陂，澄之不清，淆之不濁，不可量也。」

3 憲初舉孝廉，又辟公府，友人勸其仕，憲亦不拒之，暫到京師而還，竟無所就。年四十八終，天下號曰「徵君」。

4

論曰：黃憲言論風旨，無所傳聞，然士君子見之者，靡不服深遠，去玼吝⑫。將以道周性全，無德而稱乎？余曾祖穆侯⑬以為憲隤然其處順，淵乎其似道，淺深莫臻其分，清濁未議其方。若及門於孔氏，其殆庶乎！故嘗著論云。

【章旨】以上為〈黃憲傳〉。記述了黃憲在士林中的聲望，也敘述了他對仕宦淡泊。黃憲並不拒仕，甚至還前往京城，但其終未出仕，顯然是面對現實所作出的理智選擇。

【注釋】❶慎陽　縣名。西漢高帝十一年（西元前一九六年）置慎陽侯國，元狩五年國除為縣。治今河南正陽北江口集。屬汝南郡。❷荀淑　（西元八三－一四九年），字季和，東漢潁川潁陰（今河南許昌）人。博學而不守章句，多為俗儒所非，當世名士李固、李膺等人皆師事之。安帝時徵拜郎中，遷當塗長，以對策譏諷外戚梁氏，為大將軍梁冀所嫉，出補朗陵侯相，旋棄官閒居。❸逆旅　客舍。❹顏子　即顏淵，名回，字子淵，春秋末魯國人。孔子學生。家境貧寒，簞食瓢飲，居住陋巷，而不改其樂。為人好學，以德行著稱。❺則瞻之在前二句　看他在前面，忽然卻到了後面。語出《論語》，顏回慕孔子之言。❻陳蕃　字仲舉，東漢汝南平輿（今河南平輿）人。桓帝時任太尉，與李膺等反對宦官專權，為太學生所敬重，被稱為「不畏強禦陳仲舉」。靈帝立，他為太傅，與外戚竇武謀誅宦官，謀洩，率官屬及太學生八十餘人，衝入宮門，事敗入獄被害，年七十餘。❼周舉　字宣光，東漢汝南汝陽（今河南商水縣）人。順帝時先後為并州、冀州刺史。陽嘉三年（西元一三四年）徵拜尚書。漢安元年以侍中與杜喬等七人俱為使者巡行州郡，劾奏貪官汙吏，士人譽為「八俊」之一。❽三公　官名合稱，周代已有此稱，為最高輔政大臣，一說為司馬、司徒、司空，一說為太師、太傅、太保。西漢時以丞相、太尉、御史大夫合稱三公。東漢時以太尉、司徒、司空合稱三公。為共同負責軍政的最高長官。❾太守　官名。西漢景帝時改郡守置，為郡的最高行政長官，掌民政、司法、軍事、財賦等，可以自辟僚屬，秩二千石。東漢沿置。❿郭林宗　名泰，字林宗，東漢太原介休（今山西介休）人。家世貧賤。遊於洛陽，與李膺等友善。太學生推為領袖，名震京師。桓帝時，黨錮事起，士人共相標榜，譽為「八顧」之一，言能以德行導人。官府屢次召辟，皆辭謝不就。雖好褒貶人物，然不為危言駭論，故得免於黨錮之禍。後閉門教授，生徒千人。⓫氿濫　泉水。泉水從穴旁流出叫「氿」，湧出叫「濫」。⓬玼吝　過失；小毛病。⓭余曾祖

穆侯　范曄曾祖范汪，字玄平，安北將軍，諡號穆侯。余，《後漢書》作者范曄自稱。

【語　譯】 黃憲，字叔度，汝南慎陽人。世代貧賤，父親為牛醫。

2 潁川人荀淑到慎陽，在客舍遇到黃憲，當時黃憲十四歲，荀淑肅然起敬，為之驚異，施禮後與他交談，過了很久都不願離開。他對黃憲說：「你，是我的老師啊。」不久前往袁閬的住所，袁閬還沒來得及問候，荀淑就反問：「你們這裡有個顏淵，你認識他嗎？」袁閬說：「看見我們黃叔度了嗎？」當時，同郡人戴良才高倨傲，但看見黃憲未曾不正容，等到回去時，總是惘然若有所失。他母親問他說：「你又從牛醫兒子那裡來嗎？」戴良回答說：「我不見叔度，不認為自己趕不上他；見他本人以後，卻看他在前，忽然又到後面，非常難揣測啊。」同郡人陳蕃、周舉經常相互說：「一月沒見黃生，庸俗的念頭就又在心裡萌生。」等到陳蕃為三公，上朝時歎息說：「叔度如果在，我不敢先佩戴三公的印綬。」太守王龔在郡裡，舉薦賢能，多數都接受了，終究不能使黃憲屈服。郭林宗年輕時遊汝南，先到袁閬處，沒有住宿就離開；前去拜會黃憲，多日才回。有人因此問郭林宗。林宗說：「袁閬的才能，就好像泉水，雖清而容易汲取。黃憲氣度寬宏像千頃池水，澄之不清，混之不濁，深不可測。」

3 黃憲開始被推薦孝廉，又被公府徵聘，友人勸他出仕，黃憲也不拒絕，到京後不久就返回，最終沒有接受任何徵聘。四十八歲時死去，天下人叫他「徵君」。

4 史家評論說：黃憲言論的風格旨趣，沒聽人說過，然而士人君子見過他的，沒有不佩服他見解的深遠，從而克服自己的缺點。難道就因道德周備性情完美，才無法稱道嗎？我曾祖父穆侯認為黃憲與人相處柔順謙虛，其處世之道像不可知的深淵，深淺難以分辨，清濁沒人說得清。如果他在孔子門下，大概和孔門弟子差不多啊！所以曾著文評論。

1 徐稺，字孺子，豫章❶南昌❷人也。家貧，常自耕稼，非其力不食。恭儉義讓，所居服其德。屢辟公府，不起。

2 時陳蕃為太守，以禮請署功曹❸，穉不免之，既謁而退。蕃在郡不接賓客，唯穉來特設一榻，去則縣之。後舉有道❹，家拜太原太守，皆不就。

3 延熹❺二年，尚書令❻陳蕃、僕射❼胡廣❽等上疏薦穉等曰：「臣聞善人天地之紀，政之所由也。詩云：『思皇多士，生此王國❾。』天挺俊乂❿，為陛下出，當輔弼明時，左右大業者也。伏見處士⓫豫章徐穉、彭城⓬姜肱、汝南袁閎、京兆⓭韋著、潁川李曇，德行純備，著于人聽。若使擢登三事，協亮天工，必能翼宣盛美，增光日月矣。」桓帝乃以安車⓮玄纁，備禮徵之，並不至。帝因問蕃曰：「徐穉、袁閎、韋著誰為先後？」蕃對曰：「閎生出公族，聞道漸訓。著長於三輔⓯禮義之俗，所謂不扶自直，不鏤自雕。至於穉者，爰自江南卑薄之域，而角立傑出，宜當為先。」

4 穉嘗為太尉⓰黃瓊⓱所辟，不就。及瓊卒歸葬，穉乃負糧徒步到江夏⓲赴之，設雞酒薄祭，哭畢而去，不告姓名。時會者四方名士郭林宗等數十人，聞之，疑其穉也，乃選能言語生茅容輕騎追之。及於塗，容為設飯，共言稼穡之事。臨訣去，謂容曰：「為我謝郭林宗，大樹將顛，非一繩所維，何為栖栖不遑寧處？」

及林宗有母憂⑲，稺往弔之，置生芻一束於廬前而去。眾怪，不知其故。林宗曰：「此必南州高士徐孺子也。詩不云乎，『生芻一束，其人如玉⑳。』吾無德以堪之。」

5 靈帝㉑初，欲蒲輪㉒聘稺，會卒，時年七十二。

6 子胤字季登，篤行孝悌㉓，亦隱居不仕。太守華歆㉔禮請相見，固病不詣。漢末寇賊從橫，皆敬胤禮行，轉相約勑，不犯其閭。建安㉕中卒。

7 李曇字雲，少孤，繼母嚴酷，曇事之愈謹，為鄉里所稱法。養親行道，終身不仕。

【章　旨】以上為〈徐稺傳〉，記載了徐稺的生平事跡。由於陳蕃、胡廣等人舉薦，朝廷多次徵召，徐稺都沒有接受。徐稺以「大樹將顛，非一繩所維」來表明他對時局的看法，由此也可看出他拒不出仕的根本原因。

【注　釋】❶豫章　郡名。西漢高帝六年（西元前二〇一年）分九江郡置。治今江西南昌。武帝元狩二年（西元前一二一年）以後轄境相當今江西地。❷南昌　縣名。西漢初置。治今江西南昌。❸功曹　即功曹史，官名。漢代郡守的屬官，相當於郡守的總務長，除掌人事外，並得與聞一郡的政務。❹有道　即有道術之士，東漢察舉科目之一，始於安帝。❺延熹　東漢桓帝劉志年號，西元一五八—一六七年。❻尚書令　官名。始於秦，西漢沿置，本為少府的屬官，掌章奏文書。漢武帝以後職權漸重。東漢政務皆歸尚書，尚書令成為直接對君主負責總攬一切政令的首腦。❼僕射　即尚書僕射，官名。尚書令的副手，因東漢權歸尚書臺，尚書僕射的職權也漸重。❽胡廣　字伯始，東漢南郡華容（今湖北潛江市）人。安帝時舉孝廉，奏章為天下第一。曾任尚書僕射，典章樞機十年。後歷順、沖、質、桓、靈帝六朝，先後任郡守、九卿以至三公。雖主政者更迭，宦官、外戚交互專權，而為官如故，無忠直之風，時諺譏為：「萬事不理問伯始，天下中庸有胡公。」質帝死，懾於大將軍梁冀權勢，反對太尉李固立清河王劉蒜為帝之議，又與中常侍丁肅聯姻，以此為時人譏毀。❾思皇多士二句　願上天多生賢人，生在此王國。語出《詩・文王》。思，願。皇，天。❿俊乂　才德出眾的人。⓫處士　閒居未仕或不仕之人。⓬彭城　封國名。治今江蘇徐州，轄境相當今山東微山縣及江蘇徐州、銅山縣、沛縣東南部等地。⓭京兆　政區名。為三輔之一，治今西安西北。⓮安車　古代可以坐乘的小車。古車立乘，此為坐乘，故稱安車。供年老的高級官員及貴婦人乘用。高官告老還鄉或徵召有重望的人，往往賜乘安車。安車多用一馬，禮尊者則用四馬。⓯三輔　西漢京畿地區三個地方長官，亦用以指其所管理的京畿地區。西漢景帝二年（西元前一五五年）分內史為左、右內史，與主爵中尉（中元六年改為主爵都尉）同治長安城中，所轄皆京畿之地，故合稱「三輔」。漢武帝太初元年（西元前一〇四年）改左、右內史與主爵都尉為左馮翊、京兆尹、右扶風，轄境相當今陝西中部地區。⓰太尉　官名。秦、西漢時為全國軍政長官，與丞相、御史大夫並列，合稱三公。東漢時太尉與司徒、司空並稱三公，秩萬石，但因權歸尚書臺，太尉已無實權。⓱黃瓊　字世營，東漢江夏安陸（今湖北安陸）人。歷任尚書令、司空、司徒、太尉等職。曾上書建議孝廉之選增設孝悌及能從政者四科，得採納。後桓帝詔議褒崇大將軍梁冀之禮，胡廣等多阿旨稱頌，以為宜比周公，瓊獨堅持異議，以此忤冀。冀伏誅後，封邡鄉侯。後以宦官專權，稱病不起。事見本書卷六十一。⓲江夏　郡名。西漢置。以夏水為名。治今湖北新洲西。⓳母憂　指遭母親之喪。⓴生芻一束二句　鮮草一束，其人如玉。語出《詩・白駒》。意戒賢者，到他人之所，即使主人招待不周，也要感謝主人，體現如玉之德。生芻，鮮草。㉑靈帝　即劉宏（西元一五六—一八九年），東漢章帝玄孫，西元一六八—一八九年在位。初襲父爵為解瀆亭侯。永康元年（西元一六七年）桓帝死，被竇太后及其父竇武迎立為帝，時年十二。在位期間，竇武與陳蕃謀誅宦官事敗，宦官繼續掌政。黨禁再起，捕殺李膺、杜密等百餘人。曾公開標價賣官鬻爵，並增天下田畝稅百錢，大修宮室。政治黑暗，民不聊生。中平元年（西元一八四年）爆發全國規模的黃巾暴動，東漢王朝趨於崩潰。㉒蒲輪　指用蒲草裹輪的車子。轉動時震動較小。古時常用於封禪或迎接賢士，以示禮敬。㉓孝悌　儒家倫理思想。《論語・學而》：「其為人也孝弟。」朱熹注：「善事父母為孝，善事兄長為弟。」弟，即「悌」。儒家重視孝悌，尤強調孝道，視為修己教人、安邦治國之本。㉔華歆　字子魚，東漢末到三國時平原高唐（今山東禹城）人。舉孝廉。興平二年（西元一九五年），任豫章太守。建安四年（西元一九九年），孫策兵臨豫章，即迎降，策禮為上賓。策死，曹操徵為議郎，後代荀彧為尚書令。操死，奉漢獻帝詔授曹丕丞相印綬，魏王璽綬。遷相國，上表勸進。魏明帝時進封博平侯。㉕建安　東漢獻帝劉協年號，西元一九六—二二〇年。

【語　譯】徐穉，字孺子，豫章郡南昌縣人。家境貧窮，常自己耕種，不是自己勞動所得不吃。謙恭儉約重義謙讓，附近的人都佩服他的品德。公府屢次徵召，他都沒接受。

2 當時陳蕃為太守，禮請他署理功曹，徐穉不逃避，去拜見陳蕃然後就回去了。陳蕃在郡裡不接待賓客，只在徐穉來時特地設一張榻，離開後就把榻懸掛起來。後被舉薦有道，在家裡被任命為太原太守，都沒有上任。

3 延熹二年，尚書令陳蕃、僕射胡廣等上書推薦徐穉等說：「我聽說好人是天地之綱，國家政事由此而出。《詩》說：『願上天多生賢人，生在此王國。』天降賢能，為陛下而生，應輔佐明政，幫助成就大業啊。我見隱士豫章徐穉、彭城姜肱、汝南袁閎、京兆韋著、潁川李曇，德行完備，眾人所知。假若徵召他們，協助皇上，一定能使帝業生輝，為日月增光。」桓帝於是用安車玄纁，備禮徵召，都沒有應召。桓帝因此問陳蕃說：「徐穉、袁閎、韋著誰排前後？」陳蕃回答說：「袁閎出身於公族，受道義陶冶漸漸成長起來。韋著生長於三輔禮儀之鄉，所謂不扶自直，不刻自雕。至於徐穉這個人，出自江南卑薄之地，但卓然特立傑出不凡，應當排前。」

4 徐穉曾被太尉黃瓊徵召，沒有前往。等到瓊死後歸葬，徐穉才背糧徒步到江夏，擺雞酒祭奠他，哭完就離開，不留姓名。當時聚集了來自各地的名士郭林宗等數十人，聽到這件事，懷疑他就是徐穉，於是選派能說會道的茅容輕騎追趕徐穉。在半路追上，茅容為他設飯，一起談耕作的事。臨別時，對茅容說：「替我謝郭林宗，大樹將倒，不是一條繩子所能維繫，為什麼忙忙碌碌沒有安寧的時候？」等郭林宗母親逝世，徐穉前往弔唁，在房前放一束新割的草然後離去。眾人感到奇怪，不知是什麼含義。郭林宗說：「這一定是南方名士徐孺子。《詩》不是說了嗎，『鮮草一束，其人如玉。』我無德來承受他的讚譽。」

5 靈帝初年，朝廷要用蒲草裹輪的車子去聘請徐穉，就在這時徐穉死去，享年七十二歲。

6 兒子徐胤，字季登，認真遵守孝悌之道，也隱居不做官。太守華歆以禮請求相見，因有病沒有前往。漢末盜賊橫行，這些盜賊都敬重徐胤的品行，轉而相互約束告誡，不侵犯他的鄉里。建安年間死去。

7 李曇字雲，小時喪母，繼母嚴厲暴虐，李曇侍奉她更加謹慎，被鄉鄰稱讚效仿。侍養親人奉行道義，終生不做官。

1 姜肱，字伯淮，彭城廣戚❶人也。家世名族。肱與二弟仲海、季江，俱以孝行著聞。其友愛天至，常共臥起。及各娶妻，兄弟相戀，不能別寢，以係嗣當立，乃遞往就室。

2 肱博通五經，兼明星緯❷，士之遠來就學者三千餘人。諸公爭加辟命，皆不就。二弟名聲相次，亦不應徵聘，時人慕之。

3 肱嘗與季江謁郡，夜於道遇盜，欲殺之。肱兄弟更相爭死，賊遂兩釋焉，但掠奪衣資而已。既至郡中，見肱無衣服，怪問其故，肱託以它辭，終不言盜。盜聞而感悔，後乃就精廬❸，求見徵君。肱與相見，皆叩頭謝罪，而還所略物。肱不受，勞以酒食而遣之。

4 後與徐穉俱徵，不至。桓帝乃下彭城使畫工圖其形狀。肱臥於幽闇，以被韜❹面，言患眩疾，不欲出風。工竟不得見之。

5

中常侍❺曹節❻等專執朝事，新誅太傅❼陳蕃、大將軍❽竇武❾，欲借寵賢德，以釋眾望，乃白徵肱為太守。肱得詔，乃私告其友曰：「吾以虛獲實，遂藉聲價。明明在上，猶當固其本志，況今政在閹豎❿，夫何為哉！」乃隱身遯命，遠浮海濱。再以玄纁聘，不就。即拜太中大夫⓫，詔書至門，肱使家人對云「久病就醫」。遂羸服間行，竄伏青州⓬界中，賣卜給食⓭。召命得斷，家亦不知其處，歷年乃還。年七十七，熹平⓮二年終于家。弟子陳留⓯劉操追慕肱德，共刊石頌之。

【章　旨】以上為〈姜肱傳〉。記載姜肱弟兄以孝聞名，面對強盜，兄弟爭相赴死，體現出兄弟間的情誼。面對宦官專權的政治局面，姜肱寧可逃走、隱居、賣卜，也不願出仕。

【注　釋】❶廣戚　縣名。西漢成帝河平三年（西元前二六年）封楚孝王子勳為廣戚侯。治今江蘇沛縣東。屬沛郡。❷星緯　星術讖緯之學。所謂星術就是以星象占吉凶之術。讖緯，即以陰陽五行、天人感應為基礎，以預占為特徵的神學體系。西漢中期以後，方士們採集、製造大量讖言，結集為書。與此同時，以《公羊傳》、《尚書大傳》、京房《易》學、《春秋繁露》等為代表的西漢今文經學，依據其陰陽五行、天人感應的理論，解釋社會政治現象，預占色彩日趨濃厚。哀帝、平帝之際，讖言迷信與今文經學中的陰陽五行、天人感應神學合流，並吸收社會上流傳已久的天文占、五行占、雜占、符命、五德終始等迷信形式，形成讖緯神學。王莽代漢、光武中興，都利用過讖緯中的圖讖符命。東漢時成為占統治地位的社會思想，極為盛行。❸精廬　精雅的講讀之舍，即精舍。❹韜　掩藏。❺中常侍　官名。秦始置，西漢沿置，出入宮廷，侍從皇帝，常為列侯至郎中的加官。東漢時則專用宦官為中常侍，以傳達詔令和掌理文書，權力極大。❻曹節　字漢豐，東漢南陽新野（今屬河南）人。順帝初為小黃門。桓帝時遷中常侍、奉車都尉。靈帝即位，以定策功封長安鄉侯。與宦官王甫等矯詔發兵殺大將軍竇武及太傅陳蕃等人。遂用事朝中，遷長樂衛尉，封育陽侯。熹平元年（西元一七二年），藉口有人書朱雀闕抨擊宦官，唆使靈帝大捕黨人。又與王甫誣奏桓帝弟渤海王劉悝謀反，因而殺之。❼太傅　官名。西周置，為三公之一，位次太師，在太保上。其後歷代沿置。東漢以授元老重臣，居百官之首，秩萬石。明帝以後，諸帝即位時皆置，兼錄尚書事，行使宰相職權，有缺不補。❽大將軍　官名。始於戰國，漢代沿置，為將軍的最高稱號，執掌統兵征戰。事實上多由貴戚擔任，掌握政權，職位甚高。❾竇武　字遊平，東漢扶風平陵（今陝西咸陽）人。生年不詳。桓帝時以長女選入宮中為貴人，得拜郎中。女旋立為皇后，遂遷越騎校尉，封槐里侯。遷城門校尉。永康元年（西元一六七年）上疏奏請解除黨禁。桓帝死，迎立靈帝，任大將軍，封聞喜侯。執掌朝政，起用李膺、杜密等黨人。建寧元年（西元一六八年），與太傅陳蕃謀誅宦官曹節、王甫等，事敗自殺。❿政在閹豎　指宦官專權。閹豎，對宦官的蔑稱。⓫太中大夫　官名。亦作「大中大夫」。秦朝置，西漢沿置，位居諸大夫之首。侍從皇帝左右，掌顧問應對，參謀議政，奉詔出使等，多以寵臣貴戚充任。東漢後期權任漸輕。⓬青州　西漢武帝時所置「十三刺史部」之一。轄境相當於今山東德州、平原、高唐以東，河北吳橋及山東馬頰河以南，濟南、臨朐、安丘、即墨、萊陽等以北地。東漢治今山東淄博臨淄鎮北。⓭賣卜給食　靠給人占卜養活自己。賣卜，給人占卜謀生。⓮熹平　東漢靈帝劉宏年號，西元一七二—一七八年。⓯陳留　郡名。治今河南開封東南陳留城。

【語譯】姜肱，字伯淮，彭城廣戚人。家庭世代為名族。姜肱與兩個弟弟仲海、季江，都以孝行聞名。他們友愛出於天性，經常共同起臥。等到各自娶妻，兄弟還互相依戀，不能分開睡，因要生子傳後，才各歸房去住。

2　姜肱通曉《五經》，兼懂星緯之學，遠來向他求學的有三千多人。諸公爭著徵召他，都沒接受。兩個弟弟名聲相當，也不接受徵聘，當時的人都敬佩他們。

3　姜肱曾與季江去郡裡拜訪，夜間在路上遇到盜賊，盜賊想殺他們。姜肱兄弟相互爭著要死，盜賊於是放了他們，只是把衣物搶去了。到了郡裡，人們見姜肱沒穿衣服，感到奇怪，問其原因，姜肱以其他藉口推脫，最終也沒說到強盜。強盜聽說後感動悔悟，後來到精舍，求見隱士。姜肱與他們相見，盜賊都叩頭請罪，並歸還所掠的衣物，姜肱沒有接受，用酒食招待他們並且讓他們離去。

4　後來又與徐穉一起被徵召，沒有去。桓帝於是讓畫工到彭城為他畫像。姜肱躺在幽暗處，用被子蒙面，說患頭疼病，不能見風。畫工最終也沒能見到他的面。

5 中常侍曹節等專權執掌朝政，剛剛誅殺了太傅陳蕃、大將軍竇武，想靠重用賢德之人，來消除大家的疑惑，於是奏告皇帝徵召姜肱為太守。姜肱得到詔書，私自告訴朋友說：「我以虛名獲得實職，因此提高了聲望。明君在上時，還應當堅持其志向，何況現在宦官專權，能做什麼呢！」於是隱身逃走，遠走到海邊。朝廷又用重禮聘請，也不到。隨即又任命為太中大夫，詔書送到姜家，姜肱讓家人回答說「久病就醫」。就穿著破衣悄悄出走，隱居到青州境內，賣卜為生。詔書沒有送達姜肱手中，家裡也不知他在什麼地方，過一年多才回家。熹平二年七十七歲時死於家中。弟子陳留人劉操等懷念仰慕姜肱的美德，一起刻石讚頌他。

1 申屠蟠，字子龍，陳留外黃❶人也。九歲喪父，哀毀過禮。服除❷，不進酒肉十餘年。每忌日，輒三日不食。

2 同郡緱氏女玉為父報讎，殺夫氏之黨，吏執玉以告外黃令梁配，配欲論殺玉。蟠時年十五，為諸生❸，進諫曰：「玉之節義，足以感無恥之孫，激忍辱之子。不遭明時，尚當表旌廬墓，況在清聽，而不加哀矜！」配善其言，乃為讞得減死論。鄉人稱美之。

3 家貧，傭為漆工。郭林宗見而奇之。同郡蔡邕❹深重蟠，及被州辟，乃辭讓之曰：「申屠蟠稟氣玄妙，性敏心通，喪親盡禮，幾於毀滅。至行美義，人所鮮能。安貧樂潛，味道守真，不為燥濕輕重，不為窮達❺易節。方之於邕，以齒則長，以德則賢。」

4 後郡召為主簿[6]，不行。遂隱居精學，博貫五經，兼明圖緯[7]。始與濟陰王子居同在太學[8]，子居臨歿，以身託蟠，蟠乃躬推輦車，送喪歸鄉里。遇司隸從事[9]於河鞏之間，從事義之，為封傳護送[10]，蟠不肯受，投傳於地而去。事畢還學。

5 太尉黃瓊辟，不就。及瓊卒，歸葬江夏，四方名豪會帳下[11]者六七千人，互相談論，莫有及蟠者。唯南郡[12]一生與相酬對，既別，執蟠手曰：「君非聘則徵，如是相見於上京[13]矣。」蟠勃然作色曰：「始吾以子為可與言也，何意乃相拘教樂貴之徒邪？」因振手而去，不復與言。再舉有道，不就。

6 先是京師游士汝南范滂[14]等非訐朝政，自公卿[15]以下皆折節下之。太學生爭慕其風，以為文學將興，處士復用。蟠獨歎曰：「昔戰國[16]之世，處士橫議，列國之王，至為擁篲先驅[17]，卒有阬儒燒書之禍[18]，今之謂矣。」乃絕迹於梁碭之間，因樹為屋，自同傭人。居二年，滂等果罹黨錮[19]，或死或刑者數百人，蟠確然免於疑論。後蟠友人陳郡[20]馮雍坐事繫獄，豫州牧[21]黃琬[22]欲殺之。或勸蟠救雍，蟠不肯行，曰：「黃子琰為吾故邪，未必合罪。如不用吾言，雖往何益！」琬聞之，遂免罹罪。

7 大將軍何進㉓連徵不詣，進必欲致之，使蟠同郡黃忠書勸曰：「前莫府㉔初開，至如先生，特加殊禮，優而不名，申以手筆，設几杖之坐。經過二載，而先生抗志彌高，所尚益固。竊論先生高節有餘，於時則未也。今潁川荀爽㉕載病在道，北海㉖鄭玄㉗北面受署。彼豈樂羈牽哉？知時不可逸豫也。昔人之隱，遭時則放聲滅迹，巢棲茹薇㉘。其不遇也，則裸身大笑，被髮狂歌。今先生處平壤，游人間，吟典籍，襲衣裳，事異昔人，而欲遠蹈其迹，不亦難乎！孔氏可師，何必首陽㉙。」蟠不荅。

8 中平㉚五年，復與爽、玄及潁川韓融、陳紀等十四人並博士徵，不至。明年，董卓㉛廢立，蟠及爽、融、紀等復俱公車㉜徵，唯蟠不到。眾人咸勸之，蟠笑而不應。居無幾，爽等為卓所脅迫，西都長安㉝，京師擾亂。及大駕西遷，公卿多遇兵飢，室家流散，融等僅以身脫。唯蟠處亂末，終全高志。年七十四，終于家。

【章旨】以上為〈申屠蟠傳〉。記載申屠蟠安於貧困，多次拒絕朝廷徵召。他預見到黨錮之禍，所以遠離世俗，遁跡深山。

【注釋】❶外黃　縣名。秦置。治今河南民權西北。❷服除　守喪期滿。❸諸生　指儒生，也指在學讀書的學生。❹蔡邕字伯喈，東漢陳留圉（今河南杞縣）人。好詞章、數術、天文，善音律，工琴藝。靈帝時辟司徒橋玄府。後任郎中，校書東觀。熹平四年（西元一七五年），奉命與五官中郎將堂谿典、光祿大夫楊賜等勘正《六經》文字。自書丹於碑，使工鐫刻，立於太學門外，世稱「熹平石經」。後遭宦官陷害，亡命江海十餘年。董卓擅政時，召為祭酒，遷尚書，拜中郎將，封高陽鄉侯。及董卓被誅，為司徒王允收付廷尉治罪。自請黥首刖足，續成漢史。不久，死於獄中。❺窮達　困頓與顯達。《易》：「窮則獨善其身，達則兼濟天下。」❻主簿　官名。漢代中央及郡縣官署均置，典領文書簿籍，經辦事務。❼圖緯　即讖緯。圖，即圖讖，又稱讖書。讖，方士、巫師和儒生等製作的以隱語為形式預決吉凶之宗教預言。因附有圖，故稱為圖讖或圖錄。❽太學　學校名，漢朝時為全國最高學府。漢武帝用董仲舒建議，傳授儒家經典，以造就官僚人才。用博士為師。東漢質帝時在學太學生達三萬。❾司隸從事　官名。司隸校尉所置僚佐諸從事泛稱。漢代有都官、功曹、別駕、簿曹、兵曹、部郡國諸從事，秩百石。有掾、史之別。❿封傳護送　贈給他符牒並派人護送。傳，指符牒。⓫帳下　辦喪事時臨時搭建的帳篷。⓬南郡　戰國時置。初治今湖北荊州北紀南城，後移治今湖北荊州。⓭上京　即上都，京都的通稱。這裡指洛陽。⓮范滂（西元一三七－一六九年），字孟博，東漢汝南征羌（今河南漯河）人。曾任清詔使、光祿勳主事等職。按察郡縣不法官吏，舉劾刺史、二千石權豪之黨，為時人所重。見時政腐敗，棄官而去。士人尊之為「八顧」之一。汝南太守宗資聞名署為功曹，委以政事。在職嚴整疾惡，抑制宦官，鄉謠云：「汝南太守范孟博，南陽宗資主畫諾。」桓帝延熹九年（西元一六六年）被捕下獄。及釋免南歸，汝南、南陽士大夫往迎者車數千輛。靈帝建寧二年（西元一六九年），黨錮之獄再興，遂自往投案，旋死獄中。⓯公卿　三公九卿的合稱，後泛指中央政府高級行政官員。⓰戰國　時代名。因當時秦、齊、楚、燕、韓、趙、魏七個諸侯大國稱雄爭霸，連年戰爭，故稱為「戰國」。一般以周元王元年到秦王政二十六年（西元前二二一年）統一中國為止，稱為戰國時代。⓱擁篲先驅　拿著掃帚在前面帶路。據《史記》記載，鄒衍到燕國，燕昭王擁篲先驅，請列弟子之座而受業。築碣石宮，親自前往以鄒衍為師。⓲卒有阬儒燒書之禍　最終出現焚書阬儒的災禍。秦始皇三十四年（西元前二一三年），博士淳于越反對中央集權的郡縣制，要求根據古制，分封子弟。丞相李斯加以駁斥，主張禁止儒生以古非今，以私學誹謗朝政。秦始皇採納李斯的建議，下令：焚燒《秦記》以外的列國史記，對不屬於博士官的私藏《詩》、《書》等亦限期繳出燒毀；有敢談論《詩》、《書》的處死，以古非今的滅族；禁止私學，欲學法令的以吏為師。次年，盧生、侯生等方士、儒生攻擊秦始皇。秦始皇派御史查究，將四百六十多名方士和儒生阬死在咸陽。史稱「焚書阬儒」。⓳黨錮　東漢桓帝、靈帝時部分官僚士大夫和太學生聯合反對宦官專權，以此被禁止仕宦或參與政治活動，時稱「黨錮」。東漢桓帝時，司隸校尉李膺等人和太學生郭泰、賈彪等聯合，抨擊宦官集團。延熹九年（西元一六六年），有人勾結宦官誣告他們「誹訕朝廷」，李膺等二百多名「黨人」被逮捕，後雖釋放，但終身不許做官，稱為第一次「黨錮之禍」。靈帝即位後，外戚竇武專權，起用黨人，並與太傅陳蕃合謀誅滅宦官，事洩被殺。建寧二年（西元一六九年）靈帝在宦官侯覽、曹節挾持下，收捕李膺、杜密等百餘人下獄處死，並陸續殺死、流徙、囚禁六七百人。熹平五年（西元一七六年），靈帝在宦官挾制下又命令凡「黨人」的門生故吏、父子兄弟，都免官禁錮，並連及五族。稱為第二次「黨錮之禍」。⑳陳郡　西漢高帝十一年（西元前一九六年）置淮陽國（一說秦置陳郡，西漢改淮陽國），東漢章和二年（西元八八年）改為陳國，獻帝時國除為郡。治今河南淮陽。㉑豫州牧　豫州行政長官。豫州，西漢武帝置，為「十三刺史部」之一。察郡國四，約有今淮河以北，南、北汝河流域以東的豫東、皖北和江蘇豐、沛二縣地。東漢州治今安徽亳州。州牧，官名。省稱「牧」，西漢成帝改州刺史置，秩二千石，位次九卿，監察州郡。後廢置不常。東漢靈帝時復置，掌一州軍政大權，位高於郡守。㉒黃琬　（西元一四一—一九二年），字子琰，東漢江夏安陸（今湖北安陸）人。桓帝時，曾任五官中郎將。黨錮起，被禁錮幾二十年。黨禁弛解，復徵拜議郎。董卓柄政，以其名臣，徵為司徒，遷太尉。後與司徒王允謀誅董卓。及卓部李傕、郭汜襲破長安，被捕下獄死。㉓何進　字遂高，東漢南陽宛（今河南南陽）人。出身屠戶。靈帝時以異母妹選入宮為貴人、皇后，先後任郎中、虎賁中郎將、潁川太守、侍中等職。中平元年（西元一八四年）黃巾暴動爆發後，任大將軍。以破壞太平道首領張角等人起事計劃，封慎侯。靈帝死，擁立何皇后子劉辯為少帝，與太傅袁隗輔政。誅上軍校尉小黃門蹇碩，又與袁紹謀誅宦官，並詔董卓等將領引兵向京師以為聲援。終因狐疑不決，為中常侍張讓等人矯詔所殺。㉔莫府　古代將軍出征時臨時所設的府署。同幕府。莫，通「幕」。始置於戰國。《史記·廉頗藺相如列傳》：「市租皆輸入莫府，為士卒費。」裴駰《集解》引如淳曰：「將軍征行無常處，所在為治，故言『莫府』。」司馬貞《索隱》引崔浩云：「古者出征為將帥，軍還則罷，理無常處，以幕帟為府署，故曰『莫府』。」㉕荀爽　（西元一二八—一九〇年），又名諝，字慈明，東漢潁川潁陰（今河南許昌）人。延熹九年（西元一六六年）以至孝拜郎中。後遭黨錮，隱居十數年，以著述為事。黨禁解，拒召不仕。獻帝即位，任平原相，後任司空。曾參與司徒王允誅董卓之謀，事未發而卒。主治費氏《易》，博通群經，為古文經學大師。㉖北海　封國名。西漢景帝置郡。治今山東昌樂東南。西漢末轄境相當今山東濰坊、安丘、昌樂、壽光、昌邑等地。東漢改為國，移治今昌樂西。㉗鄭玄　字康成，東漢北海高密（今屬山東）人。經學家稱後鄭，以與「先鄭（鄭眾）」相別。先後師從第五元、張恭祖、馬融等經學家，兼通經今古文，見經今古文兩家各立門戶，意欲破其壁壘，自成一家之言。後遊學歸里，徒眾相隨已數百千人。因黨禍事被禁錮，乃杜門不出，遍注群經。其內容均兼採今古文。遂集漢代經學之大成，世稱「鄭學」。㉘巢棲茹薇　住巢穴吃野菜。引申指隱居不願出仕。巢棲，相傳巢父為堯時隱士，築巢而居。堯聞其賢，欲以天下讓之，不受而隱去。堯又以天下讓與許由，他復勸許由隱居。或說即許由，因由夏常居巢，故號巢父。茹薇，採食野菜。相傳周武王滅商後，孤竹國君之子伯夷、叔齊恥食周粟，逃至首陽山，採薇而食。㉙首陽　即首陽山，又稱首山、雷首山，在今山西蒲州南。這裡指餓死於首陽山的伯夷、叔齊。伯夷、叔齊原為孤竹國君之子，二人因遜讓君位，奔周，路遇武王伐紂，叩馬進諫。商亡後，兩人不食周粟，餓死於首陽山。㉚中平　東漢靈帝劉宏年號，西元一八四—一八九年。㉛董卓　(?—西元一九二年)，字仲穎，東漢隴西臨洮 (今甘肅岷縣) 人。本為涼州豪強。靈帝中平六年 (西元一八九年)，任并州牧。少帝即位，大將軍何進謀誅宦官，召他率兵入洛陽。旋廢少帝，立獻帝，專斷朝政。曹操與袁紹等起兵反抗，他挾獻帝西遷長安，自為太師。殘暴專橫，縱火焚洛陽周圍數百里，使生產受到嚴重破壞。後為王允、呂布所殺。事見本書卷七十二。㉜公車　本意為官車。漢以公家馬車遞送應舉之人。後因以「公車」為舉人應試之代稱，又借以指應試之舉子。㉝長安　城名。在今陝西西安西北六公里。

【語譯】申屠蟠，字子龍，陳留郡外黃縣人。九歲喪父，哀痛萬分超過禮制。守喪期過後，十多年不吃酒肉。每逢父親忌日，就三天不吃東西。

2　同郡緱氏女緱玉為父報仇，殺夫家親族，縣吏捉拿緱玉後報告外黃縣令梁配，梁配想論罪處死緱玉。申屠蟠當時十五歲，為儒生，規勸說：「緱玉的節義，足以感召無恥之孫，激發忍辱之子。遇上昏暗之世，還應當死後旌表，何況在政治清明時期，能不加憐憫嗎！」梁配認為他說得很對，於是請求減免死刑論罪。鄉人都大為稱讚。

3　申屠蟠家裡貧窮，被雇用做漆工。郭林宗見到他感到驚奇。同郡蔡邕很看重申屠蟠，等到被州徵召時，就推辭說：「申屠蟠天資奇特，機敏心巧，喪父盡禮，差點毀滅。完美的品行和道義，很少有人能做到。安於貧困樂於隱居，保持原來本性，不為時勢所左右，不為貧富改變節操。拿他和我比，論年齡我比他年長，論德行他比我賢能。」

4　後來郡裡徵召他為主簿，沒有去。於是隱居起來鑽研學問，精通《五經》，兼明讖緯之學。當初與濟陰王劉子居同在太學，劉子居臨死時，以遺體託咐申屠蟠，申屠蟠於是親自推著車，把劉子居遺體送回家鄉。在河鞏之間遇到司隸從事，從事認為他很義氣，贈給他符牒派人護送，蟠不肯接受，將符牒丟在地上離去。事情辦完後回到太學。

5 太尉黃瓊徵聘，沒有接受。等到黃瓊死後，歸葬江夏，四方名流六七千人會聚治喪處，互相談論，沒有趕得上申屠蟠的人。只有南郡一名儒生能與申屠蟠相互應答，臨別時，儒生握住申屠蟠的手說：「您不是被聘請就是被徵召，如此我們就在京師相見吧。」申屠蟠勃然變色說：「開始我以為你可以談得來，誰會想到你竟是熱衷富貴功名之輩呢？」於是甩手而去，不再與他說話。又被舉薦為有道，也不去。

6 此前京城遊士汝南范滂等人非議朝政，從公卿以下全部屈己交往。太學生爭相仰慕他的風采，認為文教將振興，隱士會再被重用。申屠蟠獨自歎息：「從前戰國之時，處士橫議是非，諸國國君，以致拿著掃帚前面帶路，最終出現焚書阬儒的災禍，現今的局面就是如此。」於是絕跡於梁、碭之間，靠樹作屋，如同傭人。過了二年，范滂等人果然遭黨錮之禍，有的處死有的判刑達數百人，申屠蟠因處身清白免除了嫌疑。後申屠蟠友人陳郡馮雍犯事入獄，豫州牧黃琬想殺他。有人勸申屠蟠救馮雍，申屠蟠不肯去，說：「黃子琰若看在我的分上，未必治罪。如果不聽我的話，即使去又有什麼用呢！」黃琬聽到，就免除了馮雍的死罪。

7 大將軍何進連續徵召不到，何進一定要讓他前來，派申屠蟠同郡人黃忠寫信勸說：「前時幕府剛開，對先生這樣的人，給予特殊禮遇，優待而不稱名字，以詩文相頌，設置敬老之座。到現在已經兩年時間，而先生您不仕的決心更堅決，隱居立場更堅定。我認為先生節操高尚有餘，對於世事則不明啊。現在潁川荀爽帶病在途，北海鄭玄接受官職。他們難道樂於受羈絆嗎？是因為他們懂得現在不能隱逸遊樂。古人隱居，在太平之世就放棄聲望滅絕蹤跡，住巢穴吃野菜。在亂世，就放浪形骸，披髮狂歌。現在先生處在太平之世，遊樂於人世，吟讀典籍，穿很多衣服，所做的事和古人不同，卻想效仿古人隱居之舉，不也太難了嗎！可以向孔子學習，何必效法伯夷、叔齊。」申屠蟠不回答。

8 中平五年，又與荀爽、鄭玄及潁川韓融、陳紀等十四人一起以博士徵召，沒有到。第二年，董卓廢少帝立獻帝，申屠蟠和荀爽、韓融、陳紀等又都以公車徵召，只有申屠蟠沒有到。眾人都勸他，申屠蟠笑著不回答。過不久，荀爽等被董卓脅迫，遷都長安，京城騷擾混亂。等到皇帝西遷，公卿許多遭遇亂兵饑荒，家人離散，韓融等僅僅單身脫險。只有申屠蟠身處動亂，終於保全自己崇高的志尚。七十四歲時死於家中。

贊曰：琛寶可懷，貞期難對❶。道苟違運，理用同廢。與其遐棲，豈若蒙穢❷？悽悽碩人，陵阿窮退❸。韜伏明姿，甘是堙曖❹。

【章旨】以上作者對隱士遁跡山林的行為進行評議。作者認為，有才能的人不應該隱居遁世，即使是亂世，也不應該將才華埋沒。

【注釋】❶琛寶可懷二句　道德可牢記在心，清明之世難遇。琛寶，比喻道德。貞期，指政治清明之世。❷與其遐棲二句　與其深居山林，何如在亂朝做官。遐棲，隱居。蒙穢，指出仕亂朝。❸悽悽碩人二句　飢病的賢人，退居山林獨自隱居。悽悽，飢病的樣子。碩人，指賢者。陵阿，丘陵。❹韜伏明姿二句　掩藏才華，甘願埋沒。明姿，指出眾的才華。姿，通「資」。堙，埋沒；淹沒。曖，隱蔽。

【語譯】史官評議說：道德可牢記在心，清明之世難遇。操守如果背離時務，道理和功用就都廢棄了。與其深居山林，何如在亂朝做官？飢病的賢人，退居山林獨自隱居。掩藏才華，甘願埋沒。

【研析】仕與隱是中國古代士大夫面對現實的兩種不同的選擇。一般來說，修身、齊家、治國、平天下是士大夫共同的人生理想，所以做官本應是不二的選擇。然而，有些客觀因素使一些士大夫失去了出仕的信心和興趣，最終選擇過隱居的生活。一是官場險惡，官員之間爾虞我詐，鉤心鬥角，這種齷齪的環境使一些本性高潔之士從內心感到厭惡，自然不願身陷其中，而寧願選擇遁跡山林、遠離世俗的生活；二是奸佞當道，政治黑暗腐敗，使一些有識之士感到即使出仕，政治抱負也無法施展，於是就放棄了最初的志向和理想，甘願在山野默默度過一生。孔子所說的「邦有道，則仕；邦無道，則可卷而懷之」，基本道出了一些士大夫的心聲。當然，隱者淡泊的性格、洞察世事的智慧也是他們成為隱者的關鍵因素。

那麼，本傳周燮等作為東漢不同時期各地的名士，又是因何放棄榮華富貴而歸隱山林呢？從他們的事跡中我們可以看到這樣幾種類型：

其一，曾入官場，但失望而歸。太原閔仲叔，在光武帝時被司徒侯霸徵聘，仲叔懷著既高興又擔心不能勝任的心情前往，但侯霸根本不委以重任，仲叔極度失望後，毅然離去，而且從此以後再不入仕。

其二，對朝廷現狀不滿，認為出仕不能實現自己的政治抱負，因而隱居遁世。如漢桓帝時安陽人魏桓就曾說，求官職祿位，就是為實現自己的志向。但現在後宮千人，不可能裁，廄馬萬匹，不可能減，皇上身邊的權勢強豪不可能摒除，我去又能有什麼作為呢？周燮也認為出仕必須「度其時而動」，而拒絕就是因為「非其時也」。所謂的「非其時」，就是朝廷政治黑暗、腐敗，出仕不可能有所作為。

其三，洞悉世事，明哲保身。徐穉在當時的士林享有很高的聲望，甚至朝廷重臣陳蕃等也推崇備至，多次徵召，拒不出仕。徐穉因何不出仕？他對郭林宗的忠告，道出了他的真實想法：「大樹將顛，非一繩所維。」可見他對東漢王朝的前途非常悲觀，因而採取了靜觀其變，明哲保身的態度。申屠蟠在太學生爭慕范滂之際，就預見到黨錮之禍，遠避山野。而在董卓當政時再次拒絕徵召，面對眾人勸說時只是「笑而不應」，可見是預見到之後的必然結局。

在家天下的封建時代，士人歸隱也並不是一件容易的事，有時要直面兩大難題。首先，在封建時代是沒有什麼個人權利可言的，拒絕徵召，往往意味著忤逆朝廷和權臣的「好意」，隨之而來的很可能是打擊報復。實際上，許多士人也預料到這一點，尋找各種藉口、採取各種方法，來拒絕徵召。如姜肱為躲避徵召，先是「隱身遯命，遠浮海濱」，後以「久病就醫」相推脫，再次離家出走。其次，歸隱田野可能要面臨生活的窘迫，必須甘於生活的清貧。如閔仲叔老年時多病，又家庭窮困，買不起肉，每天只能買一片豬肝。姜肱曾「賣卜給食」。但即使在這樣的窘困狀態下，這些隱者仍然堅守著他們的信念，的確令人敬佩！（韋占彬注譯）

卷五十四

楊震列傳第四十四

【題解】本卷記載楊震及其先祖、子孫後裔的生平事跡。楊家先祖在西漢時已封侯，官至丞相，但弘農楊氏真正成為望族，卻始於楊震。從楊震到楊彪，四代位至三公，楊秉、楊賜等都是一時之名臣，在士林中享有很高的威望。弘農楊氏以其人才輩出、世代為朝廷重臣而成為東漢最有影響力的家族之一。

楊震，字伯起，弘農❶華陰❷人也。八世祖喜，高祖❸時有功，封赤泉侯。高祖敞，昭帝❹時為丞相❺，封安平侯。父寶，習歐陽尚書❻。哀❼、平❽之世，隱居教授。居攝❾二年，與兩龔、蔣詡俱徵，遂遁逃，不知所處。光武❿高其節。建武⓫中，公車⓬特徵，老病不到，卒於家。

【章旨】以上簡述楊震先祖事跡。弘農楊氏是漢代世家大族，在楊震之前楊氏已是官僚世家。

【注釋】❶弘農　郡名。西漢元鼎三年（西元前一一四年）置。取宏大農桑為名。治今河南靈寶北舊靈寶西南。❷華陰縣名。治今陝西華陰東南。❸高祖　即劉邦（西元前二五六—前一九五年），字季，沛縣（今屬江蘇）人。西漢王朝的建立者，西元前二〇二—前一九五年在位。在秦末的反秦起義中，他與項羽領導的起義軍逐漸成為主力，並最終推翻了秦朝的統治。之後，又與項羽展開長達五年的戰爭。西元前二〇二年，戰勝項羽，即皇帝位，建立漢朝。在位期間，繼承秦制，實行中央集權制度。先後消滅韓王信、彭越、英布等異姓諸侯王；實行重本抑末政策，發展農業生產，打擊商賈；以秦律為根據，制定《漢律九章》。❹昭帝　即劉弗陵（西元前九四—前七四年），西漢武帝少子，西元前八七—前七四年在位。即位時年僅八歲，霍光、上官桀、金日磾、桑弘羊受武帝遺詔輔政。即位後委政霍光。因海內虛耗，民生凋敝，故採取輕徭薄賦、與民休息的政策，屢次減免租賦，招撫流民。始元六年（西元前八一年）召集郡國賢良文學會議鹽鐵，旋罷榷酤。又與匈奴恢復和親。政治較為安定，社會經濟有所恢復。❺丞相　官名。始於戰國時，為百官之長，亦稱相邦。秦代以後為封建官僚組織中的最高官職，輔佐皇帝，綜理全國政務。西漢初，稱為相國，後改丞相，與太尉、御史大夫合稱三公。西漢末改為大司徒，東漢末復稱丞相。❻歐陽尚書　漢代《今文尚書》學派之一。因歐陽氏傳授，故名。西漢初，千乘人歐陽生學《尚書》於伏生，授兒寬，寬授歐陽生子，世代相傳，至曾孫歐陽高，為博士。東漢初，《歐陽尚書》傳授頗盛，光武帝時，桓榮授學太子，拜為博士，父兄子弟相繼為帝師，受業者多至卿相，貴顯當世。東漢末，《古文尚書》大行於世，《歐陽尚書》逐漸衰微。❼哀　即西漢哀帝劉欣（西元前二五—前一年），西元前七—前一年在位。元帝庶孫，定陶共王子。即位後為削弱外戚王氏權勢，遣王莽及曲陽侯王根就國。又欲限制宗室、諸王侯、吏民名田和奴婢，然外戚丁、傅阻撓，均田之議遂罷。因社會危機嚴重，採納方士夏賀良之議，以為漢家王朝歷運中衰，當再受命，以建平二年（西元前五年）為太初元將元年，自號陳聖劉太平皇帝，旋即廢除。身患痿痺之症，末年加劇，朝政日亂。❽平　即西漢平帝劉衎（西元前九—西元五年），西元前一—西元五年在位，元帝庶孫。元壽二年（西元前一年）九歲被迎立為帝，由太皇太后王政君臨朝，大司馬王莽秉政。莽以大司馬領尚書事，進位安漢公、宰衡，政由己出，西漢王朝名存實亡。元始五年（西元五年）病死，或謂為王莽鴆死。❾居攝　王莽攝政年號，西元六—八年。元始五年十二月平帝卒，太后詔令安漢公王莽為「攝皇帝」。次年改元居攝，凡三年。❿光武　東漢光武帝劉秀。⓫建武　東漢光武帝年號，西元二五—五六年。⓬公車　本意為官車。漢以公家馬車遞送應舉之人。後因以「公車」為舉人應試之代稱，又借以指應試之舉子。

【語　譯】楊震，字伯起，弘農郡華陰縣人，他的八世祖楊喜，漢高祖時立有戰功，封為赤泉侯。他的高祖楊敞，漢昭帝時官拜丞相，封為安平侯。父親楊寶，研習《歐陽尚書》，在漢哀帝、平帝時期，隱居教授門生。王莽居攝二年，與龔勝、龔舍、蔣詡一起被朝廷徵召，於是避官遁逃，不知居住於何處，後來漢光武帝劉秀讚賞他的義節，在建武年間，特地派遣公車去徵召他，但此時楊寶年老多病不能到任，後來死在家中。

1 震少好學，受歐陽尚書於太常❶桓郁，明經博覽，無不窮究。諸儒為之語曰：「關西❷孔子楊伯起。」常客居於湖❸，不荅州郡禮命數十年，眾人謂之晚暮，而震志愈篤。後有冠雀銜三鱣魚，飛集講堂前，都講❹取魚進曰：「蛇鱣者，卿大夫❺服之象也。數三者，法三台也。先生自此升矣。」年五十，乃始仕州郡。

2 大將軍❻鄧騭❼聞其賢而辟之，舉茂才❽，四遷荊州❾刺史❿、東萊⓫太守⓬。當之郡，道經昌邑⓭，故所舉荊州茂才王密為昌邑令，謁見，至夜懷金十斤以遺震。震曰：「故人知君，君不知故人，何也？」密曰：「暮夜無知者。」震曰：「天知，神知，我知，子知。何謂無知！」密愧而出。後轉涿郡⓮太守。性公廉，不受私謁。子孫常蔬食步行，故舊長者或欲令為開產業，震不肯，曰：「使後世稱為清白吏子孫，以此遺之，不亦厚乎！」

3 元初⓯四年，徵入為太僕⓰，遷太常。先是博士⓱選舉多不以實，震舉薦明經⓲名士陳留⓳楊倫等，顯傳學業，諸儒稱之。

4　永寧⑳元年，代劉愷為司徒㉑。明年，鄧太后㉒崩，內寵㉓始橫。安帝㉔乳母王聖㉕，因保養之勤，緣恩放恣；聖子女伯榮出入宮掖㉖，傳通姦賂。震上疏曰：「臣聞政以得賢為本，理以去穢為務。是以唐㉗虞㉘俊乂㉙在官，四凶㉚流放，天下咸服，以致雍熙。方今九德㉛未事，嬖倖充庭。阿母王聖出自賤微，得遭千載，奉養聖躬，雖有推燥居溼之勤，前後賞惠，過報勞苦，而無厭之心，不知紀極，外交屬託，擾亂天下，損辱清朝，塵點日月。書誡牝雞牡鳴㉜，詩刺哲婦喪國。昔鄭嚴公㉝從母氏之欲，恣驕弟之情，幾至危國，然後加討，春秋貶之，以為失教。夫女子小人，近之喜，遠之怨，實為難養。易曰：『無攸遂，在中饋㉞。』言婦人不得與於政事也。宜速出阿母，令居外舍，斷絕伯榮，莫使往來，令恩德兩隆，上下俱美。惟陛下絕婉孌之私，割不忍之心，留神萬機，誡慎拜爵，減省獻御，損節徵發。令野無鶴鳴㉟之歎，朝無小明之悔，大東不興於今，勞止不怨於下。擬蹤往古，比德哲王，豈不休哉！」奏御，帝以示阿母等，內倖皆懷忿恚。而伯榮驕淫尤甚，與故朝陽侯劉護從兄瓌交通，瓌遂以為妻，得襲護爵，位至侍中㊱。震深疾之，復詣闕上疏曰：「臣聞高祖與群臣約，非功臣不得封，故經制父死子繼，兄亡弟及，以防篡也。伏見詔書封故朝陽侯劉護再從兄瓌襲護爵為侯。

護同產弟威，今猶見在。臣聞天子專封封有功，諸侯專爵爵有德。今瓌無佗㊲功行，但以配阿母女，一時之間，既位侍中，又至封侯，不稽舊制，不合經義，行人諠譁，百姓不安。陛下宜覽鏡既往，順帝之則。」書奏不省。

5　延光㊳二年，代劉愷為太尉㊴。帝舅大鴻臚㊵耿寶㊶薦中常侍㊷李閏兄於震，震不從。寶乃自往候震曰：「李常侍國家所重，欲令公辟其兄，寶唯傳上意耳。」震曰：「如朝廷欲令三府㊸辟召，故宜有尚書㊹勑。」遂拒不許，寶大恨而去。皇后兄執金吾㊺閻顯㊻亦薦所親厚於震，震又不從。司空㊼劉授聞之，即辟此二人，旬日中皆見拔擢。由是震益見怨。

6　時詔遣使者大為阿母脩第，中常侍樊豐㊽及侍中周廣、謝惲等更相扇動，傾搖朝廷。震復上疏曰：「臣聞古者九年耕必有三年之儲，故堯遭洪水，人無菜色。臣伏念方今災害發起，彌彌滋甚，百姓空虛，不能自贍。重以螟蝗，羌㊾虜鈔掠，三邊震擾，戰鬭之役至今未息，兵甲軍糧不能復給。大司農㊿帑藏匱乏，殆非社稷(51)安寧之時。伏見詔書為阿母興起津城門內第舍，合兩為一，連里竟街，雕修繕飾，窮極巧伎。今盛夏土王，而攻山採石，其大匠左校(52)別部將作合數十處，轉相迫促，為費巨億。周廣、謝惲兄弟，與國無肺腑枝葉之屬，依倚近倖姦佞之人，與樊豐、王永等分威共權，屬託州郡，傾動大臣。宰司[53]辟召，承望旨意，招來海內貪汙之人，受其貨賂，至有臧錮棄世之徒復得顯用。白黑溷淆，清濁同源，天下讙譁，咸曰財貨上流，為朝結譏。臣聞師言：『上之所取，財盡則怨，力盡則叛。』怨叛之人，不可復使，故曰：『百姓不足，君誰與足[54]？』惟陛下度之。」豐、惲等見震連切諫不從，無所顧忌，遂詐作詔書，調發司農錢穀、大匠見徒材木，各起家舍、園池、廬觀，役費無數。

7 震因地震，復上疏曰：「臣蒙恩備台輔[55]，不能奉宣政化，調和陰陽，去年十二月四日，京師地動。臣聞師言：『地者陰精，當安靜承陽。』而今動搖者，陰道盛也。其日戊辰，三者皆土[56]，位在中宮，此中臣近官盛於持權用事之象也。臣伏惟陛下以邊境未寧，躬自菲薄，宮殿垣屋傾倚，枝柱而已，無所興造，欲令遠近咸知政化之清流，商邑之翼翼也[57]。而親近倖臣，未崇斷金，驕溢踰法，多請徒士，盛修第舍，賣弄威福。道路讙譁，眾所聞見。地動之變，近在城郭，殆為此發。又冬無宿雪，春節未雨，百僚燋心，而繕修不止，誠致旱之徵也。書曰：『僭恆陽若，臣無作威作福玉食[58]。』唯陛下奮乾剛之德，棄驕奢之臣，以掩訞言之口，奉承皇天之戒，無令威福久移於下。」

震前後所上，轉有切至，帝既不平之，而樊豐等皆側目憤怨，俱以其名儒，未敢加害。尋有河閒[59]男子趙騰詣闕上書，指陳得失。帝發怒，遂收考詔獄[60]，結以罔上不道。震復上疏救之曰：「臣聞堯舜之世，諫鼓謗木[61]，立之於朝；殷周哲王[62]，小人怨詈，則還自敬德。所以達聰明，開不諱，博採負薪，盡極下情也。今趙騰所坐激訐謗語為罪，與手刃犯法有差。乞為虧除，全騰之命，以誘芻蕘輿人之言。」帝不省，騰竟伏尸都市。

會三年春，東巡岱宗[63]，樊豐等因乘輿在外，競修第宅，震部掾[64]高舒召大匠令史[65]考校之，得豐等所詐下詔書，具奏，須行還上之。豐等聞，惶怖，會太史[66]言星變逆行，遂共譖震云：「自趙騰死後，深用怨懟；且鄧氏故吏，有恚恨之心。」及車駕行還，便時太學[67]，夜遣使者策收震太尉印綬，於是柴門絕賓客。豐等復惡之，乃請大將軍耿寶奏震大臣不服罪，懷恚望，有詔遣歸本郡。震行至城西几陽亭，乃慷慨謂其諸子門人[68]曰：「死者士之常分。吾蒙恩居上司，疾姦臣狡猾而不能誅，惡嬖女傾亂而不能禁，何面目復見日月！身死之日，以雜木為棺，布單被裁足蓋形，勿歸冢次，勿設祭祠。」因飲酖而卒，時年七十餘。弘農太守移良承樊豐等旨，遣吏於陝縣[69]留停震喪，露棺道側，讁震諸子代郵行書，道路皆為隕涕。

10 歲餘，順帝70即位，樊豐、周廣等誅死，震門生虞放、陳翼詣闕追訟震事。朝廷咸稱其忠，乃下詔除二子為郎71，贈錢百萬，以禮改葬於華陰潼亭，遠近畢至。先葬十餘日，有大鳥高丈餘，集震喪前，俯仰悲鳴，淚下霑地，葬畢，乃飛去。郡以狀上。時連有災異，帝感震之枉，乃下詔策曰：「故太尉震，正直是與，俾匡時政，而青蠅點素，同茲在藩72。上天降威，災眚屢作，爾卜爾筮，惟震之故。朕之不德，用彰厥咎，山崩棟折，我其危哉！今使太守丞73以中牢74具祠，魂而有靈，儻其歆享。」於是時人立石鳥象於其墓所。

11 震之被譖也，高舒亦得罪，以減死論。及震事顯，舒拜侍御史75，至荊州刺史。

12 震五子。長子牧，富波76相77。

【章　旨】以上記載楊震清廉剛正，面對故人的贈金，以擲地有聲的回答加以拒絕；對內寵驕橫深惡痛絕，屢次上書彈劾；面對權貴，毫不妥協，抨擊其惡行。結果遭到奸佞陷害，楊震不堪其辱自盡身亡。

【注　釋】❶太常　官名。西漢中元六年（西元前一四四年）改奉常置。掌禮樂、祭祀宗廟、社稷，負責朝會和喪葬禮儀，管理皇帝陵墓、寢廟所在縣邑，每月巡視諸陵，兼掌教育，主持博士及博士弟子的考核與薦舉。秩中二千石，位居九卿之首，多由列侯充任。西漢中期後職權漸分。東漢沿置。❷關西　地區名。漢唐等時代泛指函谷關或潼關以西地區。❸湖　縣名。西漢初置胡縣，建元元年（西元前一四〇年）改作湖縣。治今河南靈寶西北閿鄉西南。❹都講　主持學舍之人。❺卿大夫　卿與大夫爵名合稱。周代及春秋戰國時天子或諸侯所封。這裡泛指高級官員。❻大將軍　官名。始於戰國，漢代沿置，為將軍的最高稱號，執掌統兵征戰。事實上多由貴戚擔任，掌握政權，職位甚高。❼鄧騭　字昭伯，東漢南陽新野（今河南新野）人。生年不詳。妹為漢和帝皇后。和帝死，安帝即位，太后臨朝，他任大將軍。輔政期間，曾進賢士，罷力役，有所建樹。太后死，安帝與宦官李閏合謀誅滅鄧氏，他因而自殺。❽茂才　漢代察舉重要科目之一。西漢稱秀才，東漢避光武帝劉秀名諱，改為茂才，或作茂材。東漢建武十二年（西元三六年），詔三公舉茂才四行各一人，司隸州牧歲舉茂才一人，於是成為歲舉的常科。❾荊州　西漢武帝所置「十三刺史部」之一。東漢荊州治今湖南常德東北。❿刺史　官名。西漢武帝始置，分全國為十三部（州），各置刺史一人，秩六百石。無治所，奉詔巡行諸郡，以六條問事，省察治政，黜陟能否，斷理冤獄。東漢時沿置，有固定治所，實際上成為比郡守高一級的地方行政長官。靈帝時，改刺史為州牧，掌握一州的軍政大權。⓫東萊　郡名。西漢始置。東漢移治今山東龍口市東。⓬太守　官名。西漢景帝時改郡守置，為郡的最高行政長官，掌民政、司法、軍事、財賦等，可以自辟僚屬，秩二千石。東漢沿置。⓭昌邑　縣名。秦置。治今山東鉅野南。⓮涿郡　西漢置。治今河北涿州。⓯元初　東漢安帝劉祜年號，西元一一四—一二〇年。⓰太僕　官名。西周始置，秦、漢為九卿之一，掌御用車馬和畜牧業，秩中二千石。新莽改稱太御。東漢復原名，除御用車馬外，兼掌兵器製作。⓱博士　官名。春秋戰國時已有此稱，初泛指學者，戰國末年齊、魏、秦等國置為職官。秦、西漢初充當皇帝顧問，參與議政、制禮，典守書籍。西漢武帝時改置《五經》博士，兼具學官職能，掌教授經學、考核人才、奉命出使等事。東漢以後，議政職能逐漸削弱。⓲明經　選舉名目之一，即將通曉經學之人推薦於朝廷。始見於漢，自武帝尊崇儒術後，頗盛。無常制。東漢章帝元和二年（西元八五年）始令郡國舉通曉經學者，凡十五萬人以上舉五人，十萬人以下舉三人。此選多補博士、議郎。東漢後漸不為所重。⓳陳留　郡名。治今河南開封東南陳留城。⓴永寧　東漢安帝劉祜年號，西元一二〇—一二一年。㉑司徒　官名。三公之一，西漢成帝時改御史大夫為大司空，東漢時稱司空，主要職務為監察、執法，兼掌重要文書圖籍。㉒鄧太后　漢和帝的皇后，和帝死後，她廢和帝長子，立生下僅百日的嬰兒為帝，即殤帝。殤帝死後，她又迎立年僅十三歲的安帝即位，她以太后的身分臨朝聽政，以其兄鄧騭為大將軍輔政，鄧氏一門權傾一時。重用宦官，宦官專權局面逐漸形成。她死後，安帝與宦官李閏合謀，誅滅了鄧氏。㉓內寵　得到君王寵幸的內官。㉔安帝　即劉祜（西元九四—一二五年），東漢章帝孫，清河孝王劉慶子，西元一〇六一一二五年在位。即位時年十三，鄧太后臨朝，后兄鄧騭執政。在位期間，政治黑暗，社會矛盾尖銳。張伯路等起兵海上，攻擊沿海諸郡，襲殺守令；杜季貢等聯合羌人連年起事，屢敗漢兵。建光元年（西元一二一年）鄧太后死後親政，與宦官李閏等合謀誅滅鄧騭宗族，自此寵信宦官。廟號恭宗。㉕王聖　東漢人，安帝乳母。建光元年安帝親政，參與誅滅外戚鄧氏，封野王君。後與宦官江京、樊豐等干亂朝政，合謀廢黜皇太子劉保為濟陰王。安帝死，外戚閻顯秉政，被徙於雁門。㉖宮掖　宮廷。㉗唐　唐堯。號陶唐氏，名放勳。傳說中父系氏族社會後期部落聯盟領袖。傳曾命羲和掌管時令，制定曆法。諮詢四岳，選舜為其繼任人。對舜進行三年考核後，命舜攝位行政。他死後，即由舜繼位，史稱禪讓。㉘虞　虞舜。姚姓，一作媯姓，號有虞氏，名重華，史稱虞舜。傳說中父系氏族社會後期部落聯盟領袖。相傳因四岳推舉，堯命他攝政。他巡行四方，除去共工、驩兜、三苗、鯀等四人。堯去世後繼位，又諮詢四岳，挑選賢人，治理民事，並選拔治水有功的禹為繼承人。㉙俊乂　才德出眾的人。㉚四凶　相傳為上古四個兇惡之人，即帝鴻氏的苗裔渾敦、少昊氏的苗裔窮奇、顓頊氏的苗裔檮杌、縉雲氏的苗裔饕餮。他們在堯時作惡，不服教命，被舜流放到邊遠地方。㉛九德　古人指九種美德。在古籍中，所指隨文而異。《逸周書・常訓》：「九德：忠、信、敬、剛、柔、和、固、貞、順。」《尚書・皋陶謨》：「亦行有九德……寬而栗，柔而立，願而恭，亂而敬，擾而毅，直而溫，簡而廉，剛而塞，強而義。」《左傳》的九德為：度、莫、明、類、長、君、順、比、文。㉜牝雞牡鳴　母雞報曉。古人認為母雞報曉是不祥之兆。《尚書》：「古人有言，牝雞無晨，牝雞之晨，唯家之索。」牝，雌。牡，雄。㉝鄭嚴公　鄭莊公（？—西元前七〇一年），避東漢明帝諱而改。名寤生，春秋時鄭國國君。西元前七四三—前七〇一年在位。即位後，任祭仲為卿。封其弟叔段於京（今河南滎陽東南），號京城太叔。叔段以京城叛，母武姜欲應之，乃發兵平叛，叔段出奔共（今河南輝縣），為周平王卿士，曾聯齊、魯擊敗宋、衛。鄭莊公三十七年（西元前七〇七年）以周桓王免其卿士職位，遂不朝周。周桓王率諸侯師伐鄭。他率部抗禦，大敗王師，桓王中箭受傷。㉞無攸遂在中饋　女人不要隨意行事，要在家操持飲食事務。饋，食物。㉟鶴鳴　《詩・小雅》中的詩篇。以下〈小明〉、〈大東〉均為《詩・小雅》中的詩篇。㊱侍中　官名。秦始置，兩漢沿置，為自列侯以下至郎中的加官，無定員。侍從皇帝左右，出入宮廷。初伺應雜事，由於接近皇帝，地位漸形貴重。㊲無佗　無他。㊳延光　東漢安帝年號，西元一二二—一二五年。㊴太尉　官名。秦、西漢時為全國軍政長官，與丞相、御史大夫並列，合稱三公。東漢時太尉與司徒、司空並稱三公，秩萬石，但因權歸尚書臺，太尉已無實權。㊵大鴻臚　官名。西漢武帝時改典客為大鴻臚，東漢沿置。原掌接待少數民族等事，為九卿之一。後漸變為贊襄禮儀之官。㊶耿寶　（？—西元一二五年），字君達，東漢扶風茂陵（今陝西興平）人。襲封牟平侯。其妹為安帝生母。安帝立，以元舅監羽林左騎。歷任大鴻臚、大將軍。附事內官，與中常侍樊豐、皇后兄閻顯阿黨專權，譖廢皇太子劉保為濟陰王，排陷太尉楊震。安帝死，為閻太后所忌，被有司奏以不道，貶爵為亭侯，遣就國，於道自殺，國除。㊷中常侍　官名。秦始置，西漢沿置，出入宮廷，侍從皇帝，常為列侯至郎中的加官。東漢時則專用宦官為中常侍，以傳達詔令和掌理文書，權力極大。㊸三府　指太尉、司徒、司空三公府。㊹尚書　官名，戰國時秦、齊等國始置，最初僅為管理文書的小吏。西漢武帝時以尚書掌管機要，職權漸重，為中朝重要宮官。東漢時尚書臺分六曹，各置尚書，秩六百石，位在令、僕射下，丞、郎之上。㊺執金吾　官名。西漢太初元年（西元前一〇四年）由中尉改置，秩中二千石。掌京師治安、督捕盜賊，負責宮廷意外、京城以內的警衛，戒備非常水火之事，管理中央武庫，皇帝出行則掌護衛及儀仗。東漢沿置。㊻閻顯　（？－西元一二五年），河南郡滎陽縣（今屬河南）人。以其妹為安帝皇后，封長社侯，掌管禁兵。安帝死，他與其妹定策立年幼的北鄉侯為帝，即少帝。太后臨朝，他任車騎將軍輔政。不久，少帝死，宦官孫程等十九人擁立濟陰王為順帝，他被殺。㊼司空　官名。三公之一，西漢成帝時改御史大夫為大司空，東漢時稱司空，主要職務為監察、執法，兼掌重要文書圖籍。㊽樊豐　（？－西元一二五年），東漢宦官。安帝時為中常侍。建光元年（西元一二一年）安帝親政後，與宦官江京、帝乳母王聖等用事朝中，貪贓枉法，干亂朝政，合謀廢太子劉保為濟陰王。又乘安帝出巡，詐作詔書，調發錢穀、木材，大起第宅苑囿。太尉楊震上疏告發，反遭誣陷，被逼令自殺。延光四年（西元一二五年）安帝死後，為外戚閻顯所殺。㊾羌　古族名。最早見於甲骨卜辭，殷周時又稱羌方，分布於黃河中上游地區，秦逐諸戎，被迫西遷。西漢武帝置護羌校尉，統轄羌族各部。東漢時內徙諸部於隴西、漢陽（今甘肅甘谷）、安定（今甘肅鎮原）、三輔（今陝西渭水流域）等地，與漢族雜居。西漢時對居於隴西郡（今甘肅臨洮南）以西以南諸羌人泛稱為西羌。東漢多次平定羌人起事，使其內徙，稱徙居金城、隴西、漢陽等郡者為西羌，稱東遷安定、北地、西河、上郡、三輔一帶者為東羌。㊿大司農　官名。西漢武帝改大農令設，秩中二千石，列位九卿。掌管全國租賦收入和國家財政開支，凡百官俸祿、軍費、各級政府機構經費等皆由其支付，兼理各地倉儲、水利、官府農業、手工業、商業的經營，調運貨物，管制物價等。(51)社稷　古代帝王、諸侯所祭的土神和穀神。後用作國家的代稱。(52)大匠左校　官名。將作大匠的屬官，秩六百石。(53)宰司　謂百官之長，處宰輔之位者。(54)百姓不足二句　百姓不富足，君王怎麼能富足。語出《論語．顏淵》。(55)台輔　宰相、三公等最高級官員的尊稱。(56)其日戊辰二句　那天是戊辰日，戊、辰、地動三者都屬五行中的土。戊和辰於五行皆為土，地動即土動，所以說「三者皆土」。(57)商邑之翼翼也　國家繁盛的樣子。語出《詩．殷武》：「商邑翼翼，四方之極。」(58)僭恆陽若二句　君王行為發生差錯就會久晴不雨，臣子們就不能作威作福地享受美食。

語出《尚書・洪範》。僭，差錯。若，順。(59)河閒　封國名。治今河北獻縣東南。(60)詔獄　刑獄名。漢代奉皇帝詔令拘禁犯人之監獄，也用稱奉皇帝命令審理的案件。西漢時詔獄較多，宗正有司空詔獄，少府有若盧詔獄。東漢光武帝廢諸獄，僅存廷尉詔獄及洛陽詔獄。(61)諫鼓謗木　據《帝王紀》記載，堯置敢諫之鼓，舜立誹謗之木，目的都是鼓勵人們提出批評之言。(62)殷周哲王　商朝、周朝賢明的君主。《尚書》：「自殷王中宗及高宗及祖甲及我周文王，茲四人迪哲。」殷，朝代名，即商朝。西元前十六世紀商湯滅夏後建立的朝代。建都亳（今山東曹縣南），曾多次遷移。後盤庚遷都殷（今河南安陽小屯村），因而商也被稱為殷。傳至紂，被周武王攻滅。共傳十七代，三十一王。約當西元前十六到前十一世紀。周，朝代名。西元前十一世紀周武王滅商後建立，建都於鎬（今陝西長安灃河以東）。西元前七七一年申侯聯合犬戎攻殺周幽王。次年周平王東遷到洛邑（今河南洛陽）。歷史上稱平王東遷以前為西周，以後為東周。哲王，賢明的君主。(63)岱宗　即泰山。古以為諸山所宗，故稱「岱宗」。(64)掾　屬官統稱。漢代三公府及其他重要官府皆置掾、史、屬，分曹治事。掾為曹長，史、屬副貳。故掾史多冠以曹名，如戶曹掾、戶曹史等。(65)大匠令史　將作大匠屬官。(66)太史　即太史令，官名。相傳夏代置，掌文書。秦代置為奉常屬官。西漢沿置，景帝中元六年（西元前一四四年）隸太常，掌天文、曆法及修撰史書。東漢定員一人，秩六百石，專掌天時、星曆，於歲終奏新年曆，記載瑞應、災異，不再撰史。(67)太學　學校名，漢朝時為全國最高學府。西漢武帝用董仲舒建議，傳授儒家經典，以造就官僚人才。用博士為師。東漢質帝時在學太學生達三萬。(68)門人　指門生弟子。(69)陝縣　秦置。治今河南陝縣西南。漢屬弘農郡。(70)順帝　即劉保（西元一一五－一四四年），東漢安帝之子。永寧元年被立為太子。延光三年被廢為濟陰王。安帝死，宦官江京等立北鄉侯劉懿為帝（即少帝），旋卒。宦官孫程等殺江京迎立其為帝。孫程等十九名宦官封侯。外戚梁商、梁冀相繼為大將軍，朝政操於宦官、外戚之手，政治日益腐敗。(71)郎　郎官泛稱。戰國至秦有郎中，為君王侍從近官，宿衛宮廷，參與謀議，備顧問差遣。西漢依職責不同，有郎中、中郎、侍郎、議郎等，無定員，多至千餘人。執掌守衛皇宮殿廊門戶，出充車騎扈從，備顧問應對，守衛陵園寢廟等。東漢於光祿勳下設五官、左右中郎將署，主管諸中郎、侍郎、郎中，實為儲備官吏人才的機構，其郎官多達二千餘人。(72)而青蠅點素二句　語出《詩・青蠅》：「營營青蠅，止於樊。愷悌君子，無信讒言。」青蠅，能汙白使黑。喻佞人變亂善惡也。藩，樊也。(73)丞　即郡丞，官名。郡守（太守）副貳，佐郡守掌眾事，秩六百石，由朝廷任命。(74)中牢　謂豬、羊二牲。(75)侍御史　官名。漢沿秦置，在御史大夫下，或給事殿中，或舉劾非法，或督察郡縣，或奉使出外執行指定任務。(76)富波　封國、縣名。西漢置縣。治今安徽阜南東南，屬汝南郡。東漢建武二年（西元二六年）封王霸為富波侯，十三年更封向侯，廢。永元九年（西元九七年）復置縣。(77)相　即國相，封國中的行政長官，職位俸祿相當於郡守。

【語譯】楊震自幼好學，在太常桓郁指導下研讀《歐陽尚書》，通曉經典，博覽群書，對於學問無不深入探求。眾儒生讚揚他為「關西孔夫子楊伯起」。他長期客居於湖縣，數十年不應州郡禮聘徵召，眾人都認為他老氣橫秋，而楊震的志節更加堅定。後來有一隻冠雀口銜三條鱣魚，飛來停留在講堂之前，都講將鱣魚取下來，進獻到楊震面前說：「這蛇一樣的鱣魚，正是卿大夫任職的象徵。三條之數，可應驗三臺之升，先生自此可以在仕途上高升了。」這時楊震年已五十，才開始在州郡做官。

2 大將軍鄧騭聽說楊震的賢名而起用他，推舉為秀才，經四次升遷官至荊州刺史、東萊太守。楊震到荊州赴任時，途中經過昌邑，他過去舉薦的荊州秀才王密這時擔任昌邑令，前來求見，到晚間懷藏金十斤用來贈送楊震。楊震說：「我作為老朋友了解您，而您卻不了解老朋友，這是為什麼呢？」王密說：「天黑下來了，沒有人知道。」楊震說：「天知道，神知道，我知道，你知道。怎麼說沒人知道呢！」王密羞愧地離去。後來楊震又轉任涿郡太守。他秉性公正廉明，不接受私人拜請。子孫們也經常是粗茶淡飯，以步代車，親朋故舊及長輩們有的想勸告楊震置辦產業，楊震不答應，說：「讓後世之人都稱道他們為清白官吏的子孫，把這些留給他們，不是一份豐厚的遺產嗎！」

3 元初四年，楊震應召入朝擔任太僕，後又升遷為太常。此前選拔推舉的博士大多名不副實，楊震舉薦明經名士陳留人楊倫等，大力傳授學業，眾儒生都稱道此事。

4 永寧元年，楊震接替劉愷擔任司徒。第二年，鄧太后去世，被漢安帝寵信的宦官開始驕橫起來。漢安帝的乳母王聖，憑藉養育過皇帝之功，自恃恩寵為所欲為；王聖的女兒伯榮，出入宮禁，勾通奸人，傳遞賄賂。楊震上疏說：「我聽說執政以任用賢人為根本，治國以除去奸人穢行為實務。因此唐堯、虞舜時期俊傑之士擔任職位，四凶都被流放，天下人無不信服，最終出現和平安樂的社會局面。當今之世九德未能盛行，佞倖小人充滿朝廷。乳母王聖出身微賤，幸逢千年難遇機會，得以奉養皇上，雖然有哺育的辛勞，但是前前後後的賞賜恩惠，早已超過對她辛勞的報答，然而她的貪得無厭之心，卻一直不知滿足，與官員交結囑託，擾亂天下，辱損清明的朝政，玷汙日月的光輝。《尚書》告誡要防止母雞像公雞一樣鳴叫，《詩》諷刺被寵信的婦人會使國家喪亡。過去鄭莊公一味滿足母親的欲望，縱容弟弟恣意橫行，幾乎遭遇亡國之禍，然後才加以征討，《春秋》指責這種作法，認為事先失於教誨。婦女和小人，親近她們就高興，疏遠就怨恨，實在是難以教養。《易》說：『女人不要隨意行事，要在家操持飲食事務。』是說婦人不應該參與政務。皇帝應該盡快讓乳母出宮，讓她住在外面，斷絕與伯榮的聯繫，不要讓她在宮中往來，這樣使母恩、聖德兩方面都得到正當發揚，上上下下的人都會感到滿意。希望陛下棄絕親信婦人的私情，割捨不忍之心，留心政事，慎重授爵，減少地方貢品，減少對百姓的徵發。這樣使民間沒有〈鶴鳴〉詩中的感歎，朝廷中沒有〈小明〉詩中的後悔，〈大東〉詩中的情況不在今天產生，勞累的百姓不會在下面心懷怨恨。效法古代之制，仁德可與古代帝王相比，這樣不是很好嗎？」楊震疏文送上後，漢安帝就把它交給乳母等人看，被寵信的內臣都心懷憤恨。而伯榮的驕淫程度更厲害，與原朝陽侯劉護的堂兄劉瓌相互勾結，劉瓌於是娶伯榮為妻，得以襲承劉護的爵位，官至侍中。楊震對此深感痛恨，又到朝廷上疏說：「臣聽說，高祖與群臣有約法，不是功臣不能封爵，所以定制，父親死了，兒子繼承，兄長死了，弟弟繼承，以此法來防止他人篡奪爵位。臣現在看到詔書封前朝陽侯劉護的堂兄劉瓌襲取劉護的爵位為侯。而劉護的同胞弟弟劉威，今天卻仍然健在。我聽說天子特命賜封是封給有功的人，諸侯特命賜爵是賜給有德的人。現在劉瓌並無特殊的功勞與德行，僅僅是因為娶了皇帝乳母之女，一時之間，位至侍中，又襲封為侯，這種作法不遵舊制，又不符合經義，致使路人紛紛議論，百姓疑惑不安。陛下應該借鑑歷史上的作法，遵遁帝王行事的法則。」疏文奏上後，皇帝不予理睬。

5 延光二年，楊震接替劉愷為太尉，皇帝的舅舅大鴻臚耿寶把中常侍李閏的兄長推薦給楊震，楊震不予任用。於是，耿寶就親自前往探望楊震，說：「李常侍現在為國家所倚重，他想讓您提攜他的兄長，我耿寶只是傳達上面的意思而已。」楊震說：「如果朝廷想讓三府起用他，就應該有尚書傳來詔命。」因而拒絕耿寶的請求，耿寶深懷不滿地離開了。皇后之兄執金吾閻顯也向楊震推薦了自己所親信的人，楊震又不從命。司空劉授聞說此事，隨即起用了這兩個人，十餘天功夫就都提拔上去了，自此以後，楊震就更加為人所痛恨。

6　當時，漢安帝下詔派遣使者大規模地為乳母王聖修建府第，中常侍樊豐及侍中周廣、謝惲等人更是相互勾結煽動，動搖朝政。楊震又上疏說：「臣聽說古時候耕種九年必然會積下三年的糧食儲備，所以唐堯時遭遇洪水，人們臉上並無飢色。臣認為當今災害發生，愈來愈多，百姓室內空虛，不能養活自己。再加上今年蝗災嚴重，羌人的搶掠，邊境上四處遭受侵擾，戰鬥之役至今未能平息，兵甲軍糧都已供應不上了。大司農府庫儲藏匱乏，恐怕不是國家安寧的時候。我看見詔書上說要為乳母在津城門內興造府第，將兩坊合為一處，房屋相連占據數條街坊，雕刻裝飾，窮工極巧。現今是盛夏，忌諱動土，而工匠們卻要開山取石，施工的大匠左校和別部將作分布數十處，他們互相催促，耗費錢財巨億。周廣、謝惲兄弟，與皇族沒有一點沾親帶故的關係，他們倚仗宮中親信奸佞之人，與樊豐、王永等分享天子權威，指揮州郡，調動大臣。大臣徵召官員，迎合他們的旨意，招來海內貪贓枉法之人，收受這些人的財物賄賂，甚至有因貪贓遭禁錮的廢棄之徒都重新得到重用。黑白混淆，清濁同流，天下人議論紛紛，都說天下財貨都集聚到上面去了，為朝廷帶來罵名。臣聽老師說過：『朝廷向百姓索取，財物取盡就會招致怨恨，力氣取盡就會招致叛亂。』怨恨和叛亂過的人，就不能再使用他們了，所以說：『百姓不富足，君王怎麼能富足？』請陛下深思。」樊豐、謝惲等人見楊震接連懇切勸諫安帝都未接受，就更無所顧忌，因而就假造詔書，調發司農府庫的錢財穀物、大匠徒眾及木材等，各自興建住宅、園池、樓閣，耗費工錢無法計算。

7　楊震又由於地震，再次上疏說：「臣承蒙天子大恩充任宰輔之臣，不能奉行宣傳天子政教，調和陰陽二氣，去年十二月四日，京城發生地震，臣曾聽老師說過：『地是陰的精華，應靜靜地承受陽氣。』而現在發生地震，是因陰氣過盛，那天正是戊辰日，戊、辰、地動三者都屬五行中的土，地震的位置又發生在後宮，這正是宦官近臣持權用事過於旺盛的徵象。臣認為陛下因為邊境不太平，自身過著節儉的生活，宮內殿堂傾斜，也只是用柱子支撐而已，並不重新修造，想讓遠近的人都知道當朝政治的清正廉明，國家繁盛的情況。而那些親近寵信之臣，並不與皇上同心，驕奢不法，動用大量工匠，大肆修造府第，賣弄自己的威福。道路上的人喧譁議論，這是大家所耳聞目睹的。地震之變，就近在城郭之內，恐怕就是因為這些事情而發生的。還有冬天沒有下過大雪，春季來了也沒有下雨，文武百官心內焦急，而修造房屋的事從未停止，這確實是招致乾旱的原因啊。《尚書》說：『君王行為發生差錯就會久晴不雨，臣子們就不能作威作福地享受美食。』希望陛下奮揚剛健中正之德，棄絕驕橫奢侈之臣，用來堵塞妖言惑眾者之口，謹慎接受皇天的警誡，不要讓天子的威福長久地轉移到臣下中去。」

8 楊震前前後後所上的疏中，不斷有急切的語言，皇帝看了心中不悅，而樊豐等人都對楊震側目而視憤怒異常，但都因楊震是當世名儒，不敢加以迫害。不久有一個河間的男子趙騰到朝廷上書，指陳朝政的得失。安帝大怒，於是將他逮捕收於牢中，以藐視皇上大逆不道治罪。楊震再次上疏相救說：「臣聽說唐堯、虞舜的時候，把進諫時敲擊的鼓和批評朝政的木板，都豎立在朝廷上；商周兩代的聖王，老百姓恨他們、罵他們，他們就反躬自省、修養道德。因此，他們通達下情，耳聰目明，廣開言路，博採百姓之言，非常詳盡地了解民情。現在趙騰所犯的僅是激烈批評、妄言朝政的罪過，與持刀殺人犯法有區別。請減輕刑罰，留下趙騰的性命，以便激發普通民眾議論朝政的言論。」安帝不接受，趙騰竟在街市上被當眾處死。

9 到延光三年春天，安帝東巡泰山，樊豐等人乘皇帝在外，競相修建府第。楊震部掾高舒召來大匠令史等來查問，得到樊豐等人所假造下達的詔書，於是詳細寫下奏章，準備等皇帝回京時上奏。樊豐等人聞知消息，驚惶恐怖，正好太史官說星象變化逆向運行，就一起誣陷楊震說：「自從趙騰被處死以後，楊震深懷怨恨；而且楊震是鄧騭的舊吏，對當朝有憤恨不滿之心。」等到皇帝車駕回京，還在太學等待吉時進宮時，樊豐等當夜就派遣使者收取楊震的太尉印綬，於是楊震就閉門謝客。樊豐等人還是恨他，就請大將軍耿寶奏稱楊震身為大臣不服罪，對朝廷心懷怨恨，安帝下詔，命遣送楊震回本郡。楊震走到城西几陽亭時，情緒激昂地對兒子和門人說：「對士人來說，死是平常的事情。我蒙受皇恩居於上位，痛恨奸臣狡猾而不能及時誅除他們，憎惡寵臣嬖女淫亂宮闈而不能禁止他們，還有什麼面目再見日月！我死以後，用雜木做棺材，用長短合適的單被蓋住形體就行了，靈柩不要送歸祖墳，也不要設祠祭祀。」於是喝毒酒而死，時年七十餘歲。弘農太守移良秉承樊豐等人的旨意，派遣吏員在陝縣留住楊震的靈柩，讓棺木暴露在路旁，又貶謫楊震的幾個兒子充任驛站送信人，過往路人都為楊震的遭遇傷心落淚。

10 一年以後，順帝即位，樊豐、周廣等被處死，楊震的門生虞放、陳翼上朝申訴楊震的冤案，朝廷上下都稱頌他的忠誠，於是下詔任命楊震的兩個兒子為郎官，贈錢一百萬，按禮節將楊震改葬於華陰縣潼亭，遠近之人都來祭奠。在改葬之前十餘日，有一大鳥高丈餘，落在楊震靈柩前，低頭昂首地悲鳴，眼淚落在地面上，直到安葬完畢，才飛走。郡守將這件事上報朝廷。當時接連有災異之事出現，皇帝深感楊震冤屈，就下詔說：「前太尉楊震，公正剛直，輔佐朝廷，而奸佞之徒玷汙他的清白。上天發威，屢次降下災禍，占卜的結果，是因為楊震冤屈未伸的緣故，我是無德之君，這些災禍表露了我的過失，山嶽崩塌，棟梁摧折，我危險了啊！現在派太守丞用豬、羊二牲來祭奠，如在天靈魂有知，就來享受這些祭品吧。」當時人們在楊震墓旁立了一座石鳥像。

11 楊震被人陷害，高舒也同時獲罪，以僅次於死刑論罪，到楊震冤獄昭雪時，高舒官拜侍御史，後官至荊州刺史。

12 楊震有五個兒子。長子楊牧，擔任富波國相。

1 牧孫奇，靈帝❶時為侍中，帝嘗從容問奇曰：「朕何如桓帝❷？」對曰：「陛下之於桓帝，亦猶虞舜比德唐堯。」帝不悅曰：「卿強項，真楊震子孫，死後必復致大鳥矣。」出為汝南❸太守。帝崩後，復入為侍中衛尉❹，從獻帝❺西遷，有功勳。及李傕❻脅帝歸其營，奇與黃門侍郎❼鍾繇❽誘傕部曲將宋曄、楊昂令反傕，傕由此孤弱，帝乃得東。後徙都許[9]，追封奇子亮為陽成亭侯[10]。

震少子奉，奉子敷，篤志博聞，議者以為能世其家。敷早卒，子眾，亦傳先業，以謁者僕射[11]從獻帝入關，累遷御史中丞[12]。及帝東還，夜走度河，眾率諸官屬步從至太陽[13]，拜侍中。建安[14]二年，追前功封蓩亭侯。

震中子秉。

秉字叔節，少傳父業，兼明京氏易[15]，博通書傳，常隱居教授。年四十餘，乃應司空辟，拜侍御史，頻出為豫[16]、荊、徐[17]、兗[18]四州刺史，遷任城[19]相。自為刺史、二千石[20]，計日受奉，餘祿不入私門。故吏齎錢百萬遺之，閉門不受。以廉潔稱。

桓帝即位，以明尚書徵入勸講，拜太中大夫[21]、左中郎將[22]，遷侍中、尚書。帝時微行，私過幸河南尹[23]梁胤府舍。是日大風拔樹，晝昏，秉因上疏諫曰：「臣聞瑞由德至，災應事生。傳曰：『禍福無門，唯人所召。』天不言語，以災異譴告，是以孔子迅雷風烈必有變動。詩云：『敬天之威，不敢驅馳。』王者至尊，出入有常，警蹕而行，靜室而止，自非郊廟之事，則鑾旗不駕。故詩稱『自郊徂宮』，易曰『王假有廟，致孝享也』。諸侯如臣之家，春秋尚列其誡，況以先王法服而私出槃游！降亂尊卑，等威無序，侍衛守空宮，紱璽委女妾，設有非常之變，任章之謀[24]，上負先帝，下悔靡及。臣奕世受恩，得備納言，又以薄學，充在講勸，特蒙哀識，見照日月，恩重命輕，義使士死，敢憚摧折，略陳其愚。」帝不納。秉以病乞退，出為右扶風[25]。太尉黃瓊[26]惜其去朝廷，上秉勸講帷幄，不宜外遷，留拜光祿大夫[27]。是時大將軍梁冀[28]用權，秉稱病。六年，冀誅後，乃拜太僕，遷太常。

6 延熹[29]三年，白馬[30]令李雲以諫受罪，秉爭之不能得，坐免官，歸田里。其年冬，復徵拜河南尹。先是中常侍單超[31]弟匡為濟陰[32]太守，以臧罪為刺史第五種[33]所劾，窘急，乃賂客任方刺兗州從事[34]衛羽。事已見種傳。及捕得方，囚繫洛陽[35]，匡慮秉當窮竟其事，密令方等得突獄亡走。尚書召秉詰責，秉對曰：「春秋不誅黎比而魯多盜，方等無狀，釁由單匡。刺執法之吏，害奉公之臣，復令逃竄，寬縱罪身，元惡大憝，終為國害。乞檻車徵匡考覈其事，則姦慝蹤緒，必可立得。」而秉竟坐輸作左校[36]，以久旱赦出。

7 會日食，太山[37]太守皇甫規等訟秉忠正，不宜久抑不用。有詔公車徵秉及處士[38]韋著，二人各稱疾不至。有司[39]並劾秉、著大不敬，請下所屬正其罪。尚書令[40]周景與尚書邊韶議奏：「秉儒學侍講，常在謙虛；著隱居行義，以退讓為節。俱徵不至，誠違側席之望，然逶迤退食，足抑苟進之風。夫明王之世，必有不召之臣，聖朝弘養，宜用優游之禮。可告在所屬，喻以朝廷恩意。如遂不至，詳議其罰。」於是重徵，乃到，拜太常。

8 五年冬，代劉矩為太尉。是時宦官方熾，任人及子弟為官，布滿天下，競為貪淫，朝野嗟怨。秉與司空周景上言：「內外吏職，多非其人，自頃所徵，皆特拜不試，致盜竊縱恣，怨訟紛錯。舊典，中臣子弟不得居位秉埶，而今枝葉賓客布列職署，或年少庸人，典據守宰，上下忿患，四方愁毒。可遵用舊章，退貪殘，塞災謗。請下司隸校尉[41]、中二千石[42]、二千石、城門五營校尉[43]、北軍中候[44]，各實覈所部，應當斥罷，自以狀言，三府廉察有遺漏，續上。」帝從之。於是秉條奏牧守[45]以下匈奴中郎將[46]燕瑗、青州[47]刺史羊亮、遼東[48]太守孫諠等五十餘人，或死或免，天下莫不肅然。

9 時郡國計吏[49]多留拜為郎，秉上言三署[50]見郎七百餘人，帑臧空虛，浮食者眾，而不良守相，欲因國為池，澆濯釁穢。宜絕橫拜，以塞覬覦之端。自此終桓帝世，計吏無復留拜者。

10 七年，南巡園陵，特詔秉從。南陽太守張彪與帝微時有舊恩，以車駕當至，因傍發調，多以入私。秉聞之，下書責讓荊州刺史，以狀副言公府。及行至南陽，左右並通姦利，詔書多所除拜。秉復上疏諫曰：「臣聞先王建國，順天制官。太微[51]積星，名為郎位，入奉宿衛，出牧百姓。皋陶[52]誡虞，在於官人。頃者道路拜除，恩加豎隸，爵以貨成，化由此敗，所以俗夫巷議，白駒遠逝，穆穆清朝，遠近莫觀。宜割不忍之恩，以斷求欲之路。」於是詔除乃止。

11 時中常侍侯覽[53]弟參為益州[54]刺史，累有臧罪，暴虐一州。明年，秉劾奏參，檻車[55]徵詣廷尉[56]。參惶恐，道自殺。秉因奏覽及中常侍具瑗[57]曰：「臣案國舊典，宦豎之官，本在給使省闥，司昏守夜，而今猥受過寵，執政操權。其阿諛取容者，則因公褒舉，以報私惠；有忤逆於心者，必求事中傷，肆其凶忿。居法王公，富擬國家，飲食極肴饍，僕妾盈紈素，雖季氏[58]專魯[59]，穰侯[60]擅秦[61]，何以尚茲！案中常侍侯覽弟參，貪殘元惡，自取禍滅，覽顧知釁重，必有自疑之意，臣愚以為不宜復見親近。昔懿公刑邴歜之父，奪閻職之妻[62]，而使二人參乘，卒有竹中之難，春秋書之，以為至戒。蓋鄭詹來而國亂[63]，四佞[64]放而眾服。以此觀之，容可近乎？覽宜急屏斥，投畀豺虎。若斯之人，非恩所宥，請免官送歸本郡。」

書奏，尚書召對秉掾屬[65]曰：「公府外職，而奏劾近官，經典漢制有故事乎？」秉使對曰：「春秋趙鞅[66]以晉陽[67]之甲，逐君側之惡。傳曰：『除君之惡，唯力是視。』鄧通[68]懈慢，申屠嘉[69]召通詰責，文帝[70]從而請之。漢世故事，三公[71]之職無所不統。」尚書不能詰。帝不得已，竟免覽官，而削瑗國。每朝廷有得失，輒盡忠規諫，多見納用。

12 秉性不飲酒，又早喪夫人，遂不復娶，所在以淳白稱。嘗從容言曰：「我有三不惑：酒，色，財也。」八年薨，時年七十四，賜塋陪陵。子賜。

13 賜字伯獻。少傳家學，篤志博聞。常退居隱約，教授門徒，不荅州郡禮命。後辟大將軍梁冀府，非其好也。出除陳倉[72]令，因病不行。公車徵不至，連辭三公之命。後以司空高第[73]，再遷侍中、越騎校尉[74]。

14 建寧[75]初，靈帝當受學，詔太傅、三公選通尚書桓君章句宿有重名者，三公舉賜，乃侍講于華光殿中。遷少府[76]、光祿勳[77]。

15 熹平[78]元年，青蛇見御坐。帝以問賜，賜上封事曰：「臣聞和氣致祥，乖氣致災，休徵則五福應，咎徵則六極[79]至。夫善不妄來，災不空發。王者心有所惟，意有所想，雖未形顏色，而五星以之推移，陰陽為其變度。以此而觀，天之與人，豈不符哉？尚書曰：『天齊乎人，假我一日。』是其明徵也。夫皇極不建，則有蛇龍之孽。詩云：『惟虺惟蛇，女子之祥。』故春秋兩蛇鬬於鄭門，昭公[80]殆以女敗；康王[81]一朝晏起，關雎[82]見幾而作。夫女謁行則讒夫昌，讒夫昌則苞苴通，故殷湯[83]以之自戒，終濟亢旱之災。惟陛下思乾剛之道，別內外之宜，崇帝乙[84]之制，受元吉之祉，抑皇甫之權，割豔妻[85]之愛，則蛇變可消，禎祥立應。殷戊[86]、宋景[87]，其事甚明。」

16

二年，代唐珍為司空，以災異免。復拜光祿大夫，秩中二千石。五年，代袁隗[88]為司徒。是時朝廷爵授，多不以次，而帝好微行，遊幸外苑。賜復上疏曰：「臣聞天生蒸民，不能自理，故立君長使司牧之，是以唐虞兢兢業業，周文[89]日昃不暇，明慎庶官，俊乂在職，三載考績，以觀厥成。而今所序用無佗德，有形埶者，旬日累遷，守真之徒，歷載不轉，勞逸無別，善惡同流，北山之詩[90]，所為訓作。又聞數微行出幸苑囿，觀鷹犬之埶，極槃遊之荒，政事日墮，大化陵遲。陛下不顧二祖[91]之勤止，追慕五宗[92]之美蹤，而欲以望太平，是由曲表而欲直景，卻行而求及前人也。宜絕慢傲之戲，念官人之重，割用板之恩，慎貫魚之次，無令醜女[93]有四殆之歎，遐邇有憤怨之聲。臣受恩偏特，忝任師傅，不敢自同凡臣，括囊避咎。謹自手書密上。」

17

後坐辟黨人[94]免。復拜光祿大夫。光和[95]元年，有虹蜺晝降於嘉德殿前，帝惡之，引賜及議郎[96]蔡邕[97]等入金商門崇德署，使中常侍曹節[98]、王甫[99]問以祥異禍福所在。賜仰天而歎，謂節等曰：「吾每讀張禹傳[100]，未嘗不憤恚歎息，既不能竭忠盡情，極言其要，而反留意少子，乞還女壻。朱游欲得尚方斬馬劍以理之，固其宜也。吾以微薄之學，充先師之末，累世見寵，無以報國。猥當大問，死而後已。」乃書對曰：「臣聞之經傳，或得神以昌，或得神以亡。國家休明，則鑒其德；邪辟昏亂，則視其禍。今殿前之氣，應為虹蜺，皆妖邪所生，不正之象，詩人所謂蝃蝀者也。於中孚經曰：『蜺之比，無德以色親。』方今內多嬖倖，外任小臣，上下並怨，諠譁盈路，是以灾異屢見，前後丁寧。今復投蜺，可謂孰矣。案春秋讖曰：『天投蜺，天下怨，海內亂。』加四百之期，亦復垂及。昔虹貫牛山，管仲[101]諫桓公[102]無近妃宮。易曰：『天垂象，見吉凶，聖人則之。』今妾媵嬖人閹尹之徒，共專國朝，欺罔日月。又鴻都門下，招會群小，造作賦說，以蟲篆小技見寵於時，如驩兜[103]、共工[104]更相薦說，旬月之間，並各拔擢，樂松處常伯[105]，任芝居納言[106]。郄儉、梁鵠[107]俱以便辟之性，佞辯之心，各受豐爵不次之寵，而今搢紳之徒委伏畎畝，口誦堯舜之言，身蹈絕俗之行，棄捐溝壑，不見逮及。冠履倒易，陵谷代處，從小人之邪意，順無知之私欲，不念板、蕩之作，虺蜴之誡[108]。殆哉之危，莫過於今。幸賴皇天垂象譴告。周書[109]曰：『天子見怪則修德，諸侯見怪則修政，卿大夫見怪則修職，士庶人見怪則修身。』惟陛下慎經典之誡，圖變復之道，斥遠佞巧之臣，速徵鶴鳴之士，內親張仲，外任山甫[110]，斷絕尺一，抑止槃游，留思庶政，無敢怠遑。冀上天還威，眾變可弭。老臣過受師傅之任，數蒙寵異之恩，豈敢愛惜垂沒之年，而不盡其慺慺[111]之心哉！」書奏，甚忤曹節等。蔡邕坐直對抵罪，徙朔方[112]。賜以師傅之恩，故得免咎。

18 其冬，行辟雍禮[113]，引賜為三老[114]。復拜少府、光祿勳，代劉郃[115]為司徒。帝欲造畢圭靈琨苑，賜復上疏諫曰：「竊聞使者並出，規度城南人田，欲以為苑。昔先王造囿，裁足以脩三驅之禮，薪萊芻牧，皆悉往焉。先帝之制，左開鴻池，右作上林[116]，不奢不約，以合禮中。今猥規郊城之地，以為苑囿，壞沃衍，廢田園，驅居人，畜禽獸，殆非所謂『若保赤子』之義。今城外之苑已有五六，可以逞情意，順四節也，宜惟夏禹[117]卑宮，太宗露臺之意，以慰下民之勞。」書奏，帝欲止，以問侍中任芝、中常侍樂松。松等曰：「昔文王之囿百里，人以為小；

齊宣118五里，人以為大。今與百姓共之，無害於政也。」帝悅，遂令築苑。

19 四年，賜以病罷。居無何，拜太常，詔賜御府衣一襲，自所服冠幘綬，玉壺革帶，金錯鉤佩。

20 五年冬，復拜太尉。中平119元年，黃巾賊120起，賜被召會議詣省閤，切諫忤旨，因以寇賊免。

21 先是黃巾帥張角121等執左道，稱「大賢」，以誑燿百姓，天下繈負歸之。賜時在司徒，召掾劉陶告曰：「張角等遭赦不悔，而稍益滋蔓，今若下州郡捕討，恐更騷擾，速成其患。且欲切勑刺史、二千石，簡別流人，各護歸本郡，以孤弱其黨，然後誅其渠帥，可不勞而定，何如？」陶對曰：「此孫子所謂不戰而屈人之兵，廟勝之術也。」賜遂上書言之。會去位，事留中122。後帝徙南宮，閱錄故事，得賜所上張角奏及前侍講123注籍，乃感悟，下詔封賜臨晉侯，邑千五百戶。初，賜與太尉劉寬、司空張濟並入侍講，自以不宜獨受封賞，上書願分戶邑於寬、濟。帝嘉歎，復封寬及濟子，拜賜尚書令。數日出為廷尉，賜自以代非法家，言曰：「三后成功，惟殷于民，皋陶不與焉，蓋吝之也。」遂固辭，以特進124就第。

22 二年九月，復代張溫125為司空。其月薨。天子素服，三日不臨朝，贈東園梓器遂服，賜錢三百萬，布五百匹。策曰：「故司空臨晉侯賜，華嶽所挺，九德純備，三葉宰相[126]，輔國以忠。朕昔初載，授道帷幄，遂階成勳，以陟大猷。師範之功，昭于內外，庶官之務，勞亦勤止。七在卿校，殊位特進，五登袞職，弭難乂寧。雖受茅土，未荅厥勳，哲人其萎，將誰諮度！朕甚懼焉。禮設殊等，物有服章。今使左中郎將郭儀持節追位特進，贈司空驃騎將軍[127]印綬。」及葬，又使侍御史持節送喪，蘭臺令史[128]十人發羽林騎[129]輕車介士[130]，前後部鼓吹，又勑驃騎將軍官屬司空法駕，送至舊塋。公卿已下會葬。謚文烈侯。及小祥[131]，又會焉。子彪嗣。

23 彪字文先，少傳家學。初舉孝廉[132]，州舉茂才，辟公府，皆不應。熹平中，以博習舊聞，公車徵拜議郎，遷侍中、京兆尹[133]。光和中，黃門令[134]王甫使門生於郡界辜榷官財物七千餘萬，彪發其姦，言之司隸。司隸校尉陽球[135]因此奏誅甫，天下莫不愜心。徵還為侍中、五官中郎將[136]，遷潁川[137]、南陽[138]太守，復拜侍中，三遷永樂少府[139]、太僕、衛尉。

24 中平六年，代董卓[140]為司空，其冬，代黃琬[141]為司徒。明年，關東兵起[142]，董卓懼，欲遷都以違其難。乃大會公卿議曰：「高祖都關中[143]十有一世，光武宮洛陽，於今亦十世矣。案石包讖，宜徙都長安[144]，以應天人之意。」百官無敢言者。彪曰：「移都改制，天下大事，故盤庚[145]五遷，殷民胥怨。昔關中遭王莽[146]變亂，宮室焚蕩，民庶塗炭，百不一在。光武受命，更都洛邑。今天下無虞，百姓樂安，明公建立聖主，光隆漢祚，無故捐宗廟，棄園陵，恐百姓驚動，必有糜沸之亂。石包室讖，妖邪之書，豈可信用？」卓曰：「關中肥饒，故秦得并吞六國[147]。且隴右[148]材木自出，致之甚易。又杜陵南山下有武帝故瓦陶竈數千所，并功營之，可使一朝而辦。百姓何足與議！若有前卻，我以大兵驅之，可令詣滄海。」彪曰：「天下動之至易，安之甚難，惟明公慮焉。」卓作色曰：「公欲沮國計邪？」太尉黃琬曰：「此國之大事，楊公之言得無可思？」卓不荅。司空荀爽[149]見卓意壯，恐害彪等，因從容言曰：「相國[150]豈樂此邪？山東兵起，非一日可禁，故當遷以圖之，此秦、漢之埶也。」卓意小解。爽私謂彪曰：「諸君堅爭不止，禍必有歸，故吾不為也。」議罷，卓使司隸校尉宣播以災灾奏免琬、彪等，詣闕謝，即拜光祿大夫。十餘日，遷大鴻臚。從入關，轉少府、太常，以病免。復為京兆尹、光祿勳，再遷光祿大夫。三年秋，代淳于嘉為司空，以地震免。復拜太常。興平[151]元年，代朱儁[152]為太尉，錄尚書事[153]。及李傕、郭汜[154]之亂，彪盡節衛主，崎嶇危難之間，幾不免於害。語在董卓傳。及車駕還洛陽，復守尚書令。

25 建安元年，從東都許。時天子新遷，大會公卿，兗州刺史曹操[155]上殿，見彪色不悅，恐於此圖之，未得讌設，託疾如廁，因出還營。彪以疾罷。時袁術[156]僭亂，操託彪與術婚姻，誣以欲圖廢置，奏收下獄，劾以大逆。將作大匠孔融[157]聞之，不及朝服，往見操曰：「楊公四世清德，海內所瞻。周書父子兄弟罪不相及，況以袁氏歸罪楊公？易稱『積善餘慶』，徒欺人耳。」操曰：「此國家之意。」融曰：「假使成王[158]殺邵公[159]，周公[160]可得言不知邪？今天下纓緌搢紳所以瞻仰明公者，以公聰明仁智，輔相漢朝，舉直厝枉，致之雍熙也。今橫殺無辜，則海內觀聽，誰不解體！孔融魯國男子，明日便當拂衣而去，不復朝矣。」操不得已，遂理出彪。

26 四年，復拜太常，十年免。十一年，諸以恩澤為侯者皆奪封。彪見漢祚將終，遂稱腳攣不復行，積十年。後子脩為曹操所殺，操見彪問曰：「公何瘦之甚？」對曰：「愧無日磾[161]先見之明，猶懷老牛舐犢之愛。」操為之改容。

27 脩字德祖，好學，有俊才，為丞相曹操主簿[162]，用事曹氏。及操自平漢中[163]，欲因討劉備[164]而不得進，欲守之又難為功，護軍[165]不知進止何依。操於是出教，唯曰「雞肋」而已。外曹莫能曉，脩獨曰：「夫雞肋，食之則無所得，棄之則如可惜，公歸計決矣。」乃令外白稍嚴，操於此迴師。脩之幾決，多有此類。脩又嘗出行，籌操有問外事，乃逆為荅記，勑守舍兒：「若有令出，依次通之。」既而果然。如是者三，操怪其速，使廉之，知狀，於此忌脩。且以袁術之甥，慮為後患，遂因事殺之。

28 脩所著賦、頌、碑、讚、詩、哀辭、表、記、書凡十五篇。

29 及魏文帝166受禪，欲以彪為太尉，先遣使示旨。彪辭曰：「彪備漢三公，遭世傾亂，不能有所補益。耄年被病，豈可贊惟新之朝？」遂固辭。乃授光祿大夫，賜几杖衣袍，因朝會引見，令彪著布單衣、鹿皮冠，杖而入，待以賓客之禮。年八十四，黃初167六年卒于家。自震至彪，四世太尉，德業相繼，與袁氏168俱為東京169名族云。

【章　旨】以上記載楊震子孫後裔事跡。楊秉不僅以廉潔著稱，而且敢於直諫，不計後果。楊賜勸諫靈帝，疏遠小人，重用賢能。楊彪在李傕、郭汜叛亂時竭盡全力保護漢獻帝。

【注　釋】❶靈帝　即劉宏（西元一五六—一八九年），東漢章帝玄孫，西元一六八—一八九年在位。初襲父爵為解瀆亭侯。永康元年（西元一六七年）桓帝死，被竇太后及其父竇武迎立為帝，時年十二。在位期間，竇武與陳蕃謀誅宦官事敗，宦官繼續掌政。黨禁再起，捕殺李膺、杜密等百餘人。曾公開標價賣官鬻爵，並增天下田畝稅百錢，大修宮室。政治黑暗，民不聊生。中平元年（西元一八四年）爆發全國規模的黃巾暴動，東漢王朝趨於崩潰。❷桓帝　即劉志（西元一三二—一六七年），東漢章帝曾孫，西元一四六—一六七年在位。本初元年（西元一四六年）被梁太后與兄大將軍梁冀迎立為帝。在位期間，梁太后臨朝，梁冀專權，朝政昏亂，民不聊生。各族人民反抗暴動蜂起。延熹二年（西元一五九年）與宦官單超等合謀誅滅梁氏，封單超等為縣侯，自後權歸宦官，政治更趨黑暗。大臣陳蕃、李膺等聯合太學生，反對宦官干政，被宦官誣指共為部黨。下詔逮捕黨人，禁錮終身，史稱「黨錮」。❸汝南　郡名。西漢置。治今河南上蔡西南。❹衛尉　官名。戰國秦始置，掌宮廷警衛。西漢沿置，秩中二千石，列位九卿。掌皇帝所居未央宮禁衛，主管宮門屯駐衛士，專司晝夜巡警和檢查出入者之門籍。東漢時總領南、北宮衛士令丞，又轄左右都候、諸宮掖門司馬。❺獻帝　即劉協（西元一八一—二三四年），東漢皇帝，西元一八九—二二〇年在位。即位時東漢政權已名存實亡，成為軍閥董卓的傀儡。西元一九六年，他被曹操迎都於許（今河南許昌），此後又成為曹操的傀儡。西元二二〇年，曹丕代漢稱帝，他被廢為山陽公。❻李傕　（？—西元一九八年），字稚然，東漢北地（今寧夏吳忠）人。為董卓所部校尉。初平三年（西元一九二年）卓被殺後，與郭汜等率部叛亂，攻陷長安，縱兵殺掠，死者萬人，殺司隸校尉黃琬、司徒王允，與汜共專朝政。又與汜相攻，大肆燒殺，致使長安城空。建安三年（西元一九八年），被段煨等討殺，夷三族。❼黃門侍郎　官名。秦、西漢為郎官加「給事黃門」省稱，亦稱黃門郎，無員數。為中朝官員，給事於宮門之內，侍從皇帝，顧問應對，出則陪乘。與皇帝關係密切，多以重臣、外戚子弟、公主婿為之。東漢與給事黃門合為一官，遂成為「給事黃門侍郎」省稱。❽鍾繇　（西元一五一年—二三〇年），字元常，東漢末至三國時期潁川長社（今河南長葛）人。東漢興平二年（西元一九五年），因助漢獻帝擺脫李傕、郭汜控制，以功遷御史中丞、侍中尚書僕射，封東武亭侯。建安二年（西元一九七年），曹操表為侍中，守司隸校尉，持節督關中諸軍事。七年，得馬騰之助，擊殺袁尚部將郭援，並降南單于。曹丕即位，為廷尉，遷太尉，魏明帝時，又遷太傅。善書法，尤精隸、楷，與王羲之並稱「鍾王」。❾許　縣名。今河南許昌。❿亭侯　爵名。漢制，列侯大者食縣，小者食鄉、亭。亭侯即指列侯食邑為亭者。封爵不世襲，位視中二千石。⓫謁者僕射　官名。秦、西漢隸郎中令（光祿勳），統領諸謁者，執掌朝會司儀，傳達策書，皇帝出行時在前奉引。東漢為謁者臺長官，名義上隸光祿勳，侍從皇帝左右，關通內外，職權頗重。秩皆比千石。⓬御史中丞　官名。西漢時為御史大夫之佐，也稱中執法。在殿中蘭臺，掌圖籍祕書；外督部刺史，監察郡國行政；內領侍御史，考察四方文書計簿，劾按公卿章奏。西漢末期，御史大夫改名為大司空，御史中丞遂為御史臺長官。東漢時御史中丞的威權更重。⓭太陽　疑為「大陽」之誤。大陽縣，治今山西平陸西南。⑭建安　東漢獻帝劉協年號，西元一九六—二二〇年。⑮京氏易　漢代今文《易》學派之一。西漢東郡人京房所創立。房曾學《易》於孟喜門人焦延壽。元帝時立為博士。善以「通變」解《易》，好說災異，以此推論時政，兼通音律。⑯豫　州名。西漢武帝置。為「十三刺史部」之一。東漢州治今安徽亳州。⑰徐　州名。西漢武帝所置「十三刺史部」之一。東漢治今山東郯城。⑱兗　州名。西漢武帝所置「十三刺史部」之一。東漢治今山東金鄉西北。⑲任城　封國名。東漢元和元年（西元八四年）分東平國置，封東平王劉蒼子尚為任城王。治今山東濟寧東南。⑳二千石　官秩等級，因所得俸祿以穀為準，故以「石」稱之。因郡守、王國傅相均秩二千石，所以二千石成為漢代對郡守、國相等一級官吏的通稱。㉑太中大夫　官名，亦作「大中大夫」。秦朝置，西漢沿置，位居諸大夫之首。侍從皇帝左右，掌顧問應對，參謀議政，奉詔出使等，多以寵臣貴戚充任。東漢後期權任漸輕。㉒左中郎將　官名。西漢置，隸光祿勳。居宮禁中，與五官、右中郎將分領中郎，更直宿衛，協助光祿勳考核管理郎官、謁者、從官。秩比二千石。多由外戚及親近之臣充任。東漢領左屬中郎、侍郎、郎中，執掌訓練、管理、考核後備官員，出居外朝。㉓河南尹　官名。東漢建武十五年（西元三九年）置，為京都雒陽所在河南郡長官，秩二千石。主掌京都事務。㉔任章之謀　西漢時代郡太守任宣坐謀反誅，任宣之子任章為公車丞，逃亡在渭城界中，夜裡潛入廟中，執戟立於廟門，等皇上到時，想行刺，結果被發現，遭殺害。㉕右扶風　官名、政區名。西漢太初元年（西元前一〇四年）改主爵都尉置，分右內史西半部為其轄區，職掌相當於郡太守。因地屬畿輔，故不稱郡，為三輔之一。治今西安西北郊。東漢移治今興平東南，屬司隸校尉部。㉖黃瓊　（西元八六年—一六四年），字世英，東漢江夏安陸（今湖北安陸）人。歷任尚書令、太常、司徒等職。桓帝詔議褒崇大將軍梁冀之禮，特進胡廣等多阿旨稱頌，以為宜比周公，瓊獨堅持異議，以此忤冀。冀伏誅後，封邟鄉侯。舉奏州郡貪官至死徙者十餘人。後以宦官專權，遂稱病不起。卒贈車騎將軍。事見本書卷六十一。㉗光祿大夫　官名。戰國時置中大夫，漢武帝時始改稱光祿大夫，掌顧問應對，屬光祿勳。㉘梁冀　（？—西元一五九年），字伯卓，東漢安定烏氏（今甘肅平涼）人。兩妹為順帝、桓帝皇后。其父梁商死後，繼為大將軍。順帝死，他與妹梁太后先後立沖、質、桓三帝，專斷朝政近二十年。執政期間，驕奢橫暴，多建苑囿，並強迫人民數千為奴婢，稱「自賣人」。梁太后、皇后先後死，桓帝與宦官單超等五人定議，誅滅梁氏，他被迫自殺。東漢政府沒其財產，賣錢三十萬萬之巨。事見本書卷三十四。㉙延熹　東漢桓帝劉志年號，西元一五八—一六七年。㉚白馬　縣名。秦置。治今河南滑縣舊滑縣城東。㉛單超　東漢宦官，河南（今河南洛陽）人。桓帝時，為中常侍，與宦官左悺、具瑗等合謀誅滅外戚梁冀，封新豐侯，為「五侯」之一。後任車騎將軍，不久病死。㉜濟陰　郡名。治今山東定陶西北。㉝第五種　字興先，東漢京兆長陵（今陝西咸陽）人。桓帝永壽年間，以司徒掾按察冀州，刺史二千石懼罪棄官而去者數十人。後為高密侯相，遷兗州刺史。時中常侍單超兄子單匡為濟陰太守，依勢貪贓五六千萬，乃遣從事糾舉，並及其賓客親吏四十餘人，內外為之震慄。後被單超誣陷，坐徙朔方。遇赦，卒於家。事見本書卷四十一。㉞從事　官名。西漢元帝時置，為各州屬官，秩百石。東漢沿置，稱從事史，由各州長官辟署。㉟洛陽　東漢都城，在今河南洛陽東北白馬寺東。㊱左校　即左校令，官名。漢置。隸將作大匠（將作少府），領本署工徒修造宮室、宗廟、陵園、道路等，秩六百石。官吏犯法，常輸左校為工徒。㊲太山　即泰山，郡名。西漢高帝置。因境內泰山得名。治今泰安東南，元封以後移治今泰安東。㊳處士　閒居未仕或不仕之人。但處士很關心時政。㊴有司　古代設官分職，各有專司，因稱職官為有司。㊵尚書令　官名。始於秦，西漢沿置，本為少府的屬官，掌章奏文書。西漢武帝以後職權漸重。東漢政務皆歸尚書，尚書令成為直接對君主負責總攬一切政令的首腦。㊶司隸校尉　官名。西漢武帝時始置，秩二千石。初掌管理役使在中央諸官府服役的徒隸，領一千二百人，持節，亦捕治罪犯。後罷其兵，掌糾察京都百官及京師附近的三輔、三河、弘農七郡的犯法者，職權漸重。東漢司隸校尉威權更重，凡宮廷內外，皇親貴戚，京都百官，無所不糾，兼領兵，有檢敕、捕殺罪犯之權。並為司隸州行政長官，轄前述七郡。治所在河南洛陽。㊷中二千石　漢代官吏秩位之一。中即滿，九卿皆為中二千石，銀印青綬，西漢月俸百八十斛，一歲凡得穀二千一百六十石。或亦兼發錢穀。東漢半錢半穀，偶有變動。㊸城門五營校尉　即城門校尉與北軍五營校尉。城門校尉，西漢武帝始置，秩二千石。掌京城長安諸城門警衛，領城門屯兵。職顯任重，每以重臣監領。東漢沿置，秩比二千石，位在北軍五校尉之上，多以外戚重臣領之。北軍五營校尉，漢代衛戍京師的屯兵，因其營壘在未央、長樂兩宮北而稱作北軍。東漢時北軍設五校尉，稱北軍五校，亦名北軍五營。㊹北軍中候　官名。東漢始置，掌監屯騎校尉、越騎校尉、步兵校尉、長水校尉、射聲校尉所領北軍五營，秩六百石。秩雖輕而職重，實為京師常備禁衛軍長官，得自闢僚屬。㊺牧守　州郡長官的泛稱。㊻匈奴中郎將　官名。西漢時常遣中郎將使匈奴，稱匈奴中郎將。東漢建武二十六年（西元五〇年）遣中郎將段郴等使南匈奴，授南單于璽綬，令入居雲中，始置使匈奴中郎將以監護之，因設官府、從事、掾史。後徙至西河，又令西河長史每年將二千，弛刑五百人，助中郎將衛護單于，冬屯夏罷。自後遂為常制。㊼青州　西漢武帝時所置「十三刺史部」之一。東漢治今山東淄博臨淄鎮北。㊽遼東　郡名。戰國時燕將秦開破東胡後所置。秦漢時治今遼寧遼陽老城區。因地處遼水以東，故名。㊾計吏　即上計吏。戰國、秦漢時地方官府定期向中央呈報施政情況，作為官吏考課依據。西漢時縣上計於郡國，令、長、丞、尉自行；郡國上計於中央，由郡丞、國長史代行。東漢則改派地位較高的掾史，稱為「上計史」。令、長等不自行。㊿三署　官署合稱。

東漢光祿勳所屬分領郎官之左、右、五官，合稱三署。51太微　古代星官名。三垣之一。位於北斗之南，軫、翼之北，大角之西，軒轅之東。諸星以五帝座為中心，作屏藩狀，稱郎位。52皐陶　也作「皐陶」。相傳為堯舜時人，生於山東曲阜，偃姓。舜命為管理刑政的士。佐禹平水土有功，後禹封其後裔於英（今安徽六安西）、六（今安徽六安）。53侯覽　（?—西元一七二年），山陽防東（今山東單縣）人。東漢宦官，桓帝初為中常侍，後封高鄉侯。受賄巨萬，前後奪人田地一百八十頃、房屋三百八十一所。放縱僕人、賓客侵淩百姓。後被劾奏，自殺。54益州　西漢武帝所置「十三刺史部」之一。察郡八。東漢初治今四川廣漢北，中平中移治今四川德陽東北；與平中又移治今四川成都。55檻車　亦作「轞車」。古代裝載猛獸或囚禁罪犯的車子。56廷尉　官名。秦始置。為九卿之一。廷尉的職掌是管刑獄，為最高法官。廷尉的主要職責是負責審理皇帝交辦的詔獄，同時審理地方上報的疑難案件。57具瑗　（?—西元一六五年），東漢魏郡元城（今河北大名）人。宦官。桓帝初為中常侍。延熹二年（西元一五九年），奉命與單超等五宦官誅除外戚梁冀，以此封東武陽侯，為「五侯」之一，與單超等恃寵驕恣，姻親黨羽並列州郡。刻剝百姓，形同盜賊。時人稱之為「具獨坐」，以刺其權勢富貴無人可比。後坐其兄贓罪，被貶為都鄉侯。旋卒。58季氏　即季孫氏。春秋後期魯國掌握政權的貴族。三桓之一。魯桓公少子季友的後裔。從季文子（季友之孫）起，季武子、季平子、季桓子、季康子等相繼執政，掌握魯國權力。是三桓中勢力最強者。59魯　魯國。姬姓。西周初，周武王封周公旦於此，都曲阜（今山東曲阜）。春秋時國勢漸弱，戰國時成為小國。西元前二五六年為楚所滅。60穰侯　即魏冉，戰國時人，楚國貴族出身，秦昭王母宣太后異父弟。以擁立昭王有功，任將軍，衛戍國都咸陽（今陝西咸陽東北）。昭王年少，宣太后掌權，被任為相。封於穰（今河南鄧州），號穰侯。後又加封陶邑（今山東定陶）。任相期間，舉白起為將，與白起屢敗韓、魏、趙、楚等國，向東方擴張，削弱諸侯。秦昭王四十二年（西元前二六六年），范睢入秦遊說秦王，他被免相，由范睢繼任。次年被放逐到陶邑。後死於陶。61秦　即秦國。開國君主為秦襄公，因護送周平王東遷有功，被周分封為諸侯。春秋時建都於雍（今陝西鳳翔東南），占有今陝西中部和甘肅東南端。秦穆公曾攻滅十二國，稱霸西戎。戰國時秦孝公任用商鞅變法，國力富強，並遷都咸陽（今陝西咸陽東北），成為戰國七雄之一。之後，疆域不斷擴大。西元前二二一年秦王政（即秦始皇）統一中國，建立秦朝。62昔懿公刑邴歜之父二句　據《左傳》記載，齊懿公為公子時，與邴歜父親爭田不勝，等他即位後，竟掘墳而對邴歜父親屍骨施以刖刑，並讓邴歜服侍自己。又強娶閻職妻子，讓閻職給自己趕車。邴歜與閻職合謀殺死齊懿公。懿公，（?—西元前六〇九年），名商人。春秋時齊國國君，西元前六一二—前六〇九年在位。齊桓公之子。桓公死後，子孝公、昭公相繼立，他為爭取支持，交結賢士、撫愛百姓。昭公死，乃殺昭公之子舍自立。終因私怨被邴歜和閻職合謀殺死。[63]蓋鄭詹來而國亂　因此鄭詹來而齊國混亂。據《公羊傳》記載，鄭詹從齊國逃到魯國，後魯莊公娶齊女，導致朝政敗壞。[64]四佞　即四凶。相傳為上古四個兇惡之人，即帝鴻氏的苗裔渾敦、少昊氏的苗裔窮奇、顓頊氏的苗裔檮杌、縉雲氏的苗裔饕餮。他們在堯時作惡，不服教命，被舜流放到邊遠地方。[65]掾屬　屬官統稱。漢代泛指公府及郡縣官府屬吏，正曰掾，副曰屬，如各曹掾史及其下屬吏。[66]趙鞅　即趙簡子（？—西元前四七五年），又名志父，又稱趙孟，趙武孫。春秋末晉國大夫，在晉卿內訌中打敗范氏、中行氏，擴大封地，奠定此後建立趙國的基礎。[67]晉陽　春秋時晉邑，即今山西太原西南古城營。[68]鄧通　西漢蜀郡南安（今四川樂山市）人。漢文帝時，為黃頭郎，後得寵幸，官至上大夫。前後賞賜無數，並賜給蜀郡嚴道銅山，許其鑄錢，鄧氏錢遍於天下。後人常用他的名字比喻富有。景帝即位後，免官。不久，家財盡被沒收，寄食人家，窮困而死。[69]申屠嘉　西漢大臣，梁（今河南商丘）人。初從漢高祖擊項羽、英布，為都尉。文帝時，任丞相，封故安侯。曾擬誅寵臣鄧通，至文帝為請方免。景帝時，反對鼂錯變更法令，擬殺鼂錯未成，氣憤嘔血而死。[70]文帝　即劉恆（西元前二〇二—前一五七年），漢高祖劉邦之子，西元前一八〇—前一五七年在位。呂后死後，周勃等平定諸呂之亂，他以代王入為皇帝。執行「與民休息」的政策，減輕田租、賦役和刑獄，使農業生產有所恢復發展。又削弱諸侯王勢力，以鞏固中央集權。史家把他同景帝統治時期並舉，稱為「文景之治」。[71]三公　官名合稱，周代已有此稱，為最高輔政大臣，一說為司馬、司徒、司空，一說為太師、太傅、太保。西漢時以丞相、太尉、御史大夫合稱三公。東漢時以太尉、司徒、司空合稱三公。為共同負責軍政的最高長官。[72]陳倉　縣名。本春秋秦邑，後置為縣。治今陝西寶雞東。[73]高第　經過考核，成績優秀，名列前茅。[74]越騎校尉　官名。西漢武帝始置，為北軍八校尉之一，位次列卿。領內附越人騎士，戍衛京師，兼任征伐。秩二千石。東漢初罷，建武十五年（西元三九年）改青巾左校尉置，為五校尉之一，隸北軍中候，掌宿衛兵。多以宗室外戚或近臣充任。秩比二千石。[75]建寧　東漢靈帝劉宏年號，西元一六八—一七二年。[76]少府　官名。秦置，西漢沿置，為九卿之一，掌皇帝財政，供宮廷日常開支，管理宮廷侍從及宮廷手工業。新莽改稱共工。東漢復置，但權力大減，唯掌宮廷日常生活品的供應等及宮廷手工業，領太醫、太官、守宮、尚方、上林苑令等。[77]光祿勳　官名。秦稱郎中令，漢武帝時改稱光祿勳。東漢末年復稱郎中令。掌領宿衛侍從之官。[78]熹平　東漢靈帝年號，西元一七二—一七八年。[79]六極　六種極不幸的事。《尚書・洪範》：「六極：一曰兇短折，二曰疾，三曰憂，四曰貧，五曰惡，六曰弱。」[80]昭公　（？—西元前六九五年），名忽。春秋時鄭國國君，鄭莊公之子。鄭莊公三十八年（西元前七〇六年），他以太子領兵救齊，大敗北戎於齊郊。莊公死，繼立為君，旋因大夫祭仲為宋劫持，謀立公子突（即厲公）而奔衛。不久因祭仲擅權，厲公欲殺祭仲，謀洩出奔，他被迎返復位。後在出獵時被大夫高渠彌射殺。81康王　西周康王，姬姓，名釗。周成王之子。即位後由召公奭、畢公高等輔政，繼成王之業，「天下安寧，刑錯四十餘年不用」（《史記・周本紀》），史稱「成康盛世」。82關雎　《詩》中的一篇。83殷湯　又稱「成湯」、「武湯」等，商朝第一位王。商自始祖契至湯八次遷徙，湯始居亳（今地有河南商丘、山東曹縣、河南偃師三說）。用伊尹、仲虺為輔佐，自葛（今河南寧陵北）開始，接連攻滅韋（今河南滑縣東）、顧（今山東鄄城東北）、昆吾（今河南濮陽，一說在新鄭境內）等夏之屬國，進而伐夏桀，放桀於南巢（今安徽巢湖市西南），遂滅夏，建立商朝。84帝乙　商王。名羨，文丁之子，紂之父。帝乙是廟號。繼文丁即位。為直系先王。即位後第二年有周人伐商之事。兩次征伐人方。85豔妻　指褒姒。周幽王的寵妃。褒國（今陝西勉縣）人，姒姓。周幽王三年（西元前七七九年）褒國把她進獻給周，為幽王所寵，繼而被立為后，其子伯服被立為太子。申侯聯合曾、犬戎攻殺幽王，她也被俘。86殷戊　太戊。商代國君。甲骨文作「大戊」、「天戊」。太庚之子，小甲、雍己之弟。任用伊陟、巫咸治理國政。商代稱為「太宗」。87宋景　宋景公（?—西元前四六八年），名頭曼。春秋末宋國國君。西元前五一六—前四六九年在位。宋元公之子。景公十一年（西元前五〇六年），赴晉定公以周王室名召諸侯於召陵（今河南郾城東）之會。三十年宋滅曹。次年，鄭圍宋雍丘（今河南杞縣）。宋軍救雍丘，攻鄭。88袁隗　（?—西元一九〇年），字次陽，東漢汝南汝陽（今河南商水縣）人。袁紹叔父。出身世家大族。靈帝時，任大鴻臚、司徒等職。少帝即位，為太傅，與袁紹共同輔佐大將軍何進執政。後進為宦官所殺，董卓挾持獻帝西遷。袁紹起兵討卓，他與袁氏宗族在京師者男女五十餘人，盡為董卓所殺。89周文　即周文王，姬姓，名昌。商末周族領袖，商紂王時為西伯，亦稱伯昌。曾被商紂囚禁於羑里（今河南湯陰北）。統治期間，國勢強盛。他解決虞、芮兩國爭端，使兩國歸附；還攻滅黎（今山西長治西南）、邘（今河南沁陽西北）、崇（今河南嵩縣北）等國。並建立豐邑（今陝西長安灃水以西），作為國都。在位五十年。90北山之詩　此是小官吏責怨勞逸不均之詩。《詩・北山》：「陟彼北山，言采其杞。偕偕士子，朝夕從事。」「大夫不均，我從事獨賢。」91二祖　指西漢開國皇帝漢高祖劉邦和東漢開國皇帝漢光武帝劉秀。92五宗　指西漢文帝太宗、漢武帝世宗、漢宣帝中宗、東漢明帝顯宗、漢章帝肅宗。93醜女　指鍾離春。傳為戰國時齊國無鹽（今山東東平）人。貌極醜，四十歲不得出嫁，自請見齊宣王，陳述齊國危難四點，為宣王所採納，立為皇后。94黨人　指東漢桓帝、靈帝時黨錮之禍被陷害人員。東漢桓帝時，司隸校尉李膺等人和太學生郭泰、賈彪等聯合，抨擊宦官集團。延熹九年（西元一六六年），有人勾結宦官誣告他們「誹訕朝廷」，李膺等二百多名「黨人」被逮捕，後雖釋放，但終身不許做官，稱為第一次「黨錮之禍」。靈帝即位後，外戚竇武專權，起用黨人，並與太傅陳蕃合謀誅滅宦官，事洩被殺。建寧二年（西元一六九年）靈帝在宦官侯覽、曹節挾持下，收捕李膺、杜密等百餘人下獄處死，並陸續殺死、流徙、囚禁六七百人。熹平五年（西元一七六年），靈帝在宦官挾制下又命令凡「黨人」的門生故吏、父子兄弟，都免官禁錮，並連及五族，稱為第二次「黨錮之禍」。

[95]光和　東漢靈帝年號，西元一七八－一八四年。

[96]議郎　官名。西漢置，隸光祿勳。為高級郎官，不入值宿衛，執掌顧問應對，參與議政，指陳得失，為皇帝近臣。東漢更為顯要，常選任耆儒名士、高級官吏，除議政外，亦或給事宮中近署。

[97]蔡邕　字伯喈，東漢陳留圉（今河南杞縣）人。好詞章、數術、天文，善音律，工琴藝。靈帝時辟司徒橋玄府。後任郎中，校書東觀。熹平四年，奉命與五官中郎將堂谿典、光祿大夫楊賜等勘正《六經》文字。自書丹於碑，使工鐫刻，立於太學門外，世稱「熹平石經」。後遭宦官陷害，亡命江海十餘年。董卓擅政時，召為祭酒，遷尚書，拜中郎將，封高陽鄉侯。及董卓被誅，為司徒王允收付廷尉治罪。自請黥首刖足，續成漢史。不久，死於獄中。

[98]曹節　字漢豐，東漢南陽新野（今河南新野）人。順帝初為小黃門。桓帝時遷中常侍、奉車都尉。靈帝即位，以定策功封長安鄉侯。與宦官王甫等矯詔發兵殺大將軍竇武及太傅陳蕃等人。遂用事朝中，遷長樂衛尉，封育陽侯。熹平元年（西元一七二年），藉口有人書〈朱雀闕〉抨擊宦官，唆使靈帝大捕黨人。又與王甫誣奏桓帝弟渤海王劉悝謀反，因而殺之。

[99]王甫　（？－西元一七九年），東漢宦官。靈帝初為長樂食監，受中常侍曹節等矯詔為黃門令，將兵誅殺大將軍竇武等人，因遷中常侍。後與節誣奏渤海王劉悝謀反，封冠軍侯。由此操縱朝政，父兄子弟皆為公卿列校、牧守令長，布滿天下。光和二年（西元一七九年），與養子永樂少府萌、沛相吉並為司隸校尉陽球收捕，磔屍於城門。

[100]張禹傳　即《漢書・張禹傳》。張禹　（？－西元前五年），字子文，西漢河內軹（今河南濟源）人。以明經舉郡文學。元帝時為博士，授太子《論語》，遷光祿大夫。成帝即位，以帝師賜爵關內侯。河平四年（西元前二五年）為丞相，封安昌侯。鴻嘉元年（西元前二〇年），因老病辭官，以特進為天子師。朝廷每有大政，必與定議。性奢淫，內殖貨財，買田多至四百頃，家財無數。

[101]管仲　即管敬仲。名夷吾，字仲，潁上人。春秋初期政治家，由鮑叔牙推薦，被齊桓公任命為卿，尊稱「仲父」。他在齊進行改革，確立選拔人才制度，按土地好壞分等徵稅，適當徵發力役，用官府力量發展鹽鐵業，鑄造和管理貨幣，調劑物價。從此國力大振。幫助齊桓公以「尊王攘夷」相號召，使之成為春秋時第一個霸主。

[102]桓公　（？－西元前六四三年），姜姓，名小白。春秋時齊國國君。西元前六八五－前六四三年在位。在位期間，任用管仲為相進行改革，國力富強。以「尊王攘夷」相號召，幫助燕國打敗北戎；營救邢衛兩國，制止戎狄對中原的進攻；聯絡中原諸侯進攻蔡楚，和楚國會盟於召陵（今河南郾城東北）；還安定東周王室的內亂，多次大會諸侯，訂立盟約，成為春秋第一個霸主。

[103]驩兜　驩，又作「讙」。相傳為堯之臣，有罪，自投南海而死。堯憐之，「使其子居南海而祠之」（《山海經・海外南經》郭璞注）。或

說即四凶之一渾敦。[104]共工　傳說中古代部族首領。相傳曾「壅防百川」，「振滔洪水」，因而為帝嚳所誅殺。又傳曾與顓頊爭奪帝位（一說與祝融作戰），怒觸西北不周山，致使「天柱折，地維絕」，「天傾西北」，「地不滿東南」。（見《淮南子・天文》）[105]常伯　帝王近臣泛稱。[106]納言　官名。相傳舜時設此官，掌承上啟下，傳宣上命，受納奏言。[107]梁鵠　字孟皇，東漢安定烏氏（今寧夏固原）人。曾任涼州刺史。靈帝時為選部尚書。精書法，得師宜官法，以善八分著名。後附劉表，再歸曹操。曹操愛其書，以為勝於師宜官。宮殿題署，多出其手。[108]不念板蕩之作二句　不考慮《詩》中〈板〉、〈蕩〉詩篇的忠告，忘記惡政使百姓恐懼的勸誡。板、蕩，《詩・大雅》中的詩篇。[109]周書　《尚書》組成部分之一。今本共三十二篇。[110]山甫　仲山甫，甫或作父。周宣王大臣。食采於樊（今河南濟源東南），又稱樊仲、樊穆仲、樊仲山父。曾反對宣王干預魯國君位繼承，又勸諫宣王「料民」，皆為宣王所拒。[111]慺慺　恭敬勤勉，謹慎小心。[112]朔方　郡名。西漢置。治今內蒙古杭錦旗北。東漢移治今內蒙古磴口北。東漢末年廢。[113]辟雍禮　皇帝詣太學祭孔講學之禮。辟雍，西周為天子所設的大學，東漢以後，歷代設為皇家祭祀之所。[114]三老　鄉官名。戰國時秦、齊、魏國閭里及縣均設，掌鄉里教化。西漢時以民年五十以上，有修行，能帥眾為善者為三老，鄉一人；擇鄉三老一人為縣三老。後郡國亦置。三老可免除徭役，就地方政事向縣令、丞、尉提出各種建議。東漢明帝時，以年老大臣為之，以示孝悌天下。[115]劉郃　（？—西元一七九年），字季承，東漢河間（今河北獻縣）人。靈帝時，任大鴻臚。光和二年（西元一七九年），為司徒，與永樂少府陳球、衛尉陽球等密謀誅除宦官曹節、張讓等。事洩，下獄死。[116]上林　即上林苑。東漢置。在今河南洛陽東漢魏洛陽故城西。[117]夏禹　姒姓，名文命。亦稱「大禹」、「戎禹」。傳說中古代部落聯盟領袖。鯀之子。原為夏后氏部落領袖，奉舜命治理洪水。據載，他領導人民疏通江河，興修溝渠，發展農業。後以治水有功，被舜選為繼承人，舜死後擔任部落聯盟領袖。傳曾鑄造九鼎。又傳三苗作亂，他克之，辟土以王。其子啟建立中國歷史上第一個奴隸制國家，即夏代。[118]齊宣　即齊宣王（？—西元前三〇一年），田氏，名辟彊。戰國時齊國國君，齊威王之子。召田忌復用為將，田嬰為相，齊國復盛。齊宣王六年，乘燕內亂，派匡章率五都之兵，帶同北地之眾攻燕，五旬而得全燕。後因齊軍殘暴，燕人反抗，被迫撤退。八年，聯楚與秦、韓、魏作戰，在濮水之上被秦擊敗，將軍聲子（贅子）被俘。喜文學遊說之士，繼其祖桓公、父威王在稷下廣置學宮，自鄒衍、淳于髡、田駢等七十六人，皆賜列第為上大夫，任其講學議論，稷下之學復盛，學者達數百千人。[119]中平　東漢靈帝年號，西元一八四—一八九年。[120]黃巾賊　東漢末年黃巾軍。西元一八四年，太平道首領張角經過十餘年的祕密組織宣傳以後，發動暴動。農民軍以黃巾裹頭，因被稱為「黃巾軍」。他們焚燒官府，捕殺官吏，攻打豪強塢堡，聲勢浩大。由於缺乏作戰經驗，最後被平定。黃巾暴動動搖了東漢王朝的統治，東漢王朝很快就陷入分崩離析的局面。[121]張角　（？—西元一八四年），鉅鹿（今河北平鄉）人。東漢末黃巾暴動首領。創太平道，自稱「大賢良師」。靈帝時，藉治病傳教，祕密進行組織工作。十餘年間，徒眾達數十萬人，遍及青、徐、幽、冀、荊、揚、兗、豫八州。中平元年（西元一八四年）起事，稱「天公將軍」。以頭纏黃巾為標誌，稱「黃巾軍」。與弟張梁會集幽、冀兩州黃巾軍，在廣宗（今河北威縣東）擊退北中郎將盧植的進攻。此後又打敗東中郎將董卓。不久病死。[122]留中　指皇帝將臣下章奏留在宮中。或存檔備查，或暫緩批答交議；大臣亦藉此陳述機密。[123]侍講　官名。侍從皇帝、皇太子講授經義。[124]特進　官名。始置於西漢末期。初為賜列侯中有特殊地位者。東漢沿置，賜功勳卓著者，位在三公下。亦或賜諸侯王。[125]張溫　（？—西元一九一年），字伯慎，東漢末南陽穰（今河南鄧州）人。少有名譽。靈帝中平元年（西元一八四年），以大司農轉司空。次年，拜車騎將軍。率破虜將軍董卓平定湟中北宮伯玉等羌漢人民起事。及董卓專權，與司徒王允共謀誅卓。事未及發，卓使人誣其交通袁術，笞殺於市。[126]宰相　我國古代以對君主負責總攬政務的人為宰相。宰是主持，相是輔佐之意。但歷代所用官名與職權廣狹程度，各有不同。秦和西漢以相國或丞相為宰相，而御史大夫為丞相之副。東漢則司徒等於丞相，與司空、太尉共掌政務。然按之實際，則實權悉歸尚書，尚書令主贊奏事，總領紀綱，無所不統。[127]驃騎將軍　官名。西漢武帝置為重號將軍，僅次於大將軍，秩萬石。東漢位比三公，地位尊崇。[128]蘭臺令史　官名。東漢置。隸御史中丞。掌書奏及印工文書，兼校定宮廷藏書，秩六百石。班固曾任其官，受詔撰史。[129]羽林騎　漢代皇帝的武裝侍從官。西漢武帝太初元年（西元前一〇四年）置，為建章宮禁衛，初名「建章營騎」，後改稱羽林騎。宣帝以中郎將、騎都尉監羽林騎。東漢專以羽林中郎將為主官，秩比二千石。常從漢陽、隴西、安定、北地、上郡、西河六郡良家子中選補。後世常稱皇帝的禁衛軍為羽林軍。[130]輕車介士　輕車士中的披甲者。輕車士，是秦漢兵種之一，即駕輕車作戰的士兵。屬徵兵。秦至西漢初常用於平原作戰。平時在郡國習射御陣法，秋後都試，隨時聽從徵調。西漢中期以後，演變成為皇家儀仗隊。東漢建武七年（西元三一年），光武帝詔罷輕騎士，還復民任。然隨駕、凱旋、葬禮儀仗仍用之。[131]小祥　死後週年的祭名。[132]孝廉　漢代選拔官吏的科目。孝，指孝子。廉，指廉潔之士。原為二科，漢武帝採納董仲舒建議，於元光元年（西元前一三四年）初令郡國舉孝、廉各一人。其後多混同連稱，而為一科，所舉也不限於孝者和廉吏。察舉孝廉為歲舉，郡國每年向中央推舉一至二人。被舉者大都先除授郎中。[133]京兆尹　官名。在漢代亦為政區名。西漢太初元年（西元前一〇四年）改右內史置，分原右內史東半部為其轄區，職掌相當於郡太守。因地屬畿輔，故不稱郡。為三輔之一，治今西安西北。[134]黃門令　官名。西漢少府屬官，掌宮中乘輿狗馬倡優鼓吹等事。職任親近，由宦者充任。有技藝才能者常在其署待詔。東漢名義上隸少府，主宮中諸宦者，秩六百石。中葉以後多以中常侍兼任，或典禁軍，或持節收捕大臣，權勢尤盛。[135]陽球　字方正，東漢漁陽泉州（今天津武清）人。靈帝時任九江太守，光和二年（西元一七九年）遷司隸校尉，奏請收捕干亂朝政的中常侍王甫和阿附宦官的太尉段熲，王甫死杖下，段熲自殺，權貴震懾。後與司徒劉郃謀誅宦官曹節、張讓等，事洩，為宦官陷害下獄，被殺。事見本書卷七十七。[136]五官中郎將　官名。秦置，西漢隸光祿勳，主中郎，秩比二千石。東漢時，部分侍郎、郎中亦歸其統率。執掌宿衛殿門，出充車騎。東漢初年或參與戰事。又協助光祿勳典領郎官選舉，有大臣喪事，則奉命持節策贈印綬或東園祕器。[137]潁川　郡名。秦置。治今河南禹州。東漢以後治所屢有變化。[138]南陽　郡名。戰國時置。治今河南南陽。[139]永樂少府　桓帝母孝崇皇后宮名永樂，置太僕、少府。[140]董卓　（？—西元一九二年），字仲穎，東漢隴西臨洮（今甘肅岷縣）人。本為涼州豪強。靈帝中平六年（西元一八九年），任并州牧。少帝即位，大將軍何進謀誅宦官，召他率兵入洛陽。旋廢少帝，立獻帝，專斷朝政。曹操與袁紹等起兵反抗，他挾獻帝西遷長安，自為太師。殘暴專橫，縱火焚洛陽周圍數百里，使生產受到嚴重破壞。後為王允、呂布所殺。事見本書卷七十二。[141]黃琬　（西元一四一—一九二年），字子琰，東漢江夏安陸（今湖北安陸）人。桓帝時，曾任五官中郎將。黨錮起，被禁錮幾二十年。黨禁弛解，復徵拜議郎。董卓柄政，以其名臣，徵為司徒，遷太尉。後與司徒王允謀誅董卓。及卓部李傕、郭汜襲破長安，被捕下獄死。[142]關東兵起　東漢末年，董卓專權，廢少帝劉辯，立獻帝劉協，激起朝野上下的憤恨，以袁紹、曹操為代表的官僚紛紛組織力量，討伐董卓。西元一九〇年，關東各地的州郡牧守共推袁紹為盟主，聯兵進攻洛陽，迫使董卓挾持獻帝遷都長安。但關東聯盟很快瓦解，州郡牧守各自搶占地盤，陷入軍閥混戰局面。[143]關中　地區名。指今陝西關中平原。[144]長安　城名。在今陝西西安西北六公里。[145]盤庚　商王，名旬，祖丁之子，陽甲之弟。盤庚是廟號。繼陽甲即位，將王都自奄（今山東曲阜）遷至殷（今河南安陽小屯村一帶）。遷都前後，曾對臣民訓，即《尚書・盤庚》三篇。遷殷後，「行湯之政，然后百姓由寧。殷道復興」。[146]王莽　字巨君，魏郡元城（今河北大名）人。新王朝的建立者，西元八—二三年在位。漢元帝皇后姪。西漢末，以外戚掌握政權，成帝時封新都侯。元始五年（西元五年）毒死平帝，自稱假皇帝。次年立年僅二歲的劉嬰為太子，號「孺子」，初始元年（西元八年）稱帝，改國號為新，年號始建國。命令全國民間的土地改稱「王田」，奴婢改稱「私屬」，都禁止買賣，還實行五均六筦。統治期間，屢次改變幣制，造成經濟混亂。法令苛細，賦役繁重，社會矛盾激化。天鳳四年（西元一七年）爆發了全國性的農民大暴動。更始元年（西元二三年），新王朝終於在赤眉、綠林等農民軍的打擊下崩潰，他也在綠林軍攻入長安時被殺。[147]六國　指戰國七雄中除秦以外的六個國家：齊、楚、燕、韓、趙、魏。[148]隴右　古地區名。泛指隴山以西地區。古代以西為右，故名。約相當今甘肅六盤山以西，黃河以東一帶。

149荀爽　（西元一二八—一九〇年），又名諝，字慈明，東漢潁川潁陰（今河南許昌）人。延熹九年（西元一六六年）以至孝拜郎中。後遭黨錮，隱居十數年，以著述為事。黨禁解，拒召不仕。獻帝即位，任平原相，後任司空。曾參與司徒王允誅董卓之謀，事未發而卒。主治費氏《易》，博通群經，為古文經學大師。

150相國　初為春秋、戰國時期對宰輔大臣的尊稱。後漸成為官稱，或作相邦。居宰輔之位，為百官之長，與丞相略同而位稍尊。西漢高帝、惠帝時蕭何、曹參曾由丞相遷相國（或說改名相國），職權秩位略同，禮遇稍尊，用綠綬。後復改丞相。此為對董卓的尊稱。

151興平　東漢獻帝年號，西元一九四—一九五年。

152朱儁　（？—西元一九五年），字公偉，東漢會稽上虞（今屬浙江）人。靈帝光和元年（西元一七八年），任交阯刺史，鎮壓梁龍起義，以功封都亭侯，徵為諫議大夫。黃巾之亂後，遷右中郎將。先後領兵鎮壓潁川、汝南、陳國、宛城等地黃巾軍及張燕所部黑山軍，封西鄉侯，更封錢塘侯。董卓入關後，留守洛陽，與山東諸將密謀誅卓。後被郭汜扣留為質，旋病死。

153錄尚書事　初為職銜名，始於東漢。當時政令、政務總於尚書臺，太傅、太尉、大將軍等加此名義始得總知國事，綜理政務，成為真宰相。

154郭汜　（？—西元一九七年），東漢末人。為董卓所部校尉。初平三年（西元一九二年）卓被殺後，與李傕攻陷長安，縱兵殺掠，死者萬餘人，殺司隸校尉黃琬、司徒王允。與傕共專朝政，為後將軍，封列侯。興平二年（西元一九五年）與傕相攻，劫質公卿。後獻帝東歸，又與傕相阻截，追殺朝官。建安二年（西元一九七年）為其將伍習所殺。

155曹操　即魏武帝（西元一五五—二二〇年），字孟德，沛國譙縣（今安徽亳州）人。初任洛陽北部尉，遷頓丘令，後在平定黃巾暴動和討伐董卓的戰爭中逐步擴充軍事力量。建安元年（西元一九六年）迎漢獻帝都許（今河南許昌東），從此用其名義發號施令，先後削平呂布等割據勢力。官渡之戰大敗袁紹，逐漸統一了北方。建安十三年（西元二〇八年）在赤壁之戰中敗於孫權和劉備聯軍。封魏王，子曹丕稱帝後追尊為武帝。他在北方屯田，興修水利，對農業生產的恢復有一定積極作用。用人唯才，抑止豪強。精兵法，善詩歌。

156袁術　字本初，東漢末人。出身於四世三公的大官僚家庭。初為虎賁中郎將，董卓專權時，他據有南陽。後遭曹操和袁紹攻擊，率餘眾割據揚州。西元一九七年，稱帝於壽春（今安徽壽縣），建號仲家。搜括民財，窮極奢侈，以致人民多飢死，江淮地區殘破不堪。後為曹操所破，病死。事見本書卷七十五。

157孔融　（西元一五三—二〇八年），字文舉，東漢魯國（今山東曲阜）人。孔子二十世孫。初辟司徒楊賜府，大將軍何進舉高第，為侍御史。後任中軍候、虎賁中郎將。以迕董卓，轉議郎，舉北海相。獻帝都許，徵為將作大匠。後曹操秉權，因積怨被搆陷成罪，下獄棄市，妻子皆被誅。文辭有名於世，被列為「建安七子」之一。

158成王　即周成王，姬姓，名誦。西周國王。其父武王死時，他年幼，由叔父周公旦攝政。周公東征勝利後，他大規模分封諸侯，建設東都成周（今河南洛陽），確立官制和禮制，鞏固了西周王朝的統治。後周公歸政於他。(159)邵公　姬姓，名奭，西周初人。邵，或作「召」。周文王庶子。因采邑在召（今陝西岐山縣西南），故稱召公或召伯。佐武王滅商後封於燕，後由其子就封，自己留於王都。成王時任太保，為三公之一。曾掌理東都的修建，又與周公分陝（今河南陝縣西南）而治。成王卒，受遺命輔佐康王，享高壽。(160)周公　姬姓，名旦，西周初人。周武王弟，與呂尚同為西周開國元勳。以魯公封於曲阜，留朝執政，長子伯禽就封。武王卒，成王幼，攝政。管叔、蔡叔、霍叔等不服，聯合殷貴族武庚和東夷反叛。他率師東征，平定叛亂，滅奄（今山東曲阜東）後大舉分封諸侯，營建成周洛邑（今河南洛陽）。又制禮作樂，為西周典章制度的主要創制者，奠定了「成康之治」的基礎。(161)日磾　即金日磾（西元前一三四－前八六年），字翁叔。西漢大臣，本匈奴休屠王的太子。武帝時從昆邪王歸漢，任馬監，遷侍中。昭帝即位，與霍光、桑弘羊等同受遺詔輔政。歲餘病卒。金日磾的長子為漢武帝寵愛，稱為弄兒。弄兒與宮人淫亂，金日磾怒殺之。(162)主簿　官名。漢代中央及郡縣官署均置，典領文書簿籍，經辦事務。(163)漢中　郡名。戰國後期秦國置。東漢時治今陝西漢中。(164)劉備　即蜀漢昭烈帝（西元一六一－二二三年），字玄德，涿郡涿縣（今屬河北）人。三國時蜀漢的建立者。西元二二一－二二三年在位。東漢遠支皇族。幼貧，與母販鞋織蓆為業。東漢末起兵，參與平定黃巾之亂。在軍閥混戰中，曾先後投靠公孫瓚、陶謙、曹操、袁紹、劉表。後採用諸葛亮聯孫拒曹的主張，於建安十三年（西元二〇八年）聯合孫權，大敗曹操於赤壁，占領荊州，力量逐漸壯大。旋又奪取益州和漢中。西元二二一年稱帝，都成都，國號漢，年號章武。次年在吳蜀夷陵之戰中大敗，不久病死。(165)護軍　東漢獻帝時曹操置於丞相府，掌武官選舉，並與領軍同掌禁軍，出征時監護諸將，隸屬領軍。建安十二年（西元二〇七年）改名中護軍，資重者稱護軍將軍，皆可簡稱護軍。(166)魏文帝　即曹丕（西元一八七－二二六年），字子桓，沛國譙縣（今安徽亳州）人。三國時魏國創建者。曹操次子。東漢建安十六年（西元二一一年），任五官中郎將，為丞相副。二十二年被立為魏王太子。操死，襲為魏王，繼任丞相。以陳群為尚書，立九品官人法，改革選舉。延康元年（西元二二〇年）十月，代漢稱帝，都洛陽，國號魏，改元黃初。曾三次征吳無功。卒諡文帝。廟號世祖。善文學，與父曹操、弟曹植並稱「三曹」。(167)黃初　三國魏文帝年號，西元二二〇－二二六年。(168)袁氏　即汝南袁氏，東漢大族，歷代官宦，四世三公，門第極為顯赫。東漢末年的袁紹、袁術均出身於汝南袁氏。(169)東京　即洛陽。在今河南洛陽東北白馬寺東，西漢以長安為都，東漢以洛陽為都，所以以洛陽代指東漢。

【語　譯】楊牧的孫子楊奇，靈帝時擔任侍中。靈帝曾隨意問楊奇道：「朕比桓帝怎麼樣？」楊奇對答說：「陛下與桓帝相比，就像虞舜與唐堯比較德行。」靈帝不高興地說：「你剛直不阿，真是楊震的子孫，死後必然又會招來大鳥。」後令他出任汝南太守。靈帝死後，楊奇又應召入京擔任侍中衛尉。隨從獻帝西遷長安，立下功勞。到李傕脅迫獻帝前往他的軍營時，楊奇與黃門侍郎鍾繇引誘李傕的部屬宋曄、楊昂，讓他們反叛李傕，李傕因此陷入孤弱之境，獻帝才得以東還。後來遷都許昌，追封楊奇的兒子楊亮為陽成亭侯。

2 楊震的小兒子叫楊奉，楊奉的兒子楊敷。楊敷志節堅定，博學多聞，論者認為他能繼承家風。楊敷早死，兒子名叫楊眾，也頗能繼承先祖之業，以謁者僕射的身分跟隨漢獻帝進入關中，多次升遷至御史中丞。到獻帝東還時，夜間奔逃渡過黃河，楊眾率領眾官屬員步行跟隨獻帝到太陽縣，官拜侍中。建安二年，追念前功封楊眾為蓩亭侯。

3 楊震的第三個兒子叫楊秉。

4 楊秉，字叔節，自少繼承父業，通曉《京氏易》，博覽經書史傳，長期隱居教授門徒。楊秉年四十多歲時，才應司空徵召，官拜侍御史，後又接連出任豫、荊、徐、兗四州刺史，改任任城國相。從擔任刺史、二千石之職，楊秉總是按任職天數接受俸祿，多餘的俸祿不進自己的家門。以前的屬吏以錢百萬贈送他，他也堅持閉門不受，以廉潔著稱於當世。

5 桓帝即位，楊秉因通曉《尚書》應召入宮任侍講，官拜太中大夫、左中郎將，又升遷為侍中、尚書。桓帝經常便服出巡，暗地裡造訪河南尹梁胤的府第。那一天狂風捲起樹木，白天昏暗如夜，楊秉因而上疏勸諫說：「臣聽說祥瑞之象是因為德行而到來，災禍是由於壞事而產生。《左傳》上說：『禍福無常，是由人行為的好壞招來的。』蒼天雖不會講話，但用災異之變來進行譴責告誡，因此，孔子認為迅猛的雷電、暴烈的狂風一定預示社會人事的變動。《詩》上說：『敬畏上蒼的威嚴，不敢隨意橫行。』帝王是至尊之人，舉止出入應有一定常規，出行時要警戒、清道，休息時要使室內肅靜，如果不是郊祭之事，一般則不出行。所以，《詩》說『不間斷地祭祀從郊區到宮廷』，《易》說『君王到祖廟祭祀，以表示自己的孝心』。諸侯到臣子家裡去，《春秋》尚且有告誡，更何況陛下身穿天子之服而私自出外遊樂呢！這樣降低身分，混淆尊卑的關係，權威與臣子等同而打亂了君臣的次序，侍衛守著空蕩的皇宮，天子之玉璽也交給了妃子宮女，假設有非同尋常的變故，有類似任章謀亂的陰謀，上對不起先帝，下則後悔莫及。臣世代承受皇恩，得以充任進言勸諫的職位，又因為有微薄的學問，擔任侍講，特蒙陛下憐愛賞識，被日月之光照耀，皇恩深重而我命輕微，道義可以使士人赴死，我豈敢害怕自身受損，因而我在此略略陳述自己的愚蠢見解。」桓帝聽後並不採納他的勸諫，楊秉就以病為由乞求解職，外放充任右扶風。太尉黃瓊惋惜他離開朝廷，上疏陳說楊秉應繼續侍講於宮中，而不應該外放，因而將楊秉留任為光祿大夫。當時大將軍梁冀專政於朝，楊秉就稱病在家。六年後，梁冀被處死，楊秉被任為太僕，後又升任太常。

6　延熹三年，白馬令李雲因進諫獲罪，楊秉為他爭辯而不能解脫，自己又被牽連免官，返歸鄉里。那年冬天，又被起用為河南尹，在這以前，中常侍單超的弟弟單匡為濟陰太守，因犯貪汙罪被刺史第五種所彈劾，單匡處境危急，就賄賂刺客任方刺殺兗州從事衛羽，這件事已見於〈第五種傳〉。等到抓住任方，囚禁於洛陽，單匡考慮到楊秉會將此事窮究到底，就密令任方等人越獄逃走。尚書召來楊秉責問，楊秉回答說：「《春秋》認為不殺黎比致使魯國有許多盜賊，任方等人固然罪不可赦，然而事情都是單匡引起的。刺殺執法的官吏，謀害奉公查辦的大臣，後來又密令兇手逃竄，如果寬容放縱罪犯，元兇大惡，最終會成為國家的禍害。請用囚車將單匡解來嚴厲拷問，那逃跑的兇手，一定可以立刻捕獲。」但楊秉竟然獲罪，到左校服勞役，後因久旱不雨才被赦免。

7　正好遇到日蝕，太山太守皇甫規等人上訴楊秉忠誠公正，不應該長期壓抑不予任用。於是桓帝下詔，公車徵用楊秉及隱士韋著入朝，二人各自稱病不至。有關官吏同時彈劾楊秉、韋著犯了大不敬之罪，請交下面所屬州郡查辦問罪。尚書令周景與尚書邊韶上奏說：「楊秉擔任過儒學侍講，一向謙虛；韋著自是隱居行義之人，以退讓名位為節操。他們都徵召不來，固然違背了陛下的期望，然而他們甘心退讓於民間，此行也足以抑制那些蠅營狗苟以求名位的風氣。即使在聖王明君之世，也一定有不應召的臣子，聖朝廣泛養育士人，應該施用寬鬆優容的禮節，可以告知楊秉、韋著所屬的州郡，明白地向他們兩人轉達朝廷的恩義。如果他們仍然不來，再仔細地議論一下對他們的處罰。」於是重新下詔徵召，楊秉才到朝廷，任命為太常。

8 延熹五年冬天，楊秉接替劉矩為太尉。當時宦官勢力正盛，他們隨意任用別人及自己的子弟為官，爪牙遍布天下，這些人競相貪贓枉法，朝野上下歎息怨恨。楊秉與司空周景上書說：「朝廷內外的官吏，大多不能勝任職位，而近來徵用的人，都屬特別授官而不加考察，致使天下盜賊恣意橫行，訴訟增多，民怨紛紛。按照舊制，宮中內臣的子弟不能居官執政，然而現在宦官親戚和賓客遍布各官署，他們有的年輕平庸，卻把持著太守、縣令的職務，上上下下的人又憤怒又擔心，天下的人都心懷憂懼。陛下可遵用舊的制度，斥退這些貪婪殘暴的官吏，以消除天下人的議論。請下令給司隸校尉、中二千石、二千石、城門五營校尉、北軍中候，各自查實自己的部屬，應當斥退罷免的，各自開列出來上報朝廷，三府廉察發現有遺漏的，應當陸續補上去。」桓帝聽從了這個建議。於是，楊秉逐條上奏了牧守以下官吏，如匈奴中郎將燕瑗、青州刺史羊亮、遼東太守孫誼等五十餘人，有的處死，有的免官，天下人對這個舉動無不肅然起敬。

9 當時各郡國的計吏大多被留在朝廷中任郎官，楊秉上書說三署的郎官計有七百餘人，以致國庫空虛，坐食閒飯的人越來越多，而下面那些品行不端的太守、國相，卻想以國家為池塘，澆灌汙穢不堪的雜草。應該斷絕隨意授官之制，以堵塞不良之人的非分之想。自此以後，一直到桓帝去世，州郡計吏再沒有留在朝廷任職的。

10 延熹七年，桓帝南巡園陵，特地詔命楊秉跟從。南陽太守張彪在桓帝沒有顯貴時有舊恩，認為皇帝大駕將要到來，以此為名大肆徵調財物，並大多落入他的私囊。楊秉聽說此事，就下書責備荊州刺史，命他將南陽太守的情況製成文書副本上報公府。等到行至南陽，皇帝左右的人都勾結奸邪獲得利益，桓帝下詔書大量授官。楊秉又上疏勸諫道：「臣聽說先王建立國家時，順應天道確立官制。像天上太微宮星座，積聚著群星，名叫郎位，所以郎官入宮就護衛君王，出宮就治理百姓。皋陶告誡虞舜，治理社會在於任命官員。近來就在道路上隨意任命官職，恩惠施於僮僕奴隸，爵位可以由賄賂而取得，政治教化因此而衰敗，因而平民百姓在街頭巷尾議論，賢能之士遠遠而去，肅穆清明的政治局面，遠近的人就都看不到。陛下應該割捨難忘的舊恩，以斷絕這些人的求官之路。」於是，桓帝下詔，南巡授官之舉才停止。

11 當時中常侍侯覽的弟弟侯參擔任益州刺史，多次犯有貪汙賄賂罪，在州裡橫行不法。第二年，楊秉上奏彈劾侯參，朝廷派出囚車押解侯參交廷尉審理。侯參惶恐驚懼，在途中自殺。楊秉又上書彈劾侯覽和中常侍具瑗說：「臣考察了國家的舊典，宦官內臣，本應該在宮中執行供給勤務，看門守夜值勤，而現在不正當地受到恩寵，操持了國家政權。對那些阿諛奉承苟且取容的人，就會以公事的名義進行褒揚舉薦，以圖報答他們私恩；對那些觸犯過他們的人，一定會找出事端來進行攻擊，以發洩凶狂的私恨。他們起居效法王公大臣，其富裕程度可與朝廷相比，飲食窮極美味，僮僕奴婢身穿綾羅綢緞，即使是專權於魯國的季氏，獨攬秦國朝政的穰侯，也達不到他們這樣的程度啊！臣考察中常侍侯覽的弟弟侯參，是貪婪殘暴的首惡元凶，自取災禍而亡，侯覽自知罪孽深重，一定會產生被侯參牽連的想法，臣認為不能再讓他在身邊作為近臣。過去齊懿公殺了邴歜的父親，奪了閻職的妻子，卻又讓這兩個人作為陪乘的人，結果發生在竹林中被殺的災難，《春秋》一書記載了此事，以作為對後人的最大的告誡。因此，鄭詹來而齊國混亂，四個奸佞之人被流放而眾人信服。由此看來，難道這類人還可以接近嗎？對於侯覽，應該急速摒斥他，把他投棄給豺狼虎豹。像這樣的人，不是皇恩所能寬恕的，請求免去他的職務而送歸他的本郡。」疏本奏上，尚書召來楊秉的掾屬問道：「楊公擔任宮外之職，而上書彈劾宮中內臣，經典和漢朝舊制上有先例嗎？」楊秉的掾屬回答說：「《春秋》記載趙鞅憑藉晉陽的軍隊，而驅逐了君王身邊的惡人。《左傳》記載：『除去君王身邊的惡人，盡力去做。』鄧通懈怠傲慢，丞相申屠嘉召來鄧通嚴加斥責，漢文帝也只能聽從並為鄧通求情。按照漢朝舊制，三公的職務無所不管。」尚書不能進行反駁。桓帝不得已，只好免了侯覽的官職，並削去具瑗的封地。以後每當朝廷政事有過失時，楊秉就竭盡忠誠進行勸諫，並且多被桓帝採納。

12 楊秉生性不飲酒，夫人又死得早，於是不再娶妻，因而在當時以正直純潔為人稱道。他曾經隨意說過：「我在三個方面不受誘惑：酒、女色、錢財。」延熹八年，楊秉去世，終年七十四歲，皇帝恩准安葬在陪陵。他的兒子名叫楊賜。

13 楊賜字伯獻。自小繼承家學，意志堅定學識廣博。長期隱居不出，教授門徒，不應州郡的禮遇和徵召。後來任職於大將軍梁冀府中，但這不是他所樂意的。出為陳倉令，因病沒有赴任。朝廷又來徵用沒有應召，又接連辭去三公的舉薦任命。後以司空府考課成績第一，再次升遷為侍中、越騎校尉。

14 建寧初年，靈帝按舊制應當就學，詔令太傅、三公挑選精通《尚書》桓君章句而又素有名望的人，三公一同舉薦楊賜，於是為皇帝侍講於華光殿中。以後升遷為少府、光祿勳。

15 熹平元年，一條青蛇出現在皇帝的座位上。靈帝就此詢問楊賜，楊賜上書說：「臣聽說平和之氣就會招來吉祥，乖戾之氣會招致災禍，吉祥的徵兆則預示壽、富、康寧、好德、善終五福到來，凶戾的徵兆則會應驗夭折、疾病、憂懼、貧窮、惡運、老弱六種災禍。所以，好事不會無緣無故降臨，災禍也不會憑空而發生。君王心裡有所思念，意識裡有所想望，雖然未表現在臉色上來，然而天上的星辰因而發生推移，陰陽之氣也為之產生變化。由此看來，上天與世人，難道不是相互感應而如符契合嗎？《尚書》上說：『上天要治理世人，必須要假借世間君王。』這就是很明顯的徵候啊。因而，國家不確立重大的規則，就會出龍、蛇的異象。《詩》上說：『只有那虺與蛇，是女子的徵兆。』所以《春秋》記載兩條蛇在鄭國南門相鬥，鄭昭公最終因為女人而失敗；周康王有一天起得晚，詩人便針對此事作了〈關雎〉。如果宮中寵女替人求官，那奸讒之人就會昌盛，奸讒之人昌盛，賄賂就會通行，因此，殷湯以此事作為自己的警誡，終於消除了乾旱之災。希望陛下多想想君王的陽剛之道，區別開男女內外的道理，尊崇帝乙的舊制，接受大吉大利的賜福，抑制像皇甫一樣的奸臣弄權，割斷像褒姒一樣的妖豔之婦的愛戀，那麼，青蛇的災異之變立刻可以消除，祥瑞之兆立刻可以出現。殷戊、宋景公以修德來消除災變的事是十分顯明的。」

16 熹平二年，接替唐珍為司空，因為出現災異之變而免職。後來又任光祿大夫，享受中二千石俸祿。熹平五年，代替袁隗為司徒。當時朝廷授官封爵，大多不按次序，而靈帝喜歡便服出行，在宮外的花園中遊玩。楊賜又上疏道：「臣聽說上天生出萬民，不能親自治理，所以設立人間君王來管理，因此唐堯虞舜兢兢業業，周文王從早到晚沒有閒暇，謹慎選擇眾官，使才能之士任職，三年考察一次政績，來觀察他們的成效。而現在所錄用的並無什麼德行，有權有勢的人，十天半月就可以多次升遷，操守真純的人，經歷數年而得不到提拔，勤勞的與懶怠的沒有區別，善良的與惡劣的混同在一起，《詩．北山》就是為教訓此事而作的。臣又聽說陛下幾次便服出遊苑囿，觀看打獵時鷹飛狗走之勢，縱情於遊獵的歡樂，而國家的政事卻日益荒廢，社會教化也日益衰落。陛下不顧念高祖、光武帝的勤勞國事的榜樣，也不追慕五宗的美好行為，而想這樣來指望國家太平，這樣就等於是樹立一個彎曲的標杆卻希望產生筆直的影子，倒退著行走卻希望趕上前面的人啊！應該棄絕輕浮荒蕩的嬉戲，要記取封官任職是重要的事情，割斷隨意下詔書賜予恩惠，寵幸宮人要謹慎有次序，不要讓醜女有國家危亡的感歎，使遠近百姓發出憤怒怨恨的聲音。臣享受的皇恩特別厚重，並且有幸擔任帝王的師傅，不敢將自己混同於一般的官員，閉口不言以求無過。因而恭敬地親自寫奏章祕密奉上。」

17 後來楊賜因起用黨人而被牽連免職。不久又任職光祿大夫。光和元年，有虹蜺大白天降落在嘉德殿前，靈帝見後很厭惡，召楊賜及議郎蔡邕等人進入金商門崇德署，派中常侍曹節、王甫問他們這件事是吉是凶，是禍是福，應在何處。楊賜仰天長歎，對曹節等人說：「我每次閱讀〈張禹傳〉時，沒有不憤怒歎息的，張禹不僅不能竭盡忠誠，盡力謀劃治國方略，反而將心思放在自己小兒子的前途上，又向成帝請求從張掖調回自己的女婿。朱游想得到一把尚方斬馬劍來處置他，的確是應該的。我憑藉微薄的學識，有幸充任帝師，卻世代被寵愛，沒有什麼可以報答。現在陛下來詢問，只有死而後已。」楊賜於是上書回答說：「臣從經傳上了解到，有的在神降臨後興旺，有的在神降臨後滅亡。國家清明太平，就彰顯仁德；朝中奸邪昏亂，就出現災禍。現在嘉德殿前的氣象，感應為虹蜺，都是妖邪生出來的，是不正常的徵兆，也就是詩人所說的蝃蝀啊。在《中孚經》中說：『蜺之類的東西，沒有德行僅靠美色來誘惑。』現在宮內有許多受寵幸的人，宮外又任用無德之臣，上上下下怨氣很多，批評議論充滿道路，因此災異之象就屢屢出現，前前後後以此告誡世人。如今又降下虹蜺，可以說天意更清楚了。根據《春秋讖》所說：『天上落下虹蜺，天下人就會怨怒，四海之內就會混亂。』漢朝四百年的期限，也要到了。從前長虹橫貫牛山，管仲勸諫齊桓公不要親近妃子宮室。《易》說：『上天投下徵兆，顯露吉凶，聖人效法行事。』如今妃嬪、寵臣、宦官之類，共同把持朝政，欺蒙皇上。

又在鴻都門下，聚集眾多奸佞之人，寫作詩賦，用這些雕蟲小技來取寵於當世，像驩兜、共工一樣互相推薦，十天半月之間，就都得到提拔，樂松擔任常伯，任芝官居納言。郄儉、梁鵠都因為阿諛奉承的本性，花言巧語的伎倆，各自得到更高的爵位和超常的寵愛，而讓那些正直的士大夫們委身於田野鄉間，口裡熟讀堯舜治國之論，而本身卻要去過隱居生活，一直到死後埋骨僻壤，也不見有人來任用他們。帽子和鞋子的位置顛倒了，山陵和深谷換了位置，陛下聽從小人們的邪惡主意，滿足無知者的個人欲望，不考慮《詩》中〈板〉、〈蕩〉詩篇的忠告，忘記惡政使百姓恐懼的勸誡。國家危險啊，沒有比現在更嚴重的了。所幸的是上天降下惡兆來譴責警告。《周書》說：『天子見到怪異之象就修仁德，諸侯見到怪異之象就修明政治，卿大夫見到怪異之象就修正職守，士民庶人見到怪異之象就修養自身。』希望陛下謹慎地接受經典中的勸告，考慮改正過失、謀圖變革之法，排斥疏遠奸佞機巧之臣，迅速徵召隱居山野的賢能之士，在宮內親近像張仲一樣的人，在朝中任用像仲山甫一樣的人，不再隨意下詔任職，停止在外遊樂，留心國家政事，不要懈怠和彷徨。希望上天把威嚴重新交給皇帝，眾多的災變可望得到消除。老臣不稱職地擔任皇上師傅的重任，多次蒙受過皇上的特殊恩寵，哪裡敢顧惜自己的老命，而不向陛下竭盡勤勉謹慎的忠心呢！」奏疏遞上後，嚴重觸犯了曹節等人。蔡邕以冒犯皇帝之罪，被流放於朔方郡。楊賜因為對皇帝有師傅之恩，所以得以免罪。

18 這年冬天，靈帝到太學舉行祭孔講學之禮，召楊賜為三老主持。又被任為少府、光祿勳，接替劉郃擔任司徒。靈帝想建造畢圭靈琨苑，楊賜又上疏諫阻說：「臣聽說使者一起出去，規劃丈量城南的百姓田地，想用來修造苑囿。從前先王修造苑囿，只修足以供三面驅獸而網開一面的規制，而割草、砍柴、放牧的人，都可以進去。先帝的制度，在京城的左邊修造鴻池，右邊修造上林苑，不奢侈也不節省，剛剛符合禮制。如今隨意而大量地規劃城郊的土地，用來修建苑囿，毀壞肥沃平坦的土地，荒廢了農家田園，驅趕土地上的居民，畜養禽獸，這大概不符合前人所說的『對百姓像保育嬰兒一樣』的意思吧。現在城外的苑囿已有五六個，完全可以讓陛下盡情狩獵，又可順應春、夏、秋、冬四時的變化，應該想想夏禹住簡陋宮室，文帝因耗費太大而停建露臺的用心，以此來告慰百姓的辛勞。」奏疏呈上後，靈帝想停止修造苑囿，就問侍中任芝、中常侍樂松。樂松等說：「過去周文王的苑囿方圓百里，人們都認為很小；齊宣王的苑囿方圓五里，人們卻認為太大。現在陛下與百姓共同享受這新建的苑囿，就不會危害朝政了。」靈帝聽了很高興，就下令修築新苑囿。

19 光和四年，楊賜因病免官。過了不久，又任命為太常，下詔恩賜御府裁製衣服一套，還賞賜楊賜所戴的帽子綬節，懸掛玉壺的皮帶，鑲嵌金子的衣鉤佩飾等等。

20 光和五年冬天，靈帝又任命楊賜為太尉。中平元年，黃巾軍起，楊賜被召到省閣商議政事，他因激烈進諫惹惱了靈帝，只是因為黃巾軍起事才得以免罪。

21 此前黃巾軍首領張角等人利用旁門左道，號稱「大賢良師」，來欺騙百姓，天下人背著孩子都來歸附他。楊賜當時任司徒，召來掾屬劉陶告訴他說：「張角等人被赦免了仍不悔改，而且勢力越來越大，現在如果讓各州郡征討，恐怕更加紛亂動盪，更快成為禍患。我想還是敕諭刺史、郡守，注意將流亡的百姓區別出來，然後護送這些人回歸本郡，以此來孤立和削弱黃巾軍的力量，然後再誅殺黃巾軍的首領，這樣可以不須勞苦而平定天下，你認為怎樣？」劉陶對答說：「這正是兵家孫子所說的不作戰就能使敵人的軍隊屈服，是高明的策略。」楊賜於是上書闡明。但剛好楊賜離職，這份奏章就留在宮中了。後來靈帝遷到南宮，閱覽從前的奏章，得以讀到楊賜所上的關於征討張角的奏疏以及他從前擔任侍講時對經籍所做的註解，才受到感動，下詔封楊賜為臨晉侯，食邑一千五百戶。當初，楊賜與太尉劉寬、司空張濟一同入宮侍講，自認為不應該單獨接受封賞，就上書說願意將食邑再分給劉寬、張濟。靈帝對楊賜的作法讚賞感歎，又封賞劉寬和張濟的兒子，任命楊賜為尚書令。數日之後又出任廷尉，楊賜自認為自己並非司法世家，就說：「伯夷、大禹、后稷之所以成功，是對人民有恩德，而皋陶沒有在其中，大概也以之為恥吧。」於是堅持不受廷尉之職，以特進身分回到府第。

22 中平二年九月，楊賜又接替張溫為司空。就在這個月他去世了。天子身穿白色冠服，一連三天不上朝，贈給喪葬所用的梓木棺材和下葬的衣服，賜錢三百萬，布五百匹。下策文說：「已故司空臨晉侯楊賜，生於華山，九德具備，三世任宰相，以忠誠之心輔佐國家。朕在當初之時，他為我傳道授業，於是方能一步步成就功業，得以登上了大統。師教之功，顯名於朝野內外，擔任管理眾官的事務，勞苦而功高。楊賜七次擔任卿大夫之職，位至特進，五次登三公之位，替朝廷消除災難而使天下安寧。雖然他接受了封賜，但不足以報答他的功勳，智慧卓越的人死了，今後我將與誰商量國家大事呢！我想起來非常憂懼。現為他設置特殊的祭禮，一切祭物都顯示身分等級。現命左中郎將郭儀拿著符節追授楊賜特進職位，追贈司空驃騎將軍印綬。」等安葬時，又派侍御史手持符節送葬，蘭臺令史十人率領羽林軍輕騎介士，前後部擊鼓吹樂，又命令用驃騎將軍官屬和司空儀仗，將楊賜的靈柩送到楊氏祖墳。自公卿以下的官員都參加會葬。給楊賜的謚號為文烈侯。到楊賜去世一週年，百官又會集祭奠。楊賜的兒子楊彪繼承爵位。

23 楊彪字文先，從小繼承家學。開始時被推舉為孝廉，州裡又選為茂才，徵召他任職公府，他都沒有接受。熹平年間，他以通曉古史，被朝廷公車徵召任命為議郎，後又升遷任侍中、京兆尹。光和年間，黃門令王甫派門生在郡界徵收官府財物計價七千餘萬，楊彪揭發了奸謀，並報告到司隸校尉那裡。司隸校尉陽球因此奏報朝廷誅殺了王甫，天下百姓對此無不歡心。後來朝廷又召楊彪回來擔任侍中、五官中郎將，遷任潁川、南陽太守，又任職侍中，後又三次遷升，任職永樂少府、太僕、衛尉等職。

24 中平六年，楊彪接替董卓為司空，這年冬天，又接任黃琬任司徒。第二年，關東各州郡起兵討伐董卓，董卓恐懼，想遷都來躲避威脅。於是，董卓就召集眾公卿商量說：「高祖建都關中經歷了十一代，光武帝建都洛陽，到現在也有十代了。考察《石包室讖》，應該遷都長安，用來上應天意，下順民情。」眾公卿百官沒有敢說話的。楊彪答道：「遷移都城和變革制度，這是天下大事，所以盤庚五次遷都，商朝百姓對此都怨恨。過去關中遭遇王莽叛亂，宮室被焚燒將盡，百姓大量死亡，百人剩下不到一人。光武帝接受天命，改建都城於洛陽。現在天下並無大事，百姓安居樂業，您擁立了皇帝，延續了漢朝國運，無緣無故地拋棄宗廟，離開漢室墳陵，我擔心百姓受到驚擾，一定會發生嚴重的社會動亂。《石包室讖》，這是妖邪之書，怎能相信？」董卓說：「關中一帶土地肥沃，所以秦國憑藉它得以兼併天下六國。況且隴西盛產木材，要取得這些木材也十分容易。再說在杜陵南山下面漢武帝時期留下的舊磚瓦窯幾千座，合力經營，建造宮殿所需器物可很快辦好。百姓哪裡值得和他們商議！如果有人在前面阻撓，我就派大軍驅趕，可以一直把他趕到海裡去。」楊彪又說：「使天下動盪很容易，安定天下則很難，希望您深思熟慮。」董卓臉上變色說：「你是想阻止國家大計嗎？」太尉黃琬忙勸道：「這是國家的大事，楊公的話是不是也可考慮？」董卓沒有回答。司空荀爽見董卓怒氣衝衝，恐怕會加害楊彪等，因而故作平靜地說道：「丞相怎麼會喜歡遷都呢？山東亂兵起來，不是一天可以打敗的，所以應當以遷都來解決，這是秦漢兩朝立足關中征服天下的根本。」董卓聽了，臉上的惱怒之色才慢慢緩解。荀爽私下對楊彪說：「各位如果再對此事爭執不下，必然會遭遇大禍，所以我不這樣做。」百官討論完畢後，董卓就派司隸校尉宣播以災異之變為藉口，上奏疏請求免掉黃琬、楊彪等的官職，楊彪等到朝廷上謝恩，隨即被任為光祿大夫。十餘天後，改任大鴻臚。隨從入關後，轉任少府、太常，後因病免職。後來又任職京兆尹、光祿勳，再次任光祿大夫。初平三年秋天，代替淳于嘉為司空，因發生地震被免職。又任太常。興平元年，代替朱儁擔任太尉，錄尚書事。到李傕、郭汜叛亂時，楊彪竭盡忠誠保衛漢獻帝，在極為艱難危險的時刻，幾乎被害。這些事寫在〈董卓傳〉中。等到皇帝重歸洛陽時，再次擔任尚書令。

25 建安元年，楊彪又跟隨獻帝向東遷都許昌。當時天子新遷國都，大會公卿群臣，兗州刺史曹操上殿，看到楊彪臉上不高興，擔心在這時遭到謀害，還未等宴席開始，就假託有病上廁所，趁機出宮回到軍營。楊彪因病免職。這時候袁術謀劃稱帝，曹操假借楊彪與袁術兩家有婚姻關係，誣陷楊彪圖謀廢棄天子，上疏奏請將楊彪收捕押入大獄，並彈劾他犯了大逆不道之罪。將作大匠孔融聽說此事，來不及穿上朝服，就去見曹操說：「楊公四代品德高尚，海內人人敬仰。《周書》說父子兄弟犯了罪不互相牽連，何況把袁術的謀叛歸罪於楊公呢？《易》所說的『多做善事的人家必有後福』，只是騙人罷了。」曹操回答說：「這是朝廷的主意。」孔融說：「假使周成王殺邵公，周公能夠說他不知道嗎？如今天下士人之所以敬仰您，是因為您英明果斷、仁德智慧，一心輔佐漢朝，推舉正直的人，壓制邪惡的人，使天下和平安樂。如今要冤殺無罪之人，那麼國內聽到和看到此事的人，誰會不離心離德呢！孔融是魯國的堂堂男子，明天就會拂袖而去，不再上朝了。」曹操迫不得已，於是審理後放出了楊彪。

26 建安四年，又被任為太常，建安十年免職。建安十一年，那些因皇帝恩澤封侯的人都被奪去爵號。楊彪眼見漢王朝氣數將盡，就藉口腳病不再入官場，一連過了十年。後來兒子楊脩被曹操所殺，曹操看到楊彪就問道：「您為何瘦得這樣厲害？」楊彪對答說：「我慚愧自己沒有像金日磾那樣的先見之明，卻還懷著像老牛舐犢那樣的愛子之情。」曹操聽了，臉上因此變色。

27 楊脩字德祖，好學，有傑出才能，擔任丞相曹操的主簿，為曹氏辦事。到曹操親自平定漢中時，又想趁勢討伐劉備但沒有進展，想守住漢中又很難有什麼功效，護軍不知道此時是進還是退。曹操這時候下達教示，只說一句「雞肋」而已。丞相府外沒有一個官員理解這句話的意思，唯獨楊脩說：「雞肋，吃它沒什麼滋味，丟掉又有點可惜，曹公撤兵的打算已經定了。」於是下令對外加強戒備，曹操就此回師。楊脩對事情的準確判斷，像這一類的還有很多。楊脩曾經外出，估算曹操要詢問的事情，就事先逐一寫了答案，交代守家的僮僕說：「如果這段時間曹公有何指令，你就按上面寫的逐一回答他。」後來果然如此。像這樣連續三次，曹操懷疑為何回答如此迅速，派人查訪此事，了解了情況，從此對楊脩很猜忌。加上楊脩是袁術的外甥，擔心會成為後患，於是就藉故殺了他。

28 楊脩所著的賦、頌、碑、讚、詩、哀辭、表、記、書共計一十五篇。

29 到魏文帝受禪即位之時，想以楊彪為太尉，先派遣使者告知旨意。楊彪推辭說：「楊彪曾位至漢朝的三公，遭遇世事動亂，不能對朝廷有任何益處。現在年老多病，怎能輔助如今的新朝？」於是堅決推辭了。魏文帝就改授他為光祿大夫，賜給几案、拐杖、衣物和袍子等，趁朝會時向百官引見，讓楊彪穿著布製的單衣，戴著鹿皮帽，拄著拐杖上朝，用賓客之禮對待他。黃初六年，楊彪八十四歲，死於家中。從楊震到楊彪，四代擔任太尉，功德事業世代相承，與袁氏同為東漢最有名望的家族。

論曰：孔子稱「危而不持，顛而不扶，則將焉用彼相矣❶」。誠以負荷之寄，不可以虛冒，崇高之位，憂重責深也。延、光之間，震為上相，抗直方以臨權枉，先公道而後身名，可謂懷王臣之節，識所任之體矣。遂累葉載德，繼踵宰相。信哉，「積善之家，必有餘慶」。先世韋❷、平❸，方之蔑矣。

贊曰：楊氏載德，仍世柱國。震畏四知，秉去三惑。賜亦無諱，彪誠匪忒。脩雖才子，渝我淳則。

【章　旨】作者對楊震及其楊氏家族給予很高的評價。作者認為，楊氏有美德，所以才能世代擔任棟樑之臣。

【注　釋】❶危而不持三句　國君危險時不去救助，社稷傾覆時不去扶持，那還要大臣幹什麼。《論語》載孔子之言。意謂臣當輔君。❷韋　即韋賢（西元前一四三—前六二年），字長孺，西漢魯國鄒（今山東鄒城）人。兼通《禮記》、《尚書》，以《詩》教授，號稱鄒魯大儒。徵為博士、給事中。進授昭帝《詩》，後官大鴻臚。與謀尊立宣帝，賜爵關內侯，食邑。本始三年（西元前七一年）為丞相，封扶陽侯。地節三年（西元前六七年），以老病辭官就第。丞相致仕自此始。少子玄成復以明經為丞相。漢代父子相繼為丞相者唯韋賢、平當兩家。❸平　即平當（？—西元前四年），字子思，西漢梁國下邑（今安徽碭山縣）人。祖父時家徙平陵（今陝西咸陽西北）。少為大行治禮丞。後以明經為博士，公卿薦為給事中。使巡視幽州流民，遷丞相司直。歷任朔方刺史、大鴻臚、光祿勳等職。以議封外戚淳于長事忤旨，左遷鉅鹿太守。哀帝即位，復為光祿勳、御史大夫。建平二年（西元前五年）遷丞相，賜爵關內侯。

【語　譯】史家評論說：孔子曾說「國君危險時不去救助，社稷傾覆時不去扶持，那還要國相做什麼用」。確實，承擔國家重任，不能虛冒，崇高的地位，憂慮深而責任重。從延熹到光和年間，楊震為宰相，以強硬正直來對付貪贓枉法的權奸，以國事、正道為先而以自身名位為後，可以說是忠於君王的節義之臣，了解所任職務的大體。於是楊氏一連幾代都有美德，接連擔任宰相。千真萬確啊，「多做善事的人家，一定會有後福」。前代的韋賢、平當父子為宰相的事，與楊氏相比就很渺小了。

史官評議說：楊氏有美德，於是世代擔任棟梁之臣。楊震畏懼四知，楊秉拋去三種迷惑。楊賜也沒有什麼忌諱，楊彪確實也不錯。楊脩雖然是才子，但改變了楊氏淳樸的家訓準則。

【研　析】東漢時期出現了許多世代官居要職的名門大族，其中代表者便是汝南袁氏和弘農楊氏。這些大家族有其共同特點，那就是世代位列高官，如本傳所載楊氏四代官至三公。這一特點既使其家族在東漢社會及政治中占據顯赫地位，也使東漢政治結構逐漸發生變化，名門望族成為東漢政權的核心力量。

弘農楊氏之興始於楊震。楊震，初以明經博覽而被諸儒稱為「關西孔子」，名揚天下。但他出仕卻在年屆五十之際。楊震憑藉其才能，仕途順利，步步高昇，先後擔任司徒、太尉等職，位列三公。同時，楊震又是一名耿介、清廉，不畏權勢，不計個人得失的大臣，對擾亂朝政的宦官毫不留情，多次上書彈劾；對寵臣的請託拒不接受；在遭受奸佞陷害被罷免官職遣還本郡之時，以死來表明其志。最終贏得朝野一致的讚賞，咸稱其忠。楊震之所以被視作東漢一代名臣，不外乎三個原因：一是以知名大儒身分，入仕朝廷；二是幹練多才，位列三公；三是正直、清廉，疾惡如仇，不向奸佞低頭。楊震以其所作所為，成為其子孫後裔效仿的楷模。從本傳所記載來看，楊震的子孫後裔不僅繼承了他的才能，還秉承他剛正不阿的本性。楊秉、楊賜、楊彪等莫不如此。如其子楊秉，少傳父業，博通書傳，出仕後以敢於犯顏直諫著稱，多次上疏直陳弊政，雖因此多次遭到貶謫，但也屢有收效，對朝廷政事多有裨益。孫楊賜少傳家學，篤志博聞，在任官期間復以剛直聞名，多次諫言，對宦官專權之弊痛陳。曾孫楊彪亦少傳家學，出仕後位至司空、司徒，適值東漢末年之動蕩，先與董卓及李傕、郭汜周旋，力保漢獻帝的安全，到許昌後又因不追隨曹操而再遭陷害。

不難看出，弘農楊氏能夠成為東漢時期人盡皆知的名門望族，不僅僅是因為有多人位列三公，官位顯赫，更重要的是他們是腐敗、黑暗朝廷中為數不多的忠直之臣，面對宦官、外戚的專權，敢於直抒己見，在其他人選擇沉默的時候，不計個人得失地挺身而出，成為正義的代言人，成為官僚士大夫的一面旗子。楊震及其子孫們面對諸多弊政，敢於犯顏直諫，直言帝王過失，批評寵臣奸佞，體現了其忠直、耿介的美德。這樣的諍臣一個已不易，而楊氏代代如此，以至成為楊氏一門的家風，成為楊家的傳統。這就是楊氏為時人所景仰，為後人所稱頌的基本原因。

楊震任東萊太守時，途經昌邑，昌邑令王密正是楊震所舉薦。至夜王密懷揣金十斤送給楊震。當楊震拒絕時，王密說：「黑天沒有人知道。」楊震正色回答：「天知，神知，我知，子知，何謂無知！」楊震的回答的確震聾發聵！在腐敗橫行之際，除了需要以法律、制度約束以外，是否更應該培養這樣高尚的人格和道德情操呢？（韋占彬注譯）

卷五十五

章帝八王傳第四十五

【題　解】本卷記載東漢章帝的皇子千乘貞王劉伉、清河孝王劉慶、濟北惠王劉壽、河間孝王劉開、城陽懷王劉淑、廣宗殤王劉萬歲、平原懷王劉勝的生平事跡。他們都被分封為王，有自己的封國。其中，除城陽懷王劉淑、廣宗殤王劉萬歲因沒有子嗣，死後封國撤除，其他均綿延數代，甚至一直到漢亡。

孝章皇帝❶八子：宋貴人❷生清河❸孝王慶，梁貴人生和帝❹，申貴人生濟北❺惠王壽，河間孝王開，四王不載母氏。

【章　旨】以上介紹漢章帝的八個皇子及其各自生母。

【注　釋】❶孝章皇帝　即劉炟（西元五六—八八年），東漢明帝第五子。即位後一改明帝苛察，事從寬厚。少好儒術，建初四年，令諸儒於白虎觀討論《五經》異同，令班固等據以作《白虎通義》。頒布〈胎養令〉，以獎勵人口生育。在位期間，社會民生尚稱安定，生產有所發展。後世史家將其與明帝統治時期並稱為「明章之治」。然外戚竇憲驕擅，帝待以寬容，遂開外戚專政之始。❷貴人　妃嬪的稱號，漢光武帝時始置，僅次於皇后。❸清河　封國名。西漢分鉅鹿郡置，以後或為封國，或為郡，多次變更。東漢移治今山東臨清東北。❹和帝　即劉肇（西元七九—一〇五年），東漢章帝第四子。即位時年十歲，竇太后臨朝，后兄竇憲等掌實權。永元四年與宦官鄭眾定計捕殺竇氏及其黨羽後親政。屢派兵征伐匈奴、羌及西域諸國，並發布減免災區租、賦之詔。在位期間，西域都護班超曾派人西使大秦（羅馬帝國），至西海（波斯灣）被阻而還，為漢使所達最西之地。❺濟北　封國名。東漢和帝永元二年（西元九〇年）分泰山郡西部地置，封皇弟劉壽為濟北王，都盧（今山東長清南）。轄境相當於今山東長清、茌平、肥城及平陰東部、泰安西南部、寧陽北部地。

【語　譯】孝章皇帝有八個兒子：宋貴人生清河孝王劉慶，梁貴人生和帝劉肇，申貴人生濟北惠王劉壽、河間孝王劉開，另外四個皇子沒有記載他們生母的姓氏。

1 千乘貞王伉，建初❶四年封。和帝即位，以伉長兄，甚見尊禮。立十五年薨❷。

2 子寵嗣，一名伏胡。永元❸七年，改國名樂安。立二十八年薨，是為夷王。

3 子鴻嗣。安帝❺崩❻，始就國。鴻生質帝❼。質帝立，梁太后❽下詔，以樂安國土卑溼，租委鮮薄，改封鴻勃海王。立二十六年薨，是為孝王。

4 無子，太后立桓帝❾弟蠡吾侯悝為勃海王，奉鴻祀。延熹❿八年，悝謀為不道⓫，有司⓬請廢之。帝不忍，乃貶為廮陶王，食一縣。

5 悝後因中常侍⓭王甫⓮求復國，許謝錢五千萬。帝臨崩，遺詔復為勃海王。悝知非甫功，不肯還謝錢。甫怒，陰求其過。初，迎立靈帝⓯，道路流言悝恨不得立，欲鈔徵書，而中常侍鄭颯、中黃門⑯董騰並任俠通剽輕，數與悝交通。王甫司察，以為有姦，密告司隸校尉⑰段熲⑱。熹平⑲元年，遂收颯送北寺獄⑳。使尚書令㉑廉忠誣奏颯等謀迎立悝，大逆不道。遂詔冀州㉒刺史㉓收悝考實，又遣大鴻臚㉔持節㉕與宗正㉖、廷尉㉗之勃海，迫責悝。悝自殺。妃妾十一人，子女七十人，伎女二十四人，皆死獄中。傅㉘、相㉙以下，以輔導王不忠，悉伏誅。悝立二十五年國除。眾庶莫不憐之。

【章　旨】以上記載千乘貞王劉伉及其後嗣情況。渤海王劉悝謀圖做大逆不道之事，被貶為廮陶王。劉悝與宦官交結謀求復國，又因得罪宦官而下獄，家人、屬官也受牽連，或死獄中，或被誅殺。

【注　釋】❶建初　東漢章帝劉炟年號，西元七六—八四年。❷薨　指諸侯王死亡。《禮記·曲禮》：「天子死曰崩，諸侯曰薨。」❸永元　東漢和帝劉肇年號，西元八九—一〇五年。❹洛陽　東漢都城。在今河南洛陽東北白馬寺東。❺安帝　即劉祜（西元九四—一二五年），東漢章帝孫，清河孝王劉慶子。即位時年十三，鄧太后臨朝，后兄鄧騭執政。在位期間，政治黑暗，社會矛盾尖銳。張伯路等起兵海上，攻擊沿海諸郡，襲殺守令；杜季貢等聯合羌人連年起事，屢敗漢兵。建光元年鄧太后死後親政，與宦官李閏等合謀誅滅鄧騭宗族，自此寵信宦官。廟號恭宗。❻崩　皇帝死亡。❼質帝　即劉纘（西元一三八—一四六年），東漢皇帝。渤海孝王劉鴻之子。永熹元年被梁太后與其兄梁冀迎立為帝，時年八歲。在位期間梁太后臨朝，梁冀專權，排斥太尉李固等，徐、揚地區農民反抗鬥爭日趨高漲。本初元年，因不滿梁冀專橫，朝會時指其為「跋扈將軍」，遂為冀鴆殺。❽梁太后　即梁妠（西元一〇六—一五〇年），安定烏氏（今甘肅平涼）人。東漢順帝皇后，順帝時，其父梁商任大將軍，掌握朝政。梁商死後，又由其兄梁冀繼任。順帝死，她與梁冀迎立沖、質、桓三帝，都臨朝執政。梁氏一門前後有七侯，三皇后，六貴人，兩大將軍。執政期間，兼用外戚、宦官，重用擁護她的官僚集團，又表揚儒學，招太學生達三萬餘人，藉以取得世族地主的支持。❾桓帝　即劉志（西元一三二—一六七年），東漢章帝曾孫。本初元年被梁太后與兄大將軍梁冀迎立為帝。在位期間，梁太后臨朝，梁冀專權，朝政昏亂，民不聊生。各族人民反抗鬥爭蜂起。延熹二年與宦官單超等合謀誅滅梁氏，封單超等為縣侯，自後權歸宦官，政治更趨黑暗。大臣陳蕃、李膺等聯合太學生，反對宦官干政，被宦官誣指共為朋黨。下詔逮捕黨人，禁錮終身，史稱「黨錮」。❿延熹　東漢桓帝劉志年號，西元一五八—一六七年。⓫不道　漢代刑律中罪名之一，殺無辜一家三人為不道。⓬有司　古代設官分職，各有專司，因稱職官為有司。⓭中常侍　官名。秦始置，西漢沿置，出入宮廷，侍從皇帝，常為列侯至郎中的加官。東漢時則專用宦官為中常侍，以傳達詔令和掌理文書，權力極大。⓮王甫　（？—西元一七九年），東漢宦官。靈帝初為長樂食監，受中常侍曹節等矯詔為黃門令，將兵誅殺大將軍竇武等人，因遷中常侍。後與節誣奏渤海王劉悝謀反，封冠軍侯。由此操縱朝政，父兄子弟皆為公卿列校、牧守令長，布滿天下。光和二年，與養子永樂少府萌、沛相吉並為司隸校尉陽球收捕，磔屍於城門。⓯靈帝　即劉宏（西元一五六—一八九年），東漢章帝玄孫。初襲父爵為解瀆亭侯。永康元年桓帝死，被竇太后及其父竇武迎立為帝，時年十二。在位期間，竇武與陳蕃謀誅宦官事敗，宦官繼續掌政。黨禁再起，捕殺李膺、杜密等百餘人。曾公開標價賣官鬻爵，並增天下田畝稅百錢，大修宮室。政治黑暗，民不聊生。中平元年爆發全國規模的黃巾之亂，東漢王朝趨於崩潰。⓰中黃門　官名。西漢置，掌皇宮黃門以內諸伺應雜務，持兵器宿衛宮殿，為宦官中地位較低者。名義上隸屬於少府，無員額。東漢沿置，位小黃門下。初秩比百石，後增為比三百石。⓱司隸校尉　官名。西漢武帝時始置，秩二千石。初掌管理役使在中央諸官府服役的徒隸，領一千二百人，持節，亦捕治罪犯。後罷其兵，掌糾察京都百官及京師附近的三輔、三河、弘農七郡的犯法者，職權漸重。東漢司隸校尉威權更重，凡宮廷內外，皇親貴戚，京都百官，無所不糾，兼領兵，有檢敕、捕殺罪犯之權。並為司隸州行政長官，轄前述七郡。治所在河南洛陽。⓲段熲　（？—西元一七九年），字紀明，東漢武威姑臧（今甘肅武威）人。桓帝永壽二年任中郎將，鎮壓泰山、瑯邪東郭竇、公孫舉暴動，屠殺萬餘人，以此封列侯。延熹年間，歷任護羌校尉、并州刺史、破羌將軍，平定羌人反抗，大小數百戰，殺人數萬。更封新豐縣侯。因曲意阿附當權宦官王甫等人，故得保全富貴。後因司隸校尉陽球奏誅王甫，受牽連下獄，飲鴆自殺。事見本書卷六十五。⓳熹平　東漢靈帝劉宏年號，西元一七二—一七八年。⓴北寺獄　東漢監獄名。屬黃門署。執掌監獄、審訊將相大臣，亦稱「黃門北寺獄」。㉑尚書令　官名。始於秦，西漢沿置，本為少府的屬官，掌章奏文書。漢武帝以後職權漸重。東漢政務皆歸尚書，尚書令成為直接對君主負責總攬一切政令的首腦。㉒冀州　西漢武帝所置「十三刺史部」之一。東漢治今河北臨漳西南。㉓刺史　官名。西漢武帝始置，分全國為十三部（州），各置刺史一人，秩六百石。無治所，奉詔巡行諸郡，以六條問事，省察治政，黜陟能否，斷理冤獄。東漢時沿置，有固定治所，實際上成為比郡守高一級的地方行政長官。靈帝時，改刺史為州牧，掌握一州的軍政大權。㉔大鴻臚　官名。西漢武帝時改典客為大鴻臚，東漢沿置。原掌接待少數民族等事，為九卿之一。後漸變為贊襄禮儀之官。㉕持節　古使臣出行，持符節以為憑證。㉖宗正　官名。西周至戰國已置，掌君主宗室親族事務。秦漢位列九卿，秩中二千石，例由宗室擔任，管理皇族外戚事務，掌其名籍，分別嫡庶親疏，編纂世系譜牒，參與審理諸侯王犯法案件。凡宗室親貴有罪，須向其先請，方得處治。㉗廷尉　官名。秦始置，為九卿之一。主要負責審理皇帝交辦的詔獄，同時審理地方上報的疑難案件。㉘傅　官名。西漢諸侯王國官署置太傅，東漢沿置，改稱傅或王傅，職責在於引導諸侯王向善，王須待之以師禮，所以地位特殊，不必行臣禮。㉙相　封國中的行政長官，職位俸祿相當於郡守。

【語譯】千乘貞王劉伉，建初四年分封，和帝即位後，因劉伉為長兄，對劉伉特別尊敬，受封十五年後死去。

2 兒子劉寵繼承王位，劉寵又名伏胡。永元七年，改國名為樂安國。劉寵繼位二十八年死去，這就是夷王。父子兩人都是在京城去世的，都葬在洛陽。

3 劉寵的兒子劉鴻繼承王位。漢安帝死後，劉鴻才前往封國。劉鴻生漢質帝劉纘。漢質帝繼位時，梁太后下詔，因樂安國土地貧瘠、地勢低溼，收到的租稅很少，於是改封劉鴻為渤海王。劉鴻受封二十六年死去，這就是孝王。

4 劉鴻死後無子繼位，梁太后就立桓帝的弟弟蠡吾侯劉悝為渤海王，供奉劉鴻祭祀。延熹八年，劉悝謀圖做大逆不道之事，相關官員請求廢掉他的王位。桓帝心中不忍，就貶封劉悝為廮陶王，食邑一個縣。

5 劉悝後來通過中常侍王甫向皇帝請求恢復原來的封國，答應給王甫謝錢五千萬。桓帝臨死時，留下詔書再封劉悝為渤海王。劉悝知道這不是王甫的進言之功，因而不肯給王甫謝錢。王甫發怒，暗中搜求劉悝的過失。當初，迎立靈帝時，民間四處流傳劉悝恨不能為皇帝，想將桓帝遺詔抄下來，而中常侍鄭颯、中黃門董騰都有俠義之行，並且強悍輕捷，多次與劉悝交結往來。王甫探聽到一些情況，認為這中間有奸謀，就密告司隸校尉段熲。熹平元年，收捕鄭颯送往北寺獄。又指使尚書令廉忠向皇帝誣奏鄭颯等人謀圖迎立劉悝為帝，犯了大逆不道之罪。於是詔令冀州刺史收捕劉悝拷問事實，又派大鴻臚持節與宗正、廷尉等去渤海國，強行追問劉悝。劉悝被迫自殺。妻妾十一人，子女七十人，歌妓舞女二十四人，都死在獄中。太傅、國相以下官員，以輔佐引導渤海王不忠之罪，一起被處死。劉悝受封二十五年後，封國被廢除。百姓對此結局沒有不同情的。

平春悼王全，以建初四年封。其年薨，葬於京師❶。無子，國除。

【章旨】以上記述平春悼王劉全情況。劉全受封當年就死去，沒有子嗣，封國被廢除。

【注釋】❶京師　都城。這裡指東漢都城洛陽。

【語譯】平春悼王劉全，於建初四年受封。當年就死去了，葬於京師。劉全沒有子嗣，封國被廢除。

1　清河孝王慶，母宋貴人。貴人，宋昌❶八世孫，扶風❷平陵❸人也。父楊，以恭孝稱於鄉閭，不應州郡之命。楊姑即明德馬后❹之外祖母也。馬后聞楊二女皆有才色，迎而訓之。永平❺末，選入太子宮，甚有寵。肅宗即位，並為貴人。建初三年，大貴人生慶，明年立為皇太子，徵楊為議郎❻，褒賜甚渥。貴人長於人事，供奉長樂宮❼，身執饋饌，太后憐之。太后崩後，竇皇后❽寵盛，以貴人姊妹並幸，慶為太子，心內惡之，與母比陽主謀陷宋氏。外令兄弟求其纖過，內使御者偵伺得失。後於掖庭⑨門邀遮得貴人書，云「病思生菟⑩，令家求之」，因誣言欲作蠱道⑪祝詛⑫，以菟為厭勝⑬之術，日夜毀譖，貴人母子遂漸見疏。

2 慶出居承祿觀，數月，竇后諷掖庭令⑭誣奏前事，請加驗實。七年，帝遂廢太子慶而立皇太子肇。肇，梁貴人子也。乃下詔曰：「皇太子有失惑無常之性，爰自孩乳，至今益章，恐襲其母凶惡之風，不可以奉宗廟，為天下主。大義滅親，況降退乎！今廢慶為清河王。皇子肇保育皇后，承訓懷衽，導達善性，將成其器。蓋庶子⑮慈母⑯，尚有終身之恩，豈若嫡后事正義明哉！今以肇為皇太子。」遂出貴人姊妹置丙舍⑰，使小黃門⑱蔡倫⑲考實之，皆承諷旨傅致其事，乃載送暴室⑳。二貴人同時飲藥自殺。帝猶傷之，敕掖庭令葬於樊濯聚㉑。於是免楊歸本郡。郡縣因事復捕繫之，楊友人前懷㉒令山陽㉓張峻、左馮翊㉔沛國㉕劉均等奔走解釋，得以免罪。楊失志憔悴，卒于家。慶時雖幼，而知避嫌畏禍，言不敢及宋氏，帝更憐之，敕皇后令衣服與太子齊等。太子特親愛慶，入則共室，出則同輿。及太子即位，是為和帝，待慶尤渥，諸王莫得為比，常共議私事。

3 後慶以長，別居丙舍。永元四年，帝移幸北宮㉖章德殿，講於白虎觀㉗，慶得入省宿止。帝將誅竇氏㉘，欲得外戚傳㉙，懼左右不敢使，乃令慶私從千乘王求，夜獨內之；又令慶傳語中常侍鄭眾[30]求索故事。及大將軍[31]竇憲[32]誅，慶出居邸，賜奴婢三百人，輿馬、錢帛、帷帳、珍寶、玩好充牣其第，又賜中傅[33]以下至左右錢帛各有差。

4 慶多被病，或時不安，帝朝夕問訊，進膳藥，所以垂意甚備。慶小心恭孝，自以廢黜，尤畏事慎法。每朝謁陵廟，常夜分嚴裝，衣冠待明；約敕官屬，不得與諸王車騎競驅。常以貴人葬禮有闕，每竊感恨，至四節[34]伏臘[35]，輒祭於私室。竇氏誅後，始使乳母於城北遙祠。及竇太后崩，慶求上冢致哀，帝許之，詔太官[36]四時給祭具。慶垂涕曰：「生雖不獲供養，終得奉祭祀，私願足矣。」欲求作祠堂，恐有自同恭懷梁后[37]之嫌，遂不敢言。常泣向左右，以為沒齒之恨[38]。後上言外祖母王年老，遭憂病，下土[39]無醫藥，願乞詣洛陽療疾。於是詔宋氏悉歸京師，除慶舅衍、俊、蓋、暹等皆為郎[40]。

5 十五年，有司以日食陰盛，奏遣諸王侯就國。詔曰：「甲子之異，責由一人。諸王幼稚，早離顧復，弱冠[41]相育，常有蓼莪[42]、凱風之哀。選懦[43]之恩，知非國典，且復須留。」至冬，從祠章陵，詔假諸王羽林騎[44]各四十人。後中傅衛訢私為臧盜千餘萬，詔使案理之，并責慶不舉之狀。慶曰：「訢以師傅之尊，選自聖朝，臣愚唯知言從事聽，不甚有所糾察。」帝嘉其對，悉以訢臧財賜慶。及帝崩，慶號泣前殿，嘔血數升，因以發病。

6 明年，諸王就國，鄧太后[45]特聽清河王置中尉[46]、內史[47]，賜什物皆取乘輿上御，以宋衍等並為清河中大夫[48]。慶到國，下令：「寡人[49]生於深宮，長於朝廷，仰恃明主，垂拱[50]受成。既以薄祐，早離顧復，屬遭大憂，悲懷感傷。蒙恩大國，職惟藩輔，新去京師，憂心煢煢[51]，夙夜屏營[52]，未知所立。蓋聞智不獨理，必須明賢。今官屬並居爵任，失得是均，庶望上遵策戒，下免悔咎。其糾督非枉，明察典禁，無令孤獲怠慢之罪焉。」

7 鄧太后以殤帝[53]襁抱[54]，遠慮不虞，留慶長子祜與嫡母耿姬居清河邸。至秋，帝崩，立祜為嗣，是為安帝。太后使中黃門送耿姬歸國。

8 帝所生母左姬，字小娥，小娥姊字大娥，犍為[55]人也。初，伯父聖坐妖言伏誅，家屬沒官。二娥數歲入掖庭[56]，及長，並有才色。小娥善史書，喜辭賦。和帝賜諸王宮人，因入清河第。慶初聞其美，賞傅母[57]以求之。及後幸愛極盛，姬妾莫比。姊妹皆卒，葬於京師。

9 慶立凡二十五年，乃歸國。其年病篤，謂宋衍等曰：「清河埤薄，欲乞骸骨於貴人冢傍下棺而已。朝廷大恩，猶當應有祠室，庶母子并食，魂靈有所依庇，死復何恨？」乃上書太后曰：「臣國土下溼，願乞骸骨，下從貴人於樊濯，雖歿且不朽矣。及今口目尚能言視，冒昧干請。命在呼吸，願蒙哀憐。」遂薨，年二十九。遣司空[58]持節與宗正奉弔祭，又使長樂謁者僕射[59]、中謁者[60]二人副護喪事，賜龍旂九旒，虎賁[61]百人，儀比東海恭王。太后使掖庭丞[62]送左姬喪，與王合葬廣丘。

10 子愍王虎威嗣。永初[63]元年，太后封宋衍為盛鄉侯，分清河為二國，封慶少子常保為廣川王，子女十一人皆為鄉公主，食邑奉。明年，常保薨，無子，國除。

11 虎威立三年薨，亦無子，鄧太后復立樂安王寵子延平為清河王，是為恭王。

12 太后崩，有司上言：「清河孝王至德淳懿[64]，載育明聖[65]，承天奉祚，為郊廟主[66]。漢興，高皇帝尊父為太上皇[67]，宣帝[68]號父為皇考[69]，序昭穆[70]，置園邑。大宗之義，舊章不忘。宜上尊號曰孝德皇，皇妣[71]左氏曰孝德后，孝德皇母宋貴人追謚曰敬隱后。」乃告祠高廟，使司徒[72]持節與大鴻臚奉策書[73]璽綬[74]之清河，追上尊號，又遣中常侍奉太牢[75]祠典，護禮儀侍中[76]劉珍等及宗室[77]列侯[78]皆往會事。尊陵曰甘陵，廟曰昭廟，置令、丞，設兵車周衛，比章陵。復以廣川[79]益清河國，尊耿姬為甘陵大貴人。又封女弟侍男為涅陽長公主(80)，別得為舞陰長公主，久長為濮陽長公主，直得為平氏長公主。餘七主並早卒，故不及進爵。追贈敬隱后女弟小貴人印綬，追封謚宋楊為當陽穆侯。楊四子皆為列侯，食邑各五千戶。宋氏為卿(81)、校(82)、侍中、大夫(83)、謁者(84)、郎吏(85)十餘人。孝德后異母弟次及達生二人，諸子九人，皆為清河國郎中(86)。耿貴人者，牟平侯舒之孫也。貴人兄寶，襲封牟平侯。帝以寶嫡舅，寵遇甚渥，位至大將軍，事已見耿舒傳。

延平立三十五年薨，子蒜嗣。沖帝崩，徵蒜詣京師，將議為嗣。會大將軍梁冀(87)與梁太后立質帝，罷歸國。

蒜為人嚴重，動止有度，朝臣太尉(88)李固(89)等莫不歸心焉。初，中常侍曹騰(90)謁蒜，蒜不為禮，宦者由此惡之。及帝崩，公卿(91)皆正議立蒜，而曹騰說梁冀不聽，遂立桓帝。語在李固傳。蒜由此得罪。

建和(92)元年，甘陵(93)人劉文與南郡(94)妖賊劉鮪交通，訛言清河王當統天下，欲共立蒜。事發覺，文等遂劫清河相謝暠，將至王宮司馬門(95)，曰：「當立王為天子，暠為公。」暠不聽，罵之，文因刺殺暠。於是捕文、鮪誅之。有司因劾奏蒜，坐貶爵為尉氏侯，徙桂陽(96)，自殺。立三年，國絕。

16 梁冀惡清河名，明年，乃改為甘陵。梁太后立安平孝王子經侯理為甘陵王，奉孝德皇祀，是為威王。

17 理立二十五年薨，子貞王定嗣。

18 定立四年薨，子獻王忠嗣。黃巾賊㊾起，忠為國人所執，既而釋之。靈帝以親親故，詔復忠國。忠立十三年薨，嗣子為黃巾所害，建安㊿十一年，以無後，國除。

【章　旨】以上記述了清河孝王劉慶事跡。劉慶本為太子，因為其生母宋貴人遭到竇皇后誣陷，他也受牽連被廢去太子之位。儘管之後即位的和帝對他關心備至，但劉慶一生都膽小謹慎，抑鬱寡歡。

【注　釋】❶宋昌　西漢初人，以家吏從劉邦起兵反秦。楚漢戰爭中任都尉。高后時任代國中尉。高后死，大臣周勃等誅諸呂，迎立代王為帝。郎中令張武等以漢大臣多謀詐，勸代王靜觀其變，他乃力排眾議，勸王赴長安即帝位。文帝立，拜衛將軍，鎮撫南北軍，封壯武侯。景帝中元四年（西元前一四六年）有罪，奪爵一級，為關內侯。❷扶風　即右扶風。政區名，西漢太初元年改主爵都尉置，分右內史西半部為其轄區，職掌相當於郡太守。因地屬畿輔，故不稱郡，為三輔之一。治今西安西北郊，東漢移治今興平東南，屬司隸校尉部。❸平陵　西漢五個陵縣之一。漢昭帝築陵置縣。治今陝西咸陽西北。屬右扶風。❹明德馬后　東漢明帝皇后（西元四〇—七九年），扶風茂陵（今陝西興平）人。馬援小女。明帝即位，為貴人。以己無子，奉詔撫養皇子劉炟（章帝），勞悴過於所生。永平三年立為皇后。自撰《明帝起居注》。每與帝言及政事，多有補益，曾言楚王獄多濫，明帝因有所寬宥。性謙恭節儉，不喜遊娛。章帝立，尊為皇太后。曾以西京敗亡之禍為戒勸阻章帝封爵諸舅。卒諡明德。事見卷十上。❺永平　東漢明帝劉莊年號，西元五八—七五年。❻議郎　官名。西漢置，隸光祿勳。為高級郎官，不入值宿衛，執掌顧問應對，參與議政，指陳得失，為皇帝近臣。東漢更為顯要，常選任耆儒名士、高級官吏，除議政外，亦或給事宮中近署。❼長樂宮　宮殿名。東漢皇太后居住之所。❽竇皇后　即章德竇皇后（？—西元九七年），東漢扶風平陵（今陝西咸陽）人。章帝皇后，竇融曾孫女。建初二年，選入長樂宮，次年立為皇后。和帝即位，尊為太后，臨朝聽政。兄憲，弟篤、景，並擅威權，橫行不法。永元四年，和帝與宦官鄭眾合謀誅除竇氏，被迫歸政。後憂懼而死。❾掖庭　皇宮中妃嬪居住的處所。❿生菟　新鮮菟絲子。菟，即菟絲子，一年生草本植物，莖很細，呈絲狀，黃白色，莖上有吸取別的植物體養料的器官，葉子退化，開白色小花。多寄生在豆科植物上。種子黃褐色，可入藥。也叫菟絲。⓫蠱道　蠱術。用詛咒等邪術加害他人的方法。⓬祝詛　祝告鬼神，使加禍於別人。⓭厭勝　古代一種巫術，謂能以詛咒制勝，壓服人或物。⓮掖庭令　官名。西漢武帝時由永巷令改名。隸少府，掌後宮宮女及供御雜務，管理宮中詔獄，由宦者充任，侍從皇帝左右，權勢頗重。東漢沿置，秩六百石，名義上隸少府。掌後宮貴人、采女事。⓯庶子　指嫡子以外的眾子；亦指妾所生之子。⓰慈母　古稱撫育自己成長的庶母為慈母。⓱丙舍　後漢宮中正室兩邊的房屋，以甲乙丙為次，其第三等舍稱丙舍。⓲小黃門　官名。東漢始置，由宦官充任。名義上隸屬少府，秩六百石。位次中常侍，高於中黃門。侍從皇帝左右，收受尚書奏事，傳宣帝命，掌宮廷內外、皇帝與後宮之間的聯絡。明帝、章帝之世，員額十人，和帝後增至二十人。以後權勢漸重，用事於內廷，甚至總典禁軍。諸中常侍多由此遷任。⓳蔡倫　（？—西元一二一年），字敬仲，東漢桂陽（今湖南郴州）人。和帝時，為中常侍，曾任主管製造御用器物的尚方令。安帝元初元年封龍亭侯。他總結西漢以來用麻質纖維造紙的經驗，改進造紙術，採用樹皮、麻頭、破布、舊漁網為原料造紙，於元興元年奏報朝廷，時有「蔡侯紙」之稱。後世傳為我國造紙術的發明人。⓴暴室　亦作「薄室」，官署名。在皇宮掖庭內。主織作染練之事，有宮人獄。西漢屬官有暴室嗇夫，東漢置暴室丞一人，屬掖庭令，以宦者充任，秩三百石。宮中婦人有病及皇后、貴人有罪，均就此室。㉑樊濯聚　地名。在洛陽城北。㉒懷　縣名。戰國魏邑，秦置縣。在今河南武陟西南。㉓山陽　縣名。西漢置。治今河南焦作東北牆南村北側。㉔左馮翊　官名、政區名。西漢時改左內史置。職掌相當於郡太守，轄區相當於一郡，因地屬畿輔，故不稱郡，為三輔之一。轄境約當今陝西渭河以北、涇河以東洛河中下游地區。東漢時治今高陵西南。㉕沛國　東漢時封國名。治今安徽濉溪縣西北。㉖北宮　漢宮名。在洛陽。東漢明帝永平三年建。㉗白虎觀　漢宮觀名，在未央宮中。東漢章帝建初四年（西元七九年）會集學者於此，講議《五經》同異，作《白虎議奏》。㉘竇氏　外戚竇家。㉙外戚傳　即班固所著《漢書・外戚傳》。㉚鄭眾　（？—西元一一四年），字季產，南陽犨縣（今河南平頂山市）人。東漢宦官，章帝時，為中常侍。和帝初，他首謀誅滅外戚竇憲，任大長秋，封鄛鄉侯。和帝常與他議論政事，成為東漢宦官干政的開端。㉛大將軍　官名。始於戰國，漢代沿置，為將軍的最高稱號，執掌統兵征戰。事實上多由貴戚擔任，掌握政權，職位甚高。㉜竇憲　字伯度，東漢扶風平陵（今陝西咸陽）人。生年不詳。妹為章帝皇后。章帝死，和帝即位，太后臨朝，他為侍中，操縱朝政。不久任車騎將軍。永元元年（西元八九年）率兵擊敗北匈奴，直追至燕然山。後任大將軍，刺史守令等地方官吏多出其門，弟兄橫暴京師。永元四年，和帝與宦官鄭眾定議誅滅竇氏，他因而自殺。㉝中傅　官名。西漢置，為諸侯王國主要官員之一，掌教導諸侯王，位在太傅下。㉞四節　指四時的節令。㉟伏臘　古代兩種祭祀的名稱。「伏」在夏季伏日，「臘」在農曆十二月。㊱太官　官署名，或作大官。戰國秦置，秦漢沿置，掌供應宮廷膳食宴會及飲料果品，設令、丞為長貳，屬少府。㊲恭懷梁后　和帝母梁貴人。㊳沒齒之恨　一生的遺憾。沒齒，一生。㊴下土　偏遠的地方。㊵郎　郎官泛稱。戰國至秦有郎中，為君王侍從近官，宿衛宮廷，參與謀議，備顧問差遣。西漢依職責不同，有郎中、中郎、侍郎、議郎等，無定員，多至千餘人。執掌守衛皇宮殿廊門戶，出充車騎扈從，備顧問應對，守衛陵園寢廟等。東漢於光祿勳下設五官、左右中郎將署，主管諸中郎、侍郎、郎中，實為儲備官吏人才的機構，其郎官多達二千餘人。㊶弱冠　古時以男子二十歲為成人，初加冠，因體猶未壯，故稱弱冠。後遂稱男子二十歲或二十幾歲的年齡為弱冠。㊷蓼莪　《詩》中的詩篇。下文〈凱風〉亦同。㊸選懦　柔弱怯懦。選，通「巽」。㊹羽林騎　漢代皇帝的武裝侍從官。漢武帝太初元年（西元前一〇四年）置，為建章宮禁衛，初名「建章營騎」，後改稱羽林騎。宣帝以中郎將、騎都尉監羽林騎。東漢專以羽林中郎將為主官，秩比二千石。常從漢陽、隴西、安定、北地、上郡、西河六郡良家子中選補。後世常稱皇帝的禁衛軍為羽林軍。㊺鄧太后　東漢和帝的皇后。和帝死後，她廢和帝長子，立生下僅百日的嬰兒為帝，即殤帝。殤帝死後，她又迎立年僅十三歲的安帝即位，她以太后的身分臨朝聽政，以其兄鄧騭為大將軍輔政，鄧氏一門權傾一時。重用宦官，宦官專權局面逐漸形成。她死後，安帝與宦官李閏合謀，誅滅了鄧氏。㊻中尉　官名。諸侯國軍事長官。西漢初，由諸侯國自置，景帝以後由朝廷委派。統領國中軍兵，監察軍吏，維護國內治安，秩二千石。東漢沿置。㊼內史　西漢初諸王國置，掌國中民政。成帝綏和元年（西元前八年）省，置國相治民。東漢無此制，此為鄧太后特例允許清河王置。㊽清河中大夫　清河王國中大夫。清河，封國名。治今山東臨清東。中大夫，官名。漢代置，為王國官，多以文學之士充任，常受任奉使京師或出使諸王國。㊾寡人　古代諸侯的自稱。㊿垂拱　垂衣拱手，謂不動手，不做什麼事。(51)煢煢　孤零貌。(52)屏營　惶恐；彷徨。(53)殤帝　即劉隆（西元一〇五—一〇六年），東漢皇帝，和帝少子。元興元年十二月即位，生甫百餘日，鄧太后臨朝稱制。延平元年卒，在位八個月。(54)襁抱　即襁褓，亦作「繈緥」。借指嬰幼時。(55)犍為　郡名。西漢建元六年（西元前一三五年）分廣漢郡南部合夜郎國地置。東漢永初元年（西元一〇七年）又分西南境置犍為屬國，並移治今四川彭山縣東。

屬益州。56掖庭　皇宮中妃嬪居住的處所。57傅母　古時負責輔導、保育貴族子女的老年婦人。58司空　官名。三公之一，西漢成帝時改御史大夫為大司空，東漢時稱司空，主要職務為監察、執法，兼掌重要文書圖籍。59長樂謁者僕射　官名。統領太后宮諸謁者，執掌司儀，太后出行時在前奉引。長樂，宮名。太后居地。也是漢代天子母親的代稱。60中謁者　官名。西漢置，掌奉引車駕，亦常奉使外出視疾護喪。初任用士人，後多以宦官充任。61虎賁　官名。西周始置，漢代屬中央禁衛軍。原名期門，西漢武帝置，平帝時更名虎賁郎，由虎賁中郎將率領，執掌宿衛，禁衛皇宮。東漢沿置。62掖庭丞　官名。西漢武帝太初元年（西元前一〇四年）由永巷丞改名。任用宦者，員八人。輔佐掖庭令管理宮女事務。東漢沿置，名義上隸屬少府，有左右丞、暴室丞各一員。63永初　東漢安帝劉祜年號，西元一〇七—一一三年。64至德淳懿　品德高尚。至德，最高的道德；盛德。淳懿，厚美。65載育明聖　培育了當今聖皇。安帝為清河孝王之子。66郊廟主　郊廟祭祀對象。郊廟，古帝王祭天地的郊宮和祭祖先的宗廟。67太上皇　對皇帝生父的尊稱。歷代皇帝傳位於太子，亦自稱太上皇。68宣帝　即劉詢（西元前九一—前四九年），戾太子孫。幼遭巫蠱之禍，生長民間。元平元年，霍光與大臣廢昌邑王賀後，被迎立為帝。初委政霍光。光死親政，致力整頓吏治，強化皇權。招撫流亡，假民公田，設置常平倉，蠲免和減輕租賦，以此安定民生，恢復生產。匈奴呼韓邪單于降漢，消除匈奴對漢的威脅。又設置西域都護，政令從此頒於西域。統治期間號稱「中興」，然重用宦官和外戚許、史與王氏。廟號中宗。69皇考　對亡父的尊稱。70昭穆　古代禮制中宗廟的排列次序。即始祖居中，以下子孫分別排列左、右，左昭右穆。始祖之子為昭，始祖之孫為穆，始祖孫之子又為昭，始祖孫之孫又為穆。這樣，在昭穆排列中，父子始終異列，而祖孫則始終同列。墓地葬位也同樣分左右次序。祭祀時，子孫也按此規定排列次序，用來分別宗族內部的輩分。71皇妣　對亡母的尊稱。72司徒　官名。三公之一，西漢哀帝時罷丞相，置大司徒，東漢時稱司徒，名義上與司空、太尉共掌政務，實際上權力已在尚書臺。73策書　指古代帝王任免官員等命令的簡策。74璽綬　古代印璽上所繫的彩色絲帶。借指印璽。璽，印信。綬，繫印之絲組。璽本印章之通稱，秦以後成為皇帝印章的專稱。75太牢　又稱「大牢」。古代祭祀所用之牲。牢本為養牛羊之圈，因祭祀所用之犧牲為牛羊豕，故取其意為祭祀用牲名，有太牢、少牢之分。76侍中　官名。秦始置，兩漢沿置，為自列侯以下至郎中的加官，無定員。侍從皇帝左右，出入宮廷。初伺應雜事，由於接近皇帝，地位漸形貴重。77宗室　帝王的宗族。78列侯　爵名。戰國楚、秦皆置。秦稱徹侯　為二十等爵最高一級。西漢沿置，因避武帝名諱，改稱通侯、徹侯，金印紫綬。西漢時其食邑多者萬戶，少者數百，皆為縣侯。東漢又有都鄉侯、鄉侯、都亭侯、亭侯等。後世亦為諸封侯者之泛稱。79廣川　縣名。西漢置，以縣中有長河為流而名。治今河北景縣西南廣川鎮。東漢屬清河國。[80]長公主　公主之尊崇者為長公主。東漢諸帝多封長女為長公主，惟順帝、桓帝之女皆封為長公主。[81]卿　官稱，秦漢為中央高級官員的尊稱，位次三公。如太常、光祿勳、衛尉、太僕、廷尉、大鴻臚、宗正、大司農、少府、執金吾等號稱九卿。[82]校　官名。下級軍吏。[83]大夫　掌諫議、顧問之官。秦漢置太中大夫、中散大夫、光祿大夫、諫大夫等，皆無定員。侍奉皇帝左右，備諮詢應對，諫諍議政，為皇帝的高級顧問。亦奉皇帝之命出使四方。地位尊崇，多由貴戚大臣、名儒或有軍功者充任。後漸成安排免職或不能任事官員的閒職。[84]謁者　官名。始置於春秋、戰國時，為國君掌管傳達。秦漢沿置。漢制，郎中令屬官有謁者，少府屬官有中書謁者令（後改稱中謁者令）。謁者掌賓贊受事，員額至七十人，其長官稱謁者僕射。[85]郎吏　即郎官。漢代對中郎、侍郎、郎中等的統稱。[86]郎中　官名。始於戰國，漢代沿置，屬郎中令（後改光祿勳），管理車、騎、門戶，並內充侍衛，外從作戰。初分為車郎、戶郎、騎郎三類，長官設有車戶騎三將，其後類別逐漸泯除。[87]梁冀（？—西元一五九年），字伯卓，東漢安定烏氏（今甘肅平涼）人。兩妹為順帝、桓帝皇后。其父梁商死後，繼為大將軍。順帝死，他與妹梁太后先後立沖、質、桓三帝，專斷朝政近二十年。執政期間，驕奢橫暴，多建苑囿，並強迫人民數千為奴婢，稱「自賣人」。梁太后、皇后先後死，桓帝與宦官單超等五人定議，誅滅梁氏，他被迫自殺。東漢政府沒其財產，賣錢三十萬萬之巨。事見本書卷三十四。[88]太尉　官名。秦、西漢時為全國軍政長官，與丞相、御史大夫並列，合稱三公。東漢時太尉與司徒、司空並稱三公，秩萬石，但因權歸尚書臺，太尉已無實權。[89]李固　（西元九四—一四七年），字子堅，東漢漢中南鄭（今陝西漢中）人。順帝永和年間，任荊州刺史、泰山太守，招撫境內暴動農民。沖帝即位，任太尉，與大將軍梁冀共參錄尚書事。沖帝死，他議立清河王，冀不從，另立質帝。不久，冀鴆殺質帝，欲立蠡吾侯。他再次固請立清河王，為冀所忌，因被免職。後為冀所誣，被殺。事見本書卷六十三。[90]曹騰　字季興，東漢沛國譙縣（今安徽亳州）人，宦官。安帝時為黃門從官，曾侍皇太子書。及太子立為順帝，遷小黃門、中常侍，倍受寵信。桓帝即位，以定策功封費亭侯，遷大長秋，加位特進，用事宮中三十年。三國時，魏明帝曹叡追尊為高皇帝。[91]公卿　三公九卿的合稱，後泛指中央政府高級行政官員。[92]建和　東漢桓帝劉志年號，西元一四七—一四九年。[93]甘陵　縣名。故治在今山東臨清東北。[94]南郡　郡名。戰國時置。後移治今湖北荊州。漢武帝時割東部數縣置江夏郡，宣帝後轄有相當今湖北襄樊以南，荊門、洪湖以西，長江、清江河流域以北的地區，西至重慶市巫山。[95]司馬門　漢代皇宮外門。[96]桂陽　郡名。西漢置。治今湖南郴州。[97]黃巾賊　指東漢末年黃巾軍。西元一八四年，太平道首領張角經過十餘年的祕密組織宣傳以後，發動起事。農民軍以黃巾裹頭，因被稱為「黃巾軍」。他們焚燒官府，捕殺官吏，攻打豪強地主塢堡，聲勢浩大。由於黃巾軍缺乏作戰經驗，最後被平定。黃巾暴動動搖了東漢王朝的統治，東漢王朝很快就陷入分崩離析的局面。98 建安　東漢獻帝劉協年號，西元一九六—二二〇年。

【語　譯】清河孝王劉慶，母親是宋貴人。宋貴人是宋昌的第八世孫，扶風平陵人。她的父親宋楊，以恭謙孝道著稱於鄉里，不接受州郡任命。宋楊的姑姑就是明德馬皇后的外祖母，馬皇后聽說宋楊的兩個女兒都有才學和美色，就將兩個女子接到身邊教養。永平末年，選進太子宮，很受寵愛。肅宗即位後，兩女子同封為貴人。建初三年，大貴人生子劉慶，第二年劉慶立為皇太子，徵召宋楊進京擔任議郎，受到褒揚和優厚的賞賜。宋貴人通曉人情世故，在長樂宮侍奉太后，親自執掌飲食之事，太后很疼愛她。馬太后死後，竇皇后很受章帝寵幸，她因為宋貴人姐妹同被寵愛，劉慶又立為太子，心中很嫉妒她們，就與母親比陽郡主計議陷害宋貴人姐妹。於是在外面密令自己的兄弟搜求宋氏的過失，在宮內就指使宦官偵察她們的舉動。後來在掖庭門截獲宋貴人的書信，裡面寫著「病了想要新鮮菟絲子，請家人尋找」，就誣告說宋貴人想用蠱術詛咒皇后，用菟絲子來行厭勝之術，竇皇后日夜在章帝面前詆毀誣陷，宋貴人母子從此被章帝日漸疏遠。

2　劉慶出宮居住在承祿觀，數月後，竇皇后暗示掖庭令誣奏從前菟絲子一事，請求加以驗實。建初七年，皇帝就廢除太子劉慶而另立皇太子劉肇。劉肇，是梁貴人之子。於是下詔書說：「皇太子劉慶有容易受迷惑和喜怒無常的性格，開始於嬰兒時期，到現在就更嚴重了，擔心會承襲他的母親那樣凶惡的脾氣，不能讓他繼承皇位，做天下之主。為了大義可以滅掉親屬，更何況太子的廢立呢！現在將劉慶廢為清河王。皇太子劉肇，自小由皇后養育，在懷抱中就承受教誨，性格豁達善良，將來一定能成大器。就是庶子與庶母，尚有終身養育之恩，哪比得上嫡母皇后親身養育這樣名正言順呢！現在就立劉肇為皇太子。」於是，就命宋貴人姐妹出宮安置在丙舍，派小黃門蔡倫考查落實情況，都按照皇后暗示的旨意牽強附會羅致罪名，於是又把她們載送暴室關押。二貴人同時飲毒藥自殺。皇帝還是感到傷心，就命令掖庭令將她們安葬在樊濯聚。於是將宋楊免職送歸本郡。郡縣官吏又藉事端將宋楊逮捕關押起來，宋楊的友人前懷縣縣令山陽人張峻、左馮翊沛國人劉均等人，四處奔走求情，才使宋楊得以免罪。宋楊不得志，憂鬱憔悴，終於死在家中。劉慶當時雖然年幼，而知道避開嫌疑，畏懼災禍，在言談中不敢涉及宋氏，皇帝尤憐憫他，詔令皇后安排劉慶的衣服制度與太子平等看待。太子也特別與劉慶友愛，在家時同住一室，出門時同乘一車。等太子即位，這就是東漢和帝，對待劉慶更加優厚，諸王不能跟他相比，常常在一起議論兩人的私事。

3 劉慶年長後，就另住在丙舍。永元四年，和帝移住在北宮章德殿，在白虎觀講學，劉慶得以進宮伴和帝居住。和帝準備誅殺竇氏，想得到《漢書‧外戚傳》，擔心左右之人不可靠不敢派，就讓劉慶暗中從千乘王家中求借，夜晚時分獨自帶進宮來；又令劉慶向中常侍鄭眾傳話，請他搜索歷史上誅殺外戚的事情。等到大將軍竇憲被誅殺，劉慶出宮居住王府，和帝賜給他奴婢三百人，車馬、錢帛、帷帳、珍寶及賞玩之物充滿他的府第，又賜給中傅以下直至左右人員金錢布匹各自不等。

4 劉慶經常生病，身體有時感到不適，和帝早晚派人探視，送上膳藥，所表現的關心很是周到。劉慶則小心謹慎、恭敬孝順，自認為是被廢黜之人，尤其害怕事端恭敬守法。每當朝祭陵廟，常常半夜裡就整裝，穿戴衣冠等待天明；他還約束告誡所屬官員，不能與諸王車騎爭路。常因為母親宋貴人沒有得到適合身分的葬禮，每每暗自感歎遺憾，到四時節令和伏日臘日，就在自己的內室進行祭奠。竇氏被誅殺後，才開始派乳母到城北公開遙祭。等到竇太后死去，劉慶要求上墳致哀，和帝答應了他，並詔令太官按四時禮供給祭具。劉慶流著眼淚說：「母親活著時雖然不能供養，現終於能夠供奉祭奠，我的個人心願滿足了。」又想請求建造一處祠堂，又擔心會產生與恭懷梁太后相比似的嫌疑，於是不敢再提請求了。但常常對著身邊的人流淚，以此事作為自己的終生之憾。後來劉慶又上書陳說外祖母王氏年老，患了憂鬱症，偏遠的地方缺醫少藥，希望帶她來洛陽治病。於是，和帝下詔，命宋氏一族悉數回到京城，任命劉慶的舅舅宋衍、宋俊、宋蓋、宋暹等都擔任郎官。

5 永元十五年，官員因為日蝕認為陰氣太盛，奏請遣送各位王侯前往各自封國。和帝下詔說：「甲子日出現日蝕這種災異現象，責任在我一人。諸王年幼無知，早早離開父母照顧，未成年就獨自生活，因而會有〈蓼莪〉、〈凱風〉這類的哀歎。仁慈懦弱的恩惠，我知道不符合國典，姑且再讓他們留些日子。」到了冬天，諸王跟從和帝去祭章陵，詔令借諸王侯羽林騎兵各四十人。後來中傳衛訢暗地貪汙了千餘萬，和帝下詔派人審理此事，並責備劉慶不舉報之過。劉慶說：「衛訢憑藉師傅之尊，從朝中選派而來，臣愚昧無知，只知道言聽計從，對他沒有進行監督。」和帝讚賞劉慶的回答，就將衛訢所貪汙的錢財全部賜給劉慶。等到和帝去世，劉慶在前殿號哭，嘔吐鮮血數升，因此病倒。

6 第二年，諸王前往封國，鄧太后特許清河王設置中尉、內史，賜贈的東西都是皇帝用過的，又命宋衍等都擔任清河王國中大夫。劉慶到達封國後，下令說：「我出生於深宮之中，成長於朝廷之內，仰仗聖明的皇帝，無德無能而享受富貴。我因為命運太薄，早年失去母親的照顧，近來又遭受皇兄去世的憂傷，悲哀滿懷感傷不已。我蒙受恩惠就封大國，只有一心一意履行藩輔的職責，現在剛剛離開京城，憂心忡忡，日夜彷徨不安，不知做什麼才好。我聽說個人的智慧不足以料理政事，必須依靠賢人輔助。現在各位屬官都承擔一定的職責，獎罰都一視同仁，希望各屬官對上遵循皇帝詔命，在下要避免錯誤過失。應該監督枉法的行為，明察違背國典禁令的情況，不要讓我背上瀆職怠慢的罪行。」

7 鄧太后認為殤帝還在襁褓之中，考慮長遠點怕有難以預料的事情，於是留下劉慶的長子劉祜與其嫡母耿姬一同住在京城清河府內，到秋天，殤帝死去，迎立劉祜為繼承人，這就是漢安帝。鄧太后派中黃門送耿姬返歸封國。

8 漢安帝的生母叫左姬，字小娥，小娥的姐姐字大娥，犍為郡人。當初，她的伯父左聖因犯了散布妖言罪被殺，左氏家屬被沒入官。大娥、小娥幾歲時就被送進宮庭，等長大成人，都有才藝和美貌。小娥精通史書，喜歡辭賦。漢和帝將宮女賜給諸王，大娥、小娥因而被送到清河王府。劉慶開始聽說她們很有美色，賞賜乳母而求得了她們。後來非常寵愛，眾姬妾沒有誰能跟她們相比。大娥、小娥姐妹都死去，安葬於京師。

9 劉慶封王二十五年後，才回歸封國。那一年他病重，對宋衍等人說：「清河地勢低，土地薄，想請求將我的骸骨安葬在大母親宋貴人的墓旁。朝廷如果恩准，還應該建一處祠堂，讓我們母子共享祭食，我的靈魂有所歸依，死了又有什麼遺憾？」於是上書給太后說：「臣國土低溼，想請求將骸骨葬到樊濯宋貴人墓地，這樣，即使死了，也死而不朽啊。趁著現在我口尚能言，目尚能視，因而冒昧請求，我的命已存一口氣了，懇請太后哀憐。」於是，劉慶死去了，享年二十九歲。太后派遣司空持著符節與宗正前往弔祭，又安排長樂宮的謁者僕射，中謁者二人協辦喪事，恩賜龍旂九旒，虎賁百人，禮儀等級比照東海恭王。太后又派掖庭丞送來左姬小娥靈柩，與清河王劉慶合葬於廣丘。

10 劉慶的兒子愍王劉虎威繼位。永初元年，太后賜封宋衍為盛鄉侯，又分清河為兩國，封劉慶的小兒子劉常保為廣川王，劉慶的女兒十一人都為鄉公主，都奉有食邑。第二年，劉常保死去，沒有子嗣，其封國廢除。

11 劉虎威受封三年後死去，也沒有子嗣，鄧太后又封立樂安王劉寵的兒子劉延平為清河王，這就是恭王。

12 鄧太后死去，有司上奏說：「清河孝王品德高尚，家風淳樸，培育了當今聖皇，承受天命供奉漢祚，擔任漢室郊廟之主。漢朝開創時，高祖皇帝尊封父親為太上皇，漢宣帝也追封父親為皇考，宗廟中按順序排列，建立陵園設置食邑。繼嗣的禮義，這舊典章不能忘記。應該給皇父劉慶追封尊號叫孝德皇，皇母左氏叫孝德后，孝德皇帝的母親宋貴人應追封謚號為敬隱后。」於是，祭告高廟，派司徒手持符節與大鴻臚奉著策書璽綬前往清河，追封尊號，又派遣中常侍主持祭奠的太牢祠典，護禮儀侍中劉珍等人及宗室列侯一同前往會葬。尊封清河王劉慶陵為甘陵，廟為昭廟，設置令、丞等官員，布置兵士在四周守衛，禮儀等級比照章陵。又把廣川郡合併到清河國去，尊封耿姬為甘陵大貴人。又封妹妹劉侍男為涅陽長公主，劉別得為舞陰長公主，劉久長為濮陽長公主，劉直得為平氏長公主。其餘七人都已早逝，所以不再追封爵號，追贈敬隱后的妹妹小貴人印綬，追封宋楊為當陽穆侯。宋楊的四個兒子都封為列侯，各食邑五千戶。宋氏兄弟擔任卿、校、侍中、大夫、謁者、郎吏等職務的有十餘人。孝德后的異母弟左次和左達生二人，他們的兒子九人，都擔任了清河國的郎中。耿貴人，牟平侯耿舒的孫女。耿貴人的兄長耿寶，襲封牟平侯。皇帝將耿寶視為嫡親舅舅，寵遇很深，官至大將軍，事情已見於〈耿舒傳〉。

13 劉延平受封三十五年死去，兒子劉蒜繼位。漢沖帝死時，徵召劉蒜赴京師，準備讓他繼承皇位。正遇大將軍梁冀與梁太后共立漢質帝，事未成而回歸封國。

14 劉蒜為人嚴肅威重，一舉一動都有分寸，朝中大臣太尉李固等人沒有不傾心歸附他的。開始，中常侍曹騰去謁見劉蒜，劉蒜不按禮節作答，宦官們因此厭惡他。等到質帝死時，眾公卿都議立劉蒜，而曹騰勸說梁冀不要聽從，於是就立了桓帝，這件事寫在〈李固傳〉中，劉蒜因此事而獲罪。

15 建和元年，甘陵郡人劉文與南郡妖賊劉鮪相互勾結，放出流言說清河王應當取得天下，並想共立劉蒜為帝。事情被揭發出來，劉文等人於是劫持清河國相謝暠，把他帶到王宮司馬門口，就說道：「應當立清河王為天子，謝暠為丞相。」謝暠不服從，責罵他們，劉文因而刺殺了謝暠。於是朝廷捕獲了劉文、劉鮪並隨即處死。有司於是上書彈劾劉蒜，因而獲罪貶爵為尉氏侯，流放桂陽郡，後自殺。劉蒜立王三年，清河國就此廢絕了。

16 梁冀厭惡清河這一地名，第二年，就將清河改稱甘陵。梁太后又立安平孝王之子經侯劉理為甘陵王，供奉孝德皇祀，這就是威王。

17 劉理立王二十五年死去，兒子貞王劉定繼承王位。

18 劉定立王四年死去，兒子獻王劉忠繼位。黃巾賊起兵，劉忠被國人所劫持，不久又釋放了他。漢靈帝以善待親人為由，下詔恢復了劉忠的封國，劉忠立王十三年死去，當繼位的兒子被黃巾賊殺害，建安十一年，因沒有後嗣，封國被廢除。

1 濟北惠王壽，母申貴人，潁川❶人也，世吏二千石❷。貴人年十三，入掖庭。壽以永元二年封，分太山郡❸為國。和帝遵肅宗故事，兄弟皆留京師，恩寵篤密。有司請遣諸王歸藩，不忍許之，及帝崩，乃就國。永初元年，鄧太后封壽舅申轉為新亭侯。壽立三十一年薨。自永初已後，戎狄❹叛亂，國用不足，始封王薨，減賻錢❺為千萬，布萬匹；嗣王薨，五百萬，布五千匹。時唯壽最尊親，特賻錢三千萬，布三萬匹。

2 子節王登嗣。永寧❻元年，封登弟五人為鄉侯❼，皆別食太山邑。

3 登立十五年薨，子哀王多嗣。

4 多立三年薨，無子。永和❽四年，立戰鄉侯安國為濟北王，是為釐王。

5 安國立七年薨，子孝王次嗣。本初❾元年，封次弟猛為亭侯❿。次九歲喪父，至孝。建和元年，梁太后下詔曰：「濟北王次以幼年守藩，躬履孝道，父沒哀慟，焦毀過禮，草廬土席，衰杖在身，頭不枇沐，體生瘡腫。諒闇⓫已來二十八月，自諸國有憂，未之聞也，朝廷甚嘉焉。書不云乎：『用德章厥善⓬。』詩云：『孝子不匱，永錫爾類⓭。』今增次封五千戶，廣其土宇，以慰孝子惻隱之勞。」

6 次立十七年薨，子鸞嗣。鸞薨，子政嗣。政薨，無子，建安十一年，國除。

【章旨】以上記述濟北惠王劉壽及其後嗣事跡。孝王劉次在父親死後，居草廬睡土席，身穿孝服手不離孝杖，頭不沐臉不洗，以至身上生瘡浮腫，其孝行受到梁太后的讚揚和獎賞。

【注釋】❶潁川　郡名。秦置。治今河南禹州。❷二千石　官秩等級，因所得俸祿以穀為準，故以「石」稱之。因郡守、王國傅相均秩二千石，所以二千石成為漢代對郡守、國相等一級官吏的通稱。❸太山郡　即泰山郡。西漢高帝置，因境內泰山得名。治今泰安東南，元封以後移治今泰安東。❹戎狄　對西北少數民族的蔑稱。這裡指羌族。❺賻錢　資助他人辦喪事的錢。❻永寧　東漢安帝劉祜年號，西元一二〇—一二一年。❼鄉侯　東漢爵位名，位次都鄉侯，指列侯食邑為鄉者，封爵不世襲。❽永和　東漢順帝劉保年號，西元一三六—一四一年。❾本初　東漢質帝劉纘年號，西元一四六年。❿亭侯　爵名。漢制，列侯大者食縣，小者食鄉、亭。亭侯即指列侯食邑為亭者。封爵不世襲，位視中二千石。⓫諒闇　居喪。多用於帝王。⓬用德章厥善　用道德教化從而使人爭著為善。《尚書・盤庚》之文。⓭孝子不匱二句　孝子的行為沒有盡頭，長賜給你們好的榜樣。語出《詩・既醉》。匱，盡。類，善。

【語譯】濟北惠王劉壽，他的母親申貴人，是潁川人，世代擔任二千石之職。申貴人十三歲時，被選入宮庭。劉壽在永元二年受封，分太山郡為封國。漢和帝遵遁過去肅宗的舊例，劉壽兄弟們都留住在京師，寵愛親近往來很密。有司奏請和帝遣送諸王各歸藩國，和帝不忍心答應這一請求，等到和帝死時，諸王才各回封國。永初元年，鄧太后封劉壽的舅舅申轉為新亭侯。劉壽立王三十一年死去。自永初之後，羌族不斷叛亂，國家費用不足，首次封的王死去，經削減後葬禮費為錢千萬，布帛一萬匹；而後繼的王死去，葬禮費為錢五百萬，布帛五千匹。當時，只有劉壽與皇帝的關係最親近，因而特許發給葬禮費錢三千萬，布帛三萬匹。

2 劉壽之子節王劉登繼位。永寧元年，封劉登的五個弟弟為鄉侯，都分別食邑太山郡。

3 劉登在位十五年死去，兒子哀王劉多繼承王位。

4 劉多在位三年死去，沒有子嗣。永和四年，立戰鄉侯劉安國為濟北王，這就是釐王。

5 劉安國立王七年死去，他的兒子孝王劉次繼承王位。本初元年，封劉次的弟弟劉猛為亭侯。劉次九歲失去父親，極為孝順。建和元年，梁太后下詔說：「濟北王劉次以幼年之身鎮守藩國，親身履行孝道之義，父親死後哀痛至極，哀傷過度超過禮制，居草廬睡土席，身穿孝服手不離孝杖，頭不沐臉不洗，以致身上生瘡浮腫。居喪以來已有二十八個月，在其他封國發生的喪事中，這樣盡孝盡哀從來沒有聽說過，朝廷對此非常讚賞。《尚書》中不是這樣說嗎：『用道德教化從而使人爭著為善。』《詩》中也說：『孝子的行為沒有盡頭，長賜給你們好的榜樣。』現在增封劉次食邑五千戶，以擴大他的土地，用來告慰孝子的誠懇之心。」

6 劉次在位十七年死去，他的兒子劉鸞繼承王位。劉鸞死後，兒子劉政繼位。劉政死，沒有子嗣，建安十一年，封國被廢除。

1 河閒孝王開，以永元二年封，分樂成❶、勃海❷、涿郡❸為國。延平❹元年就國。開奉遵法度，吏人敬之。永寧元年，鄧太后封開子翼為平原王，奉懷王勝祀；子德為安平王，奉樂成王黨祀。

2 開立四十二年薨，子惠王政嗣。政傲佷，不奉法憲。順帝❺以侍御史❻吳郡❼沈景有彊能稱，故擢為河閒相。景到國謁王，王不正服，箕踞❽殿上。侍郎❾贊拜，景峙不為禮。問王所在，虎賁曰：「是非王邪？」景曰：「王不服，常人何別！今相謁王，豈謁無禮者邪！」王慙而更服，景然後拜。出住宮門外，請王傅責之曰：「前發京師，陛下見受詔，以王不恭，使相檢督。諸君空受爵祿，而無訓導之義。」因奏治罪，詔書讓政而詰責傅。景因捕諸姦人上案其罪，殺戮尤惡者數十人，出冤獄百餘人。政遂為改節，悔過自脩。陽嘉❿元年，封政弟十三人皆為亭侯。

3 政立十年薨，子貞王建嗣。建立十年薨，子安王利嗣。利立二十八年薨，子陔嗣。陔立四十一年，魏受禪[11]，以為崇德侯。

4 蠡吾侯翼，元初[12]六年鄧太后徵濟北、河閒王諸子詣京師，奇翼美儀容，故以為平原懷王後焉。留在京師。歲餘，太后崩。安帝乳母王聖[13]與中常侍江京[14]等譖鄧騭[15]兄弟及翼，云與中大夫趙王謀圖不軌，闚覦神器，懷大逆心。貶為都鄉侯，遣歸河閒。翼於是謝賓客，閉門自處。永建[16]五年，父開上書，願分蠡吾縣[17]以封翼，順帝從之。

5 翼卒，子志嗣，為大將軍梁冀所立，是為桓帝。梁太后詔追尊河閒孝王為孝穆皇，夫人趙氏曰孝穆后，廟曰清廟，陵曰樂成陵；蠡吾先侯曰孝崇皇，廟曰烈廟，陵曰博陵[18]。皆置令、丞，使司徒持節奉策書、璽綬，祠以太牢。建和二年，更封帝弟都鄉侯[19]碩為平原王，留博陵，奉翼後。尊翼夫人馬氏為孝崇博園貴人，以涿郡之良鄉[20]、故安[21]，河閒之蠡吾三縣為湯沐邑[22]。碩嗜酒，多過失，帝令馬貴人領王家事。建安十一年，國除。

6 解瀆亭侯淑，以河閒孝王子封。淑卒，子萇嗣。萇卒，子宏嗣，為大將軍竇武[23]所立，是為靈帝。建寧[24]元年，竇太后詔追尊皇祖淑為孝元皇，夫人夏氏曰孝元后，陵曰敦陵，廟曰靖廟；皇考萇為孝仁皇，夫人董氏為慎園貴人，陵曰慎陵，廟曰奐廟。皆置令、丞，使司徒持節之河閒奉策書、璽綬，祠以太牢，常以歲時遣中常侍持節之河閒奉祠。

7 熹平三年，使使拜河閒安王利子康為濟南王，奉孝仁皇祀。

8 康薨，子贇嗣，建安十二年，為黃巾賊所害。子開嗣，立十三年，魏受禪，以為崇德侯。

9 城陽懷王淑，以永元二年分濟陰㉕為國。立五年薨，葬於京師。無子，國除，還并濟陰。

10 廣宗殤王萬歲，以永元五年封，分鉅鹿㉖為國。其年薨，葬於京師。無子，國除，還并鉅鹿。

11 平原懷王勝，和帝長子也。不載母氏。少有痼疾，延平元年封。立八年薨，葬於京師。無子，鄧太后立樂安夷王寵子得為平原王，奉勝後，是為哀王。

12 得立六年薨，無子，永寧元年，太后又立河閒王開子都鄉侯翼為平原王嗣。安帝廢之，國除。

【章　旨】以上記載城陽懷王劉淑、廣宗殤王劉萬歲、平原懷王劉勝事跡。

【注　釋】❶樂成　縣名。西漢置。治今河北獻縣東南。❷勃海　即渤海。郡名。西漢置。初治今河北滄州東南。東漢移治今河北南皮東北，屬冀州。❸涿郡　西漢置。治今河北涿州。❹延平　東漢殤帝年號，西元一〇六年。❺順帝　即劉保（西元一一五—一四四年），東漢安帝之子。安帝死，宦官江京等立北鄉侯劉懿為帝（即少帝），旋卒。宦官孫程等殺江京迎立其為帝。孫程等十九名宦官封侯。外戚梁商、梁冀相繼為大將軍，朝政操於宦官、外戚之手，政治日益腐敗。❻侍御史　官名。漢沿秦置，在御史大夫下，或給事殿中，或舉劾非法，或督察郡縣，或奉使出外執行指定任務。❼吳郡　東漢永建四年（西元一二九年）分浙江以西置。屬揚州，治吳縣。❽箕踞　古人席地而坐，隨意伸開兩腿，像個簸箕，是一種不拘禮節、傲慢不敬的坐法。❾侍郎　官名。西漢武帝以後置，為郎官之一，隸光祿勳，宿衛宮禁，侍奉皇帝。亦供尚書、黃門等官署差遣。東漢五官、左、右中郎將署皆置，名義上備宿衛，實為後備官員。秩比四百石。❿陽嘉　東漢順帝劉保年號，西元一三二—一三五年。⓫魏受禪　西元二二〇年，魏王曹丕取代漢獻帝建國稱帝。受禪，即接受禪讓，以禪讓方式完成政權更代。禪讓本是上古時代部落聯盟推選領袖的制度，相傳堯為部落聯盟領袖時，四岳推舉舜為繼承人，堯對舜進行三年考核後，使幫助辦事。堯死後，舜繼位。舜又以同樣的推舉方式，經過治水考驗，以禹為繼承人。曹丕以禪讓的名義取代漢獻帝，不過是為了使其篡權能夠披上一層名正言順的合法外衣。⓬元初　東漢安帝劉祜年號，西元一一四—一二〇年。⓭王聖　東漢人，安帝乳母。建光元年（西元一二一年）安帝親政，參與誅滅外戚鄧氏，封野王君。後與宦官江京、樊豐等干亂朝政，合謀廢黜皇太子劉保為濟陰王。安帝死，外戚閻顯秉政，被徙於雁門。⓮江京　東漢宦官。初為小黃門，善讒諂，以迎立安帝封都鄉侯，遷中常侍，兼大長秋。後任長樂太僕。與安帝乳母王聖、外戚耿寶、閻顯等結為私黨，干亂朝政，合謀廢皇太子劉保為濟陰王，枉殺太尉楊震。安帝死，又與閻顯等定策立北鄉侯劉懿為帝（少帝）。少帝病死，宦官孫程等十九人擁立劉保為順帝，遂被殺。⓯鄧騭　（？—西元一二一年），字昭伯，東漢南陽新野（今河南新野）人。妹為漢和帝皇后。和帝死，安帝即位，太后臨朝，他任大將軍。輔政期間，曾進賢士，罷力役，有所建樹。太后死，安帝與宦官李閏合謀誅滅鄧氏，他因而自殺。⓰永建　東漢順帝年號，西元一二六—一三二年。⓱蠡吾縣　西漢置。治今河北博野西南。屬涿郡。東漢曾為侯國，桓帝父劉翼封於此，屬中山國。⓲博陵　縣名。東漢本初元年（西元一四六年）置。治今河北蠡縣南。桓帝以蠡吾侯入立，追尊父翼為孝崇皇，陵曰博陵，故以名縣。為博陵郡治。⓳都鄉侯　東漢所封侯國名，在列侯之下，關內侯之上。⓴良鄉　縣名。西漢置。治今北京房山區東南竇店西側。屬涿郡。㉑故安　縣名。西漢置。治今河北易縣東南東固安村。屬涿郡。㉒湯沐邑　指國君、皇后、公主等收取賦稅的私邑。㉓竇武　字游平，東漢扶風平陵（今陝西咸陽）人。生年不詳。桓帝時以長女選入宮中為貴人，得拜郎中。女旋立為皇后，遂遷越騎校尉，封槐里侯。遷城門校尉。永康元年（西元一六七年）上疏奏請解除黨禁。桓帝死，迎立靈帝，任大將軍，封聞喜侯。執掌朝政，起用李膺、杜密等黨人。建寧元年（西元一六八年），與太傅陳蕃謀誅宦官曹節、王甫等，事敗自殺。㉔建寧　東漢靈帝劉宏年號，西元一六八—一七二年。㉕濟陰　郡名。治今山東定陶西北。㉖鉅鹿　郡名。秦置。漢時治今河北寧晉西南。

【語　譯】河間孝王劉開，在永元二年受封，劃出樂成、渤海、涿郡一部分為封國。延平元年劉開前往自己的封國。劉開遵奉法度，官吏、百姓都尊敬他。永寧元年，鄧太后封劉開的兒子劉翼為平原王，奉懷王劉勝的祭祀；另一兒子劉德為安平王，奉樂成王劉黨的祭祀。

2　劉開封王四十二年死去，他的兒子惠王劉政繼承王位。劉政為人傲慢狠辣，行事不遵循法度。漢順帝因侍御史吳郡人沈景有強硬能幹的名聲，因此特提升他擔任河間相。沈景到河間國謁見國王劉政，劉政不穿王服，又伸開兩腿很傲慢地坐在殿上。侍郎贊唱參拜禮，沈景仍站在那兒不對殿上行禮。問王在哪裡，虎賁說：「那不是王嗎？」沈景說：「王不穿王服，與常人有什麼區別！今天我作為國相來參拜國王，豈能參拜不懂禮法的人呢！」劉政慚愧而換了王服，然後沈景才正式參拜。沈景出來住在宮門之外，請來河間王劉政的王傅進行責備說：「前些日子我從京師出發，陛下召見，我接受詔命，認為河間王不守禮節，指派國相進行檢查監督。諸君白白地享受俸祿，而沒有履行訓導的義務。」沈景因而奏請朝廷治他們的罪，詔書下來批評劉政，又責問王傅。沈景於是逮捕眾多奸邪之人，上奏後審理他們的罪行，處死其中惡行特別嚴重的數十人，平反冤獄釋放了百餘人。劉政於是改變操行，悔過自新。陽嘉元年，朝廷賜封劉政弟弟十三人都為亭侯。

3　劉政封王十年死去，他的兒子貞王劉建繼位。劉建在位十年死去，兒子安王劉利繼位。劉利在位二十八年死去，兒子劉陔繼位。劉陔在位四十一年，魏國受禪建立新朝，封劉陔為崇德侯。

4　蠡吾侯劉翼，元初六年鄧太后徵召濟北王、河間王的各位王子赴京師，對劉翼儀容之美感到驚異，所以把他作為平原懷王的繼承人。劉翼被留在京師。一年後，太后死去。漢安帝乳母王聖與中常侍江京等人暗中詆毀鄧騭兄弟以及劉翼，說他們與中大夫趙王謀圖不軌，覬覦皇位，懷著大逆不道之心。劉翼被貶為都鄉侯，遣送回河間國。劉翼於是謝絕賓客，閉門獨居。永建五年，父親劉開上書，願意將蠡吾縣劃出來封給劉翼，順帝聽從了他的請求。

5 劉翼死去，兒子劉志繼位，劉志後來被大將軍梁冀迎立為帝，這就是桓帝。梁太后下詔追尊河間孝王為孝穆皇，夫人趙氏為孝穆后，祭廟叫清廟，陵叫樂成陵；前蠡吾侯劉翼為孝崇皇，廟叫烈廟，陵叫博陵。都設置令、丞，派司徒手持符節，帶著策書、璽綬，以太牢之禮祭祀。建和二年，改封桓帝的弟弟都鄉侯劉碩為平原王，留在博陵，作為劉翼的後嗣。尊劉翼夫人馬氏為孝崇博園貴人，把涿郡的良鄉、故安、河間的蠡吾三縣作為湯沐邑。劉碩喜歡飲酒，平日很多過失，桓帝詔令馬貴人總領王家事務。建安十一年，封國被廢除。

6 解瀆亭侯劉淑，作為河間孝王的兒子受封。劉淑死後，他的兒子劉萇繼位。劉萇死，兒子劉宏繼位，後被大將軍竇武迎立為帝，這就是靈帝。建寧元年，竇太后下詔追尊靈帝的祖父劉淑為孝元皇，他的夫人夏氏稱孝元后，陵墓稱敦陵，廟稱靖廟；追尊靈帝的父親劉萇為孝仁皇，夫人董氏為慎園貴人，陵稱為慎陵，廟稱奐廟。都設置令、丞，派司徒手持符節去河間國奉送策書、璽綬，祭以太牢之禮，常常在過年時派中常侍持符節去河間國祭祀。

7 熹平三年，派遣使者封河間安王劉利的兒子劉康為濟南王，供奉孝仁皇劉萇之祀。

8 劉康死去，兒子劉贇繼位，建安十二年，被黃巾賊殺害。他的兒子劉開繼位，在位十三年，曹魏代漢，封為崇德侯。

9 城陽懷王劉淑，在永元二年分出濟陰為國。在位五年死去，葬於京師。劉淑沒有子嗣，封國被廢除，地方又重新併入濟陰郡。

10 廣宗殤王劉萬歲，於永元五年受封，以鉅鹿為國。封王當年死去，葬於京師。沒有兒子，封國被廢除，地方還歸鉅鹿郡。

11 平原懷王劉勝，是和帝的長子。他的生母不見記載。年輕時有難治之病，延平元年受封。在位八年死去，葬於京師。沒有兒子，鄧太后立樂安夷王劉寵的兒子劉得為平原王，作為劉勝後嗣，這就是哀王。

12 劉得在位六年死去，沒有兒子，永寧元年，太后又立河間王劉開的兒子都鄉侯劉翼為平原王後嗣。安帝廢除劉翼王爵，平原國被廢除。

論曰：傳稱吳子夷昧❶，甚德而度，有吳國❷者，必其子孫。章帝長者，事從敦厚，繼祀漢室，咸其苗裔，古人之言信哉！

贊曰：章祚不已，本枝流祉。質惟伉孫，安亦慶子。河閒多福，桓、靈承祀。濟北無驕，皇恩寵饒。平原抱痼，三王薨朝❸。振振子孫，或秀或苗。

【章　旨】論贊稱讚東漢章帝行事敦厚，故其子孫後代多人能繼承漢室統緒。

【注　釋】❶吳子夷昧　吳王壽夢子，春秋時吳國國君。襲兄餘祭王位。夷昧即位後，使其弟季札通好北方諸侯。數敗楚軍。❷吳國　古國名，亦稱「句吳」、「攻吳」。姬姓。始祖是周太王之子太伯、仲雍，有今江蘇、上海大部和安徽、浙江的一部分，建都於吳（今江蘇蘇州）。春秋後期，國力始強。西元前五〇六年吳王闔閭一度攻破楚國。傳到其子夫差，又戰勝越國，迫使越王句踐屈服求和，並北上與晉爭霸。西元前四七三年為越所滅。❸三王薨朝　三個王早逝於京師。三王，指平春王劉全、廣宗王劉萬歲、城陽王劉淑。

【語　譯】史家評論說：《左傳》稱道吳子夷昧，甚有德行而知法度，此後擁有吳國的人，一定是他的子孫。章帝是忠厚長者，行事溫文敦厚，繼承漢室統緒的，都是他的子孫後代，古人之言是千真萬確的啊！

史官評議說：章帝的國統延續不止，直系和旁系子孫都有福氣。質帝是劉伉的孫子，安帝是劉慶的兒子。河閒國多福氣，桓帝、靈帝繼承皇祀。濟北王沒有驕氣，享受過多的皇恩寵愛。平原王身患痼疾，其他三王都早逝於京師。眾多仁厚的子孫啊，有的成材，有的夭折。

【研　析】中國古代各封建王朝大多實行嫡長子繼承制，按照正常情況，皇位的傳承已形成比較固定的脈絡，眾多的皇族成員雖同為龍種，但在一般情況下離皇位之遙不啻十萬八千里。然而，很多時候皇位的傳承並不在這一既定體制之內進行，比如許多皇帝在尚無子嗣的情況下就死去了，這就使皇位傳承脫離了原有的軌道，只能從旁支中去選擇。於是擁有權勢的大臣、外戚、宦官等就成為其中起決定性作用的決策者。而本已遠離大統、不存什麼奢望的皇室宗親卻因此有了機會，有的人就費盡心機去交結權臣，希望一步登天。但朝廷中錯綜複雜的形勢決定了皇位歸屬的不確定性。有心謀取者未必如願，無心仰望者卻有可能一步登天。東漢就多次出現這種情況，比如在章帝後裔中，就有數位意外登上帝座的人：質帝、安帝、桓帝、靈帝等。這幾位意外登上皇位的人雖然均為章帝之後，但又分別來自章帝的三位皇子之後裔。

一是清河孝王劉慶。其長子劉祜被鄧太后立為帝，即漢安帝。

二是河間孝王劉開。劉開雖僅是藩王，但在他的子孫後裔中，卻出了兩個皇帝。劉開子蠡吾侯劉翼，生子劉志，被大將軍梁冀立為帝，即桓帝。劉開另一個兒子解瀆亭侯劉淑，有孫劉宏，被大將軍竇武立為帝，即靈帝。

三是千乘貞王劉伉。劉伉孫劉鴻，生子劉纘，被梁太后立為帝，即質帝。

在漢章帝諸皇子之中，尤其值得關注的一個人物是清河孝王劉慶。劉慶本來被立為太子，但因竇皇后不滿其母宋貴人得寵，用盡各種手段，使章帝疏遠了宋貴人，繼而又廢去劉慶的太子之位，改封為清河王。受此挫折，劉慶不僅有了不同的人生際遇，更重要的是心靈遭受重創，一生都如驚弓之鳥。在他尚年幼時，已知避嫌畏禍，平常說話不敢提母親宋氏。雖然太子（和帝）待之甚厚，劉慶仍是處事謹慎。每當朝祭陵廟，常常半夜裡就整裝，穿戴衣冠等待天明。還約束告誡下屬官員，不要和諸王車騎爭道，想建祠堂祭祀母親宋氏，又擔心別人懷疑他與梁太后相比，於是就不敢再提請求，只是常常對著身邊人流淚。這種戰戰兢兢的生活使他健康嚴重受損，年僅二十九歲就死去。

劉慶的一生是可悲的，僅僅因為他是被廢皇太子，便註定了一生要膽戰心驚，如履薄冰。而其子孫後裔中，既有幸運者，如其長子劉祜被鄧太后立為帝（漢安帝）；也有和他一樣命運悲慘者，如劉蒜。劉蒜是劉慶嗣孫劉延平之子，為人嚴肅持重，舉止有度，朝臣太尉李固等都傾心想立他為皇位繼承者。但因劉蒜得罪了宦官，兩次機會都錯過，質帝、桓帝先後登基。更糟糕的是，有叛亂者劉文、劉鮪等打著清河王的旗號舉事，雖最終被誅殺，但劉蒜還是被彈劾貶爵，最後被迫自殺身亡。貴為皇室後裔卻落得如此下場，的確令人喟歎！（韋占彬注譯）

卷五十六

張王种陳列傳第四十六

【題解】 本卷記述了張晧、王龔、种暠、陳球四人及其子孫生平事跡。張、王、种、陳及其子孫所處時代正是東漢中後期，外戚、宦官交替掌權，政治腐敗，朝綱紊亂。張、王、种、陳等人不畏權勢，不計個人得失，堅持正義，糾舉奸佞，成為東漢各朝一時之名臣。

1

張晧，字叔明，犍為❶武陽❷人也。六世祖良❸，高帝❹時為太子少傅❺，封留侯。晧少游學京師，永元❻中，歸仕州郡，辟大將軍❼鄧騭❽府，五遷尚書僕射❾，職事八年，出為彭城相❿。

2

永寧⓫元年，徵拜廷尉⓬。晧雖非法家⓭，而留心刑斷，數與尚書⓮辯正疑獄，多以詳當見從。時安帝⓯廢皇太子為濟陰王⓰，晧與太常⓱桓焉⓲、太僕⓳來歷⓴廷爭之，不能得。事已具來歷傳。退而上疏曰：「昔賊臣江充㉑，造構讒逆，至今戾園興兵[22]，終及禍難。後壺關三老[23]一言，上乃覺悟，雖追前失，悔之何逮！今皇太子春秋方始十歲，未見保傅[24]九德之義[25]，宜簡賢輔，就成聖質。」書奏不省。

3 及順帝即位，拜晧司空[26]，在事多所薦達，天下稱其推士。時清河[27]趙騰上言災變，譏刺朝政，章下有司[28]，收騰繫考，所引黨輩八十餘人，皆以誹謗當伏重法。晧上疏諫曰：「臣聞堯舜立敢諫之鼓，三王[29]樹誹謗之木，春秋采善書惡，聖主不罪芻蕘。騰等雖干上犯法，所言本欲盡忠正諫。如當誅戮，天下杜口，塞諫爭之源，非所以昭德示後也。」帝乃悟，減騰死罪一等，餘皆司寇[30]。四年，以陰陽不和策免。

4 陽嘉[31]元年，復為廷尉。其年卒官，時年八十三。遣使者弔祭，賜葬地於河南縣[32]。子綱。

5 綱字文紀。少明經學[33]。雖為公子，而厲布衣之節。舉孝廉[34]不就，司徒[35]辟高第[36]為侍御史[37]。時順帝委縱宦官，有識危心。綱常感激，慨然歎曰：「穢惡滿朝，不能奮身出命埽國家之難，雖生吾不願也。」退而上書曰：「詩曰：『不愆不忘，率由舊章[38]。』尋大漢初隆，及中興之世，文[39]、明[40]二帝，德化尤盛。

觀其理為，易循易見，但恭儉守節，約身尚德而已。中官常侍[41]不過兩人，近倖賞賜裁滿數金，惜費重人，故家給人足。夷狄[42]聞中國[43]優富，任信道德，所以姦謀自消而和氣感應。而頃者以來，不遵舊典，無功小人皆有官爵，富之驕之而復害之，非愛人重器，承天順道者也。伏願陛下少留聖恩，割損左右，以奉天心。」書奏不省。

6 漢安[44]元年，選遣八使[45]徇行風俗，皆耆儒[46]知名，多歷顯位，唯綱年少，官次最微。餘人受命之部，而綱獨埋其車輪於洛陽[47]都亭[48]，曰：「豺狼當路，安問狐狸！」遂奏曰：「大將軍冀[49]，河南尹[50]不疑[51]，蒙外戚之援，荷國厚恩，以芻蕘之資[52]，居阿衡[53]之任，不能敷揚五教[54]，翼讚[55]日月，而專為封豕[56]長蛇，肆其貪叨，甘心好貨，縱恣無底，多樹諂諛，以害忠良。誠天威所不赦，大辟所宜加也。謹條其無君之心十五事，斯皆臣子所切齒者也。」書御，京師震竦。時冀妹為皇后，內寵方盛，諸梁姻族滿朝，帝雖知綱言直，終不忍用。

7 時廣陵[57]賊張嬰[58]等眾數萬人，殺刺史[59]、二千石[60]，寇亂揚[61]徐[62]間，積十餘年，朝廷不能討。冀乃諷尚書，以綱為廣陵太守[63]，因欲以事中之。前遣郡守，率多求兵馬，綱獨請單車之職。既到，乃將吏卒十餘人，徑造嬰壘，以慰安之，求得與長老相見，申示國恩。嬰初大驚，既見綱誠信，乃出拜謁。綱延置上坐，問所疾苦。乃譬之曰：「前後二千石多肆貪暴，故致公等懷憤相聚。二千石信有罪矣，然為之者又非義也。今主上仁聖，欲以文德服叛，故遣太守，思以爵祿相榮，不願以刑罰相加，今誠轉禍為福之時也。若聞義不服，天子赫然震怒，荊[64]、揚、兗[65]、豫[66]大兵雲合，豈不危乎？若不料彊弱，非明也；棄善取惡，非智也；去順效逆，非忠也；身絕血嗣，非孝也；背正從邪，非直也；見義不為，非勇也：六者成敗之幾，利害所從，公其深計之。」嬰聞，泣下，曰：「荒裔[67]愚人，不能自通朝廷，不堪侵枉，遂復相聚偷生，若魚遊釜中，喘息須臾間耳。今聞明府之言，乃嬰等更生之辰也。既陷不義，實恐投兵之日，不免孥戮。」綱約之以天地，誓之以日月，嬰深感悟，乃辭還營。明日，將所部萬餘人與妻子面縛歸降。綱乃單車入嬰壘，大會，置酒為樂，散遣部眾，任從所之；親為卜居宅，相田疇；子弟欲為吏者，皆引召之。人情悅服，南州[68]晏然。朝廷論功當封，梁冀遏絕，乃止。天子嘉美，徵欲擢用綱，而嬰等上書乞留，乃許之。

8 綱在郡一年，年四十六卒。百姓老幼相攜，詣府赴哀者不可勝數。綱自被疾，吏人咸為祠祀祈福，皆言「千秋萬歲，何時復見此君」。張嬰等五百餘人制服行喪，送到犍為，負土成墳。詔曰：「故廣陵太守張綱，大臣之苗，剖符⑥⑨統務，正身導下，班宣德信，降集劇賊張嬰萬人，息干戈之役，濟蒸庶⑦⓪之困，未升顯爵，不幸早卒。嬰等縗杖，若喪考妣⑦①，朕甚愍焉！」拜綱子續為郎中⑦②，賜錢百萬。

【章旨】以上為〈張皓傳〉，記述張皓及其子張綱的生平事跡。張皓為安帝廢太子之事據理力爭；勸諫順帝，使譏刺朝政的趙騰等被免除死罪。張綱作為「八使」之一巡行地方，糾舉不法；以誠意感化廣陵叛賊張嬰，使之歸順朝廷，解散部眾。

【注釋】❶犍為　郡名。西漢建元六年（西元前一三五年）分廣漢郡南部合夜郎國地置。轄境初時較大，有今四川簡陽、彭山等以南，雲南東部、廣西西北部及貴州大部，後以今廣西西北部、雲南東部部分地區和貴州地區置牂牁郡。東漢永初元年（西元一〇七年）又分西南境置犍為屬國，並移治今四川彭山縣。屬益州。❷武陽　縣名。秦置。治今四川彭山縣東。漢屬犍為郡。❸良　即張良（？—西元前一八六年），字子房。漢初大臣。秦末戰爭中，聚眾歸劉邦，為其重要謀士。楚漢戰爭期間，提出不立六國後代，聯結英布、彭越，重用韓信等策略，又主張追擊項羽，殲滅楚軍，都為劉邦所採納。漢朝建立，封留侯。❹高帝　即漢高祖劉邦（西元前二五六—前一九五年），字季，沛縣（今屬江蘇）人。西漢王朝的建立者。在秦末的反秦起事中，他與項羽領導的農民軍逐漸成為主力，並最終推翻了秦朝的統治。之後，又與項羽展開長達五年的戰爭。西元前二〇二年，戰勝項羽，即皇帝位，建立漢朝。在位期間，繼承秦制，實行中央集權制度。先後消滅韓王信、彭越、英布等異姓諸侯王；實行重本抑末政策，發展農業生產，打擊商賈；以秦律為根據，制定《漢律九章》。❺太子少傅　官名。西漢置，佐太子太傅輔導太子，並與其同領東宮官屬，管理眾務，秩二千石。東漢時除輔導太子外，總領東宮官屬，管領眾務，秩中二千石。❻永元　東漢和帝劉肇年號，西元八九—一〇五年。❼大將軍　官名。始於戰國，漢代沿置，為將軍的最高稱號，執掌統兵征戰。事實上多由貴戚擔任，掌握政權，職位甚高。❽鄧騭　（？—西元一二一年），字昭伯，東漢南陽新野（今河南新野）人。妹為漢和帝皇后。和帝死，安帝即位，太后臨朝，他任大將軍。輔政期間，曾進賢士，罷力役，有所建樹。太后死，安帝與宦官李閏合謀誅滅鄧氏，他因而自殺。事見本書卷十六。❾尚書僕射　官名。尚書令的副手，因東漢權歸尚書臺，尚書僕射的職權也漸重。❿彭城相　彭城國相。彭城，封國名。治今江蘇徐州。這裡指東漢明帝子彭城王劉恭。相，封國中的行政長官，職位俸祿相當於郡守。⓫永寧　東漢安帝劉祜年號，西元一二〇—一二一年。⓬廷尉　官名。秦始置，為九卿之一。廷尉的職掌是管刑獄，為最高法官。主要職責是負責審理皇帝交辦的詔獄，同時審理地方上報的疑難案件。⓭法家　戰國時期的重要學派之一。因主張以法治國，故稱法家。春秋時期管仲、子產即法家的先驅。戰國初期，李悝、商鞅、申不害、慎到等開創法家學派。到戰國末期，韓非綜合商鞅的「法」、慎到的「勢」和申不害的「術」，集法家思想學說之大成。法家學說為封建君主專制的大一統王朝的建立提供了理論根據和行動方略。⓮尚書　官名。戰國時秦、齊等國始置，最初僅為管理文書的小吏。西漢武帝時以尚書掌管機要，職權漸重，為中朝重要宮官。東漢時尚書臺分六曹，各置尚書，秩六百石，位在令、僕射下，丞、郎之上。⓯安帝　即劉祜（西元九四—一二五年），東漢章帝孫，清河孝王劉慶子。即位時年十三，鄧太后臨朝，后兄鄧騭執政。在位期間，政治黑暗，社會矛盾尖銳。張伯路等起兵海上，攻擊沿海諸郡，襲殺守令；杜季貢等聯合羌人連年起義，屢敗漢兵。建光元年（西元一二一年）鄧太后死後親政，與宦官李閏等合謀誅滅鄧騭宗族，自此寵信宦官。廟號恭宗。⓰濟陰王　即順帝劉保（西元一一五—一四四年），東漢安帝之子。永寧元年（西元一二〇年）被立為太子。延光三年（西元一二四年）被廢為濟陰王。安帝死，宦官江京等立北鄉侯劉懿為帝（即少帝），旋卒。宦官孫程等殺江京迎立其為帝。孫程等十九名宦官封侯。外戚梁商、梁冀相繼為大將軍，朝政操於宦官、外戚之手，政治日益腐敗。⓱太常　官名。西漢中元六年（西元前一四四年）改奉常置。掌禮樂、祭祀宗廟、社稷，負責朝會和喪葬禮儀，管理皇帝陵墓、寢廟所在縣邑，每月巡視諸陵，兼掌教育，主持博士及博士弟子的考核與薦舉。秩中二千石，位居九卿之首，多由列侯充任。西漢中期後職權漸分。東漢沿置。⓲桓焉　字叔元，東漢沛郡龍亢（今安徽懷遠）人。少傳家學，明經篤行，曾入宮為安、順二帝講授經書。歷任太子太傅、光祿大夫、太尉等職。有弟子數百人。⓳太僕　官名。西周始置，秦、漢為九卿之一，掌御用車馬和畜牧業，秩中二千石。新莽改稱太御。東漢復原名，除御用車馬外，兼掌兵器製作。⓴來歷　（？—西元一二三年），字伯珍，東漢南陽新野（今屬河南）人。嗣爵為征羌侯。母為明帝女武安公主。和帝時任侍中、射聲校尉。安帝時，遷太僕。延光三年（西元一二四年），反對安帝廢皇太子劉保為濟陰王，以此免官。順帝時起用為衛尉、車騎將軍，官終大鴻臚。㉑江充　（？—西元前九一年），字次倩，西漢趙國邯鄲（今屬河北）人。因父兄為趙太子丹所害，入京告發太子淫亂。被武帝任為謁者，使匈奴。後為直指繡衣使者，以執法不阿遷水衡都尉。因見武帝年老多病，恐太子即位於己不利，詭稱帝病祟在巫蠱。武帝以其為使者，治巫蠱。遂掘蠱於太子宮，稱得桐木人。太子懼，起兵殺之，旋兵敗自殺。後武帝以巫蠱事多不信，知太子蒙冤，乃族滅充家。㉒戾園興兵　指戾太子劉據起兵殺江充之事。戾園，指戾太子劉據（西元前一二八—前九一年），又稱衛太子，西漢武帝子，衛皇后所生。元狩元年（西元前一二二年）立為太子。武帝末，衛后寵衰。時江充用事，與太子及衛氏有隙，遂藉巫蠱事至太子宮掘蠱，聲稱得桐木人。太子無以自明，乃於征和二年（西元前九一年）七月矯制捕充殺之。又發賓客士卒與丞相劉屈氂等戰長安市內。兵敗亡匿，為吏發覺圍捕，被迫自殺。其孫宣帝即位，謚曰戾。㉓壺關三老　即令狐茂。戾太子死後，他上書武帝，為太子鳴冤。武帝感悟，憐太子無辜，於是族滅江充。三老，鄉官名。戰國時秦、齊、魏國閭里及縣均設，掌鄉里教化。西漢時以民年五十以上，有修行，能帥眾為善者為三老，鄉一人；擇鄉三老一人為縣三老。後郡國亦置。三老可免除徭役，就地方政事向縣令、丞、尉提出各種建議。東漢明帝時，以年老大臣為之，以示孝悌天下。㉔保傅　太保和太傅的合稱。太保，官名。西周置，為輔弼君王的大臣。春秋沿置，輔佐君王，執掌軍政。戰國後廢。西漢元始元年（西元元年）復置，與太師、太傅、少傅並稱四輔，位上公，但無實際執掌，旋罷。㉕九德之義　古人所指九種美德。在古籍中，所指隨文而異。《逸周書・常訓》：「九德：忠、信、敬、剛、柔、和、固、貞、順。」《尚書・皋陶謨》：「亦行有九德……寬而栗，柔而立，願而恭，亂而敬，擾而毅，直而溫，簡而廉，剛而塞，強而義。」《左傳》的九德為：度、莫、明、類、長、君、順、比、文。㉖司空　官名。三公之一，西漢成帝時改御史大夫為大司空，東漢時稱司空，主要職務為監察、執法，兼掌重要文書圖籍。㉗清河　郡名。封國名。治今山東臨清。㉘有司　古代設官分職，各有專司，因稱職官為有司。㉙三王　指夏商周三代的開國之君夏禹、商湯、周武王。㉚司寇　刑名，徒刑的一種。漢代司寇為二歲刑。㉛陽嘉　東漢順帝年號，西元一三二—一三五年。㉜河南縣　周雒邑王城，戰國稱河南，西漢置河南縣。治今河南洛陽西郊澗水東岸。東漢沿置。㉝經學　訓解、闡述儒家經典之學。起源常被追溯到孔子弟子子夏。自漢武帝獨尊儒術，立《五經》博士，經學成為中國封建文化的正統。兩漢時經學極盛，分為今文經學和古文經學兩派。㉞孝廉　漢代選拔官吏的科目。孝指孝子，廉指廉潔之士，原為二科，漢武帝採納董仲舒建議，於元光元年（西元前一三四年）初令郡國舉孝、廉各一人。其後多混同連稱，而為一科，所舉也不限於孝者和廉吏。察舉孝廉為歲舉，郡國每年向中央推舉一至二人。被舉者大都先除授郎中。㉟司徒　官名。三公之一，西漢哀帝時罷丞相，置大司徒，東漢時稱司徒，名義上與司空、太尉共掌政務，實際上權力已在尚書臺。㊱高第　經過考核，成績優秀，名列前茅。㊲侍御史　官名。漢沿秦置，在御史大夫下，或給事殿中，或舉劾非法，或督察郡縣，或奉使出外執行指定任務。㊳不愆不忘二句　不會有過失，也不會遺忘，只要一心一意地遵循舊典。語出《詩・假樂》。指周成王美德，不過是沿用原來的典章制度。㊴文　即西漢文帝劉恆（西元前二〇二—前一五七年），漢高祖劉邦之子。呂后死後，周勃等平定諸呂之亂，他以代王入為皇帝。執行「與民休息」的政策，減輕田租、賦役和刑獄，使農業生產有所恢復發展。又削弱諸侯王勢力，以鞏固中央集權。史家把他同景帝統治時期並舉，稱為「文景之治」。㊵明　劉莊（西元二八—七五年），字子麗，東漢光武帝劉秀第四子。在位期間，遵奉光武制度，整頓吏治，嚴明法令，禁止外戚封侯預政。提倡儒術，省減租徭，修治汴河，民生比較安定。數發兵進擊北匈奴，遣班超經營西域，西域諸國皆遣子入侍。後世史家將其與章帝統治時期並稱為「明章之治」。廟號顯宗。㊶中官常侍　指宮中侍奉皇帝左右的宦官。中官，即宦官，以給事於禁中，故名。常侍，中常侍、內常侍等宦官之簡稱。㊷夷狄　古代泛稱我國東方各族為「夷」，北方各族為「狄」，因用以泛指異族人。㊸中國　指漢族地區。以其在四夷之中，與「中土」、「中原」、「中州」含義相同。㊹漢安　東漢順帝年號，西元一四二—一四四年。㊺八使　東漢順帝派遣侍中周舉、杜喬、守光祿大夫周栩、前青州刺史馮羨、尚書欒巴、侍御史張綱、兗州刺史郭遵、太尉長史劉班等八位有威望的官員並為守光祿大夫，巡行各地，糾察地方官員，刺史、二千石有貪贓枉法者舉劾，縣令以下可立即收押。八使同時任命，天下人稱之為「八俊」。㊻耆儒　德高的老儒。㊼洛陽　東漢都城。在今河南洛陽東北白馬寺東。㊽都亭　古代城郭附近的亭舍。㊾冀　即梁冀（?—西元一五九年），字伯卓，東漢安定烏氏（今甘肅平涼）人。兩妹為順帝、桓帝皇后。其父梁商死後，繼為大將軍。順帝死，他與妹梁太后先後立沖、質、桓三帝，專斷朝政近二十年。執政期間，驕奢橫暴，多建苑囿，並強迫人民數千為奴婢，稱「自賣人」。梁太后、皇后先後死，桓帝與宦官單超等五人定議，誅滅梁氏，他被迫自殺。東漢政府沒其財產，賣錢三十萬萬之鉅。事見本書卷三十四。㊿河南尹　官名。東漢建武十五年（西元三九年）置，為京都雒陽所在河南郡長官，秩二千石。主掌京都事務。(51)不疑　即梁不疑，東漢安定烏氏（今寧夏固原）人。梁冀之弟。初為侍中，順帝永和六年（西元一四一年）為河南尹。桓帝建和元年（西元一四七年）封潁陽侯。好經書，喜結交士人。為冀所嫉，轉為光祿勳。後辭官居家自守。梁冀暗中派人監視，禁止他與賓客來往。先冀而死。事見本書卷三十四。(52)芻蕘之資　資質平庸。芻蕘，鄉野間見聞不多無知淺陋的人。(53)阿衡　即保衡。商代伊尹的尊號。《尚書・君奭》：「在太甲，時則有若保衡。」一說「阿」、「保」乃伊尹所任官名，衡是伊尹之字。引申為任國家輔弼之任，宰相之職。(54)五教　五倫之教，即父義、母慈、兄友、弟恭、子孝，是父、母、兄、弟、子五者之間的封建關係準則。又稱「五典」、「五常」。(55)翼讚　輔佐。(56)封豕　大豬。比喻貪暴者。(57)廣陵　郡名。西漢置。治今江蘇揚州西北蜀岡上，後分置廣陵國、臨淮郡。東漢又改廣陵國為廣陵郡。[58]張嬰　東漢廣陵（今江蘇揚州）人。順帝末，聚眾數萬人暴動，殺刺史及郡守，轉戰徐、揚之間十餘年，屢敗官軍。漢安元年（西元一四二年），為廣陵太守張綱誘降。綱死後再次率眾暴動，占據廣陵。為中郎將滕撫所敗。[59]刺史　官名。西漢武帝始置，分全國為十三部（州），各置刺史一人，秩六百石。無治所，奉詔巡行諸郡，以六條問事，省察治政，黜陟能否，斷理冤獄。東漢時沿置，有固定治所，實際上成為比郡守高一級的地方行政長官。靈帝時，改刺史為州牧，掌握一州的軍政大權。[60]二千石　官秩等級，因所得俸祿以穀為準，故以「石」稱之。因郡守、王國傅相均秩二千石，所以二千石成為漢代對郡守、國相等一級官吏的通稱。[61]揚　州名。西漢武帝所置「十三刺史部」之一。東漢治今安徽和縣，末年移治今安徽壽縣，今安徽合肥。[62]徐　州名。西漢武帝所置「十三刺史部」之一。東漢治今山東郯城。[63]太守　官名。西漢景帝時改郡守置，為郡的最高行政長官，掌民政、司法、軍事、財賦等，可以自辟僚屬，秩二千石。東漢沿置。[64]荊　州名。西漢武帝所置「十三刺史部」之一。東漢荊州治漢壽縣（今湖南常德）。[65]兗　州名。西漢武帝所置「十三刺史部」之一。東漢治今山東金鄉。[66]豫　州名。西漢武帝所置「十三刺史部」之一。察郡國四。東漢州治今安徽亳州。[67]荒裔　邊遠地區。[68]南州　古時多泛稱南方為南州，東、西、北方為東州、西州、北州。[69]剖符　猶剖竹。古代帝王分封諸侯、功臣時，以竹符為信證，剖分為二，君臣各執其一，後因以「剖符」、「剖竹」為分封、授官之稱。[70]蒸庶　民眾；百姓。[71]考妣　稱已故的父親和母親。[72]郎中　官名。始於戰國，漢代沿置，屬郎中令（後改光祿勳），管理車、騎、門戶，並內充侍衛，外從作戰。初分為車郎、戶郎、騎郎三類，長官設有車戶騎三將，其後類別逐漸泯除。

【語　譯】張晧，字叔明，犍為郡武陽縣人。他的六世祖張良在漢高祖時為太子少傅，被封為留侯。張晧年輕時到京城遊學，永元時，回到州郡做官，後到大將軍鄧騭府中任職，前後五次升遷，官至尚書僕射，任職八年，外任彭城相。

2　永寧元年，朝廷徵召他為廷尉。張晧雖然不是法家，但他在刑法判案方面很用心，多次與尚書一起探討解決疑難複雜案件，他的看法細緻穩妥，因此多被採納。當時，漢安帝廢皇太子為濟陰王，張晧與太常桓焉、太僕來歷在朝堂上極力諫諍，沒能成功。此事已在本書〈來歷傳〉中有詳細記載。退朝後又上疏說：「從前賊臣江充，造假誣陷，導致戾太子起兵，最終殺身遇難。後來因壺關三老令狐茂一句話，漢武帝才醒悟過來，雖然知道以前的過失，後悔也來不及了呀！現在皇太子年齡剛滿十歲，還沒聽到太保太傅關於九德的教誨，應該挑選賢良大臣加以輔導，使太子具備聖君素質。」奏疏遞上去皇帝未加理睬。

3 順帝即位後，任命張晧為司空，在任期間許多人經他推薦後升遷，天下人稱讚他為「推士」。當時，清河人趙騰上疏談論災變，譏刺朝政，奏章被下發到相關機構，趙騰被逮捕拷打，牽連出同案犯八十餘人，都按誹謗治罪應該遭受重刑。張晧上疏勸諫說：「臣聽說堯舜設立敢諫之鼓，三王立誹謗之木，《春秋》採善書惡，聖明之君不怪罪山野村夫。趙騰等雖然擅議朝政冒犯法律，但他們上書的本意卻是盡忠直諫。如果判他們死刑，那麼天下人都會閉口，就堵塞了勸諫批評的源頭，這不能用來顯示德行和垂示後人啊。」順帝於是醒悟，減趙騰死罪一等，其餘的人都服刑二年。順帝四年，因陰陽不和被免職。

4 陽嘉元年，又出任廷尉。這一年死於任上，終年八十三歲。順帝派使臣前往弔祭，在河南縣賜墓地。張晧兒子名張綱。

5 張綱字文紀。年輕時就通曉經學。雖然身為官宦子弟，但激勵自己保持平民百姓的節操。被推舉為孝廉而沒有應命，司徒以才能出眾選為侍御史。當時漢順帝重用放任宦官，有識之士都心存恐懼。張綱經常感憤激昂，慨然歎息說：「滿朝奸惡之徒，不能獻身掃除國家的災難，即使活在這世上我也不願意。」退朝後他上書說：「《詩》說：『不會有過失，也不會遺忘，一切遵循舊典。』回想大漢朝剛剛創立和光武帝中興之時，還有漢文帝、漢明帝之世，道德教化特別興盛。觀察他們的治國方略和所作所為，十分清楚，也容易遵循，只是謙恭節制、堅守節操，約束自身和崇尚道德而已。當時，中官、常侍不超過兩人，近臣受賞賜也不過只有數金，愛惜費用，重視人才，所以家家戶戶豐衣足食。周邊民族聽說中國富強，並且講信用守道德，因而他們侵伐的奸謀自然消除而受到平和之氣的影響。但是最近以來，朝廷不遵循舊典，無功小人都賞有官職爵位，朝廷讓他們富貴，讓他們驕橫，最終是害了他們，這不是愛惜人才重視人才，順應天命和道義的辦法。我懇求陛下稍留聖恩，對左右親信的賞賜要進行削減，以順從上天的心意。」上書後沒有被順帝採納。

6 漢安元年，朝廷選派八位使者巡視各地民風民俗，都是知名的年高儒者，大多任過高官顯位，只有張綱最年輕，官位最低。其他人受命後都前往巡視區域，只有張綱把他的車輪埋到洛陽都亭，說道：「豺狼擋在路上，為什麼責問狐狸！」於是上書說：「大將軍梁冀、河南尹梁不疑，身處外戚之列，承受朝廷的厚恩，以平庸的資質，擔當宰輔重任，不能弘揚道德禮教，輔佐帝王，卻專做貪暴的元凶首惡，肆意貪婪聚斂，一味貪戀錢財，貪欲之心沒有限度，培植眾多的諂諛之徒，用來陷害忠良之臣。此等作為，上天不會寬赦，應該施以大辟之刑。臣下我按條列舉他們目無君長的罪行一十五件，這些都是臣子所切齒痛恨的。」奏疏呈上後，京師為之震動。當時梁冀的妹妹為皇后，正受到皇上寵愛，梁氏家族的姻親布滿朝廷，順帝雖然知道張綱講的是真話，但最終還是不忍採納。

7　當時廣陵叛賊張嬰等擁兵數萬人，殺死刺史、太守，在揚州、徐州一帶騷擾叛亂，長達十餘年，朝廷始終無法將他們討平。梁冀就暗示尚書，以張綱為廣陵太守，想趁機尋事來迫害張綱。此前派遣的廣陵太守，大都請求多帶一些兵馬，張綱卻獨自請求單車赴任。到廣陵後，張綱就帶領官吏士卒十餘人，直接前往張嬰的營壘，以安撫他們，並請求與他們的年長者相見，來申明國恩。張嬰最初非常驚恐，後來見到張綱誠懇守信，於是就出來拜見。張綱請張嬰坐在上座，詢問疾苦。接著就勸導張嬰說：「前後在任的廣陵太守大多肆意貪婪殘暴，所以致使你們心懷憤恨聚眾反抗。這些太守確實有罪，然而你們這樣做也不合道義。如今皇上仁慈聖明，希望憑藉文治之德來使叛亂平服，所以派遣太守，想以爵位俸祿來優待你們，不希望把刑罰施加到你們身上，現在的確是轉禍為福的時候。如果你們聽到道義而不臣服，天子必然勃然大怒，那麼，荊、揚、兗、豫四州大軍雲集廣陵，豈不是很危險嗎？你們不考慮力量強弱，是不明白事理；拋棄善行而選擇惡行，是不明智；放棄順從朝廷而選擇謀反叛逆，是不忠；自己斷絕自己的後嗣，是不孝；背棄正道而走歪路，是不正直；見仁義的事情而不去做，是不勇敢：這六方面是成敗的關鍵，利害攸關，你仔細考慮吧。」張嬰聽了這些話，眼淚流下來，說：「我是邊遠地方愚人，自己不能與朝廷相通，又不能忍受官吏的侵剝冤枉，於是就相互聚集起來尋找一條生路，像魚兒在鍋裡游泳，只是苟延殘喘片刻罷了。現在聽了明公的話，這是張嬰等人重生之時啊。但是我們已經做了不義之事，確實害怕放下武器那一天，不免滅門之禍。」張綱就與他以天地、日月為證立約起誓，嬰深受感動，於是告辭返回營壘。第二天，張嬰率領其部屬萬餘人與妻子兒女在頸上繫上繩子向張綱投降。張綱於是獨自乘車進入張嬰軍營，與張嬰全軍大會，設酒宴娛樂，之後，將部眾遣散，聽任部署各奔前程；張綱親自選地為張嬰建造房屋，規劃土地；張嬰的子弟有想做官的，都引薦任用他們。這樣，百姓心悅誠服，廣陵郡太平無事。朝廷評議張綱的功勞，認為理當封賞，但梁冀從中阻撓，封賞之議就作罷了。天子嘉獎讚美張綱，下詔準備重用他，而張嬰等人上書請求將張綱留任廣陵，朝廷答應了。

8 張綱在廣陵任職一年後死去，終年四十六歲。百姓老老少少到太守府弔喪的不計其數。從張綱患病之日起，官吏百姓都為他祭神求福，都說「千秋萬歲，什麼時候才能再見到這樣的太守」。張嬰等五百餘人穿上孝服行喪禮，將靈柩送到犍為，堆起土來築成墳墓。皇帝下詔說：「前廣陵太守張綱，大臣之後，受命統管廣陵事務，修正自身引導百姓，宣傳朝廷的仁德威信，招服大盜張嬰等一萬餘人，平息了戰爭，解除了百姓的危困，沒來得及升任更顯要的官爵，就不幸英年早逝。張嬰等人身穿孝服，手持喪杖，像死了父母一樣，朕很感哀憐呀！」任用張綱的兒子張續為郎中，賜錢百萬。

1 王龔，字伯宗，山陽❶高平❷人也。世為豪族。初舉孝廉，稍遷青州❸刺史，劾奏貪濁二千石數人，安帝嘉之，徵拜尚書。建光❹元年，擢為司隸校尉❺，明年遷汝南❻太守。政崇溫和，好才愛士，引進郡人黃憲、陳蕃❼等。憲雖不屈，蕃遂就吏。蕃性氣高明，初到，龔不即召見之，乃留記謝病去。龔怒，使除其錄。功曹❽袁閬請見，言曰：「聞之傳曰『人臣不見察於君，不敢立於朝』。蕃既以賢見引，不宜退以非禮。」龔改容謝曰：「是吾過也。」乃復厚遇之。由是後進知名之士莫不歸心焉。閬字奉高。數辭公府之命，不修異操，而致名當時。

2 永建⑨元年，徵龔為太僕，轉太常。四年，遷司空，以地震策免。

3 永和⑩元年，拜太尉⑪。在位恭慎，自非公事，不通州郡書記。其所辟命，皆海內長者。龔深疾宦官專權，志在匡正，乃上書極言其狀，請加放斥。諸黃門⑫恐懼，各使賓客誣奏龔罪，順帝命亟自實。前掾⑬李固⑭時為大將軍梁商⑮從事中郎⑯，乃奏記於商曰：「今日聞下太尉王公勑令自實，未審其事深淺何如。王公束脩厲節，敦樂蓺文，不求苟得，不為苟行，但以堅貞之操，違俗失眾，橫為讒佞所構毀，眾人聞知，莫不歎慄。夫三公⑰尊重，承天象極，未有詣理訴冤之義。纖微感槩，輒引分決，是以舊典不有大罪，不至重問。王公沈靜內明，不可加以非理。卒有它變，則朝廷獲害賢之名，群臣無救護之節矣。昔絳侯⑱得罪，袁盎⑲解其過；魏尚⑳獲戾，馮唐㉑訴其冤。時君善之，列在書傳。今將軍內倚至尊，外典國柄，言重信著，指撝無違，宜加表救，濟王公之艱難。語曰：『善人在患，飢不及餐。』斯其時也。」商即言之於帝，事乃得釋。

4 龔在位五年，以老病乞骸骨㉒，卒於家。子暢。

5 論曰：張晧、王龔，稱為推士，若其好通汲善，明發升薦，仁人之情也。夫士進則世收其器，賢用即人獻其能。能獻既已厚其功，器收亦理兼天下。其利甚博，而人莫之先，豈同折枝於長者，以不為為難乎？昔柳下惠見抑於臧文㉓，淳于長受稱于方進㉔。然則立德者以幽陋好遺，顯登者以貴塗易引。故晨門有抱關之夫，柱下無朱文之軫也㉕。

6 暢字叔茂。少以清實為稱，無所交黨。初舉孝廉，辭病不就。大將軍梁商特辟舉茂才㉖，四遷尚書令㉗，出為齊㉘相。徵拜司隸校尉，轉漁陽㉙太守。所在以嚴明為稱。坐事免官。是時政事多歸尚書，桓帝㉚特詔三公，令高選庸能。太尉陳蕃薦暢清方公正，有不可犯之色，由是復為尚書。

7 尋拜南陽㉛太守。前後二千石逼懼帝鄉貴戚，多不稱職。暢深疾之，下車奮厲威猛，其豪黨有釁穢者，莫不糾發。會赦，事得散。暢追恨之，更為設法，諸受臧二千萬以上不自首實者，盡入財物；若其隱伏，使吏發屋伐樹，堙井夷竈，豪右㉜大震。功曹張敞奏記諫曰：「五教在寬，著之經典。湯去三面，八方歸仁㉝。武王㉞入殷㉟，先去炮格之刑㊱。高祖鑒秦㊲，唯定三章之法㊳。孝文皇帝㊴感一緹縈㊵，蠲除肉刑。卓茂㊶、文翁㊷、召父㊸之徒，皆疾惡嚴刻，務崇溫厚。仁賢之政，流聞後世。夫明哲之君，網漏吞舟之魚，然後三光明於上，人物悅於下。言之若迂，其效甚近。發屋伐樹，將為嚴烈，雖欲懲惡，難以聞遠。以明府[44]上智之才，日月之曜，敷仁惠之政，則海內改觀，實有折枝之易，而無挾山之難。郡為舊都侯甸之國，園廟出於章陵[45]，三后生自新野[46]，士女沾教化，黔首[47]仰風流，自中興[48]以來，功臣將相，繼世而隆。愚以為懇懇用刑，不如行恩；孳孳求姦，未若禮賢。舜舉皋陶[49]，不仁者遠。隨會[50]為政，晉[51]盜奔秦[52]。虞[53]、芮[54]入境，讓心自生。化人在德，不在用刑。」暢深納敞諫，更崇寬政，慎刑簡罰，教化遂行。

8　郡中豪族多以奢靡相尚，暢常布衣皮褥，車馬羸敗，以矯其敝。同郡劉表[55]時年十七，從暢受學。進諫曰：「夫奢不僭上，儉不逼下[56]，循道行禮，貴處可否之間。蘧伯玉[57]恥獨為君子。府君不希孔聖之明訓，而慕夷齊[58]之末操，無乃皎然自貴於世乎？」暢曰：「昔公儀休[59]在魯[60]，拔園葵，去織婦；孫叔敖[61]相楚[62]，其子被裘刈薪。夫以約失之鮮矣[63]。聞伯夷之風者，貪夫廉，懦夫有立志。雖以不德，敢慕遺烈。」

9　後徵為長樂衛尉[64]。建寧[65]元年，遷司空，數月，以水災策免。明年，卒於家。

10

子謙，為大將軍何進⑯長史⑰。謙子粲⑱，以文才知名。

【章　旨】以上為〈王龔傳〉，記載王龔及其子王暢事跡。王龔在刺史任上劾奏貪濁官吏，為太尉時敢於上書抨擊宦官。王暢先後在中央和地方任職，都以公正嚴明著稱。

【注　釋】❶山陽　郡名。治今山東鉅野。❷高平　東漢章帝改橐縣置。因高平山為名。治今山東鄒城西南。❸青州　西漢武帝時所置「十三刺史部」之一。東漢治今山東淄博臨淄鎮。❹建光　東漢安帝劉祜年號，西元一二一－一二二年。❺司隸校尉　官名。西漢武帝時始置，秩二千石。初掌管理役使在中央諸官府服役的徒隸，領一千二百人，持節，亦捕治罪犯。後罷其兵，掌糾察京都百官及京師附近的三輔、三河、弘農七郡的犯法者，職權漸重。東漢司隸校尉威權更重，凡宮廷內外，皇親貴戚，京都百官，無所不糾，兼領兵，有檢敕、捕殺罪犯之權。並為司隸州行政長官，轄前述七郡。治所在河南洛陽。❻汝南　郡名。西漢置。治今河南上蔡。❼陳蕃　字仲舉，東漢汝南平輿（今河南平輿）人。桓帝時任太尉，與李膺等反對宦官專權，為太學生所敬重，被稱為「不畏強禦陳仲舉」。靈帝立，他為太傅，與外戚竇武謀誅宦官，謀洩，率官屬及太學生八十餘人，衝入宮門，事敗入獄被害，年七十餘。❽功曹　功曹史。官名。漢代郡守的屬官，相當於郡守的總務長，除掌人事外，並得與聞一郡的政務。❾永建　東漢順帝劉保年號，西元一二六－一三二年。❿永和　東漢順帝年號，西元一三六－一四一年。⓫太尉　官名。秦、西漢時為全國軍政長官，與丞相、御史大夫並列，合稱三公。東漢時太尉與司徒、司空並稱三公，秩萬石，但因權歸尚書臺，太尉已無實權。⓬黃門　指宦官。漢代宮中宦官有小黃門、中黃門、黃門令等。後遂為對宦官的泛稱。⓭掾　屬官統稱。漢代三公府及其他重要官府皆置掾、史、屬，分曹治事。掾為曹長，史、屬副貳。故掾史多冠以曹名，如戶曹掾、戶曹史等。⓮李固　（西元九四－一四七年），字子堅，東漢漢中南鄭（今陝西漢中）人。順帝永和年間，任荊州刺史、泰山太守，招撫境內暴動農民。沖帝即位，任太尉，與大將軍梁冀共參錄尚書事。沖帝死，他議立清河王，冀不從，另立質帝。不久，冀鴆殺質帝，欲立蠡吾侯。他再次固請立清河王，為冀所忌，因被免職。後為冀所誣，被殺。事見本書卷六十三。⓯梁商　（？－西元一四一年），字伯夏，東漢安定烏氏（今寧夏固原）人。少以外戚拜郎中，遷黃門侍郎。順帝永建元年嗣爵為乘氏侯。陽嘉元年，其兩女被立為皇后、貴人，遂加位特進，任執金吾。四年，拜大將軍，備受寵信。曾辟名儒周舉等為從事郎中，以籠絡人心。又遣子梁冀等與掌權宦官曹節等結交。後幾為宦官所害。病卒。⓰從事中郎　官名。東漢置，為大將軍、車騎將軍之屬官，參與謀議。大將軍府定員二人，秩六百石。⑰三公　官名合稱，周代已有此稱，為最高輔政大臣，一說為司馬、司徒、司空，一說為太師、太傅、太保。西漢時以丞相、太尉、御史大夫合稱三公。東漢時以太尉、司徒、司空合稱三公。為共同負責軍政的最高長官。⑱絳侯　即周勃（？—西元前一六九年），沛縣人。漢初大臣，秦末從劉邦起義，以軍功為將軍，封絳侯。漢初又從劉邦平定韓王信、陳豨和盧綰的叛亂。劉邦認為他「厚重少文，然安劉氏者必勃也」。呂后時，任太尉，但軍權仍為呂后親屬所控制。呂后死，他與陳平定計，入北軍號召將士擁護劉氏，誅殺企圖奪取政權的呂產、呂祿等人，迎立文帝，任右丞相。⑲袁盎　或作「爰盎」（？—西元前一四八年），字絲，楚人，後徙安陵（今陝西咸陽東北）。西漢大臣，歷任齊相、吳相。素與鼂錯交惡。景帝時，錯為御史大夫，使吏案其受吳王財物事，遂被廢為庶人。吳楚七國反，密勸景帝斬錯以謝吳。後因諫止立梁孝王為帝嗣，被梁刺客所殺。⑳魏尚　西漢內史槐里（今陝西興平）人，文帝時為雲中守，善治軍。出私俸錢，殺牛以饗賓客軍吏舍人，因此士卒都願效命，匈奴不敢近雲中塞。後因上報殺敵首級數與實際相差五個，被削爵罰作。因郎中署長馮唐向文帝進諫，才得恢復原職。㉑馮唐　西漢安陵（今陝西咸陽）人。文帝時，為郎中署長，年已老。曾在文帝前為雲中守魏尚辯解，指出「賞輕罰重」之失。文帝於是又以魏尚為雲中守，並任他為車騎都尉。景帝時，馮唐任楚相。㉒乞骸骨　古代官員中請退休的習慣用語。意為向皇帝乞回骸骨，歸葬故鄉。有時也為大臣引咎辭職的一種方式。或稱「乞身」、「乞骸」、「賜乞骸」。㉓昔柳下惠見抑於臧文　從前柳下惠被臧文仲壓制。指臧文仲知道柳下惠賢能而使他居低級職位。柳下惠，展氏，名獲，字禽，春秋時魯國人。食邑柳下，私諡為惠，故稱柳下惠。於臧文仲執政時任士師。以講究禮節著稱。臧文仲祭祀海鳥，他認為不合祀典。魯僖公二十六年（西元前六三四年），齊攻魯，他使人至齊，以尊先王「世世子孫無相害也」之命為詞，勸齊退兵。臧文，即臧文仲（？—西元前六一七年），臧孫氏，名辰，字文仲，春秋時人。魯國大夫。歷仕於魯莊公、閔公、僖公、文公四世。曾出使晉、宋、楚等國，應對得宜，不辱國體。曾「廢六關」、禁遊說之士，為孔子所反對。㉔淳于長受稱于方進　淳于長受到翟方進稱道而被推薦。漢成帝時定陵侯淳于長以太后姐子而官至九卿。翟方進為丞相，獨與長交，並稱讚推薦他。淳于長，西漢魏郡元城（今河北大名）人。成帝時，以太后姐子為黃門郎，官至衛尉。往來通語東宮，使趙飛燕得立為后，因封定陵侯。深得成帝信用，權傾公卿。王莽心害其寵，綏和元年（西元前八年）譖於大司馬驃騎將軍王根及太后，遂被免官，遣就國。後以珍寶重賂紅陽侯王立，立為之求留。成帝疑有大奸，繫之洛陽詔獄窮治，死獄中。方進，即翟方進（？—西元前七年），字子威，汝南上蔡（今河南上蔡）人。西漢大臣。成帝時，歷任朔方刺史、御史大夫，後為丞相，封高陵侯。任相十年，因統治集團內部鬥爭，成帝以「灾害並臻，民被饑餓」罪，迫令自殺。㉕故晨門二句　所以守門人中必有抱關之賢，柱下史永遠沒有繪有花紋的車子。晨門，負責守門，早晚開關。據《論語》記載，孔子弟子子路在石門住宿，看門人問：「從哪裡來？」子路回答：「從孔子那裡。」看門人問：「就是那個知道不可為而為的人嗎？」抱關之夫，即守關之人，戰國時魏國人侯嬴在大梁看守城門，被信陵君迎為上客，後向信陵君獻計，竊符救趙，打敗秦軍。柱下，即柱下史。《神仙傳》：「老子，周宣王時為柱下史。」朱文，畫車為紋。軫，車後橫木。㉖茂才　漢代察舉重要科目之一。西漢稱秀才，東漢避光武帝劉秀名諱，改為茂才，或作茂材。東漢建武十二年（西元三六年），詔三公舉茂才四行各一人，司隸州牧歲舉茂才一人，於是成為歲舉的常科。㉗尚書令　官名。始於秦，西漢沿置，本為少府的屬官，掌章奏文書。漢武帝以後職權漸重。東漢政務皆歸尚書，尚書令成為直接對君主負責總攬一切政令的首腦。㉘齊　封國名。東漢建武十一年（西元三五年），以齊郡為齊國。治臨淄縣。㉙漁陽　戰國燕置。秦漢治今北京密雲。㉚桓帝　即劉志（西元一三二—一六七年），東漢章帝曾孫。本初元年被梁太后與兄大將軍梁冀迎立為帝。在位期間，梁太后臨朝，梁冀專權，朝政昏亂，民不聊生。各族人民反抗暴動蜂起。延熹二年與宦官單超等合謀誅滅梁氏，封單超等為縣侯，自後權歸宦官，政治更趨黑暗。大臣陳蕃、李膺等聯合太學生，反對宦官干政，被宦官誣指共為部黨。下詔逮捕黨人，禁錮終身，史稱「黨錮」。㉛南陽　郡名。戰國時置。治今河南南陽。㉜豪右　豪門大族。㉝湯去三面二句　商湯網開三面，八方之人都歸附他。據《史記》記載，湯曾為夏的方伯，得專征伐。見野外張著四面網捕捉野獸，湯下令去其三面。諸侯聽聞後說：「湯連野獸都施以恩德！」於是諸侯全都歸附。湯，又稱「成湯」、「武湯」等，商朝第一位王。用伊尹、仲虺為輔佐，自葛（今河南寧陵）開始，接連攻滅韋（今河南滑縣）、顧（今山東鄄城）、昆吾（今河南濮陽，一說在新鄭境內）等夏之屬國，進而伐夏桀，放桀於南巢（今安徽巢湖市），遂滅夏，建立商朝。㉞武王　姬姓，名發，周朝建立者，周文王之子。用太公望、周公旦等人輔政，伐紂。與商軍會戰於牧野（今河南淇縣）。商軍倒戈，紂登鹿臺自焚而死，遂滅商。周朝建立，都鎬京（今陝西長安灃河）。二年後病卒。㉟殷　朝代名。即商朝，西元前十六世紀商湯滅夏後建立的王朝。建都亳（今山東曹縣），曾多次遷移。後盤庚遷都殷（今河南安陽小屯村），因而商也被稱為殷。傳至紂，被周武王攻滅。共傳十七代，三十一王。約當西元前十六世紀到前十一世紀。㊱炮格之刑　又稱「炮烙之刑」，商紂王時酷刑。以膏脂塗銅柱，下加炭火燒熱，令罪人行於柱上，墜入火中燒死。一說為銅格，下加炭火，使人步格上。㊲秦　朝代名。我國歷史上第一個封建王朝。西元前二二一年秦王政統一中原，自稱始皇帝（即秦始皇），建都咸陽。並進一步統一東南、西南地區。疆域東、南到海，西到今甘肅、四川，西南至今雲南、廣西，北到陰山，東北至遼東。曾推行郡縣制，統一文字和度量衡，修築長城等，有利於鞏固統一、加強中央集權；但賦役繁重，刑政苛暴，激化了社會矛盾。西元前二〇九年爆發了以陳勝、吳廣為首的農民大暴動。西元前二〇六年為劉邦領導的農民軍所滅。共歷二世，統治十五年。㊳三章之法　即約法三章。西元前二〇六年，劉邦率農民軍占領秦都咸陽後，向關中父老宣布的臨時律令。內容是「殺人者死，傷人及盜抵罪」。㊴孝文皇帝　即劉恆（西元前二〇二—前一五七年），西漢高祖劉邦之子。呂后死後，周勃等平定諸呂之亂，他以代王入為皇帝。執行「與民休息」的政策，減輕田租、賦役和刑獄，使農業生產有所恢復發展。又削弱諸侯王勢力，以鞏固中央集權。史家把他同景帝統治時期並舉，稱為「文景之治」。㊵緹縈　即淳于緹縈。西漢齊國臨淄（今山東淄博）人。太倉令淳于意之女。文帝四年（西元前一七六年）其父獲罪當刑，押送長安。緹縈上書申訴，願以身入為官婢，來贖父親刑罪。漢文帝為之感動，赦免了她的父親。後又下詔廢止肉刑。㊶卓茂　（？—西元二八年），字子康，西漢末南陽宛（今河南南陽）人。元帝時，遊學長安，號為通儒。後以儒術舉為侍郎。曾任密令、京部丞。更始時為侍中祭酒，旋以年老辭歸。劉秀稱帝後，聞名求之，任為太傅，封褒德侯。㊷文翁　西漢廬江舒（今安徽廬江縣）人。景帝末年為蜀郡守，以蜀地僻陋，選遣郡縣小吏十餘人詣京師，受業博士，或學律令。學成還歸，皆署以要職，後有官至郡守刺史者。又修起學宮於成都中，招鄰近各縣子弟為學官弟子，免除更徭，成績優良者補郡縣吏，次為孝弟力田。數年，風氣大變，吏民爭欲為學官弟子。漢代郡國立學校官自其始。終於蜀，吏民為立祠。㊸召父　即召信臣。字翁卿，西漢九江壽春（今安徽壽縣）人。元帝時任零陵太守。復徵諫大夫，遷南陽太守。勤力有方略，躬勸耕農，增廣溉田多至三萬頃。府縣吏家子弟遊手好閒者，輒斥罷之。郡以殷富，戶口倍增，當時被稱為「召父」。後遷河南太守，治行常為第一。竟寧年間，徵入為少府。年老卒於官。㊹明府　漢代對郡守的尊稱。㊺郡為舊都二句　南陽郡是舊都侯甸之地，朝廷的祖廟就在章陵。漢光武帝劉秀起於南陽，故稱之舊都。古制，京城五百里內為甸服，千里內為侯服。南陽距洛陽千里，故曰侯甸。章陵，縣名。建武六年（西元三〇年）置。在今湖北棗陽。屬南陽郡。光武帝父南頓君以上四廟置於此。㊻三后生自新野　三個皇后出生於新野。三后，指光武帝陰皇后、和帝陰皇后、鄧皇后。新野，縣名。西漢置。治今河南新野。㊼黔首　戰國及秦漢對百姓的稱謂。㊽中興　即光武中興。指漢光武帝劉秀在西漢滅亡以後重建漢朝。㊾皐陶　相傳為堯舜時人，生於曲阜（今屬山東），偃姓。舜命為管理刑政的士。佐禹平水土有功，後禹封其後裔於英（今安徽六安西）、六（今安徽六安）。㊿隨會　春秋時晉國人，晉侯命他統率中軍，並且為太傅，晉國的盜賊聽說後都出逃到秦國。[51]晉　古國名。西元前十一世紀周分封的諸侯國，姬姓。開國君主是周成王弟叔虞，在今山西西南部，建都於唐（今山西翼城）。春秋時晉文公改革內政，國力富強，成為霸主。晉景公時遷都新田（今山西曲沃），亦稱「新絳」，兼併赤狄，疆域大有擴展，有今山西大部、河北西南部、河南北部和陝西一角。西元前四世紀中葉晉國為韓、趙、魏三家所分。(52)秦　指秦國。開國君主為秦襄公，因護送周平王東遷有功，被周分封為諸侯。春秋時建都於雍（今陝西鳳翔），占有今陝西中部和甘肅東南端。秦穆公曾攻滅十二國，稱霸西戎。戰國時秦孝公任用商鞅變法，國力富強，並遷都咸陽（今陝西咸陽），成為戰國七雄之一。之後，疆域不斷擴大。西元前二二一年秦始皇統一中國，建立秦朝。(53)虞　商末周初諸侯國。在今山西平陸北。曾與鄰國芮爭田，請周文王排解。(54)芮　商、周、春秋時國名。在今陝西大荔東南。一說在今山西芮城西。商末與虞爭田，請周文王排解。周初封為姬姓之國。西元前六四〇年為秦所滅。(55)劉表　字景昇，東漢末山陽高平（今山東魚台）人。東漢遠支皇族。初平元年（西元一九〇年）任荊州刺史，取得豪族蒯良、蒯越等人的支持，據有今湖南、湖北地方。後為荊州牧。對割據勢力的戰爭持觀望態度，所據地區破壞較少，中原人前往避難者甚眾。後病死，子琮降於曹操。(56)夫奢不僭上二句　奢華不超越上級，節儉又不過於接近下屬。語出《禮記》：「君子上不僭上，下不逼下。」(57)蘧伯玉　名瑗，春秋時衛國大夫，洞達世事，是一個在收攏自己的抱負時能「不預時政，不忤於人」的人。(58)夷齊　即伯夷、叔齊。二人原為孤竹國君之子，因遜讓君位，奔周，路遇武王伐紂，叩馬進諫。商亡後，兩人不食周粟，餓死於首陽山。(59)公儀休　戰國時魯國人。任博士。有賢德。穆公時任魯相，薦孔伋、泄柳等輔佐國政。在職期間奉法循禮，廉潔自守。倡言「使食祿者不得與下民爭利，受大者不得取小」。故焚毀自家織機，驅逐織婦，拒不受魚，因之聞名於世。(60)魯　即魯國。姬姓。西周初，周武王封周公旦於此，都曲阜（今山東曲阜）。轄境大致南至今山東、江蘇交界處，西到今山東鄆城、鉅野、成武、單縣，東至今沂水以東，北至泰山及汶水之北，以泰山山脈及汶水北岸地與齊為界。春秋時國勢漸弱，戰國時成為小國。西元前二五六年為楚所滅。(61)孫叔敖　蔿氏，名敖，字孫叔，一字艾獵，春秋時楚國期思（今河南淮濱）人。官令尹。邲之戰，輔助楚莊王指揮楚軍，大勝晉兵。曾在期思、雩婁（今河南商城東）興修水利工程。又相傳開鑿芍陂（今安徽壽縣安豐塘），蓄水灌溉。(62)楚　古國名。始祖鬻熊。西周時立國於荊山一帶，建都丹陽（今湖北秭歸）。常與周發生戰爭，周人稱為荊蠻。熊渠做國君時，疆土擴大到長江中游。楚文王時建都於郢（今湖北江陵西北紀南城）。春秋時兼併周圍小國，不斷與晉爭霸。戰國時疆域又有所擴大，西元前二二三年為秦所滅。(63)夫以約失之鮮矣　生活節儉而犯罪的人很少。《論語》孔子之言。(64)長樂衛尉　官名。西漢置，掌長樂宮衛士。不常置。東漢沿置。(65)建寧　東漢靈帝劉宏年號，西元一六八—一七二年。(66)何進　字遂高，東漢南陽宛（今河南南陽）人。出身屠戶。靈帝時以異母妹選入宮為貴人、皇后，先後任郎中、虎賁中郎將、潁川太守、侍中等職。中平元年（西元一八四年）黃巾之亂後，任大將軍。以破壞太平道首領張角等人起事計劃，封慎侯。靈帝死，擁立何皇后子劉辯為少帝，與太傅袁隗輔政。誅上軍校尉小黃門蹇碩，又與袁紹謀誅宦官，並詔董卓等將領引兵向京師以為聲援。終因狐疑不決，為中常侍張讓等人矯詔所殺。(67)長史　官名。戰國時秦國始置，掌顧問參謀。秦漢沿置。西漢時丞相、太尉、御史大夫府及大將軍、車騎將軍等主要將軍幕府皆置，為所在府署諸掾屬之長，秩皆千石。掌府中諸務，並佐府主參與國政，其中丞相長史職權尤重。東漢三公府、諸主要將軍府皆沿置，秩千石。(68)粲　即王粲（西元一七七—二一七年），字仲宣，漢末山陽高平（今山東鄒城）人。善詩賦，以博洽著稱，為「建安七子」之一。先在荊州依附劉表，後歸曹操，任丞相掾、侍中。著有《漢末英雄記》。

【語　譯】王龔，字伯宗，山陽郡高平縣人。世代為豪門大族。開始被舉薦為孝廉，後升任為青州刺史，上疏彈劾貪汙受賄的太守數人，漢安帝讚賞他，徵召任命為尚書。建光元年，提拔為司隸校尉，第二年改任汝南太守。王龔為政崇尚溫和，喜歡人才厚愛士人，引薦當地士人黃憲、陳蕃等。黃憲雖然不願屈從做官，陳蕃隨即任職。陳蕃性情高傲氣度非凡，剛剛到來時，王龔沒有立即召見他，於是陳蕃留下書信稱病辭去。王龔發怒，命人將陳蕃除名。功曹袁閬謁見王龔，說道：「我聽說《左傳》記載『人臣不被國君了解，就不敢站立在朝堂上』。陳蕃既然因為賢能被引薦，就不應該以不講禮節的方式除名。」王龔改變臉色，道歉說：「這是我的過錯啊。」於是重新以優厚的待遇對待陳蕃。從此，新被推進的知名之士沒有不歸心的。袁閬字奉高。多次推辭公府的任命，不修特異操行，在當時很有聲名。

2　永建元年，任用王龔擔任太僕，後轉任太常。永建四年，遷為司空，因地震被免職。

3　永和元年，被任命為太尉。在位時謙恭謹慎，如果不是公事，不與州郡官吏通信函。他所任用的官員，都是國內的忠厚長者。王龔非常痛恨宦官專權，其志向在於匡正這一弊端，於是就上書詳盡陳述宦官專權狀況，請求對宦官加以貶斥。眾宦官恐慌驚懼，各自指使賓客誣奏王龔罪狀，漢順帝命令王龔立刻自己陳述實情。過去擔任過王龔掾吏的李固當時擔任大將軍梁商的從事中郎，於是上書給梁商說：「今天早晨聽說皇上給太尉王龔下旨讓他自己坦白實情，不知道這件事情具體怎麼樣。王龔自我約束，勵行節義，喜好藝文，不貪圖不正當的好處，沒有不檢點的行為，只是因為節操堅貞，違背世俗之見而得罪了某些人，無端地被奸詐之徒所誣陷，眾人聽說後，無不感歎驚懼。三公位尊權重，輔助天子，沒有到廷尉詔獄那裡去陳述冤屈的道理。一般的輕微過失，就讓相關官員來分辨裁決，因此，按照舊典三公不犯有大罪行，不能專門審問。王龔性格沉靜，內心明智，不能把不合道理的事施加到他身上去。一旦有其他變故，那麼朝廷就背上了迫害賢能的名聲，群臣沒有救護賢人的節操。從前絳侯周勃獲罪，袁盎為他辯解；魏尚獲罪，馮唐為他伸冤。當時的君王認為這是好事，還寫在史傳裡。現在大將軍在內倚仗天子至尊，在外掌握國家權柄，說話分量重而信譽卓著，如有指令無人敢違背，應該上表救護，以解脫王龔的危難。俗語說：『好人處於患難，即使飢餓也來不及就餐。』現在正是時候啊。」梁商隨即向皇帝說明，事情才得以解決。

4 王龔在太尉任上五年，後因老病乞請退職，死於家中。他的兒子叫王暢。

5 史家評論說：張晧、王龔，被稱為「推士」，像他們這樣喜歡結交、汲引善士，明智公道地提升和薦用人才，這是仁德之人的情懷。士人當官世間就享用了他的才幹，賢人受用就人人都想獻出他的才能。有能必獻，那麼就厚賞其功，有士必用，那麼整個天下都蒙受其福。這樣做好處很多，但是人們並不爭先去做，難道就像給長者按摩一樣，因為不願意做而變得困難嗎？從前柳下惠被臧文仲壓制，淳于長受到翟方進稱道而被推薦。既然這樣，那麼有道德的人卻因隱蔽卑微而被人遺忘，身世顯貴的人可以因為權貴而容易被引薦。所以守門人中必有抱關之賢，柱下史永遠沒有繪有花紋的車子。

6 王暢，字叔茂。年輕時就因為清正純樸被人稱道，從不與人拉幫結派。最初被舉為孝廉，以病為由推辭沒有接受。大將軍梁商特別徵召，舉薦為茂才，四次升遷至尚書令，後出任齊國國相。朝廷徵調為司隸校尉，又轉任漁陽太守。在各任上都以嚴明著稱。被某事牽連免去職務。當時，朝廷政務多由尚書掌管，桓帝特下詔書給三公，命令他們推選賢能和有功績之人。太尉陳蕃推薦王暢清廉耿直、公允正派，有不可侵犯的威嚴，因此，王暢重新擔任尚書。

7 不久被任命為南陽太守。先後任職的南陽太守都因忌憚皇帝家鄉的皇親國戚，大多不稱職。王暢對此深惡痛絕，一到任就顯示下馬威，那些豪門大族中凡有不法惡行的，無不糾治。正好遇上天下大赦，事情都不了了之。王暢後來追想起來很遺憾，又重新設置法規，那些受賄二千萬以上的人如不自首坦白的，官府沒收其全部財物；如果他們敢於隱瞞藏匿，就派吏卒拆屋砍樹，填井平灶，南陽豪門大族很受震動。功曹張敞來書勸諫：「五教之義在於寬容，已寫在經典之中。商湯網開三面，八方之人都歸附他。周武王攻入殷都，首先廢除炮烙之刑。漢高祖鑑於秦朝法律嚴酷繁密，入關後只定約法三章。孝文皇帝被一個緹縈所感動，因而廢除肉刑。卓茂、文翁、召父這一類人，都憎惡法律嚴厲苛刻，為政推崇溫文敦厚。這種仁義賢德的政績，流傳於後世。那些英明聖哲的君王，設下的法網寬容得可漏下吞舟之魚，這樣以後，日、月、星三光普照於上，人民百姓歡悅於下。我的話雖然像是遠離現實，但它的功效可以就在眼前。拆屋砍樹，這種行為過於嚴厲猛烈，雖然是想懲治惡人，但這種施政的名聲難以流傳久遠。以明公卓越的才能，日月一樣光耀的聲名，施行仁德惠愛的政令，那麼，天下將因之改變面貌，實在非常容易，而沒有挾山那麼困難。南陽郡是舊都侯甸之地，朝廷的祖廟就在章陵，三位皇后都出生於新野縣，男女都隨教化，百姓都仰慕文采風流，自從光武帝中興以來，功臣將相，一代接一代地產生。我認為急切地用刑，不如施行恩德；一味地去搜求奸人，不如去禮遇賢人。虞舜舉薦皐陶，不講仁義的人自然遠離。隨會主持朝政，晉國的盜賊就逃到秦國去了。虞國、芮國人進入西周之境，禮讓之心自然就產生了。教化民眾在於仁德，不在於用刑。」王暢很誠懇地接受了張敞的勸諫，轉而崇尚寬仁之政，謹慎用刑而減少處罰，教化於是風行。

8　南陽郡的豪門大族大多以生活奢侈靡貴而互相攀比，王暢常常穿著布衣，墊著皮褥，車破馬瘦，用來矯正南陽郡的奢華之敝。同郡人劉表當時十七歲，跟隨王暢受學。劉表向王暢進諫說：「奢華不超越上級，節儉又不過於接近下屬，遵循常道而恭行禮制，貴在處於不過與不及之間。蘧伯玉以單獨做君子為恥辱。您不聽從孔聖人的高明教誨，而仰慕伯夷、叔齊那細枝末節的操守，這不是在世人面前以過於純潔而自視高貴嗎？」王暢回答說：「從前公儀休在魯國當國相，拔掉園裡的冬葵，辭掉織帛的女工；孫叔敖任楚國相，他的兒子穿著皮衣砍柴。生活節儉則過失很少。聽到伯夷的風範，貪婪的人會變得廉潔，怯懦的人會重新立志。我雖然品格不高尚，但還是要追慕前賢留下來的風範。」

9　後來王暢被朝廷徵召為長樂衛尉。建寧元年，升任司空，數月後，因發生水災被免職。第二年，死於家中。

王暢的兒子叫王謙，擔任大將軍何進的長史。王謙的兒子叫王粲，以有文才著名於當世。

种暠，字景伯，河南❶洛陽人，仲山甫❷之後也。父為定陶❸令，有財三千萬。父卒，暠悉以賑卹宗族及邑里之貧者。其有進趣名利，皆不與交通。始為縣門下史❹。時河南尹田歆外甥王諶，名知人。歆謂之曰：「今當舉六孝廉，多得貴戚書命，不宜相違，欲自用一名士以報國家，爾助我求之。」明日，諶送客於大陽郭，遙見暠，異之。還白歆曰：「為尹得孝廉矣，近洛陽門下史也。」歆笑曰：「當得山澤隱滯，迺洛陽吏邪？」諶曰：「山澤不必有異士，異士不必在山澤。」歆即召暠於庭，辯詰職事。暠辭對有序，歆甚知之，召署主簿❺，遂舉孝廉，辟太尉府，舉高第。

順帝末，為侍御史。時所遣八使光祿大夫❻杜喬❼、周舉❽等，多所糾奏，而大將軍梁冀及諸宦官互為請救，事皆被寢遏。暠自以職主刺舉，志案姦違，乃復劾諸為八使所舉蜀郡❾太守劉宣等罪惡章露，宜伏歐刀❿。又奏請勑四府⓫條舉近臣父兄及知親為刺史、二千石尤殘穢不勝任者，免遣案罪。帝乃從之。擢暠監太子於承光宮。中常侍[12]高梵從中單駕出迎太子，時太傅[13]杜喬等疑不欲從，惶惑不知所為。暠乃手劍當車，曰：「太子國之儲副，人命所係。今常侍來無詔信，何以知非姦邪？今日有死而已。」梵辭屈，不敢對，馳命奏之。詔報，太子乃得去。喬退而歎息，愧暠臨事不惑。帝亦嘉其持重，稱善者良久。

3 出為益州[14]刺史。暠素慷慨，好立功立事。在職三年，宣恩遠夷，開曉殊俗，岷山雜落皆懷服漢德。其白狼、槃木、唐菆、邛、僰諸國，自前刺史朱輔卒後遂絕；暠至，乃復舉種向化。時永昌[15]太守冶鑄黃金為文蛇，以獻梁冀，暠糾發逮捕，馳傳上言，而二府[16]畏懦，不敢案之，冀由是銜怒於暠。會巴郡[17]人服直聚黨數百人，自稱「天王」，暠與太守應承討捕，不克，吏人多被傷害。冀因此陷之，傳逮暠、承。太尉李固上疏救曰：「臣伏聞討捕所傷，本非暠、承之意，實由縣吏懼法畏罪，迫逐深苦，致此不詳。比盜賊群起，處處未絕。暠、承以首舉大姦，而相隨受罪，臣恐沮傷州縣糾發之意，更共飾匿，莫復盡心。」梁太后[18]省奏，乃赦暠、承罪，免官而已。

4 後涼州[19]羌[20]動，以暠為涼州刺史，甚得百姓歡心。被徵當遷，吏人詣闕請留之，太后歎曰：「未聞刺史得人心若是。」乃許之。暠復留一年，遷漢陽[21]太守，戎夷男女送至漢陽界，奐與相揖謝，千里不得乘車。及到郡，化行羌胡，禁止侵掠。遷使匈奴中郎將㉒。時遼東㉓烏桓㉔反叛，復轉遼東太守，烏桓望風率服，迎拜於界上。坐事免歸。

5 後司隸校尉舉奐賢良方正㉕，不應。徵拜議郎㉖，遷南郡㉗太守，入為尚書。會匈奴寇并㉘涼二州，桓帝擢奐為度遼將軍㉙。奐到營所，先宣恩信，誘降諸胡，其有不服，然後加討。羌虜先時有生見獲質於郡縣者，悉遣還之。誠心懷撫，信賞分明，由是羌胡、龜茲㉚、莎車㉛、烏孫㉜等皆來順服。奐乃去烽燧㉝，除候望，邊方晏然無警。

6 入為大司農㉞。延熹㉟四年，遷司徒。推達名臣橋玄㊱、皇甫規㊲等，為稱職相。在位三年，年六十一薨。并涼邊人咸為發哀。匈奴㊳聞奐卒，舉國傷惜。單于㊴每入朝賀，望見墳墓，輒哭泣祭祀。二子：岱，拂。

7 岱字公祖。好學養志。舉孝廉、茂才，辟公府，皆不就。公車㊵特徵，病卒。

8 初，岱與李固子燮同徵議郎，燮聞岱卒，痛惜甚，乃上書求加禮於岱。曰：「臣聞仁義興則道德昌，道德昌則政化明，政化明而萬姓㊶寧。伏見故處士㊷种岱，淳和達理，耽悅詩書，富貴不能回其慮，萬物不能擾其心。稟命不永，奄然殂殞。若不槃桓難進，等輩[43]皆已公卿[44]矣。昔先賢既沒，有加贈之典，周禮[45]盛德，有銘誄之文[46]，而岱生無印綬之榮，卒無官謚之號。雖未建忠效用，而為聖恩所拔，遐邇具瞻，宜有異賞。」朝廷竟不能從。

拂字穎伯。初為司隸從事[47]，拜宛[48]令。時南陽郡吏好因休沐，游戲市里，為百姓所患。拂出逢之，必下車公謁，以愧其心，自是莫敢出者。政有能名，累遷光祿大夫。初平[49]元年，代荀爽[50]為司空。明年，以地震策免，復為太常。

李傕[51]、郭汜[52]之亂，長安[53]城潰，百官多避兵銜。拂揮劍而出曰：「為國大臣，不能止戈除暴，致使凶賊兵刃向宮，去欲何之？」遂戰而死。子劭。

劭字申甫。少知名。中平[54]末，為諫議大夫[55]。

大將軍何進將誅宦官，召并州牧[56]董卓[57]，至澠池[58]，而進意更狐疑，遣劭宣詔止之。卓不受，遂前至河南。劭迎勞之，因譬令還軍。卓疑有變，使其軍士以兵脅劭。劭怒，稱詔大呼叱之，軍士皆披，遂前質責卓。卓辭屈，乃還軍夕陽亭[59]。

及進敗，獻帝[60]即位，拜劭為侍中[61]。卓既擅權，而惡劭彊力，遂左轉議郎，出為益涼二州刺史。會父拂戰死，竟不之職。服終[62]，徵為少府[63]、大鴻臚[64]，皆辭不受。曰：「昔我先父以身徇國，吾為臣子，不能除殘復怨，何面目朝覲明主哉？」遂與馬騰[65]、韓遂[66]及左中郎[67]劉範、諫議大夫馬宇共攻李傕、郭汜，以報其仇。與汜戰於長平觀下，軍敗，劭等皆死。騰遂還涼州。

【章　旨】以上為〈种暠傳〉，記載种暠及其後裔生平事跡。种暠先後擔任涼州刺史、漢陽太守、遼東太守、度遼將軍等職，皆政績不俗。种劭傳詔於董卓，不畏威迫，怒斥之；後與李傕、郭汜激戰，最終以身殉國。

【注　釋】❶河南　郡名。本秦三川郡，西漢高帝二年（西元前二〇五年）改名。治今洛陽東北。❷仲山甫　或作「仲山父」。周宣王大臣。食采於樊（今河南濟源），又稱樊仲、樊穆仲、樊仲山父。曾反對宣王干預魯國君位繼承，又勸諫宣王「料民」，皆為宣王所拒。❸定陶　縣名。秦置。治今山東定陶西北。❹門下史　吏名。郡縣屬吏，因常居門下，故稱。無定員，分掌門下諸雜事。❺主簿　官名。漢代中央及郡縣官署均置，典領文書簿籍，經辦事務。❻光祿大夫　官名。戰國時置中大夫，漢武帝時始改稱光祿大夫，掌顧問應對，屬光祿勳。❼杜喬　（？—西元一四七年），字叔榮，東漢河內林慮（今河南林州）人。順帝漢安元年（西元一四二年）為光祿大夫，奉使按察兗州，表奏泰山太守李固為政第一，舉劾大將軍梁冀季父及黨羽為官者贓罪千萬以上。後歷任太子太傅、大司農、大鴻臚等職。質帝為梁冀鴆殺後，與李固力主立年長的清河王劉蒜為帝，以此忤於冀。桓帝建和元年（西元一四七年），代胡廣為太尉。旋以清河劉文等人謀立劉蒜為天子事，為梁冀誣陷，下獄死。事見本書卷六十三。❽周舉　字宣光，東漢汝南汝陽（今河南商水縣）人。順帝時先後為并州、冀州刺史。陽嘉三年（西元一三四年）徵拜尚書。漢安元年（西元一四二年）以侍中與杜喬等七人俱為使者巡行州郡，劾奏貪官汙吏，士人譽為「八俊」之一。❾蜀郡　秦置郡。治今四川成都。西漢高帝六年（西元前二〇一年）分巴、蜀二郡置廣漢郡，轄境縮小，東漢時分西南部置蜀郡屬國，轄境更小。❿歐刀　古代一種處決罪犯用的刑刀。⓫四府　西漢以丞相、御史大夫、車騎將軍、前將軍府為四府。東漢以太傅、太尉、司徒、司空府為四府。⓬中常侍　官名。秦始置，西漢沿置，出入宮廷，侍從皇帝，常為列侯至郎中的加官。東漢時則專用宦官為中常侍，以傳達詔令和掌理文書，權力極大。⓭太傅　官名。西周置，為三公之一，位次太師，在太保上。其後歷代沿置。東漢以授元老重臣，居百官之首，秩萬石。明帝以後，諸帝即位時皆置，兼錄尚書事，行使宰相職權，有缺不補。⓮益州　西漢武帝所置「十三刺史部」之一。察郡八。有今四川、貴州、雲南大部，湖北西北部和甘肅小部。東漢初治今四川廣漢，中平中移治綿竹縣（今四川德陽）；興平中又移治成都縣。⓯永昌　郡名。東漢永平十二年（西元六九年）置。治今雲南保山市。⓰二府　亦稱兩府。西漢為丞相、御史大夫官署的合稱，也用作「丞相」、「御史大夫」的代稱。東漢則用以稱司徒、司空或太尉、司徒。⓱巴郡　郡名。戰國時秦國置。治今重慶北嘉陵江北岸。⓲梁太后　即梁妠（西元一〇六—一五〇年），安定烏氏（今甘肅平涼）人。東漢順帝皇后，順帝時，其父梁商任大將軍，掌握朝政。梁商死後，又由其兄梁冀繼任。順帝死，她與梁冀迎立沖、質、桓三帝，都臨朝執政。梁氏一門前後有七侯，三皇后，六貴人，兩大將軍。執政期間，兼用外戚、宦官，重用擁護她的官僚集團，又表揚儒學，招太學生達三萬餘人，藉以取得世族地主的支持。⓳涼州　西漢武帝所置「十三刺史部」之一。東漢治今甘肅張家川回族自治縣。⓴羌　古族名。最早見於甲骨卜辭，殷周時又稱羌方，分布於黃河中上游地區，秦逐諸戎，被迫西遷。西漢武帝置護羌校尉，統轄羌族各部。東漢時內徙諸部於隴西、漢陽（今甘肅甘谷）、安定（今甘肅鎮原）、三輔（今陝西渭水流域）等地，與漢族雜居。西漢時對居於隴西郡（今甘肅臨洮）以西以南諸羌人泛稱為西羌。東漢多次平定羌人暴動，使其內徙，稱徙居金城、隴西、漢陽等郡者為西羌，稱東遷安定、北地、西河、上郡、三輔一帶者為東羌。㉑漢陽　郡名。東漢改天水郡置。治今甘肅甘谷。屬涼州。㉒使匈奴中郎將　官名。西漢時常遣中郎將使匈奴，稱匈奴中郎將。東漢建武二十六年（西元五〇年）遣中郎將段郴等使南匈奴，授南單于璽綬，令入居雲中，始置使匈奴中郎將以監護之，因設官府、從事、掾史。後徙至西河，又令西河長史每年將二千，弛刑五百人，助中郎將衛護單于，冬屯夏罷。自後遂為常制。㉓遼東　郡名。戰國時燕將秦開破東胡後所置。秦漢時治今遼寧遼陽老城區。因地處遼水以東，故名。㉔烏桓　也作「烏丸」。古族名。東胡族的一支。秦末漢初東胡遭匈奴擊破後，部分遷烏桓山，因以為名。以游牧射獵為生。尚處原始公社末期，母權很重。漢初附匈奴，武帝以後附漢，遷至上谷、漁陽、右北平、遼西、遼東等五塞外。西漢時置護烏桓校尉，東漢沿置。受漢族影響，後漸營農業。每年在上谷、寧城等處與漢朝互市。㉕賢良方正　選舉科目，始於漢文帝前二年（西元前一七八年），全稱舉賢良方正能直言極諫科，常與賢良文學並稱。非歲舉。漢代舉賢良方正，對策者百人，有高下之分，卻未有黜落，對者皆預選。㉖議郎　官名。西漢置，隸光祿勳。為高級郎官，不入值宿衛，執掌顧問應對，參與議政，指陳得失，為皇帝近臣。東漢更為顯要，常選任耆儒名士、高級官吏，除議政外，亦或給事宮中近署。㉗南郡　戰國時置。初治今湖北荊州北紀南城，後移治今湖北荊州。㉘并州　州名。西漢武帝所置「十三刺史部」之一。領太原、上黨、雲中、定襄、雁門、代等六郡。東漢治今山西太原西南古城營。㉙度遼將軍　漢代將軍名號。初設於漢昭帝元鳳三年（西元七八年），因遼東烏桓反，以中郎將范明友為度遼將軍，率騎兵擊之。因須渡過遼水，所以以「度遼」為號。東漢明帝時復置，與使匈奴中郎將、護羌校尉、護烏桓校尉同掌西北邊防及匈奴、鮮卑、烏桓、西羌諸部事。㉚龜茲　古西域國名。西漢時王治延城（今新疆庫車一帶）。東漢初屬匈奴。永元三年（西元九一年），班超廢其王尤利多，立原在漢朝作侍子的白霸為王，復臣於漢。㉛莎車　古西域國名。位於今新疆莎車一帶。「絲綢之路」南道要衝。武帝時內屬，後隸西域都護。東漢建武五年（西元二九年），漢封其王康為「莎車建功懷德王、西域大都尉」。十七年（西元四一年）賜王賢以漢大將軍印綬。㉜烏孫　古族名和古國名。王稱崐彌，治今新疆溫宿北天山中。一說在新疆特克斯河流域，一說在伊塞克湖東南別代勤山隘西北依什提克，分布在今伊犁河到天山一帶。原游牧於敦煌、祁連間，西漢初為大月氏所破，部落歸附匈奴。匈奴老上單于時，烏孫王借匈奴兵，迫大月氏南徙，據有其地，自立為國。元狩四年（西元前一一九年）張騫第二次出使西域，烏孫王與漢結盟，屬西域都護。漢於赤谷城駐軍、屯田。㉝烽燧　古時遇敵人來犯，邊防人員點煙火報警，夜裡點的火叫烽，白天放的煙叫燧。㉞大司農　官名。西漢武帝改大農令設，秩中二千石，列位九卿。掌管全國租賦收入和國家財政開支，凡百官俸祿、軍費、各級政府機構經費等皆由其支付，兼理各地倉儲、水利、官府農業、手工業、商業的經營，調運貨物，管制物價等。㉟延熹　東漢桓帝劉志年號，西元一五八—一六七年。㊱橋玄　字公祖，東漢梁國睢陽（今河南商丘）人。桓帝時歷任齊相、上谷太守、漢陽太守、將作大匠等職。後為度遼將軍，擊退鮮卑、南匈奴及高句驪侵擾。在職三年，邊境安寧。後任司空、司徒、太尉等職。家無餘資，死後無以殯葬，時人稱之。事見本書卷五十一。㊲皇甫規　字威名，東漢安定朝那（今寧夏固原東南）人。沖帝、質帝時舉賢良方正，拜郎中。因反對外戚梁冀專權，幾被陷害。後任泰山太守，平定叔孫無忌暴動。延熹四年（西元一六一年）舉為中郎將，持節監關西兵，擊敗羌人，招降二十餘萬人。後遭宦官誣陷下獄，太學生三百多人為其請願，遂被赦歸家。黨錮事起，自以西州豪傑，而恥不能與黨人同列，乃上書自言附黨。朝廷知而不問。後歷任尚書、弘農太守，轉護羌校尉。以疾召還，未至而卒。事見本書卷六十五。㊳匈奴　我國古代北方少數民族，亦稱胡。戰國時活動於燕、趙、秦以北地區。秦漢之際，冒頓單于統一各部，勢盛，統轄大漠南北廣大地區。漢初，不斷南下攻擾，漢朝基本上採取防禦政策。西漢武帝對其轉取攻勢，多次進軍漠北，使其受到很大打擊，勢漸衰。宣帝甘露二年（西元前五二年）呼韓邪單于附漢，翌年來朝。其後六七十年間，漢與匈奴之間經濟文化交流頻繁。東漢光武帝建武二十四年（西元四八年）分裂為二部，南下附漢的稱為南匈奴，留居漠北的稱為北匈奴。南匈奴屯居朔方、五原、雲中（今內蒙古自治區境內）等郡，東漢末分為五部。北匈奴在漢和帝時被東漢和南匈奴所擊敗，部分西遷。㊴單于　匈奴最高首領稱號。全稱「撐犁孤塗單于」，匈奴語，「撐犁」為「天」；「孤塗」為「子」；「單于」為「廣大」之意。西漢五鳳元年（西元前五七年）匈奴一度分裂，五單于並立。東漢初，匈奴南北分裂，有北單于、南單于。㊵公車　本意為官車。漢以公家馬車遞送應舉之人。後因以「公車」為舉人應試之代稱，又借以指應試之舉子。㊶萬姓　萬民。㊷處士　閒居未仕或不仕之人。㊸等輩　同僚；同輩。㊹公卿　三公九卿的合稱，後泛指中央政府高級行政官員。㊺周禮　書名。儒家經典之一。亦名《周官》、《周官經》。古文經學家認為周公所作，今文經學家認為出於戰國或指為西漢末年劉歆所偽造。近人從周秦銅器銘文所載官制，參證該書的政治經濟制度和學術思想，認為是戰國時代儒者根據當時各國官制，添附儒家政治思想，增減編排而成。其中經濟思想雜有法家的一些觀點。㊻銘誄之文　泛指記述死者經歷和功德的文章。銘，在器物、碑碣等上面記述事實、功德等的文字。誄，敘述死者事跡表示哀悼的文章。㊼司隸從事　官名。司隸校尉所置僚佐諸從事泛稱。漢代有都官、功曹、別駕、簿曹、兵曹、部郡國諸從事，秩百石。有掾、史之別。㊽宛　春秋楚邑，秦昭穆王置縣。治今河南南陽。兩漢沿置。㊾初平　東漢獻帝劉協年號，西元一九〇—一九三年。㊿荀爽　（西元一二八—一九〇年），又名諝，字慈明，東漢潁川潁陰（今河南許昌）人。延熹九年以至孝拜郎中。後遭黨錮，隱居十數年，以著述為事。黨禁解，拒召不仕。獻帝即位，任平原相，後任司空。曾參與司徒王允誅董卓之謀，事未發而卒。主治費氏《易》，博通群經，為古文經學大師。(51)李傕　（？—西元一九八年），字稚然，東漢北地（今寧夏吳忠）人。為董卓所部校尉。初平三年卓被殺後，與郭汜等率部叛亂，攻陷長安，縱兵殺掠，死者萬人，殺司隸校尉黃琬、司徒王允，與汜共專朝政。又與汜相攻，大肆燒殺，致使長安城空。建安三年，被段煨等討殺，夷三族。(52)郭汜　（？—西元一九七年），東漢末人。為董卓所部校尉。初平三年卓被殺後，與李傕攻陷長安，縱兵殺掠，死者萬餘人，殺司隸校尉黃琬、司徒王允。與傕共專朝政，為後將軍，封列侯。興平二年與傕相攻，劫質公卿。後獻帝東歸，又與傕相阻截，追殺朝官。建安二年為其將伍習所殺。(53)長安　城名。在今陝西西安西北六公里。(54)中平　東漢靈帝劉宏年號，西元一八四—一八九年。(55)諫議大夫　官名。西漢置諫大夫，東漢改稱諫議大夫，屬光祿勳，無定員，掌議論。(56)州牧　官名。省稱「牧」，漢成帝改州刺史置，秩二千石，位次九卿，監察州郡。後廢置不常。東漢靈帝時復置，掌一州軍政大權，位高於郡守。(57)董卓　（？—西元一九二年），字仲穎，東漢隴西臨洮（今甘肅岷縣）人。本為涼州豪強。靈帝中平六年，任并州牧。少帝即位，大將軍何進謀誅宦官，召他率兵入洛陽。旋廢少帝，立獻帝，專斷朝政。曹操與袁紹等起兵反抗，他挾獻帝西遷長安，自為太師。殘暴專橫，縱火焚洛陽周圍數百里，使生產受到嚴重破壞。後為王允、呂布所殺。事見本書卷七十二。(58)澠池　縣名。秦置。治今河南澠池西十三里。西漢景帝中元二年（西元前一四八年），移治中鄉，築城，徙萬家為縣，在故縣西三里。59夕陽亭　地名。在河南洛陽城西。60獻帝　即劉協（西元一八一—二三四年），東漢皇帝。即位時東漢政權已名存實亡，成為軍閥董卓的傀儡。西元一九六年，他被曹操迎都於許（今河南許昌），此後又成為曹操的傀儡。西元二二〇年，曹丕代漢稱帝，他被廢為山陽公。61侍中　官名。秦始置，兩漢沿置，為自列侯以下至郎中的加官，無定員。侍從皇帝左右，出入宮廷。初伺應雜事，由於接近皇帝，地位漸形貴重。62服終　守喪期滿。63少府　官名。九卿之一，始於戰國，秦漢相沿，掌山海池澤收入和皇室手工業製造，東漢時掌宮中御衣、寶貨、珍膳等。64大鴻臚　官名。西漢武帝時改典客為大鴻臚，東漢沿置。原掌接待少數民族等事，為九卿之一。後漸變為贊襄禮儀之官。65馬騰　（？—西元二一二年），字壽成，東漢右扶風茂陵（今陝西興平）人。初為涼州刺史耿鄙軍司馬，曾平定氐羌暴動。後遷征西將軍，屯兵汧、隴之間，成為當地割據勢力。曾與韓遂聯合，後因爭權奪勢，彼此相攻。建安十三年，曹操徵其入朝，任為衛尉。後其子馬超舉兵反，他也為曹操所殺。66韓遂　（？—西元二一五年），字文約，東漢金城（今甘肅蘭州）人。靈帝時，投北宮伯玉、李文侯農民軍。後殺害伯玉、文侯，擁兵十餘萬，與馬騰推漢陽人王國為主。旋又廢王國，與馬騰割據涼州。獻帝時，聯合馬超等率兵反對曹操，被擊敗，不久為部將所殺。67左中郎　即左中郎將。官名。西漢置，隸光祿勳。居宮禁中，與五官、右中郎將分領中郎，更直宿衛，協助光祿勳考核管理郎官、謁者、從官。秩比二千石。多由外戚及親近之臣充任。東漢領左屬中郎、侍郎、郎中，執掌訓練、管理、考核後備官員，出居外朝。

【語譯】种暠，字景伯，河南郡洛陽縣人，是仲山甫的後代。父親擔任過定陶縣令，有財產三千萬。父親死後，种暠將這些財產都用來救濟宗族和周圍鄉里的窮人。凡是追求名聲、利益的人，种暠都不與他們往來。開始种暠任縣裡的門下史。當時，河南尹田歆的外甥王諶，有知人的名聲。田歆對他說：「現在應當推舉六名孝廉，接到許多貴戚的書信和命令，不便違背，但想選用一位名士來報效國家，你幫助我選擇這個人。」第二天，王諶送客送到大陽郭，遠遠望見种暠，認為他與眾不同。回來後告訴田歆說：「我已經為您選得一個孝廉了，就是附近的洛陽縣門下史。」田歆笑著說：「應當在山林湖泊的隱逸之士中選取，怎麼會是洛陽小吏呢？」王諶說：「山林湖泊中不一定有奇異之士，奇異之士也不一定在山林湖泊。」田歆隨即將种暠召到府衙，以官府職事詢問种暠。种暠對答得頭頭是道，田歆很器重他，就讓他來署理主簿，然後推舉他為孝廉，被徵召到太尉府，推舉為優秀之才。

[2] 順帝末年，擔任侍御史。當時，朝廷派遣光祿大夫杜喬、周舉等八位使臣巡視，對不法行為多有糾治上奏，而大將軍梁冀和眾宦官互相救援，上奏的事情都被阻止了。种暠自認為職責是了解隱情檢舉揭發，立志查清奸邪，於是又上書彈劾那被八位使臣所舉報的蜀郡太守劉宣等人的罪惡顯著，該處以死刑。又奏請朝廷下詔四府，命他們逐條舉報近臣中父兄、近親擔任刺史、太守特別兇殘、貪贓不勝任職事的人，免職遣送依律治罪。順帝聽從了他的奏請。順帝提拔种暠在承光宮監護太子。中常侍高梵從宮中單車出來迎接太子，當時太傅杜喬等人心中懷疑，不想依從，但惶恐迷惑不知道怎麼辦。种暠於是手裡拿著劍擋在車前，說：「太子是國家皇位的繼承人，關係到天下人的命運。今天常侍來接太子但無詔書，怎麼知道不是陰謀呢？今天我只有以死來抗拒。」高梵理窮辭屈，不敢對答，另派人趕快上奏。詔書回覆，太子才得以離去。杜喬事後感歎，自愧不如种暠遇事不迷惑。皇帝也嘉獎他老成持重，稱讚了很長時間。

[3] 後來出任益州刺史。种暠素來慷慨激昂，喜歡建功立業。在益州任上三年，向邊族宣示朝廷恩惠，開導教化邊族的落後民俗，岷山一帶各部族都感念漢朝的恩德。至於白狼、槃木、唐菆、邛、僰等國，從前任刺史朱輔死後就與漢朝斷絕了來往；种暠到任後，才又舉眾向漢朝歸化。其時，永昌太守用黃金熔鑄了一條有花紋的蛇，來獻給梁冀，种暠發現後將其逮捕，並快馬奏報朝廷，但二府怯懦畏懼，不敢查辦此事，梁冀從此對种暠心懷憤怒。正好趕上巴郡人服直聚集黨徒數百人，自稱「天王」，种暠與太守應承率兵前去征討，沒有成功，許多官吏、士卒卻被打死打傷。梁冀利用這件事誣陷他，下令逮捕种暠、應承。太尉李固上疏援救，說：「臣聽說征討盜賊所受傷亡，本來不是种暠、應承的責任，實在是由於縣吏畏懼法律，害怕犯罪，壓迫、驅趕太深太苦，然後招致這不祥的結果。等到盜賊蜂擁而起，就處處不絕了。种暠、應承因為首先舉報大奸大惡，而相繼獲罪，臣擔心這樣會阻礙和挫傷州縣官吏的揭發檢舉的心意，甚至會使他們互相掩飾、隱瞞，不再對朝廷盡心盡意。」梁太后看後採納了李固的奏請，就赦免了种暠、應承之罪，只是罷官而已。

[4] 後來涼州羌族出現動蕩，朝廷就派种暠為涼州刺史，非常受百姓愛戴。當种暠又被朝廷徵用調遷時，官

吏百姓到皇宮外請求讓他留任，梁太后感歎道：「我還沒聽說過刺史像這樣得人心的。」於是准許了涼州官吏百姓的請求。种暠又留任一年之後，遷任漢陽太守，涼州各族百姓相送到漢陽邊界，种暠才與他們作揖告別，這樣步行千里沒有乘車。等到了漢陽郡，教化羌人，禁止侵犯掠奪。後調任出使匈奴中郎將。當時遼東的烏桓人反叛，种暠又轉任遼東太守，烏桓人相率望風而服，在遼東邊境上迎接种暠赴任。後因事免官而歸。

5 後來司隸校尉舉薦种暠為賢良方正，种暠沒有接受。又被任用為議郎，調遷為南郡太守，後入京任尚書。正遇到匈奴侵犯并、涼二州，桓帝擢升种暠擔任度遼將軍。种暠到軍營後，先向匈奴宣揚朝廷的恩惠，引導胡人投降，有不順服的，再加以征討。羌人原來有被活捉扣押在郡縣作人質的，全部遣回。誠心誠意地進行安撫，賞罰分明，因此羌胡、龜茲、莎車、烏孫等部族都來順服臣服。种暠於是就撤去報警的烽火，廢除瞭望的哨樓，邊境穩定不再有警報。

6 种暠入京擔任大司農。延熹四年，改任司徒。他推薦的名臣橋玄、皇甫規等人，後來都成為稱職的宰相。在司徒任上三年，年六十一歲死去。并、涼兩州的邊民都為他發喪致哀。匈奴人聽說种暠死了，舉國之人都傷心惋惜。匈奴單于每次入朝致賀時，看到种暠墳墓，就哭泣祭祀。种暠有兩個兒子：种岱，种拂。

7 种岱字公祖。喜歡學習，修養志節。曾被推薦為孝廉、茂才，徵用於公府，都沒接受。朝廷公車特別徵召，因病死去。

8 當初，种岱與李固的兒子李燮同時被徵用為議郎，李燮聽說种岱死去，非常痛惜，就上書請求給种岱追加禮遇。李燮在奏疏中說：「臣聽說仁義興旺道德就會昌盛，道德昌盛政治教化就清明，政治教化清明百姓就安寧。我見原處士种岱，淳樸和順，知書達禮，非常喜歡閱讀《詩》、《尚書》，富貴不能改變他的思想，萬物不能擾亂他的心志。只可惜承受任命不久，就忽然去世了。如果不是他淡泊功名而不出仕，他和我們一樣已經是公卿了。從前先賢死後，有追加官爵的典制，《周禮》倡導美德，有賜諡誄、銘書的記載，而种岱在生時沒有享受做官的榮耀，死後也得不到朝廷賜封的諡號。雖然他沒有為朝廷盡忠效用，但已接受皇帝的選拔，這是遠近之人都看到了的，應該對他有特別的封賞。」朝廷最終沒有聽從李燮的奏請。

9　种拂，字穎伯。最初擔任司隸從事，又任宛縣縣令。當時南陽郡的屬吏喜歡在休息的日子裡，在集市上遊戲胡鬧，成為百姓的禍害。种拂出門遇到他們，一定下車以公務名義接受他們的謁見，使他們心裡感到慚愧，從此沒有再敢出來胡鬧的。他從政有賢能之名，多次升遷後任光祿大夫。初平元年，接替荀爽擔任司空。第二年，因為地震被免官。又擔任太常。

10　李傕、郭汜作亂時，長安城潰敗，文武百官大多迴避與軍隊的衝突。种拂揮劍而出說：「身為國家的大臣，不能制止戰爭鏟除暴虐，致使凶賊手持兵刃殺向宮庭，你們躲開又能逃到哪裡去？」於是戰鬥而死。他的兒子叫种劭。

11　种劭，字申甫。年少時就有名聲。中平末年，擔任諫議大夫。

12　大將軍何進準備誅殺宦官，召來并州牧董卓，董卓趕到澠池時，而何進卻又狐疑不定，派遣种劭宣布詔令制止董卓進京。但董卓不受指揮，繼續進兵到河南。种劭前往勞軍，於是進行勸告，命令他們回師。董卓懷疑情況有變化，指使他的軍士用兵器威脅种劭。种劭大怒，口稱皇帝詔令大聲喝斥他們，軍士們嚇得都退下，他於是前去質問董卓。董卓理屈辭窮，於是退軍到夕陽亭。

13　等到何進敗亡，獻帝即位，任命种劭為侍中。董卓這時已經專擅朝政，而厭惡种劭剛直不阿，於是貶為議郎，出任益、涼二州刺史。正遇上父親种拂戰死，最終沒有到任。服完父喪，被任命為少府、大鴻臚，都辭謝不受。說：「從前我父親以身殉國，我作為臣子，不能鏟除殘暴，為父報仇，還有什麼面目去朝見明主呢？」於是，他與馬騰、韓遂以及左中郎劉範、諫議大夫馬宇共同攻擊李傕、郭汜來報仇。與郭汜在長平觀下展開大戰，軍隊戰敗，种劭等人都戰死。馬騰於是還師涼州。

1　陳球，字伯真，下邳❶淮浦❷人也。歷世著名。父亹，廣漢❸太守。球少涉儒學，善律令。陽嘉中，舉孝廉，稍遷繁陽❹令。時魏郡❺太守諷縣求納貨賄，球不與之，太守怒而撾督郵⑥，欲令逐球。督郵不肯，曰：「魏郡十五城，獨繁陽有異政，今受命逐之，將致議於天下矣。」太守乃止。

2 復辟公府，舉高第，拜侍御史。是時，桂陽⑦黠賊李研等群聚寇鈔，陸梁⑧荊部，州郡懦弱，不能禁，太尉楊秉⑨表球為零陵⑩太守。球到，設方略，朞月間，賊虜消散。而州兵朱蓋等反，與桂陽賊胡蘭數萬人轉攻零陵。零陵下溼，編木為城，不可守備，郡中惶恐。掾史⑪白遣家避難，球怒曰：「太守分國虎符⑫，受任一邦，豈顧妻孥而沮國威重乎？復言者斬！」乃悉內吏人老弱，與共城守，弦大木為弓，羽矛為矢，引機發之，遠射千餘步，多所殺傷。賊復激流灌城，球輒於內因地埶反決水淹賊。相拒十餘日，不能下。會中郎將⑬度尚⑭將救兵至，球募士卒，與尚共破斬朱蓋等。賜錢五十萬，拜子一人為郎⑮。遷魏郡太守。

3 徵拜將作大匠⑯，作桓帝陵園，所省巨萬以上。遷南陽太守，以糾舉豪右，為埶家所謗，徵詣廷尉抵罪。會赦，歸家。

4 徵拜廷尉。熹平⑰元年，竇太后⑱崩。太后本遷南宮雲臺⑲，宦者積怨竇氏，遂以衣車⑳載后尸，置城南市舍數日。中常侍曹節㉑、王甫㉒欲用貴人㉓禮殯，帝曰：「太后親立朕躬，統承大業。詩云：『無德不報，無言不酬㉔。』豈宜以貴人終乎？」於是發喪成禮。及將葬，節等復欲別葬太后，而以馮貴人配祔。詔公卿大會朝堂，令中常侍趙忠監議。太尉李咸時病，乃扶輿而起，擣椒自隨，謂妻子曰：「若皇太后不得配食桓帝，吾不生還矣。」既議，坐者數百人，各瞻望中官，良久莫肯先言。趙忠曰：「議當時定。」怪公卿以下各相顧望。球曰：「皇太后以盛德良家，母臨天下，宜配先帝㉕，是無所疑。」忠笑而言曰：「陳廷尉宜便操筆。」球即下議曰：「皇太后自在椒房，有聰明母儀之德。遭時不造，援立聖明，承繼宗廟，功烈至重。先帝晏駕㉖，因遇大獄，遷居空宮，不幸早世，家雖獲罪，事非太后。今若別葬，誠失天下之望。且馮貴人冢墓被發，骸骨暴露，與賊併尸，魂靈汙染，且無功於國，何宜上配至尊？」忠省球議，作色俛仰，蚩球曰：「陳廷尉建此議甚健！」球曰：「陳、竇既冤，皇太后無故幽閉，臣常痛心，天下憤歎。今日言之，退而受罪，宿昔之願。」公卿以下，皆從球議。李咸始不敢先發，見球辭正，然後大言曰：「臣本謂宜爾，誠與臣意合。」會者皆為之愧。曹節、王甫復爭，以為梁后家犯惡逆，別葬懿陵，武帝㉗黜廢衛后㉘，而以李夫人㉙配食。今竇氏罪深，豈得合葬先帝乎？李咸乃詣闕上疏曰：「臣伏惟章德竇后㉚虐害恭懷㉛，安思閻后㉜家犯惡逆，而和帝㉝無異葬之議，順朝無貶降之文。至於衛后，孝武皇帝身所廢棄，不可以為比。今長樂太后[34]尊號在身，親嘗稱制，坤育天下，且援立聖明，光隆皇祚。太后以陛下為子，陛下豈得不以太后為母？子無黜母，臣無貶君，宜合葬宣陵，一如舊制。」帝省奏，謂曹節等曰：「竇氏雖為不道，而太后有德於朕，不宜降黜。」節等無復言，於是議者乃定。咸字元貞，汝南人。累經州郡，以廉幹知名；在朝清忠，權倖憚之。

5 六年，遷球司空，以地震免。拜光祿大夫，復為廷尉、太常。光和元年，遷太尉，數月，以日食免。復拜光祿大夫。明年，為永樂少府[35]，乃潛與司徒河間[36]劉郃[37]謀誅宦官。

6 初，郃兄侍中儵，與大將軍竇武[38]同謀俱死，故郃與球相結。事未及發，球復以書勸郃曰：「公出自宗室[39]，位登台鼎[40]，天下瞻望，社稷[41]鎮衛，豈得雷同容容無違而已？今曹節等放縱為害，而久在左右，又公兄侍中受害節等，永樂太后[42]所親知也。今可表徙衛尉[43]陽球[44]為司隸校尉，以次收節等誅之。政出聖主，天下太平，可翹足而待也。」又尚書劉納以正直忤宦官，出為步兵校尉[45]，亦深勸於郃。郃曰：「凶豎多耳目，恐事未會，先受其禍。」納曰：「公為國棟梁，傾危不持，焉用彼相邪？」郃許諾，亦結謀陽球。

7　球小妻，程璜之女，璜用事宮中，所謂程大人也。節等頗得聞知，乃重賂於璜，且脅之。璜懼迫，以球謀告節，節因共白帝曰：「郃等常與藩國交通，有惡意。數稱永樂聲埶，受取狼籍。步兵校尉劉納及永樂少府陳球、衛尉陽球交通書疏，謀議不軌。」帝大怒，策免郃，郃與球及劉納、陽球皆下獄死。球時年六十二。

8　子瑀，吳郡㊻太守；瑀弟琮，汝陰㊼太守；弟子珪，沛㊽相；珪子登㊾，廣陵太守：並知名。

【章旨】以上為〈陳球傳〉。陳球為零陵太守，鎮壓了李研的叛亂，遏制了朱蓋叛軍對零陵城的進攻；後與劉郃等相結，謀劃鏟除曹節等專權宦官。因謀劃洩漏，被下獄處死。

【注釋】❶下邳　封國名。改臨淮郡置。治今江蘇睢寧西北。❷淮浦　縣名。西漢置。治今江蘇漣水縣西。東漢屬下邳國。❸廣漢　郡名。西漢置。治今四川金堂。東漢元初二年（西元一一五年）移治今四川綿陽，後又移治今四川廣漢北。❹繁陽　縣名。在今河南內黃西北，因在繁水之北而得名。❺魏郡　西漢高帝置。治今河北臨漳西南鄴鎮。❻督郵　官名。漢代置，郡府屬吏，本名督郵書掾（或督郵曹掾），省稱督郵掾、督郵。主要職掌除督送郵書外，又代表郡守督察諸縣、宣達教令，兼及案繫盜賊，點錄囚徒，催繳租賦等。又郡守、國相自辟，秩六百石。❼桂陽　郡名。西漢置。治今湖南郴州。❽陸梁　跳走的樣子。引申為囂張、跋扈。❾楊秉　字叔節，東漢弘農華陰（今陝西華陰）人。楊震之子。少傳父業，博學多識。常隱居教授。年四十餘出任侍御史，歷豫、荊、徐、兗四州刺史及侍中、尚書等顯職。以廉潔稱，屢為權臣所譖。桓帝延熹五年為太尉。奏請郡國計吏不宜留拜為郎，以省帑臧，自此終桓帝世，計吏無復留拜者。後揭發中常侍侯覽弟參暴虐貪贓，參自殺，覽免官。事見本書卷五十四。❿零陵　郡名。西漢置。治今廣西全州。東漢移治泉陵縣（今湖南永州）。⓫掾史　屬官統稱。漢代三公府及其他重要官府皆置掾、史、屬，分曹治事。掾為曹長，史、屬副貳。故掾史多冠以曹名，如戶曹掾、戶曹史等。⑫虎符　古代調兵用的憑證，用銅鑄成虎形，分兩半，右半存朝廷，左半給統兵將帥。調動軍隊時須持符驗證。⑬中郎將　官名。秦代置，為中郎長官，隸郎中令。兩漢沿置，掌宮禁宿衛，隨行護駕，佐郎中令（光祿勳）考核選拔郎官，亦常奉詔出使。東漢還增設使匈奴中郎將。⑭度尚　字博平，東漢山陽湖陸人。初為郡上計吏，拜郎中，除上虞長。延熹五年，自右校令擢為荊州刺史，平定長沙、零陵叛亂，封右鄉侯，遷桂陽太守。後為遼東太守，數敗鮮卑。延熹九年，卒於官，年五十。事見本書卷三十八。⑮郎　郎官泛稱。戰國至秦有郎中，為君王侍從近官，宿衛宮廷，參與謀議，備顧問差遣。西漢依職責不同，有郎中、中郎、侍郎、議郎等，無定員，多至千餘人。執掌守衛皇宮殿廊門戶，出充車騎扈從，備顧問應對，守衛陵園寢廟等。東漢於光祿勳下設五官、左右中郎署，主管諸中郎、侍郎、郎中，實為儲備官吏人才的機構，其郎官多達二千餘人。⑯將作大匠　官名。西漢時由將作少府改名，亦簡稱「將作」、「大匠」。掌領徒隸修建宮室、宗廟、陵寢及其他土木工程，植樹於道旁。東漢初不設置專官，常以謁者兼領其事，至章帝始真受。⑰熹平　東漢靈帝劉宏年號，西元一七二｜一七八年。⑱竇太后　即竇妙（？｜西元一七二年），東漢扶風平陵（今陝西咸陽）人。桓帝皇后。延熹八年入宮，同年冬立為皇后。及桓帝死，定策立靈帝，尊為皇太后。因父武為大將軍，謀誅宦官，事敗自殺，遂被遷於南宮雲臺，家族徙比景，後憂鬱病死。⑲太后本遷南宮雲臺　竇太后本來已遷到南宮雲臺。太后父竇武與陳蕃謀誅宦官，反為中常侍曹節矯詔殺武、蕃，遷太后於南宮雲臺。南宮，漢代宮殿名。雲臺，臺名。在河南洛陽故城南宮內。⑳衣車　婦人所乘有帷遮蔽而前面開窗戶的車子。㉑曹節　字漢豐，東漢南陽新野（今屬河南）人。順帝初為小黃門。桓帝時遷中常侍、奉車都尉。靈帝即位，以定策功封長安鄉侯。與宦官王甫等矯詔發兵殺大將軍竇武及太傅陳蕃等人。遂用事朝中，遷長樂衛尉，封育陽侯。熹平元年，藉口有人書朱雀闕抨擊宦官，唆使靈帝大捕黨人。又與王甫誣奏桓帝弟渤海王劉悝謀反，因而殺之。㉒王甫　（？｜西元一七九年），東漢宦官。靈帝初為長樂食監，受中常侍曹節等矯詔為黃門令，將兵誅殺大將軍竇武等人，因遷中常侍。後與節誣奏渤海王劉悝謀反，封冠軍侯。由此操縱朝政，父兄子弟皆為公卿列校、牧守令長，布滿天下。光和二年，與養子永樂少府萌、沛相吉並為司隸校尉陽球收捕，磔屍於城門。㉓貴人　妃嬪的稱號，東漢光武帝時始置，僅次於皇后。㉔無德不報二句　沒有恩德不報答，沒有提問不回答。語出《詩・抑》。㉕先帝　去世的皇帝。這裡指桓帝。㉖晏駕　古時帝王死亡的諱稱。㉗武帝　即劉徹（西元前一五六｜前八七年），西漢景帝之子。統治期間接受董仲舒建議，「獨尊儒術」，作為鞏固政權的工具。頒行「推恩令」，使諸侯王多分封子弟為侯，以削弱割據勢力。設置十三部刺史，以加強對地方的控制。徵收商人資產稅，打擊富商大賈，又採納桑弘羊建議，把冶鐵、煮鹽、鑄錢收歸官營。曾派張騫兩次至西域，加強對西域的聯繫。派唐蒙至夜郎，在西南先後建立七個郡。用衛青、霍去病為將，進擊匈奴貴族，解除匈奴威脅。由於舉行封禪，祀神求仙，揮霍無度，加以徭役繁重，致使農民大量破產流亡。晚期爆發農民暴動。㉘衛后　即衛子夫（？—西元前九一年），西漢河東平陽（今山西臨汾）人。武帝皇后。出身微賤，原為平陽侯家歌者。武帝召入宮中，得寵幸，後被立為皇后。其弟衛青、姐子霍去病因擊匈奴有功分別被封大司馬大將軍和大司馬驃騎將軍，其子劉據被立為皇太子。征和二年巫蠱事起，太子起兵誅江充。兵敗，武帝以策收皇后璽綬，遂自殺。衛氏悉滅。宣帝時追諡曰思后。㉙李夫人　西漢中山（今河北定州）人。本為歌妓，因兄延年受知於武帝，故得入宮，甚為武帝寵幸，生男為昌邑王。年少早卒。武帝葬以后禮，又圖畫其形於甘泉宮，親自為賦傷悼之，並以其兄李廣利為貳師將軍，封海西侯，延年為協律都尉。昭帝時，追尊為孝武皇后。㉚章德竇后　（？—西元九七年），東漢扶風平陵（今陝西咸陽）人。章帝皇后，竇融曾孫女。建初二年，選入長樂宮，次年立為皇后。和帝即位，尊為太后，臨朝聽政。兄憲，弟篤、景，並擅威權，橫行不法。永元四年，和帝與宦官鄭眾合謀誅除竇氏，被迫歸政。後憂懼而死。㉛恭懷　即章帝梁貴人，和帝生母。為竇皇后所譖，憂卒。和帝即位後追尊為恭懷皇后。㉜閻后　名姬，河南滎陽（今河南滎陽）人。東漢安帝皇后，元初元年（西元一一四年）入選掖庭為貴人。次年，立為皇后。其兄閻顯等把持朝政，與宦官江京、樊豐譖廢皇太子劉保為濟陰王。延光四年（西元一二五年）安帝死，欲久柄國政，貪立幼主，與顯定策禁中，迎立北鄉侯劉懿為少帝，以皇太后臨朝，誅除大將軍耿寶及其黨羽。閻氏皆居權要。少帝旋死，中黃門孫程等擁立濟陰王為順帝，閻顯等皆伏誅。遂被遷於離宮。次年卒。㉝和帝　即劉肇（西元七九—一〇五年），東漢章帝第四子。即位時年十歲，竇太后臨朝，后兄竇憲等掌實權。永元四年（西元九二年）與宦官鄭眾定計捕殺竇氏及其黨羽後親政。屢派兵征伐匈奴、羌及西域諸國，並發布減免災區租、賦之詔。在位期間，西域都護班超曾派人西使大秦（羅馬帝國），至西海（波斯灣）被阻而還，為漢使所達最西之地。㉞長樂太后　指竇太后。長樂，宮殿名，東漢皇太后居住之所。㉟永樂少府　桓帝母孝崇皇后宮名永樂，置太僕、少府。㊱河間　封國名。轄境相當今河北雄縣及大清河以南，南運河以西，高陽、肅寧等以東，阜城以北地區。㊲劉郃　（？—西元一七九年），字季承，東漢河間（今河北獻縣）人。靈帝時，任大鴻臚。光和二年，為司徒，與永樂少府陳球、衛尉陽球等密謀誅除宦官曹節、張讓等。事洩，下獄死。㊳竇武　字游平，東漢扶風平陵（今陝西咸陽）人。生年不詳。桓帝時以長女選入宮中為貴人，得拜郎中。女旋立為皇后，遂遷越騎校尉，封槐里侯。遷城門校尉。永康元年（西元一六七年）上疏奏請解除黨禁。桓帝死，迎立靈帝，任大將軍，封聞喜侯。執掌朝政，起用李膺、杜密等黨人。建寧元年（西元一六八年），與太傅陳蕃謀誅宦官曹節、王甫等，事敗自殺。事見本書卷六十九。㊴宗室　帝王的宗族。㊵台鼎　古代稱三公或宰相為台鼎，言其職位顯要，猶三星有三台，鼎足而立。㊶社稷　古代帝王、諸侯所祭的土神和穀神。借指國家。㊷永樂太后　即靈帝生母董太后。本為解瀆亭侯劉萇夫人，子靈帝即位後，上尊號曰孝仁皇后，居永樂宮。竇太后死後，始與朝政，使帝賣官求貨，自納金錢，盈滿堂室。靈帝駕崩後，與何太后及大將軍何進產生矛盾，憂懼而死。㊸衛尉　官名。戰國秦始置，掌宮廷警衛。西漢沿置，秩中二千石，列位九卿。掌皇帝所居未央宮禁衛，主管宮門屯駐衛士，專司晝夜巡警和檢查出入者之門籍。東漢時總領南、北宮衛士令丞，又轄左右都候、諸宮掖門司馬。㊹陽球　字方正，東漢漁陽泉州（今天津武清）人。靈帝時任九江太守，平定山民暴動。光和二年（西元一七九年）遷司隸校尉，奏請收捕干亂朝政的中常侍王甫和阿附宦官的太尉段熲，王甫死杖下，段熲自殺，權貴震懾。後與司徒劉郃謀誅宦官曹節、張讓等，事洩，為宦官陷害下獄，被殺。事見本書卷七十七。㊺步兵校尉　官名。西漢武帝始置，為北軍八校尉之一，領上林苑門屯兵，防戍京師，兼任征伐。東漢時為北軍五校尉之一，秩比二千石，隸北軍中候，有司馬一員。當時五校尉所掌北軍為京師主要的常備禁軍，故地位親要，官顯職閒。多以京師外戚近臣率任。㊻吳郡　東漢永建四年（西元一二九年）分浙江以西置。屬揚州。治吳縣。㊼汝陰　郡名。治今安徽阜陽。屬豫州。㊽沛　東漢時封國。治今安徽濉溪縣西北。屬豫州。㊾登　即陳登，字元龍，東漢末下邳淮浦（今江蘇漣水縣）人。舉孝廉，除東陽長。徐州牧陶謙表為典農校尉。謙卒，與麋竺等共推劉備為牧。呂布占有徐州，又從布，奉使許都見曹操，因陳呂布之短，勸操速加攻滅。操命為廣靈太守，令圖呂布。與父珪聚眾為內應。建安三年（西元一九八年）操滅布，加伏波將軍，領廣靈如故。開陂築隄，民稱「陳登塘」。欲吞併江南，陰結嚴白虎餘黨，曾兩敗孫策軍。卒年三十九。

【語　譯】陳球，字伯真，下邳郡淮浦縣人。世代有名。父親陳亹，任廣漢太守。陳球從小攻讀儒學，善於法律政令。陽嘉年間，被推舉為孝廉，不久遷任繁陽縣令。當時魏郡太守暗示向各縣索賄，陳球不給他，太守發怒而拷打督郵，想讓督郵驅逐陳球。督郵不答應，說：「魏郡下轄十五縣，只有繁陽有突出的政績，我現在受命驅逐他，必然招致天下人議論。」太守於是作罷。

2　又徵召到公府，推舉為優秀之士，任侍御史。當時，桂陽黠賊李研聚集群盜擄掠，橫行荊州，州郡長官懦弱，不能平定，太尉楊秉上書，請求任命陳球為零陵太守。陳球到任後，設計平叛方略，一個月的時間裡，叛賊被消滅。而州中士兵朱蓋等人又謀反，與桂陽賊胡蘭聚集數萬人轉而攻打零陵。零陵地勢低溼，把木頭編結起來作為城牆，不能防守，郡中人驚惶恐懼。掾史勸陳球送走家屬避難，陳球發怒說：「太守手持國家兵符，受命管理一郡，豈能只顧妻兒而使國家威信蒙受恥辱嗎？再說這樣話的人斬首！」於是，將官吏人民不分老弱全部接進城內，一起守城，把大木裝上弦作為弓，把長矛插上羽為箭，然後安上機關張弓發箭，可以遠射一千餘步，殺傷很多。叛賊又引來激流灌城，陳球則在城內憑藉地勢使水流反淹叛賊。這樣相持十餘天，叛賊無法將城攻下來。正好中郎將度尚率領救兵趕到，陳球就招募士卒，與度尚共同破敵，斬殺朱蓋等人。朝廷賞賜陳球錢五十萬，任命他一個兒子為郎官。後陳球遷任魏郡太守。

3 徵召任命陳球為將作大匠，建造桓帝陵園，節省費用達數萬以上。遷任南陽太守，因揭發懲治當地豪門大族，被有權勢的人誹謗，被徵召到廷尉府問罪。正好遇上大赦，回到家中。

4 又被徵召為廷尉。熹平元年，竇太后死去。竇太后本來已遷到南宮雲臺殿，宦官們對竇太后有積怨，於是用密閉的車載上太后的屍體，放置在城南市井房屋中數天。中常侍曹節、王甫想用葬貴人的禮節安葬太后，靈帝說：「竇太后親自立我為帝，統承天下大業。《詩》說：『沒有恩德不報答，沒有提問不回答。』怎麼能合用貴人之禮安葬呢？」於是按太后之禮發喪。等到將要下葬時，曹節等人又想把太后葬到其他地方，而將馮貴人合葬於桓帝旁。詔令公卿大會朝堂，令中常侍趙忠監督討論。太尉李咸當時正在生病，於是扶著車子站起來，顫巍巍地前往，行前對妻兒說：「如果皇太后不能與桓帝共葬，我就不活著回來了。」在開始議論之後，在座的有數百人，都看著宦官，很長時間沒有人願意先說話。趙忠說：「決議應當場定下來。」責怪公卿以下官員互相觀望。陳球開口說：「皇太后以出身良家和擁有高尚的品德，而成為一國之母，應該與先帝合葬，這是毫無疑義的。」趙忠笑著說：「陳廷尉應該順便執筆。」陳球又繼續議道：「皇太后自從為皇后，就有聰明才智和為母者典範的美德。她遇上先帝駕崩的不幸，幫助冊立皇上，承繼先祖宗廟，功勞最大。先帝去世後，因遭遇大案，遷居在南宮雲臺殿，不幸過早去世，她家裡人雖然獲罪，但事情並不是太后做的。現在如果另外安葬，確實會使天下人失望。況且，馮貴人墳墓已被人盜挖，骸骨暴露，與賊人的屍首放在一起，死者的靈魂已受了汙染，而且她對於國家並無功勞，怎麼配與先帝合葬呢？」趙忠聽了陳球的議論，臉上變了顏色，譏諷陳球說：「陳廷尉提這樣的建議非常好！」陳球說：「陳蕃、竇武已經蒙受冤枉，皇太后又無故遭禁閉，臣經常感到痛心，天下人憤慨歎息。今天說出這件事，然後被定罪，也是我一直以來的願望。」公卿以下官員，都附合陳球的建議。李咸開始不敢先說話，見陳球義正辭嚴，就大聲說：「我本來也認為應該這樣，陳球的建議其實與我的意思一致。」到會的人都感到慚愧。曹節、王甫又出來爭論，認為梁太后家裡犯了惡逆之罪，另葬在懿陵，漢武帝廢黜衛皇后以後，也是以李夫人合葬。如今竇氏罪行深重，怎能和先帝合葬呢？李咸於是到皇宮上疏說：「臣想到章德竇皇后虐待殘害過恭懷梁皇后，安思閻皇后家裡犯惡逆之罪，而和帝對章德竇皇后並無另外安葬的旨意，順帝對於閻皇后也沒有貶降的詔書。至於衛皇后，那是孝武皇帝親自所廢棄的，不可拿來與今天之事相比。現在竇太后有尊號在身，曾經親自臨朝聽政，為一國之母，況且又冊立了當今皇上，光大皇統。太后把陛下當作兒子，陛下難道能不把太后當作母親？兒子不能廢黜母親，臣子不能貶低君王，因此，應該將她與先帝合葬在宣陵，一切都按舊制辦。」皇帝看了奏章，對曹節等人說：「竇氏雖然做了大逆不道之事，但太后對朕有恩德，不應該貶降和廢黜。」曹節等人不再說什麼，於是所議的事才定下來。李咸字元貞，汝南人。多次在州郡任官，以清廉幹練聞名；在朝任職清正忠直，權奸佞倖對他十分忌憚。

5 熹平六年，陳球升任為司空，因地震而免職，又任光祿大夫，再次擔任廷尉、太常。光和元年，升任太尉，數月之後，又因日蝕免職。再次封任光祿大夫。第二年，擔任永樂宮少府，又祕密與司徒河間人劉郃謀圖誅殺宦官。

6 當初，劉郃的兄長侍中劉儵，與大將軍竇武同謀都被處死，所以劉郃與陳球相結交。事情還沒有付諸實踐時，陳球又寫信勸勉劉郃說：「您出身於劉漢宗室，位列三公，天下人都看著您，國家等您去守衛，怎能隨聲附和呢？現在曹節等人恣意妄為，為害國家，而且長期在皇上身邊，另外您兄長侍中劉儵被曹節等人殺害，這都是永樂太后親眼看到的。現在可以上表改任衛尉陽球為司隸校尉，分別收捕曹節等人誅殺他們。政令出自於皇帝，天下太平，可指日而待了。」接著，尚書劉納因為剛正無阿而得罪宦官，被趕出宮，任步兵校尉，也反覆勸劉郃。劉郃說：「這些兇殘的宦官耳目眾多，我擔心事情還未做，就先遭到他們的殘害。」劉納說：「您是國家棟梁，國家面臨傾覆的危險而不拯救，還要您這宰相幹什麼呢？」劉郃答應了，也跟陽球相結謀劃。

7 陳球的小妾，是程璜的女兒，程璜在宮中任職，人稱「程大人」。曹節等人也聽到一些風聲，於是用重金賄賂程璜，並且威脅他。程璜害怕曹節等人的威脅，就將陳球的謀劃告訴曹節，曹節於是同他一起向皇帝報告說：「劉郃等人經常與藩國勾結，有惡逆之意。他們多次稱頌竇太后的聲威，收取賄賂聲名狼藉。步兵校尉劉納和永樂少府陳球、衛尉陽球互相書信往來，陰謀商議謀反。」靈帝大怒，下詔免去劉郃的職務，劉郃與陳球以及劉納、陽球都被捕入獄處死。陳球時年六十二歲。

8 陳球的兒子陳瑀，任吳郡太守；陳瑀的弟弟陳琮，任汝陰太守；陳球弟弟的兒子陳珪，官至沛國國相；陳珪的兒子陳登，任廣陵太守，都知名於當世。

贊曰：安儲❶遭譖，張卿有請。龔糾便佞，以直為眚❷。二子過正，埋車堙井。种公自微，臨官以威。陳球專議，桓思同歸。

【章旨】以上是作者對張晧、王龔、种暠、陳球的所作所為予以褒揚。

【注釋】❶安儲　安帝太子，指被廢為濟陰王的太子劉保（漢順帝）。儲，皇儲；太子。即已確定的皇位繼承人。❷眚　過失。

【語譯】史官評議說：漢安帝的太子遭到譖毀，廷尉張晧為太子請命。王龔糾查奸佞之徒，因為正直反被人指為過失。張綱、王暢矯枉過正，掩埋車輪，填塞水井。种暠出身低微，以威嚴駕臨眾官。陳球敢於議論，竇太后才得與桓帝合葬。

【研析】東漢政治的特點是外戚、宦官交替掌權，朝政脫離了原有的運行軌道。士大夫作為統治集團的主要成員，本應在決策中發揮舉足輕重的作用，但現實卻是被剝奪了相應的話語權。在這樣的政治氛圍中，士大夫面臨著艱難的選擇：或者唯唯諾諾、接受現實，從而保全功名利祿；或者不畏權勢，勇敢抗爭，但結果很可能是面臨身首異處的危險。從東漢歷史來看，後者鮮有成功者，大都落得一個悲慘的結局。實際上，那些勇敢抗爭的士大夫未嘗不明白這一點，幾次黨錮之禍，使大批士人罹難，但仍有人前仆後繼，這正體現了仁人志士為國為民捨身取義、不屈不撓的精神。張、王、种、陳等人就是其中的代表。

張晧在漢和帝、漢安帝、漢順帝時期在朝中任職。其時，正是宦官專權，朝政混亂之際，面對紛亂的政局，張晧以忠心盡責為己任。在安帝廢皇太子為濟陰王時，他據理力爭；在趙騰因上疏譏刺朝政被下獄重懲時，張晧奮力諫阻，使趙騰逃過一死。張晧還利用各種機會推薦才能之士，被世人稱作「推士」。

王龔從任職地方，到官至司空、太尉，一直盡力職守，向朝廷舉薦大量賢能之人。同時他非常痛恨宦官專權，志在匡正，於是不顧個人安危，上疏痛陳宦官專權之害，請求貶斥專權宦官。其事為宦官所知，反汙王龔。結果，專權宦官未除，王龔自己差點入獄。

种暠為官前便輕財好義，淡泊名利。出仕後，盡忠職守，有志於建功立業。任益州刺史時，妥善處理與各少數民族的關係。為涼州刺史時，深受當地百姓愛戴，官員百姓詣闕請求留任。任遼東太守時，烏桓望風率服。為度遼將軍時，先宣恩，後加討，羌人等歸附。种暠有勇有識，面對權勢他毫不畏懼，多次針鋒相對地與外戚、宦官對壘。

陳球也是一位胸懷抱負而又幹練之臣，為零陵太守時，鎮壓了李研的叛亂，又以弱禦強，遏制了朱蓋叛軍對零陵城的進攻，顯示了其卓越的組織才能。同時膽識過人，在面對宦官的淫威，其他官員保持沉默時，陳球據理力爭，為死去的竇太后爭取了配葬桓帝的資格。宦官的專權導致了東漢政治的日益腐敗，不鏟除這個毒瘤，朝廷就無寧日。陳球與劉郃等相結，謀劃鏟除曹節等專權宦官。雖然因事情不密，謀劃未能付諸實施，陳球等也被處死，但其對宦官勢力的抗爭仍是東漢歷史上值得大書的一筆。

張晧、王龔、种暠、陳球都是東漢歷史上的名臣，位列三公，雖然他們沒有也無力從根本上改變東漢的政治局面，但正是由於他們的積極抗爭，宦官勢力才不可能完全為所欲為，東漢政權才能在這種混亂中苟延殘喘。(韋占彬注譯)

卷五十七

杜欒劉李劉謝列傳第四十七

【題解】本卷記述了杜根、欒巴、劉陶、李雲、劉瑜、謝弼六人的生平事跡。六人生存年代大致是處於東漢中後期的漢安帝至漢獻帝時期，其時政治日益腐敗，外戚、宦官交替掌權，社會矛盾日趨尖銳，東漢王朝的統治一步步走向衰亡。杜根、欒巴、劉陶、李雲、劉瑜、謝弼等人面對腐敗的朝政，不懼權貴，不計個人得失，勇於上疏直諫，抨擊劣政，提出許多於國於民都十分有利的建議，體現出士大夫的骨氣和本色，成為東漢政壇上的亮點。

1 杜根，字伯堅，潁川❶定陵❷人也。父安，字伯夷，少有志節，年十三入太學❸，號奇童。京師貴戚慕其名，或遺之書，安不發，悉壁藏之。及後捕案貴戚賓客❹，安開壁出書，印封如故，竟不離其患，時人貴之。位至巴郡❺太守❻，政甚有聲。

2 根性方實，好絞直。永初[7]元年，舉孝廉[8]，為郎中[9]。時和熹鄧后[10]臨朝[11]，權在外戚。根以安帝[12]年長，宜親政事，乃與同時郎[13]上書直諫。太后大怒，收執根等，令盛以縑囊[14]，於殿上撲殺之。執法者以根知名，私語行事人使不加力，既而載出城外，根得蘇。太后使人檢視，根遂詐死，三日，目中生蛆，因得逃竄，為宜城[15]山中酒家保[16]。積十五年，酒家知其賢，厚敬待之。

3 及鄧氏[17]誅，左右皆言根等之忠。帝謂根已死，乃下詔布告天下，錄其子孫。根方歸鄉里，徵詣公車[18]，拜侍御史[19]。初，平原郡[20]吏成翊世亦諫太后歸政，坐抵罪，與根俱徵，擢為尚書郎[21]，並見納用。或問根曰：「往者遇禍，天下同義，知故不少，何至自苦如此？」根曰：「周旋民間，非絕跡之處，邂逅發露，禍及知親，故不為也。」順帝[22]時，稍遷濟陰[23]太守。去官還家，年七十八卒。

4 翊世字季明，少好學，深明道術。延光[24]中，中常侍[25]樊豐[26]、帝乳母王聖[27]共譖皇太子，廢為濟陰王。翊世連上書訟之，又言樊豐、王聖誣罔之狀。帝既不從，而豐等陷以重罪，下獄當死，有詔免官歸本郡。及濟陰王立，是為順帝，司空[28]張晧[29]辟之。晧以翊世前訟太子之廢，薦為議郎[30]。翊世自以其功不顯，恥於受位，自劾歸。三公[31]比辟，不應。尚書僕射[32]虞詡[33]雅重之，欲引與共參朝政，乃上書薦之，徵拜議郎。後尚書令㉞左雄㉟、僕射郭虔復舉為尚書㊱。在朝正色，百僚敬之。

【章旨】以上為〈杜根傳〉。杜根因直諫惹殺身之禍，雖以詐死逃過此劫，卻只能遁跡山中十五年。

【注釋】❶潁川　郡名。秦置。治今河南禹州。東漢以後治所屢有變化。❷定陵　縣名。西漢置。治今河南舞陽東北。❸太學　學校名。漢朝時為全國最高學府。漢武帝用董仲舒建議，傳授儒家經典，以造就官僚人才。用博士為師。東漢質帝時在學太學生達三萬。❹賓客　貴族官僚所養食客的稱謂。他們要為主人充當勇士、謀士、侍衛，管理家私雜事，或委派為使者、說客、間諜。與主人無穩定隸屬關係，可自由來去。❺巴郡　郡名。戰國時秦國置。治今重慶北嘉陵江北岸。❻太守　官名。西漢景帝時改郡守置，為郡的最高行政長官，掌民政、司法、軍事、財賦等，可以自辟僚屬，秩二千石。東漢沿置。❼永初　東漢安帝劉祜年號，西元一〇七－一一三年。❽孝廉　漢代選拔官吏的科目。孝指孝子，廉指廉潔之士，原為二科，漢武帝採納董仲舒建議，於元光元年（西元前一三四年）初令郡國舉孝、廉各一人。其後多混同連稱，而為一科，所舉也不限於孝者和廉吏。察舉孝廉為歲舉，郡國每年向中央推舉一至二人。被舉者大都先除授郎中。❾郎中　官名。始於戰國，漢代沿置，屬郎中令（後改光祿勳），管理車、騎、門戶，並內充侍衛，外從作戰。初分為車郎、戶郎、騎郎三類，長官設有車戶騎三將，其後類別逐漸泯除。❿和熹鄧后　東漢和帝的皇后。和帝死後，她廢和帝長子，立生下僅百日的嬰兒為帝，即殤帝。殤帝死後，她又迎立年僅十三歲的安帝即位，她以太后的身分臨朝聽政，以其兄鄧騭為大將軍輔政，鄧氏一門權傾一時。重用宦官，宦官專權局面逐漸形成。她死後，安帝與宦官李閏合謀，誅滅了鄧氏。⓫臨朝　漢代遇皇帝年幼，由皇太后聽政，稱臨朝。⓬安帝　即劉祜（西元九四－一二五年），東漢章帝孫，清河孝王劉慶子。即位時年十三，鄧太后臨朝，后兄鄧騭執政。在位期間，政治黑暗，社會矛盾尖銳。張伯路等起兵海上，攻擊沿海諸郡，襲殺守令；杜季貢等聯合羌人連年起義，屢敗漢兵。建光元年鄧太后死後親政，與宦官李閏等合謀誅滅鄧騭宗族，自此寵信宦官。廟號恭宗。⓭郎　郎官泛稱。戰國至秦有郎中，為君王侍從近官，宿衛宮廷，參與謀議，備顧問差遣。西漢依職責不同，有郎中、中郎、侍郎、議郎等，無定員，多至千餘人。執掌守衛皇宮殿廊門戶，出充車騎扈從，備顧問應對，守衛陵園寢廟等。東漢於光祿勳下設五官、左右中郎將署，主管諸中郎、侍郎、郎中，實為儲備官吏人才的機構，其郎官多達二千餘人。⓮縑囊　細絹製成的袋子。⓯宜城　縣名。西漢惠帝三年（西元前一九二年）改鄢縣置。治今湖北宜城南。屬南郡。東漢建安中改屬襄陽郡。⓰酒家保　即酒保。舊指酒店服務員。⓱鄧氏　指外戚鄧騭等。⓲公車　本意為官車。漢以公家馬車遞送應舉之人。後因以「公車」為舉人應試之代稱，又借以指應試之舉子。⓳侍御史　官名。漢沿秦置，在御史大夫下，或給事殿中，或舉劾非法，或督察郡縣，或奉使出外執行指定任務。⓴平原郡　西漢高帝置。治今山東平原西南。㉑尚書郎　官名。西漢武帝時常以郎官供尚書署差遣，掌收發文書章奏庶務，後成為常設官職，員四人。東漢置三十六員，分隸尚書臺六曹尚書。負責啟封百官章奏，面奏皇帝，並解決皇帝的質疑。皇帝成命亦經其代擬詔令下達。秩四百石，秩輕而職顯權重，升遷頗速。㉒順帝　劉保（西元一一五—一四四年），東漢安帝之子。永寧元年被立為太子。延光三年被廢為濟陰王。安帝死，宦官江京等立北鄉侯劉懿為帝（即少帝），旋卒。宦官孫程等殺江京迎立其為帝。孫程等十九名宦官封侯。外戚梁商、梁冀相繼為大將軍，朝政操於宦官、外戚之手，政治日益腐敗。㉓濟陰　郡名。治今山東定陶西北。㉔延光　東漢安帝年號，西元一二二—一二五年。㉕中常侍　官名。秦始置，西漢沿置，出入宮廷，侍從皇帝，常為列侯至郎中的加官。東漢時則專用宦官為中常侍，以傳達詔令和掌理文書，權力極大。㉖樊豐　（？—西元一二五年），東漢宦官。安帝時為中常侍。建光元年（西元一二一年）安帝親政後，與宦官江京、帝乳母王聖等用事朝中，貪侈枉法，干亂朝政，合謀廢太子劉保為濟陰王。又乘安帝出巡，詐作詔書，調發錢穀、木材，大起第宅苑囿。太尉楊震上疏告發，反遭誣陷，被逼令自殺。延光四年（西元一二五年）安帝死後，為外戚閻顯所殺。㉗王聖　東漢安帝乳母。建光元年（西元一二一年）安帝親政，參與誅滅外戚鄧氏，封野王君。後與宦官江京、樊豐等干亂朝政，合謀廢黜皇太子劉保為濟陰王。安帝死，外戚閻顯秉政，被徙於雁門。㉘司空　官名。三公之一，西漢成帝時改御史大夫為大司空，東漢時稱司空，主要職務為監察、執法，兼掌重要文書圖籍。㉙張晧　字叔明，東漢犍為武陽（今四川彭山縣）人。漢和帝永元年間辟大將軍鄧騭府，後歷任尚書僕射、廷尉、司空等職。安帝廢太子為濟陰王，他與太常桓焉、太僕來歷廷爭，不得。順帝時疏救上言獲罪的趙騰等人。陽嘉元年（西元一三二年）卒於官，年八十三。事見本書卷五十六。㉚議郎　官名。西漢置，隸光祿勳。為高級郎官，不入值宿衛，執掌顧問應對，參與議政，指陳得失，為皇帝近臣。東漢更為顯要，常選任耆儒名士、高級官吏，除議政外，亦或給事宮中近署。㉛三公　官名合稱，周代已有此稱，為最高輔政大臣，一說為司馬、司徒、司空，一說為太師、太傅、太保。西漢時以丞相、太尉、御史大夫合稱三公。東漢時以太尉、司徒、司空合稱三公。為共同負責軍政的最高長官。㉜尚書僕射　官名。尚書令的副手，因東漢權歸尚書臺，尚書僕射的職權也漸重。㉝虞詡　字升卿，東漢陳國武平（今河南柘城）人。初辟太尉李脩府，拜郎中。後任朝歌長，設謀平定寧季領導的農民起事。遷武都太守，平息羌變，招還流亡，開通水運，使郡內糧米豐賤，二三年間戶口由萬餘增至四萬餘。順帝永建元年（西元一二六年），為司隸校尉，劾奏中常侍張防弄權，坐論輸左校，旋得赦，任尚書僕射。以數忤權戚，曾九見譴考，三遭刑罰，然剛正之性終老不改。事見本書卷五十八。㉞尚書令　官名。始於秦，西漢沿置，本為少府的屬官，掌章奏文書。漢武帝以後職權漸重。東漢政務皆歸尚書，尚書令成為直接對君主負責總攬一切政令的首腦。㉟左雄　（？—西元一三八年），字伯豪，東漢南陽涅陽（今河南鄧州）人。安帝時舉孝廉，遷冀州刺史，不與豪族結交，奏案奸猾二千石，無所顧忌。後任尚書令。陽嘉元年，復請舉孝廉限年四十以上，儒者試經學，文吏試章奏，皆被採納。每有章表奏議，臺閣奉為準則。後遷司隸校尉。坐法免，復為尚書。卒於官。事見本書卷六十一。㊱尚書　官名。戰國時秦、齊等國始置，最初僅為管理文書的小吏。西漢武帝時以尚書掌管機要，職權漸重，為中朝重要宮官。東漢時尚書臺分六曹，各置尚書，秩六百石，位在令、僕射下，丞、郎之上。

【語譯】 杜根，字伯堅，潁川郡定陵縣人。父親杜安，字伯夷，少年時就有志氣和節操，十三歲入太學就讀，號稱「奇童」。京師貴戚敬慕他的名聲，有不少人寫信給他，杜安不開封，都放在牆壁中藏起來。等到後來抓捕貴戚賓客，杜安打開牆壁拿出書信，書信上的封印還跟當初一樣，因而沒有受到牽連，當時人很尊重他。官至巴郡太守，在任很有聲望。

2 杜根性格正直誠實，做事喜歡直接快速。永初元年，被推舉為孝廉，擔任郎中。當時鄧太后臨朝聽政，權力被外戚掌握。杜根認為漢安帝已經長大，應該親自處理政事，於是與當時其他郎官一起上書直諫，鄧太后大怒，收捕杜根等人，命令用絹袋把他們裝起來，就在殿上把他們打死。執法的人因為杜根很有名，暗自對行刑的人囑咐，讓他們不要用力打，事後運出城外，杜根得以甦醒過來。鄧太后派人去查看，杜根於是裝死，三天後，眼睛裡生了蛆，因而得以逃走，在宜城山中一處酒家當酒保。這樣過了十五年，酒家知道他有才能，對他很尊敬厚待。

3 等到鄧氏被誅，皇上身邊的人都說杜根等人的忠貞，安帝認為杜根已死，於是下詔布告天下，錄用杜根的子孫為官。這時杜根才回歸鄉里，被朝廷公車徵召，任為侍御史。當初，平原郡吏成翊世也曾勸諫鄧太后歸政，因而被治罪，這次與杜根一起應召，擢升為尚書郎，都被任用。有人問杜根說：「從前遇到大禍，天下人都讚賞你的節義，你又有不少知交朋友，為什麼遁跡山中讓自己那樣吃苦呢？」杜根說：「我躲藏在民間，並不是人煙絕跡之處，一旦遇見熟人行蹤被發現，就會讓親人、朋友遭受牽連之禍，所以沒有那樣做。」順帝時，杜根又遷任為濟陰太守。後辭官回家，七十八歲時死去。

4　翊世字季明，從小好學，精通道術。延光年間，中常侍樊豐、皇帝乳母王聖一起誣陷皇太子，太子被廢為濟陰王。成翊世接連上書替太子申訴，又揭發樊豐、王聖的誣陷、欺騙行為。安帝沒有採納，而樊豐等以重罪來誣陷成翊世，下獄論罪當處死，皇帝下詔將他免官放歸本郡。等到濟陰王繼承帝位，這就是順帝，司空張晧徵召他回京。張晧因為成翊世之前曾為太子被廢之事申訴，推薦他擔任議郎，成翊世自認為功勞不突出，恥於接受職位，自我彈劾後回歸鄉里。三公接連徵召，成翊世都不應召。尚書僕射虞詡素來敬重他，想引薦他與自己共參朝政，於是上書推薦他，徵召任為議郎。後來尚書令左雄、僕射郭虔又推舉他為尚書。成翊世在朝時莊重嚴肅，百官都敬重他。

1　欒巴，字叔元，魏郡❶內黃❷人也。好道。順帝世，以宦者給事掖庭❸，補黃門令❹，非其好也。性質直，學覽經典，雖在中官❺，不與諸常侍❻交接。後陽氣通暢，白上乞退❼，擢拜郎中，四遷桂陽❽太守。以郡處南垂，不閑典訓，為吏人定婚姻喪紀之禮，興立學校，以獎進之。雖幹吏卑末，皆課令習讀，程試殿最，隨能升授。政事明察。視事七年，以病乞骸骨。

2　荊州❾刺史❿李固⓫薦巴治迹，徵拜議郎，守光祿大夫⓬，與杜喬⓭、周舉⓮等八人徇行州郡。

3 巴使徐州⑮還，再遷豫章⑯太守。郡土多山川鬼怪，小人常破貲產以祈禱。巴素有道術，能役鬼神，乃悉毀壞房祀，翦理姦巫，於是妖異自消。百姓始頗為懼，終皆安之。遷沛相⑰。所在有績，徵拜尚書。會帝崩，營起憲陵。陵左右或有小人墳冢，主者欲有所侵毀，巴連上書苦諫。時梁太后⑱臨朝，詔詰巴曰：「大行皇帝⑲晏駕⑳有日，卜擇陵園，務從省約，塋域所極，裁二十頃，而巴虛言主者壞人冢墓。事既非實，寢不報下，巴猶固遂其愚，復上誹謗。苟肆狂瞽，益不可長。」巴坐下獄，抵罪，禁錮還家。

4 二十餘年，靈帝㉑即位，大將軍㉒竇武㉓、太傅㉔陳蕃㉕輔政，徵拜議郎。蕃、武被誅，巴以其黨，復謫為永昌㉖太守。以功自劾，辭病不行，上書極諫，理陳、竇之冤。帝怒，下詔切責，收付廷尉㉗。巴自殺。子賀，官至雲中㉘太守。

【章　旨】以上為〈欒巴傳〉。欒巴雖然曾為宦者，但出任桂陽太守後政績斐然。因替陳蕃、竇武等訴冤，被捕入獄，自殺身亡。

【注　釋】❶魏郡　西漢置。治今河北臨漳西南鄴鎮。東漢末曾為冀州治。❷內黃　縣名。本戰國魏黃邑，漢置縣。因陳留郡有外黃縣，故加「內」字。治今河南內黃西北。❸掖庭　皇宮中妃嬪居住的處所。❹黃門令　官名。西漢少府屬官，掌宮中乘輿狗馬倡優鼓吹等事。職任親近，由宦者充任。有技藝才能者常在其署待詔。東漢名義上隸少府，主宮中諸宦者，秩六百石。中葉以後多以中常侍兼任，或典禁軍，或持節收捕大臣，權勢尤盛。❺中官　即宦官，以給事於禁中，故名。❻常侍　中常侍、內常侍等宦官之簡稱。❼後陽氣通暢二句　欒巴大概是一隱性人，其入宮時，男性未顯，故為宦者。後來男性特徵突顯，故不能再留宮中，因而「白上乞退」。❽桂楊　郡名。西漢置。治今湖南郴州。❾荊州　西漢武帝所置「十三刺史部」之一。東漢荊州治今湖南常德東北。❿刺史　官名。西漢武帝始置，分全國為十三部（州），各置刺史一人，秩六百石。無治所，奉詔巡行諸郡，以六條問事，省察治政，黜陟能否，斷理冤獄。東漢時沿置，有固定治所，實際上成為比郡守高一級的地方行政長官。靈帝時，改刺史為州牧，掌握一州的軍政大權。⓫李固　（西元九四—一四七年），字子堅，東漢漢中南鄭（今陝西漢中）人。順帝永和年間，任荊州刺史、泰山太守，招撫境內起事農民。沖帝即位，任太尉，與大將軍梁冀共參錄尚書事。沖帝死，他議立清河王，冀不從，另立質帝。不久，冀鴆殺質帝，欲立蠡吾侯。他再次固請立清河王，為冀所忌，因被免職。後為冀所誣，被殺。事見本書卷六十三。⓬守光祿大夫　即試職光祿大夫。守，官制用語。官員試職稱守。漢有試守之制，限期一年，歲滿轉正，得食全祿，即為真。光祿大夫，官名，戰國時置中大夫，漢武帝時始改稱光祿大夫，掌顧問應對，屬光祿勳。⓭杜喬　（？—西元一四七年），字叔榮，東漢河內林慮（今河南林州）人。順帝漢安元年（西元一四二年）為光祿大夫，奉使按察兗州，表奏泰山太守李固為政第一，舉劾大將軍梁冀季父及黨羽為官者贓罪千萬以上。後歷任太子太傅、大司農、大鴻臚等職。質帝為梁冀鴆殺後，與李固力主立年長的清河王劉蒜為帝，以此忤於冀。桓帝建和元年，代胡廣為太尉。旋以清河劉文等人謀立劉蒜為天子事，為梁冀誣陷，下獄死。事見本書卷六十三。⓮周舉　字宣光，東漢汝南汝陽（今河南商水縣）人。順帝時先後為并州、冀州刺史。陽嘉三年（西元一三四年）徵拜尚書。漢安元年（西元一四二年）以侍中與杜喬等七人俱為使者巡行州郡，劾奏貪官汙吏，士人譽為「八俊」之一。事見本書卷六十一。⓯徐州　西漢武帝所置「十三刺史部」之一。東漢治今山東郯城。⓰豫章　郡名。西漢高帝六年（西元前二〇一年）分九江郡置，置南昌縣（今江西南昌）。漢武帝元狩二年（西元前一二一年）以後轄境相當今江西地。⓱沛相　沛國相。沛，東漢時封國。治今安徽濉溪縣西北。屬豫州。相，封國中的行政長官，職位俸祿相當於郡守。⓲梁太后　即梁妠（西元一〇六—一五〇年），安定烏氏（今甘肅平涼）人。東漢順帝皇后，順帝時，其父梁商任大將軍，掌握朝政。梁商死後，又由其兄梁冀繼任。順帝死，她與梁冀迎立沖、質、桓三帝，都臨朝執政。梁氏一門前後有七侯，三皇后，六貴人，兩大將軍。執政期間，兼用外戚、宦官，重用擁護她的官僚集團，又表揚儒學，招太學生達三萬餘人，藉以取得世族地主的支持。⓳大行皇帝　古代以稱初死而尚未定諡號的皇帝。⑳晏駕　古時帝王死亡的諱稱。㉑靈帝　即劉宏（西元一五六—一八九年），東漢章帝玄孫。初襲父爵為解瀆亭侯。永康元年桓帝死，被竇太后及其父竇武迎立為帝，時年十二。在位期間，竇武與陳蕃謀誅宦官事敗，宦官繼續掌政。黨禁再起，捕殺李膺、杜密等百餘人。曾公開標價賣官鬻爵，並增天下田畝稅百錢，大修宮室。政治黑暗，民不聊生。中平元年爆發全國規模的黃巾之亂，東漢王朝趨於崩潰。㉒大將軍　官名。始於戰國，漢代沿置，為將軍的最高稱號，執掌統兵征戰。事實上多由貴戚擔任，掌握政權，職位甚高。㉓竇武　字游平，東漢扶風平陵（今陝西咸陽）人。生年不詳。桓帝時以長女選入宮中為貴人，得拜郎中。女旋立為皇后，遂遷越騎校尉，封槐里侯。遷城門校尉。永康元年上疏奏請解除黨禁。桓帝死，迎立靈帝，任大將軍，封聞喜侯。執掌朝政，起用李膺、杜密等黨人。建寧元年，與太傅陳蕃謀誅宦官曹節、王甫等，事敗自殺。事見本書卷六十九。㉔太傅　官名。西周置，為三公之一，位次太師，在太保上。其後歷代沿置。東漢以授元老重臣，居百官之首，秩萬石。明帝以後，諸帝即位時皆置，兼錄尚書事，行使宰相職權，有缺不補。㉕陳蕃　字仲舉，東漢汝南平輿（今河南平輿）人。桓帝時任太尉，與李膺等反對宦官專權，為太學生所敬重，被稱為「不畏強禦陳仲舉」。靈帝立，他為太傅，與外戚竇武謀誅宦官，謀洩，率官屬及太學生八十餘人，衝入宮門，事敗入獄被害，年七十餘。事見本書卷六十六。㉖永昌　郡名。東漢永平十二年（西元六九年）置。治今雲南保山市東北。㉗廷尉　官名。秦始置，為九卿之一。廷尉的職掌是管刑獄，為最高法官。廷尉的主要職責是負責審理皇帝交辦的詔獄，同時審理地方上報的疑難案件。㉘雲中　郡名。戰國趙武靈王置，秦代治今內蒙古托克托東北。東漢屬并州，東漢末廢。

【語　譯】欒巴，字叔元，魏郡內黃縣人。喜歡道術。漢順帝時，他作為宦者供職於內宮，後補任為黃門令，他並不喜歡。性格質樸耿直，好學通覽經典，雖然身為宦官，但不與那些常侍往來。後來突顯男性特徵，稟報皇上請求離宮，被擢封為郎中，四次升遷後任桂楊郡太守。因為桂楊郡地處南方邊陲，人們不熟悉典章禮制，欒巴因而為官吏百姓制定婚姻、喪葬的禮儀，興辦學校，來鼓勵仕進。即使是府中小吏、低級僕役，也都督促他們讀書，按程式考試定高下，依照各人的才能升遷授職。他對政事明察秋毫。任職七年，因病請求退休歸鄉。

2　荊州刺史李固推薦欒巴的政績，朝廷徵召任為議郎，試職光祿大夫，與杜喬、周舉等八人巡視各州郡。

3　欒巴巡視徐州回朝，又遷任豫章太守。豫章郡內有許多所謂的山川鬼怪，老百姓常常花費很多錢財來祈禱。欒巴素來有道術，能夠役使鬼神，於是就全數毀掉用來祭鬼神的廟宇，懲治那些奸邪的巫人，於是妖異之象自然消除。百姓最初很害怕，到最後心裡都安定下來。欒巴又遷任沛相。他在各任上都有政績，朝廷徵詔任用為尚書。正趕上順帝駕崩，營造憲陵。憲陵周圍有一些百姓的墳冢，主持建造陵墓的人想毀掉周圍這些墳墓，欒巴接連上書苦諫。這時梁太后臨朝聽政，下詔詰問欒巴說：「大行皇帝去世多日了，選擇陵園，務求節省，陵區所占面積，僅二十頃，而欒巴造謠說主持營造的人毀壞了別人的墳墓。所說既然不符合事實，就擱下不作答覆，但欒巴還是頑固地要實現他的愚蠢想法，又上書誹謗。放肆狂妄，胡言亂語，此種風氣絕不能助長。」欒巴因而被關進監獄，抵償其罪，放回鄉里，永不錄用。

4 二十餘年後，漢靈帝即位，大將軍竇武、太傅陳蕃輔佐朝政，欒巴被徵召任為議郎。陳蕃、竇武被殺，欒巴被以同黨的理由，貶為永昌太守。欒巴以無功而自我彈劾，推辭有病不去上任，一面又上書極力勸諫，為陳蕃、竇武申辯訴冤。靈帝發怒，下詔嚴厲斥責，將欒巴收捕交廷尉。欒巴自殺。欒巴的兒子叫欒賀，官至雲中太守。

1 劉陶，字子奇，一名偉，潁川潁陰❶人，濟北貞王勃之後。陶為人居簡❷，不修小節。所與交友，必也同志。好尚或殊，富貴不求合；情趣苟同，貧賤不易意。同宗劉愷，以雅德知名，獨深器陶。

2 時大將軍梁冀❸專朝，而桓帝❹無子，連歲荒飢，災異數見。陶時游太學，乃上疏陳事曰：

3 「臣聞人非天地無以為生，天地非人無以為靈❺，是故帝非人不立，人非帝不寧。夫天之與帝，帝之與人，猶頭之與足，相須而行也。伏惟陛下年隆德茂，中天稱號[6]，襲常存之慶，循不易之制，目不視鳴條之事，耳不聞檀車之聲[7]，天災不有痛於肌膚，震食不即損於聖體，故蔑三光之謬[8]，輕上天之怒。伏念高祖之起，始自布衣，拾暴秦[9]之敝，追亡周之鹿，合散扶傷，克成帝業。功既顯矣，勤亦至矣。流福遺祚，至於陛下。陛下既不能增明烈考之軌，而忽高祖之勤，妄假利器，委授國柄，使群醜刑隸[10]，芟刈小民，彫敝諸夏，虐流遠近，故天降眾異，以戒陛下。陛下不悟，而競令虎豹窟於麑場，豺狼乳於春囿。斯豈唐[11]咨禹[12]、稷[13]，益[14]典朕虞[15]，議物賦土蒸民之意哉？又今牧守[16]長吏[17]，上下交競；封豕長蛇[18]，蠶食天下；貨殖者[19]為窮冤之魂，貧餒者作飢寒之鬼；高門獲東觀之辜，豐室羅妖叛之罪[20]；死者悲於窀穸[21]，生者戚於朝野：是愚臣所為咨嗟長懷歎息者也。且秦之將亡，正諫者誅，諛進者賞，嘉言結於忠舌，國命出於讒口，擅閻樂於咸陽，授趙高以車府[22]。權去己而不知，威離身而不顧。古今一揆[23]，成敗同埶。願陛下遠覽強秦之傾，近察哀[24]、平[25]之變，得失昭然，禍福可見。

4 「臣又聞危非仁不扶，亂非智不救，故武丁[26]得傅說[27]，以消鼎雉之災[28]，周宣[29]用申[30]、甫[31]，以濟夷[32]、厲[33]之荒。竊見故冀州[34]刺史南陽[35]朱穆[36]，前烏桓校尉[37]臣同郡李膺[38]，皆履正清平，貞高絕俗。穆前在冀州，奉憲操平，摧破姦黨，掃清萬里。膺歷典牧守，正身率下，及掌戎馬，威揚朔北。斯實中興之良佐，國家之柱臣也。宜還本朝，挾輔王室，上齊七燿[39]，下鎮萬國。臣敢吐不時之義於諱言之朝，猶冰霜見日，必至消滅。臣始悲天下之可悲，今天下亦悲臣之愚惑也。」

5 書奏不省。

6 時有上書言人以貨輕錢薄，故致貧困，宜改鑄大錢。事下四府[40]群僚及太學能言之士。陶上議曰：

7 「聖王承天制物，與人行止，建功則眾悅其事，興戎而師樂其旅。是故靈臺有子來之人[41]，武旅有鳧藻之士[42]，皆舉合時宜，動順人道也。臣伏讀鑄錢之詔，平輕重之議，訪覃幽微，不遺窮賤，是以藿食之人[43]，謬延逮及。

8 「蓋以為當今之憂，不在於貨，在乎民飢。夫生養之道，先食後貨。是以先王觀象育物，敬授民時，使男不逋畝，女不下機。故君臣之道行，王路之教通。由是言之，食者乃有國之所寶，生民之至貴也。竊見比年已來，良苗盡於蝗螟之口，杼柚[44]空於公私之求，所急朝夕之餐，所患靡監[45]之事，豈謂錢貨之厚薄，銖兩之輕重哉？就使當今沙礫化為南金[46]，瓦石變為和玉[47]，使百姓渴無所飲，飢無所食，雖皇羲[48]之純德，唐虞[49]之文明，猶不能以保蕭牆[50]之內也。蓋民可百年無貨，不可一朝有飢，故食為至急也。議者不達農殖之本，多言鑄冶之便，或欲因緣行詐，以賈國利。國利將盡，取者爭競，造鑄之端於是乎生。蓋萬人鑄之，一人奪之，猶不能給；況今一人鑄之，則萬人奪之乎？雖以陰陽為炭，萬物為銅[51]，役不食之民，使不飢之士，猶不能足無猒之求也。夫欲民殷財阜，要在止役禁奪，則百姓不勞而足。陛下聖德，愍海內之憂戚，傷天下之艱難，欲鑄錢齊貨以救其敝，此猶養魚沸鼎之中，棲鳥烈火之上。水木本魚鳥之所生也，用之不時，必至燋爛。願陛下寬鍥薄之禁，後冶鑄之議，聽民庶之謠吟，問路叟之所憂，瞰三光之文耀，視山河之分流。天下之心，國家大事，粲然皆見，無有遺惑者矣。

9

「臣嘗誦詩，至於鴻鴈于野之勞，哀勤百堵之事[52]，每喟爾長懷，中篇而歎。近聽征夫飢勞之聲，甚於斯歌。是以追悟匹婦吟魯之憂[53]，始於此乎！見白駒之意，屏營傍偟，不能監寐[54]。伏念當今地廣而不得耕，民眾而無所食。群小競進，秉國之位，鷹揚天下，烏鈔求飽，吞肌及骨，並噬無猒。誠恐卒有役夫窮匠，起於板築之間[55]，投斤攘臂，登高遠呼，使愁怨之民，響應雲合，八方分崩，中夏魚潰[56]。雖方尺之錢，何能有救！其危猶舉函牛之鼎[57]，絓[58]纖枯之末，詩人所以眷然顧之，潸焉出涕者也。

10 「臣東野狂闇[59]，不達大義，緣廣及之時，對過所問，知必以身脂鼎鑊[60]，為天下笑。」

11 帝竟不鑄錢。

12 後陶舉孝廉，除順陽長[61]。縣多姦猾，陶到官，宣募吏民有氣力勇猛，能以死易生者，不拘亡命姦臧，於是剽輕劍客之徒過晏等十餘人，皆來應募。陶責其先過，要以後效，使各結所厚少年，得數百人，皆嚴兵待命。於是覆案姦軌，所發若神。以病免，吏民思而歌之曰：「邑然不樂，思我劉君。何時復來，安此下民。」

13 陶明尚書、春秋，為之訓詁[62]。推三家尚書[63]及古文，是正文字七百餘事，名曰中文尚書。

14 頃之，拜侍御史。靈帝宿聞其名，數引納之。時鉅鹿[64]張角[65]偽託大道，妖惑小民，陶與奉車都尉[66]樂松、議郎袁貢連名上疏言之，曰：「聖王以天下耳目為視聽，故能無不聞見。今張角支黨不可勝計。前司徒[67]楊賜[68]奏下詔書，切勑州郡，護送流民，會賜去位，不復捕錄。雖會赦令，而謀不解散。四方私言，云角等竊入京師，覘視朝政，鳥聲獸心，私共鳴呼。州郡忌諱，不欲聞之，但更相告語，莫肯公文。宜下明詔，重募角等，賞以國土。有敢回避，與之同罪。」帝殊不悟，方詔陶次第春秋條例。明年，張角反亂，海內鼎沸，帝思陶言，封中陵鄉侯，三遷尚書令。以所舉將為尚書，難與齊列，乞從冗散，拜侍中[69]。以數切諫，為權臣所憚，徙為京兆尹[70]。到職，當出脩宮錢[71]直千萬，陶既清貧，而恥以錢買職，稱疾不聽政。帝宿重陶才，原其罪，徵拜諫議大夫[72]。

是時天下日危，寇賊方熾，陶憂致崩亂，復上疏曰：「臣聞事之急者不能安言，心之痛者不能緩聲。竊見天下前遇張角之亂，後遭邊章之寇[73]，每聞羽書[74]告急之聲，心灼內熱，四體驚竦。今西羌[75]逆類，私署將帥，皆多段熲[76]時吏，曉習戰陳，識知山川，變詐萬端。臣常懼其輕出河東[77]、馮翊[78]，鈔西軍之後，東之函谷[79]，據阸高望。今果已攻河東，恐遂轉更豕突上京[80]。如是則南道斷絕，車騎之軍[81]孤立，關東[82]破膽，四方動搖，威之不來，叫之不應，雖有田單[83]、陳平[84]之策，計無所用。臣前驛馬上便宜，急絕諸郡賦調，冀尚可安。事付主者，留連至今，莫肯求問。今三郡[85]之民皆以奔亡，南出武關[86]，北徙壺谷[87]，冰解風散，唯恐在後。今其存者尚十三四，軍吏士民悲愁相守，民有百走退死之心，而無一前鬬生之計。西寇浸前，去營咫尺，胡騎分布，已至諸陵。將軍張溫，天性精勇，而主者旦夕迫促，軍無後殿，假令失利，其敗不救。臣自知言數見厭，而言不自裁者，以為國安則臣蒙其慶，國危則臣亦先亡也。謹復陳當今要急八事，乞須臾之間，深垂納省。」其八事，大較言天下大亂，皆由宦官。宦官事急，共讒陶曰：「前張角事發，詔書示以威恩，自此以來，各各改悔。今者四方安靜，而陶疾害聖政，專言妖孽。州郡不上，陶何緣知？疑陶與賊通情。」於是收陶，下黃門北寺獄88，掠按日急。陶自知必死，對使者曰：「朝廷前封臣云何？今反受邪譖。恨不與伊89、呂90同疇，而以三仁91為輩。」遂閉氣而死，天下莫不痛之。

16 陶著書數十萬言，又作七曜論、匡老子、反韓非、復孟軻，及上書言當世便事、條教、賦、奏、書、記、辯疑，凡百餘篇。

17 時司徒東海92陳耽，亦以非罪與陶俱死。耽以忠正稱，歷位三司93。光和94五年，詔公卿95以謠言舉刺史、二千石96為民蠹害者。時太尉許戫、司空張濟97承望內官，受取貨賂，其宦者子弟賓客，雖貪汙穢濁，皆不敢問，而虛糾邊遠小郡清脩有惠化者二十六人。吏人詣闕98陳訴，耽與議郎曹操上言：「公卿所舉，率黨其私，所謂放鴟梟而囚鸞鳳。」其言忠切，帝以讓臧、濟，由是諸坐謠言徵者悉拜議郎。宦官怨之，遂誣陷耽死獄中。

【章　旨】以上為〈劉陶傳〉。記述劉陶耿介敢言，曾上疏勸諫桓帝，勿將權力授予宦官；又在奏疏中力薦重用朱穆、李膺等為官清廉又政績卓著的官員。後遭宦官陷害，閉氣而死。

【注　釋】❶潁陰　縣名。秦置。治今河南許昌。漢屬潁川郡。❷居簡　謂持身寬略。❸梁冀　（？—西元一五九年），字伯卓，東漢安定烏氏（今甘肅平涼）人。兩妹為順帝、桓帝皇后。其父梁商死後，繼為大將軍。順帝死，他與妹梁太后先後立沖、質、桓三帝，專斷朝政近二十年。執政期間，驕奢橫暴，多建苑囿，並強迫人民數千為奴婢，稱「自賣人」。梁太后、皇后先後死，桓帝與宦官單超等五人定議，誅滅梁氏，他被迫自殺。東漢政府沒其財產，賣錢三十萬萬之巨。事見本書卷三十四。❹桓帝　即劉志（西元一三二—一六七年），東漢章帝曾孫。本初元年被梁太后與兄大將軍梁冀迎立為帝。在位期間，梁太后臨朝，梁冀專權，朝政昏亂，民不聊生。各族人民反抗蜂起。延熹二年與宦官單超等合謀誅滅梁氏，封單超等為縣侯，自後權歸宦官，政治更趨黑暗。大臣陳蕃、李膺等聯合太學生，反對宦官干政，被宦官誣指共為部黨。下詔逮捕黨人，禁錮終身，史稱「黨錮」。❺人非天地二句　人沒有天地就無法生存，天地間如果沒有人類就沒有靈性的東西。語出《尚書》：「惟天地萬物父母，惟人萬物之靈。」❻中天稱號　壯年之時稱帝。中天，即正當天之中，意壯年之時。❼目不視二句　眼睛看不到商湯與夏桀戰於鳴條的事情，耳朵聽不到兵車隆隆的聲音。鳴條，亦名高堠原。在今山西運城安邑鎮北；一說在今河南封丘東。相傳湯伐夏桀，戰於鳴條之野，即此。檀車，古代多用檀木做車輪的輻，因稱車為檀車。此指兵車。《詩・大明》：「牧野洋洋，檀車煌煌。」❽三光之謬　日、月、星的異象。三光，指日、月、星。❾秦　朝代名。我國歷史上第一個封建王朝。西元前二二一年秦王政統一中原，自稱始皇帝（即秦始皇），建都咸陽，並進一步統一東南、西南地區。疆域東、南到海，西到今甘肅、四川，西南至雲南、廣西，北到陰山，東北至遼東。曾推行郡縣制，統一文字和度量衡，修築長城等，有利於鞏固統一、加強中央集權；但賦役繁重，刑政苛暴，激化了社會矛盾。西元前二〇九年（秦二世元年）爆發以陳勝、吳廣為首的農民大暴動。西元前二〇六年為劉邦所滅。共歷二世，統治十五年。❿刑隸　指閹人、宦官。⓫唐　即唐堯。號陶唐氏，名放勳。傳說中父系氏族社會後期部落聯盟領袖。傳曾命羲和掌管時令，制定曆法。諮詢四岳，選舜為其繼任人。對舜進行三年考核後，命舜攝位行政。他死後，即由舜繼位，史稱禪讓。⓬禹　亦稱「大禹」、「戎禹」。姒姓，名文命。傳說中古代部落聯盟領袖。鯀之子。原為夏后氏部落領袖，奉舜命治理洪水。據後人記載，他領導人民疏通江河，興修溝渠，發展農業。後以治水有功，被舜選為繼承人，舜死後擔任部落聯盟領袖。傳曾鑄造九鼎。又傳三苗作亂，他克之，辟土以王。其子啟建立中國歷史上第一個奴隸制國家，即夏代。⓭稷　即后稷。相傳為周始祖。母姜嫄於其生後曾棄之於野，故名棄。長而好農耕，堯舉為農官。舜封之於邰（今陝西武功西），號后稷，姬姓。曾助夏禹治水，播種百穀，勤勞農事而死於山野。後世因以為官號。⓮益　又名「伯翳」、「伯益」。相傳為少昊後裔，嬴姓，封於費，又稱「費侯」。秦之先祖。善調馴鳥獸，為舜掌山澤之虞官，佐禹治水平土，有功。禹繼舜位後，曾以皋陶為繼位人，皋陶死，乃以益為繼位人，委以政事。禹死後，益避讓禹子啟繼位。或說益於禹死後與啟爭位，為啟所殺。⓯朕虞　古官名。管理山澤。⓰牧守　州郡長官的泛稱。牧，即州的長官州牧，漢成帝改州刺史置，秩二千石，位次九卿，監察州郡。後廢置不常。東漢靈帝時復置，掌一州軍政大權，位高於郡守。守，即郡的長官太守。⓱長吏　地位較高官吏的統稱。秦、漢一般指秩六百石以上官吏，縣丞、尉祿秩雖低，亦可稱長吏。⓲封豕長蛇　比喻貪暴者。封豕，大豬。⓳貨殖者　經商的人。貨殖，經商，囤積財貨以營利。⓴高門獲東觀之辜二句　顯貴之家遭受殺頭之禍，富裕之家獲叛逆之罪。東觀之辜，亦稱「東觀之殃」。孔子任魯司寇時，殺少正卯於東觀之下。後用以指殺身之禍。高門，指顯貴的人家。㉑窀穸　墓穴。㉒擅閻樂於咸陽二句　讓閻樂在咸陽胡作非為，把車府令的重權授給趙高。趙高為車府令，與婿咸陽令閻樂謀殺胡亥。咸陽，秦朝都城。在今陝西咸陽東北窯店附近。秦亡為項羽焚毀。趙高（？—西元前二〇七年），秦宦官。始皇死後與李斯偽造遺詔，逼使始皇長子扶蘇自殺，立胡亥為二世皇帝。任郎中令，居中用事，控制朝政，掌握大權。後殺李斯，任中丞相；不久殺死二世，立子嬰為秦王。旋為子嬰所殺。車府，即車府令，秦代執掌乘輿之官。㉓古今一揆　意謂古代聖人和後代賢哲的所作所為是完全相同的。一揆，同一道理；一個模樣。㉔哀即西漢哀帝劉欣（西元前二五—前一年）。元帝庶孫，定陶共王子。即位後為削弱外戚王氏權勢，遣王莽及曲陽侯王根就國。又欲限制宗室、諸王侯、吏民名田和奴婢，然外戚丁、傅用事阻撓，均田之議遂罷。因社會危機嚴重，採納方士夏賀良之議，以為漢家王朝曆運中衰，當再受命，以建平二年為太初元將元年，自號陳聖劉太平皇帝，旋即廢除。身患痿痹之症，末年加劇，朝政日亂。㉕平　漢平帝劉衎（西元前九—西元五年），西漢元帝庶孫。元壽二年九歲被迎立為帝，由太皇太后王政君臨朝，大司馬王莽秉政。莽以大司馬領尚書事，進位安漢公、宰衡，政由己出，西漢王朝名存實亡。元始五年病死，或謂為王葬鳩死。㉖武丁　又稱「殷武」。商王，名昭，小乙之子。武丁是廟號。繼小乙即位。小乙曾使之處於民間，知稼穡之艱難、百姓之疾苦。又學於賢臣甘盤。即位後，求賢覓才，於傅巖（今山西平陸北）版築之胥靡中發現傅說，任為相，與甘盤共輔國政，王朝復興。曾征伐土方、鬼方、羌方、夷方及南土諸方，疆域擴大。史書認為與湯、太甲、祖乙同為「天下之盛君」。在位五十九年，死後尊為高宗。殷墟卜辭中列為直系先王祭祀。㉗傅說　商武丁時賢臣，相傳曾為刑徒，服勞役於傅巖從事版築。武丁即位後，欲振興商朝，未得其佐，三年不言，後託言夜夢聖人名說，使群臣於百工中尋求，得之於傅巖中，遂以傅為姓，舉以為相，王朝得以振興。㉘鼎雉之災　商高宗時，有野雞登到鼎耳上鳴叫，高宗武丁感到恐懼，於是修德，國家得以長久的穩定。㉙周宣　即周宣王（？—西元前七八二年），姬姓，名靖（一作靜）。西周厲王子。在位期間，廢除籍田制度。曾不斷對淮夷、徐戎、玁狁用兵，互有勝負，損失很多人力物力。㉚申　即申伯。周宣王舅父，姜姓，受褒賞，改封於謝（今河南南陽南）。申國對鞏固周朝南土起了重要作用。㉛甫　即「仲山甫」，甫或作父。周宣王大臣。食采於樊（今河南濟源東南），又稱「樊仲」、「樊穆仲」、「樊仲山父」。曾反對宣王干預魯國君位繼承，又勸諫宣王「料民」，皆為宣王所拒。㉜夷　即周夷王。姬姓，名燮。西周王。周懿王之子。孝王死後，受諸侯擁戴得立。曾烹齊哀公而另立胡公，又命虢公伐太原戎，獲馬千匹。㉝厲　即周厲王（？—西元前八二八年），姬姓，名胡。周夷王之子。曾命虢仲征伐淮夷，又伐戎，均不克。好利，聽信榮夷公之言，任之為卿士，對民實行專利（壟斷山澤物產），以聚斂人民之財；又用衛巫監視國人，殺有怨言者。西元前八四一年，被國人逐奔於彘（今山西霍州東北），居汾水之旁，稱「汾王」，朝中共和行政。十四年後，死於彘。㉞冀州　西漢武帝所置「十三刺史部」之一。東漢治今河北柏鄉北，末期移置今河北臨漳西南。㉟南陽　郡名。戰國時置。治今河南南陽。㊱朱穆　（西元一〇〇—一六三年），字公叔，東漢南陽宛縣（今河南南陽）人。初舉孝廉。順帝末，辟大將軍梁冀府，使典兵事，甚見親任。桓帝即位，舉高第為侍御史。屢薦梁冀求賢能，斥佞惡，戒侈暴，而冀不聽。永興元年，擢冀州刺史，不與宦官結交，整肅法令，舉劾權貴。後徵拜尚書，志除宦官，故數為中官稱詔詆毀。終以憤懣發疽而卒。㊲烏桓校尉　官名，亦稱「護烏桓校尉」。西漢武帝始置，掌內附烏桓事務。秩二千石，持節。後不常置。東漢建武二十五年（西元四九年），遼西烏桓朝貢，使居塞內，布於緣邊諸郡，令招徠種人，給其衣食，為漢偵察，助擊鮮卑、匈奴，復置護烏桓校尉，秩比二千石，屯上谷寧城，並領鮮卑。常將烏桓等部兵與度遼將軍、使匈奴中郎將、護羌校尉等協同作戰，戍衛東北邊塞。㊳李膺　（西元一一〇—一六九年），字元禮，東漢潁川襄城（今屬河南）人。桓帝時為司隸校尉，與太學生首領郭泰等結交，反對宦官專權，太學生稱為「天下楷模李元禮」。延熹九年，宦官誣之為結黨誹謗朝廷，被逮捕入獄。釋放後禁錮終身。靈帝立，外戚竇武執政，他又被起用為長樂少府，與陳蕃等謀誅宦官失敗，死獄中。事見本書卷六十七。㊴七燿　指北斗七星。㊵四府　西漢以丞相、御史大夫、車騎將軍、前將軍府為四府。東漢以太傅、太尉、司徒、司空府為四府。㊶是故靈臺有子來之人　所以修靈臺時有自動趕來參加修建的人。語出《詩・靈臺》：「經始靈臺，經之營之。……經始勿亟，庶民子來。」靈臺，周代的臺名，一說用以觀星象。子來，謂民心歸附，如子女趨事父母，不召自來。㊷武旅有鳧藻之士　周武王的軍隊裡有喜悅之士。武，即周武王，姬姓，名發。周朝建立者，周文王之子，用太公望、周公旦等人輔政，伐紂。與商軍會戰於牧野（今河南淇縣西南）。商軍倒戈，紂登鹿臺自焚而死，遂滅商。周朝建立，都鎬京（今陝西長安灃河東）。二年後病卒。鳧藻，鳧得水藻，意喜悅。㊸藿食之人　在野之人。藿食，以豆葉為食，謂粗食。㊹杼柚　亦作「杼軸」。織布機上的兩個部件，即用來持緯（橫線）的梭子和用來承經（直線）的筘。亦代指織機。㊺靡盬　沒有止息。㊻南金　古代稱南方所產的銅。㊼和玉　卞和之玉，即和氏璧。和，卞和，相傳為春秋時楚國人。覓得玉璞一塊，先後獻給楚厲王和楚武王，王使玉人鑑定，均說是石，遂以欺君罪先後截去雙足。楚文王即位，他又抱璞哭於荊山中，三日三夜，淚盡血出。文王使人問其故，使玉工剖璞加工，果得寶玉，遂為和氏璧。㊽皇羲　即伏羲氏，也稱「宓羲」、「包犧」、「犧皇」等。神話中人類的始祖。傳說人類由他和女媧氏兄妹相婚而產生。又傳他教民結網，從事漁獵畜牧，反映中國原始時代開始漁獵畜牧的情況。傳說八卦也出於他的製作。㊾虞　即虞舜。姚姓，一作嬀姓，號有虞氏，名重華，史稱虞舜。傳說中父系氏族社會後期部落聯盟領袖。相傳因四岳推舉，堯命他攝政。他巡行四方，除去共工、驩兜、三苗、鯀等四凶。堯去世後繼位，又諮詢四岳，挑選賢人，治理民事，並選拔治水有功的禹為繼承人。㊿蕭牆　門屏。見《論語・季氏》：「吾恐季孫之憂，不在顓臾，而在蕭牆之內。」(51)雖以陰陽二句　即使用陰陽二氣為炭，用世間萬物為銅。西漢賈誼之言。(52)至於鴻鴈二句　當讀到〈鴻雁〉所述征夫在野外辛勤勞作，同時修起百堵牆壁之事。語出《詩・鴻雁》：「鴻雁于飛，肅肅其羽。之子于征，劬勞于野。……鴻雁于飛，集於中澤。之子于垣，百堵皆作。」(53)匹婦吟魯之憂　《列女傳》記載，魯穆公年老之時，太子還很年幼。漆室邑有個已過婚齡而未嫁人的女子，倚柱而哭。鄰居有個和她關係很密切的婦人問她：「妳為什麼哭得這麼傷心呢？是想嫁人嗎？我為妳找個丈夫。」漆室女說：「唉！我原來以為妳了解我，現在看來不是啊。怎麼會為嫁人的事傷心悲慟呢？我是擔憂魯君年老而太子年少啊。」魯，即魯國。姬姓。西周初，周武王封周公旦於此，都曲阜。轄境大致南至今山東、江蘇交界處，西到今山東鄆城、巨野、成武、單縣，東至今沂水以東，北至泰山及汶水之北，以泰山山脈及汶水北岸地與齊為界。春秋時國勢漸弱，戰國時成為小國。西元前二五六年為楚所滅。(54)見白駒三句　我體會到《詩》中「白駒」的含義，憂愁彷徨，不能安睡。《詩・

白駒》：「皎皎白駒，食我場苗。縶之維之，以永今朝。」白駒，諭賢人。監寐，即寤寐，假寐。(55)誠恐二句　確實擔心最終會有役夫和貧窮的工匠，在築牆砌房的地方奮起。役夫，指秦末陳勝起義。窮匠，指秦末修建驪山陵的囚徒，後多從英布反秦。(56)中夏魚潰　像盛夏的魚兒一樣潰爛。《公羊傳》：「其言梁亡何？魚爛而亡也。」魚爛是從腹部潰爛。中夏，夏季之中，指農曆五月。後亦指盛夏。(57)函牛之鼎　意大鼎。《淮南子》：「函牛之鼎沸，則蠅不得置一足焉。」(58)絓　同「掛」。(59)狂闇　狂妄而不明事理的人。用為自謙之辭。(60)鼎鑊　古代酷刑，以鼎鑊煮人。(61)順陽長　順陽縣長。順陽，縣名。東漢改博山縣置。治今河南淅川縣南。屬南陽郡。長，縣長。官名。秦置，為萬戶以下縣之行政長官，秩五百石至三百石。漢朝沿置。(62)訓詁　也稱「訓故」、「詁訓」、「故訓」。解釋古書中詞句的意義。(63)三家尚書　漢代《今文尚書》的三大學派：夏侯建、夏侯勝、歐陽和伯。(64)鉅鹿　郡名。秦置。治今河北寧晉西南。(65)張角　（？—西元一八四年），鉅鹿（今河北平鄉）人。東漢末黃巾暴動首領。創太平道，自稱「大賢良師」。靈帝時，藉治病傳教，祕密進行組織工作。十餘年間，徒眾達數十萬人，遍及青、徐、幽、冀、荊、揚、兗、豫八州。中平元年暴動，稱「天公將軍」。以頭纏黃巾為標誌，稱「黃巾軍」。與弟梁會集幽、冀兩州黃巾軍，在廣宗（今河北威縣東）擊退北中郎將盧植的進攻。此後又打敗東中郎將董卓。不久病死。(66)奉車都尉　官名。西漢武帝始置，執掌皇帝車輿，入侍左右，多由皇帝親信充任，秩比二千石。東漢名義上隸光祿勳。(67)司徒　官名。三公之一，西漢哀帝時罷丞相，置大司徒，東漢時稱司徒，名義上與司空、太尉共掌政務，實際上權力已在尚書臺。(68)楊賜　（？—西元一八五年），字伯獻，東漢弘農華陰（今陝西華陰）人。楊震之孫。少傳家學，博聞廣識，隱居教授生涯。後以通《尚書》為靈帝師。歷任司空、司徒、太尉等顯職，封臨晉侯。屢上書薦舉名士，請用賢去佞、罷修苑囿。遂為擅權宦官所嫉，以帝師得免禍。事見本書卷五十四。(69)侍中　官名。秦始置，兩漢沿置，為自列侯以下至郎中的加官，無定員。侍從皇帝左右，出入宮廷。初伺應雜事，由於接近皇帝，地位漸形貴重。(70)京兆尹　官名。在漢代亦為政區名。西漢太初元年（西元前一〇四年）改右內史置，分原右內史東半部為其轄區，職掌相當於郡太守。因地屬畿輔，故不稱郡。為三輔之一，治今陝西西安西北。(71)脩宮錢　當時任官職，當出買官之錢，稱作脩宮錢。(72)諫議大夫　官名。西漢置諫大夫，東漢改稱諫議大夫，屬光祿勳，無定員，掌議論。(73)邊章之寇　東漢靈帝中平元年（西元一八四年），湟中義從胡北宮伯玉率先零羌起事，以金城人邊章、韓遂為軍帥，攻殺護羌校尉泠征、金城太守陳懿。(74)羽書　古代軍事文書。因插有羽毛表示緊急、必須速遞，故稱。(75)西羌　東漢時稱徙居金城、隴西、漢陽等郡的羌族為西羌，稱東遷安定、北地、西河、上郡、三輔一帶者為東羌。羌，古族名。最早見於甲骨卜辭，殷周時又稱羌方，分布於黃河中上游地區，秦逐諸戎，被迫西遷。西漢武帝置護羌校尉，統轄羌族各部。東漢時內徙諸部於隴西、漢陽（今甘肅甘谷）、安定（今甘肅鎮原）、三輔（今陝西渭水流域）等地，與漢族雜居。東漢多次平定羌人起事，使其內徙。76段熲　（？—西元一七九年），字紀明，東漢武威姑臧（今甘肅武威）人。桓帝永壽二年任中郎將，平定泰山、瑯邪東郭竇、公孫舉起事，屠殺萬餘人，以此封列侯。延熹年間，歷任護羌校尉、并州刺史、破羌將軍，平定羌人起事，大小數百戰，殺人數萬。更封新豐縣侯。因曲意阿附當權宦官王甫等人，故得保全富貴。後因司隸校尉陽球奏誅王甫，受牽連下獄，飲鴆自殺。事見本書卷六十五。77河東　地區名。因在黃河以東而得名。戰國、秦、漢時指今山西西南部，所置河東郡即在這一地區。78馮翊　即左馮翊。官名、政區名，西漢時改左內史置。職掌相當於郡太守，轄區相當於一郡，因地屬畿輔，故不稱郡，為三輔之一。東漢時治今高陵西南。79函谷　即函谷關。舊函谷關，戰國秦置。在今河南靈寶東北。新函谷關在今河南新安東，西漢元鼎三年移此，去故關三百里。80豕突上京　奔突竄擾洛陽。豕突，像野豬一樣奔突竄擾。上京，古代對國都的通稱。這裡指洛陽。81車騎之軍　當時湟中義從胡北宮伯玉等叛，遣左車騎將軍皇甫嵩征討。車騎，指車騎將軍，官名。西漢初設將車騎士，故名。後遂為高級武官稱號，位次大將軍，且文官輔政者亦加此銜。東漢權勢尤重，但地位仍低於大將軍、驃騎將軍，高於衛將軍。82關東　地區名。秦漢時稱函谷關以東地區為關東，又稱關外。83田單　戰國時齊將。臨淄（今山東淄博）人。初為市吏。燕將樂毅破齊時，他堅守即墨（今山東平度東南）。齊襄王五年（西元前二七九年）施反間計，使燕惠王改用騎劫為將，他用火牛陣擊敗燕軍，一舉收復七十多城，被齊襄王任為相國，封安平君。齊王建元年（西元前二六四年）入趙為將，曾率軍攻燕韓。後任相國，封平都君。84陳平　漢初陽武（今河南原陽）人。少時家貧，好黃老之術。陳勝起義，他投魏王咎，為太僕。後從項羽入關，任都尉。旋歸劉邦，任護軍中尉，建議用反間計使項羽去謀士范增，並以爵位籠絡大將韓信，為劉邦所採納。漢朝建立，封曲逆侯。傳說曾為劉邦六出奇計。惠帝、呂后時任丞相，以呂氏專權，不治事。呂后死，他與周勃定計，誅殺呂產、呂祿等，迎立文帝，任丞相。85三郡　指河東、馮翊、京兆三郡。86武關　在今陝西丹鳳東南。戰國秦置。87壺谷　即壺口山，又稱「壺關山」。在山西長治東南，跨壺關縣界。形勢險峻，漢時於山下置壺口關。88黃門北寺獄　又稱「北寺獄」。東漢監獄名，屬黃門署。執掌監獄、審訊將相大臣。89伊　即伊尹。名摯，商初大臣，相傳曾為有莘氏媵臣，入商輔佐成湯，伐桀滅夏，建立商朝。湯死後，其子太丁未立而卒，他先後輔立太丁弟外丙、仲壬。仲壬死後，復輔立太丁子太甲。太甲即位，不遵湯法，乃放之於桐，攝政。太甲居桐三年，悔過，遂迎歸，還以國政，復為相輔，至沃丁時卒。90呂　即呂望。又稱「太公望」、「師尚父」、「呂尚」，俗稱「姜太公」、「姜子牙」。姜姓，呂氏，名尚，字牙。周文王遇之於渭水之陽，云「吾太公望子久矣」，故號「太公望」。佐武王伐紂，滅商後受封於營丘（今山東淄博東北），為齊國開國之君。㉛三仁　指商朝末年的微子、箕子、比干。《論語》：「殷有三仁焉，微子去之，箕子為之奴，比干諫而死。」㉜東海　郡名。秦置。治今山東郯城北。西漢末轄境相當今山東費縣、臨沂及江蘇贛榆以南，山東棗莊、江蘇邳州以東和宿遷、灌南等以北地區。東漢後轄境縮小。㉝三司　指太尉、司空、司徒三公。㉞光和　東漢靈帝劉宏年號，西元一七八－一八四年。㉟公卿　三公九卿的通稱。後泛指中央政府高級行政官員。㊱二千石　官秩等級，因所得俸祿以穀為準，故以「石」稱之。因郡守、王國傅相均秩二千石，所以二千石成為漢代對郡守、國相等一級官吏的通稱。㊲張濟　（？－西元一九六年），東漢末武威祖歷（今甘肅靖遠）人。為董卓所部校尉。獻帝初平二年卓被殺後，隨李傕等攻陷長安，縱兵殺掠，死者萬餘人。自為震東將軍，出屯弘農。及獻帝東歸洛陽，與李傕等追殺朝官，擄掠乘輿輜重。後至南陽抄掠，中飛矢而死。㊳詣闕　赴朝廷。

【語　譯】劉陶，字子奇，一名偉，潁川郡潁陰縣人，濟北貞王劉勃的後代。劉陶為人簡樸，不拘小節。他所結交的朋友，必須志同道合。愛好追求不同，即使是富貴之人也不與他結交；如果性情志趣相投，即使對方貧賤也不以為意。同族劉愷，素來以美德聞名，但他唯獨非常器重劉陶。

2　當時，大將軍梁冀獨攬朝政，而漢桓帝沒有兒子，連年鬧饑荒，災異現象多次出現。劉陶當時正在太學求學，於是上疏陳述時政說：

3　「臣聽說人沒有天地就無法生存，天地間如果沒有人類就沒有靈性，因此，帝王沒有人民就不成其帝王，人民沒有帝王就不能安寧。天與帝王，帝王與人民，就像頭與足一樣，必須互相依賴而行。我想陛下年盛德茂，壯年之時稱帝，承襲常存的喜慶，遵循不變的制度，眼睛看不到商湯與夏桀戰於鳴條的事情，耳朵聽不到兵車隆隆的聲音，天災不會使陛下肌膚感到痛楚，地震、日蝕也不會使陛下身體受到損害，所以陛下蔑視日、月、星的異象，視輕上天的憤怒。遙想當年高祖的起家，是從一個平民百姓開始，他革除暴秦的弊端，追逐亡周曾擁有的帝位，收攏逃離的百姓，扶助被暴政傷害的人，最終成就帝王之業。功業顯赫，付出的辛勞也非常多。傳下來的福澤，留下來的基業，一直到陛下這一代。陛下既不能增加和彰明列祖列宗所制定的法度，又忽略了高祖付出的辛勞，隨便將國家利器借給別人，將政權授予別人，使那些受過宮刑的小人，盤剝壓搾小民，全國衰敗殘破，危害遠近各地，所以上天降下許多異象，用來警告陛下。陛下沒有醒悟，而竟然讓虎豹在鹿場造窩，讓豺狼在春囿中繁殖。這怎麼是唐堯問政於大禹、后稷，益掌管山林湖泊，議定物價，分配土地於百姓的本意呢？另外現在的那些州郡長官，上上下下互相勾結；如同大豬長蛇一樣，蠶食天下；經商的人成了窮苦冤屈之魂，貧窮飢餓的人當了餓死鬼；顯貴之家遭受殺頭之禍，富裕之家獲叛逆之罪；死去的人在墳墓中悲痛，活著的人在朝廷內外傷心，這就是愚臣長期感慨歎息的原因。再說秦朝將要滅亡時，嚴肅勸諫的人被誅殺，阿諛求進的人受封賞，正直的言論在忠臣的口裡凝結住了，國家的命運出自讒諛的人口中。讓閻樂在咸陽胡作非為，把車府令的重權授給趙高。權力離開自己而不知道，威嚴離開了自身也不顧。古今有一樣的規律，成敗有一樣的形勢。希望陛下遠鑑強秦的滅亡，近察哀帝、平帝時期的變亂，那麼，得失明白顯現，禍福就能看到了。

4 「臣又聽說國家危險時非仁義之人不能扶持，社會動盪時非智慧的人不能解救，所以武丁得到傅說，消除了國家隱伏的災難，周宣王任用申伯、仲山甫，解除了夷王、厲王兩代的危困。臣見原冀州刺史南陽人朱穆，原烏桓校尉與臣同郡的李膺，都正直清廉，品德高尚不同凡俗。朱穆原來在冀州時，遵奉國法，執法公平，打敗叛軍，掃清邊疆。李膺歷任州郡長官，正己率下，到他指揮軍隊時，又聲威遠播朔北。這些人確實是能夠中興國家的良臣，是國家的棟梁之臣。應該將他們召回本朝，讓他們輔佐皇室，在上面與北斗七星一同照耀，在下面鎮守萬國。臣敢在忌諱真話的朝廷說出不合時宜的話，就像冰霜見到太陽，一定會落個消滅的下場。開始臣為天下人的可悲而悲哀，而現在天下人也會為臣的愚昧困惑而悲哀啊！」

5 奏書送上後沒被採納。

6 當時有人上書說，人們認為貨幣又輕又薄，因而導致貧窮，應該改鑄大錢。事情交給四府官員以及太學善於建言的學生一起討論。劉陶又上書說：

7 「聖明的帝王承受天命，控制萬物，與人們一起行動，建立功業，那麼眾人就會以這功業為喜，興兵打仗，軍隊就會願意出征。因此，修靈臺時有自動趕來參加修建的人，周武王的軍隊裡有如魚得水的軍士，這都是因為政令符合時宜，行動順從人心啊。臣敬讀鑄錢的詔書，評議鑄錢輕重議論，探訪細微，不遺漏貧賤之人，是因為普通百姓，會受錯誤政令的傷害。

8 「臣認為當今天下的憂患，不在於貨幣，而在於百姓的飢餓。人們的生活之道，是先考慮食物，然後才是錢。因此，先王觀察天象養育萬物，將耕種時間交給人民，使男人不離開土地，女人不下織機。所以君臣之道暢行，王道的教化通達。據此而言，糧食是國家所依賴的寶物，是百姓所至為珍貴的東西。臣私下了解，近年以來，長勢很好的禾苗都被蝗蟲吃掉，紡織的收入被徵調一空，所急的是百姓的一日三餐，所擔心的是無節制的傜役，怎麼說是因為錢幣的厚薄、銖錢的輕重呢？即使現在的沙石變成南方之銅，瓦石變成卞和之玉，如果百姓口渴的時候沒有水飲，飢餓的時候沒有飯吃，那麼，就是有伏羲那樣的美德，堯舜那樣的教化文明，仍不能用來保住內部的安穩。因為百姓可以百年沒有錢幣，但不能一天不吃飯，所以吃飯才是最急迫的事情。議論的人不明白農業是本的道理，說了很多鑄錢的便利，其中有些人是想藉機行騙，來謀奪國家的利益。國家的利益將要奪盡了，而那些奪利的人還在競爭，於是鑄幣之說就這樣產生了。大概一萬個人鑄錢，一個人來奪取，都供應不上；況且現在是一個人鑄錢，而一萬個人想來奪取呢？即使用陰陽之氣為炭，用萬物為銅，役使不吃不喝的百姓，還是不能滿足那些貪得無厭的欲求。要想人民殷實、財用豐裕，最關鍵的在於節制勞役禁止掠奪，那麼，老百姓不辛勞也可富足。陛下有聖明之德，憐憫天下人的憂愁，痛惜天下人的艱難，想通過鑄錢統一貨幣來匡救時弊，這就像將魚放養在水已滾沸的鼎中，將鳥兒棲息在燃起烈火的樹上。水和木，本來是魚、鳥所生活的地方，如果用的不是時候，必然會使魚鳥煮熟、燒焦。希望陛下放寬通行薄錢的禁令，推遲另鑄厚錢的議論，聽一聽百姓們的歌謠，問一問路上老者的憂愁，觀察日、月、星光耀是否正常，看一看山河是否有異常之象。天下人心，是國家的大事，都可以清楚地看到，就沒有遺留的迷惑了。

9 「臣曾經誦讀《詩》，當讀到〈鴻雁〉所述征夫在野外辛勤勞作，同時修起百堵城牆之事，常常感慨萬千，讀到一半就停下來喟然歎息。近來臣又聽到征夫飢餓勞苦的呼聲，比這首詩歌所說還要嚴重。因此，我追想起古時一位婦女因對魯國命運擔憂而啼哭，大概也有感於此種情形吧！我體會到《詩》中『白駒』的含義，憂愁彷徨，不能安睡。想到當今天下，土地廣闊但得不到耕種，人民眾多但沒有飯吃。那些小人們爭相做官，掌握了國家權柄，向天下人逞威，像捕捉鳥兒求飽一樣，吞下肌肉和骨頭，全部吃完了仍然沒有滿足。確實擔心忽然會有役夫和貧窮的工匠，在築牆砌房的地方奮起，扔下斧頭，挽起臂膀，然後登上高處向遠方發出號召，使憂愁怨恨的百姓，齊聲回應，聚集過來，必使四面八方分崩離析，國家就像盛夏的魚兒一樣潰爛了。即使是一尺大的銅錢，又怎麼能夠解救！那危險就像舉起裝得下一條牛的大鼎，掛在纖細枯乾的樹梢，這就是詩人見此狀況，心中憂急，潸然淚下的原因啊。

10 「臣是東野狂妄、愚昧的人，不通曉大義，只是因為遇到朝廷廣泛徵求意見之時，所說超過朝廷徵詢意見的範圍，知道一定會招致殺身之禍，被天下人恥笑。」

11 漢桓帝最終沒有下令鑄錢。

12 後劉陶被推舉為孝廉，任順陽縣縣長，順陽縣有許多奸猾之徒，劉陶到任後，就招募百姓中勇猛有力氣、敢死之人，不管他們是否為亡命奸邪之徒，這樣，剽悍、輕捷劍客過晏等十餘人，都前來應募。劉陶首先責備他們過去所犯過失，要求以後痛改前非，讓他們各自召集關係密切的年輕人，得到數百人，都手持武器等待命令。於是，重新追查奸邪不軌之徒，所審案件洞若神明。後因病免職，官吏、百姓思念他，歌唱道：「憂鬱不樂，思念我們的劉君。什麼時候能夠再來，安撫這裡的平民百姓。」

13 劉陶通曉《尚書》、《春秋》，並為兩書作了注解。推究三家所傳的《尚書》和《古文尚書》，更正文字七百餘處，名叫《中文尚書》。

14 不久，任侍御史。漢靈帝久聞其名，幾次召見他。當時，鉅鹿人張角假託承受天道，以妖言迷惑百姓，劉陶與奉車都尉樂松、議郎袁貢連名上疏奏議此事，奏疏說：「聖王用天下人的耳目來看來聽，所以能夠無所不聞、無所不見。現在張角的分支黨羽多得不可勝數。前司徒楊賜曾奏請朝廷下詔書，嚴格命令各州郡，護送流民返鄉，但正趕上楊賜離任，就沒有再執行。雖然他們遇到赦免詔令，但謀劃不改。四方民眾暗地流傳，說張角等人已偷偷進入京師，觀察朝廷動靜，鳥聲獸心，私下裡一齊呼喊。州郡長官忌諱此事，不想報告朝廷，只是相互間口頭傳話，不肯用公文往來。應該明確下詔，懸重賞抓捕張角等，並封侯賞賜國土。官員中有敢於迴避此事的，和張角同罪。」靈帝一點沒當回事，卻詔令劉陶編定《春秋》條例。第二年，張角造反作亂，天下沸騰起來，靈帝這時才想起劉陶的話，封劉陶為中陵鄉侯，三次升遷至尚書令。劉陶因他所舉薦的人將要擔任尚書，難以與他們並列，乞請擔任閒職，改任侍中。因為多次懇切勸諫，被權臣所忌憚，調任為京兆尹。到職之時，應當交納買官錢一千萬，劉陶本來清貧，又以出錢買職為恥辱，因而推託有病不理政事。靈帝素來器重劉陶才能，寬恕他的罪過，徵召任為諫議大夫。

15 當時天下局勢越來越危急，寇賊的勢力正盛，劉陶擔心會導致國家崩潰，就又上疏說：「臣聽說事情緊急的時候不能安靜地說話，心痛時不能緩慢地發聲。臣見到國家先有張角叛亂，後又遭邊章入侵，每當聽到羽書告急的聲音，心裡面就焦灼燥熱，四肢驚懼戰慄。現在西羌叛賊，私署的將帥，大多都是段熲時期的官吏，他們通曉戰陣，熟悉山川地理形勢，用兵詭詐萬端。臣常常擔心他們會輕兵出擊河東、馮翊，包抄河西軍隊的後路，往東打到函谷關，占據險峻之地醞釀新的陰謀。現在果然已經進攻河東，恐怕會轉變方向突襲京師。如果這樣，那麼南面的道路就會斷絕，車騎將軍的軍隊就會孤立，關東之人聞風破膽，各地人心動搖，朝廷威迫他們不會來，呼叫他們不會應。即使有田單、陳平的計策，也會是計無所用了。臣先前用驛馬呈上便宜之策，望朝廷緊急下詔停止各郡賦調的徵收，希望還能安定國家。事情交付主管官吏，拖延至今，沒有人肯採問。如今三郡的百姓都已經逃亡，有的南出武關，有的北遷壺谷，像冰雪化解，像被狂風吹散，人人唯恐落在後面。現在留在原地的還有十分之三四，官吏士兵百姓悲愁相守，百姓有逃走一百次而避免死亡之心，卻沒有一個存有前往戰鬥而求生之意。西寇已迫近眼前，距離軍營只有咫尺之遠，胡騎四處分布，已到達諸皇陵。將軍張溫，天性精明勇敢，但主管者朝夕催促逼迫，軍隊沒有後援，假使一旦失利，失敗就無法挽救。臣自己知道幾次進諫已招人厭棄，而之所以不自量力地反覆進諫，是因為國家安全那麼臣就蒙受其福，國家危亡那麼臣也會先受其禍。再次陳述當前最緊急的八件事情，乞請陛下能夠在短時間內採納。」這八件事，大致來說就是天下大亂，都是由宦官專權引起的。宦官見事情急迫，就一起讒毀劉陶說：「先前張角叛亂發生時，皇帝下詔宣示威嚴和恩德，從那時以來，人人改過自新。如今四方安定平靜，而劉陶痛恨並試圖禍害朝政，專門談論妖孽之事。各州郡不上報情況，劉陶憑什麼知道呢？懷疑劉陶與賊人勾結互通訊息。」於是，將劉陶收捕，關押在黃門北寺獄，拷打審問一天比一天急。劉陶自知一定會死，就對使者說：「朝廷從前封臣時說什麼？今天反而遭受邪人譖毀。遺憾的是自己不能與伊尹、呂尚同列，卻與微子、箕子、比干為伍。」於是就自己閉氣而死，天下人沒有不為他感到痛心的。

16 劉陶著書數十萬字，又作了〈七曜論〉、〈匡老子〉、〈反韓非〉、〈復孟軻〉，以及上書談論當世便宜之事、條教、賦、奏、書、記、辯疑，總計百餘篇。

17 當時，司徒東海人陳耽，也因無罪與劉陶一起死去。陳耽以忠貞、正直著稱，歷任三司。光和五年，詔令公卿以民間歌謠傳言為依據檢舉州郡刺史、太守中為害百姓的人。當時太尉許馘、司空張濟觀望秉承宦官之意，接受賄賂，宦官子弟賓客，即使貪汙官聲惡劣，都不敢問罪，而沒有實據地上報了邊遠小郡清廉而有政績的官員二十六人。其下屬官吏百姓到朝廷來陳訴，陳耽與議郎曹操上書說：「公卿所舉報的，大多偏袒他們的私黨，可以說是放走鴟鷹而囚禁鸞鳳。」這些話忠誠、懇切，靈帝因此責備許馘、張濟，因此，那些因歌謠傳言被徵召到京城的都被任為議郎。宦官非常怨恨，於是誣陷陳耽，並使他死於獄中。

1 李雲，字行祖，甘陵❶人也。性好學，善陰陽。初舉孝廉，再遷白馬❷令。

2 桓帝延熹❸二年，誅大將軍梁冀，而中常侍單超❹等五人皆以誅冀功並封列侯❺，專權選舉。又立掖庭民女亳氏為皇后，數月間，后家封者四人，賞賜巨萬。是時地數震裂，眾災頻降。雲素剛，憂國將危，心不能忍，乃露布上書，移副三府❻，曰：「臣聞皇后天下母，德配坤靈，得其人則五氏來備❼，不得其人則地動搖宮。比年災異，可謂多矣，皇天之戒，可謂至矣。高祖受命，至今三百六十四歲，君期一周，當有黃精代見❽，姓陳、項、虞、田、許氏❾，不可令此人居太尉❿、太傅典兵之官。舉厝至重，不可不慎。班功行賞，宜應其實。梁冀雖持權專擅，虐流天下，今以罪行誅，猶召家臣搤殺之耳。而猥封謀臣萬戶以上，高祖聞之，得無見非？西北列將，得無解體？孔子曰：『帝者，諦也。』今官位錯亂，小人諂進，財貨公行，政化日損，尺一拜用不經御省。是帝欲不諦乎？」帝得奏震怒，下有司⓫逮雲，詔尚書都護劍戟送黃門北寺獄，使中常侍管霸⓬與御史⓭廷尉雜考之。時弘農⓮五官掾⓯杜眾傷雲以忠諫獲罪，上書願與雲同日死。帝愈怒，遂并下廷尉。大鴻臚⓰陳蕃上疏救雲曰：「李雲所言，雖不識禁忌，干上逆旨，其意歸於忠國而已。昔高祖忍周昌不諱之諫⓱，成帝⓲赦朱雲⓳要領之誅。今日殺雲，臣恐剖心之譏復議於世矣⓴。故敢觸龍鱗，冒昧以請。」太常㉑楊秉㉒、洛陽市長㉓沐茂、郎中上官資並上疏請雲。帝恚甚，有司奏以為大不敬。詔切責蕃、秉，免歸田里；茂、資貶秩二等。時帝在濯龍池，管霸奏雲等事。霸跪言曰：「李雲野澤愚儒，杜眾郡中小吏，出於狂戇，不足加罪。」帝謂霸曰：「帝欲不諦，是何等語，而常侍欲原之邪？」顧使小黃門㉔可其奏，雲、眾皆死獄中。後冀州刺史賈琮㉕使行部，過祠雲墓，刻石表之。

3 論曰：禮有五諫㉖，諷為上。若夫託物見情，因文載旨，使言之者無罪，聞之者足以自戒，貴在於意達言從，理歸乎正。曷其絞訐摩上，以衒沽成名哉㉗？李雲草茅之生㉘，不識失身之義㉙，遂乃露布帝者，班檄三公，至於誅死而不顧，斯豈古之狂也！夫未信而諫，則以為謗己，故說者識其難焉㉚。

【章　旨】以上為〈李雲傳〉。李雲因露布上疏，而且言詞激烈，觸到桓帝的痛處，被下獄致死，為他求情的官員也受到牽連。

【注　釋】❶甘陵　縣名。故治在今山東臨清東北。❷白馬　春秋衛曹邑。秦置縣。治今河南滑縣舊滑縣城東。秦漢屬東郡，東漢末為東郡治。❸延熹　東漢桓帝劉志年號，西元一五八—一六七年。❹單超　河南（今河南洛陽）人。東漢宦官，桓帝時，為中常侍，與宦官左悺、具瑗等合謀誅滅外戚梁冀，封新豐侯，為「五侯」之一。後任車騎將軍，不久病死。❺列侯　爵名。戰國楚、秦皆置。秦稱徹侯，為二十等爵最高一級。西漢沿置，因避武帝名諱，改稱通侯、列侯，金印紫綬。西漢時其食邑多者萬戶，少者數百，皆為縣侯。東漢又有都鄉侯、鄉侯、都亭侯、亭侯等。後世亦為諸封侯者之泛稱。❻乃露布上書二句　於是公開上書，並將疏文副本移送三公府。露布，指奏疏不密封。三府，即太尉、司徒、司空三公府。❼得其人則五氏來備　選到合適的皇后，那麼雨、晴、熱、風、寒五者都合乎常規。五氏，指雨、暘、燠、風、寒。❽當有黃精代見　會有黃氏精靈出現。黃精，意代漢的政權將興。❾姓陳項虞田許氏　陳、項、虞、田、許氏等皆舜之後，舜土德，也尚黃，所以忌諱。❿太尉　官名。秦、西漢時為全國軍政長官，與丞相、御史大夫並列，合稱三公。東漢時太尉與司徒、司空並稱三公，秩萬石，但因權歸尚書臺，太尉已無實權。⓫有司　古代設官分職，各有專司，因稱職官為有司。⓬管霸　（？—西元一六八年），東漢宦官。桓帝時為中常侍，與中常侍蘇康等專制省內，排陷忠良。桓帝死，為外戚竇武與太傅陳蕃等所殺。

⑬御史　官名。西周為侍從屬吏，春秋戰國置為史官。秦代置御史大夫為其長官，御史監郡成為定制。西漢置四十五員，為御史大夫屬官。東漢罷御史府，置御史臺，以御史中丞為長官，設侍御史十五員。兩漢侍御史皆可簡稱御史。

⑭弘農　郡名。西漢元鼎三年（西元前一一四年）置，取宏大農桑為名。治今河南靈寶北舊靈寶西南。

⑮五官掾　官名。漢代郡國屬吏，地位次於功曹，祭祀居諸吏之首，無固定職掌，凡功曹及諸曹員吏出缺即代理其職務。

⑯大鴻臚　官名。西漢武帝時改典客為大鴻臚，東漢沿置。原掌接待少數民族等事，為九卿之一。後漸變為贊襄禮儀之官。

⑰昔高祖忍周昌不諱之諫　從前高祖忍受周昌不顧忌諱的勸諫。周昌（？—西元前一九二年），秦末泗水沛（今屬江蘇）人。隨劉邦起兵，拜中尉，遷御史大夫，封汾陽侯。為人倔強，敢直言。高祖欲廢太子，賴其力爭而罷。後高祖為保全戚姬及子趙王如意，徙之為趙相。高祖死，呂后鴆殺趙王。乃稱病不朝，三歲而卒。

⑱成帝　即劉驁（西元前五一—前七年），字太孫。元帝子。西漢皇帝。即位後以母舅王鳳為大司馬大將軍領尚書事，總攬朝政。王氏諸舅皆為列侯。耽於酒色，趙飛燕、趙合德姐妹專寵後宮。營建昌陵，費以巨億，以致天下匱竭，百姓流離，餓死於道路者數以百萬計。各地人民反抗鬥爭此起彼伏，西漢王朝迅速衰落。

⑲朱雲　字游，西漢魯國（今山東曲阜）人，家徙平陵（今陝西咸陽西北）。元帝時，與少府五鹿充宗論《易》，折之，由是為博士。先後任杜陵令、槐里令。時中書令石顯用事，百官畏之，他獨與御史中丞陳咸不附。後被誣陷下獄，減死為城旦，終元帝世遭廢錮。成帝時，上書請賜尚方劍以斬帝師張禹，幾遭殺害，賴左將軍辛慶忌相救得免。自後不復仕。

⑳臣恐剖心句　臣擔心剖心的惡名又會被世人議論。據《史記》記載，比干以死諫商紂王，紂王大怒，說：「我聽說聖人的心有七竅。」於是命人剖開比干胸腹而看他的心。

㉑太常　官名。西漢中元六年（西元前一四四年）改奉常置。掌禮樂、祭祀宗廟、社稷，負責朝會和喪葬禮儀，管理皇帝陵墓、寢廟所在縣邑，每月巡視諸陵，兼掌教育，主持博士及博士弟子的考核與薦舉。秩中二千石，位居九卿之首，多由列侯充任。西漢中期後職權漸分。東漢沿置。

㉒楊秉　字叔節，東漢弘農華陰（今陝西華陰）人。楊震之子。少傳父業，博學多識。常隱居教授。年四十餘出任侍御史，歷豫、荊、徐、兗四州刺史及侍中、尚書等顯職。以廉潔稱，屢為權臣所譖。桓帝延熹五年（西元一六二年）為太尉。奏請郡國計吏不宜留拜為郎，以省帑臧，自此終桓帝世，計吏無復留拜者。後揭發中常侍侯覽弟參暴虐貪贓，參自殺，覽免官。事見本書卷五十四。

㉓洛陽市長　官名。設於洛陽商業區，屬河南尹，秩四百石。洛陽，東漢都城。在今河南洛陽東北白馬寺東。

㉔小黃門　官名。東漢始置，由宦官充任。名義上隸屬少府，秩六百石。位次中常侍，高於中黃門。侍從皇帝左右，收受尚書奏事，傳宣帝命，掌宮廷內外、皇帝與後宮之間的聯絡。

明帝、章帝之世，員額十人，和帝後增至二十人。以後權勢漸重，用事於內廷，甚至總典禁軍。諸中常侍多由此遷任。㉕賈琮　字孟堅，東漢東郡聊城（今屬山東）人。初舉孝廉，再遷為京兆令。靈帝中平元年（西元一八四年）舉為交阯刺史，奉命平定當地屯兵的反叛。到任後，招撫流散，減免徭役，斬反叛首領。後遷冀州刺史、度遼將軍，卒於官。㉖五諫　指諷諫、順諫、闚諫、指諫、陷諫。諷諫，指知道潛伏禍患而諷告。順諫，指出詞遜順，不違背君主心意。闚諫，指根據君主臉色來勸諫。指諫，指針對某一事情實話實說地勸諫。陷諫，指痛陳國家之害而忘記個人安危。㉗曷其二句　為什麼他們要用剛直的作法抨擊皇上，是不是想藉此來成名呢。絞訐，急切指責別人的過失。衒沽，謂自我誇耀沽名釣譽。㉘草茅之生　出生在鄉野。《儀禮》：「凡自稱於君宅（者），在邦（者）曰市井之臣，在野則曰草茅之臣，庶人則曰刺草之臣。」㉙失身之義　指做事不能確保機密。《易》：「臣不密，則失身。」㉚故說者識其難焉　所以評說的人知道勸諫的困難。指《韓非子》中有〈說難篇〉。

【語　譯】李雲，字行祖，甘陵縣人。生性好學，精於陰陽之術。最初被舉為孝廉，兩次升遷後任白馬縣縣令。

2　東漢桓帝延熹二年，殺大將軍梁冀，而中常侍單超等五人都以誅殺梁冀之功一起封為列侯，掌握選用官吏權力。他們又冊立後宮民女亳氏為皇后，數月之間，皇后家封爵的就有四人，賞賜錢物數萬。當時，多次發生地震地裂，各種災禍頻頻降臨。李雲素來剛直，憂慮國家處境危急，心裡不能忍，於是公開上書，並將疏文副本移送三公府，疏文說：「臣聽說皇后是天下人之母，德性要匹配地神，選到合適的皇后，那麼雨、晴、熱、風、寒五者都合乎常規，選到不合適的皇后就會地動山搖。近年的災異之象，可以說太多了，上天降下的警示，可以說已到極點了。高祖承受天命，至今三百六十四年了，為君時間到一周天，會有黃氏精靈出現，姓陳、項、虞、田、許氏的人，不能讓他們擔任太尉、太傅等執掌兵權的官職。這種舉措至為重大，不可以不謹慎。論功行賞，應該名符其實。梁冀雖然把持政權，獨斷專行，禍害天下，現在按他的罪行加以誅殺，就像召來家臣掐死他罷了。而皇上隨意賜封謀臣萬戶以上，如果高祖知道此事，能夠沒有非議？西北那些邊將，能不人心渙散？孔子說：『帝的含義就是明察秋毫。』現在封官任職次序混亂，小人以諂諛仕進，賄賂公開盛行，政治教化一天天受損，一紙詔策即可任用官員而不經過中樞機構。這不就是皇帝不想明察秋毫嗎？」桓帝看了奏章大怒，下詔命有司逮捕李雲，並詔令尚書都護手持劍戟將他押送黃門北寺獄，又派中常侍管霸與御史廷尉一起拷問。當時弘農郡五官掾杜眾對於李雲因盡忠進諫獲罪很同情，上書提出希望與李雲同日死。桓帝更加憤怒，於是一併押送廷尉。大鴻臚陳蕃上疏營救李雲，說：「李雲所說的話，雖然不顧禁忌，冒犯皇上忤逆聖旨，但他的本意還是屬於忠心報國。從前高祖忍受周昌不顧忌諱的勸諫，成帝赦免朱雲犯上之罪。今日殺李雲，臣擔心剖心的惡名又會被世人議論。所以，臣才敢冒犯龍顏，冒昧請求。」太常楊秉、洛陽市長沐茂、郎中上官資一起上疏請求赦免李雲。桓帝更為憤怒，有司上奏，認為這些人都犯了大不敬之罪。下詔嚴厲斥責陳蕃、楊秉，將二人免官送歸鄉里；沐茂、上官資貶官二等。當時桓帝在濯龍池，管霸上奏李雲等人的事情。管霸假意說道：「李雲不過是身處荒野湖澤的愚腐的儒生，杜眾只是郡衙的小吏，他們出於狂妄無知，不值得治罪。」桓帝對管霸說：「皇帝不想明察秋毫，這是什麼話，常侍你要原諒他嗎？」回頭讓小黃門同意他的奏請，李雲、杜眾都死在獄中。後來冀州刺史賈琮巡視州部，經過李雲墓時進行祭奠，並刻石碑加以表彰。

3　史家評論說：禮制有五諫，以諷諫為上。如果借助事物表達感情，通過文章體現思想，讓說的人無罪，聽的人就足以自我警示，可貴之處在於意思表達出來就被人接受，事理又合乎正道。為什麼他們要用剛直的作法抨擊皇上，是不是想藉此來沽名釣譽呢？李雲出身於鄉野，不懂得確保機密的道理，於是把給皇帝的奏疏公開，並且把副本遞交三公，以至於被誅殺也不回頭，這難道是古人所說的狂嗎？沒有得到國君的信任就去勸諫，國君就會認為他誹謗自己，所以評說的人知道勸諫的困難。

1　劉瑜，字季節，廣陵❶人也。高祖父廣陵靖王。父辯，清河❷太守。瑜少好經學❸，尤善圖讖❹、天文、歷筭❺之術。州郡禮請不就。

2 延熹八年，太尉楊秉舉賢良方正❻，及到京師，上書陳事曰：

3 「臣瑜自念東國鄙陋，得以豐沛枝胤❼，被蒙復除，不給卒伍。故太尉楊秉知臣竊闚典籍，猥見顯舉，誠冀臣愚直，有補萬一。而秉忠謨不遂，命先朝露。臣在下土，聽聞歌謠，驕臣虐政之事，遠近呼嗟之音，竊為辛楚，泣血漣如。幸得引錄，備荅聖問，泄寫至情，不敢庸回。誠願陛下且以須臾之慮，覽今往之事，人何為咨嗟❽，天曷為動變。

4 「蓋諸侯❾之位，上法四七❿，垂文炳燿，關之盛衰者也。今中宮邪孽，比肩裂土，皆競立胤嗣，繼體傳爵，或乞子疎屬，或買兒市道，殆乖開國承家之義。

5 「古者天子一娶九女⓫，娣姪⓬有序，河圖⓭授嗣，正在九房。今女嬖令色，充積閨帷，皆當盛其玩飾，冗食空宮，勞散精神，生長六疾。此國之費也，生之傷也。且天地之性，陰陽正紀，隔絕其道，則水旱為并。詩云：『五日為期，六日不詹⓮。』怨曠作歌，仲尼所錄。況從幼至長，幽藏歿身。又常侍、黃門⓯，亦廣妻娶。怨毒之氣，結成妖眚。行路之言，官發略人女，取而復置，轉相驚懼。孰不悉然，無緣空生此謗。鄒衍⓰匹夫，杞氏⓱匹婦，尚有城崩霜隕之異，況乃群輩咨怨，能無感乎？

6 「昔秦作阿房⑱，國多刑人⑲。今第舍增多，窮極奇巧，掘山攻石，不避時令。促以嚴刑，威以正法。民無罪而覆入之，民有田而覆奪之。州郡官府，各自考事，姦情賕賂，皆為吏餌。民愁鬱結，起入賊黨，官輒興兵，誅討其罪。貧困之民，或有賣其首級以要酬賞，父兄相代殘身，妻孥相視分裂。窮之如彼，伐之如此，豈不痛哉！

7 「又陛下以北辰之尊，神器之寶，而微行近習之家⑳，私幸宦者之舍，賓客市買，熏灼道路，因此暴縱，無所不容。今三公在位，皆博達道埶，而各正諸己，莫或匡益者，非不智也，畏死罰也。惟陛下設置七臣㉑，以廣諫道，及開東序金縢史官之書㉒，從堯舜禹湯文武致興之道㉓，遠佞邪之人，放鄭衛之聲㉔，則政致和平，德感祥風矣。臣悾悾推情，言不足採，懼以觸忤，征營慴悸㉕。」

8 於是特詔召瑜問災咎之徵，指事案經讖以對。執政者欲令瑜依違其辭，而更策以它事。瑜復悉心以對，八千餘言，有切於前，帝竟不能用。拜為議郎。

9 及帝崩，大將軍竇武欲大誅宦官，乃引瑜為侍中，又以侍中尹勳為尚書令，共同謀畫。及武敗，瑜、勳並被誅。事在武傳。

10 勳字伯元，河南㉖人。從祖㉗睦為太尉，睦孫頌為司徒。勳為人剛毅直方。

少時每讀書，得忠臣義士之事，未嘗不投書而仰歎。自以行不合於當時，不應州郡公府禮命。桓帝時，以有道㉘徵，四遷尚書令。延熹中，誅大將軍梁冀，帝召勳部分眾職，甚有方略，封宜陽鄉侯㉙。僕射霍諝、尚書張敬、歐陽參、李偉、虞放、周永，並封亭侯㉚。勳後再遷至九卿㉛，以病免，拜為侍中。八年，中常侍具瑗㉜、左悺㉝等有罪免，奪封邑，因黜勳等爵。

11 瑜誅後，宦官悉焚其上書，以為訛言。

12 子琬，傳瑜學，明占侯㉞，能著災異。舉方正，不行。

【章　旨】以上為〈劉瑜傳〉。記述劉瑜對弊政敢於直言，如對宦官姦佞封侯立嗣之舉大加抨擊；對皇帝搜羅民女充斥後宮之舉進行勸諫；對桓帝縱容宦官的行為進行批評。後因參與大將軍竇武謀誅宦官的行動，被殺。

【注　釋】❶廣陵　郡名。西漢置。治今江蘇揚州西北蜀岡上，後分置廣陵國、臨淮郡。東漢又改廣陵國為廣陵郡。❷清河　西漢分鉅鹿郡置，以後或為封國，或為郡，多次變更。西漢治今河北清河縣東南，東漢移治今山東臨清東北。❸經學　訓解、闡述儒家經典之學。起源常被追溯到孔子弟子子夏。自漢武帝獨尊儒術，立《五經》博士，經學成為中國封建文化的正統。兩漢時經學極盛，分為今文經學和古文經學兩派。❹圖讖　讖書。又稱「圖書」。讖是方士、巫師和儒生等製作的以隱語為形式預決吉凶之宗教預言。因附有圖，故稱為圖讖或圖錄。圖讖盛行於西漢末和東漢時期。❺歷筭　推算歲時節候的學問。筭，通「算」。❻賢良方正　選舉科目，始於漢文帝前元二年（西元前一七八年），全稱舉賢良方正能直言極諫科，常與賢良文學並稱。非歲舉。漢代舉賢良方正，對策者百人，有高下之分，卻未有黜落，對者皆預選。❼豐沛枝胤　皇室後裔。豐沛，漢高祖劉邦為沛縣豐邑人，後因以「豐沛」指帝王的故鄉。枝胤，同「支胤」。苗裔。❽咨嗟　歎息。❾諸侯　本指西周、春秋時分封的各國國君。這裡指漢代有封爵的人。❿四七　指二十八宿。諸侯為天子守四方，就像天有二十八星宿。⓫古者天子一娶九女　古代的天子，一人娶九個女子。《公羊傳》：「諸侯一聘三女，天子一聘九女，夏、殷制也。」天子，古以君權為神所授，故稱帝王為天子。⓬娣姪　古時諸侯的女兒出嫁，從嫁的妹妹和姪女或同姓國女子稱「娣姪」。這裡指天子的妻妾。⓭河圖　中國古代有關文化起源的一種神話傳說。《易・繫辭上》：「河出圖，洛出書，聖人則之。」漢人認為，伏羲時有龍馬從黃河出現，身有圖文，伏羲據此而畫八卦。東漢鄭玄認為，《河圖》有九篇，是一部書。⓮五日為期二句　語出《詩・小雅》。意指婦人過時而怨曠，期盼丈夫五日歸來，到第六日不歸，因此憂愁。詹，至。⓯黃門　指宦官。漢代宮中宦官有小黃門、中黃門、黃門令等。後遂為對宦官的泛稱。⓰騶衍　（約西元前三〇五—前二四〇年），戰國時齊國人。為陰陽家代表人物。好談天文，因其語「閎大不經」，時人稱為「談天衍」。居稷下，曾遊魏、趙、燕等國，備受諸侯禮遇。提出五德轉移說，認為歷史按照土、木、金、火、水五行相剋的順序而循環。一個朝代的帝王將興，天必先顯示支配該朝代某一行興盛的祥兆。此說成為漢代天人感應學說的重要來源。據《淮南子》記載，騶衍曾事燕惠王，因燕惠王身邊人的誣陷，被燕惠王逮捕下獄。騶衍仰天而哭，五月天因此下霜。⓱杞氏　即杞梁氏。姜姓，字孟。春秋時齊國大夫杞梁（名殖）之妻。齊莊公四年（西元前五五〇年）杞梁隨莊公攻莒，被俘而死。她到郊外迎喪，莊公使人往郊弔，她認為違禮，莊公於是親自往弔其家。傳說她哭夫十天，城便崩塌，投淄水死。後人把杞梁說成秦朝人，稱「范杞良」，並編成孟姜女哭長城的故事。⓲阿房　即阿房宮，一名阿城。秦始皇三十五年（西元前二一二年）以都城咸陽宮室狹小而築。規模宏大，「東西五里，南北千步」。因工程浩大，至秦亡時猶未完成，故未正式命名，時人因其前殿所在地名阿房，遂稱之為阿房宮。秦末其殿為項羽所焚毀。⓳刑人　受刑之人。古代多以刑人充服勞役的奴隸。⓴又陛下以北辰之尊三句　另外陛下以至尊之身，一國之君，隱藏身分改裝出行到親近寵信官員的家中。北辰，北極星。這裡代指皇帝。神器，象徵國家權力之物，如璽、鼎等。借指帝位、政權。微行，古代帝王或高官隱藏身分改裝出行。近習，親近寵信者。㉑七臣　《孝經》：「古者天子有爭臣七人。」鄭玄注：「七人謂三公及前疑、後承、左輔、右弼。」㉒及開東序金縢史官之書　打開東廂用金緘封的史官之書。東序，即東廂房。《尚書》：「天球河圖在東序。」縢，緘。金縢，即以金緘之，不想讓人隨便開啟。㉓從堯舜句　遵循唐堯、虞舜、夏禹、商湯、周文王、周武王等使國家興盛的典則。湯，又稱「成湯」、「武湯」等，商朝第一位王。用伊尹、仲虺為輔佐，自葛（今河南寧陵北）開始，接連攻滅韋（今河南滑縣東）、顧（今山東鄄城東北）、昆吾（今河南濮陽，一說在新鄭境內）等夏之屬國，進而伐夏桀，放桀於南巢（今安徽巢湖市西南），遂滅夏，建立商朝。文，周文王。姬姓，名昌，商末周族領袖。商紂王時為西伯，亦稱「伯昌」。曾被商紂囚禁於羑里（今河南湯陰北）。統治期間，國勢強盛。他解決虞、芮兩國爭端，使兩國歸附；還攻滅黎（今山西長治西南）、邘（今河南沁陽西北）、崇（今河南嵩縣北）等國。並建立豐邑（今陝西長安灃水以西），作為國都。在位五十年。㉔放鄭衛之聲　摒棄鄭國、衛國的音樂。鄭國、衛國的音樂被認為是淫聲。鄭，古國名。姬姓。開國君主是周宣王帝鄭桓公（名友）。西元前八〇六年分封於鄭（今陝西華縣東）。周幽王時，桓公見西周將亡，把財產、部族、家屬連同商人遷移到東虢和鄶之間。鄭武公即位，先後攻滅鄶和東虢，建立鄭國，都新鄭（今屬河南）。鄭武公、莊公相繼為周平王卿士，在春秋初年為強國。後漸衰弱，西元前三七五年為韓所滅。衛，古國名，姬姓。始封之君為周武王弟康叔。西元前十一世紀，周公平定武庚的反叛後，把原來商都周圍地區和殷民七族分封給他，建都朝歌（今河南淇縣），成為當時大國。西元前六六〇年被翟擊敗，靠齊的幫助，遷到楚丘（今河南滑縣），從此成為小國。西元前六二九年又遷都帝丘（今河南濮陽）。戰國時，國勢更弱。西元前二五四年為魏國所滅，成為魏的附庸，後來秦把它遷到野王（今河南沁陽），作為秦的附庸。西元前二〇九年為秦所滅。㉕征營慴悸　驚恐不安。征營，惶恐不安貌。慴悸，驚恐。㉖河南　郡名。本秦三川郡，西漢高帝二年（西元前二〇五年）改名。治今洛陽東北。東漢建武十五年（西元三九年），因為都城所在，改為河南尹。㉗從祖　祖父的兄弟。㉘有道　東漢察舉科目之一，始於安帝。㉙鄉侯　東漢爵位名。位次都鄉侯，指列侯食邑為鄉者，封爵不世襲。㉚亭侯　爵名。漢制，列侯大者食縣，小者食鄉、亭。亭侯即指列侯食邑為亭者。封爵不世襲，位視中二千石。㉛九卿　官名合稱。始見於《尚書大傳》。漢代習慣將奉常（太常）、郎中令（光祿勳）、太僕、廷尉（大理）、典客（大鴻臚）、宗正、治粟內史（大司農）、少府、衛尉、中尉（執金吾）、三輔長官等中二千石一級的中央各高級行政機構長官並列為九卿，並非專指九種官職，故亦稱「列卿」。西漢九卿名義上僅次於丞相、御史大夫，分掌全國行政，職權甚重。東漢以後，其任漸輕。㉜具瑗　（？—西元一六五年），東漢魏郡元城（今河北大名）人。宦官。桓帝初為中常侍。延熹二年，奉命與單超等五宦官誅除外戚梁冀，以此封東武陽侯，為「五侯」之一，與單超等恃寵驕恣，姻親黨羽並列州郡。刻剝百姓，形同盜賊。時人稱之為「具獨坐」，以刺其權勢富貴無人可比。後坐其兄贓罪，被貶為都鄉侯。旋卒。㉝左悺　河南平陰（今河南孟津）人，東漢宦官。桓帝時，為小黃門史，因與單超、具瑗、徐璜、唐衡合謀誅滅外戚梁冀，任中常侍，封上蔡侯，為「五侯」之一。他和具瑗等驕橫貪暴，兄弟親戚都為州郡刺史、太守，侵奪人民。後被司隸校尉韓縯劾奏，自殺。㉞占候　視天象變化以附會人事，預言吉凶。

【語　譯】劉瑜，字季節，廣陵郡人。他的高祖父是廣陵靖王。父親劉辯，官清河太守。劉瑜年少時喜歡經學，尤其擅長圖讖、天文、曆算之術。州郡禮請他任職，他沒有接受。

2 延熹八年，太尉楊秉舉薦劉瑜為賢良方正，等他到達京師，劉瑜就上書陳述時政說：

3 「臣劉瑜自認為來自東方邊鄙之地，憑藉皇室後裔的身分，得以蒙受皇恩免除勞役，不服兵役。原太尉楊秉知道臣自學了一些典籍，有幸被他舉薦，是希望以臣的愚直，而對朝廷有萬分之一的補益。而楊秉的忠誠謀略沒能實現，他的生命比朝露更短暫。臣在地方上，聽到一些歌謠，關於驕橫大臣暴虐政治之類的事情，遠近百姓的嗟歎痛苦之聲，聽起來暗自感到辛酸，血淚漣漣。我有幸得到引薦錄用，準備回答皇上的詢問，宣洩心中至情，不敢迴避。我誠懇地希望陛下姑且用片刻時間考慮一下，追覽古往今來的事情，人們為什麼要嗟歎，上天為什麼要生異變。

4 「各地諸侯的地位，是效法天上的二十八星宿，文采光耀，關係到國家的興盛衰敗。如今宦官奸佞，接連封侯，都爭立後嗣，以繼承爵位，有的從遠房親屬那裡求得兒子，有的在街市道路上買兒子，這些大概都背離了開創國家、繼承家業的本義。

5 「古代的天子，一人娶九個女子，妻妾尊卑有序，《河圖》授予後嗣，正嗣只在九房。如今寵女美色，充滿宮闈，都要提供充分的玩飾之物，在空宮裡吃閒飯，消耗精神，生長各種疾病。這是浪費國家錢財，傷害人的生命啊。再說天地萬物的本性，以陰陽交配為綱紀，如果隔絕陰陽交合之道，那水災、旱災就會一起發生。《詩》說：『約定五天為期，可到第六天還不來。』怨女曠夫所作歌謠，孔子記錄下來。況且宮女們從小到大，一直幽閉深宮，直至死去。還有那些常侍、黃門太監，也廣娶妻妾。怨毒之氣，凝結成妖邪之物。民間傳說，官吏到處搜尋搶奪百姓之女，掠取後就把她幽閉在後宮，傳言使百姓感到驚恐害怕。這種情況誰不明白，不會無端產生這樣的流言。鄒衍是一個普通男人，杞氏是一個普通女人，他們尚且可以造成城牆崩塌，五月降霜的異象，何況這麼多女子一起怨恨，天地能夠不受感應嗎？

6 「從前秦朝建造阿房宮，國家就多出許多刑徒。現在建造的府第越來越多，窮盡新奇巧妙，開山鑿石，不顧農時。用嚴刑來催促，用死罪來威脅。百姓無罪而陷害下獄，百姓有田而強取豪奪。州郡官府，各自管理事務，奸情賄賂，都成為官吏的誘餌。百姓愁怨鬱結，起來加入到賊黨中去，官府就派遣軍隊，討伐他們的罪行。貧困的百姓，有的甚至出賣自己的首級來求得賞金，父子、兄弟互相殘害身體，妻子兒女眼睜睜看著分手。百姓們窮困到那種程度，官府以這樣的方式討伐，難道不讓人感到痛心嗎？

7 「另外陛下以至尊之身，一國之君，隱瞞身分改裝出行到親近寵信官員的家中，私自臨幸宦官的住宅，他們的賓客去購買物品，橫行霸道氣焰囂張，因此受到放縱，任由其妄為。如今三公在位，都博通道德學問與技藝，而他們各自獨善其身，沒有匡扶和補益國家的原因，不是他們缺少智慧，而是他們畏死懼罰。希望陛下設置七臣，以廣開勸諫的渠道，並且打開東廂用金縅封的史官之書，遵循唐堯、虞舜、夏禹、商湯、周文王、周武王等使國家興盛的典範。疏遠佞巧邪惡之人，摒棄鄭、衛靡靡之音，這樣，在政治上就會帶來和平，美德就會招來祥風。臣誠懇地表達內心的感情，言論不足以採用，又害怕因此而觸犯和忤逆陛下，心中誠惶誠恐。」

8 於是，桓帝特別下詔，召來劉瑜詢問災異之徵候，劉瑜指出相關事件並按經讖之理進行回答。執掌朝政的人想讓劉瑜違背自己所說的話，而用另外的事情來向他問策。劉瑜又盡心回答，八千多字，比前面的疏又更切中時弊，桓帝最終未能採用。後任為議郎。

9 等到桓帝死去，大將軍竇武想大肆誅殺宦官，於是引薦劉瑜為侍中，又讓侍中尹勳為尚書令，共同謀劃行動。等到竇武失敗，劉瑜、尹勳一起被誅殺。事情記載在〈竇武傳〉中。

10 尹勳字伯元，河南人。他的堂祖父尹睦擔任過太尉，尹睦的孫子尹頌官至司徒。尹勳為人剛毅正直。少年時每次讀書，看到忠臣義士的事跡，沒有不放下書本仰天歎息的。自認為自己的行為與當時社會不相合，因而沒有應州郡、公府的禮召。漢桓帝時，以有道被徵召，四次升遷任尚書令。延熹中，誅殺大將軍梁冀，桓帝命尹勳部署分派眾官，很有方略，封為宜陽鄉侯。尚書僕射霍諝，尚書張敬、歐陽參、李偉、虞放、周永，都被封為亭侯。尹勳後來又兩次升遷至九卿，因病免職，病癒後任命為侍中。延熹八年，中常侍具瑗、左悺等人因有罪免職，並奪去封邑，因而廢黜尹勳等人的爵位。

11 劉瑜被殺後，宦官將他所上奏疏全部焚毀，認為是騙人的言論。

12 劉瑜的兒子劉琬，繼承劉瑜的學術，精通占卜之術，能解釋災異之象。被推舉為賢良方正，沒有應命。

1 謝弼，字輔宣，東郡❶武陽❷人也。中直方正，為鄉邑所宗師。建寧❸二年，詔舉有道之士，弼與東海陳敦、玄菟❹公孫度❺俱對策，皆除郎中。

2 時青蛇見前殿，大風拔木，詔公卿以下陳得失。弼上封事曰：

3 「臣聞和氣應於有德，妖異生乎失政。上天告譴，則王者思其愆；政道或虧，則姦臣當其罰。夫蛇者，陰氣所生；鱗者，甲兵之符也。鴻範傳曰：『厥極弱，時則有蛇龍之孽。』又熒惑守亢❻，裴回不去，法有近臣謀亂，發於左右。不知陛下所與從容帷幄之內，親信者為誰？宜急斥黜，以消天戒。臣又聞『惟虺惟蛇，女子之祥❼』。伏惟皇太后定策宮闥，援立聖明，書云：『父子兄弟，罪不相及。』竇氏之誅，豈宜咎延太后❽？幽隔空宮，愁感天心，如有霧露之疾，陛下當何面目以見天下？昔周襄王❾不能敬事其母，戎狄❿遂至交侵。孝和皇帝不絕竇后⓫之恩，前世以為美談。禮為人後者為之子，今以桓帝為父，豈得不以太后為母哉？援神契曰：『天子行孝，四夷和平。』方今邊境日蹙，兵革蜂起，自非孝道，何以濟之？願陛下仰慕有虞蒸蒸之化，俯思凱風⑫慰母之念。

4 「臣又聞爵賞之設，必酬庸勳；開國承家，小人勿用。今功臣久外，未蒙爵秩，阿母⑬寵私，乃享大封，大風雨雹，亦由於茲。又故太傅陳蕃，輔相陛下，勤身王室，夙夜匪懈，而見陷群邪，一旦誅滅。其為酷濫，駭動天下，而門生⑭故吏，並離徙錮。蕃身已往，人百何贖！宜還其家屬，解除禁網。夫台宰⑮重器，國命所繼。今之四公⑯，唯司空劉寵⑰斷斷守善，餘皆素餐致寇之人，必有折足覆餗⑱之凶。可因災異，並加罷黜。徵故司空王暢，長樂少府⑲李膺，並居政事，庶災變可消，國祚惟永。臣山藪頑闇，未達國典。策曰『無有所隱』，敢不盡愚，用忘諱忌。伏惟陛下裁其誅罰。」

5 左右惡其言，出為廣陵府丞⑳。去官歸家。

6 中常侍曹節㉑從子㉒紹為東郡太守，忿疾於弼，遂以它罪收考掠按，死獄中，時人悼傷焉。初平㉓二年，司隸校尉㉔趙謙訟弼忠節，求報其怨魂，乃收紹斬之。

【章旨】以上為〈謝弼傳〉。記載謝弼多次上疏，對東漢靈帝提出勸諫，如以災異之象為由勸諫靈帝善待竇太后；勸諫靈帝，賞功罰劣，重用人才等。謝弼也因此得罪了宦官，最終死在宦官勢力手中。

【注釋】❶東郡　戰國末期秦國置。治今河南濮陽西南。東漢以後，移治今山東莘縣西南。❷武陽　縣名。屬東郡。故治在今山東莘縣東南。❸建寧　東漢靈帝劉宏年號，西元一六八—一七二年。❹玄菟　郡名。西漢元封三年（西元前一〇八年）置。治今朝鮮咸鏡南道咸興。東漢時復內徙，移治今遼寧瀋陽東。❺公孫度　字升濟，東漢末遼東襄平（今遼寧遼陽）人。初隨父移居玄菟，後任為郡吏。中平六年（西元一八九年）遷遼東太守，殺郡中名豪大姓百餘家，又擊烏桓、高句驪，名傳內外，遂有割據遼東之意。初平元年（西元一九〇年），分遼東郡為遼西中遼郡，置太守。越海攻收東萊諸縣，置營州刺史，自立為遼東侯，平州牧。建安九年（西元二〇四年），曹操表為武威將軍，永寧鄉侯。子康嗣位。❻熒惑守亢　火星逼近亢星。熒惑，即「火星」。由於火星呈紅色，熒熒像火，亮度常有變化；而且在天空中運行，隱現不定，令人迷惑，所以我國古代稱之為「熒惑」。亢，星名，二十八星宿之一。❼惟虺惟蛇二句　虺與蛇，是女子的徵兆。語出《詩．斯干》。鄭玄注：「虺、蛇穴處，陰之祥也，故為生女。」❽竇氏之誅二句　竇氏被誅殺，怎麼能歸罪和牽連到竇太后。竇氏，指竇武。太后，指竇妙（？—西元一七二年），東漢扶風平陵（今陝西咸陽）人。桓帝皇后。延熹八年（西元一六五年）入宮，同年冬立為皇后。及桓帝死，定策立靈帝，尊為皇太后。因父武為大將軍，謀誅宦官，事敗自殺，遂被遷於南宮雲臺，家族徙比景，後憂鬱病死。❾周襄王　（？—西元前六一九年），名鄭。東周國王。周惠王太子。惠王死，畏王子帶爭位，不敢發喪，求助於齊。齊盟諸侯於洮（今山東鄄城），尊之為王。次年，齊桓公舉行葵丘之盟，他遣宰孔往賜祭酒。曾以狄女為后，繼又廢之。襄王十六年，王子帶引狄師伐周，他被迫逃至氾（今河南襄城南）。次年，晉師殺王子帶，護送他返王城復位。後應晉文公之召，參與溫之會。❿戎狄　古代對西方、北方少數民族的泛稱。⓫竇后　即章德竇皇后（？—西元九七年），東漢扶風平陵（今陝西咸陽）人。章帝皇后，竇融曾孫女。建初二年，選入長樂宮，次年立為皇后。和帝即位，尊為太后，臨朝聽政。兄憲，弟篤、景，並擅威權，橫行不法。永元四年，和帝與宦官鄭眾合謀誅除竇氏，被迫歸政。後憂懼而死。⓬凱風　《詩．邶風》中的詩篇。是孝子感謝母親養育之恩且自責之詩。⓭阿母　乳母。⓮門生　東漢時原指轉相傳授學業者。後來不受業而登上門生名錄者，也稱門生。東漢末年黨錮事發，凡被列入黨人者，其門生皆被免官禁錮。⓯台宰　宰相、三公別稱。⓰四公　指太傅、太尉、司徒、司空。⓱劉寵　字祖榮，東漢東萊牟平（今山東煙台）人。少受父業，以明經舉孝廉。桓帝時，任會稽太守，見山民苦於官吏侵擾，乃廢除煩苛賦役，察舉非法，百姓得安。後徵拜將作大匠。建寧元年（西元一六八年）為司空，旋遷司徒、太尉。居官清廉，家無餘財。次年，免官歸鄉里。後病卒。⓲折足覆餗　比喻力不能勝任，必至敗事。餗，鼎內食物。⓳長樂少府　官名。西漢平帝元始四年（西元四年）更名長信少府置，秩二千石，掌皇太后宮中事務。東漢因之，不常置，皇太后卒即省。位在大長秋上，其職吏皆宦者。⓴府丞　即郡丞。官名。郡守（太守）副貳，佐郡守掌眾事，秩六百石，由朝廷任命。㉑曹節　字漢豐，東漢南陽新野（今屬河南）人。順帝初為小黃門。桓帝時遷中常侍、奉車都尉。靈帝即位，以定策功封長安鄉侯。與宦官王甫等矯詔發兵殺大將軍竇武及太傅陳蕃等人。遂用事朝中，遷長樂衛尉，封育陽侯。熹平元年（西元一七二年），藉口有人書朱雀闕抨擊宦官，唆使靈帝大捕黨人。又與王甫誣奏桓帝弟渤海王劉悝謀反，因而殺之。㉒從子　兄弟的兒子，即姪子。㉓初平　東漢獻帝年號，西元一九〇—一九三年。㉔司隸校尉　官名。西漢武帝時始置，秩二千石。初掌管理役使在中央諸官府服役的徒隸，領一千二百人，持節，亦捕治罪犯。後罷其兵，掌糾察京都百官及京師附近的三輔、三河、弘農七郡的犯法者，職權漸重。東漢司隸校尉威權更重，凡宮廷內外，皇親貴戚，京都百官，無所不糾，兼領兵，有檢敕、捕殺罪犯之權。並為司隸州行政長官，轄前述七郡。治所在河南洛陽。

【語　譯】謝弼，字輔宣，東郡武陽縣人。為人端方正直，被鄉邑之人所效法。建寧二年，靈帝下詔舉薦有道之士，謝弼與東海人陳敦、玄菟人公孫度一起應對策問，都被任命為郎中。

2　當時，在皇宮前殿出現了一條青蛇，狂風捲起樹木，靈帝下詔命公卿以下官員陳述這事所預示的得失。謝弼上書說：

3　「臣聽說祥和之氣感應於君王有德，妖異之象生成於朝廷失政，上天如果用異象來告誡譴責，那麼皇帝就應該考慮他有什麼過失；朝政制度如果有什麼缺陷，那麼奸臣就應當受懲罰。蛇是陰氣所生成的；蛇鱗意味著甲兵，是戰爭的徵兆。《鴻範傳》說：『皇權極度衰弱，這時就會有蛇龍一樣的妖孽出現。』又加上火星逼近亢星，徘徊不離，預示會有近臣謀劃叛亂，事情就發生在陛下身邊。不知陛下在宮內經常與之談論國事的人中，最親近信任的人是誰？應該立刻貶斥罷黜，來消除上天的警示。臣又聽說『虺與蛇，是女子的徵兆』。臣想到皇太后在宮中定策，立陛下為帝，《尚書》裡說：『父子兄弟，犯罪不相互株連。』竇氏被誅殺，怎麼能歸罪和牽連到太后？現在將她幽禁在空宮，憂愁感動上天之心，如果她因病遭受不測之疾，陛下有什麼面目來見天下人呢？從前周襄王不能恭敬地侍奉他的母親，戎狄於是趁來侵犯。孝和皇帝沒有斷絕竇太后的恩德，前代人以這個事情作為美談。從禮制來說，做了人家的繼承人就要做他的兒子，今天陛下把桓帝當作父親，怎麼能不把太后當作母親呢？《援神契》說：『天子行孝，四方之夷都能和平。』當今之世，邊境形勢日益緊急，戰爭不斷，如果不是孝道，能用什麼拯救這個局面？希望陛下追慕舜時日漸完美的教化，思考一下《詩・凱風》裡慰藉母親的心願。

4 「臣又聽說，設爵位、賞賜，一定要酬獎功勳；開創國家，繼承家業，不能任用小人。現在功臣長久在外，卻沒有受到爵位官秩的賜封，而阿母私心寵愛的人，卻能享受很高的封賞，刮大風、下大雨、冰雹，就因為這個而出現。另外，原太傅陳蕃，輔佐陛下，為王室辛苦勤勞，白天晚上不敢懈怠，卻被一群奸邪之人所誣陷，立時被誅滅。這樣殘酷濫殺，驚動了天下，那些陳蕃的門生故吏，都遭受流放和監禁。陳蕃已經死了，即使用一百個人也贖不回他的生命！應該將他的家屬放歸還鄉，解除禁錮眾人的法網。三公宰相是治國的重臣，國家的命運要靠他們去維繫。可是今天的四公，只有司空劉寵堅持固守善道，其餘的都是尸位素餐、招致敵寇入侵的人，一定會有鼎足折斷而掀翻鼎中食物的災難。可趁出現災異之機，一起將他們罷黜。徵召原司空王暢、長樂少府李膺，共同執掌政事，這樣災變就可以消除，國家的命運才會長久。臣只是山林間一個頑固愚昧的人，不能通曉國家的法典。皇上策命說『不要有所隱瞞』，臣怎敢不竭盡愚忠，因而就忘記了忌諱。請陛下裁定殺罰。」

5 皇帝左右親信憎惡他的進言，謝弼被貶外任為廣陵府丞。後離職歸家。

6 中常侍曹節的姪子曹紹擔任東郡太守，對謝弼憤恨仇視，於是以其他罪名將謝弼收捕拷問，死在獄中，當時人哀悼他，對他的遭遇感到痛心。初平二年，司隸校尉趙謙申訴謝弼忠誠節義，請求為他報仇，於是收捕曹紹斬首。

贊曰：鄧不明辟❶，梁不損陵。慊慊❷欒、杜，諷辭以興。黃寇方熾，子奇有識。武謀允臧❸，瑜亦協志。弼忤宦情，雲犯時忌。成仁喪己，同方殊事。

【章 旨】以上是作者對杜根、欒巴、劉陶、李雲、劉瑜、謝弼等進行點評。

【注 釋】❶鄧不明辟 指鄧太后臨朝,不還政於安帝。❷慊慊 心不滿足貌。❸允臧 確實好;完善。

【語 譯】史官評議說:鄧太后不把政權還給漢安帝,梁太后不減縮陵區。欒巴、杜根不滿於此,上疏勸諫。黃巾軍勢力正盛,劉陶對平賊頗有見識。竇武的謀劃有利於國,劉瑜也參與協助。謝弼違背了宦官的意願,李雲觸犯了當時的禁忌。獻出生命而成就仁義,事情不同方式一樣。

【研 析】在中國歷史上最引人注目,最受後人推崇的往往是那些有錚錚鐵骨,不畏權貴,敢於犯顏直諫的人。他們是百姓心目中的「忠臣」,是明辨是非、善惡分明、不向邪惡勢力妥協的人。他們以個人微薄之力對抗著各類奸佞小人、權臣貴族,甚至是荒淫無道的皇帝和握權不放的太后。在龐大的官僚集團中,他們力量單薄,聲音微弱,有時獻出生命也換不回他們點滴的希望。在一些人眼裡他們不識時務,不自量力,是官僚集團中的另類。然而,正是他們的執著,才有了為後人所稱頌的盛世,才有了奸佞小人的敗亡,才有了百姓不堪重負中的喘息之機。他們不是決定歷史進程的人,但他們的存在使歷史熠熠生輝,為我們留下瑰麗的精神財富。

本卷所收杜根、欒巴、劉陶、李雲、劉瑜、謝弼等人都是東漢政府中的中下級官吏,沒有顯赫的業績,但正直、耿介,有錚錚鐵骨。他們大多有反對宦官、外戚,並受到嚴重迫害的人生經歷,如杜根因勸鄧太后歸政安帝,險被杖死,然後在外流浪十五年。成翊世因接連上書替被廢太子申訴,又指明樊豐、王聖的誣陷、欺騙行為,遭到打擊報復,被免官放歸本郡。欒巴因勸阻侵占百姓墳塚,得罪梁太后,被禁錮還家,後又為被殺的陳蕃、竇武等訴冤,被收捕下獄,自殺身亡。劉陶還是太學生時就上書,勸諫桓帝勿將權力授予宦官,為官後因為多次懇切勸諫,被權臣所忌憚,最後遭宦官陷害,閉氣而死。李雲憂慮國家處境危急,露布上書,言詞激烈,觸到桓帝的痛處,被下獄致死。劉瑜剛被舉薦為賢良方正,就上奏疏直指宦官奸佞封侯立嗣的不正常現象,對桓帝縱容宦官的行為進行批評,提出了疏遠奸佞、廣開言路的建議,並對皇帝搜羅民女充斥後宮之舉進行勸諫,但劉瑜最終也還是被宦官殺害。謝弼曾上奏疏,以災異之象為由勸諫靈帝善待竇太后,勸諫靈帝，賞功罰劣，重用人才，但也因此得罪了宦官，所以他最終還是死在宦官手中。

從中國古代傳統禮制來說，大臣對君王的不當行為有進諫之責，而且歷代史家對於諫臣也多持讚賞態度。但古人認為，諫又可以分成不同的方式，即所謂的五諫：諷諫、順諫、闚諫、指諫、陷諫。其中又以諷諫為上。所謂諷諫是指知道潛伏禍患而諷告君王，即在禍患尚未發生時先警示君王，未雨綢繆。所以本書作者傾向於以恰當的方式來達到勸諫君王的目的。對於不講方式、方法的勸諫行為，作者進行了批評。這固然有一定道理，但面對一個昏庸的帝王和專權的宦官、外戚，即使是再好的勸諫策略，恐怕所言也未必會被接受，只會引起昏君、佞臣的反感和不滿。因此，對官員來說，要想保全官位和生命，最好是緘默不語；要想勸諫，就必須做最壞的打算。(韋占彬注譯)

卷五十八

虞傅蓋臧列傳第四十八

【題解】本卷為虞詡、傅燮、蓋勳、臧洪等四人的合傳。虞、傅、蓋、臧等均為忠貞幹練、堅守道義、不畏權勢的賢能之臣。虞詡為朝歌縣長時，設謀鎮壓甯季之亂；為武都太守，平息羌變，招還流亡，開通水運，使郡內糧米豐收價降。傅燮彈劾宦官禍國，力斥崔烈棄涼州之議，任漢陽太守以身殉國。蓋勳參與鎮壓羌人及邊章之亂，窮究依勢貪贓千萬的長安令楊黨，數次痛斥專權的董卓。臧洪勸說張超與兗州刺史劉岱等聯兵聲討董卓，不滿袁紹的為人，寧死不屈。

1

虞詡，字升卿，陳國❶武平❷人也。祖父經，為郡縣獄吏❸，案法平允，務存寬恕，每冬月上其狀，恆流涕隨之。嘗稱曰：「東海❹于公❺高為里門，而其子定國❻卒至丞相❼。吾決獄六十年矣，雖不及于公，其庶幾乎！子孫何必不為九卿❽邪？」故字詡曰升卿。

2 詡年十二，能通尚書。早孤，孝養祖母。縣舉順孫[9]，國相[10]奇之，欲以為吏。詡辭曰：「祖母九十，非詡不養。」相乃止。後祖母終，服闋[11]，辟太尉[12]李脩府，拜郎中[13]。

3 永初[14]四年，羌胡[15]反亂，殘破并[16]、涼[17]，大將軍[18]鄧騭[19]以軍役方費，事不相贍，欲棄涼州，并力北邊，乃會公卿[20]集議。騭曰：「譬若衣敗，壞一以相補，猶有所完。若不如此，將兩無所保。」議者咸同。詡聞之，乃說李脩曰：「竊聞公卿定策當棄涼州，求之愚心，未見其便。先帝開拓土宇，劬勞後定，而今憚小費，舉而棄之。涼州既棄，即以三輔[21]為塞；三輔為塞，則園陵單外。此不可之甚者也。喭曰：『關西出將，關東出相[22]。』觀其習兵壯勇，實過餘州。今羌胡所以不敢入據三輔，為心腹之害者，以涼州在後故也。其土人所以推鋒執銳，無反顧之心者，為臣屬於漢故也。若棄其境域，徙其人庶，安土重遷，必生異志。如使豪雄相聚，席卷而東，雖賁[23]、育[24]為卒，太公[25]為將，猶恐不足當禦。議者喻以補衣猶有所完，詡恐其疽食侵淫而無限極。棄之非計。」脩曰：「吾意不及此。微子之言，幾敗國事。然則計當安出？」詡曰：「今涼土擾動，人情不安，竊憂卒然有非常之變。誠宜令四府[26]九卿，各辟彼州數人，其牧守令長[27]子弟皆除為冗官㉘，外以勸厲，荅其功勤，內以拘致，防其邪計。」脩善其言，更集四府，皆從詡議。於是辟西州㉙豪桀㉚為掾屬㉛，拜牧守長吏子弟為郎㉜，以安慰之。

4 鄧騭兄弟以詡異其議，因此不平，欲以吏法中傷詡。後朝歌㉝賊甯季等數千人攻殺長吏，屯聚連年，州郡不能禁，乃以詡為朝歌長。故舊皆弔詡曰：「得朝歌何衰！」詡笑曰：「志不求易，事不避難，臣之職也。不遇槃根錯節，何以別利器乎？」始到，謁河內㉞大守㉟馬棱㊱。棱勉之曰：「君儒者，當謀謨廟堂，反在朝歌邪？」詡曰：「初除之日，士大夫皆見弔勉。以詡譸之，知其無能為也。朝歌者，韓、魏之郊㊲，背太行，臨黃河，去敖倉㊳百里，而青㊴、冀㊵之人流亡萬數。賊不知開倉招眾，劫庫兵，守城皋㊶，斷天下右臂，此不足憂也。今其眾新盛，難與爭鋒。兵不猒權，願寬假轡策，勿令有所拘閡而已。」及到官，設令三科㊷以募求壯士，自掾史㊸以下各舉所知，其攻劫者為上，傷人偷盜者次之，帶喪服而不事家業為下。收得百餘人，詡為饗會，悉貫其罪，使入賊中，誘令劫掠，乃伏兵以待之，遂殺賊數百人。又潛遣貧人能縫者，傭作賊衣，以采綖縫其裾為幟㊹，有出市里者，吏輒禽之。賊由是駭散，咸稱神明。遷懷㊺令。

5 後羌寇武都㊻，鄧太后㊼以詡有將帥之略，遷武都太守，引見嘉德殿，厚加賞賜。羌乃率眾數千，遮詡於陳倉[48]、崤谷[49]，詡即停軍不進，而宣言上書請兵，須到當發。羌聞之，乃分鈔傍縣，詡因其兵散，日夜進道，兼行百餘里。令吏士各作兩竈，日增倍之，羌不敢逼。或問曰：「孫臏[50]減竈而君增之。兵法日行不過三十里，以戒不虞，而今日且二百里。何也？」詡曰：「虜眾多，吾兵少。徐行則易為所及，速進則彼所不測。虜見吾竈日增，必謂郡兵來迎。眾多行速，必憚追我。孫臏見弱，吾今示彊，埶有不同故也。」

6 既到郡，兵不滿三千，而羌眾萬餘，攻圍赤亭[51]數十日。詡乃令軍中，使彊弩勿發，而潛發小弩。羌以為矢力弱，不能至，并兵急攻。詡於是使二十彊弩共射一人，發無不中，羌大震，退。詡因出城奮擊，多所傷殺。明日悉陳其兵眾，令從東郭[52]門出，北郭門入，貿易衣服，回轉數周。羌不知其數，更相恐動。詡計賊當退，乃潛遣五百餘人於淺水設伏，候其走路。虜果大奔，因掩擊，大破之，斬獲甚眾，賊由是敗散，南入益州[53]。詡乃占相地埶，築營壁百八十所，招還流亡，假賑貧人，郡遂以安。

7 先是運道艱險，舟車不通，驢馬負載，僦五致一[54]。詡乃自將吏士，案行川谷，自沮[55]至下辯[56]數十里中，皆燒石翦木，開漕船道，以人僦直雇借傭者，於是水運通利，歲省四千餘萬。詡始到郡，戶裁盈萬。及綏聚荒餘，招還流散，二三年間，遂增至四萬餘戶。鹽米豐賤，十倍於前。坐法免。

8

永建(57)元年，代陳禪(58)為司隸校尉(59)。數月間，奏太傅(60)馮石、太尉劉熹、中常侍(61)程璜、陳秉、孟生、李閏等，百官側目，號為苛刻。三公(62)劾奏詡盛夏多拘繫無辜，為吏人患。詡上書自訟曰：「法禁者俗之堤防，刑罰者人之銜轡。今州曰任郡，郡曰任縣，更相委遠，百姓怨窮，以苟容為賢，盡節為愚。臣所發舉，臧罪非一，二府恐為臣所奏，遂加誣罪。臣將從史魚(63)死，即以尸諫(64)耳。」順帝(65)省其章，乃為免司空(66)陶敦。

9

時中常侍張防特用權埶，每請託受取，詡輒案之，而屢寢不報。詡不勝其憤，乃自繫廷尉(67)，奏言曰：「昔孝安皇帝(68)任用樊豐(69)，遂交亂嫡統，幾亡社稷(70)。今者張防復弄威柄，國家之禍將重至矣。臣不忍與防同朝，謹自繫以聞，無令臣襲楊震(71)之跡。」書奏，防流涕訴帝，詡坐論輸左校(72)。防必欲害之，二日之中，傳考四獄。獄吏勸詡自引(73)，詡曰：「寧伏歐刀(74)以示遠近。」宦者孫程(75)、張賢等知詡以忠獲罪，乃相率奏乞見。程曰：「陛下始與臣等造事之時，常疾姦臣，知其傾國。今者即位而復自為，何以非先帝乎？司隸校尉虞詡為陛下盡忠，而更被拘繫；常侍張防臧罪明正，反搆忠良。今客星守羽林⑯，其占宮中有姦臣。宜急收防送獄，以塞天變。下詔出詡，還假印綬。」時防立在帝後，程乃叱防曰：「姦臣張防，何不下殿！」防不得已，趨就東箱。程曰：「陛下急收防，無令從阿母⑰求請。」帝問諸尚書⑱，尚書賈朗素與防善，證詡之罪。帝疑焉，謂程曰：「且出，吾方思之。」於是詡子顗與門生⑲百餘人，舉幡候中常侍高梵車，叩頭流血，訴言枉狀。梵乃入言之，防坐徙邊，賈朗等六人或死或黜，即日赦出詡。程復上書陳詡有大功，語甚切激。帝感悟，復徵拜議郎⑳。數日，遷尚書僕射㉑。

10 是時長吏㉒、二千石㉓聽百姓讁罰者輸贖，號為「義錢㉔」，託為貧人儲，而守令因以聚斂。詡上疏曰：「元年以來，貧百姓章言㉕長吏受取百萬以上者，匈匈不絕，讁罰吏人至數千萬，而三公、刺史㉖少所舉奏。尋永平㉗、章和㉘中，州郡以走卒錢㉙給貸貧人，司空劾案，州及郡縣皆坐免黜。今宜遵前典，蠲除權制。」於是詔書下詡章，切責州郡。讁罰輸贖自此而止。

11 先是寧陽㉚主簿㉛詣闕㉜，訴其縣令之枉，積六七歲不省。主簿乃上書曰：「臣為陛下子，陛下為臣父。臣章百上，終不見省，臣豈可北詣單于㉝以告怨乎？」帝大怒，持章示尚書，尚書遂劾以大逆。詡駮之曰：「主簿所訟，乃君父之怨；

百上不達，是有司94之過。愚惷之人，不足多誅。」帝納詡言，笞之而已。詡因謂諸尚書曰：「小人有怨，不遠千里，斷髮刻肌，詣闕告訴，而不為理，豈臣下之義？君與濁長吏何親，而與怨人何仇乎？」聞者皆慙。詡又上言：「臺郎95顯職，仕之通階。今或一郡七八，或一州無人。宜令均平，以厭天下之望。」及諸奏議，多見從用。

12 詡好刺舉96，無所回容，數以此忤權戚，遂九見譴考，三遭刑罰，而剛正之性，終老不屈。永和97初，遷尚書令98，以公事去官。朝廷思其忠，復徵之，會卒。臨終，謂其子恭曰：「吾事君直道，行己無愧，所悔者為朝歌長時殺賊數百人，其中何能不有冤者？自此二十餘年，家門不增一口，斯獲罪於天也。」

13 恭有俊才，官至上黨99太守。

【章旨】以上為〈虞詡傳〉。記載了虞詡不平凡的一生：從軍事上的傑出成就，到政治上的遠見卓識，到為官的一身正氣、剛正不阿。

【注釋】❶陳國　封國名。東漢章和二年（西元八八年）置。治陳縣，轄境相當今河南淮陽、鹿邑、柘城、太康、西華等地。❷武平　縣名。東漢置。治今河南鹿邑西北。屬陳國。❸獄吏　官名。春秋置，掌理獄訟。漢代及後代沿置，為地方官府執掌刑獄的屬吏。❹東海　郡名。秦置。治郯縣。西漢末轄境相當今山東費縣、臨沂及江蘇贛榆以南，山東棗莊、江蘇邳州以東和宿遷、灌南等以北地區。東漢後轄境縮小。❺于公　西漢東海郯縣（今山東郯城）人。為縣獄吏、郡決曹，斷獄平允。東海（今山東郯城北）有孀婦被太守冤殺，他力爭不得，託病辭職，郡中大為敬重。❻定國　即于定國（?—西元前四〇年），字曼倩，西漢東海郯縣人。少從父習法律。初為獄吏，郡決曹，補廷尉史。以才能舉侍御史，遷御史中丞。宣帝即位，以曾諫昌邑王，超遷光祿大夫、平尚書事。後任廷尉，決獄審慎，罪有疑者皆從輕處理，時人比之張釋之。甘露三年（西元前五一年）為丞相，封西平侯。元帝時，關東連年災害，民多流亡，遂上疏自劾歸侯印、辭相位，罷官就第。後卒於家。❼丞相　官名。始於戰國時，為百官之長，亦稱相邦。秦代以後為封建官僚組織中的最高官職，輔佐皇帝，綜理全國政務。西漢初，稱為相國，後改丞相，與太尉、御史大夫合稱三公。西漢末改為大司徒，東漢末復稱丞相。❽九卿　官名合稱。始見於《尚書大傳》。漢代習慣將奉常（太常）、郎中令（光祿勳）、太僕、廷尉（大理）、典客（大鴻臚）、宗正、治粟內史（大司農）、少府、衛尉、中尉（執金吾）、三輔長官等中二千石一級的中央各高級行政機構長官並列為九卿，並非專指九種官職，故亦稱「列卿」。西漢九卿名義上僅次於丞相、御史大夫，分掌全國行政，職權甚重。東漢以後，其任漸輕。❾順孫　孝順的孫輩。❿國相　封國中的行政長官，職位俸祿相當於郡守。⓫服闋　古喪禮規定，因父母死亡，服喪三年，期滿除服，稱服闋。歷代沿其制，服喪三年，實為二十七個月。⓬太尉　官名。秦、西漢時為全國軍政長官，與丞相、御史大夫並列，合稱三公。東漢時太尉與司徒、司空並稱三公，秩萬石，但因權歸尚書臺，太尉已無實權。⓭郎中　官名。始於戰國，漢代沿置，屬郎中令（後改光祿勳），管理車、騎、門戶，並內充侍衛，外從作戰。初分為車郎、戶郎、騎郎三類，長官設有車戶騎三將，其後類別逐漸泯除。⓮永初　東漢安帝劉祜年號，西元一〇七—一一三年。⓯羌胡　即羌族。我國古代少數民族。最早見於甲骨卜辭，殷周時又稱羌方，分布於黃河中上游地區，秦逐諸戎，被迫西遷。西漢武帝置護羌校尉，統轄羌族各部。東漢時內徙諸部於隴西、漢陽（今甘肅甘谷）、安定（今甘肅鎮原）、三輔（今陝西渭水流域）等地，與漢族雜居。西漢時對居於隴西郡（今甘肅臨洮南）以西以南諸羌人泛稱為西羌。東漢多次平定羌人起事，使其內徙，稱徙居金城、隴西、漢陽等郡者為西羌，稱東遷安定、北地、西河、上郡、三輔一帶者為東羌。⓰并　西漢武帝所置「十三刺史部」之一。領太原、上黨、雲中、定襄、雁門、代等六郡，東漢治晉陽縣（今山西太原西南古城營）。⓱涼　州名。西漢武帝置「十三刺史部」之一。東漢治今甘肅張家川回族自治縣。⓲大將軍　官名。始於戰國，漢代沿置，為將軍的最高稱號，執掌統兵征戰。事實上多由貴戚擔任，掌握政權，職位甚高。⓳鄧騭　（?—西元一二一年），字昭伯，東漢南陽新野（今河南新野）人。妹為漢和帝皇后。和帝死，安帝即位，太后臨朝，他任大將軍。輔政期間，曾進賢士，罷力役，有所建樹。太后死，安帝與宦官李閏合謀誅滅鄧氏，他因而自殺。⓴公卿　三公九卿的合稱。後泛指中央政府高級行政官員。㉑三輔　西漢京畿地區三個地方長官，亦用以指其所管理的京畿地區。西漢景帝二年（西元前一五五年）分內史為左、右內史，與主爵中尉（中元六年改為主爵都尉）同治長安城中，所轄皆京畿之地，故合稱「三輔」。漢武帝太初元年（西元前一〇四年）改左、右內史與主爵都尉為左馮翊、京兆尹、右扶風，轄境相當今陝西中部地區。㉒關西出將二句　關西多出名將，關東多出名相。《漢書》：「秦、漢以來，山東出相，山西出將。」秦漢時稱函谷關以西地區為關西，以東為關東。㉓賁　即孟賁。戰國時勇士，衛國人。傳說能生拔牛角。㉔育　即夏育。戰國時勇士，衛國人。傳說能力舉千鈞，為田搏所殺。㉕太公　即呂尚。又稱「太公望」、「呂望」，俗稱「姜太公」、「姜子牙」。姜姓，呂氏，名尚，字牙。周文王遇之於渭水之陽，云「吾太公望子久矣」，故號「太公望」。佐武王伐紂，滅商後受封於營丘（今山東淄博），為齊國開國之君。㉖四府　西漢以丞相、御史大夫、車騎將軍、前將軍府為四府。東漢以太傅、太尉、司徒、司空府為四府。㉗牧守令長　州郡縣地方長官的泛稱。㉘宂官　無專職而備臨時使令的官員，或稱散官。㉙西州　古時多泛稱西方為西州，東、南、北方為東州、南州、北州。㉚豪桀　才能出眾的人。桀，通「傑」。㉛掾屬　屬官統稱。漢代泛指公府及郡縣官府屬吏，正曰掾，副曰屬，如各曹掾史及其下屬吏。㉜郎　郎官泛稱。戰國至秦有郎中，為君王侍從近官，宿衛宮廷，參與謀議，備顧問差遣。西漢依職責不同，有郎中、中郎、侍郎、議郎等，無定員，多至千餘人。執掌守衛皇宮殿廊門戶，出充車騎扈從，備顧問應對，守衛陵園寢廟等。東漢於光祿勳下設五官、左右中郎將署，主管諸中郎、侍郎、郎中，實為儲備官吏人才的機構，其郎官多達二千餘人。㉝朝歌　縣名。本戰國魏邑，秦置縣。治今河南淇縣。屬河內郡。東漢建安十七年（西元二一二年）屬魏郡。㉞河內　郡名。秦置。治懷縣。漢時轄境相當今河南黃河、衛河和人民勝利渠以北地區（包括衛輝）。㉟大守　官名。西漢景帝時改郡守置，為郡的最高行政長官，掌民政、司法、軍事、財賦等，可以自辟僚屬，秩二千石。東漢沿置。㊱馬稜　字伯威，東漢扶風茂陵（今陝西興平）人。章帝建初中，任郡功曹，舉孝廉，徵拜謁者。遷廣陵太守，見穀貴民飢，奏罷鹽官，薄賦稅，以利百姓。在郡興修陂湖，溉田二萬餘頃。和帝永元中轉漢陽太守，侵賦百姓以奉大將軍竇憲軍費。憲誅，坐抵罪。數年，復為丹陽太守，平定當地農民起事。後歷任會稽、河內太守。安帝永初中，坐法免官，卒於家。㊲韓魏之郊　韓國與魏國交界地帶。韓，國名。戰國七雄之一。開國君主韓景侯是春秋晉國大夫韓武子後代，和魏、趙瓜分晉國。西元前四〇三年被周威烈王承認為諸侯。建都陽翟（今河南禹州）。西元前三七五年韓哀侯滅鄭，遷都新鄭（今屬河南）。疆域有今山西東南角和河南中部，介於魏、秦、楚三國間，成為軍事上必爭之地。西元前二三〇年為秦所滅。魏，國名。戰國七雄之一。開國君主魏文侯是畢萬後代，和韓、趙一起瓜分晉國。西元前四〇三年被周威烈王承認為諸侯。建都安邑（今山西夏縣西北）。魏文侯任用李悝進行改革，成為戰國初期強國。西攻取秦的河西，北攻滅中山，南擊敗楚國，奪得大梁（今河南開封）等地。西元前三四四年魏惠王召集逢澤之會，自稱為王。後三年，馬陵之戰被齊擊敗，國勢一蹶不振。此後疆土陸續被秦攻占，西元前二二五年為秦所滅。㊳敖倉　秦所置糧倉。在今河南滎陽東北。當黃河和濟水分流處，中原漕糧集中於此，再西運關中，北輸邊塞，是秦漢時最重要的糧倉。後世亦泛稱糧倉為敖倉。㊴青　州名。西漢武帝時所置「十三刺史部」之一。東漢治今山東淄博臨淄鎮北。㊵冀　州名。西漢武帝所置「十三刺史部」之一。東漢治今河北柏鄉北，末期移置今河北臨漳西南。㊶城皋　即成皋。關隘名。在今河南滎陽西北汜水鎮西。自古為黃河以南東西交通孔道和軍事要塞。㊷三科　三等。㊸掾史　屬官統稱。漢代三公府及其他重要官府皆置掾、史、屬，分曹治事。掾為曹長，史、屬副貳。㊹以采綖縫其裾為幟　把彩色絲線縫製在衣服的大襟上作為標記。裾，衣服前襟，也稱大襟。幟，標誌。㊺懷　戰國魏邑，秦置縣。在今河南武陟西南。兩漢為河內郡治。㊻武都　郡名。西漢武帝時置。治武都縣。東漢移治下辨道。㊼鄧太后　東漢和帝的皇后，和帝死後，她廢和帝長子，立生下僅百日的嬰兒為帝，即殤帝。殤帝死後，她又迎立年僅十三歲的安帝即位，她以太后的身分臨朝聽政，以其兄鄧騭為大將軍輔政，鄧氏一門權傾一時。重用宦官，宦官專權局面逐漸形成。她死後，安帝與宦官李閏合謀，誅滅了鄧氏。㊽陳倉　縣名。本春秋秦邑，後置為縣。治今寶雞東二十里。當關中、漢中交通要衝。楚漢之際劉邦敗章邯於此，遂定三秦。㊾崤谷　即崤山。在河南西部。秦嶺東段支脈。分東西二崤，延伸黃河、洛河間。㊿孫臏　（約西元前三七八—前三一〇年），戰國齊國阿（今山東陽穀）人。孫武之後。曾與龐涓同學兵法，後龐涓為魏惠王將軍，忌其才能，誑他到魏，處以臏刑（去膝蓋骨），故稱孫臏。後經齊國使者祕密載回，被齊威王任為軍師。他協助齊將田忌，設計先後大敗魏軍於桂陵和馬陵。著有《孫臏兵法》。(51)赤亭　地名。在今甘肅成縣西。(52)郭　外城，古代在城的外圍加築的一道城牆。(53)益州　西漢武帝所置「十三刺史部」之一。察郡八。東漢初治今四川廣漢北，中平中移治今四川德陽東北；興平中又移治今四川成都。(54)僦五致一　運費五石才能運去一石。僦，雇傭。這裡指運費。(55)沮　縣名。西漢置。治今陝西略陽東黑河東岸。屬武都郡。(56)下辯　即下辨。縣名。秦置。治今甘肅成縣西北。西漢改下辨道，屬武都郡。東漢復為縣，移武都郡治此。(57)永建　東漢順帝劉保年號，西元一二六—一三二年。(58)陳禪　字紀山，巴郡安漢縣（今四川南充）人。東漢安帝時先後為漢中太守、諫議大夫。因進諫被貶遼東。會北匈奴入犯，命為遼東太守，以懷柔手段安撫單于。曾為車騎將軍閻顯長史。順帝即位後任司隸校尉，卒於官。事見本書卷五十一。(59)司隸校尉　官名。西漢武帝時始置，秩二千石。初掌管理役使在中央諸官府服役的徒隸，領一千二百人，持節，亦捕治罪犯。後罷其兵，掌糾察京都百官及京師附近的三輔、三河、弘農七郡的犯法者，職權漸重。東漢司隸校尉威權更重，凡宮廷內外，皇親貴戚，京都百官，無所不糾，兼領兵，有檢敕、捕殺罪犯之權。並為司隸州行政長官，轄前述七郡。治所在河南洛陽。60太傅　官名。西周置，為三公之一，位次太師，在太保上。其後歷代沿置。東漢以授元老重臣，居百官之首，秩萬石。明帝以後，諸帝即位時皆置，兼錄尚書事，行使宰相職權，有缺不補。61中常侍　官名。秦始置，西漢沿置，出入宮廷，侍從皇帝，常為列侯至郎中的加官。東漢時則專用宦官為中常侍，以傳達詔令和掌理文書，權力極大。62三公　官名合稱。周代已有此稱，為最高輔政大臣，一說為司馬、司徒、司空，一說為太師、太傅、太保。西漢時以丞相、太尉、御史大夫合稱三公。東漢時以太尉、司徒、司空合稱三公。為共同負責軍政的最高長官。63史魚　春秋時衛國大夫，數言蘧伯玉賢，彌子瑕不肖，而衛君不聽。死前要求不要正堂理喪。衛君聽後，立刻召用蘧伯玉，貶退彌子瑕。64尸諫　指臣下以死諫君。65順帝　即劉保（西元一一五—一四四年），東漢安帝之子。永寧元年被立為太子。延光三年被廢為濟陰王。安帝死，宦官江京等立北鄉侯劉懿為帝（即少帝），旋卒。宦官孫程等殺江京迎立其為帝。孫程等十九名宦官封侯。外戚梁商、梁冀相繼為大將軍，朝政操於宦官、外戚之手，政治日益腐敗。66司空　官名。三公之一，西漢成帝時改御史大夫為大司空，東漢時稱司空，主要職務為監察、執法，兼掌重要文書圖籍。67廷尉　官名。秦始置，為九卿之一。廷尉的職掌是管刑獄，為最高法官。主要職責是負責審理皇帝交辦的詔獄，同時審理地方上報的疑難案件。68孝安皇帝　即漢安帝劉祜（西元九四—一二五年），東漢章帝孫，清河孝王劉慶子。即位時年十三，鄧太后臨朝，后兄鄧騭執政。在位期間，政治黑暗，社會矛盾尖銳。張伯路等起兵海上，攻擊沿海諸郡，襲殺守令；杜季貢等聯合羌人連年起事，屢敗漢兵。建光元年鄧太后死後親政，與宦官李閏等合謀誅滅鄧騭宗族，自此寵信宦官。廟號恭宗。69樊豐　（？—西元一二五年），東漢宦官。安帝時為中常侍。建光元年安帝親政後，與宦官江京、帝乳母王聖等用事朝中，貪侈枉法，干亂朝政，合謀廢太子劉保為濟陰王。又乘安帝出巡，詐作詔書，調發錢穀、木材，大起第宅苑囿。太尉楊震上疏告發，反遭誣陷，被逼令自殺。延光四年安帝死後，為外戚閻顯所殺。70社稷　古代帝王、諸侯所祭的土神和穀神。後用作國家的代稱。71楊震　（？—西元一二四年），字伯起，東漢弘農華陰（今屬陝西）人。少好學，博覽群經，當時稱為「關西孔子」。歷任荊州刺史、涿郡太守、司徒、太尉等職。安帝乳母王聖及中常侍樊豐等貪侈驕橫，他多次上書切諫，被樊豐所誣罷官，自殺。其子孫世代任大官僚，「弘農楊氏」成為東漢有名的世家大族。72左校　即左校令。官名。漢置，隸將作大匠（將作少府），領本署工徒修造宮室、宗廟、陵園、道路等，秩六百石。官吏犯法，常輸左校為工徒。73自引　自殺。74歐刀　古代一種處決罪犯用的刑刀。75孫程　（？—西元一三二年），字稚卿，東漢涿郡新城（今河北徐水縣）人。安帝時為中黃門。後與中黃門王康等十八人擁立順帝，誅外戚閻氏、宦官江京等。以此封浮陽侯，任騎都尉，康等亦同日封侯，時稱「十九侯」。

後以過免官，徙封宜城侯。後養子壽襲封，開宦官以養子襲爵之始。(76)羽林　星名。(77)阿母　乳母。這裡指順帝乳母宋娥。(78)尚書　官名。戰國時秦、齊等國始置，最初僅為管理文書的小吏。西漢武帝時以尚書掌管機要，職權漸重，為中朝重要宮官。東漢時尚書臺分六曹，各置尚書，秩六百石，位在令、僕射下，丞、郎之上。(79)門生　東漢時原指轉相傳授學業者。後來不受業而登上門生名錄者，也稱門生。東漢末年黨錮事發，凡被列入黨人者，其門生皆被免官禁錮。(80)議郎　官名。西漢置，隸光祿勳。為高級郎官，不入值宿衛，執掌顧問應對，參與議政，指陳得失，為皇帝近臣。東漢更為顯要，常選任耆儒名士、高級官吏，除議政外，亦或給事宮中近署。(81)尚書僕射　官名。尚書令的副手，因東漢權歸尚書臺，尚書僕射的職權也漸重。(82)長吏　地位較高官吏的統稱。秦、漢一般指秩六百石以上官吏，縣丞、尉祿秩雖低，亦可稱長吏。(83)二千石　官秩等級，因所得俸祿以穀為準，故以「石」稱之。因郡守、王國傅相均秩二千石，所以二千石成為漢代對郡守、國相等一級官吏的通稱。(84)義錢　東漢時百姓犯法後，用以贖罪之錢。實為貪官汙吏聚斂的一種名目。(85)章言　散布宣揚。(86)刺史　官名。西漢武帝始置，分全國為十三部（州），各置刺史一人，秩六百石。無治所，奉詔巡行諸郡，以六條問事，省察治政，黜陟能否，斷理冤獄。東漢時沿置，有固定治所，實際上成為比郡守高一級的地方行政長官。東漢靈帝時，改刺史為州牧，掌握一州的軍政大權。(87)永平　東漢明帝劉莊年號，西元五八—七五年。(88)章和　東漢章帝劉炟年號，西元八七—八八年。(89)走卒錢　是指充走卒的人為避免服役而出的資錢。走卒，即伍伯。漢代官署侍從小吏，旨在導引、問事。漢制，官員按爵位和官秩高低，配備不同數量的走卒。如公八人，中二千石六人等。(90)寧陽　縣名。在今山東寧陽南，屬東平國。(91)主簿　官名。漢代中央及郡縣官署均置，典領文書簿籍，經辦事務。(92)詣闕　赴朝廷。(93)單于　匈奴最高首領稱號。全稱「撐犁孤塗單于」，匈奴語，「撐犁」為「天」；「孤塗」為「子」；「單于」為「廣大」之意。西漢五鳳元年（西元前五七年）匈奴一度分裂，五單于並立。東漢初，匈奴南北分裂，有北單于、南單于。(94)有司　古代設官分職，各有專司，因稱職官為有司。(95)臺郎　尚書郎別稱。西漢武帝時常以郎官供尚書署差遣，掌收發文書章奏庶務，後成為常設官職，員四人。東漢置三十六員，分隸尚書臺六曹尚書。負責啟封百官章奏，面奏皇帝，並解決皇帝的質疑。皇帝成命亦經其代擬詔令下達。秩四百石，秩輕而職顯權重，升遷頗速。(96)刺舉　檢舉。(97)永和　東漢順帝年號，西元一三六—一四一年。(98)尚書令　官名。始於秦，西漢沿置，本為少府的屬官，掌章奏文書。西漢武帝以後職權漸重。東漢政務皆歸尚書，尚書令成為直接對君主負責總攬一切政令的首腦。(99)上黨　郡名。秦治壺關縣，西漢時移治長子縣，東漢末又移治壺關縣。

【語　譯】虞詡，字升卿，陳國武平縣人。祖父虞經，擔任過郡縣的獄吏，執法公平允當，盡力存有寬仁之心，每年到冬季呈上犯人情狀，總是流著淚去辦理。曾經說過這樣的話：「東海郡于公將鄉里之門修高，而他的兒子于定國最終官至丞相。我審理案件六十年了，即使比不上于公，大概也差不多吧！子孫為什麼就不能當九卿呢？」所以將虞詡的字命名為升卿。

2　虞詡十二歲時，就能通曉《尚書》。年幼時父親去世，孝敬奉養祖母。縣里推薦他為孝順的孫輩，陳國國相認為他是奇才，想讓他擔任吏員。虞詡推辭說：「祖母已九十歲，除了我就沒有人能侍候她。」國相才打消了這個念頭。後來祖母死了，服喪期滿後，虞詡被徵召到太尉李脩的府中，任為郎中。

3　永初四年，羌人反叛，侵擾禍害并、涼二州，大將軍鄧騭認為軍費勞役耗費太大，無法供給，想放棄涼州，集中力量防衛北部邊境，朝廷於是會合公卿一起商議。鄧騭說：「就像衣服破了，毀壞一件來補綴另一件，還可以得到一件完整的衣服。如果不這樣做，那麼兩件都將無法保全。」計議的人都同意這種看法。虞詡聽說後，就勸李脩說：「我私下聽說公卿大會定下策略，準備放棄涼州，依照我的看法，不見得恰當。先帝開拓領土，辛勤勞苦然後天下才定下來。但如今卻害怕少量的耗費，一下就放棄涼州之地。涼州放棄後，三輔地區就成為邊塞；三輔地區成為邊塞，那麼皇家陵園就暴露在外面了。這是非常不應該的。民間諺語說：『關西地區出將才，關東地區出相才。』我看關西民眾練兵的雄壯勇猛，確實超過其他州郡。如今羌人之所以不敢深入占據三輔地區，成為心腹之害，是因為涼州在後面的緣故。當地士人之所以手持銳利的兵器，沒有背叛之心，是因為他們臣屬於漢朝。如果放棄這片地域，遷走當地的百姓，那麼百姓安土重遷，眷戀故土，一定會生出反心。如果讓這些心懷不滿的關西豪傑聚集起來，像捲席一樣往東打去，即使讓孟賁、夏育那樣的勇士擔任士卒，讓太公望那樣的名將擔任將軍，恐怕還是不能抵擋。談論的人以補衣之後還有完整的衣服作比喻，我擔心那補完的衣服也會慢慢壞爛而沒有極限。放棄涼州不是一條好計策。」李脩說：「我沒有想到這些問題。不是先生提醒我，幾乎敗壞了國家大事。既然如此，應該用何計策呢？」虞詡說：「如今涼州騷動，人們情緒不安定，我擔心會在突然之間發生異乎尋常的變化。確實應該命四府九卿大臣，各自任用涼州數人，那些刺史、太守、縣令、縣長的子弟都讓他們擔任閒散官職，對外可以勸勉激勵，酬賞他們的功勳和勤苦，對內可用來約束和控制他們，防止他們有不軌之謀。」李脩很讚賞虞詡的話，再次召集四府大臣計議，都聽從虞詡的建議。於是任命涼州的豪傑擔任掾吏，任命刺史、郡守、縣令、縣長的子弟擔任郎官，來安撫他們。

4　鄧騭兄弟因為虞詡否定他們的主張，因此不滿，想用吏法來中傷虞詡。後來朝歌縣盜賊甯季等數千人殺害了縣中主要官吏，集聚了數年，州郡長官不能征服他們，於是就命虞詡擔任朝歌縣長。親朋故舊都同情地對虞詡說：「到朝歌任職多倒楣啊！」虞詡笑著說：「有志氣就不求容易的事，做事情就不能逃避艱難困苦，這是為臣的職責本分。不遇盤根錯節的東西，怎麼區別出鋒利的武器呢？」虞詡一到任，就拜謁河內太守馬棱。馬棱勸勉他說：「君為一介儒生，應當在朝廷出謀劃策，為什麼反而來到朝歌呢？」虞詡說：「剛任命的時候，士大夫都來安慰勸勉。但在我看來，知道賊人並不能有什麼作為。朝歌，地處古代韓國、魏國的交界處，背靠太行山，面臨黃河，離敖倉百里，而青、冀兩州的百姓中，流亡的飢民數以萬計。賊人不知道打開敖倉招集眾人，劫奪庫中兵器，守住要地城皐，切斷天下的右臂，這就不值得憂慮了。現在賊眾剛剛興盛，很難與他們正面交鋒。用兵要通達權變，希望能給我調兵遣將之權，不要束縛我的手腳就行了。」等到任後，虞詡下令設三個等級來招募壯士，自掾史以下吏員各自舉薦他們所知道的人，有攻殺搶劫行為的人為上等，傷害過人和有偷盜行為的人為中等，在服喪期間不置產業的為下等。招募到一百多人，虞詡設宴款待他們，都寬免他們的罪行，派他們混入賊眾之中，誘使賊人出來搶劫掠奪，再埋伏軍隊等待，於是殺賊數百人。虞詡又暗地裡派遣能縫製衣服的窮人，讓賊人雇傭做衣服，把彩色紗線縫製在衣服的大襟上作為標記，賊人有出現在城鎮鄉村的，官吏立刻就擒獲他們。賊人因此害怕散去，都稱虞詡為神明。虞詡遷任懷縣縣令。

5　後來羌人侵犯武都郡，鄧太后認為虞詡有將帥的才略，就升遷虞詡擔任武都太守，在嘉德殿予以召見，給予優厚的賞賜。羌人於是率領數千人，在陳倉、崤谷一帶攔截虞詡，虞詡立即叫軍隊停下來不前進，而向外宣傳說上書請求增兵，要等到增兵趕到時才出發。羌人聽到這個消息，就分頭向旁邊幾個縣擄掠，虞詡趁羌人兵力分散之機，日夜在道上前進，兼行百餘里。又命令將士每人造兩個灶，每天灶數增加一倍，羌人因而不敢逼近。有人問道：「孫臏用減灶之法而您卻增灶。依照兵法軍隊每天行走不超過三十里，以防備出現意料不到的情況，而現在您每天行走將近二百里。為什麼呢？」虞詡說：「羌兵人數眾多，我軍數量少。走得慢就容易被他們趕上，快速前進是他們預料不到的。羌兵見我們灶數日日增加，一定認為郡兵已來迎接。人數眾多而進兵迅速，就一定害怕追趕我們。孫臏是故意示人以弱，我們現在是示人以強，這是各自所處的形勢不同的緣故。」

6　虞詡到達武都郡後，兵員不滿三千人，而羌兵一萬餘人，敵人圍攻赤亭數十天。虞詡於是下令軍中，讓彊弩不要發射，而悄悄發射小弩。羌人認為漢軍箭力弱，射不到他們，就合兵加緊進攻。虞詡於是讓二十把彊弩同射一個敵人，每次發射沒有射不中的，羌人大驚，退兵。虞詡趁機出城奮勇追擊，殺傷許多敵人。第二天虞詡把他的軍隊都擺出來，命從東城門出去，又從北城門進來，不斷變換衣服，這樣進出回轉數次。羌人不知道有多少軍隊，更加驚恐震動。虞詡料到羌人該退兵了，就暗中派遣五百餘人在淺水設下埋伏，等候在他們逃跑的路上。羌人果然大肆奔逃，伏軍趁機掩襲攻擊，大敗羌人，斬首俘獲很多。羌賊從此衰敗逃散，往南逃入益州。虞詡於是選擇有利地勢，築成軍營壁壘一百八十所，又招回流亡的居民，賑借救濟窮人，武都郡於是安寧下來。

7　此前武都郡運輸道路艱難，車、船不通，驢馬負載運輸，運費五石才能運去一石。虞詡於是親自率領官吏士兵，考察山川河谷，從沮縣到下辯縣，數十里中，都鑿石砍樹，開通行船的運道，用僱運費雇傭運輸的人，於是水運之路通達便利，每年可省去運費四千餘萬。虞詡剛到武都郡時，戶數才剛滿一萬。等到他安撫招集剩下的百姓，招回流散在外的郡民，二三年間，就增加到四萬餘戶。鹽米充裕，價格便宜，比以前低十倍。虞詡後因犯法免官。

8　永建元年，虞詡代替陳禪擔任司隸校尉。數月之間，參奏太傅馮石、太尉劉熹、中常侍程璜、陳秉、孟生、李閏等人，百官畏懼，稱虞詡為苛刻之臣。三公一起彈劾奏稱虞詡在盛夏時拘捕很多無辜之人，已成為官吏百姓的禍患。虞詡上書自我申訴說：「法律禁令是約束世俗的堤防，刑罰是控制人的工具。如今州裡該辦的事情推給郡裡，郡裡該辦的推給縣裡，互相推委貽誤，百姓貧窮怨憤，以苟且縱容為賢能，以盡節為愚笨。臣所揭發舉報，犯貪汙罪的不止一人，二府擔心被臣所參奏，於是誣陷加罪於臣。臣將要像史魚那樣去死，即用死來諍諫。」順帝看了虞詡的奏疏，於是免去司空陶敦的官職。

9 當時中常侍張防受到特別重用掌握權勢，每次受人請託收取賄賂，虞詡就加以追查，但結果總是被擱置起來，不上報皇帝。虞詡不勝憤怒，就將自己綁送廷尉，並上書奏道：「從前孝安皇帝任用樊豐，於是造成繼承大統的混亂，幾乎使國家滅亡。如今張防又在耍弄威勢和權柄，國家的禍亂將要重新來臨了。臣不能忍受與張防同朝，就自綁投獄來讓陛下知曉，不要讓臣步楊震的後塵。」奏書報上去後，張防流著淚向順帝哭訴，虞詡論罪到左校服勞役。張防一定要害死虞詡，兩天之中，傳訊拷問了四次。獄吏勸虞詡自殺，虞詡說：「寧願在刑場上被砍頭讓遠近的人來看。」宦官孫程、張賢等人知道虞詡因為忠誠獲罪，就相繼上書請求覲見。孫程說：「陛下開始與臣等謀圖即位之事時，常常痛恨奸臣，知道是他們危害國家。如今即位後自己卻又這樣做，那跟先帝又有何不同呢？司隸校尉虞詡為陛下竭盡忠誠，卻反而被拘捕囚禁；中常侍張防受賄罪明明白白，卻反而誣陷忠良。如今客星移守到羽林星座上，占卜認為這種異象表示宮中有奸臣。應該趕緊收捕張防送入大獄，用來堵塞天上的災變。再下詔釋放虞詡，歸還給他印綬。」當時張防就站在皇帝身後，孫程就怒叱張防說：「奸臣張防，為什麼還不下殿！」張防不得已，急忙退走到東廂房。孫程又說：「陛下趕緊收捕張防，不要讓他到皇上乳母那裡去求情。」皇帝就向尚書徵求意見，尚書賈朗素來與張防關係密切，證明虞詡有罪。皇帝對此有懷疑，對孫程說：「暫且出去，我再想一想。」這時虞詡的兒子虞顗與門生百餘人，舉著幡等候中常侍高梵的車，磕頭到流血，訴說虞詡冤枉的情狀。高梵就進宮告訴順帝，張防因此獲罪流放邊地，尚書賈朗等六人有的處死，有的罷黜，當天就將虞詡釋放出來。孫程又上書，陳述虞詡有大功，語言很懇切激動。皇帝受到感動而醒悟，就任命虞詡為議郎。幾天後升遷為尚書僕射。

10 當時長吏、太守都聽任百姓中判流放刑罰的人用錢來贖罪，號稱「義錢」，假託收這些錢是為窮人儲備，但太守、縣令卻因此聚斂錢財。虞詡上疏說：「元年以來，貧窮百姓公開說長吏中有受取錢財百萬以上的人，傳言紛紛，不絕於耳，罰取吏民錢財至數千萬，但三公、刺史對此很少有所舉報上奏。臣考察永平、章和年間，州郡官吏以走卒錢向窮人放貸，司空彈劾追查，州以及郡縣官吏都因此犯法而被免官廢黜。現在應該遵照以前的法典，廢除這種權宜性制度。」於是詔書令將虞詡奏章給朝臣看，嚴厲譴責州郡官員。輸錢替代流放刑罰的作法從此停止。

11　此前寧陽縣的主簿赴朝廷，上書訴說其縣縣令貪贓枉法，拖延了六七年都沒有回音。主簿就上書說：「臣是陛下的子民，陛下是臣的君父。臣上章百次，始終不見回答，臣難道只能往北面向單于申訴冤屈嗎？」皇帝閱後大怒，把表章拿給尚書看，尚書於是彈劾這個主簿犯了大逆不道之罪。虞詡為主簿辯解說：「主簿申訴的，是君父之怨；上章百次而不能送到皇帝手中，這是主管官員的過錯。對主簿這樣愚蠢的人，不值得過多地懲罰。」皇帝聽從了虞詡的意見，只是鞭笞了主簿而已。虞詡趁機對各尚書說：「小民有怨恨，不遠千里，忍受筋骨之苦，來到朝廷申訴，但你們不為他受理，這怎麼符合臣下的道義？你們與那汙濁的縣令有什麼親戚關係，而與這個心懷怨怒的人有什麼仇呢？」聽到這話的尚書都感到慚愧。虞詡又上書說：「尚書是顯要的職位，仕途通行的階梯。現在有的一郡舉用七八個，有的一州沒有一人。應該讓各州郡均等，以滿足天下人的願望。」虞詡的其他奏議，也大多被皇上採用。

12　虞詡喜歡揭發人的過惡，毫無妥協和迴避，多次因此而得罪權貴，於是九次被譴責拷問，三次遭到刑罰，但他剛強正直的性格，一直到老都沒有改變。永和初年，升任尚書令，後因為公事離職。朝廷考慮到他的忠誠，再度徵召他，正在此時他去世了。臨終時，他對兒子虞恭說：「我做官清廉正直，行事問心無愧，所後悔的事情是在擔任朝歌縣長時殺掉數百個賊人，其中哪裡會沒有冤枉的？從那時起至今二十餘年，家裡沒有增加一口人，這是得罪了上天啊。」

13　虞恭有傑出才能，官至上黨郡太守。

1 傅燮，字南容，北地[1]靈州[2]人也。本字幼起，慕南容[3]三復白珪，乃易字焉。身長八尺，有威容。少師事太尉劉寬。再舉孝廉[4]。聞所舉郡將喪，乃棄官行服。後為護軍司馬[5]，與左中郎將[6]皇甫嵩[7]俱討賊張角[8]。

2 燮素疾中官[9]，既行，因上疏曰：「臣聞天下之禍，不由於外，皆興於內。是故虞舜[10]升朝，先除四凶[11]，然後用十六相[12]。明惡人不去，則善人無由進也。今張角起於趙[13]、魏，黃巾[14]亂於六州[15]，此皆釁發蕭牆，而禍延四海者也。臣受戎任，奉辭伐罪，始到潁川[16]，戰無不剋。黃巾雖盛，不足為廟堂憂也。臣之所懼，在於治水不自其源，末流彌增其廣耳。陛下仁德寬容，多所不忍，故閹豎弄權，忠臣不進。誠使張角梟夷，黃巾變服，臣之所憂，甫益深耳。何者？夫邪正之人不宜共國，亦猶冰炭不可同器。彼知正人之功顯，而危亡之兆見，皆將巧辭飾說，共長虛偽。夫孝子疑於屢至[17]，市虎成於三夫[18]。若不詳察真偽，忠臣將復有杜郵之戮[19]矣。陛下宜思虞舜四罪之舉，速行讒佞放殛之誅，則善人思進，姦凶自息。臣聞忠臣之事君，猶孝子之事父也。子之事父，焉得不盡其情？使臣身備鈇鉞之戮，陛下少用其言，國之福也。」書奏，宦者趙忠見而忿惡。及破張角，燮功多當封，忠訴譖之，靈帝[20]猶識燮言，得不加罪，竟亦不封，以為安定[21]

都尉[22]。以疾免。

3 後拜議郎。會西羌反，邊章[23]、韓遂[24]作亂隴右[25]，徵發天下，役賦無已。司徒[26]崔烈[27]以為宜棄涼州。詔會公卿百官，烈堅執先議。燮厲言曰：「斬司徒，天下乃安。」尚書郎楊贊奏燮廷辱大臣。帝以問燮。燮對曰：「昔冒頓[28]至逆也，樊噲[29]為上將，願得十萬眾橫行匈奴[30]中，憤激思奮，未失人臣之節，顧計當從與不耳，季布[31]猶曰『噲可斬也』。今涼州天下要衝，國家藩衛。高祖初興，使酈商[32]別定隴右；世宗[33]拓境，列置四郡[34]，議者以為斷匈奴右臂。今牧御失和，使一州叛逆，海內為之騷動，陛下臥不安寢。烈為宰相[35]，不念為國思所以弭之之策，乃欲割棄一方萬里之土，臣竊惑之。若使左衽[36]之虜得居此地，士勁甲堅，因以為亂，此天下之至慮，社稷之深憂也。若烈不知之，是極蔽也；知而故言，是不忠也。」帝從燮議。由是朝廷重其方格，每公卿有缺，為眾議所歸。

4 頃之，趙忠[37]為車騎將軍[38]，詔忠論討黃巾之功，執金吾[39]甄舉等謂忠曰：「傅南容前在東軍，有功不侯，故天下失望。今將軍親當重任，宜進賢理屈，以副眾心。」忠納其言，遣弟城門校尉[40]延致殷勤。延謂燮曰：「南容少荅我常侍，萬戶侯[41]不足得也。」燮正色拒之曰：「遇與不遇，命也；有功不論，時也。傅燮豈求私賞哉？」忠愈懷恨，然憚其名，不敢害。權貴亦多疾之，是以不得留，出為漢陽㊷太守。

5 初，郡將范津明知人，舉燮孝廉。及津為漢陽，與燮交代，合符而去，鄉邦榮之。津字文淵，南陽㊸人。燮善卹人，叛羌懷其恩化，並來降附，乃廣開屯田，列置四十餘營。

6 時刺史耿鄙委任治中㊹程球，球為通姦利，士人怨之。中平㊺四年，鄙率六郡兵討金城㊻賊王國、韓遂等。燮知鄙失眾，必敗，諫曰：「使君統政日淺，人未知教。孔子曰：『不教人戰，是謂棄之。』今率不習之人，越大隴㊼之阻，將十舉十危，而賊聞大軍將至，必萬人一心。邊兵多勇，其鋒難當，而新合之眾，上下未和，萬一內變，雖悔無及。不若息軍養德，明賞必罰。賊得寬挺，必謂我怯，群惡爭埶，其離可必。然後率已教之人，討已離之賊，其功可坐而待也。今不為萬全之福，而就必危之禍，竊為使君不取。」鄙不從。行至狄道㊽，果有反者，先殺程球，次害鄙，賊遂進圍漢陽。城中兵少糧盡，燮猶固守。

7 時北地胡騎數千隨賊攻郡，皆夙懷燮恩，共於城外叩頭，求送燮歸鄉里。子幹年十三，從在官舍。知燮性剛，有高義，恐不能屈志以免，進諫曰：「國家昏亂，遂令大人不容於朝。今天下已叛，而兵不足自守，鄉里羌胡先被恩德，欲令棄郡而歸，願必許之。徐至鄉里，率厲義徒，見有道而輔之，以濟天下。」言未終，燮慨然而歎，呼幹小字曰：「別成，汝知吾必死邪？蓋『聖達節，次守節[49]』。且殷紂[50]之暴，伯夷[51]不食周[52]粟而死，仲尼稱其賢。今朝廷不甚殷紂，吾德亦豈絕伯夷？世亂不能養浩然之志，食祿又欲避其難乎？吾行何之，必死於此。汝有才智，勉之勉之。主簿楊會，吾之程嬰[53]也。」幹哽咽不能復言，左右皆泣下。王國使故酒泉[54]太守黃衍說燮曰：「成敗之事，已可知矣。先起，上有霸王之業，下成伊[55]呂之勳。天下非復漢有，府君寧有意為吾屬師乎？」燮案劍叱衍曰：「若剖符[56]之臣，反為賊說邪！」遂麾左右進兵，臨陣戰歿。謚曰壯節侯。

8

幹知名，位至扶風[57]太守。

【章　旨】以上為〈傅燮傳〉。傅燮敢於直言，對司空崔烈放棄涼州的建議進行嚴厲批評，嚴拒內臣趙忠的拉攏，得罪權貴，出為漢陽郡太守。面對叛亂，在寡不敵眾情況下固守漢陽，在陣前戰死。

【注　釋】❶北地　郡名。戰國時秦國置。東漢治今寧夏吳忠西南。❷靈州　西漢置。治今寧夏靈武北。屬北地郡。❸南容　即南宮括，春秋魯國人。《孔子家語》作南宮縚。為人敬慎。孔子嘉其「邦有道，不廢；邦無道，免於刑戮」。曾以兄女妻之。❹孝廉　漢代選拔官吏的科目。孝指孝子，廉指廉潔之士。原為二科，漢武帝採納董仲舒建議，於元光元年（西元前一三四年）初令郡國舉孝、廉各一人。其後多混同連稱，而為一科，所舉也不限於孝者和廉吏。察舉孝廉為歲舉，郡國每年向中央推舉一至二人。被舉者大都先除授郎中。❺護軍司馬　領兵武職。輔佐校尉領營兵，校尉缺則代行其事。❻左中郎將　官名。西漢置，隸光祿勳。居宮禁中，與五官、右中郎將分領中郎，更直宿衛，協助光祿勳考核管理郎官、謁者、從官。秩比二千石。多由外戚及親近之臣充任。東漢領左屬中郎、侍郎、郎中，執掌訓練、管理、考核後備官員，出居外朝。❼皇甫嵩　（？—西元一九五年），字義真，東漢安定朝那（今甘肅平涼）人。靈帝時，任北地太守。黃巾起事，他任左中郎將，與朱儁率軍鎮壓。先後擊敗波才、卜己、張梁、張寶等各路義軍，屠殺各路將士達數十萬人。不久任冀州牧，封槐里侯。後任征西將軍，遷車騎將軍，為太尉，病卒。❽張角　（？—西元一八四年），鉅鹿（今河北平鄉）人。東漢末黃巾起事首領。創太平道，自稱「大賢良師」。靈帝時，藉治病傳教，祕密進行組織工作。十餘年間，徒眾達數十萬人，遍及青、徐、幽、冀、荊、揚、兗、豫八州。中平元年起義，稱「天公將軍」。以頭纏黃巾為標誌，稱「黃巾軍」。與弟梁會集幽、冀兩州黃巾軍，在廣宗（今河北威縣東）擊退北中郎將盧植的進攻。此後又打敗東中郎將董卓。不久病死。❾中官　即宦官。以給事於禁中，故名。❿虞舜　姚姓，一作媯姓，號有虞氏，名重華，史稱虞舜。傳說中父系氏族社會後期部落聯盟領袖。相傳因四岳推舉，堯命他攝政。他巡行四方，除去共工、驩兜、三苗、鯀等四人。堯去世後繼位，又諮詢四岳，挑選賢人，治理民事，並選拔治水有功的禹為繼承人。⓫四凶　相傳為上古四個兇惡之人，即帝鴻氏的苗裔渾敦、少昊氏的苗裔窮奇、顓頊氏的苗裔檮杌、縉雲氏的苗裔饕餮。他們在堯時作惡，不服教命，被舜流放到邊遠地方。⓬十六相　《左傳》記載，高陽氏有才子八人：蒼舒、隤敳、檮戭、大臨、尨降、庭堅、仲容、叔達，稱作「八愷」；高辛氏有才子八人：伯奮、仲堪、叔獻、季仲、伯虎、仲熊、叔豹、季狸，稱作「八元」。⓭趙　指趙國故地。趙，國名。戰國七雄之一。開國君主趙烈侯（名籍）是晉國大夫趙衰後代，和魏、韓瓜分晉國。西元前四〇三年被周威烈王承認為諸侯。建都晉陽（今山西太原東南）。西元前三八六年遷都邯鄲（今屬河北）。疆域有今山西中部、陝西東北角、河北西南部。趙武靈王攻滅中山國，打敗林胡、樓煩，占有今河北西部、山西北部和河套地區。西元前二二二年為秦所滅。⓮黃巾　指黃巾起事軍。西元一八四年，太平道首領張角經過十餘年的祕密組織宣傳以後，發動起事。起事軍以黃巾裹頭，因被稱為「黃巾軍」。他們焚燒官府，捕殺官吏，攻打豪強地主塢壁，聲勢浩大。由於起事軍缺乏作戰經驗，最後被平定。黃巾起事動搖了東漢王朝的統治，東漢王朝很快就陷入分崩離析的局面。⓯六州　指黃巾軍活動的地區青、幽、冀、徐、兗、豫等州。⓰潁川　郡名。秦置。治今河南禹州。東漢以後轄境、治所屢有變化。⓱夫孝子疑於屢至　說的人多了，就像曾參這樣的孝子也會遭母親懷疑。孝子，指曾參。據《史記》記載，曾參居住在費，魯國有個與曾參同姓名的人殺了人，有人告訴曾參的母親說：「曾參殺人了。」曾參母親聽後仍若無其事地織布。第二個人告訴她，還是神色自若。第三個人又來說，曾參母親扔下織梭走下織布機，跳牆而走。後人以「曾參殺人」比喻流言可畏。⑱市虎成於三夫　市上本來無虎，有三個人謊報，人們就會相信有虎。《戰國策．魏策二》：「夫市之無虎明矣，然而三人言而成虎。」意謂說的人一多，就能使人認假為真。⑲杜郵之戮　戰國時秦將白起與秦相范睢不合，睢在秦昭王面前詆毀白起，白起因此被貶為士卒，遷至陰密。白起出咸陽西門十里，至杜郵，秦王賜劍令其自裁。杜郵，戰國秦郵亭。又名杜郵亭。在今陝西咸陽東二十里。⑳靈帝　即劉宏（西元一五六—一八九年），東漢章帝玄孫。初襲父爵為解瀆亭侯。永康元年桓帝死，被竇太后及其父竇武迎立為帝，時年十二。在位期間，竇武與陳蕃謀誅宦官事敗，宦官繼續掌政。黨禁再起，捕殺李膺、杜密等百餘人。曾公開標價賣官鬻爵，並增天下田畝稅百錢，大修宮室。政治黑暗，民不聊生。中平元年爆發全國規模的黃巾暴動，東漢王朝趨於崩潰。㉑安定　縣名。西漢置。治今甘肅涇川縣北。屬安定郡。㉒都尉　官名。高級武官，地位稍低於校尉，或冠以驍騎、車騎、軍門、彊弩、復土等名號，皆有事時臨時設置，事訖即罷。㉓邊章　東漢金城（今甘肅蘭州）人，曾為督軍從事。靈帝時湟中義從胡北宮伯玉率先零羌起事，以邊章、韓遂為軍帥，攻殺護羌校尉伶徵、金城太守陳懿。眾十餘萬。不久病卒。㉔韓遂　（？—西元二一五年），字文約，東漢金城人。靈帝時，投北宮伯玉、李文侯起事軍。後殺害伯玉、文侯，擁兵十餘萬，與馬騰推漢陽人王國為主。旋又廢王國，與馬騰割據涼州。獻帝時，聯合馬超等率兵反對曹操，被擊敗，不久為部將所殺。㉕隴右　古地區名。泛指隴山以西地區。古代以西為右，故名。約相當今甘肅六盤山以西，黃河以東一帶。㉖司徒　官名。三公之一，西漢哀帝時罷丞相，置大司徒，東漢時稱司徒，名義上與司空、太尉共掌政務，實際上權力已在尚書臺。㉗崔烈　（？—西元一九二年），東漢涿郡安平（今屬河北）人。歷位郡守、九卿，被譽為冀州「名士」。靈帝於鴻都門公開鬻官，他乃入錢五百萬，得為司徒，遷太尉。時人鄙之，譏其銅臭，以此聲譽衰減。董卓部將李傕等攻陷長安時，為亂兵所殺。事見本書卷五十二。㉘冒頓　匈奴單于。約西元前二〇九—前一七四年在位。初為質於月氏。秦二世元年殺父自立。即位後，率三十餘萬眾東敗東胡，西逐月氏，南併樓煩、白羊河南王，復占秦時所失河南塞，平定樓蘭、烏孫等西域二十六國。數侵擾漢邊郡，漢高帝七年漢高祖劉邦曾被其困於平城白登山（今山西大同東北）。此後漢與結和親之約，遣公主為閼氏，歲贈幣帛，開放關市，終文帝、景帝之世不變。㉙樊噲　沛縣（今屬江蘇）人。漢初將領，少以屠狗為業。初隨劉邦起義，為其部將，以軍功封賢成君。滅秦後，項羽謀士范增擬在鴻門宴上謀殺劉邦，他直入營門，斥責項羽，劉邦始得脫走。漢初，隨劉邦擊破臧荼、陳豨和韓王信的叛亂，任左丞相，封舞陽侯。其妻呂須為呂后妹，因得呂后的信任。㉚匈奴　我國古代北方少數民族，亦稱胡。戰國時活動於燕、趙、秦以北地區。秦漢之際，冒頓單于統一各部，勢盛，統轄大漠南北廣大地區。漢初，不斷南下攻擾，漢朝基本上採取防禦政策。武帝對其轉取攻勢，多次進軍漠北，使其受到很大打擊，勢漸衰。宣帝甘露二年（西元前五二年）呼韓邪單于附漢，翌年來朝。其後六七十年間，漢與匈奴之間經濟文化交流頻繁。東漢光武帝建武二十四年（西元四八年）分裂為二部，南下附漢的稱為南匈奴，留居漠北的稱為北匈奴。南匈奴屯居朔方、五原、雲中（今內蒙古自治區境內）等郡，東漢末分為五部。北匈奴在漢和帝時被東漢和南匈奴所擊敗，部分西遷。㉛季布　漢初楚人。楚漢戰爭中為項羽部將，數圍困劉邦。漢朝建立，被劉邦追捕，由朱家通過夏侯嬰向劉邦進言，得赦免。後任河東守。他本為楚地著名「遊俠」，當時稱為：「得黃金百斤，不如得季布一諾。」㉜酈商　秦末陳留高陽鄉（今河南杞縣）人。陳勝、吳廣起事後，聚少年數千人響應，旋屬沛公劉邦，從入關滅秦。賜爵信成君，以將軍為隴西都尉。楚漢戰爭中從擊項羽，受梁相國印。劉邦稱帝後，從擊臧荼及陳豨、英布，助劉邦誅除異姓王侯，遷右丞相，定封曲周侯。惠帝、呂后時，因老病，不能治事。㉝世宗　即漢武帝劉徹（西元前一五六—前八七年），西漢景帝之子。統治期間接受董仲舒建議，「獨尊儒術」，作為鞏固政權的工具。頒行「推恩令」，使諸侯王多分封子弟為侯，以削弱割據勢力。設置「十三刺史部」，以加強對地方的控制。徵收商人資產稅，打擊富商大賈，又採納桑弘羊建議，把冶鐵、煮鹽、鑄錢收歸官營。曾派張騫兩次至西域，加強對西域的聯繫。派唐蒙至夜郎，在西南先後建立七個郡。用衛青、霍去病為將，進擊匈奴貴族，解除匈奴威脅。由於舉行封禪，祀神求仙，揮霍無度，加以徭役繁重，致使農民大量破產流亡。晚期爆發農民起事。㉞四郡　漢武帝分武威、酒泉，置張掖、敦煌二郡，合稱四郡。㉟宰相　我國古代以對君主負責總攬政務的人為宰相。宰是主持，相是輔佐之意。但歷代所用官名與職權廣狹程度，各有不同。秦和西漢以相國或丞相為宰相，而御史大夫為丞相之副。東漢則司徒等於丞相，與司徒、太尉共掌政務。然按之實際，則實權悉歸尚書，尚書令主贊奏事，總領紀綱，無所不統。㊱左衽　我國古代某些少數民族的服裝，前襟向左開，異於中原一帶人民的右衽。中原地區的人因以左衽為受異族統治的代詞。衽，衣襟。㊲趙忠　（？—西元一八九年），東漢冀州安平（今屬河北）人。桓帝時為小黃門，因參與誅外戚梁冀封都鄉侯。延熹八年貶為關內侯。靈帝時任中常侍、大長秋。與中常侍張讓、曹節等並稱「十常侍」。父兄子弟遍布州郡，殘害百姓。又勸靈帝聚斂財貨，增天下田畝稅十錢以修宮室，公開設價鬻賣官職。後遷車騎將軍，旋罷。靈帝死，與張讓、段珪等殺謀除宦官的大將軍何進，旋即為袁紹捕殺。㊳車騎將軍　官名。西漢初設將車騎士，故名。後遂為高級武官稱號，位次大將軍，且文官輔政者亦加此銜。東漢權勢尤重，但地位仍低於大將軍、驃騎將軍，高於衛將軍。㊴執金吾　官名。西漢太初元年（西元前一〇四年）由中尉改置，秩中二千石。掌京師治安、督捕盜賊，負責宮廷意外、京城以內的警衛，戒備非常水火之事，管理中央武庫，皇帝出行則掌護衛及儀仗。東漢沿置。㊵城門校尉　官名。西漢武帝征和二年始置，秩二千石，掌京城長安諸城門警衛，領城門屯兵。王莽居攝時，更名為城門將軍。東漢復舊名，秩比二千石。㊶萬戶侯　爵名。即食邑萬戶的列侯。戰國秦、趙等國均置，食邑萬戶。漢初沿襲秦制，最高爵為列侯，其食邑「大侯不過萬家，小者五六百戶」。四五世後，戶口蕃息，大侯有至四五萬戶者。㊷漢陽　郡名。東漢改天水郡置。屬涼州。治今甘肅甘谷東南。㊸南陽　郡名。戰國時置。治今河南南陽。㊹治中　官名。治中從事（史）的省稱，漢代為州之佐吏，秩百石，主選署及文書案卷，有書佐。㊺中平　東漢靈帝劉宏年號，西元一八四—一八九年。㊻金城　郡名。西漢置。治今甘肅永靖北鹽鍋峽鎮。㊼大隴　此指隴山，為六盤山南段。古稱隴坂，為渭河平原與隴西高原的分界線。㊽狄道　縣名。秦在狄人所居地置，故名。治今甘肅臨洮。為隴西郡治。東漢沿置。㊾聖達節二句　聖賢的人發揚節操，差一些的人守住節操。語出《左傳》：「前志有之，聖達節，次守節，下失節。」㊿殷紂　商代最後的國君。亦稱帝辛。曾征服東夷，損耗大量人力物力。又殺死九侯、鄂侯、比干、梅伯等，囚禁周文王、箕子。沉迷酒色，重徵賦稅，統治暴虐。後周武王會合西南各族向商進攻，牧野（今河南淇縣南）之戰，他因「前徒倒戈」，兵敗自焚。商亡。(51)伯夷　商末孤竹君長子。墨胎氏。初孤竹君以次子叔齊為繼承人，孤竹君死後，叔齊讓位，他不受，後兩人聞周文王善養老而入周。武王伐紂，他與叔齊勸諫。商亡後，他們隱居首陽山，不食周粟而死。(52)周　朝代名。西元前十一世紀周武王滅商後建立，建都於鎬（今陝西長安）。西元前七七一年申侯聯合犬戎攻殺周幽王。次年周平王東遷到洛邑。歷史上稱平王東遷以前為西周，以後為東周。(53)程嬰　相傳為春秋晉國人，趙朔之友。晉景公時，屠岸賈為司寇，藉口趙氏有罪，乃攻殺趙朔等，並滅其族。趙朔妻有遺腹子，公孫杵臼以另一子替下趙妻遺腹子。屠岸賈殺公孫杵臼及替子，而程嬰則撫養趙氏孤兒趙武。十五年後，晉景公欲立趙氏後，他才交出趙武。晉景公復與田邑如初，屠岸賈也被殺，他自殺以報公孫杵臼。(54)酒泉　西漢元狩二年匈奴昆邪王降後置。因郡治城下有泉，泉味如酒得名。治祿福縣。轄境相當今甘肅河西走廊西部。(55)伊　即伊尹，名摯。商初大臣，相傳曾為有莘氏媵臣，入商輔佐成湯，伐桀滅夏，建立商朝。湯死後，其子太丁未立而卒，他先後輔立太丁弟外丙、仲壬。仲壬死後，復輔立太丁子太甲。太甲即位，不遵湯法，乃放之於桐，攝政。太甲居桐三年，悔過，遂迎歸，還以國政，復為相輔，至沃丁時卒。(56)剖符　古代帝王分封諸侯功臣，任命將帥郡守，把符節剖分為二，雙方各執其半，作為信守的約證，叫做「剖符」。(57)扶風　即右扶風。政區名。西漢太初元年改主爵都尉置，分右內史西半部為其轄區，職掌相當於郡太守。因地屬畿輔，故不稱郡，為三輔之一。治今陝西西安西北郊。東漢移治今興平東南，屬司隸校尉部。

【語 譯】傅燮，字南容，北地郡靈州人。本來字幼起，仰慕南宮縚一天三次磨掉白珪上的斑點，而改字為「南容」。身高八尺，有威嚴的容貌。少年時師從太尉劉寬。後來被舉薦為孝廉。聽到自己被舉薦任職的郡將淪陷，就棄官離去。後來他擔任護軍司馬，與左中郎將皇甫嵩一起討伐賊人張角。

2 傅燮素來痛恨宦官，出征後，趁機上疏說：「臣聽說天下的禍亂，不從外邊興起，都是從內部發生的。因此虞舜登位時，先除掉了四凶，以後才起用了十六相。他明白惡人不除掉，好人就沒有辦法進用。如今張角從趙、魏一帶起事，黃巾之亂覆蓋了六個州，這都是因為禍端起於蕭牆之內，而禍害蔓延於四海啊。臣接受軍務重任，奉命討伐罪孽，開始到潁川時，戰無不勝。黃巾軍雖然強盛，但不足以成為朝廷的憂慮。臣所畏懼的，在於治水不從源頭治起，導致下游水勢越來越大。陛下仁德寬容，很多事都不忍心做，所以宦官弄權，忠臣不能進用。即使張角被誅戮，黃巾軍被消滅，臣的憂慮，仍然會更深重。為什麼呢？因為邪惡的人和正直的人不應該一起治國，就像冰塊與炭火不能放在一個容器裡一樣。當這些邪惡的人知道正直人的功勞顯現，而他們危亡的徵兆也表現出來的時候，都會用巧妙的語言來裝扮自己，共同助長虛偽之風。誹謗的人多了，就像曾參這樣的孝子也會遭母親懷疑，市上本來無虎，有三個人謊報，人們就會相信真的有虎。如果不詳細考察事情的真偽，忠臣就會遭受像白起在杜郵那樣的殺戮。陛下應該想一想虞舜誅殺四凶那樣的舉動，趕快施行將讒佞之徒進行放逐誅殺的處罰，那麼好人就會一心想著進取，奸惡之人就自然會消失。臣聽說忠臣侍奉君主，就像孝子侍奉父親。兒子侍奉父親，怎麼能不盡心呢？即使臣遭受斧鉞之誅，只要陛下稍稍聽取我的話，這是國家的福氣啊。」奏疏呈上，宦官趙忠見了而感到忿恨和厭惡。等到擊敗張角，傅燮功勞多應當封賞，趙忠在皇帝面前詆毀他，但漢靈帝還記得傅燮說過的話，得以不加罪，最終也沒有得到封賞，只讓傅燮擔任安定都尉。後因病免職。

3 後來傅燮被任為議郎。正趕上西羌造反，邊章、韓遂在隴右發動叛亂，朝廷因而向天下徵收賦稅徵發徭役，勞役賦稅無窮無盡。司徒崔烈認為應該放棄涼州。朝廷下詔集會公卿百官共同商議，崔烈仍然堅持原來放棄涼州的看法。傅燮厲聲說：「斬掉司徒，天下才會安定。」尚書郎楊贊上奏傅燮當廷侮辱大臣。皇帝因而問傅燮。傅燮回答說：「從前匈奴冒頓單于極為叛逆，樊噲任上將，希望得到十萬人馬橫行在匈奴的土地上，情緒激昂奮發，沒有失去人臣的禮節，應當計議聽從與不聽從而已，季布還是說『樊噲應該處斬』。如今涼州是天下的要衝，防衛國家的藩籬。高祖剛興起時，派酈商獨領一軍去平定隴右；漢武帝開拓邊境，在這裡設置了四個郡，當時議論的人認為切斷了匈奴的右臂。如今治理不當，使一州反叛朝廷，天下被這件事擾動了，陛下也為此睡不安寢。崔烈身為宰相，不考慮為國家想出消除禍亂的計策，卻想割棄一方萬里之地，臣私下感到疑惑。假如讓那些異族叛亂者得以居住在這塊土地上，他們就會士兵強勁，兵甲堅利，就會憑此謀亂，這是天下人最擔心的，是國家社稷最大的憂患。如果崔烈不懂這道理，那就非常沒有見識；如果懂得這道理又要這樣說，那就是不忠。」皇帝聽從了傅燮的提議。從此朝廷就很看重他的正直，每當公卿有缺位，傅燮都是眾望所歸的人物。

4 不久，趙忠被任為車騎將軍，下詔命趙忠評議討伐黃巾的戰功，執金吾甄舉等人對趙忠說：「傅南容以前在東軍，有功沒有封侯，因而天下人失望。如今將軍親自擔任評議封賞的重任，應該進用賢人平理冤屈，來符合眾人之心。」趙忠接受了他的話，派遣弟弟城門校尉趙延來致意。趙延對傅燮說：「南容你只要稍微應答我們常侍，萬戶侯很容易得到。」傅燮面色嚴肅地拒絕說：「被重用和不被重用，這是命定的；有功而不被賞賜，這是生不逢時。我傅燮豈能夠追求私人之賞呢？」趙忠知道後更加懷恨，但畏懼傅燮的名聲，不敢加害。權貴也大多恨他，所以傅燮沒能留在朝中，出任漢陽郡太守。

5 當初，郡將范津有知人之明，舉薦傅燮為孝廉。後來范津擔任漢陽太守，與傅燮辦好交接事宜，對上信符就離任了，城鄉的人都以他為榮。范津字文淵，南陽郡人。傅燮善於安撫人，那些叛逆的羌人，感念傅燮的恩德和教化，都來投靠歸附，於是就廣為開荒屯田，設置四十餘處屯營。

6 當時刺史耿鄙委任程球擔任司隸功曹從事，程球營私舞弊牟取好處，官吏百姓都怨恨他。中平四年，耿鄙率領六郡軍隊去討伐金城叛賊王國、韓遂等。傅燮知道耿鄙已失人心，必定會失敗，就諫阻說：「刺史執政的時間不長，人們沒有受到訓練。孔子說：『不訓練就讓人去作戰，這就等於是拋棄他們。』如今率領沒有訓練過的人，越過隴山險阻，這將十分危險，而賊人聽說大軍將要來了，必然萬人一條心。邊兵大多勇敢，其鋒芒很難抵擋，而您率領的新近聚合的兵眾，上下不熟悉，萬一內部發生騷亂，即使後悔也來不及。不如暫停討伐，修養仁德，明確賞罰。賊人得到寬解，一定會認為我軍怯弱，群賊就會爭權，他們的分裂就一定出現。然後率領已經教習過的軍隊，討伐已經離心離德的賊兵，那戰功就可以輕易得到。現在您不要萬全的福氣，而追求必然危亡的災禍，我私下認為您這樣做不可取。」耿鄙沒有聽從。行軍到狄道時，果然有人造反，先殺掉程球，再殺耿鄙，賊人於是進圍漢陽城。城中軍隊少，糧食耗盡，傅燮仍然固守。

7 當時，北地胡人騎兵數千人隨同叛賊攻打漢陽郡，這些胡人都是早年受過傅燮的恩德，於是一起在城外磕頭，請求送傅燮回歸鄉里。傅燮的兒子傅幹年僅十三歲，跟隨父親在官舍。傅幹知道傅燮性格剛烈，有崇高的正義感，擔心他不能甘心脫逃，就進諫說：「國家昏暗混亂，而使您在朝中不被相容。如今天下已經叛亂，而自己的兵員不足以守城，北地胡人先前蒙受過您的恩德，所以想讓您放棄漢陽郡歸鄉，希望您一定要答應他們。回到家鄉後，率領有道義的門徒，見到有道之人而輔佐他，來匡濟天下。」話未說完，傅燮就發出概歎，叫著傅幹的小名說：「別成，你知道我一定要死嗎？大凡『聖賢的人發揚節操，差一些的人守住節操』。況且是殷紂王那樣暴虐，伯夷也忠於他不食周粟而死去，孔子稱讚他是賢人。如今朝廷並不比殷紂王更昏亂，我難道沒有伯夷那樣的品德嗎？世道混亂不能修養自己的浩然之氣，享受國家俸祿又想逃避國家的災難嗎？我能夠走到哪裡去，一定要死在這裡。你有才智，要努力啊。主簿楊會，就是為我救兒子的程嬰。」傅幹哽咽著不能再說話，左右的人都因而落淚。王國派原酒泉太守黃衍勸傅燮說：「天下成敗大事，已可以知道了。先起事的，上面的人可以建立霸王之業，下面的人可以成就伊尹、呂尚的功勳。天下不再為漢室所有，太守您是不是有意擔任我們的首領呢？」傅燮按劍而起，叱責黃衍道：「你是朝廷任命的地方官，反而為賊人當說客啊！」於是指揮屬下進兵，在陣前戰死。諡號壯節侯。

8 傅幹也著名當世，官至扶風郡太守。

1

蓋勳，字元固，敦煌❶廣至❷人也。家世二千石。初舉孝廉，為漢陽長史❸。時武威❹太守倚恃權埶，恣行貪橫，從事❺武都蘇正和案致其罪。涼州刺史梁鵠❻畏懼貴戚，欲殺正和以免其負，乃訪之於勳。勳素與正和有仇，或勸勳可因此報隙。勳曰：「不可。謀事殺良，非忠也；乘人之危，非仁也。」乃諫鵠曰：「夫繼食鷹鳶欲其鷙，鷙而亨之，將何用哉❼？」鵠從其言。正和喜於得免，而詣勳求謝。勳不見，曰：「吾為梁使君謀，不為蘇正和也。」怨之如初。

2

中平元年，北地羌胡與邊章等寇亂隴右，刺史左昌因軍興斷盜數千萬。勳固諫，昌怒，乃使勳別屯阿陽❽以拒賊鋒，欲因軍事罪之，而勳數有戰功。邊章等遂攻金城，殺郡守陳懿，勳勸昌救之，不從。邊章等進圍昌於冀❾，昌懼而召勳。勳初與從事辛曾、孔常俱屯阿陽，及昌檄到，曾等疑不肯赴。勳怒曰：「昔莊賈後期，穰苴❿奮劍。今之從事，豈重於古之監軍⓫哉？」曾等懼而從之。勳即率兵救昌。到，乃誚讓章等，責以背叛之罪。皆曰：「左使君若早從君言，以兵臨我，庶可自改。今罪已重，不得降也。」乃解圍而去。昌坐斷盜徵，以扶風宋梟代之。梟患多寇叛，謂勳曰：「涼州寡於學術，故屢致反暴。今欲多寫孝經⓬，令家家習之，庶或使人知義。」勳諫曰：「昔太公封齊⓭，崔杼⓮殺君；伯禽⓯侯魯[16]，慶父[17]篡位。此二國豈乏學者？今不急靜難之術，遽為非常之事，既足結怨一州，又當取笑朝廷，勳不知其可也。」梟不從，遂奏行之。果被詔書詰責，坐以虛慢徵。時叛羌圍護羌校尉夏育於畜官[18]，勳與州郡合兵救育，至狐槃，為羌所破。勳收餘眾百餘人，為魚麗之陳[19]。羌精騎夾攻之急，士卒多死。勳被三創，堅不動，乃指木表曰：「必尸我於此。」句就種羌[20]滇吾素為勳所厚，乃以兵扞眾曰：「蓋長史賢人，汝曹殺之者為負天。」勳仰罵曰：「死反虜，汝何知？促來殺我！」眾相視而驚。滇吾下馬與勳，勳不肯上，遂為賊所執。羌戎服其義勇，不敢加害，送還漢陽。後刺史楊雍即表勳領漢陽太守。時人飢，相漁食，勳調穀稟之，先出家糧以率眾，存活者千餘人。

3 後去官，徵拜討虜校尉[21]。靈帝召見，問：「天下何苦而反亂如此？」勳曰：「倖臣子弟擾之。」時宦者上軍校尉[22]蹇碩[23]在坐，帝顧問碩，碩懼，不知所對，而以此恨勳。帝又謂勳曰：「吾已陳師於平樂觀[24]，多出中藏財物以餌士，何如？」勳曰：「臣聞『先王燿德不觀兵』。今寇在遠而設近陳，不足昭果毅，秖黷武耳。」帝曰：「善。恨見君晚，群臣初無是言也。」

4 勳時與宗正[25]劉虞[26]、佐軍校尉[27]袁紹[28]同典禁兵[29]。勳謂虞、紹曰：「吾仍見上，上甚聰明，但擁蔽於左右耳。若共併力誅嬖倖，然後徵拔英俊，以興漢室，功遂身退，豈不快乎！」虞、紹亦素有謀，因相連結，未及發，而司隸校尉張溫[30]舉勳為京兆尹[31]。帝方欲延接勳，而蹇碩等心憚之，並勸從溫奏，遂拜京兆尹。

時長安[32]令楊黨，父為中常侍，恃埶貪放，勳案得其臧千餘萬。貴戚咸為之請，勳不聽，具以事聞，并連黨父，有詔窮案，威震京師。時小黃門[33]京兆高望為尚藥監[34]，倖於皇太子，太子因蹇碩屬望子進為孝廉，勳不肯用。或曰：「皇太子副主，望其所愛，碩帝之寵臣，而子違之，所謂三怨成府者也。」勳曰：「選賢所以報國也。非賢不舉，死亦何悔！」勳雖在外，每軍國密事，帝常手詔問之。數加賞賜，甚見親信，在朝臣右。

及帝崩，董卓[35]廢少帝[36]，殺何太后[37]，勳與書曰：「昔伊尹、霍光[38]權以立功，猶可寒心，足下小醜，何以終此？賀者在門，弔者在廬，可不慎哉[39]！」卓得書，意甚憚之。徵為議郎。時左將軍[40]皇甫嵩精兵三萬屯扶風，勳密相要結，將以討卓。會嵩亦被徵，勳以眾弱不能獨立，遂並還京師。自公卿以下，莫不卑下於卓，唯勳長揖爭禮，見者皆為失色。卓問司徒王允[41]曰：「欲得快司隸校尉，誰可作者？」允曰：「唯有蓋京兆耳。」卓曰：「此人明智有餘，然不可假以雄職。」乃以為越騎校尉㊷。卓又不欲令久典禁兵，復出為潁川太守。未及至郡，徵還京師。時河南尹㊸朱儁㊹為卓陳軍事。卓折儁曰：「我百戰百勝，決之於心，卿勿妄說，且汙我刀。」勳曰：「昔武丁㊺之明，猶求箴諫㊻，況如卿者，而欲杜人之口乎？」卓曰：「戲之耳。」勳曰：「不聞怒言可以為戲！」卓乃謝儁。勳雖強直不屈，而內厭於卓，不得意，疽發背卒，時年五十一。遺令勿受卓賻贈。卓欲外示寬容，表賜東園祕器㊼賵襚㊽，送之如禮。葬于安陵。

7 子順，官至永陽㊾太守。

【章　旨】以上為〈蓋勳傳〉。蓋勳正直不阿，懲治貪官，薦人以才，深受靈帝賞識。其後又不懼董卓之威，敢於直言相抗，令董卓也心存忌憚。

【注　釋】❶敦煌　郡名。西漢武帝時分酒泉郡置。治今敦煌西南。東漢屬涼州。❷廣至　縣名。西漢置。治今甘肅安西西南。❸長史　官名。戰國時秦國始置，掌顧問參謀。秦漢沿置。西漢時丞相、太尉、御史大夫府及大將軍、車騎將軍等主要將軍幕府皆置，為所在府署諸掾屬之長，秩皆千石。掌府中諸務，並佐府主參與國政，其中丞相長史職權尤重。東漢三公府、諸主要將軍府皆沿置，秩千石。❹武威　郡名。西漢元狩二年（西元前一二一年）以匈奴休屠王地置；一說昭、宣帝時分張掖郡置。治今甘肅武威。屬涼州。❺從事　官名。西漢元帝時置，為各州屬官，秩百石。東漢沿置，稱從事史，由各州長官辟署。❻梁鵠　字孟皇，東漢安定烏氏（今寧夏固原）人。曾任涼州刺史。靈帝時為選部尚書。精書法，得師宜官法，以善八分著名。後附劉表，再歸曹操。操愛其書，以為勝於師宜官。宮殿題署，多出其手。❼夫紲食三句　縛著鷹是想讓牠抓鳥，抓住鳥後卻把鷹烹食了，以後用什麼捕鳥呢。紲，縛。亨，「烹」的本字。鷙，執，這裡指鷹捕捉鳥。❽阿陽　縣名。西漢置。治今甘肅靜寧西南。屬天水郡。東漢屬漢陽郡。❾冀　縣名。本冀戎地，春秋秦武公十年（西元前六八八年）置縣。治今甘肅甘谷東。秦屬隴西郡，西漢屬天水郡，東漢為漢陽郡治。⑩穰苴　即司馬穰苴。田氏，名穰苴，春秋時齊國人。齊景公時被薦為將軍，擊敗晉、燕，收復齊國失地，因功尊為大司馬。齊威王時整理古《司馬兵法》，附其著作於其中，稱為《司馬穰苴兵法》。⑪監軍　初為臨時差遣之職，置於軍中，監督出征將帥。漢代亦或置。時又有監軍使者，掌監出征將帥；有監軍御史，掌監京師北軍營壘等。⑫孝經　書名。儒家經典之一。多以為孔門後學所撰。今文本十八章。宣傳孝道，認為孝是天經地義之常理，處理封建倫理關係之準則，亦是治家治國之根本，視不孝為罪孽。並將孝道與天道相聯繫，賦之以天命外衣，故從漢代起即被推崇。⑬齊　即齊國。西元前十一世紀周分封的諸侯國。姜姓。在今山東北部，開國君主姜尚，建都營丘（今山東淄博）。春秋初期齊桓公任用管仲改革內政，國力強盛，成為霸主。西元前五六七年，齊靈公滅萊，領土擴展到山東東部。疆域東至海，西至黃河，南至泰山，北至無棣水（今河北鹽山縣南）。後田氏代齊，成為戰國七雄之一。西元前二二一年為秦所滅。⑭崔杼　春秋時人，齊國大夫丁公後裔，食邑於崔（今山東章丘西北），得寵於齊惠公。齊靈公時參與諸侯會盟，從晉伐鄭、伐秦。靈公病危，迎立前所廢太子光即位，為莊公，殺政敵高厚。執政期間，率師伐莒、侵魯。齊莊公六年（西元前五四八年）殺莊公，立景公，自為右相。後兩年，子輩內訌，左相慶封乘機滅其族，自縊而死。⑮伯禽　又稱「魯公」、「禽父」、「魯公伯禽」。姬姓，字伯禽。西周魯國第一代國君。周公旦長子。周武王滅商，封周公於曲阜，為魯公。周公留佐武王，命伯禽就封。⑯魯　即魯國。姬姓。西周初，周武王封周公旦於此，都曲阜。轄境大致南至今山東、江蘇交界處，西到今山東鄆城、鉅野、成武、單縣，東至今沂水以東，北至泰山及汶水之北，以泰山山脈及汶水北岸地與齊為界。春秋時國勢漸弱，戰國時成為小國。西元前二五六年為楚所滅。⑰慶父　即「仲慶父」、「共仲」，亦稱「孟氏」。春秋時魯桓公子，魯莊公庶兄。莊公去世，子般即位，他派人殺死子般。湣公繼立二年，他又派人殺死湣公，出奔莒。魯用賄賂求莒送歸，他在回國途中自縊死。後人常把製造內亂的人比之為「慶父」，「慶父不死，魯難未已」的成語，即由此而來。⑱時叛羌句　當時叛亂的羌人在右扶風畜官包圍了護羌校尉夏育。護羌校尉，官名。掌羌族事務。漢武帝時始置，東漢沿置。秩比二千石，除監護內附羌人各部落外，亦常將羌兵與度遼將軍、使匈奴中郎將、護烏桓校尉等協同作戰，戍衛邊塞。畜官，右扶風畜牧之所。⑲魚麗之陳　春秋時的一種陣法。周桓王十三年（西元前七〇七年），桓王率諸侯伐鄭，鄭莊公禦之，以車居前，以伍次之，是用步卒彌補車隊空隙的陣形。⑳句就種羌　漢朝時羌族的一支。㉑討虜校尉　官名。秦漢為統兵武官，略次於將軍，高於都尉。出征時臨時任命，領一校（營）兵，有司馬、候等屬官。一般臨時冠以名號，如討虜校尉、輕騎校尉等。㉒上軍校尉　西園八校尉之一。以東漢中平五年（西元一八八年）置。西園八校尉領西園軍，以平定黃巾暴動。蹇碩任上軍校尉。靈帝死，何進殺蹇碩，領其屯兵，八校尉遂廢。㉓蹇碩　東漢宦官。靈帝時為小黃門，深受寵信。中平五年（西元一八八年）任西園八校尉之上軍校尉，又以壯健有武略，為元帥，督司隸校尉以下，雖大將軍亦領屬之。靈帝死，受遺詔欲立皇子劉協為帝，外戚何進及太后卒立皇子劉辯為少帝。碩典禁兵欲誅進，事洩被殺。㉔平樂觀　在今河南洛陽東漢、魏洛陽城西面北頭第一門上西門外。㉕宗正　官名。西周至戰國已置，掌君主宗室親族事務。秦漢位列九卿，秩中二千石，例由宗室擔任，管理皇族外戚事務，掌其名籍，分別嫡庶親疏，編纂世系譜牒，參與審理諸侯王犯法案件。凡宗室親貴有罪，須向其先請，方得處治。㉖劉虞　字伯安，東漢東海郯縣（今山東郯城）人。初舉孝廉，歷任幽州刺史、甘陵相、宗正。靈帝時，前中山相張純與前太山太守張舉等聯合烏桓起兵，乃以幽州牧率軍鎮壓，以此拜太尉，封容丘侯。董卓秉政，任大司馬，進封襄賁侯。袁紹等起兵討董卓時，以其宗室長者，欲立為主，固拒之。經營青、冀等地多年，所在勸督農植，民生較為安定。後與公孫瓚交惡，發兵攻之。兵敗被殺。㉗佐軍校尉　西園八校尉之一。以東漢中平五年（西元一八八年）置。西園八校尉領西園軍，以平定黃巾暴動。袁紹任佐軍校尉。靈帝死，何進殺蹇碩，領其屯兵，八校尉遂廢。㉘袁紹　（？—西元二〇二年），字本初，東漢汝南汝陽（今河南商水縣）人。出身於四世三公的世家大族。初為司隸校尉。何進召董卓誅宦官，卓未至而事洩，進被殺，他盡殺宦官。卓至京師專朝政，他投奔冀州（今河北中南部），號召起兵討卓，並據有其地，稱冀州牧。後破公孫瓚，逐漸占有冀、青、幽、并四州，成為當時地廣兵多的割據勢力。建安五年在官渡（今河南中牟東北）為曹操大敗，不久病死。其子袁譚、袁尚互相攻擊，先後為曹操所滅。事見本書卷七十四。㉙禁兵　即禁軍，警衛皇帝及皇宮的部隊。㉚張溫　（？—西元一九一年），字伯慎，東漢末南陽穰（今河南鄧州）人。少有名譽。靈帝中平元年，以大司農轉司空。次年，拜車騎將軍。率破虜將軍董卓鎮壓湟中北宮伯玉等羌漢人民起事。及董卓專權，與司徒王允共謀誅卓。事未及發，卓使人誣其交通袁術，笞殺於市。㉛京兆尹　官名。在漢代亦為政區名。西漢太初元年（西元前一〇四年）改右內史置，分原右內史東半部為其轄區，職掌相當於郡太守。因地屬畿輔，故不稱郡。為三輔之一，治長安縣，轄境約當今陝西秦嶺以北、西安以東、渭河以南及河南靈寶西部地區。㉜長安　城名。在今陝西西安西北六公里。㉝小黃門　官名。東漢始置，由宦官充任。名義上隸屬少府，秩六百石。位次中常侍，高於中黃門。侍從皇帝左右，收受尚書奏事，傳宣帝命，掌宮廷內外、皇帝與後宮之間的聯絡。明帝、章帝之世，員額十人，和帝後增至二十人。以後權勢漸重，用事於內廷，甚至總典禁軍。諸中常侍多由此遷任。㉞尚藥監　官名。掌宮廷醫藥事務。㉟董卓　（？—西元一九二年），字仲穎，東漢隴西臨洮（今甘肅岷縣）人。本為涼州豪強。靈帝中平六年（西元一八九年），任并州牧。少帝即位，大將軍何進謀誅宦官，召他率兵入洛陽。旋廢少帝，立獻帝，專斷朝政。曹操與袁紹等起兵反抗，他挾獻帝西遷長安，自為太師。殘暴專橫，縱火焚洛陽周圍數百里，使生產受到嚴重破壞。後為王允、呂布所殺。事見本書卷七十二。㊱少帝　即劉辯（西元一七六－一九〇年），東漢皇帝，靈帝子。幼養於道人史眇家，號稱史侯。中平六年即位，年十七。母何太后臨朝。舅大將軍何進掌重兵，謀誅宦官，事洩被殺。宦官張讓、段珪等劫帝走小平津（今河南孟津東北）。董卓入洛陽，廢為弘農王。在位六個月。旋被卓鴆殺。㊲何太后　東漢南陽宛（今河南南陽）人。靈帝皇后。家為屠戶，後選入宮，生皇子劉辯，有寵，立為貴人。光和三年（西元一八〇年），進位皇后。辯立為帝後，尊為皇太后，臨朝聽政。屢阻其兄大將軍何進誅宦官之謀，進終因事洩被殺。及董卓廢少帝為弘農王，被遷於永安宮，旋被鴆死。㊳霍光　（？－西元前六八年），字子孟，西漢河東平陽（今山西臨汾）人。霍去病異母弟。武帝臨終，任為大司馬大將軍，與金日磾、上官桀、桑弘羊同受遺詔，輔佐少主。昭帝即位後，以交結燕王旦謀反罪名殺上官桀等，遂專朝政。及昭帝死，迎立昌邑王劉賀為帝，旋廢之，另立宣帝。前後秉政二十年，遵循武帝法度。注意輕傜薄賦，與民休息，百姓生活較為安定。宣帝即位後歸政，仍掌大權。地節二年病卒。後其妻顯毒殺許皇后事發，子霍禹等謀反，族誅。㊴賀者在門三句　祝賀的人在門口，而弔喪的人在屋裡，可以不慎重嗎。語出《孫卿子》：「慶者在堂，弔者在閭，福與禍鄰，莫知其門。」意指福禍無常。㊵左將軍　官名。漢代置，為重號將軍之一。與前、右、後將軍並位上卿，位次大將軍及驃騎、車騎、衛將軍。有兵事則典掌禁兵，戍衛京師，或任征伐。設長史、司馬等僚屬。平時無具體職務，一般兼任他官，常加諸吏、散騎、給事中等號，成為中朝官，宿衛皇帝左右，參與朝議。如加領尚書事銜則負責實際政務。不常置。㊶王允　（西元一三七－一九二年），字子師，東漢太原祁縣（今屬山西）人。靈帝時，以司徒高第為侍御史。中平元年特選為豫州刺史，鎮壓黃巾軍。因得罪宦官，被誣下獄，後得釋。獻帝即位，為太僕，守尚書令。初平元年為司徒。及董卓遷都長安，收藏蘭臺、石室圖籍，經籍賴以得存。後與司隸校尉黃琬等密謀誅殺卓，不久被卓部將李傕、郭汜所殺。㊷越騎校尉　官名。西漢武帝始置，為北軍八校尉之一，位次列卿。領內附越人騎士，戍衛京師，兼任征伐。秩二千石。東漢初罷，建武十五年（西元三九年）改青巾左校尉置，為五校尉之一，隸北軍中候，掌宿衛兵。多以宗室外戚或近臣充任。秩比二千石。㊸河南尹　官名。東漢建武十五年（西元三九年）置，為京都洛陽所在河南郡長官，秩二千石。主掌京都事務。㊹朱儁　（？－西元一九五年），字公偉，東漢會稽上虞（今屬浙江）人。靈帝光和元年，任交阯刺史，平定梁龍起事，以功封都亭侯，徵為諫議大夫。黃巾之亂後，遷右中郎將。先後領兵鎮壓潁川、汝南、陳國、宛城等地黃巾軍及張燕所部黑山軍，封西鄉侯，更封錢塘侯。董卓入關後，留守洛陽，與山東諸將密謀誅卓。後被郭汜扣留為質，旋病死。㊺武丁　又稱「殷武」。商王，名昭，小乙之子。武丁是廟號。繼小乙即位。小乙曾使之處於民間，知稼穡之艱難、百姓之疾苦。又學於賢臣甘盤。即位後，求賢覓才，於傅巖（今山西平陸北）版築之胥靡中發現傅說，任為相，與甘盤共輔國政，王朝復興。曾征伐土方、鬼方、羌方、夷方及南土諸方，疆域擴大。史書認為與湯、太甲、祖乙同為「天下之盛君」。在位五十九年，死後尊為高宗。殷墟卜辭中列為直系先王祭祀。㊻箴諫　規戒勸諫。㊼東園祕器　指皇室、顯宦死後用的棺材。東園，官署名。秦漢置。掌管陵墓內器物、葬具的製造與供應，屬少府。㊽賵襚　贈給喪家的車馬衣物。㊾永陽　郡名。東漢獻帝初平四年（西元一九三年）分漢陽、上郡置。屬涼州。

【語　譯】蓋勳，字元固，敦煌郡廣至縣人。家中世代為二千石官員。開始被舉薦為孝廉，任漢陽郡長史。當時武威郡太守倚仗權勢，貪婪驕橫恣意而行，從事武都郡人蘇正和查究他的罪狀。涼州刺史梁鵠畏懼貴戚，想殺掉蘇正和來避免得罪貴戚，就去找蓋勳求主意。蓋勳素來與蘇正和有仇，有人勸告蓋勳可以趁這個機會報仇。蓋勳說：「不行。謀議公事而殺掉良臣，是不忠；乘人之危洩私恨，是不仁。」於是勸告梁鵠說：「縛著鷹是想讓牠抓鳥，抓住鳥後卻把鷹烹食了，以後用什麼捕鳥呢？」梁鵠聽從他的話。蘇正和因為免於罪非常歡喜，因而到蓋勳處求見致謝。蓋勳不見，說：「我是替梁刺史謀劃，不是為了蘇正和。」還是同從前一樣怨恨他。

2　中平元年，北地羌人與邊章等人侵犯擾亂隴右，刺史左昌因戰事截用財政錢數千萬。蓋勳堅決勸諫，左昌發怒，就派蓋勳別率屯兵阿陽來抗拒賊人進攻，想利用軍事失誤來對蓋勳治罪，但蓋勳卻多次立有戰功。邊章等人於是進攻金城，殺死郡守陳懿，蓋勳勸左昌援救，左昌沒有聽從。邊章等於是進軍冀縣包圍左昌，左昌恐懼而召蓋勳增援。蓋勳最初與從事辛曾、孔常都駐紮在阿陽，等左昌求救檄文到時，辛曾等人疑慮不肯赴命。蓋勳發怒道：「從前監軍莊賈沒有率軍及時趕到，司馬穰苴依軍律將他斬首。今天的從事，難道比古代的監軍更有地位嗎？」辛曾等人畏懼而接受了命令。蓋勳立即率軍救左昌。到達之後，蓋勳就喝斥邊章等人，責備他們犯了叛國之罪。叛軍都說：「左昌刺史如果早一點聽從您的話，用軍隊來逼迫我們，我們大概就自己改悔了。如今罪孽已深重，不能夠投降了。」於是解除包圍撤走了。左昌因犯了截用財稅罪被徵召回朝，以扶風郡人宋梟接替他的職務。宋梟擔心寇賊叛亂太多，就對蓋勳說：「涼州缺少文化教育，所以屢次造反暴亂，現在想多抄寫《孝經》，命家家都來學習它，或者會讓人明白禮義。」蓋勳勸道：「從前太公封於齊國，但齊大夫崔杼殺了齊莊公；伯禽封為魯侯，但魯國公子慶父殺了魯湣公篡奪侯位。這兩國怎麼會缺少教育？現在不趕緊謀劃平定叛亂的辦法，卻急著做異乎尋常的事情，不僅讓一州的人心生不滿，而且又會被朝廷眾官取笑，我認為這不可行。」宋梟不聽從勸告，上奏朝廷要求實行。果然被朝廷下詔書責問，因犯虛浮懈怠罪被召回。當時叛亂的羌人在右扶風畜官包圍了護羌校尉夏育，蓋勳與州郡合兵救援夏育，到狐槃時，被羌人擊敗。蓋勳收攏剩餘的士兵百餘人，擺出魚麗陣法。羌人精銳騎兵兩面夾攻得非常急，士卒大多戰死。蓋勳三處受傷，仍堅持不動，還指著標牌說：「一定要把我的屍體埋在這裡。」句就種羌人有個叫滇吾的，素來被蓋勳所厚待，就用兵器攔住眾人說：「蓋長史是個賢人，你們殺他就辜負了天意。」蓋勳仰面罵道：「死反虜，你知道什麼？讓人來殺我！」眾人相互對望，非常驚訝。滇吾下馬並把馬給蓋勳，蓋勳不肯上馬，於是被賊人抓住。羌人佩服蓋勳的仁義和勇敢，不敢加以殺害，就將他送回漢陽。後來刺史楊雍就上表推薦蓋勳為漢陽太守。當時正遇饑荒，人們只能捕魚而食，蓋勳調來糧食發給百姓，先把自家糧食拿出來給百姓，救活了千餘人。

[3] 後來蓋勳離任，被徵召為討虜校尉。靈帝召見蓋勳，問道：「天下人受了什麼苦要這樣謀反叛亂呢？」蓋勳說：「寵臣子弟擾害百姓造成的。」當時，宦官上軍校尉蹇碩在座，皇帝回頭問蹇碩，蹇碩害怕，不知對答什麼，而因為此事痛恨蓋勳。皇帝又對蓋勳說：「我已經在平樂觀布下軍隊，把宮中儲藏的財物多拿出一些來獎賞將士，你看如何？」蓋勳說：「臣聽說『先王顯示明德而不誇耀武力』。如今寇賊在遠方而在近處布陣，不足以昭示果敢堅毅，只是表示窮兵黷武而已。」皇帝說：「好。遺憾與君見面晚了，群臣過去沒有講過這樣話的。」

[4] 蓋勳當時與宗正劉虞、佐軍校尉袁紹共同統領禁兵。蓋勳對劉虞、袁紹說：「我多次見皇上，皇上很聰明，只是被左右人所蒙蔽而已。假若我們共同合力誅殺那些佞倖之臣，然後再選拔任用英俊之才，來興隆漢室，我們就功成身退，豈不是很快意嗎！」劉虞、袁紹也素有計謀，因而互相連結起來，還沒來得及起事，

司隸校尉張溫就舉薦蓋勳擔任京兆尹。靈帝正想引見接納蓋勳，但蹇碩等人心裡害怕他，就都勸皇上聽從張溫的奏請，於是任命蓋勳為京兆尹。

5 當時長安縣令楊黨，他的父親為中常侍，楊黨恃仗權勢，貪汙放縱，蓋勳已查究他贓款千餘萬。貴戚都為他求情，蓋勳沒有聽從，把事情詳細報上朝廷，並牽連到楊黨的父親，皇帝下詔窮究此案，蓋勳威震京城。當時小黃門京兆人高望，擔任尚藥監，被皇太子寵幸，太子通過蹇碩告訴蓋勳讓高望的兒子高進為孝廉，蓋勳不肯薦用。有人對蓋勳說：「皇太子是儲君，高望是他所寵愛的人，蹇碩又是皇帝的寵臣，而先生違背他們，這就是三個人的怨恨聚在一起了。」蓋勳說：「選用賢才是用來報答國家的。不是賢才不能舉薦，就是死又有什麼後悔的！」蓋勳雖然在地方任職，但每有軍國密事，靈帝常常親手寫詔問他。多次加以賞賜，非常受皇上親信，在其他朝臣之上。

6 等到漢靈帝死後，董卓廢黜少帝，殺了何太后，蓋勳給董卓寫信說：「從前伊尹、霍光掌權而立下功勳，尚且使人寒心，足下只是一個小丑，以後憑什麼了結這件事？祝賀的人在門口，而弔喪的人在屋裡，能不慎重嗎！」董卓看了信，心裡因此很忌憚他，徵召蓋勳擔任議郎。當時左將軍皇甫嵩有精兵三萬駐紮在扶風，蓋勳祕密與他聯繫交結，準備討伐董卓。正趕上皇甫嵩也被徵召進京，蓋勳認為力量薄弱不能獨自起事，就與皇甫嵩一起回到京師。從公卿以下，無不在董卓面前卑躬屈膝，只有蓋勳對董卓拱拱手，分庭抗禮，見到的人都為之大驚失色。董卓問司徒王允說：「想要一個做事快捷的司隸校尉，誰能擔任？」王允說：「只有京兆尹蓋勳。」董卓說：「這個人明智有餘，然而不可把要害職務交付給他。」就讓蓋勳擔任越騎校尉。董卓又不想讓他長期統領禁軍，就讓他出任潁川太守。還未到郡，就徵召回京。當時河南尹朱儁為董卓陳述軍事。董卓折辱朱儁說：「我百戰百勝，決斷都出自內心，你不要胡說，小心你玷汙了我的刀。」蓋勳說：「從前武丁那樣明智，還要外求諫言，何況像您這樣的人，卻想堵住別人的口嗎？」董卓說：「和他開玩笑而已。」蓋勳說：「沒有聽說過怒斥也可以用來開玩笑的！」董卓於是向朱儁道歉。蓋勳雖然強直不屈，但實際上卻被董卓厭惡，因而鬱鬱不得志，背上發疽瘡死去，時年五十一歲。遺言命家人不要接受董卓的饋贈。董卓想對外顯示寬容形象，上表請求賜給棺材及衣服財物，按禮節給蓋勳送終。蓋勳被葬在安陵。

7　蓋勳的兒子蓋順，官至永陽郡太守。

1　臧洪，字子源，廣陵❶射陽❷人也。父旻，有幹事才。熹平❸元年，會稽❹妖賊許昭❺起兵句章❻，自稱「大將軍」，立其父生為越王，攻破城邑，眾以萬數。拜旻揚州❼刺史。旻率丹陽❽太守陳夤擊昭，破之。昭遂復更屯結，大為人患。旻等進兵，連戰三年，破平之，獲昭父子，斬首數千級。遷旻為使匈奴中郎將❾。

2　洪年十五，以父功拜童子郎❿，知名太學⓫。洪體貌魁梧，有異姿。舉孝廉，補即丘⓬長。

3　中平末，棄官還家，太守張超請為功曹⓭。時董卓弒帝，圖危社稷。洪說超曰：「明府⓮歷世受恩，兄弟並據大郡。今王室將危，賊臣虎視，此誠義士效命之秋也。今郡境尚全，吏人殷富，若動枹鼓⓯，可得二萬人。以此誅除國賊，為天下唱義，不亦宜乎！」超然其言，與洪西至陳留⓰，見兄邈⓱計事。邈先謂超曰：「聞弟為郡，委政臧洪，洪者何如人？」超曰：「臧洪海內奇士，才略智數不比於超矣。」邈即引洪與語，大異之。乃使詣兗州⓲刺史劉岱、豫州⓳刺史孔伷，遂皆相善。邈既先有謀約，會超至，定議，乃與諸牧守大會酸棗⑳。設壇場，將盟，既而更相辭讓，莫敢先登，咸共推洪。洪乃攝衣升壇，操血而盟曰：「漢室不幸，皇綱失統，賊臣董卓，乘釁縱害，禍加至尊，毒流百姓。大懼淪喪社稷，翦覆四海。兗州刺史岱、豫州刺史伷、陳留太守邈、東郡㉑太守瑁、廣陵太守超等，糾合義兵，並赴國難。凡我同盟，齊心一力，以致臣節，隕首喪元，必無二志。有渝此盟，俾墜其命，無克遺育㉒。皇天后土，祖宗明靈，實皆鑒之。」洪辭氣慷慨，聞其言者，無不激揚。自是之後，諸軍各懷遲疑，莫適先進，遂使糧儲單竭，兵眾乖散㉓。

4 時討虜校尉公孫瓚㉔與大司馬㉕劉虞有隙，超乃遣洪詣虞，共謀其難。行至河間㉖而值幽㉗冀交兵，行塗阻絕，因寓於袁紹。紹見洪，甚奇之，與結友好，以洪領青州刺史。前刺史焦和好立虛譽，能清談。時黃巾群盜處處飆起，而青部殷實，軍革尚眾。和欲與諸同盟西赴京師，未及得行，而賊已屠城邑。和不理戎警，但坐列巫史㉘，禜禱群神。又恐賊乘凍而過，命多作陷冰丸，以投于河。眾遂潰散，和亦病卒。洪收撫離叛，百姓復安。

5 在事二年，袁紹憚其能，徙為東郡太守，都東武陽㉙。時曹操㉚圍張超於雍丘[31]，甚危急。超謂軍吏曰：「今日之事，唯有臧洪必來救我。」或曰：「袁曹方穆，而洪為紹所用，恐不能敗好遠來，違福取禍。」超曰：「子源天下義士，終非背本者也，或見制強力，不相及耳。」洪始聞超圍，乃徒跣號泣，並勒所領，將赴其難。自以眾弱，從紹請兵，而紹竟不聽之，超城遂陷，張氏族滅。洪由是怨紹，絕不與通。紹興兵圍之，歷年不下，使洪邑人陳琳[32]以書譬洪，示其禍福，責以恩義。洪荅曰：

6 「隔闊相思，發於寤寐[33]。相去步武，而趨舍異規[34]，其為愴恨，胡可勝言！前日不遺，比辱雅況，述敘禍福，公私切至。以子之才，窮該典籍，豈將闇於大道，不達余趣哉？是以損棄翰墨，一無所酬，亦冀遙忖褊心，粗識鄙性。重獲來命，援引紛紜，雖欲無對，而義篤其言。

7 「僕小人也，本乏志用，中因行役，特蒙傾蓋[35]，恩深分厚，遂竊大州，寧樂今日自還接刃乎？每登城臨兵，觀主人之旗鼓，瞻望帳幄，感故友之周旋，撫弦搦矢，不覺涕流之覆面也。何者？自以輔佐主人，無以為悔；主人相接，過絕等倫。受任之初，志同大事，埽清寇逆，共尊王室。豈悟本州被侵，郡將遘厄，請師見拒，辭行被拘，使洪故君，遂至淪滅。區區微節，無所獲申，豈得復全交友之道，重虧忠孝之名乎？所以忍悲揮戈，收淚告絕。若使主人少垂古人忠恕之情，來者側席，去者克己㊱，則僕抗季札㊲之志，不為今日之戰矣。

8 「昔張景明登壇喢血，奉辭奔走，卒使韓牧㊳讓印，主人得地。後但以拜章朝主，賜爵獲傳之故，不蒙觀過之貸，而受夷滅之禍。呂奉先㊴討卓來奔，請兵不獲，告去何罪，復見斫刺。劉子璜奉使踰時，辭不獲命，畏君懷親，以詐求歸，可謂有志忠孝，無損霸道，亦復僵尸麾下，不蒙虧除。慕進者蒙榮，違意者被戮，此乃主人之利，非遊士之願也。是以鑒戒前人，守死窮城，亦以君子之違，不適敵國故也㊵。

9 「足下當見久圍不解，救兵未至，感婚姻之義，推平生之好，以為屈節而苟生，勝守義而傾覆也。昔晏嬰㊶不降志於白刃，南史㊷不曲筆以求存，故身傳圖象，名垂後世。況僕據金城之固，驅士人之力，散三年之畜以為一年之資，匡困補乏，以悅天下，何圖築室反耕哉？但懼秋風揚塵，伯珪馬首南向，張揚㊸、飛燕㊹旅力㊺作難，北鄙將告倒懸之急㊻，股肱㊼奏乞歸之記耳。主人當鑒戒曹輩，反旌退師，何宜久辱盛怒，暴威於吾城之下哉？

10 「足下譏吾恃黑山㊽以為救，獨不念黃巾之合從邪？昔高祖取彭越㊾於鉅野[50]，光武[51]創基兆於綠林[52]，卒能龍飛[53]受命，中興帝業。苟可輔主興化，夫何嫌哉？況僕親奉璽書[54]，與之從事！

11 「行矣孔璋！足下徼利於境外，臧洪投命於君親；吾子[55]託身於盟主[56]，臧洪策名於長安。子謂余身死而名滅，僕亦笑子生死而無聞焉。本同末離，努力努力，夫復何言！」

12 紹見洪書，知無降意，增兵急攻。城中糧盡，外無援救，洪自度不免，呼吏士謂曰：「袁紹無道，所圖不軌，且不救洪郡將，洪於大義，不得不死。念諸君無事，空與此禍，可先城未破，將妻子出。」將吏皆垂泣曰：「明府之於袁氏，本無怨隙，今為郡將之故，自致危困，吏人何忍當捨明府去也？」初尚掘鼠，煮筋角[57]，後無所復食，主簿啟內廚米三斗，請稍為饘粥[58]，洪曰：「何能獨甘此邪？」使為薄糜[59]，偏班士眾。又殺其愛妾，以食兵將。兵將咸流涕，無能仰視。男女七八十人相枕而死，莫有離叛。

13 城陷，生執洪。紹盛帷幔，大會諸將見洪。謂曰：「臧洪何相負若是！今日服未？」洪據地瞋目曰：「諸袁事漢，四世五公，可謂受恩。今王室衰弱，無扶翼之意，而欲因際會，觖望非冀[60]，多殺忠良，以立姦威。洪親見將軍呼張陳留為兄，則洪府君亦宜為弟，而不能同心勠力，為國除害，坐擁兵眾，觀人屠滅。惜洪力劣，不能推刃[61]為天下報仇，何謂服乎？」紹本愛洪，意欲屈服赦之，見其辭切，知終不為用，乃命殺焉。

14 洪邑人陳容，少為諸生[62]，親慕於洪，隨為東郡丞[63]。先城未敗，洪使歸紹。時容在坐，見洪當死，起謂紹曰：「將軍舉大事，欲為天下除暴，而專先誅忠義，豈合天意？臧洪發舉為郡將，柰何殺之？」紹慚，使人牽出，謂曰：「汝非臧洪疇，空復爾為？」容顧曰：「夫仁義豈有常所，蹈之則君子，背之則小人。今日寧與臧洪同日死，不與將軍同日生也！」遂復見殺。在紹坐者，無不歎息，竊相謂曰：「如何一日戮二烈士？」

15 先是洪遣司馬[64]二人出，求救於呂布。比還，城已陷，皆赴敵死。

16 論曰：雍丘之圍，臧洪之感憤壯矣！想其行跣[65]且號，束甲請舉，誠足憐也。夫豪雄之所趣舍，其與守義之心異乎？若乃締謀連衡[66]，懷詐筭以相尚者，蓋惟利埶所在而已。況偏城既危，曹袁方穆，洪徒指外敵之衡，以紓倒縣之會。忿悁[67]之師，兵家所忌。可謂懷哭秦[68]之節，存荊[69]則未聞也。

【章　旨】以上為〈臧洪傳〉。在臧洪的鼓動和勸說下，幾支地方勢力結盟起兵，討伐董卓。臧洪重情重義，在舊主張超有難之際，懇請袁紹發兵，袁紹未允，臧洪因此與袁紹決裂，最後被袁紹殺死。

【注　釋】❶廣陵　郡名。西漢置。治今江蘇揚州西北蜀岡上，後分置廣陵國、臨淮郡。東漢又改廣陵國為廣陵郡。❷射陽　縣名。西漢置。屬臨淮郡。治今江蘇寶應東北射陽鎮。東漢改屬廣陵郡。❸熹平　東漢靈帝劉宏年號，西元一七二—一七八年。❹會稽　郡名。秦置。治今江蘇蘇州，東漢永建四年（西元一二九年）移郡治今浙江紹興。❺許昭　（？—約西元一七五年），東漢會稽（今浙江紹興）人。熹平元年，於句章（今浙江寧波西北）起兵，自稱大將軍，立其父為越王，屢敗官軍。眾至萬餘人。後為揚州刺史臧旻所敗。復重整旗鼓，與官軍相持達三年之久，終被平定。父子等數千人被殺。❻句章　縣名。秦置。治今浙江餘姚東南餘姚江邊之城山。屬會稽郡。❼揚州　西漢武帝所置「十三刺史部」之一。東漢治今安徽和縣，末年移治今安徽壽縣、合肥西北。❽丹陽　郡名。陽一作「揚」。西漢元狩二年（西元前一二一年）改鄣郡置。治今安徽宣州。❾使匈奴中郎將　官名。西漢時常遣中郎將使匈奴，稱匈奴中郎將。東漢建武二十六年（西元五〇年）遣中郎將段郴等使南匈奴，授南單于璽綬，令入居雲中，始置使匈奴中郎將以監護之，因設官府、從事、掾史。後徙至西河，又令西河長史每年將二千，弛刑五百人，助中郎將衛護單于，冬屯夏罷。自後遂為常制。❿童子郎　東漢專授未成年者之郎官。⓫太學　學校名。漢朝時為全國最高學府。西漢武帝用董仲舒建議，傳授儒家經典，以造就官僚人才。用博士為師。東漢質帝時在學太學生達三萬。⓬即丘　縣名。西漢置。屬東海郡。治今山東郯城東北。東漢屬瑯邪國。⓭功曹　即功曹史。官名。漢代郡守的屬官，相當於郡守的總務長，除掌人事外，並得與聞一郡的政務。⓮明府　漢代對郡太守的尊稱，即「明府君」的省稱。⓯桴鼓　指戰鼓。⓰陳留　郡名。治今河南開封東南陳留城。⓱邈　即張邈（？—西元一九五年），字孟卓，東漢末東平壽張（今山東東平）人。少有俠名，與曹操、袁紹等友善。拜騎都尉，遷陳留太守。初平元年起兵陳留（今河南開封東南），加封討董卓。興平元年，與陳宮等舉兵反操，迎呂布為兗州牧，據濮陽（今河南濮陽南）。二年，以布敗，乃詣袁術求援，為其眾所殺。⓲兗州　西漢武帝所置「十三刺史部」之一。約當今山東西南部及河南東部。東漢治今山東金鄉西北。⓳豫州　西漢武帝置「十三刺史部」之一。察郡國四，約有今淮河以北，南、北汝河流域以東的豫東、皖北和江蘇豐縣、沛縣地。東漢州治今安徽亳州。⓴酸棗　縣名。春秋鄭邑，戰國屬魏。秦置縣。屬東郡。治今河南延津西南。漢屬陳留郡。㉑東郡　戰國末期秦國置。治今河南濮陽西南。東漢以後，轄境逐漸縮小，移治今山東莘縣西南。㉒無克遺育　斷子絕孫。克，能。遺育，遺胄；

後裔。㉓乖散　背離；離散。㉔公孫瓚　字伯珪，東漢末遼西令支（今河北遷安）人。初為遼東屬國長史，曾反擊烏桓貴族的侵擾和鎮壓青徐黃巾軍。後割據幽州（今河北北部），與袁紹連年作戰。建安四年（西元一九九年）為袁紹所敗，自焚死。㉕大司馬　西漢武帝時置為加官號，以冠大將軍、驃騎將軍、車騎將軍等。初授此官者多功勳卓著，以後則常授與顯貴外戚，成為執掌國政中樞的中朝領袖官號。綏和元年（西元前八年）出居外朝，單置為官，不冠諸將軍，賜金印紫綬，置官屬，秩萬石，位列三公之首，與丞相（大司徒）、御史大夫（大司空）並為宰相，共同主持政務。東漢改名太尉。東漢末與太尉並置，位在三公之上。㉖河間　封國名。轄境相當今河北雄縣及大清河以南，南運河以西，高陽、肅寧等以東，阜城以北地區。㉗幽州名。西漢武帝所置「十三刺史部」之一。東漢時治今北京市區西南。㉘巫史　古代從事求神占卜等活動的人叫「巫」，掌管天文、星象、曆數、史冊的人叫「史」。這些職務最初往往由一人兼任，統稱「巫史」。後用以指從事占卜祈神術的士。㉙東武陽　縣名。治今山東莘縣西南。㉚曹操　即魏武帝（西元一五五—二二〇年），字孟德，沛國譙縣（今安徽亳州）人。初任洛陽北部尉，遷頓丘令。後在平定黃巾之亂和討伐董卓的戰爭中逐步擴充軍事力量。建安元年迎漢獻帝都許（今河南許昌東），從此用其名義發號施令，先後削平呂布等割據勢力。官渡之戰大敗袁紹，逐漸統一了北方。建安十三年在赤壁之戰中敗於孫權和劉備的聯軍。封魏王，子曹丕稱帝後追尊為武帝。他在北方屯田，興修水利，對農業生產的恢復有一定積極作用。用人唯才，抑止豪強。精兵法，善詩歌。㉛雍丘　縣名。秦置。漢屬陳留郡。治今河南杞縣。㉜陳琳　（？—西元二一七年），字孔璋，東漢末廣陵（今江蘇揚州）人。初為何進主簿，以為不宜召外兵入京誅宦官，不為進所納，後果有董卓之亂。避難冀州，袁紹使典文章，曾作討曹操檄文。紹敗後歸曹操，操愛其才而不咎，用為司空軍謀祭酒，管記室，所草軍國書檄甚多。徙門下督。其章表書記為曹丕所稱，詩賦亦有名，為「建安七子」之一。㉝隔闊相思二句　闊別後的相思，無論睡時還是醒來都在心裡湧動。寤，醒時。寐，睡時。㉞相去步武二句　相距不遠，但進取或退止各有不同的打算。古代六尺為步，半步為武。步武，意指相距不遠。趨舍，進取或退止。㉟傾蓋　停車交蓋，兩蓋稍稍傾斜。常用來形容朋友相遇，親切談話的情況。也指偶然接語的新朋友。㊱來者側席二句　對來的人側席相待，對離去的人抱著克己自責的心理。側席，側身而坐，表示尊敬。㊲季札　又稱「公子札」。春秋時吳國人，吳王壽夢少子。先封於延陵（今江蘇常州），稱延陵季子，後封於州來（今安徽鳳臺），稱延州來季子。以其賢，其兄諸樊、餘祭、夷昧數次推讓君位於他，俱不受。先後出使魯、齊、鄭、衛、晉等國，對晏嬰、蘧伯玉、子產、叔向等人都有勸勉。㊳韓牧　指冀州牧韓馥。韓馥（？—西元一九一年），字文節，東漢潁川（今河南禹州）人。獻帝時，董卓舉為冀州牧。及初平元年袁紹興兵討卓時，因慮紹得眾，不聽發兵。次年，袁紹使公孫瓚來攻，遂被迫讓位於紹，依附張邈。後畏懼邈與紹合謀害己，自殺。㊴呂奉先　即呂布（?—西元一九八年），字奉先，東漢末五原九原（今內蒙古包頭）人。善騎射，號飛將。靈帝時，為并州刺史丁原主簿。後為董卓所誘，殺原歸卓，遂任騎都尉。與卓誓為父子，護衛卓之起居行止。遷中郎將，封都亭侯。後因失卓歡心，與司徒王允合謀殺卓，任奮威將軍，封溫侯。旋為卓將李傕、郭汜所敗，先後投袁術、張揚、袁紹等人。後自號徐州牧，連年與袁術、劉備、曹操混戰。建安三年在下邳（今江蘇睢寧西北）為曹操擒殺。㊵亦以君子之違二句　也要像君子那樣，不到敵國去。違，逃亡。㊶晏嬰　即晏子（?—西元前五〇〇年），字平仲，春秋時夷濰（今山東高密）人。齊國大夫，歷事齊靈公、莊公、景公三朝。節儉力行，能諍諫，主張計能定祿，誅不避貴，賞不遺賤。重視發展農業生產，提倡蠶桑。多次出使楚、晉、魯等國，名顯諸侯。㊷南史　春秋時齊國史官。齊卿崔杼殺其君莊公，太史書曰：「崔杼弒其君。」崔子殺之。太史之弟續書又被殺。太史少弟又書之，崔乃舍之。後世以為秉筆直書、不畏強暴的楷模。㊸張揚　（?—西元一九八年），字稚叔，東漢末雲中（今內蒙古托克托）人。初為并州武猛從事，為何進募兵，得眾數千。初平二年，歸袁紹，與匈奴南單于合兵討董卓。旋為南單于劫持降卓，卓以為建義將軍、河內太守。建安元年，以獻糧迎獻帝歸，拜大司馬，出屯野王（今河南沁陽）。三年，曹操圍呂布於下邳（今江蘇睢寧西北），因與布善，出兵遙為布應，為部將楊醜所殺。㊹飛燕　即張燕。本姓褚，東漢末常山真定（今河北正定）人。靈帝中平元年（西元一八四年）聚眾響應黃巾暴動，轉戰山澤間，眾至萬餘人，旋並歸博陵張牛角所率起義軍。張牛角犧牲後，被義軍推舉為帥，遂改姓張。與常山、趙郡、中山、上黨、河內等地起義軍聯合，眾至百萬，號「黑山軍」。後向東漢王朝乞降，任平難中郎將。又參與官軍混戰，其舊部逐漸離散，遂歸降曹操，拜平北將軍，封安國亭侯。㊺旅力　獻力；出力。㊻北鄙將告倒懸之急　北邊將士報告邊防的危急。鄙，邊境。倒懸，比喻處境的痛苦和危急，像人被倒掛著一樣。㊼股肱　大腿和胳膊。比喻輔助帝王的重要大臣。㊽黑山　即黑山軍。東漢末年農民軍的一支。黃巾主力被鎮壓後，冀州地區農民又相繼起事，大部二三萬人，小部六七千人，各部自立名號。其中以博陵（今河北蠡縣南）張牛角和常山（今河北元氏西北）褚燕所部勢力較大。張牛角犧牲後，其眾奉褚燕為帥。褚燕改姓張，因勇敢敏捷，軍中號曰「飛燕」。部眾發展至百萬，號黑山軍。各部先後被袁紹消滅，張飛燕歸降曹操。㊾彭越　（?—西元前一九六年），字仲，秦末昌邑（今山東金鄉）人。早年為盜。秦末聚眾起兵。楚漢戰爭時，將兵三萬餘歸劉邦，略定梁地（今河南東南部），屢斷項羽糧道。不久率兵從劉邦擊滅項羽於垓下（今安徽靈璧南）。封梁王。漢朝建立後，因被告發謀反，為劉邦所殺。㊿鉅野　地名。在今山東巨野一帶。(51)光武　即東漢光武帝劉秀（西元前六—西元五七年），字文叔，南陽蔡陽（今湖北棗陽）人。西漢遠支皇族，東漢王朝的建立者。西漢末他與兄劉縯加入綠林軍，更始元年取得昆陽大捷的巨大勝利。不久到河北活動，鎮壓和收編銅馬等起事軍，力量逐漸壯大。西元二五年，稱帝，隨後統一全國。在位期間，多次發布釋放奴婢和禁止殘害奴婢的命令，減輕賦稅，廢止地方更役制，興修水利，裁併四百餘縣，精簡官吏，並在中央加重尚書職權，在地方廢除掌握軍權的都尉，生產有所恢復和發展。[52]綠林　指綠林軍，新莽末年著名的農民軍。王莽代漢後，託古改制，社會矛盾進一步激化。天鳳四年（西元一七年），新市（今湖北京山縣）人王匡、王鳳組織荊州飢民，發動武裝起事，以綠林山（今湖北京山縣北大洪山）為根據地，被稱為「綠林軍」。地皇三年（西元二二年）疾疫流行，綠林軍分兵轉移，一路由王常、成丹率領，西入南郡，稱「下江兵」；一路由王匡、王鳳率領，北向南陽，稱「新市兵」。西漢宗室劉玄和劉縯、劉秀等亦先後加入綠林軍。綠林軍打敗甄阜、梁丘賜和嚴尤、陳茂率領的新莽軍，發展至十餘萬人。次年，建立更始政權，擁立劉玄為帝。同年九月，攻占長安，推翻新莽政權。西元二五年，劉玄投降赤眉軍，綠林軍瓦解。[53]龍飛　《易·乾》：「飛龍在天，利見大人。」唐孔穎達疏：「若聖人有龍德，飛騰而居天位。」遂以「龍飛」為帝王的興起或即位。[54]璽書　秦以後專指皇帝的詔書。[55]吾子　對陳琳的稱呼。[56]盟主　指袁紹。袁紹曾任反董卓的關東聯盟的盟主。[57]筋角　動物的筋與角。古時多用於製弓。[58]饘粥　稠粥。[59]薄糜　稀粥。糜，粥。[60]觖望非冀　希望得到不該得到的東西。觖望，希望。[61]推刃　《公羊傳》：「事君如事父也，父受誅，子復讎，推刃之道也。」何休注：「一來一往曰推刃。」意為父受誅，子復仇，則仇家之子亦必報仇，即形成一往一來的循環報復。後亦用為復仇的代稱。[62]諸生　指儒生。也指在學讀書的學生。[63]丞　官名。郡守副貳，佐郡守掌眾事，秩六百石，由朝廷任命。[64]司馬　高級幕僚，兩漢將軍府置，位僅次於長史，掌參贊軍務，管理本府武職。[65]行跣　赤腳行走。[66]連衡　結盟；聯合。[67]忿悁　怨怒；憤恨。[68]秦　指秦國。開國君主為秦襄公，因護送周平王東遷有功，被周分封為諸侯。春秋時建都於雍（今陝西鳳翔東南），占有今陝西中部和甘肅東南端。秦穆公曾攻滅十二國，稱霸西戎。戰國時秦孝公任用商鞅變法，國力富強，並遷都咸陽（今陝西咸陽東北），成為戰國七雄之一。之後，疆域不斷擴大。西元前二二一年，秦王政（即秦始皇）統一中國，建立秦朝。[69]荊　即楚國，西周時立國於荊山一帶，建都丹陽（今湖北秭歸東南）。周人稱之為荊蠻。熊渠為國君時，疆土擴大到長江中游。楚文王時建都於郢（今湖北江陵西北紀南城）。春秋時，疆域西北到武關（今陝西丹鳳東南），東南到昭關（今安徽含山縣北），北到今河南南陽，南到洞庭湖以南。戰國時疆域又有擴大，東北到今山東南部，西南到今廣西東北角。楚懷王攻滅越國，又擴大到今江蘇和浙江。西元前二二三年為秦所滅。

【語　譯】臧洪，字子源，廣陵郡射陽縣人。父親臧旻，有辦事才能。熹平元年，會稽郡妖賊許昭在句章縣起兵，自稱「大將軍」，擁立他的父親許生為越王，攻破城邑，部屬有數萬人。朝廷任用臧旻為揚州刺史。臧旻率領丹陽太守陳夤攻打許昭，打敗了他們。許昭於是又再次聚集人馬，成為當地人的大患。臧旻等再度進兵，連戰三年，徹底消滅平定許昭的叛亂，俘獲許昭父子，斬首數千級。朝廷升任臧旻為使匈奴中郎將。

2 臧洪十五歲時，因為父親的功勞被授為童子郎，在太學很有名。臧洪體貌魁梧，有特殊的容貌。被舉薦為孝廉，補任即丘縣縣長。

3 中平末年，臧洪棄去官職回到家中，太守張超請他擔任功曹。當時，董卓弒殺皇帝，陰謀篡權。臧洪勸張超說：「明公世代蒙受皇恩，兄弟都任大郡太守。如今王室面臨危險，賊臣虎視眈眈，這確實是義士為國效命的時候了。如今郡內尚能保全，官吏人民殷實富裕，如果擊桴鼓招兵，可招二萬人。靠這些兵力誅殺鏟除國賊，為天下人倡導義舉，不也是應該的嗎！」張超很贊同他的話，與臧洪往西到了陳留，見兄長張邈計議大事。張邈先對張超說：「聽說弟弟你治郡，把政事都交給臧洪，臧洪是個什麼樣的人？」張超說：「臧洪是海內奇士，才略能力我都比不上。」張邈即命人將臧洪帶來與他談話，對臧洪的才能感到非常驚異。就讓臧洪去見兗州刺史劉岱、豫州刺史孔伷，彼此都很投緣。張邈已經先謀劃盟約，恰好張超又到了，就把謀劃確定下來，於是與眾刺史在酸棗縣集會。設置壇場，將要結盟，眾刺史互相推讓，都不敢先登祭壇，於是都一起推舉臧洪。臧洪就提起衣襟登上祭壇，端起血酒盟誓說：「漢室遭遇不幸，皇綱失去大統，賊臣董卓，乘機肆意禍害，將災難加到皇帝的身上，殘害百姓。我們非常擔心國家淪喪，天下傾覆。兗州刺史劉岱、豫州刺史孔伷、陳留太守張邈、東郡太守橋瑁、廣陵太守張超等，招集義兵，共赴國難。凡我同盟成員，齊心協力，來盡臣節，身首異處，絕無二心。有誰違背這盟約誓言，就讓他立即喪命，斷子絕孫。皇天后土，祖宗神靈，都可為證。」臧洪言詞氣勢激昂，聽到他的話的人，無不感情激揚。但從此之後，各路軍隊各自心懷遲疑，沒人率先行動，於是導致糧草儲備耗盡，各支軍隊不歡而散。

4 當時討虜校尉公孫瓚與大司馬劉虞有矛盾，張超就派遣臧洪去劉虞處，一起謀劃對付公孫瓚。走到河間郡時正趕上幽、冀兩州軍隊交戰，道路被阻斷，於是寄住到袁紹處。袁紹見過臧洪後，認為臧洪是奇才，因而與臧洪結為好友，並讓臧洪任青州刺史。前刺史焦和喜好虛名，擅長清談。當時黃巾軍各股勢力到處像狂飆一樣起事，而青州地方殷實富裕，軍隊人數眾多。焦和想與同盟的州郡一起往西去京師，還沒來得及行動，而賊人已在屠城了。焦和不理軍務警報，只是請來女巫、祝史，向群神禱告。又擔心賊人會乘著冰凍過河，下令做了許多碎冰石丸，投到河中。結果軍隊潰散，焦和也患病而死。臧洪招集、安撫流離人口和叛卒，百姓們才又安定下來。

5 臧洪任刺史二年，袁紹害怕他的才能，降用為東郡太守，治東武陽縣。當時曹操在雍丘圍攻張超，形勢非常危急。張超對軍吏們說：「今天的事情，只有臧洪一定會來救我。」有人說：「袁紹、曹操正交好，而臧洪又是袁紹所任用，恐怕不能毀壞與袁紹的友好關係遠道而來，背棄福氣而自取禍患。」張超說：「臧子源是天下義士，絕不是忘本的人，或者被強力所控制，不能趕到而已。」臧洪開始聽說張超被圍，就光著腳痛哭，並且統率下屬人馬，準備赴雍丘救援。自認為軍隊力弱，向袁紹請求發兵，但袁紹最終沒有聽從，張超的城池於是被攻陷，張氏被滅族。臧洪因此怨恨袁紹，斷絕關係不相來往。袁紹發兵包圍臧洪，一年多攻取不下，就派臧洪的同鄉陳琳寫信勸說臧洪，向他說明禍福，用袁紹對他的恩義來責備他。臧洪回覆說：

6 「闊別後的相思，無論睡時還是醒來都在心裡湧動。相距不遠，但進取或退止各有不同的打算，其中的悲傷與遺憾，怎麼能說得盡！前日蒙您不棄寫信給我，說起近況，敘述禍福，於公於私懇切之至。憑先生的才能，又能窮究典籍，怎會不懂得大道義，不知道我的志趣呢？因此您浪費筆墨，卻一無所獲，也希望您能遠遠地忖度我這褊狹的心，粗粗認識我鄙陋的性格。再次獲得來信，為說服我援引許多事例，雖然我本不想回答，但這些話情深義篤。

7 「我是一個小人物，本來沒有什麼志向和用處，後來因為出使，得遇袁公，恩深情厚，於是我得以出任大州，難道我會以今日返身搏殺為樂嗎？每次登上城樓面對城外之兵，觀看袁公的旗鼓，遠望帳幄，心裡就感念故友曾為我周旋，而手中撫著弓弦捉著矢箭，不知不覺中已淚流滿面。為什麼呢？自認為輔佐袁公，並沒有什麼後悔的；袁公對我的接納和提拔，也超過了同輩之人。我在受任之初，立志要與袁公一起同幹大事，掃清叛逆，共同尊奉王室。哪裡會想到本州會被侵犯，郡將慘遭厄運，我請求借兵被拒絕，辭行又被拘留，使臧洪的故君至於淪陷毀滅。區區一點義節，沒有機會獲得伸張，豈能再為保全交友之道，而重重虧損忠孝之名呢？所以我忍著悲痛揮戈而戰，收住眼淚宣告與袁公決絕。假使袁公稍微表現一點古人的忠恕之情，對來的人側席相待，對離去的人抱著克己自責的心理，那麼我有和季札一樣的志向，就不會有今天的戰鬥了。

8　「從前張景明登上祭壇歃血結盟，奉命四處奔走，最終使冀州刺史韓馥讓出印綬，袁公得到土地。後來只因為上表朝見皇帝，獲得賜爵封賞的緣故，沒有得到悔過自新的機會，卻遭受了滅族之禍。呂奉先討伐董卓的時候來投奔袁公，請求借兵沒有獲准，告知要離去有什麼罪呢，卻又安排人行刺。劉子璜奉命出使超過了時限，沒有得到命令就辭官了，他畏懼君命懷念親人，用欺騙方法來求得回歸，可說是有志忠孝，並不損王霸之道，最終也伏屍在袁公的麾下，得不到赦免。追慕進身的人得到榮升，違背意願的人則被殺戮，這體現的是袁公的利益，而不是過往士人的願望。因此以前人為戒鑑，即使死守沒有退路的孤城，也要像君子那樣，不到敵國去。

9　「您應當看見長久圍困並沒有解除，救兵也沒有到來，用婚姻關係來感動我，又回憶平生的交好，認為屈節而苟延殘喘，勝過守義而覆沒。從前晏嬰在刀子面前不低頭降志，南氏史官不曲意寫史以求得生存，所以他們都載入史冊，英名流傳於後世。更何況我據守金城一樣堅固的城池，驅遣士人的力量，散掉三年的積蓄來作為一年的資用，匡扶貧困補救窮乏，來取悅於天下人，又何必怕您們築室反耕的圍城決心呢？只怕您們要憂懼秋風揚起塵土，公孫瓚馬頭向南發動進攻，張揚、飛燕會竭盡力量向您們發難，北邊將士報告邊防的危急，股肱之臣奏請還兵自救。袁公應當告誡圍城將士，掉轉旗子退兵，怎麼能讓他長久盛怒，在我的城下顯示威風呢？

10　「您譏諷我恃仗黑山軍來作為自己的救助力量，唯獨不想想您們與黃巾軍的聯合嗎？從前漢高祖在鉅野利用了彭越的力量打擊楚國，漢光武帝憑藉綠林創建了基業，最後能像龍飛一樣承受天命，中興了帝王之業。

假如他們可以輔助興盛王道，又有什麼可嫌棄的呢？況且我是親奉天子之命，和他們一起做事呢！

11 「好了，陳孔璋！你在境外求取好處，我臧洪把性命獻於君親；你在盟主的帳下效力，我臧洪在長安載入名冊。你說我死後名字就會湮滅，我也笑你生死都不會有名聲。我們本是同鄉，卻有不同的際遇，各自努力吧，還有什麼話可說呢！」

12 袁紹見了臧洪的來信，知道他沒有投降的意圖，增加兵力急攻。城中糧食耗盡了，外面又沒有救援，臧洪自己估計不能幸免，就叫過將士們說：「袁紹無道，圖謀不軌，而且不援救臧洪曾效命的郡將張超，從道義上說，臧洪不能不死。我想各位與此事無關，憑空捲入這場災禍，你們可以在城破之前，攜帶妻子兒女出城。」將士官吏們都流著淚說：「明府對於袁紹，本來沒有仇怨，如今是為了原郡將張超的緣故，自己招致了危困，我等吏士怎麼能忍心捨明府而離開呢？」城中開始時還可以挖老鼠，煮牛筋牛角而食，後來沒有任何東西充飢，主簿向臧洪報告說郡衙內廚房有三斗米，請求煮些稠粥，臧洪說：「我怎能獨自享用呢？」派人將米煮成稀粥，讓眾士卒共同就食。臧洪又殺掉他的愛妾，拿來讓將士分食，將士們都流著眼淚，不能抬頭仰望。後來男男女女七八十人相互枕藉死去，沒有離開和叛變的。

13 城被攻陷，臧洪被活捉。袁紹命人搭起大帳幔，廣集眾將來見臧洪。袁紹對臧洪說：「臧洪為什麼如此辜負我！今天服不服？」臧洪坐在地上瞪著眼睛說：「你們袁家事奉漢室，四代出了五公，可說承受了皇恩。如今王室衰弱，你沒有扶植佐輔的意思，卻想因此際會，希望得到不該得到的東西，大量地殺害忠良，來樹立個人淫威。我親眼見到將軍你稱張陳留為兄長，那麼臧洪的府君張超也應該是弟弟了，卻不能同心協力，為國家除去禍害，坐擁大軍，看著人家遭受屠滅。可惜我臧洪力量弱小，不能揮刀來為天下人報仇，還說什麼服不服呢？」袁紹本來愛惜臧洪，想讓他屈服然後赦免他，見他言詞激烈，知道終究不會被自己所用，就命令殺了臧洪。

14 臧洪的同鄉陳容，年少時為儒生，對臧洪非常仰慕，後追隨臧洪擔任東郡丞。在城未攻破時，臧洪就命他歸附了袁紹。當時陳容也在座，見臧洪要被處死，就起來對袁紹說：「將軍做大事，要為天下剷除暴虐，現在卻專門先誅殺忠義之人，怎麼符合天意呢？臧洪起兵是因為郡將張超，為什麼要殺死他呢？」袁紹慚愧，命人將陳容帶出去，對陳容說：「你不是臧洪那類的人，在這裡空談什麼？」陳容回頭說：「仁義怎麼會有固定的處所，履行它的就是君子，背棄它的就是小人。今日我寧願與臧洪同日死，也不與將軍你同時活著！」於是陳容也被殺害。在袁紹座上的人，無不歎息，暗地裡互相說道：「為什麼一天要殺兩個壯烈之士？」

15 此前，臧洪曾派遣兩個司馬出城，到呂布那裡去求救兵，等他們回來時，城已被攻陷，兩人都衝赴敵營戰死。

16 史家評論說：雍丘被包圍時，臧洪的感憤是太悲壯了！想像他一邊光腳行走一邊哭號，整束兵甲請求發兵，確實足以令人憐憫。英雄豪傑的進取和退止，與信守道義的願望不相同嗎？如果與人結盟聯合，懷著詭詐陰謀來互相推崇，那就只在於追求利益而已。況且一座偏城已經很危險了，曹操、袁紹正在和好時期，臧洪只是指望外敵的抗衡，來解救這倒懸一樣的危難。怨怒的軍隊，是兵家的忌諱。可以說臧洪是懷著申包胥哭秦庭一樣的義節，但要挽救像楚國一樣的雍丘是不可能的。

贊曰：先零❶擾疆，鄧、崔棄涼。詡、燮令圖，再全金方❷。蓋勳抗董，終然允剛。洪懷偏節❸，力屈志揚。

【章　旨】以上作者對虞詡、傅燮、蓋勳、臧洪進行點評。

【注　釋】❶先零　即先零羌，漢朝時西羌的一支。西漢初分布於湟水及浩門水流域，後多次被漢軍擊敗，向西遷徙，東漢時徙於隴西（今甘肅臨洮）、天水（今陝西通渭西北）、右扶風（今陝西興平東南）等地。❷金方　西方。❸偏節　卓特的節操。

【語　譯】史官評議說：先零羌人擾亂邊疆，鄧騭、崔烈提議放棄涼州。虞詡、傅燮有更好的謀劃，這是能使國土再全的西方。蓋勳抗拒董卓，始終剛直不屈。臧洪懷著卓特的節操，雖然力量被摧折但志氣高揚。

【研　析】在任何時代，都不乏一些才能出眾的人，他們憑藉才能贏得聲譽。同樣，任何時代都有品德高尚、剛正不阿的人，他們憑藉高尚的人格為人所敬仰。然而真正德才兼備、而且充分展示出其德才的人，任何時代都不多見。之所以如此，主要在於外部環境的制約，尤其是在政壇，更是缺少產生這樣人才的環境。虞詡、傅燮、蓋勳、臧洪等人生活在東漢中後期，其時政治腐敗，社會動蕩。在這樣的氛圍中，堅守剛正秉性的人越來越少，不向權勢低頭又能施展才華和抱負的人更是屈指可數。虞詡、傅燮、蓋勳、臧洪等人才華出眾，在複雜的局勢中表現出過人的膽識，同時他們又能為信念而執著，面對邪惡勢力毫不妥協，與奸佞進行針鋒相對的鬥爭，甚至為此獻出生命。

虞詡是一個見解獨到、又能夠堅持己見的人，在他的政治生涯中，多次表現出這一特點。在羌人反叛，侵擾禍害并、涼二州，眾大臣一致同意放棄涼州之際，虞詡獨持己見，並以令人信服的分析勸服了太尉李脩等人，避免了西北局勢的進一步惡化。虞詡幹練、務實，遇事沉著、冷靜。在為朝歌縣令時，冷靜分析形勢，用計敗敵，瓦解了叛亂。在出任武都太守的路上，被數千羌人攔截，在敵眾我寡、形勢危急的情況下，虞詡巧施計謀，擺脫羌兵，充分展現出其傑出的軍事才華。更難得的是，虞詡不懼權勢，敢作敢當，在他擔任司隸校尉後鐵面無情，彈劾多名大臣、宦官，雖遭陷害入獄，決不妥協。

傅燮同樣是一個敢於直抒己見的人。在出征討伐張角時上疏，指出內患是一切紛亂的根源，勸諫靈帝重用忠臣，誅除奸佞。但也正因為他耿直、嫉惡如仇，得罪了很多宦官和權貴，傅燮卻不計個人得失，忠心為國。出任漢陽郡太守後，開荒屯田，以懷柔政策安撫叛逆的羌人。由於刺史耿鄙貿然進攻叛羌失利，傅燮寡不敵眾。在面臨死亡威脅的情況下，傅燮沒有接受兒子好心的勸阻，也拒絕了敵方的遊說，最終選擇為信念而捐軀。

蓋勳則是一個識大體的人，與蘇正和雖有私怨，但在私怨與大義之間，選擇了大義，使蘇正和免去一死。

蓋勳有勇有謀，但兩任刺史的無能導致局面的惡化，蓋勳空有才智，結果卻落入叛軍手中。蓋勳更是正直不阿，懲治貪官，薦人以才，深受靈帝賞識。即使是在董卓專權時，蓋勳也不懼董卓之威，敢於直言相抗，令董卓也心存忌憚。

臧洪的一生雖無太大的作為，但他的能力還是受到當時人們的認可。正是因為臧洪的鼓動和勸說，幾支地方勢力結盟起兵，討伐董卓。臧洪也因此得到袁紹的賞識，出任青州刺史。在救援張超一事上，袁紹顧及私利，沒有出兵，導致張超被殺，重情重義的臧洪因此與袁紹決裂。在被袁紹生擒後，臧洪大義凜然，不為所屈，以死來表明己志。（韋占彬注譯）

◎新譯山海經

楊錫彭／注譯

《山海經》可以說是上古時代一部小型的百科全書，它以地理為綱，內容涉及原始社會末期和階級社會初期的社會、地理、經濟、物產等景況，記錄了豐富的遠古神話傳說，保存了人類早期記憶的資料。書中描繪的人事物奇妙且有趣，引領讀者進入了廣大山河的美麗世界，和古人豐沛的想像力一同翱翔。本書除正文皆有注音外，注釋和語譯簡明貼切，讓您讀《山海經》不再如閱天書。

◎新譯水經注

陳橋驛、葉光庭／注譯

《水經注》是一部以記載河道水系為主的綜合性地理巨作。全書以《水經》為綱，細述各河流、湖泊等水系的源頭、流程，並於相關流域內的地貌氣候、水利土壤、名勝古蹟、地理沿革等，都有詳盡的記載，在中國地理學、考古學、水利學的研究上，具有重要地位。其華美的文字和高明的寫作技巧，更被譽為中國山水寫景的太上之作。本書各篇題解提綱挈領，注釋明白切當，篇後並有研析重點解說，不僅便於學術界研究參考，也有裨於一般讀者披閱欣賞。

◎新譯佛國記

楊維中／注譯

《佛國記》是東晉高僧法顯記述其西行天竺求取佛經的歷程，其中不僅包含法顯西行艱難歷程的描述，更彌漫許多不惜身命、弘法利生的菩薩精神。千百年來，《佛國記》作為佛教史籍不僅鼓舞、堅定了後人的佛教信仰，更為可貴的是，它對歷史事件和自己所見所聞的忠實記錄，早已成為後人研究這一段歷史和地理的寶貴資料。

◎新譯大唐西域記

陳飛、凡評／注譯　黃俊郎／校閱

《大唐西域記》敘述玄奘冒著自然與人為的險惡，費時十八年，西行數萬里，覽聖、求法、弘教的過程。書中詳載佛教的聖跡聖址、西域的山川地理、各民族的風土人物等，作者以生花妙筆，交織歷史與現實、穿插神話與傳說、結合故事敘述與人物刻劃，以高妙的藝術形式將佛教的精微深意傳達給讀者，令人讀來興味盎然，不忍釋手。

◎新譯長春真人西遊記

顧寶田、何靜文／注譯

十三世紀三十年代，丘處機應元太祖成吉思汗之邀，帶領十八位弟子前往中亞雪山行宮接受諮詢。此行往返三年，行程數萬里，由弟子李志常記錄一路上的所見所聞而成《長春真人西遊記》。書中所記包含沿途人文地理之描述、丘處機悟道詩詞及其為成吉思汗講道之內容等，不僅是著名的道教典籍，也是研究中外交通史、民俗、宗教等方面的珍貴史料。本書參考王國維等前人的研究，注譯簡明曉暢，提供讀者閱讀、研究之便。

◎新譯徐霞客遊記

黃珅／注譯　黃志民／校閱

人間第一奇境，必待第一奇才來領略，徐霞客正是「天留名壤待名人」的最佳寫照。他將一生遊覽觀察的經歷，化為文字走筆成書，規模宏大、博辨詳考，可說是劃時代的地理巨著。本書是現代學者首次將徐霞客的遊記作較全面的呈現，注釋及語譯皆力求詳贍精實，評析部分則以徐霞客及其自然觀、藝術觀為中心，深入剖析遊記中所顯示的人與自然的關係。